刑事責任能力の
判断について

原理・基準・適用

佐野文彦

有斐閣

はしがき

　本書は，2019年に東京大学に提出した助教論文を基礎として，これまでの筆者の刑事責任能力の研究をまとめたものである。執筆に際しては，論文提出後の研究を踏まえ，形式的にも実質的にも大幅な修正を助教論文に加えている。

　しかし，私見の主要部分は助教論文から変わっていない。すなわち，第一に，刑事責任の判断には，通常の期待可能性判断の前提となる精神状態の了解の作用が存在し，このことが責任能力判断の中核的内容を与えること，そして第二に責任能力判断には，これに留まらない内容が併置されることである。

　助教論文提出後は，研究の対象を広げながらも，特に私見について，その既存の理論における位置付けや具体的事案との関係を明確にすべく，時間を割いて検討を行うとともに，多様な属性の読者が想定される責任能力論について，どのように伝えるべきかに苦心した。この論文提出後の研究や執筆を通じて，助教論文において示した研究成果や発想が一定の読者を獲得し，また本書の公刊も実現できたことに喜びを覚えている。

　他方で，今改めて助教論文を読み返し，毎日この問題のみを研究して，当時我が国で十分に意識されていなかった様々な視点を発見した時の高揚感を思い出し，それとその後の研究を比べて思うところがないわけではない。また，示唆にとどめていた多くの事項につき，全て解明できたと考えるには程遠く，特に助教論文では積極的に展開していた責任論一般の見通しや刑罰論と責任論の関係等についても，腹に落ちるまでに至らず，やはり示唆に止めることとした。これらの点で隔靴掻痒の感もあるが，旧稿を読み返すと，幾度となく気が腐りそうになり，しかしその度に周りの先生方に支えていただいたことも，昨日のことのように思い返されるところである。今は，この問題について研究を継続できたことを嬉しく思いたい。

　本書は，序章において，責任能力判断を巡る議論状況に如何なる問題があると考えるかを説き，検討方針を示した上で，第1章から第3章にかけて，判例学説史と外国法の参照から知見を獲得し，第4章において，上記の問題について一定の解決の指針を示し，第5章において，一部ではあるが近時の裁判例に

私見から検討を加える，という構成になっている。

　読者が本書を手に取る理由は様々であろうが，差し当たり問題と私見のみ知りたい方は，第4章のみ読めば概要がわかるように，また実務家として事案の判断の限りにおいて責任能力に関心のある方は，第5章のみ読めば，一部の障害についてではあるが現在の実務に対する本書の認識と評価がわかるように執筆を行った。もっとも，他の章も，本書の主張にとって意味があると考えたからこそ書かれたものであることは，言うまでもない。

　法学者が従前の研究をまとめて書物として刊行するには，様々な方針があり得ようが，本書の執筆にあたっては，以下の二点に留意した。

　第一に，本書には，問題と主張だけではなく，旧稿でも示した我が国の判例学説史（旧刑法を除く）や独米の議論も，基本的には含めることとした。

　書籍化にあたっては，既刊論文との差異化や読者の便宜のために，簡潔に問題と主張のみを記し，基礎資料は概要の提示に止めるとの選択もあり得るだろう（なお，そのような論稿として「刑事責任能力判断の原理・基準・適用」刑雑62巻2号16頁）。また司法精神医学の立場からは，近時特にバイオロジカルな観点で精神医学の研究も進んでいるのだから，明治期以降の古びた議論に意味はない，との批判もあるかもしれない。

　本書は，特定の議論について，古いがゆえにこれを望ましいと評価するものではないし，私見としても，精神医学上の議論との関係性をも踏まえた議論を試みている。また上記の批判等には，一般的な判例学説史研究や外国法の参照の意義を論じることによっても応じ得ようが，特に本書については以下の理由からも上記資料を含めるべきであると考えた。

　すなわち，我が国の刑法学では，ある理解が継続的に支配的であることが，当該理解の説得力の根拠の一つともなるところ，平成後期の一部の整理にあった，ある理解が我が国の伝統的な責任能力の理解であるという議論が，果たして如何なる典拠に基づくものであるか，率直に言って疑問を抱かざるを得なかった。この点につき，我が国の議論の過程や枠組みを明らかにすることは，私見の当否にかかわらず，今後の議論の基盤の整備に寄与するものとして，それ自体意味があると考えた。

　また，バイオロジカルな観点から精神障害に関する理解が深まったとしても，

その理解を如何に刑事責任論に反映するかには，なお一定の議論を必要とするところ，その議論として提起されているものは，多くが既に古くから国内外において提起され，批判を受けているところであり，この点を検討することは，今後の精神医学の展開を如何に刑事責任論が受け止めるべきかを示すにもなお有益であるように思われる。外国法の検討は，日本法から距離があるように感じられるかもしれないが，本書で示される私見や批判には，責任論の在り方や精神医学との関係に踏み込んだ内容も含まれており，その当否の検討のためにも，発想の由来や思索の筋道を明らかにすることが有意義であろうと考えた。

　第二に，我が国の議論や他国の法状況の分析にあたっては，判例や裁判例の具体的判断をも理論的検討の対象とし，さらに第5章では実践的提言をも行った。
　本書は，実務的判断における枠組みの妥当性や見解の相違をも問題とし，これにも理論的検討を加えるものであって，実務的判断があるがゆえにこれを正当化しようというものではない。しかし，本書が実務的判断をも意識した検討を行っていることについては，十分な説明がなければ，研究者実務家双方から批判や懸念を招き得ようから，この点の趣旨について，実質的には本論で示しているところではあるが，ここでも予め断っておきたい。

　理論的検討において実務的判断を取り上げるのは，以下の理由からである。
　すなわち，筆者の考えでは，刑事責任能力の実体法上の問題の中核に位置するのは，多種多様な精神障害と犯行との関係が，しばしば必ずしもこれを念頭に置かずに展開される刑事責任論全体に対して投げかける数々の問いである。この点において，法学者のみの分析には限界があり，精神医学との協働が必須となることは論を俟たない。しかし，このことは，法学者の側において，この点を一顧だにせず，十把一絡げに原初的な障害のイメージで責任能力を語れば足りることを意味するわけではない。本書では，この多種多様な精神障害と犯行との関係が具体的に現れる素材として，判例や裁判例の事案と判断をも検討対象に含めることによって，責任能力を巡る議論により明確な輪郭を与えるとともに，筆者の考える中核的な問題に取り組むことを試みた。

　他方，本書は第5章において，近時の裁判例における一般論や異同に対して，批判を含む評価を与えるのみならず，実践的提言をも行っている。この提言は，

私見の適用の在り方を明らかにするとともに，本書の議論が社会的・実践的な意義をも持つものであることを明らかにするものである。もっとも，このような試みは既に旧稿でも行ったが，その意義の内実については思うところがあり，内容やその力点・表現について，旧稿に大きく修正を加えた。

　旧稿においては，研究者として，より素朴に，裁判例の叙述に現れている点に対して，理論的見地から整理を行い，評価を与え，提言を試みていた。しかし，具体的な事例をベースに，或いはより一般的な責任能力ないし刑法解釈に関して，様々な機会において実務家と議論を行ううちに，刑法における理論と実務の架橋という，その重要性は筆者が学生の頃からも説かれ続けている概念について，これが具体的に如何なる作業と議論を行うことを意味しているのか，理念的重要性に止まらない具体的意義は果たして何であるか，必ずしも判然としないように思われた。

　この点について，精神鑑定と事実認定，裁判員裁判と刑法解釈，説明事項と協働事項の関係等々に考えを及ぼしながら，不十分ではあるが検討を行う中で，個別事案の判断は事案の個性を踏まえた個別の裁判体の判断に委ねられるべきであるという当然の前提が存在する一方で，今なお少なからず存在する，裁判員裁判の判決を破棄する高裁の判断の一部の論理からも看取されるように，極めて抽象的な概念を提示して後は全く自由に評議に委ねればよい（それゆえ刑法解釈論に実務上の意義はほぼない）わけでもないように思うに至った。

　この当然の前提と極端な議論，これらの限界がどこに存在するかについては，理論と実務いずれに属するかによって，或いは研究者実務家各々の考え方によって様々であろうし，本章の内容もまた，読者によっては一線を越えた議論であり，読者によっては物足りない議論であると感じるかもしれない。しかし筆者としては，理論と実務の架橋の，あり得る一つの具体的な形を提起できたのではないかと考えている。ご批判願いたい。

　旧稿，そして本書の執筆にあたっては，様々な方々のご指導，ご支援をいただいた。いただいたご支援を改めて思い返し，感謝の言葉を述べたい。

　橋爪隆先生には，刑法一部の講義や学部ゼミ以来，本書の完成に至るまで，そして刑法の基本的知識から刑法研究の意義に至るまで，様々なご指導をいただいた。先生は，しばしば自分の世界の中で漂い満足していた私を，絶えず現実の世界へと引き戻し，繋ぎ留めてくださった。先生には，本書の刊行にあた

っても様々なご面倒を何度もおかけした。先生の講義・ご指導がなければ，刑法に興味を持つことも，また本書の完成に至ることもなかったように思う。誰よりもまず，橋爪先生に感謝申し上げたい。

樋口亮介先生には，刑法二部の講義以来，研究手法や執筆方法等，刑法研究の様々な事柄を教えていただいた。責任能力の先行研究者でもある先生は，惜しみなくそのご知見をご共有くださるとともに，責任能力研究者ならではの悩みにも寄り添い，励ましてくださった。本書が，学生として先生のゼミで学んだ系譜研究，ドイツ法研究，アメリカ法研究の手法，そして責任能力研究が交わる内容となったことを誇らしく思う。

佐藤輝幸さんは，私が研究開始当初，思うように研究が進まず，遂に全く手をつけられなくなった時に，Mezger, Persönlichkeit und strafrechtliche Zurechnung を読むことを提案してくださり，私の拙い逐語訳を一つ一つ丁寧に見てくださった。あのご提案とご指導がなければ，このテーマで助教論文を書き上げることは決してできなかった。研究の悩みをよく話し合った先生と，同僚として今でも日々の交流を続けられていることを嬉しく思う。

そして，兄弟子の東條明徳さんは友人のように，また後輩の池田直人さんも友人のように，研究の悩みから私のくだらない話まで，いつも話に乗ってくださった。新しい議論や視角を発見した時の高揚感を，その只中にいながら気軽に共有できる空間は，先の見えない研究を進めるにあたって大切な心の支えとなった。お二人と毎月のように行った Card, Cross & Jones の輪読会は，助教時代の最高の息抜きだった。

さらに先生方には，論文の執筆や学会・研究会の報告の折に触れて，様々なご助言・ご支援をいただいた。佐伯仁志先生，和田俊憲先生は，学会報告の際，緊張する私を勇気づけ，労ってくださった。深町晋也先生，川島享祐さんは，私の拙い文章に対して，微に入り細を穿った検討を行ってくださった。紙幅の都合上全ての方のお名前をあげることはできないが，本書或いはその基となる論文・報告についてご指導くださった法学者，実務家，司法精神科医の先生方に感謝を申し上げたい。

所属大学である法政大学の先生方にも大変お世話になっている。ちょうどCOVID-19 が流行し始めた際に赴任した私に対して，学科主任の先生方をはじめ多くの先生方が，ファッハを超えて，また学科を超えて，暖かいご配慮をくださった。法学部事務，法学部資料室の皆様にも，日々の業務を支えていた

だいている。先生方，皆様には研究，そして育児と業務の両立について，様々なご配慮をいただき，感謝の念に堪えない。

　そして本書の出版については，有斐閣の皆様，特に藤本依子様，北口暖様，小室穂乃佳様にご尽力いただいた。中でも小室様には，校正段階において様々なご迷惑をおかけしたところ，その都度迅速にご対応いただいた。小室様がご担当であり，行き届いたご配慮をくださったからこそ，安心して，満足いく形で本書を出版することができた。記して感謝申し上げたい。

　私的な事柄にわたりますが，家族にも感謝の言葉を記したいと思います。

　両親は，長きにわたって，自分勝手な私を育ててくれました。父とは専門が違うこともあり，論文の内容はそれほど話す機会がありませんでしたが，それでもある夕飯時に父がぼやいていた言葉，大要，「通説に問題があることは皆分かっている。しかし，なぜそれでもその考えが通説であるのか，その意味を見極めなければならない」という言葉は，知らず知らずのうちに本書の基底を成していたように思います。

　そして最後に，妻に，今私の心の中に持ち得る最も深い感謝の気持ちを述べたいと思います。妻との時間がなければ，本書の執筆は疎か，今まで研究を続けることもできませんでした。本当にありがとう。

2025 年 1 月

愛娘に遊びを，愛犬に散歩を求められながら

佐 野 文 彦

＊本研究は，JSPS 科研費 23K01153 の助成を受けたものである。本書の出版にあたっては，2024 年度東京大学学術成果刊行助成を受けた。なお，初出は，「刑事責任能力の判断について——原理・基準・適用（1）〜（6・完）」法協 137 巻 9 号〜138 巻 10 号，「責任能力の判断（その 1〜6・完）——特に幻覚妄想の認められる事案について」法セミ 69 巻 5〜10 号であるが，上記の通りこれらに修正を加えている。

＊本書は，主に上記法協連載を基礎としていることや，執筆スケジュールの関係上，精神障害の名称等について，ICD-10 や DSM-5 に依拠している。それゆえ，DSM-5-TR 等に見られる disorder の「障害」から「症」への訳語の変更等については，これを反映していない（それゆえ例えば「パーソナリティ症」ではなく「人格障害」としている）。

目　次

序章　問題の所在　*1*

第1節　問題状況の素描：有力説と刑事実務───────*2*

第1款　有力説………………………………………………………*2*

第1項　有力説の論理　*2*

第2項　有力説への批判　*4*

第3項　有力説による応答の特徴　*7*

第2款　刑事実務……………………………………………………*8*

第3款　理論と実践との関係………………………………………*10*

第1項　有力説と実践との関係　*10*

1　有力説による実務的動向の捕捉？（*10*）　*2*　批判的検討（*11*）

第2項　反対説の興隆　*15*

第4款　問題状況の再整理：原理・基準・適用…………………*18*

第2節　本書の目的・検討手法・検討領域───────*19*

第1款　本書の目的…………………………………………………*19*

第2款　本書の検討手法及び調査対象……………………………*20*

第1項　我が国における沿革・判例学説史の検討　*20*

第2項　外国法の参照　*21*

1　ドイツにおける議論状況の検討（*21*）　*2*　アメリカにおける議論状況の検討（*22*）

第3款　検討領域及び分析視角の限定……………………………*23*

第1章　日本法における議論の変遷　*25*

第1節　現行刑法制定過程の議論：「心神喪失」「心神耗弱」の出現————————*25*

第1款　草案の変遷及び理由……………………………………*26*

第1項　変遷の概観　*26*

第2項　変遷の時期・内容　*27*

第3項　変遷の理由　*28*

 1　明治 30 年刑法草案 52 条・明治 34 年刑法改正案 49 条の成立の経緯（*29*）

 2　明治 40 年刑法改正案 39 条への文言の変容（*34*）

第2款　小　括……………………………………………………*36*

第2節　昭和6年判例に至るまでの議論の変遷：定式の出現—*37*

第1款　制定直後の議論状況………………………………………*38*

第1項　明治末期から大正中期にかけて　*38*

 1　各学説の概観（*39*）　*2*　考察：見解の収斂・原理との接続の不存在（*44*）

第2項　大正後期から昭和初期にかけて　*45*

 1　定式の提示とその原理（*46*）　*2*　考察（*49*）

第2款　昭和6年判例とその背景事情としての刑法改正作業…*50*

第1項　背景事情：改正刑法仮案成立過程　*52*

 1　成立の経緯（*52*）　*2*「刑法並監獄法改正調査委員会総会決議及留保條項（刑法総則）（未定稿）」成立過程における議論（*54*）　*3*　議論の総括（*63*）

第2項　昭和6年判例　*64*

 1　昭和6年判例の概要（*64*）　*2*　検討（*66*）

第3款　小　括……………………………………………………*69*

第3節　昭和 53 年・59 年判例に至るまでの議論の変遷：現在の有力説の興隆————————————*71*

viii

目　次

第1款　昭和6年判例以降の戦前・戦中の議論状況……………71

第1項　刑事責任能力を巡る議論状況の変化　72

　　1　定式の異なる位置づけの提示（72）　2　検討（73）

第2項　期待可能性の理論の導入　74

　　1　瀧川幸辰の見解と評価（75）　2　佐伯千仭の見解と評価（76）

第3項　小　括　78

第2款　戦後の昭和53年・59年判例に至るまでの議論状況‥79

第1項　刑法学における議論　80

　　1　相対的自由意思を支持する「道義的責任論」の立場から（81）

　　2　人格の異常・人格異質性を基準に据える見解（85）　3　議論状況の評

　価（92）

第2項　実務的動向　93

　　1　当時の裁判例の動向について（93）　2　コンヴェンション論について

　（101）　3　小括（106）

第3項　小　括　106

第3款　昭和53年・59年判例：いわゆる元自衛官殺人事件…108

第1項　第一次上告審　109

　　1　事実関係（109）　2　第一審・第二審（109）　3　第一次上告審判決

　（111）　4　評価（112）

第2項　第二次上告審　113

　　1　第二次控訴審（113）　2　第二次上告審決定（115）　3　評価（115）

第3項　考　察　117

第4節　平成中期に至るまでの議論の変遷：有力説の興隆・
　　　　刑事実務との乖離────────────────118

第1款　学説の議論状況の変化………………………………………119

第1項　〈自由意思〉として把握する理解・そのヴァリエーション　120

　　1　浅田和茂の見解（121）　2　安田拓人の見解（122）　3　検討（124）

第2項　予防的観点からの基礎づけを図る見解　125

　　1　町野朔による議論提起（126）　2　水留正流による展開（127）

第3項　議論枠組みについての検討　129

　　1　有力説の興隆（129）　2　正常な精神状態・通常の意思決定として責

ix

任能力を捉える理解の消失（*130*）

第2款　実務における議論の維持・深化……………………………*132*

第1項　平成中期に至るまでの裁判例の動向について　*132*

1　実務家による整理の概観（*133*）　2　評価（*139*）

第2項　裁判員裁判導入に際する議論の展開　*140*

1　「7つの着眼点」を巡る議論について（*141*）　2　難解概念司法研究による提言（*144*）　3　平成20年判例・平成21年判例（*150*）

第3項　看取される問題：近時の司法研究を例に　*168*

1　近時の司法研究の叙述（*169*）　2　看取される問題（*173*）

第4項　小　　括　*178*

第3款　小　　括……………………………………………………*180*

第5節　検討課題・次章以降の検討の方針───────*181*

第1款　検討課題………………………………………………………*181*

第1項　我が国の判例学説史の素描　*181*

第2項　責任能力を巡る二つの理解　*184*

第2款　検討の方針……………………………………………………*185*

第2章　ドイツにおける議論状況　*187*

第1節　責任能力を巡る議論の基本的前提───────*188*

第1款　刑法20条，21条について　………………………………*188*

第2款　その他の規定について………………………………………*190*

第2節　我が国の有力説と同様の見解を巡って──────*192*

第1款　沿革について…………………………………………………*192*

第1項　条文の変遷　*193*

第2項　一定の「能力」への着目　*194*

1　1909年予備草案について（*195*）　2　1911年対案等について（*196*）

3　小括・その後の動き（*197*）

目　次

第2款　学説上の一般的な議論の前提・我が国の有力説と
　　　　同様の見解 ……………………………………………198
　第1項　学説上の一般的な議論の前提　*199*
　　1 入口要件（混合的方法？）(*199*)　*2* 弁別能力 (*200*)　*3* 小括 (*201*)
　第2項　我が国の有力説と同様の見解　*202*
　　1 原理：前提とされる責任観 (*202*)　*2* 基準・適用？ (*203*)
第3款　現在の議論状況から看取される問題 ………………203
　第1項　理論的問題：基準の適格性　*204*
　第2項　実践的問題：具体的適用を巡って　*205*
第4款　小　括 ………………………………………………209

第3節　「犯行の回避」という観点を維持する見解────210
第1款　「比較判断」による責任能力判断：有力説の原理・
　　　　基準・適用 ……………………………………………211
　第1項　原理・基準　*211*
　第2項　適　用　*212*
　第3項　検　討　*214*
第2款　「規範的応答可能性」について …………………………216
　第1項　Roxin の見解　*217*
　　1 答責性概念の提示 (*218*)　*2* 責任能力論への影響 (*218*)　*3* 小括
　　(*221*)
　第2項　R. Merkel による展開　*222*
　　1 R. Merkel の見解の概要 (*222*)　*2* 批判 (*225*)　*3* 検討 (*225*)
第3款　小括・更なる検討の必要性………………………………226

第4節　異なる理論的構成から一定の正常さに着目する見解─228
第1款　Herzberg の見解：「性格」への着目 ………………229
　第1項　Herzberg の見解の概要　*229*
　第2項　批　判　*230*
　第3項　小　括　*231*
第2款　Streng, Jakobs の見解：一般人との同等性への着目 ··231
　第1項　Streng の見解の概要　*231*

xi

第2項　Jakobs の見解の概要　*233*

　　　1　議論の前提（*234*）　*2*　Jakobs の責任能力論（*236*）

第3項　検　討　*238*

第3款　Frister の見解：根本的批判……………………………*240*

第1項　Frister の見解　*240*

　　　1　責任と予防を巡る議論の意義（*241*）　*2*　Frister の責任能力論（*245*）

第2項　検　討　*247*

第4款　小括・検討…………………………………………………*248*

第5節　総括的検討・獲得された知見─────────*249*

第3章　アメリカにおける議論状況　*253*

序節　本章の内容について────────────*253*

第1款　本章の分析対象……………………………………………*253*

第1項　ラショナリティテストについて　*253*

第2項　ラショナリティテストの参照価値について　*255*

第2款　本章の構成…………………………………………………*257*

第1節　「精神異常（insanity）」免責の伝統的基準を巡る議論

　　　　────────────────────*258*

第1款　「精神異常」免責に関する基本的理解…………………*258*

第1項　沿　革　*259*

第2項　近時の連邦最高裁による多様性の是認　*262*

第2款　伝統的基準を巡る一般的な議論の内容…………………*265*

第1項　「精神の障害（又は欠陥）」の範囲　*266*

第2項　マクノートンテストの「不正」の範囲　*267*

第3項　マクノートンテストの「認識」と ALI テストの「弁識」　*268*

第4項　意思的要素の有無・内実　*269*

第3款　一般的な議論の問題点……………………………………*269*

目　次

　　第1項　学説上の批判　*271*

　　　　1　Fingarette の批判・主張（*271*）　*2*　Slobogin の批判・主張（*273*）

　　第2項　実践から看取される問題：「不正」の範囲を例に　*274*

　第4款　小括・検討…………………………………………………………278

第2節　主体性・人格に着目するアプローチ：M. S. Moore の
　　　　見解─────────────────────280

　第1款　M. S. Moore の見解…………………………………………………280

　　第1項　「精神異常」免責と日常心理学　*280*

　　第2項　原理：主体性との接続　*281*

　　第3項　ラショナリティの内実　*282*

　第2款　検　討……………………………………………………………284

第3節　「実践的推論」に着目するアプローチ：
　　　　Morse，Schopp の見解──────────────286

　第1款　日常心理学的観点の独自性：現在の Morse の見解 ‥287

　　第1項　現在の Morse の見解　*287*

　　　　1　刑事責任論を基礎づける日常心理学的観点の独自性（*287*）　*2*　「精神
　　　　異常」免責について（*290*）　*3*　具体例の検討（*292*）

　　第2項　検　討　*295*

　第2款　病理の類型に着目した分析：Schopp の見解…………297

　　第1項　Schopp の見解　*297*

　　　　1　問題の提示（*297*）　*2*　病理の類型の考察に基づく検討（*299*）
　　　　3　原理の模索（*301*）　*4*　更なる具体例：サイコパス・解離性人格障害
　　　　について（*302*）

　　第2項　検　討　*303*

第4節　体系的観点からのアプローチ：Duff の見解を中心に─305

　第1款　刑事責任と理由の関係について：Duff の見解………306

　　第1項　Duff の見解　*306*

　　　　1　刑罰論における対話的観点の強調（*306*）　*2*　対話的観点からの犯罪
　　　　論構造の分析（*307*）　*3*　免責（excuse）と免除（exemption）の区別
　　　　（*308*）　*4*　「精神異常」の基準（*309*）

xiii

第2項　検　討　*312*

　第2款　Pillsbury の見解との対比 …………………………………*313*

　第1項　Pillsbury の見解　*313*

　　1 議論の概要（*313*）　*2* 理由と原因（*314*）　*3* 道徳的能力の要否
　（*315*）

　第2項　検　討　*317*

第5節　総括的検討 ————————————————————*318*

　第1款　原　理 ………………………………………………………*319*

　第1項　精神状態・意思決定への着目　*319*

　第2項　正常性への着目　*320*

　第2款　基　準 ………………………………………………………*321*

　第3款　適　用 ………………………………………………………*323*

第4章　刑事責任能力判断の原理・基準・適用　　*327*

第1節　獲得された知見と検討方針について ————————*327*

　第1款　問題状況・獲得された知見の再整理 ………………………*327*

　第1項　問題状況の再整理　*327*

　第2項　判例学説史の検討から獲得された知見　*330*

　第3項　外国法の参照から獲得された知見の再整理　*332*

　　1 ドイツ法から獲得された知見（*333*）　*2* アメリカ法から獲得された
　知見（*335*）

　第4項　小　括　*336*

　第2款　検討方針 ……………………………………………………*337*

第2節　現在の有力説について ————————————————*338*

　第1款　事実的自由意思と責任能力基準 ……………………………*339*

　第1項　問題点　*340*

　　1 基準としての不適格性（*340*）　*2* 有力説における基準と適用の不整

xiv

合（*341*）

　　第2項　論拠の検討　*343*

　　　　1　理論的観点（*343*）　*2*　判例の定式との整合性（*346*）

　　第3項　小　括　*347*

第2款　規範的自由意思と責任能力基準……………………………*347*

　第1項　議論の概要　*348*

　第2項　検　討　*350*

　　　1　判断の限界（*350*）　*2*　更なる修正の余地（*352*）

　第3項　小　括　*353*

第3款　小　括……………………………………………………*354*

第3節　私見の展開─────────────────*355*

　第1款　「精神状態の法的了解」と責任非難の減退…………*355*

　　第1項　原理の提示　*356*

　　　　1　精神状態の把握と責任非難の関係（*356*）　*2*　責任論における位置づけ（*358*）

　　第2項　「精神状態の法的了解」という基準　*360*

　　　　1　基準の意義・他の学説との相違（*360*）　*2*　判例の定式との関係（*375*）　*3*　小括（*377*）

　　第3項　適用範囲について：諸判例との関係　*378*

　　　　1　精神状態の解明とその限界（*378*）　*2*　病的体験を介在させながらも解明が可能である場合（*385*）　*3*　小括（*390*）

　　第4項　小　括　*390*

　第2款　その他の原理の可能性……………………………………*391*

　　第1項　複数の原理を据えることの妥当性　*391*

　　第2項　展　望　*394*

第4節　小括：学説の整理と私見の位置づけ────*396*

第5章　近時の実務的判断に対する検討
——統合失調症・妄想性障害の事案に関する裁判例について　*399*

第1節　はじめに———————————————399
第1款　本章の本書における位置づけ ……………………399
第2款　裁判例を検討するにあたって ……………………401

第2節　近時の統合失調症・妄想性障害の裁判例における
　　　　判断の構造と内実———————————402
第1款　統合失調症の裁判例 ……………………403
第1項　判断の構造　*403*
　1 統合失調症の影響の程度による判断（*403*）　*2* 期待可能性論と組み合わせた判断を示す裁判例（*407*）
第2項　判断の内実　*410*
　1 現実的理由が存在する場合（*411*）　*2* 病的体験を前提とした犯行について（*412*）
第3項　小　括　*418*
第2款　妄想性障害の裁判例 ……………………419
第1項　判断の構造　*419*
第2項　判断の内実　*421*
　1 妄想と現実的理由（*421*）　*2* 妄想の内容（*422*）　*3* 妄想が犯行の前提となっていることの法的評価（*424*）
第3項　小　括　*427*

第3節　私見からの評価———————————428
第1款　判断の構造について ……………………428
第1項　犯行実現過程における障害の影響の程度　*428*
第2項　昭和6年判例との関係　*430*
第2款　判断の内実について ……………………432
第1項　障害の影響の対象　*432*
第2項　障害ごとの判断　*432*

第3款 小 括 ……………………………………………434

結 語 437

索 引 439

序章　問題の所在

　我が国の刑法 39 条は「心神喪失者の行為は，罰しない」「心神耗弱者の行為
は，その刑を減軽する」と規定している。これは，精神障害に罹患した者等が，
いわゆる犯罪行為に及んだ場合にその責任の減免を認める規定であると解され
ている。「精神障害者のほとんどは犯罪と無縁であり，その処遇の在り方はも
っぱら精神医療や福祉政策上の課題となる」[1] ことは確かに強調されなければ
ならない。しかし他方で，特に社会的耳目を集める事件，例えば，相模原障害
者施設殺傷事件や熊谷 6 人殺害事件，或いは吹田市交番襲撃事件や京アニ放火
殺人事件のような重大事件においては，その異常な犯行の背後に精神の異常が
疑われ，彼らは処罰を免れるのか，刑法は如何なる場合に精神障害に罹患した
者を処罰から解放するのかについて，社会的にも注目を集めるところである。
　この刑事責任能力の判断を巡っては，近時，刑法学説及び刑事実務において
も議論が活況を呈しているが，その背景としては，平成 21 年の裁判員裁判制
度の導入が挙げられよう。すなわち，裁判員裁判導入にあたって，刑事責任能
力についての実務上の判断の困難さが改めて浮き彫りとなったことから，実務
においては，複数の司法研究が刑事責任能力判断の指針を示す一方で，学説に
おいても，実務的動向をどのように評価すべきかが争われるようになったので
ある。裁判員裁判導入時，責任能力の問題は「その判断によって……複数殺人
のような場合には，死刑か無罪かが分かれることもある」深刻な問題であるに
もかかわらず，「法律家（学者を含めて）がその本当に意味するところを十分
理解できていない」と評されていたが [2]，現在もなお責任能力判断は実務上
「最も高い壁の 1 つ」であるとされ [3]，刑法学でも基準や根拠を巡って議論が
「非常に活性化している」と評されている [4]。

---

1)　川出敏裕 = 金光旭『刑事政策〔第 3 版〕』462 頁（成文堂，2023）。
2)　佐伯仁志「裁判員裁判と刑法の難解概念」曹時 61 巻 8 号 1 頁，29-30 頁（2009）。
3)　大野洋他「責任能力判断の実践的検討（下）」判タ 1496 号 68 頁，80 頁（2022）。

1

序章　問題の所在

　本書は，この問題状況に対して，判例学説史の研究と外国法の参照とを通じて，原理・基準・適用の一貫性の観点から，理論的検討を加えようとするものである。本章では，問題状況の素描を行ったうえで（第1節），本書の目的・検討手法・検討領域について述べることとしたい（第2節）。

第1節　問題状況の素描：有力説と刑事実務

　本節では，有力説の論理とそれに対する批判を概観したうえで（第1款），実務的動向を確認し（第2款），両者の関係性を中心に検討を加え（第3款），問題状況の明確化を図る（第4款）。

第1款　有　力　説

　まず，学説における近時の論争を概観する。本款では，裁判員裁判導入前後より改めて批判を集めるに至った有力説について，その論理を確認し（第1項），有力説に対する批判について，その具体的適用を巡る批判を中心に見たうえで（第2項），これに対する有力説の応答の特徴を概観することとしたい（第3項）。

第1項　有力説の論理

　我が国の体系書等では，刑罰を科すためには，行為者に非難可能性としての責任が認められる必要があるという点には，多くの見解の一致が見られるが，刑事責任能力の内実については，必ずしも明らかではない[5]。この点，有力説[6]は，以下のような基準と，それを基礎づける根拠（以下，「原理」）を主張

4）　安田拓人「刑事法学の動き」法時 95 巻 1 号 162 頁，162 頁（2023）。

5）　体系書等では，刑事責任能力判断が，精神の障害により弁識能力や制御能力がどれほど減退したかを問うものである，という点では一致を見ているが，その内実は必ずしも明らかではなく，体系的な位置づけや，判例の定式等に対する支持が示されることはあっても，その定式が如何なる具体的な適用対象を想定しているのかは明らかとされていない。網羅的ではないが例えば，今井猛嘉他編『Legal Quest 刑法総論〔第2版〕』266 頁以下（有斐閣，2012）〔今井〕，大塚仁『刑法概説（総論）〔第4版〕』449 頁（有斐閣，2008），大谷實『刑法講義総論〔新版第5版〕』317 頁以下（成文堂，2019），曽根威彦『刑法原論』301 頁以下（成文堂，2016），高橋則夫『刑法総論〔第5版〕』373 頁以下（成文堂，2022），山口厚『刑法総論〔第3版〕』272 頁（有斐閣，2016），山中敬一『刑法総論〔第3版〕』637 頁以下（成文堂，2015）。

2

第1節　問題状況の素描：有力説と刑事実務

する[7]。

　すなわち，刑罰は非難の性質を有し，刑罰を科すためには，行為者に非難可能性としての責任が認められる必要がある。そしてこの責任は，行為者が当該違法行為をせず他の適法行為も選択可能であったという他行為可能性を前提とする。それゆえ，行為者が自己の行為が違法行為であることを認識する可能性があり，その可能性に基づきその行為を行わないことが可能であることが，行為者の処罰のためには必要である。これに対応して，自らの行為の違法性の認識ができない場合（弁識無能力）や，違法であると認識しながらも思いとどまることができない場合（制御無能力）には，責任無能力として行為者は免責され，いずれかが著しく限定されている場合には，限定責任能力としてその責任は減退する。規範的責任論においては責任阻却事由として違法性の意識の可能性の欠如や期待可能性の欠如が承認されているが，弁識無能力・制御無能力はそれぞれの一事例をなしている。

　刑法 39 条は「心神喪失者の行為は，罰しない」「心神耗弱者の行為は，その刑を減軽する」とし，大審院は「心神喪失」とは「精神ノ障礙ニ因リ事物ノ理

---

6)　旧稿の一部（拙稿「刑事責任能力の判断について——原理・基準・適用 (1)～(6・完)」法協137 巻 9 号～138 巻 10 号（2020-2021））では，本文記載の理解について「通説」との表記を用いたが，これを改めた（既に拙稿「刑事責任能力判断の原理・基準・適用」刑雑 62 巻 2 号 16 頁（2023）では有力説と改めている）。旧稿がそう呼称したのは，①平成後期において，②明示的に刑事責任能力の具体的判断について述べる学説のうち，③相対的多数を占める理解であると考えたからである。しかし，①平成末期，また令和期では本文記載の理解に反対する理解も有力化し，論者の人数でいえば，むしろ現在は本文記載の理解は相対的に少数となっている。また，②体系書等では刑事責任能力の具体的判断について明示的に述べない理解が多いが（前掲注 5)），敢えて具体的判断に触れずこの点を留保している学説を捨象して，通説の有無を述べることは必ずしも相当でなく，正確には，責任能力の具体的判断について戦後通説は存在しなかったと評価すべきであると考えるに至った。さらにその後，③「通説」との用語を，「正しい説」「権威的な説」との意味で用いる用語法もあるとの指摘に接したが（仲道祐樹「刑法の通説，その語り方について」法セミ 809 号 6 頁（2022）），責任能力論に正しい説があるか疑問であるし（亀井源太郎「共犯論の『通説』：共犯論は何をどのように論じてきたか」法セミ 67 巻 6 号 35 頁，40 頁（2022）も参照），少なくともそのような意味で本文記載の理解が一般に捉えられているわけではないうえ，筆者としてもそのように捉えているわけではなく，このような誤解を否定するためにも，より正確な「有力説」との用語を採用した。「通説」との呼称に対しては，既に研究者及び実務家からも疑問が示されており（水留正流「統合失調症の影響を受けた行為の刑事責任能力——裁判例の動向とその批判的検討」南山法学 47 巻 3＝4 号 95 頁，145 頁（2024），三好幹夫「判批」HJ200043），本書での記載の改訂は，これらの疑問にも応えるものである。

7)　以下の理解につき，例えば，西田典之『刑法総論〔第 2 版〕』206 頁以下，280 頁以下（弘文堂，2010），安田拓人『刑事責任能力の本質とその判断』第 2，3 章（弘文堂，2006）。論者自身の見解ではないが，佐伯仁志「精神障害と責任能力」石川正興編『精神障害者による危害行為の対策：日中犯罪学学術交流会：第 1 回日中犯罪学学術シンポジウム報告書』27 頁（社会安全研究財団，2008），樋口亮介「責任能力の理論的基礎と判断基準」論ジュリ 19 号 192 頁（2016）。

3

非善悪ヲ辨識スルノ能力ナク又ハ此ノ辨識ニ從テ行動スル能力ナキ狀態」，「心神耗弱」とは「精神ノ障礙未タ上敍ノ能力ヲ缺如スル程度ニ達セサルモ其ノ能力著シク減退セル狀態」とする（昭和6年判例[8]）が，有力説はこれを上記理解に基づき解釈する。すなわち，刑法39条は，それぞれ責任無能力，限定責任能力に関する規定であり，「事物ノ理非善悪ヲ辨識スルノ能力」は上記の意味における弁識能力を，「此ノ辨識ニ從テ行動スル能力」は上記の意味における制御能力を意味する。そして，この能力の有無こそが問題であるのだから，その能力の欠如が「精神ノ障礙」によるかどうかには，実は理論的に独自の意義はない（法律的病気概念）。

第2項　有力説への批判

　この有力説の説明に対しては，思いとどまることができることが責任非難のために必要であるという出発点そのものについても批判がある。すなわち，分析哲学において有名な「フランクファートの反例」[9]に依拠し，この点を拒絶する法哲学者の瀧川裕英の議論[10]の影響を受けて，この点が維持可能であるかについて刑法学内部でも議論があるところである[11]。

　もっとも，近時の刑法学説及び刑事実務における議論の活況は，このような哲学的議論における対立に，その端を発するわけではない。むしろ，裁判員裁

---

8)　大判昭和6年12月3日刑集10巻682頁。

9)　Harry G. Frankfurt, "Alternate Possibilities and Moral Responsibility," *The Journal of Philosophy* 66 (1969), pp. 829-839. 翻訳としてハリー・G・フランクファート（三ツ野陽介訳）「選択可能性と道徳的責任」門脇俊介＝野矢茂樹編・監修『自由と行為の哲学』81頁（春秋社，2010)。

10)　瀧川は，Frankfurt の提示した「反例」の一つ（Jones₄）を以下のようにまとめる。「A は催眠術師であり，X を殺したいと思っている。そこで A は B に対して催眠術をかけた。B はこのことを全く知らない。今，もし B が X を殺さないような兆候を示したとすると，A の催眠術が効果を発揮して，その結果 B は X を殺すことになる。他方，もし B が自ら X を殺そうとする兆候を示したとすると，催眠術は何の影響も及ぼさないとする。さて，ここで，B は自ら X を殺そうと思い X を殺したとする。この場合，B が X を殺したことに責任があることは明らかである。にもかかわらず，B は X を殺す以外の行為をなしえなかったといえる。」「つまり，この場合には他行為可能性がないにも拘らず，責任があるといえるのである。したがって，他行為可能性原理は正しくない」（瀧川裕英『責任の意味と制度──負担から応答へ』70頁（勁草書房，2003)）。なお，Frankfurt 自身は，以上の反例を前提に，異なるように行為することができなかったことだけが理由でそのように行為した場合，すなわち，本心からそのように行為したかったわけではない場合には道徳的責任を負わないという方向へと議論を展開する（Frankfurt, *supra* note 9, at 837-839)。真鳥爽「刑事責任論における両立可能論の再定位」一橋法学22巻3号453頁（2023）も参照。

11)　この批判に賛同する見解として，佐伯・前掲注2）31頁，竹川俊也『刑事責任能力論』第2部第3章（成文堂，2018)。この批判への有力説からの応答として，例えば浅田和茂「責任論」ジュリ1348号29頁，34頁以下（2008)。

第 1 節　問題状況の素描：有力説と刑事実務

判導入にあたって，刑事責任能力の判断・適用結果に不明瞭な点が存在し，この点を再検討する必要があるのではないかという問題意識に基づいて，活発な議論が行われるに至っているのである。

　ここで問題となっている，有力説の適用結果の不明瞭さは，以下の点に集約されるだろう。すなわち，違法性の認識がある場合には制御能力の問題のみが残される[12]ところ，統合失調症などの精神障害に罹患していたとしても，殺人等が違法である・悪いことであることがわからないということはほとんどない[13]のだから，有力説にとって決定的な基準は，当該犯行を思いとどまることができたか否かという点にあることになる。しかし，「行為者が犯罪を犯した場合とは，最終的には犯罪行為に出ようとする衝動が制御されなかったことを意味する」が，「この場合，精神の障害によって『制御できなかった』のか，それとも『制御する可能性はあったが，制御しなかった』だけなのかを明確に区別することは困難である」という問題である[14]。この問題性は，既に 40 年以上前にも墨谷葵によって強く主張されていたところである[15]が，この点を敷衍すると以下のように説明することができるだろう。

　例えば，「頭が真っ白になって」[16]「激情のあまり」[17]「かっとなって」[18]犯行

---

12)　例えば，安田拓人「責任能力の具体的判断枠組みの理論的検討」刑雑 51 巻 2 号 133 頁，137-138 頁（2012）。違法性の認識はあるが幻覚妄想下にある行為者については，「被告人なりの違法性の認識が正常な意味での動機付け力を持ち得たかの問題として制御能力の枠内で判断する方が妥当なようにも思われる」とする。

13)　山口厚＝井田良＝佐伯仁志＝今井猛嘉＝橋爪隆＝岡田幸之＝河本雅也「現代刑事法研究会第 3 回　責任能力」ジュリ 1391 号 89 頁，101 頁〔岡田発言〕（2009）。

14)　橋爪隆「責任能力の判断について」警論 70 巻 5 号 138 頁，143 頁（2017）。さらに，「結果として犯行をなしたからには，制御能力は失われていたということではないかと迫られたとき，十分に説得力ある論理的反駁は困難である」とする精神医学者の見解として，村松太郎『認知症の医学と法学』308 頁（中外医学社，2018）。

15)　墨谷葵『責任能力基準の研究』222 頁（慶応通信，1980）（なお既に，同「責任能力について（下）」犯罪と非行 26 号 34 頁，58 頁（1975）において同様の主張がなされていた）。

16)　「犯行直前には頭が真っ白になっているような状態だった。犯行は何か別のところで起きているような，例えば，テレビを見ているような感覚で覚えている感じである」という被告人の供述に対して，情動的な緊張感の高まりと実行の着手による緊張感の放散を示しているが，精神障害とは関係なく起こりうるものとする鑑定を是認し，心神耗弱を否定した裁判例として，大阪地判平成 23 年 1 月 11 日 LEX/DB 25470190（殺人罪で懲役 21 年を言い渡した）。

17)　「激情のあまり被害者を殺害した挙げ句，……死体を……投棄するなどという行為に及んだものであって，短絡的かつ自己中心的な犯行であるとの非難を免れることはできない」として，殺人罪で懲役 13 年を言い渡した裁判例として，甲府地判平成 17 年 3 月 16 日 L06050487。責任能力は問題となっていない。

18)　「被害者の些細な言動にかっとなって，被害者を殺害する」等，「非常に自己中心的かつ短絡的」に殺人に及ぶ等した事案について，懲役 17 年を言い渡した裁判例として名古屋地判令和 5 年 1 月 26 日 L07850126。責任能力は問題となっていない。

5

序章　問題の所在

に及んだ場合，行為者は犯行を「思いとどまることができた」と言えるのだろうか。制御能力が前項のような意味で理解され，そして能力の欠如が「精神の障礙」によるかどうかが独自の意義を持たないのであるならば，「思いとどまること」が念頭にすらよぎらないような興奮状態等の場合には，精神障害の有無を問わずして，制御無能力，ひいては責任無能力となるのではないだろうか。また，逆に，多数の犯罪行為を繰り返し，規範意識が鈍麻した常習犯についても，その本人の能力としては「思いとどまることができた」ということはできず，制御無能力，ひいては責任無能力となるのではないだろうか。

　しかし，「カッとなって銃を撃ったり刃物を出したりする」ことは「責任能力でいう行動制御能力の問題ではあり得ない」という指摘[19]や，「特殊な性癖や人格の偏りによって，『衝動を抑えることができない』からといって，刑事責任を否定することは妥当ではない」という指摘[20]に見られるように，この帰結は直ちに受け入れられるものではない[21]。また，規範意識が鈍麻した犯罪者について責任が減少するという理解については，再犯加重・常習犯加重との関係も問題となるだろう[22]。

　仮に，こうした事例について完全責任能力を認めつつ有力説を維持するというのであれば，それは如何なる論理で可能となるのか，すなわち，なぜ上記事例については「思いとどまることができた」といえるが，一定の精神障害に罹患した者が犯行に及んだ場合には「思いとどまることができなかった」と判断されるのか，についてなお説明を要するように思われるのである[23]。

---

19)　山口他・前掲注13) 102頁〔河本発言〕。

20)　橋爪・前掲注14) 144頁。

21)　大阪刑事実務研究会も「激情犯については，これに特別な事情（身体疾患ないしこれと同視できるようなもの）が加わっていない限り，心神喪失はもとより心神耗弱にも該当しないと一般的にはみるべき」であるとする。樋口裕晃＝小野寺晃＝武林仁美「大阪刑事実務研究会　裁判員裁判における法律概念に関する諸問題（14）　責任能力1 (2)」判タ1372号76頁，85頁 (2012)。

22)　規範意識の麻痺した者の責任が減少してしまう点が「我が国の刑事実務に合致するとは思われない」とする批判として，樋口亮介「責任非難の意義――複数の視点の析出と構造化の試み」法時90巻1号6頁，10頁 (2018)。周知のように，再犯加重・常習犯加重については，それ自体の当否に争いがある他，人格形成責任論や警告理論の援用による説明も存在しているが，ここでの議論は，この場合において責任能力は減少しない（それゆえ加重される）か，減少することはあっても免責はされないということを前提としているように思われる。

23)　この点をとらえて，例えば町野は，有力説に立ち，精神障害者の免責を一般人のそれと同一の基準によるべきとするならば，免責が極めて困難になってしまう旨を指摘していた（町野朔「精神障害者の責任能力の診断学――法学の立場から」精神科診断学4巻1号31頁，32-35頁 (1993)，同「『精神障害』と刑事責任能力：再考・再論」内田文昭先生古稀祝賀論文集編集委員会編『内田文昭先生古稀祝賀論文集』141頁，153-155頁 (青林書院，2002))。

第1節　問題状況の素描：有力説と刑事実務

第3項　有力説による応答の特徴

　このように，有力説には，とりわけその具体的適用について問題性が認識されているところである。もっとも，有力説は，この問題に必ずしも無関心であったわけではない。むしろ，有力説は，その立場を維持しながら，どのようにして具体的事案における解決を実現すべきか苦心してきたといえる[24]。

　しかし，有力説は，具体的適用について，どのように「思いとどまることができる」か否かを判断できるかを具体的に説明するよりも，むしろ具体的な認定が困難であること・不可能であることを認めたうえで，いわゆる生物学的要素（昭和6年判例の定式のいうところの「精神ノ障礙」の存在）に一定の重きを置くことを実践的には是認することで，具体的事案の解決を図ってきたように思われる[25]。

　例えば，安田拓人は，理論的には「精神の障害」について独自の意義を否定し[26]，「診断名を重視した図式的な判断公式については，再検討の余地がある」としつつも[27]，他行為可能性は「裁判上認定することはできない」ことを認めている[28]。そして，「重い精神分裂病〔現在の統合失調症〕」は「人格の核心を冒す」ものであるとして「制御主体が完全に損なわれている」とするのに対し，人格障害については制御主体の存在を認めたうえで，「規範意識に欠けているために犯罪衝動に抗しえないことは，制御可能性を否定する理由にならない」としており[29]，「制御主体」の存否の判断においては，生物学的要素に一定の重きを置いているように思われる[30]。

　また，浅田和茂は，「責任非難は，あくまで『汝為し得るがゆえに為すべし（……）』といえる場合にのみ可能」であると強調し，制御能力は「意思の自由と同義である」としつつも[31]，「被告人の犯行時および現在の精神状態は，裁

---

24)　有力説による具体的解決の試みとして，例えば安田拓人「制御能力の鑑定」刑弁32号70頁（2002）。

25)　なお井田は，「制御能力の有無の判断は，自由意思があったかなかったかの判断と同一に帰するともいえる。生物学的要素を度外視して，制御能力の判断を行うことは事実上不可能である。」と述べている（井田良『講義刑法学・総論〔第2版〕』404頁（有斐閣，2018））

26)　安田・前掲注7) 第2章。

27)　安田「判批」判例セレクト'97（法教210号別冊付録）33頁（1998）。

28)　安田・前掲注7) 124頁。

29)　安田・前掲注24) 70-73頁。

30)　制御主体が生物学的判断なのだとすれば，鑑定医に責任能力という法的判断を求めていることにほかならないのではないかと指摘するものとして，村松太郎「書評：安田拓人『刑事責任能力の本質とその判断』」法と精神医療23号106頁，116頁（2008）。

31)　浅田和茂「責任能力論（上）」法セミ394号72頁（1987），同『刑法総論〔第3版〕』281頁，295頁（成文堂，2024）。

7

序章　問題の所在

判官よりは専門家である精神医学鑑定人の方が適切に判断できる」として，「生物学的要件と心理学的要件との間には，事実上，前者が後者を推定させるという関係（固いコンベンションではなく緩やかな事実上の推定）が認められるべきである」という[32]。

このように，有力説は，理論的説明としては「思いとどまることができる」か否かに決定的な意味を見出しつつも，実践的には，程度の差はあれ，何らかの形で生物学的要素を重視した具体的解決を是認してきたのであり，その意味で「責任能力論は『精神障害』という基盤の上で停止し，安定を保っている」[33]のであった。

第2款　刑事実務

以上の有力説の特徴の背景には，刑事実務において，一定の精神障害の影響を重視した責任能力の判断が一般的であったことが挙げられるように思われる。例えば，著名な昭和59年判例（元自衛官殺人事件第二次上告審決定)[34]の調査官解説は，当時の裁判例の動向と同判決の判断を踏まえて，「精神分裂病者の責任能力」について以下のように整理を行っている。すなわち，「精神分裂病の程度が重症である場合や，精神分裂病による幻覚，妄想等の病的体験に直接支配された犯行である場合には，通常，心神喪失」と認められ，「その他の場合には」諸事情を総合考察して責任能力を判断するという整理である[35]。

そして，裁判員裁判導入にあたり提示された一連の司法研究における記述も，このような整理を，さらに推し進めるものであった。すなわち，平成21年前後より出された司法研究においては，裁判員裁判における手続きの在り方のみならず，その判断における「検討の視点」として，以下のような叙述が提示されているのである。

---

32)　浅田和茂「司法精神鑑定に求めるもの——責任能力の判定基準を中心に」法と精神医療15号33頁（2001）。なお，積極的一般予防論に立脚する林美月子も，「法に従った動機づけの能力」の判断を重視しつつ，この判断は「経験的に可能だが困難なことも多いので，一定の生物学的要素が存在する場合には，責任無能力と考えざるをえない」として，生物学的要素を重視する立場を示している（町野朔＝中森喜彦編『刑法1総論』99頁〔林美月子〕（有斐閣，1995），林美月子「判批」西田典之＝山口厚＝佐伯仁志編『刑法判例百選I〔第6版〕』68頁，69頁（有斐閣，2008））。

33)　町野・前掲注23)（再考・再論）142頁。

34)　最決昭和59年7月3日刑集38巻8号2783頁。

35)　高橋省吾「判解」最判解刑事篇昭和59年度347頁，359-360頁。

8

第 1 節　問題状況の素描：有力説と刑事実務

　まず，責任能力判断の在り方について特に注目を浴びた『難解な法律概念と
裁判員裁判』（以下，「難解概念司法研究」）[36]は，「責任能力の本当の意味すると
ころに立ち返った説明」の一例として，「統合失調症の影響を理由として責任
能力が争われた場合」について，「例えば，犯行が妄想に直接支配されていた
か否かが責任能力の判断のポイントとなる事案では，端的に，『精神障害のた
めにその犯罪を犯したのか，もともとの人格に基づく判断によって犯したの
か』という視点から検討するのが裁判員にとって理解しやすいのではないかと
思われる」とした上で，この視点が「①統合失調症のほか，②躁うつ病，③ア
ルコール関連障害，④薬物関連障害，⑤広汎性発達障害，⑥人格障害」につい
ても有用であるとしている[37]。

　その後，『裁判員裁判において公判準備に困難を来した事件に関する実証的
研究』も，「精神障害」と「正常な機能」ないし「もともとの性格・人格」を
対置させ，それらの犯行への影響を決する段階が最も重要であることを指摘し
ている[38]。そして，『裁判員裁判と裁判官——裁判員との実質的な協働の実現
をめざして』（以下，「実質的協働司法研究」）は，「もともとの人格」という用語
は，「『もともとの人格』の立証や証明ができる場合を想定した説明」であると
して，難解概念司法研究の定式に一定の修正を加え，「精神障害の影響のため
にその罪を犯したのか，正常な精神作用によって犯したのか」という「判断枠
組み」を提言している[39]。

　こうして，一連の司法研究においては，「精神障害の影響のためにその罪を
犯したのか」，「もともとの人格に基づく判断」ないしは「正常な精神作用」
「によって犯したのか」という「枠組み」で，刑事責任能力判断を行う旨が提
示されるに至っている。そして，実務家からは，今後はこのような「枠組み」
に従って判断が行われるであろうことが述べられており[40]，以上の判断枠組み
が実務的動向として確立しつつあるのである[41]。

――――――――――

36)　司法研修所編『難解な法律概念と裁判員裁判』（法曹会，2009）。
37)　司法研修所編・前掲注 36) 38 頁。
38)　司法研修所編『裁判員裁判において公判準備に困難を来した事件に関する実証的研究』107 頁
　　以下（法曹会，2018）。
39)　司法研修所編『裁判員裁判と裁判官——裁判員との実質的な協働の実現をめざして』96 頁以下
　　（法曹会，2019）。
40)　例えば，田野尻猛「判批」警論 64 巻 11 号 151 頁，160 頁（2011），松藤和博「統合失調症の場
　　合の責任能力」植村立郎編『刑事事実認定重要判決 50 選（上）〔第 3 版〕』107 頁，115-116 頁（立
　　花書房，2020），稗田雅洋「裁判所の責任能力判断と検察官・弁護人の訴訟活動の在り方」刑弁 93
　　号 29 頁，30 頁（2018）。

9

序章　問題の所在

第3款　理論と実践との関係

第1項　有力説と実践との関係

1　有力説による実務的動向の捕捉？

このように，一方には「思いとどまることができる」か否かを決定的な判断基準とする有力説が存在し，他方には，犯行に対する「精神障害の影響」・「正常な精神作用」の影響の程度を決定的な判断基準として提示する一連の司法研究が存在する。それでは両者はどのような関係に立つのであろうか。

この点，有力説が，実践的には何らかの形で生物学的要素を重視した具体的解決を是認してきたことに鑑みれば，その延長線上に一連の司法研究も据えることができるようにも思われる。すなわち，有力説は，一定の精神障害の存在が実践的な重要性を持つことを認めていたのであるから，犯行に対する「精神障害の影響」の程度を重視する一連の司法研究も，同様に是認するということが考えられよう。現に，例えば安田は，難解概念司法研究について，「司法研究の提言は，責任と責任能力の本質をダイレクトに表現したものではなく，責任能力の具体的判断のための補助線・中間項の一つを提言したものだと理解されるべき」であるとし[42]，「もともとの人格」は「残された正常な精神機能」が維持されている者を意味するにすぎないこと，決定的なのは「精神症状による犯行の支配」という観点のみであることを主張している[43]。また司法研究の一部においても「精神症状が犯行に影響したと判断された部分は，被告人の自由意思でコントロールできない性質の部分である」として判断枠組みの正当化が図られており，刑事実務の枠組みと有力説とについて，同一の判断対象を示すものであるかのような折衷が図られている[44]。

---

41)　安田は，「精神障害の犯行に及ぼした影響と被告人の本来の性格との関連性の双方向からの説明可能性を踏まえた責任能力の具体的判断」は「裁判員裁判も含めた近時の判例において完全に定着している」とまでいう（安田拓人「判批」判例セレクト2015 [I]（法教425号別冊付録）28頁（2016））。

42)　安田拓人「責任能力と精神鑑定をめぐる諸問題」司研123号174頁，177頁（2013）。

43)　参照，安田・前掲注12）146頁。もっとも，同「刑事責任能力の本質とその具体的判断」判時2538号120頁（2023）。

44)　司法研修所編・前掲注38）104頁以下。他の司法研究においては同様の折衷は必ずしも試みられておらず，難解概念司法研究においては明示的に異なる原理が採用されていることについては第1章第4節第2款を参照。

10

第 1 節　問題状況の素描：有力説と刑事実務

以上の方向性をさらに言語化すると以下のように説明されるだろう[45]。すなわち，「正常な精神作用」による場合は「自己の行為を思いとどまることができる」のに対して，異常な場合，すなわち「精神障害の影響」による場合は「自己の行為を思いとどまることができない」といえる。それゆえ，司法研究の提言は有力説の「補助線・中間項」であると。仮に以上の立論が成立するならば，第 1 款で見た有力説への批判も一定程度緩和することができる。すなわち，「カッとなって銃を撃ったり刃物を出したりする」場合や「特殊な性癖や人格の偏りによって『衝動を抑えることができない』」場合，或いは規範意識が鈍麻した人間による犯行については，それは「正常な精神作用」による犯行といえるから「自己の行為を思いとどまることができる」といえる。これに対して，統合失調症などの「精神障害の影響」による犯行であれば「自己の行為を思いとどまることができない」といえると。

2　批判的検討

(1) 原理の不在・基準の代替

しかし，そもそも，責任非難にとって自由意思が必要であり，それゆえ「思いとどまることができること」が決定的基準となるという原理・基準と，「精神障害の影響」があれば責任非難が減退するという基準・適用とは，なぜ接合するのだろうか。この理解においては，原理・基準・適用は必ずしも一貫しておらず，「思いとどまることができる」かどうかという基準を「正常な精神作用」によるかどうかという基準に置き換えているのではないかとの疑義がある[46]。

---

45)　仮に，司法研究の提言はあくまでも「補助線・中間項」として承認するに過ぎず，これに解消されない領域として「思いとどまることができる」か否かに関する判断が残されているというならば，如何なる内容が残されているか問われるべきである。例えば，近時安田は，司法研究の提言以外に，犯罪遂行過程で犯罪実現を「確実にするための様々な思慮がみられる場合，それは」「利害得失の合理的判断」，「裏返せば，不合理なら実行を控えるとの判断を含意」し，これが制御能力の判断において十分に意味を持つと述べるに至っている（安田・前掲注 43) 122 頁以下 (2023)）。しかし，その合理・不合理の意味は必ずしも明らかではないが（例えば，確実性を高めて行為に及んだからといって，確実性が低ければ行為に及ばないという判断がそこに含意されているわけではない），仮に「不合理なら実行を控えるとの判断」をしていたとしても，現実にはその者としては当該行為が合理的であると判断して行為に及んだ行為者が，当該時点でそれと異なるように（即ち当該行為が不合理であると）判断し得，思いとどまることができたかを示すものでもない。なお，「利害得失の合理的判断」の問題については次項参照。

46)　安田は，犯罪衝動が病的なものかを問い，「病的な症状からの因果」の色合いが強まれば強まるほど法規範からの衝動制御への期待可能性は低下していくとして，「犯罪衝動の正常な精神機能による制御可能性こそが，他行為可能性論に基づく責任能力判断の本質だということになる」としている（同「故意・責任能力について」刑雑 55 巻 2 号 145 頁，155 頁 (2016)）が，ここでは，単な

11

序章　問題の所在

　例えば，前述の激情犯や常習犯は「思いとどまることができる」といえるに
もかかわらず，なぜ精神障害の影響があれば「思いとどまることができる」と
はいえないのだろうか。一部の司法研究は，「精神障害の影響」と「もともと
の性格」を対置していたが，「精神障害の影響」は「自由意思でコントロール
できない」が，行為者本人の特殊な思考方法や性格は，本人の「自由意思でコ
ントロールできる」と評価できるのだろうか。このように，両者の判断基準は
必ずしも同視され得ないように思われる。

　また，そもそも司法研究の定式を承認してよいかも理論的に検討されるべき
課題である。まず，医学的に「精神障害」の診断がつきさえすれば，その影響
は全て責任非難を減退させると考えるならば，なぜ減退させるのか，また有力
説では法律的病気概念が採用されていることとの関係が問題となる。特に有力
説にとっては，「思いとどまることができること」を一般的な診断基準とする
わけでもない「精神障害」の影響が責任非難を減退させると考えることをなぜ
承認できるかが問題となろう。

　これに対し，仮に全ての精神障害の影響が責任非難を減退させるわけではな
いと考えるならば，多種多様な精神障害について，「精神障害」か「正常な精
神作用」かを割り振る必要性が生じることになるが[47]，如何なるものが前者に
割り振られ，如何なるものが後者に割り振られるのだろうか。例えば医学的に
は精神障害である人格障害やクレプトマニアについても「精神障害」ではなく
「正常な精神作用」に割り振られるのであろうか[48]。そしてこの割り振りの問
題について，有力説は如何なる回答を与えることができるのであろうか。仮に
「思いとどまることができる」場合が「正常な精神作用」による場合であると
述べたとしても，有力説自体が「思いとどまることができる」か否かの具体的
認定が困難であることを是認しているわけであるから，この点について何ら理

　る「人間の意志力と犯罪衝動の力関係」（参照，安田・前掲注7) 106頁）ではなく，「正常な」精
　神機能による制御可能性が措定されており，異なる基準に挿げ替えられている。
47)　「異常性と正常性の比較衡量」による判断と呼ぶものとして，橋爪・前掲注14) 150頁。
48)　研究者の側からは，実務ではこうした事案につき完全責任能力を認めることが一般的である旨
　が指摘され（例えば橋爪・前掲注14) 144頁），現に実務家からも「放火癖とか窃盗癖といったと
　きに，……責任能力の問題にするということはない」という指摘がなされることもあり（前掲注
　19)），この点に鑑みて，例えば安田は，これらの障害が有力説にとってアポリアとなることを認め
　ている（安田拓人「刑事法学の動き　樋口亮介『責任能力の理論的基礎と判断基準』」法時89巻8
　号109頁，109頁 (2017)）。実務上，クレプトマニアは完全責任能力とされることがほとんどであ
　るが，その理屈は「『苦しい』表現」であると指摘するものとして，林大悟「病的窃盗常習事件に
　関する量刑及び責任能力判断の現状と課題」専修大学法学研究所所報58巻121頁，146頁 (2019)。

12

第1節　問題状況の素描：有力説と刑事実務

論的分析を行うこともできないのではないだろうか。それにもかかわらず，一定の「精神障害」の影響がある場合には「思いとどまることができない」というのであれば，それは一定の「精神障害」の影響がある場合には「思いとどまることができない」と「みなす」ということであり，有力説が責任能力判断はあくまでも法的判断であると主張していることとの整合性が問題になるように思われるのである[49)50)]。

(2) 有力説に内在する問題

　以上のように，有力説から一連の司法研究の議論を捕捉することは困難である。もっとも，以上の問題は，上記の有力説が実務的動向を捕捉しようとすること自体から生じているわけではない。むしろ，そもそも有力説において，生物学的要素を重視した具体的解決が，なぜその原理・基準から支持し得るのかが明らかではないことから，上記問題は生じているように思われる。この点が明らかでないからこそ，司法研究の提言をなぜ支持し得るか，これを限定すべきと考えるとしても，如何なる範囲に限定し得るかが明らかではないのである。ここには，その支持する基準と，その支持する適用との不明瞭な関係という有力説に内在する問題が現れているのではないだろうか。

　それゆえ，実務的動向に対して批判的な立場を採る有力説においても，内容は異なるが同根の問題が認められるように思われる。例えば浅田は，妄想性障害の認められる被告人に対する死刑判決を是認した平成27年判例（いわゆる加古川8名殺傷事件）[51)]について，被告人は「本判決が述べるとおり『被告人は，妄想性障害のために，被害者意識を過度に抱き，怨念を強くした』のであり，妄想性障害であるがゆえにその被害者意識・怨念が固定化・強化されて撤回不可能な程度に達していた（そのために殺意を抱くに至った）とすれば，弁識能力が著しく限定していたか，少なくともその弁識に従って制御する能力が著しく限定していた疑いは否定できない」と批判を行っている[52)]。また，岡上雅美

---

49)　前掲注30）で見た村松の指摘がまさに妥当することになる。

50)　その他に刑事実務と有力説との乖離を示すものとして，最判平成20年4月25日刑集62巻5号1559頁が「動機形成等が了解可能」かどうかに着目していること，最判平成27年5月25日集刑317号1頁が被告人の妄想の内容は「現実の出来事に基礎を置いて生起したものと考えれば十分に理解可能」と判断していることが挙げられるように思われる。「思いとどまることができない」か否かの評価にあたって，なぜ犯行が了解可能な動機に基づくか，犯行動機の基礎となる妄想が現実的基盤を有するかという観点が重要となるか，検討の余地があろう。

51)　最判平成27年5月25日（前掲注50））。

13

も，「妄想性障害の場合の判断力の異常さや訂正しにくさという意味での弁識能力，引き返しにくさという意味での制御能力の欠損について十分に説明しなかった点には，やはり問題があるように思われる」としている[53]。これらの議論は有力説の立場から，実務の動向に対して批判を加えるものといえよう[54]。

しかし，これらの批判については，なぜ妄想についてのみ上記の議論が成立するのかが明らかではないように思われる。例えば小池信太郎は，上記の批判に対して，以下のように指摘する。すなわち，上記の批判の眼目は「妄想性障害では訂正不能な妄想体系が作られ，その下で生じる犯行動機も固定される以上，とりもなおさずそれが犯行の意思決定を支配したと考えるほかないという点にある。」しかし，「例えば，隣人から除け者にされるなどの嫌がらせを現実に受けていた者が憎しみを募らせ，これが犯行動機となって大量殺人に及んだ場合について考えてみると」「大量殺人を決意し，実行する心理過程は現実を前提とした自らの判断であり，それに十分な非難を向けうることに反対する者は少ないだろう」と[55]。仮に医学的な精神障害の有無が決定的でないとするならば，犯行につながる意識が「撤回不可能な程度」であることや，「引き返しにくさ」が責任能力の減退を導くとの議論を採用すると，小池が挙げるような一般的な犯罪の事例にも責任能力の減退が及ぶのではないか，との疑義が生じよう。仮にこれらの事例に及ばないとするのであれば，なぜ妄想についてのみ上記批判が成立するかが問われるべきであり，これも，生物学的要素を重視した具体的解決が，なぜ有力説の原理・基準から支持し得るのかという問題に収斂することになるだろう。

---

52) 浅田和茂「判批」新・判例解説 Watch vol. 20 199 頁，202 頁（2017）。

53) 岡上雅美「妄想性障害と責任能力——責任能力の体系的地位にも関連させて」井田良他編『浅田和茂先生古稀祝賀論文集上巻』281 頁，296 頁（成文堂，2016）。

54) なお，必ずしも有力説に立脚するものではないが，林は，身体疾患等の加わらない情動は量刑で考慮すれば足りるとする実務的傾向に対して，「法律的疾病概念を採用するということは，意識障害について言えば，身体的疾患に基づく狭い意識障害の概念によらないことを意味する」と批判し，より広く情動に基づく責任能力の減退の余地を認めるよう主張している（林美月子「情動行為と意識障害」立教法務研究 9 号 109 頁，131-142 頁（2016）。更に，「専ら心因性情動を量刑上しか考慮しないわが国の現状では，責任前提であるはずの責任能力に対して適正な検討をなしているとは到底いえない」との批判として，友田博之「健常人の情動に関する一考察（四・完）」法雑 53 巻 3 号 135 頁，176 頁（2007））。もっとも，林も生物学的要素を重視する立場を示していることについては前掲注 32）。

55) 小池信太郎「妄想と責任非難に関する小考：完全責任能力を認めた裁判例の分析を中心に」慶應法学 40 号 137 頁，154 頁（2018）。

第1節　問題状況の素描：有力説と刑事実務

(3) 近時の学説における議論の萌芽

このように有力説には，その支持する基準と，その支持する適用との不明瞭な関係という問題が内在しているといえる。そして，近時の学説においても，上記の有力説を修正する形で，「思いとどまることができること」とは異なる観点から責任能力判断を行うことを承認し，実践的な妥当性をも維持しようとする議論の萌芽も見受けられ始めている。

例えば，橋爪隆は，規範的責任論を採用すべきことを示したうえで，具体的適用をめぐる問題性を認識しつつ，「特殊な性癖や人格の偏りによる」場合と「重大な精神疾患や脳の器質異常」による場合とでは，「同じ『衝動を抑えることができない』といっても，その質や内容が大きく異なるのではないだろうか」と問題提起を行っている[56]が，これは両者の間には，有力説とは異なる観点からの差異があり得ることを提起するものであるといえる。さらに，近時，小池は，「規範意識の低さゆえに，思いとどまる事実上の可能性が低いこと」は，規範意識の規範的仮設等を理由に，「制御能力の低下として捉えられない」としたうえで，とりわけ重大犯罪においては当然見られる「強い興奮状態」のような「通常生じるレベルとは質的に異なる強度の（その意味で病的な）ものに限り，制御能力の低下としてとりあげるべき」であるという[57]。小池は，これを「通説的な規範的責任論に立脚しつつ，実質的な妥当性を確保する議論」の試みであると位置づけているが[58]，これも「思いとどまることができる」か否かでは妥当な区別がつかないことを是認し，それ以外の観点から責任能力判断を行うべきことを主張するものであるといえよう。

第2項　反対説の興隆

さらに，近時の学説においては，有力説と実践との不整合に鑑みて，有力説の修正にとどまらず，有力説の基礎そのもの，すなわち，刑罰を科す前提たる非難可能性としての責任は「行為者が当該違法行為をせず他の適法行為も選択可能であったという他行為可能性を前提とする」という一般的な原理そのものを拒絶するような学説も提起されている[59]。

---

56)　橋爪・前掲注14) 144-145頁。
57)　小池信太郎「精神障害と量刑判断──犯情評価をめぐって」刑雑58巻2号188頁，192-193頁 (2019)。
58)　小池・前掲注57) 188頁。
59)　竹川・前掲注11)，樋口・前掲注7)。

15

序章　問題の所在

　この見解は，いずれも他行為可能性・犯罪を思いとどまる能力を責任能力判断で用いることを拒絶し[60]，アメリカにおける見解（ラショナリティテスト[61]）等を参考にしながら，一定の推論／思考過程の下で判断を行う能力を有していたかを問う基準を提示する。具体的には，①「犯罪を行うという意思決定を状況に応じて得失を衡量しながら形成」しそれを「適切な手段で遂行する能力」及び「犯罪の社会的・法的な意味合い」や「犯罪への反作用として社会的・法的非難が生じること」を「理解し，考慮に入れて行動する能力」の総体という基準[62]や，②「刑法規範が提示する行為理由を理解し，その理由に基づいて自らの行為の妥当性について推論して行為を決定し，その決定に従って行為する能力」という基準[63]を提示する。もっとも，両者の見解にはニュアンスの差があり，前者の樋口亮介の見解（①）は「刑法による非難の対象にする適性」という観点から責任能力を理解すべきとし，その内実を量刑理由における考慮要素から基礎付けている[64]一方，後者の竹川俊也の見解（②）は責任非難自体を「理由への問いと応答」から基礎付ける法哲学者の見解に大いに依拠しながら，その反映として責任能力を理解するとともに，「他者や社会とかかわる能力」として自らの見解を位置づけ，前者の見解との差異化を図っている[65]。

　こうした見解は，上記の実務的動向をよりよく捕捉できることを，自らの見解の強みと位置づけている。例えば，樋口は「規範的責任論を基礎に置く学説からは説明できない判断方法が実際には妥当しているように見受けられる」[66]，また「規範意識が鈍麻した常習犯・多数前科者」についての有力説からの論理的帰結が「我が国の刑事実務に合致するとは思われない」[67]として有力説を批判し，難解概念司法研究の定式は自らの提示する「理性テストに合致すると思

---

60)　竹川・前掲注 11) 139 頁は「責任判断においては，他行為可能性の有無ではなく，実際に行われた行為の理由が出発点とされるべきだと考える」とし，樋口・前掲注 7) 199 頁は「犯罪を思いとどまる能力は精神障害を持たない犯罪者も欠落しているとみうる」とする。竹川・前掲注 11) 133 頁は「規範的責任論は……責任の内実を何ら明らかにするものではなかった」とした上で「こうした空虚な本質論の下で導出される責任能力基準は，いわば砂上の楼閣」とまで言う。

61)　ラショナリティテストを，樋口は「理性テスト」，竹川は「合理性テスト」と訳すが，第 3 章で検討するように，ラショナリティの内実は論者により様々であり，単一の訳語として既存の単語をあてることは妥当でないように思われることから，本書では原語のとおり記した。

62)　樋口・前掲注 7) 197-198 頁。

63)　竹川・前掲注 11) 264 頁。

64)　樋口・前掲注 7) 197-198 頁。

65)　竹川・前掲注 11) 284 頁。

66)　樋口・前掲注 7) 192 頁。

67)　前掲注 22) 参照。

第 1 節　問題状況の素描：有力説と刑事実務

われる」という[68]。また，竹川は，制御能力の認定は困難であることや制御能力は理論的に不要であると主張するとともに，有力説と近時の裁判例とを対置させて「弁識能力については，実体要件と認定要件の不対応が顕著に表れている」，裁判例では「行為を思いとどまる能力が失われていたとしても，直ちに免責に結び付くわけではない」と指摘し，有力説の実体要件と認定基準とが「乖離にとどまらず，矛盾している」ことを示唆した上で，自らの理論的枠組みと裁判実務の判断とが「親和的である」旨を指摘している[69]。

　しかし，これらの見解については，有力説を牽引する安田から，その原理と適用の両面について批判が当てられている。すなわち，上記の基準を基礎づける原理については，例えば竹川の見解に対して，「そもそもなぜ責任非難が正当化されるのかの基礎付けにおいては，やや明快さを欠いているように思われる」と指摘し，竹川が「『責任の帰属』を確定する場面では，規範は，時として事実と異なることを前提とせざるを」得ないとする点につき，「これでは，責任を認めるべきときに責任があるのだと宣言しているだけであり，なぜその場合に責任非難が可能となるのか，思いとどまることができたからこそ非難が可能となるのではないか」との疑問を提起している[70]。さらに，その具体的適用については，例えば樋口の見解に対して，得失を衡量する能力や犯罪の社会的・法的意味合いを理解する能力を前提とするのであれば，論者が「責任能力に影響しない」とするサイコパスについても，罰刺激への鈍感さや，被害者の痛みへの鈍感さが認められるのだから免責方向に傾くのではないかとの批判を行っている[71]。また，「得失を衡量しながら決定する」能力や「行為の妥当性について推論する」能力が必要なのであれば，前述した興奮状態の事例，すなわち「頭が真っ白になって」「激情のあまり」「かっとなって咄嗟に」犯行に及

---

68)　樋口・前掲注 22) 12 頁。

69)　竹川・前掲注 11) 第 2 部（特に 132 頁以下，151 頁以下），第 4 部（特に 279 頁以下）。

70)　安田拓人「書評　竹川俊也著『刑事責任能力論』」刑ジャ 60 号 184 頁，185 頁（2019）。また，竹川が挙げる，ラショナリティテストのうち認知プロセスの歪みに着目する見解と，別様に行為する理由が提示された場合の反応に着目する理由能力と，抑止刑の平等な負担等に基づく他行為可能性論が，整合的に接続し得るのかにも疑問の余地があるだろう。竹川の依拠する瀧川自身は，理由を理解しそれを適用する能力とかかる理由に照らして行動をコントロールする能力という意味で弁識能力・制御能力が責任能力の構成要素であるとしている（瀧川・前掲注 10) 108 頁，なお竹川・前掲注 11) 注 257)。

71)　安田・前掲注 48) 112 頁。また，妄想の取扱いについても「妄想等が支配的な影響を及ぼしたが，その内容の遂行過程では状況に即した合理的な行動を取っていた場合」に免責を認めないことになるが妥当でないと指摘する。

17

序章　問題の所在

んだ場合にも，こうした能力が失われるのではないかとの疑義もあり得よう。

このように批判が当てられる中，近時，樋口は「価値観といえるもの」が介在しているかを基準の一つとする見解へと説を修正しつつある[72]が，そこでもなお論者の言う「価値観といえるもの」とは何であるのか，その定義は必ずしも明らかではない。このように，有力説の一般的原理を拒絶し，実践をよりよく捕捉できることをも強みとする近時の反対説の基準については，その依拠する原理と，その具体的適用範囲について，いまだ明らかとなっていないのである。

第4款　問題状況の再整理：原理・基準・適用

以上の素描により，我が国における刑事責任能力をめぐる問題状況が明らかとなったように思われる。一方には，「思いとどまることができる」か否かを決定的な判断基準とする有力説が存在し，他方には，犯行に対する「精神障害の影響」・「正常な精神作用」の影響の程度を決定的な判断基準として提示する一連の司法研究が存在する。前者に依拠する有力説の一部は，その一般的原理を維持しつつも，後者を是認しようとしているが，理論的に困難である。この理論的な困難さは，有力説に内在する問題，すなわち，そもそも生物学的要素を重視した解決という有力説の支持する適用が，有力説の原理・基準からなぜ支持し得るか明らかではないという問題により生じているから，後者に対して批判的な有力説においても，なお同根の問題が認められる。以上に対し，前者と後者の不整合を指摘し，後者との親和性を自らの強みとする反対説も提起されているが，その原理や適用範囲をめぐっては，有力説から厳しい批判が当てられている。

このような問題状況において共通している問題意識は，刑事責任能力の判断をめぐる議論においては，如何なる根拠から，如何なる要件を定立し，それは如何なる具体的帰結をもたらすのか，という原理・基準・適用の一貫性が守られなければならないということである。それゆえに反対説は有力説と実践との不整合を問題視し，それゆえに有力説は反対説の原理や適用範囲の不明確さを問題視しているのである。

---

72)　樋口亮介「責任非難の構造に基づく責任能力論」刑雑58巻2号171頁（2019）。

しかし，では，どのような形で原理・基準・適用の一貫性を守ることができるのだろうか。有力説の原理や基準を堅持したうえで，実務的動向を支持するにせよ拒絶するにせよ，具体的な適用方法があり得ないかを探るべきなのだろうか。或いは，実務的動向こそ堅持すべきものであって，従前の学説の動向を「切り捨て」，実務的動向に対する「正面からの正当化」の方法を探っていくべきなのだろうか[73]。しかし，前者の道は，これまで提起された有力説自身が具体的認定は困難であると認めていること，また既に学説においても異なる観点から基礎づけを行おうとする動きの萌芽が生じるに至っていることからして，困難が十分に予想される。また，後者の道については，解釈法学がその理論的体系によって恣意的解釈を封じるものでもあること[74]からして，我が国の学説における理論的基盤を持つ必要性を指摘する必要があるだろう[75]。一連の司法研究の枠組みの適用範囲には重大な不明瞭さが残るように[76]，また近時の反対説に対しても適用範囲をめぐる批判があるように，恣意的解釈を封じ得るような理論的基盤を探る必要性は，実践的観点からも要請されよう。このように，理論的基盤と，実践的妥当性のいずれにも尊重すべきものがあるように思われる中で，我々はどのようにして，刑事責任能力判断における原理・基準・適用の一貫性を達成することができるのであろうか。

第2節　本書の目的・検討手法・検討領域

第1款　本書の目的

以上のように重大な問題を抱える現状において，本書は，刑法学において，なお原理・基準・適用の一貫した責任能力論の構築を試みることができないか，検討を行うものである。すなわち，刑事責任の理論的基盤を有しつつ，適用範

---

73)　これは，有力説がイメージしている，反対説への評価である（安田・前掲注48）109頁，111頁）。

74)　団藤重光『法学入門』322頁以下（筑摩書房，1973）。

75)　竹川は「体系的整合性を優先して実体要件と認定基準の矛盾を放置するのは妥当ではない」という（竹川・前掲注11）281頁）が，矛盾の放置が妥当ではないことは確かではあっても，体系的整合性の重要性自体が否定されるわけではないだろう。

76)　前款**第1項**で見たように，一般的定式として承認するならばその理論的妥当性が問題となるし，承認しないならば何が「正常な精神作用」か，割り振りの問題が存在している。

19

囲を明確化し得るような，責任能力の基準の提示を，刑法学の枠内で試みるものである。

　刑事責任能力論は，哲学や精神医学における議論とも密接に関連する議論であるから，これらを参照することも有意義であるし，哲学的観点から，或いは医学的観点から議論を評価することにも，高い重要性が認められる。しかし，実定法の原理・基準・適用をめぐる議論は法学が本分とするところであり，前節に見たように，この点に重大な問題が認められることから，法学内在的に刑事責任能力論を再検討する意義が認められよう。本書は，国内外の法学的議論を主として参照しつつ，この問題に一定の視座を提供することを目指したい。

第2款　本書の検討手法及び調査対象

　刑法学において現在の問題状況に一定の視座を提供するためには，前節に見た問題状況がどのような経緯で発生したのかを問うとともに，諸外国の法学的議論を摂取しながら展開してきた我が国の学説の議論を，その論拠とともに評価することが，必要であり有益である。それゆえ，本書は，以下に見るように，我が国における沿革・判例学説史の検討と，外国法の参照を，その検討手法として設定したい。

第1項　我が国における沿革・判例学説史の検討

　本書では，まず，我が国の沿革・判例学説史の検討を通じて，我が国の現在の議論状況が如何にして形成されてきたのかを明らかにすると共に，問題の更なる明確化を図る（第1章）。

　この点，我が国ではかつて旧派と新派の対立による学派的論争が激しく展開されていたことを踏まえると，「思いとどまる」能力を主張する旧派が学派の対立を勝ち抜き，昭和6年判例と現在の有力説が生まれ，そのまま有力説として現在まで引き継がれてきたという物語を思い描く読者もいるかもしれない。第1章で示されるのは，責任能力を巡る議論の経過はより複雑を極めるものであって，そしてその複雑な経過を認識して初めて，前節に見た現在の問題状況がなぜ生じたかを把握することができるということである。

　第1章では，如何なる趣旨で刑法39条が制定されたかを見た上で，昭和6年判例を含め，議論の変遷を追うにあたり重要であると思われる事象ごとに時

代を区切りながら，判例学説の展開を追うことで，我が国の現在の議論状況の特徴と問題点を抽出する。

第2項　外国法の参照

その上で，本書では，現在の我が国の学説がその淵源を有するとされる以下の2カ国の議論状況を検討することで，我が国の議論状況に対する知見を獲得することを試みたい。

1　ドイツにおける議論状況の検討

第一に本書が着目するのはドイツである（第2章）。ドイツでは刑法20条・21条により，一定の精神障害のために「不法を弁別し又はその弁別に従って行為する能力がない者」が責任無能力，これらの能力が著しく減退した場合は限定責任能力とされており，文言の類似性も相まって，有力説においては，主としてドイツの議論が参照されている。それゆえドイツの議論については先行研究が多数存在する[77]が，本書の問題関心からは，少なくともなお以下の2点において，更なる参照の意義が認められるように思われる。

一つは，ドイツ刑法20条・21条が如何なる趣旨で規定され，判例実務においてどのように適用されているかということである。有力説が参照する国であり，また現に弁識能力・制御能力を要求する法律を持つ国であるドイツについて，その規定の趣旨と実務的判断を研究することは，有力説の具体的適用範囲をめぐって問題性が指摘されている我が国の議論状況に対して，有意義な示唆をもたらすものと思われる。**第2章**では，ドイツの一般的理解等に関する前提知識を踏まえた上で，判例法の枠組みを整理し，一般的理解との整合性を検討する。

もう一つは，近時の学説の動向である。近時ドイツにおいては，日本の有力説と同様の見解を拒絶する動きが広がりを見せると共に，拒絶後に如何なる責任能力基準が定立されるべきであるかについても自覚的な議論が生起するに至っており，この動きを探求することも我が国の議論状況に対して有益であろう。そこで，**第2章**では，続けて，我が国の問題状況から特に注目される見解を

---

77)　代表的なものとして浅田和茂『刑事責任能力の研究：限定責任能力論を中心として　上巻』（成文堂，1983）。また，林美月子『情動行為と責任能力』（弘文堂，1991），安田・前掲注7），箭野章五郎「刑事責任能力における『精神の障害』概念」法学新報115巻5・6号285頁（2008）。

序章　問題の所在

取り上げて検討する。

2　アメリカにおける議論状況の検討

　　第二に本書が着目するのはアメリカである（第3章）。アメリカでは，刑事
責任能力に相応する「精神異常（insanity）」抗弁の基準が法域ごとに様々に定
立されているが，同抗弁を認める法域においては，基本的には，一定の「精神
の障害」の存在を前提とした上で，不正の認知と意思的要素の組み合わせによ
り基準を定立している。我が国では，その組み合わせの仕方を参照して，我が
国の昭和6年判例の基準の解釈・修正を図る見解がある[78]ほか，その様々な基
準を批判した上で主張された有力説（ラショナリティテスト）を参照する見解が
ある[79]。ドイツ同様，アメリカについても先行研究が存在するものの[80]，本書
の問題関心からは，少なくともなお以下の2点において，新たに参照する意義
があるように思われる。

　　一つは，上記の組み合わせに基づく基準について，学説において，或いは連
邦・州・コロンビア特別区の諸法域において，どのような適用結果が想定され
ているかということである。アメリカの様々な基準の組み合わせ方を参照する
我が国の学説は，その基準の文言や制定経緯を参照することはあっても，実際
に如何なる適用範囲が想定されているかについてまで参照することは稀である。
しかし，原理・基準・適用の一貫性という観点からは，学説において，或いは
諸法域において如何なる適用結果が想定されているかを確認して初めて，その
組み合わせ方の意義が明らかになるだろう。第3章では，まず，アメリカの
一般的理解等に関する前提知識を踏まえた上で，その基準適用の実際を具体的
に検討する。

　　もう一つは，近時の学説の動向である。例えば，前節に見た新たな学説は，
自らの見解はアメリカのラショナリティテストに由来するものであるとするも
のの，アメリカにおいて複数の論者によって時代を超えて主張されてきたこの
見解が，どれほどの共通性とどれほどの差異を抱えながら展開されてきたのか，
その全体像はなお明らかではない。また，先行研究では，ラショナリティテス

---

78)　例えば林幹人の見解がある（林幹人「責任能力の現状——最高裁平成20年4月25日判決を契
　　機として」上法52巻4号27頁（2009））。また墨谷・前掲注15)。
79)　本章第1節第3款**第2項**参照。
80)　代表的なものとして墨谷・前掲注15)，竹川・前掲注11)。

22

トの基準自体の紹介はあるものの，かかる議論が如何なる刑罰論・責任論に根ざすものとして提示されているかについて，考察が行われていない。しかし，前節に見たように，その原理や適用をめぐって有力説の側から批判が提起されていることからすれば，以上の点について研究することがなお必要であるといえるだろう。そこで，**第3章**では，続けて，ラショナリティテストやそれに対する批判を含むアメリカの近時の学説の動向について，原理・基準・適用の一貫性という観点から検討を加えたい。

第3款　検討領域及び分析視角の限定

以上のように本書は，我が国における沿革・判例学説史の検討と外国法の参照を通じて，原理・基準・適用の一貫した刑事責任能力論の構築を目指すものであるが，かかる検討にあたっては，検討領域と分析視角の限定を行いたい。

まず，検討領域について，多種多様な障害をなるべく包含する検討が望ましいものの，一過性の障害（とりわけアルコール関連障害や薬物関連障害）を検討するにあたっては，いわゆる行為責任の判断時点が正面から問題となり，原因において自由な行為を巡る議論をも検討対象に含める必要がある[81]から，本書では，酩酊について主たる検討領域からは除外し，責任能力に関する規律自体の理論的検討において試金石となる症状等（とりわけ統合失調症やうつ病，妄想性障害，人格障害や衝動等の異常）に主として着目しながら，検討を進めることとしたい。

次に，分析視角について，責任能力を基礎づける原理に特別予防的見地をも援用する見解が近時主張されている[82]が，その評価にあたっては，責任と予防をめぐる議論一般に加えて，起訴猶予処分や執行猶予，医療刑務所や医療観察制度などに関する刑事政策的議論を含む多面的な検討が必要となることから，特別予防的見地からの検討については評価を留保し，検討を進めたい[83]。

---

81)　英米法を参照した近時の検討として，竹川俊也「自招性精神障害の刑法的評価：『原因において自由な行為』論の再定位（2・完）」北大法学論集70巻1号1頁，18頁以下（2019）。

82)　水留正流「責任能力における『精神の障害』——診断論と症状論をめぐって（2・完）」上法50巻4号195頁（2007）（「特別予防的考慮」に根拠を置くとの表現は，同「特集・故意と責任能力　責任能力論からみた『故意と責任能力』の議論と医療観察法との関係」刑ジャ41号85頁，88頁注61）。なお，松宮孝明「治療的司法と刑罰との対話」治療的司法ジャーナル5号2頁（2022）も参照。

83)　水留は，「純粋な他行為可能性の定式に従えばある程度他の行為が可能だった余地があったかも

序章　問題の所在

しれないが，それでも行為者を責任無能力にして刑罰から解放するという診断論」を支持した上で，「社会的に非難が不相当な場合の典型が他行為可能性のない場合であると考えられる以上，他行為可能性のない場合にまで刑罰を賦課するのは不相当であるという結論において」有力説とは齟齬しないとしており（水留・前掲注 82）（上法）225 頁），有力説からは説明がつかない範囲について特別予防的見地からの検討を試みているのであるから，かかる議論の評価のためにも，本書の検討は有益であると考えられる。なお，松宮・前掲注 82）の議論については，拙稿・前掲注 6）（刑雑）32 頁も参照。

第1章 日本法における議論の変遷

　本章では，前章にて概観した現在の議論状況が，如何なる経緯を辿りながら，如何なる過去の議論の上に立ち，或いはこれを排除しながら形成されたものであるのかを把握することで，我が国の現在の議論状況の特徴を抽出し，本書の対象とする問題を更に明確化する。

　我が国における責任能力の議論は，立法や判例等のエポックメイキングな事象を経て，その重点を移す傾向にあることから，本章では，議論の変遷を追うにあたり重要であると思われる事象ごとに時代を区切り，その間の議論を叙述することとしたい。具体的には，まず，現行刑法制定過程の議論状況を把握した上で（第1節），重要判例たる昭和6年判例に至るまで，判例学説が刑法39条について如何なる理解を共有していたかを解き明かす（第2節）。そして，特に戦後，如何様にして判例学説の理解が乖離し始めたかを見た上で（第3節），裁判員裁判導入に伴う『難解な法律概念と裁判員裁判』の公表等を経て，判例学説にどのような変化が生じたのかを検討し（第4節），我が国の現在の議論状況の特徴と問題を明確化する（第5節）。

第1節　現行刑法制定過程の議論：
「心神喪失」「心神耗弱」の出現

　現行刑法39条は，1項で「心神喪失者の行為は，罰しない」とし，2項で「心神耗弱者の行為は，その刑を減軽する」としているが，この規定は，現行刑法が明治40年に制定されてから変化していない。本節では，現行刑法39条が定められるまでの沿革を辿ることで，当該規定が如何なる経緯で如何なる理由から設けられたのか，考察を行いたい[1]。

　我が国においては，旧刑法78条において「知覺精神ノ喪失ニ因テ是非ヲ辨

別セサル者」については罪を論じない旨が規定され，犯罪の軽重にかかわらず一定の精神の異常に着目し必要的に免責を認める制度が認められるに至った。同条は「是非ヲ辨別」との用語を用いてはいたものの，学説上は，限界は明確ではないが，必ずしも知的要素に関するものに限定されない多種多様な疾病が包含されることが論じられており，現行刑法 39 条とも親和的な規定となっていた[2]。

　もっとも，このことから，旧刑法の規定が現行刑法 39 条の基礎となっていると評し得るかは別論である。先行研究においては，規定の類似性を理由としてか，旧刑法 78 条と現行刑法 39 条の連続性を強調する見解も見受けられる。例えば，小野清一郎は「『心神喪失』という語は，旧刑法第 78 条の『知覚精神ノ喪失』という語につながっているのであり，フランス語の"aliénation mentale"から来ているが……本来精神医学的な，すなわち生物学的な概念である」と評している[3]。しかし，本節の検討から明らかとなるのは，「知覚精神ノ喪失」と「心神喪失」は別の淵源を持つ用語であり，「心神喪失」は，精神障害による行為であるかどうかという観念を中心に，法律上意義を決することのできる用語として採用された用語であるということである[4]。

　以下，草案の変遷と理由をみることとしたい。

第 1 款　草案の変遷及び理由

第 1 項　変遷の概観

　まず，現行刑法に至るまでの草案の変遷のうち，顕著な文言の変遷を概観すると以下のようになる。

　㋐明治 23 年刑法改正草案 70 条[5]「知覺精神ノ喪失ニ因リ是非ヲ辨別セスシ

---

1)　本節第 1 款での考察にあたっては，内田文昭他編著『日本立法資料全集』（信山社）のうち第 20 巻から第 27 巻を適宜参照し，以下これらを引用するにあたっては，○を巻数，●をページ数として，内田他（○）・前掲注 1) ●頁と記す。

2)　以上については，拙稿「刑事責任能力の判断について──原理・基準・適用（一）」法協 137 巻 9 号 75 頁，106 頁以下（2020）において，旧刑法制定過程・旧刑法下における学説を検討することによって示した。

3)　小野清一郎「責任能力の人間学的解明 (2)」ジュリ 368 号 114 頁，120 頁（1967）。

4)　本節第 1 款参照。また「知覺精神ノ喪失」が「フランス語の"aliénation mentale"から来ている」という点にも疑問がある（拙稿・前掲注 2) 注 122 等参照）。

5)　内田他（20-3）・前掲注 1) 166 頁。

テ行ヒタル所爲ハ罪ト爲サス」

　④明治28年刑法草案52条[6]「精神ヲ喪失シタル者ノ行爲ハ之ヲ罰セス但精神病ニ罹ル者ハ情狀ニ因リ監置ノ處分ヲ命スルコトヲ得」

　⑤明治30年刑法草案52条[7]「精神病者又ハ意識喪失者ノ行爲ハ之ヲ罰セス但精神病ニ罹ル者ハ情狀ニ因リ監置ノ處分ヲ命スルコトヲ得」

　㋒明治34年刑法改正案49条[8]「精神障礙ニ因ル行爲ハ之ヲ罰セス但情狀ニ因リ監置ノ處分ヲ命スルコトヲ得」「精神耗弱者ノ行爲ハ其刑ヲ減輕ス」

　㋔明治39年刑法改正案42条[9]「精神障礙ニ因ル行爲ハ之ヲ罰セス」「精神耗弱者ノ行爲ハ其刑ヲ減輕ス」

　㋕明治40年刑法改正案39条[10]「心神喪失者ノ行爲ハ之ヲ罰セス」「心神耗弱者ノ行爲ハ其刑ヲ減輕ス」

第2項　変遷の時期・内容

　変遷の時期を明示するため，現行刑法の制定過程について簡単に確認したい。

　旧刑法は明治13年に公布され，明治15年に施行されたが，その施行前後には早くも改正すべきとの意見と共に一部改正案が出されるようになった[11]。そして，その後ボアソナードにより作成された刑法改正案を基に，法律取調委員会等において改正作業が進められ[12]，明治23年刑法改正草案（㋐）が成立した。同草案は翌年第1回帝国議会へと提出されたが，会期終了に伴い改正へと至らなかった。そこで，司法省は刑法改正審査委員会を設け更に改正作業へと取り組み，明治28年刑法草案，明治30年刑法草案等（④㋒）を作成したが，

6）　内田他（21）・前掲注1）139頁。

7）　内田他（21）・前掲注1）139頁。

8）　内田他（22）・前掲注1）39頁。

9）　内田他（26）・前掲注1）129頁。

10）　内田他（26）・前掲注1）263頁。

11）　内田他（20-1）・前掲注1）掲載の文献を見る限りでは，本書の検討対象との関係では有意な変化は見受けられない（司法省全部改正案につき同89頁，その参事院の修正につき同185頁，249頁，286頁，416頁）。なお同書掲載の外国人の旧刑法への批判においては，旧刑法78条は簡潔な規定であるとした上で，これを評価するものと批判するものが見受けられる（ベルネルの批判につき同481頁，ハーメルの批判につき532頁，556頁，582-583頁）。

12）　ボアソナード刑法改正案は，旧刑法78条から「是非ヲ辨別」を削除した内容のものであった（内田他（20-2）・前掲注1）71頁）が，それに対して再度「是非ヲ辨別」を加えるよう修正がなされた（同178頁）。この「是非ヲ辨別」を加えるか否かについては法律取調委員会による草案においても変遷が見受けられる（同253頁，278頁，499頁と，同450頁を参照）が，最終的に改正すべき条項からは除外されている（同473頁以下）。

第1章　日本法における議論の変遷

刑法改正反対運動等に鑑みて，議会へと提出されることはなかった。その後これを原案に，更なる改正作業を経て，明治34年刑法改正案（㋓）が作成され，第15回帝国議会へと提出されたが，これもまた審議未了のまま会期が尽きることとなった。これを踏まえて，更に同案を基に改正案が作られては第16・17回帝国議会へと提出されたが，いずれも審査を終えることができなかった[13]。その後政府は刑法改正案の議会提出を見合わせてきたが，明治39年，第1次西園寺公望内閣の下で法律取調委員会にて刑法改正案の精査がなされ，その中で，これまでの改正案を基に明治39年刑法改正案が作成され（㋔），それを基に更なる議論を経て，明治40年刑法改正案が作成された（㋕）。これが第23回帝国議会へと提出され，貴族院・衆議院・両院協議会の議論を経て，現行刑法が制定されるに至った[14]。

　以上の過程に鑑みて上記の変遷（**第1項**）を見ると，当初は旧刑法同様の条文が掲げられていたところ（㋐），改正作業を経て，「是非ヲ辨別」という文言が姿を消す（㋑）と共に，要件が「精神病者又ハ意識喪失者ノ行爲」或いは「精神障礙ニ因ル行爲」という，医学的とも取れる文言へと変容した（㋒㋓㋔）が，明治39年から40年にかけての法律取調委員会の議論を経て，現行法の「心神喪失者ノ行爲」という要件に移行した（㋕）と言える。

第3項　変遷の理由

　本書の問題意識からすると，現行刑法39条を巡る諸草案の変遷のうち重要なものは，明治30年刑法草案・明治34年刑法改正案における医学的とも取れる文言への変容と，明治40年刑法改正案における「心神喪失者ノ行爲」という文言への変容である[15]。ここでは如何なる理由で明治30年刑法草案52条・

---

13)　それらで提出された改正案（内田他（24）・前掲注1）37頁，内田他（25）・前掲注1）327頁）や第16回帝国議会貴族院修正可決案（内田他（25）・前掲注1）31頁（内田他（24）・前掲注1）356-357頁も参照））での規定の内容は，明治34年刑法改正案49条と同様である。またそれらで提出された改正案の理由書を見ても，同条についての記載は明治34年刑法改正案のそれと同様である（内田他（24）・前掲注1）357頁，内田他（25）・前掲注1）375頁）。なお，第16回帝国議会に提出された明治35年刑法改正案は，明治34年刑法改正案に対する批判も踏まえた「刑法再整理案」を基に作られているが，「刑法再整理案」には本条に関する事項は記載されていない（内田他（22）・前掲注1）資料23（同資料24，25も参照））。

14)　以上につき，内田他（20）・前掲注1）3-62頁，内田他（20-2）・前掲注1）3-42頁，内田他（21）・前掲注1）3-23頁，内田他（22）・前掲注1）3-15頁，内田他（23）・前掲注1）3-11頁，内田他（24）・前掲注1）3-6頁，内田他（25）・前掲注1）3-10頁，内田他（26）・前掲注1）3-11頁，内田他（27）・前掲注1）3-12頁。

15)　「是非ヲ辨別」という言葉が削除された趣旨については*1*にて触れる。

28

第1節　現行刑法制定過程の議論：「心神喪失」「心神耗弱」の出現

明治 34 年刑法改正案 49 条が規定されたかを解き明かした後に（*1*），明治 39 年から 40 年にかけての法律取調委員会の議論を紐解く（*2*）ことにより，かかる変容の理由を探ることとしたい。

1　明治 30 年刑法草案 52 条・明治 34 年刑法改正案 49 条成立の経緯

明治 30 年刑法草案は，刑法改正審査委員会の審議や，その中で作成された明治 28 年刑法草案に対する判事・検事らの意見等により成立している[16]。明治 30 年刑法草案については，公式の注釈書は未だ明らかになっていないが，刑法改正審査委員会の校閲する解説本が存在しており，同書を参照することで刑法改正の趣旨をうかがい知ることができる[17]。例えば，本条では「是非ヲ辨別」という言葉が削除されているが，その理由としては「知覺精神ヲ喪失シテ是非ノ辨別アル者アラサルハ精神醫學上明カナル」という点が指摘されており[18]，「是非ノ辨別」という要件自体に独自の意義が存在しなかったということが変遷の理由としてうかがい知れる[19]。

もっとも，上記の解説本からは，なぜ「精神病者又ハ意識喪失者」という文言が選択されたのかについては，明らかではない。この理由は，実のところ，その後の明治 34 年刑法改正案 49 条成立の経緯を辿ることで解明される。そこで，以下，同条成立の経緯をみることとしたい。

（1）法典調査会会議日誌

明治 34 年刑法改正案 49 条は明治 33 年刑法改正案 52 条に由来する[20]が，同案は，明治 32 年からの法典調査会第 3 部による刑法改正作業により成立している。そこでその会議日誌を紐解くと，以下の事実が明らかとなる。すなわち，

---

16)　この点については拙稿・前掲注 2）注 153 参照。

17)　参照，内田他（21）・前掲注 1）26-27 頁。なお，本条の解説は，中島晋治＝大澤唯治郎共著（石渡敏一＝勝本勘三郎校閲）『現行刑法対比改正刑法草案理由（総則編之部）』(1898) には掲載されているが，溝淵正気＝藤田次郎共著（亀山貞義校閲）『新舊対照刑法草案理由書』(1898) には掲載されていない。

18)　中島他・前掲注 17) 164-165 頁。旧刑法の議論状況とも相応している（拙稿・前掲注 2）122 頁）。

19)　その他に，同条の原理や旧刑法の理解について，中島他・前掲注 17）の著者と校閲者との間で意見の相違が存在することも看取される（この点については拙稿・前掲注 2）注 156)。

20)　条文の規定は同一である（内田他（21）・前掲注 1）473 頁）。なお，両者の理由書には，旧法の「法文ノ意義頗ル不明」であることと，「全ク知覺精神ヲ喪失セシヤ否ヤヲ判別スルコトハ醫學上ニ於テモ至難」であることから「意義ヲ明確ニ為シタリ」ということが理由として掲げられているが，その「意義」の内実については明示されていない（同 517 頁，内田他（22）・前掲注 1）88-89 頁）。

29

第1章　日本法における議論の変遷

同部会では，精神障害の意義や範囲等について「片山博士」の出席が求められ，「片山博士」の説明及び質疑応答が行われた上で，倉富起草委員より，「片山博士」の説明からすれば精神障害には「種々ノ段階アル」ということで，「純粋ノ精神障礙ハ不溜〔論〕罪トシ中間ノ精神障礙ハ減刑ノ性質トシ多少精神ニ障礙アルモ中等以下ニ下ルモノハ普通ノ刑罰ヲ加フルコトトシ第五十二條ヲ書分ケン」という動議が出され，部会の決議が取られているのである[21]。

　このことからすると，法典調査会では，「片山博士」との議論の結果，精神障害の「段階」に応じて「普通ノ刑罰」を加えるものから刑罰を全く科さないものまで書き分ける旨が決議されており，これが明治34年刑法改正案49条へと繋がっているといえよう。

(2) 背景事情：「起草委員会ニ於ケル意識ニ関スル片山大学教授へ質疑速記」

　この法典調査会会議日誌に登場する「片山博士」とは，日本における近代法医学の始祖である片山國嘉である[22]。そして，（1）に見た法典調査会第3部の会議が行われる前に[23]，その部長である横田国臣と起草委員である倉富勇三郎・石渡敏一・古賀廉造は，片山國嘉に出席を求めた上で，精神障害者や低い年齢の者について，刑罰の科されない対象をどのように切り取るべきかに関して質疑を行っているのである。ここでは，その質疑の速記録[24]を詳しく見ることで，片山と起草委員会の理解を確認することとしたい。同速記録では，片山が改正案を提案した上で，委員との質疑が行われている。

(a) 明治30年刑法草案の「精神病者又ハ意識喪失者」

　まず，片山は「榊君ガ生キテ居ル時ニ一度御照會」があったと話を始める。これは，明治30年2月に39歳の若さで急逝した，日本で最初の精神病学担当の大学教授であった榊俶を指すと思われる[25][26]が，片山は，当時司法省から大

---

21)　内田他（21）・前掲注1）186-187頁。

22)　片山國嘉については例えば，岡田靖雄「片山國嘉の精神病学講義」日本医史学雑誌60巻3号319頁（2014）。なお，現行刑法制定過程における精神障害の取扱いについての片山國嘉の重要性に着目する先行研究として，例えば，永井順子「『精神病者』と刑法39条の成立——『主体ならざるもの』の系譜学・序説」ソシオサイエンス11号225頁，229頁以下（2005），林美月子「責任能力判断と精神鑑定——最高裁平成20年4月25日判決を契機として」立教法学87号(1)頁，(26)頁以下（2013），藪中悠『人の精神の刑法的保護』127頁以下（弘文堂，2020）。

23)　部会の第1回会議は明治32年5月30日であるが，ここで速記録を見ると，片山への質疑は明治32年4月26日に「起草委員会」により行われている。

24)　内田他（21）・前掲注1）資料6。

25)　榊俶については，例えば東京大学精神医学教室120年編集委員会編『東京大学精神医学教室

30

第1節　現行刑法制定過程の議論：「心神喪失」「心神耗弱」の出現

学に対して意見を求められたが，そこで「獨逸ノ眞似ヲシタ許リデアリマス」という。片山は，精神障害といえば一つであらゆる事柄の意味を含められるため精神障害の用語を用いたいと考えたが，大学のほとんどの者は「刑法上ノ事ニ付テハ考ヘガ丸デナイ」ので，「榊君」が二つの案をもって司法省の者に意見を伺ったところ，「此方」を採用するのが司法省の傾向であるということで，改めて教授会にかけると，教授会は「獨逸ノ方モサウデアルシ司法省ノ方モサウデアルト言ヘバ吾々ハ仕様ガナイ」として多数決で決定した，とその経緯を説明する。そしてその決定の理由として，自分と「榊君」が，「分ケタ意味ハ獨逸邊リデハドウ云フ工合ニ解釋シテ居ルカ」を書いたのだと言うのである[27]。

明治30年刑法草案52条が当時のドイツ刑法51条に類して「精神病者」と「意識喪失者」とを分けて規定していること等[28]からすれば，以上の議論により，明治30年刑法草案52条が「精神病者又ハ意識喪失者ノ行爲」と規定していたのは，当時のドイツ刑法の文面に影響を受けたものであることが推察されるだろう。

(b) 片山自身の提案

しかし，片山は，片山自身としては「成ルナラバ一ツノ名稱」で表した方が「簡單デサウシテ實際上都合ガ宜カラウ」という。「意識」というと「『ひろそひー』ノ問題」が生じるので避けた方がよく，「精神病」というと狭い意味のように「傾キヲ持ツ」のであって，「精神障礙ト云フ四字ニ網羅シテ仕舞フノ

120年』(新興医学出版社，2007) に所収されている，秋元波留夫「『東京大学精神医学教室120年』刊行に寄せる」，岡田靖雄「精神科医療史のなかの東京大学精神科」等を参照。

26) 法医学 (裁判医学) が専門であるはずの片山がこの会議に出席していることは，この榊の夭折と密接に関係していると考えられる。すなわち，東京大学医学部精神医学教室では，榊が夭折した後，6月程は助教授の呉秀三が教室主任を務めていたが，その呉がドイツへの留学に旅立ったために，法医学 (裁判医学) 教授の片山が，呉が留学から戻り正式に東京帝国大学の教授に任命されるまでの間 (明治30年8月から明治34年10月までの間) 精神医学担当の教授を兼任していたのである (以上について，東京大学精神医学教室120年編集委員会編・前掲注25) 所収の松下正明「東京大学医学部精神医学教室120年の歩み──とくに，片山國嘉教授をめぐって」)。こうして同教室主任教授を務めていたために，片山が出席を求められたと推察される。なお，以上の経緯から，東京大学精神医学教室の歴史記述において片山は従来ほとんど無視されてきたと評されているが，近時その業績の重要性に注目する文献も発表されている (松下・前掲，岡田・前掲注22))。

27) 内田他 (21)・前掲注1) 253頁。

28) 同草案の基礎となった刑法改正審査委員会の審議で参照された各国刑法にドイツ刑法51条も含まれている (内田他 (21)・前掲注1) 40頁) ことも，この推察を基礎づけるだろう。なお，当時のドイツ刑法51条の条文は「犯人が行為遂行時に，意識喪失又は精神活動の病的障害のために，その自由な意思決定が排除された状態であったとき，可罰的な行為は存在しない」というものであった (第2章第2節第1款参照)。

ガ一番適當デアラウト思フ」と主張する。そして,「精神障礙ト言ヘバ詰リ精
神健康ノ反對ヲ言フ」のであり,「刑法ノ精神カラ見テモ此場合ニ健康デナイ
モノト云フニ外過ナイノデスカラ健康ノ裏卽チ疾病或ハ障礙デアリマスガソレ
丈ケノ事サヘ言ヒ現シテ置イテソレニ基イタ行爲デアレバ詰リ行爲ト其病氣ト
云フモノト關聯ガアルカ否カソレガ病氣ニ基イタト云フコトデアレバモウ此處
ニ更ニ是非ノ辨別ダトカ何ントカ云フコトハ言ハズトモ刑法ノ精神ハ充分ニ言
ヒ現シテ居ルコトニナルト思ヒマス」というのである。「是非ノ辨別」という
言葉を入れると,例えば姉が自分を虐待して自分を殺そうとしているので,裁
判所で姉の行爲が間違っていることを示すために,姉を殺すのではなく姉を傷
つけたという事案が実際にあったが,「言フ通リガ事實ナラバート通リノ理窟
ヲ持テ居ル其點カラ見レバ是非ヲ辨別シテ居ルヤウデアル」けれども,その者
は「餘程前カラ旣ニ病氣」であり,姉が殺そうとしているということ自体が
「夢想ニ過ギナイ」という事案であり,ここで「是非ノ辨別」を強いて主張す
ると精神病であるという鑑定を疑うようなことにもなってしまうという。こう
して片山は,「病的ノ行爲ナラモウ其行爲ハ罰セヌ」ということであれば「是
非ノ辨別云々」を言う必要はなく,「字句ハドウナルカ知ラヌ」が「精神ノ障
礙ニ因リタル行爲ハ之ヲ罰セス」という短い書き方にするのがよいのではない
かと提案するのである[29]。

　このように,「行爲ト其病氣ト云フモノト關聯ガアル」,つまりその行爲「ガ
病氣ニ基イタ」ものであるならばこれを罰しないと定めさえすれば,「更ニ是
非ノ辨別ダトカ何ントカ云フコト」を言わなくとも「刑法ノ精神ハ充分ニ言ヒ
現シテ居ル」という理由で,明治34年刑法改正案49条同様の条文を提案して
いるのである[30]。

(c) 質 疑 応 答

　以上の片山の説明に対する質疑応答では,主として,その文言を「精神障
礙」とすべきか,「精神病」等の別の用語とすべきかを巡って,片山は「精神
病」でも「精神障礙」でも構わないとの立場の下,委員からの具体例に関する
質疑に応答しているという構図になっている。

---

29)　内田他（21）・前掲注1）254-256頁。
30)　もっとも,ここにいう「刑法ノ精神」の内容は定かではない。というのも,ドイツ等の精神医
　学の影響を受けた片山自身は明治21年に記した『裁判医学提綱』の上巻において,「辨識力
　（Erkenntnis）」と「撰擇力（Wahlvermögen）」とを「責任力」の要件として掲げており（199-202
　頁）,障害に基づけば処罰しないという叙述は選択されていないからである。

32

第1節　現行刑法制定過程の議論：「心神喪失」「心神耗弱」の出現

　そこでは，様々な質疑応答がなされたが，本書の問題意識から重要な説明・質疑応答としては以下の二つが挙げられる。第1に，原理に関する議論として，横田が片山に対して，「刑法カラ論ジタ」場合には「意思ト云フモノガ本心デアルカ本心ヲ止メラレタカ」が限界となるのであって，「精神病デアツテモ何ンノ事モ知ツテ居レバ脳病トカ云フ理窟デヤラレルソレヲ免ズルコトハドウシテモ出來ナイ」と主張したのに対して，片山は，「精神病」とは「脳髓」に病気があるものであり，「意思ト云フモノガ精神病ノ爲ニ變ハルカモ知レヌ」と応答している。第2に，古賀や石渡から，如何なるものが「病氣」や「障礙」に含まれるかという質問が出されたところ，「病的ノ原因」に基づく「忿怒」や，「餘程ノ原因ガナケレバ普通ノ人ハソンナ事ヲスルモノデナイ」ために「精神病ノ状態」と見られる行為等の多種多様な疾病が含まれることが論じられている。

　以上の質疑応答を経たうえで，質疑速記では，心神耗弱やいわゆる部分的責任能力の議論を経た後に，石渡が「感覺」的には「障礙」というと広すぎるように考えられると議論提起をし，皆が各々案を出すが適切な言葉が見つからず，「精神障礙ニ因リタル行爲」という片山の案が確認され，少年等に関する議論へと移行している[31]。

(3) 小　　括

　以上の議論に鑑みるに，明治34年刑法改正案49条は，精神障害の「段階」に応じて「普通ノ刑罰」を加えるものから刑罰を全く科さないものまで書き分けようとしたものであるが，これは，行為「ガ病氣ニ基イタ」ものであるならばこれを罰しないと定めさえすれば，「更ニ是非ノ辨別ダトカ何ントカ云フコト」を言わなくとも「刑法ノ精神ハ充分ニ言ヒ現シテ居ル」という片山國嘉の議論に強い影響を受けたものと言えるだろう。

　もっとも，横田が「刑法カラ論ジタ」ならば「精神病デアツテモ」「免ズル」ことができない場合もあるのではないかと異論を挟んでいるように，行為「ガ病氣ニ基イタ」場合に刑罰を科さない原理は必ずしも明確でなかったといえよう。片山は，「脳髓」に病気がある「精神病ノ爲ニ」「意思」が変わる可能性を指摘しているが，なぜ「脳髓」に病気があると刑罰が科せられないかについて

---

31)　内田他（21）・前掲注1）256-268頁。

第1章　日本法における議論の変遷

は，なお明確でなかったのである。

2　明治40年刑法改正案39条への文言の変容

それでは，明治40年刑法改正案39条が「心神喪失者ノ行爲ハ之ヲ罰セス」「心神耗弱者ノ行爲ハ其刑ヲ減軽ス」と規定するに至った経緯を見ることとしたい。明治39年刑法改正案42条は，但書が削除されたことを除いて明治34年刑法改正案49条と同一の条文であったところ，明治39年刑法改正案42条を法律取調委員会にて審議する過程で，「精神障礙ニ因ル行爲」「精神耗弱者ノ行爲」がそれぞれ「心神喪失者ノ行爲」「心神耗弱者ノ行爲」へと変容したのである。ここでは，同委員会の委員総会日誌[32]を紐解くことで，その変容の経緯を見ることとしたい。本条について同日誌で取り上げられた議論は主に以下の3つである[33]。

(1) 明治39年刑法改正案における「精神障礙」の文言の選択

まず，明治39年刑法改正案42条が「精神障礙」という用語を選択した理由については，「片山博士ノ意見ニ因リタルモノ」であるとの説明がなされている。そして，法典調査会の審議で「片山博士」に様々な質問を行ったものの，「精神障礙」にも種々の程度があって，その意義については今日に至るまで満足できる解決を見ていないようであるから，「年來本條ニ付テハ全ク安心スルコトヲ得ズ」としている。しかし，「適當ノ辭句ヲ按出スルニ至ラザルヲ以テ未ダ提案スルコトヲ得ズ」としているのである[34]。

このように，やはり片山國嘉の議論に大きく影響を受けながら「精神障礙ニ因ル行爲」を罰しないことが定められたのであるが，「精神障礙」という用語を選択することについては，その定義の争いにも鑑みて躊躇いも存在し，むしろ「精神障礙」という用語は消極的に選択されているに過ぎないということが看取される。

---

32)　内田他（26）・前掲注1）資料47，資料48。
33)　それ以外にも，例えば，犯罪後精神障害を生じた場合等の規定がない理由は，刑の執行手続に関することであり刑事訴訟法改正案に譲っている等の質疑応答がある。内田他（26）・前掲注1）173頁。
34)　内田他（26）・前掲注1）173-174頁。

34

第1節　現行刑法制定過程の議論：「心神喪失」「心神耗弱」の出現

(2) 明治 40 年刑法改正案における「心神喪失」の文言の選択

そのような中，花井卓蔵委員から「民法第七條ニ記載スル心神喪失者ト同第十一條ニ在ル心神耗弱者ト原案ノ意義ハ異ナルヤ」との質疑が出され，倉富が「結局同一ナラン乎」と答えている。これらは民法上の「禁治産者」「準禁治産者」に関する条文であるが，これを受けて花井は，「精神」を「心神」と改めることを提案し，穂積陳重委員の同意を得[35]，また平沼騏一郎委員からの協議を受けて，民法と同様に「心神喪失」とすべきだと提案するのである。続けて花井は，自分の修正説には，民法に同一の規定があれば法律上の意義は医学上の解釈とは別になるという利益がある等の理由を主張する。そして，この花井の提案が多数の賛成を得て，委員会で可決されたのである[36]。

このように，「精神障礙ニ因ル行爲」を罰しないと定めることには，「精神障礙」の定義の争いに鑑みて躊躇いが存在したところ，民法上の規定に揃え「心神喪失」「心神耗弱」とすることで，医学上の争いとは一線を画し，法律上意義を決定することができるとの意見が現れ，それが委員の同意を得て，明治40 年刑法改正案 39 条の記載になったということができるだろう。同案が第 23 回帝国議会に提出された際も，民法の用例になるべく合わせた旨の説明のみが理由書でも議会でもなされており[37]，「心神喪失」「心神耗弱」の用語は，当時の民法 7 条，11 条に由来するものということも言えるだろう[38]。

(3) 理論上の争いへの態度

「心神喪失」「心神耗弱」の用語の可否に加えて，委員総会では，そもそも本条（の特に第 1 項）を維持するべきか削除するべきかについても争われていた。

すなわち，富井政章委員は，明治 39 年刑法改正案 40 条（現行刑法 38 条に相

---

35)　穂積は，「呉醫學博士ノ意見書」を見ても，精神障害には様々な種類があり，医学上の用語としては到底完全に言明することができないということを理由として挙げている。なお，この発言があったのは明治 39 年 11 月 26 日であり，呉秀三が留学から戻り東京帝国大学教授に任命された後のことである（前掲注 26））から，この意見書は呉秀三のものと推察できるだろう。なお，本委員総会に先立って明治 39 年 7 月 4 日には，委員一同も出席した上で呉の「刑法と精神病に関する講話」があったようである（内田他（26）・前掲注 1) 10 頁）。

36)　内田他（26）・前掲注 1) 175-177 頁。

37)　内田他（26）・前掲注 1) 304 頁，内田他（27）・前掲注 1) 121 頁。なお，貴族院修正案・衆議院修正案・改正刑法における 39 条は全て明治 40 年刑法改正案 39 条と同一である。内田他（27）・前掲注 1) 35 頁，315 頁，343 頁。

38)　なお，民法上の「心神喪失」「心神耗弱」について，これが当時のベルギー民法草案又はイタリア民法に由来し，当時のフランス法にいうところのデマンス（démence）ではないと推察されることについては，拙稿・前掲注 2) 注 176 参照。

当）が「罪ヲ犯ス意」を要求していることを取り上げた上で，同案 42 条 1 項の行為は「詮ジ詰ムレバ犯意ナキモノナレバ寧ロ特條ヲ設クルノ必要ナキモノノ如シ」と主張し，古賀も，「精神障礙ニ因ル行爲ヲ罰セストノ趣旨ハ畢竟罪ヲ犯ス意ナキニ因リタルモノナルベシ然ラバ其犯意ナキコトガ精神障礙ニ因ルト其他ノ理由ニ因ルトヲ區別スルノ必要ナク少ナクトモ本條第一項ノ規定ハ削除スベキモノト思料ス」[39]と主張しているのである。これに対して，穂積（陳）は，「本條ト第四十條トノ關係ニ於テハ全然其意義ヲ異ニス」と言い，「狂者ニモ或ル行爲ヲ爲ス意思ハ缺如セズ而シテ其行爲ガ精神障礙ニ因ルノ結果犯罪行爲ニ直接ノ責任ヲ有セズト云フニ在ルノミ」として「本條ノ削除ハ絶對的反對ナリ」という。

この穂積の意見に対して，富井は「自分ノ解釋」では「犯意」には 2 種類あって「狂者ノ行爲」にも「犯意」は欠けていると主張し，古賀は「第四十條ノ罪ヲ犯ス意思トハ自由意思ヲ意味」するというべきだという自説を展開する。こうした意見に対して，平沼が，「自由意思ヲ以テ犯罪ノ根據トスルノ學説ハ刑法上大ニ議論アルコトニシテ未ダ確乎タル定見ト謂フコトヲ得ザルベシ」として，「刻下此説ニ依ルコトハ頗ル危險ナルヲ以テ削除説ニハ絶對反對ナリ」と反論している。そして富井が削除説賛成を取り消し，多数決の結果，削除説は否決されている[40]。

このように，採用する学説如何によっては他の条文の解釈に包含することができたとしても，ここでは学説の対立には立ち入らずに「精神障礙ニ因ル」行為について処罰を否定する旨を別途規定したということができよう。

第 2 款　小　　括

現行刑法制定過程では，旧刑法に存在していた「是非ヲ辨別」という要件に独自の意義がなく，むしろ決定的なのはその行為が「精神障礙ニ因ル行爲」であるか否かであるという観念が支配的であった。そこでは，法医学者の片山國嘉の議論に強い影響を受けながら，精神障害の「段階」に応じて「普通ノ刑罰」を加えるものから刑罰を全く科さないものまで書き分ける形で明治 34 年

---

39)　古賀が，このように「意思」の有無に着目する学説へと転向したことについては拙稿・前掲注
　　2）注 138 参照。
40)　以上につき，内田他（26）・前掲注 1）176-177 頁。

36

刑法改正案49条が成立するに至ったのである。しかし,「精神障礙」の定義には医学上も争いが存在するため,民法上の規定の文言を借用し「心神喪失」「心神耗弱」という用語を用いることで,医学上の争いと一線を画して法律上意義を決定することが試みられ,現行刑法39条のような条文規定になったと言える。すなわち,「精神障礙ニ因ル行爲」か否かが決定的であるという観念に基づきながら,しかし法律上意義を決することができる用語として「心神喪失」「心神耗弱」の用語が用いられるに至ったということができよう。

　しかしながら,「心神喪失」「心神耗弱」の用語を支える「法律上」の意義が一体何であるかという観点は制定過程上定かではなかった。明治34年刑法改正案制定過程においても,片山と横田との間に原理をめぐる議論があったことが看取されるところ,明治39年の法律取調委員会の審議過程を見ると,むしろ,責任論を巡って学説上「大ニ議論アル」中において,立法者は,敢えて特定の学説に与しないように規定を設けているとも言える。

　以上からして,「心神喪失者の行為」「心神耗弱者の行為」という現行刑法39条の要件は,その制定過程においては,医学上の「精神障礙」の争いとは一線を画するという意義は有していたものの,一線を画した上で如何にしてその意義を決するかについては敢えてブランクにされた要件であると評価することができよう。もっとも,「精神障礙ニ因ル行爲」か否かが中心的な観念であることは言えるとしても,立法過程上その意義は敢えてブランクにされていることから,その原理・基準・適用の内実も未だ明らかとはなっていない。

　そこで,本条について,どのように判例学説が展開していったか,次節以降見ることとしたい。

第2節　昭和6年判例に至るまでの議論の変遷：定式の出現

　本節では,前節に見た経緯を経て制定された現行刑法39条について,重要判例たる昭和6年判例に至るまで如何なる議論が展開されていたかにつき叙述する。

　先行研究においては,昭和6年判例の定式(すなわち「精神ノ障礙ニ因リ事物ノ理非善悪ヲ辨識スルノ能力ナク又ハ此ノ辨識ニ從テ行動スル能力ナキ狀態」等)と,

第1章　日本法における議論の変遷

当時のドイツ刑法草案の規定の類似性を指摘するものが多く[41]，本節でも見るように，確かに両者の間には影響関係が認められる。しかし，ここで強調しなければならないのは，そして本節の検討の結果明らかとなるのは，昭和6年判例が場当たり的にドイツ刑法を参照したのではなく，むしろ，現行刑法制定以後の我が国の学説において脈々と受け継がれてきた通説的な理解が，昭和6年判例に結実したということである。

本節では，まず制定直後の議論状況の変遷を昭和初期に至るまで叙述した上で（第1款），昭和6年判例について，その背景事情たる改正刑法仮案成立過程を含めて考察することとしたい（第2款）。

第1款　制定直後の議論状況

本款では，制定直後の明治末期から昭和初期に至るまでの議論状況の変遷を叙述する。明治末期より，学説上ではいわゆる旧派と新派の対立による刑法学派的論争が激しく展開されることとなった[42]が，我が国の判例学説史は，「思いとどまる」能力を主張する旧派が学派的論争を勝ち抜き有力化したという物語では決してなく，より複雑な議論経過を辿るものである。本款では，まず，学派的論争が開始した明治末期から大正中期までの議論を概観し，学説上の責任能力の理解が，学派的対立を超えて共通した観点へと収斂していったことを示す（**第1項**）。その上で，大正後期から昭和初期（1930年）にかけて，昭和6年判例のような定式が見受けられるようになったことを示しながら，それが如何なる意義を持つものとして提示されていたのかを示すこととしたい（**第2項**）。

第1項　明治末期から大正中期にかけて

旧刑法下の学説では，責任の要件を「弁別・自由・犯意」ないし「弁別・自由」と捉える見解が一般的であったが[43]，明治末期に差し掛かると，「責任能力ある者の故意又は過失による行為」であることを要件として掲げる見解が一

---

41)　例えば，町野朔「精神障害者の責任能力の診断学——法学の立場から」精神科診断学4巻1号
　　31頁，32頁（1993）。
42)　大塚仁『刑法における新・旧両派の理論』43頁（日本評論社，1957）。
43)　この点については，拙稿・前掲注2)122頁参照。

38

般的となっていく。例えば，19 世紀末の段階では犯罪が成立するためには「弁別・自由・犯意」が必要であるとしていた岡田朝太郎も，明治 40 年頃になると，犯罪が成立するためには，責任能力ある者の故意又は過失に出づる動作であることが必要であるとしている[44]。また，旧刑法下では，犯罪を構成するのに必要な原素として意思の自由・正邪善悪の識別・罪を犯す意思を挙げていた磯部四郎も，現行刑法下では，犯罪の一般的要素には客観的要素と主観的要素があるが，後者は，責任能力を有し且つ故意又は過失に基づいて社会に危険なる影響を及ぼすべき行為をなす場合において存在するとしている[45]。

かかる変化の背後には，フランス系の刑法学からドイツ系の刑法学への移行があるとされている[46]。そしてドイツ刑法学の影響と共に，我が国の刑法学もヨーロッパにおける旧派新派の学派の争いを継受することになる。本項では，明治末期から大正中期にかけての学説のうち，まず旧派の見解を取り上げ，その後，新派の見解，折衷的な見解を見た上で，当時の学説の状況について考察を行いたい。

1 各学説の概観

(1) 旧派的見解

この時期における旧派的見解としては小疇伝や大場茂馬が挙げられる。

(a) 小疇伝の見解

現行刑法下における理解として，小疇は，犯罪の構成には主観的にも結果が行為者の「責（Schuld）」に帰すべきものであることが必要であり，この「責」とは行為に対する事実上の責任を意味するのであって，結果を行為者の責任に帰するためには，「行爲者ニ責任能力アルコト（Die Zurechnungsfähigkeit des Thäters）」と，「結果ニ對シ責任關係アルコト（Die Zurechnenbarkeit der Erfolges）」（犯意又は過失）という二つの条件が必要である，という[47]。

その上で，小疇は，責任能力は「知覺（Bewusstsein）ニ關スル精神作用ノ

---

44) 岡田朝太郎『刑法総則』203-207 頁 (1895)，同『刑法講義　総論』75-77 頁 (1907)。

45) 磯部四郎『日本刑法講義筆記』446-448 頁 (1888)，同『刑法及び刑事訴訟法講義』15-17 頁，35 頁 (1924)。

46) 岡田・前掲注 44) 77-79 頁 (1907)。

47) 小疇伝『新刑法論』280-283 頁 (1910)。なお，旧刑法下では小疇も，犯罪の成立には，是非善悪を弁別する意識と善を選び悪を避ける自由を具備していることが必要であるとした上で，意識には知覚と弁別とがあり，精神の喪失とは事実上人の知覚弁別を欠損させるものであるという説明を行っていた（小疇伝『刑法総論』92-97 頁 (1900)）。

成熟シ且ツ健全ナル人」に存在するとし，責任能力の実質を構成するのは，「觀念（Vorstellungen）ノ正則ナル内容ト正則ナル原動力」であるとして，「意思ノ自由ト責任能力トハ何等ノ關係ヲモ有セサルモノナリ」と説明する。そして，これが欠如するのは精神の不成熟と精神の不健全の場合だが，精神の不健全の場合としては，「精神病者」「白痴者」「瘋癲者」「心神耗弱者」「神經病」などが挙げられ，観念・感覚・性欲の障害を含む旨を述べる。そして，心神喪失者と心神耗弱者の区別について，前者は，精神の不健全により「觀念又ハ動機ニ因テ意思カ正則ニ決定セラルル能力」を全く喪失した者で，後者はその能力が常人に比べて減少したに止まる者をいう，とするのである[48]。

(b) 大場茂馬の見解

大場は，犯罪とは「責ヲ負ヒ得ヘキ能力アル人ノ違法ニシテ且有責ナル行為」のうち，刑法上犯罪としてこれを罰すべき規定が存在するものであるとし，法律上責を負い得べき能力すなわち「負責能力（Zurechnungsfähigkeit）」や，非難されるべき心理的動作すなわち「責任（Schuld）」が必要であるとする[49]。

大場によれば，負責能力とは，自己並びに外界及び自己の行為の事実上並びに法律上の意義を弁識し（弁識）且つこの弁識に従って現に存する動機に関し行為をなすかどうかを通常（正則）に決定（意思）できる能力をいう。前者は，自己並びに外界について大体において当を失わない見解，行為の因果関係につき大体において当を失わない見解，行為が大体において法律秩序に違反するかどうかの弁識ができる能力により構成される。他方，後者は，現に存する各動機に関し通常（正則）に意思を決定できること，すなわちリストのいう「通常（正則）ナル決定ヲ爲シ得ルコト（Normale Determinierbarkeit）」ないしフランクのいう「動機ニ依リ通常（正則）ナル決定ヲ爲シ得ルコト（Normale Bestimmbarkeit durch Motive）」を指すというのである[50]。

以上のように小疇・大場の両者の見解においては，観念ないし弁識の正常さと，原動力の正常さないし正常な決定の能力の2点において責任／負責能力が

---

48) 小疇・前掲注47) 294頁，297頁，305-308頁（1910）。

49) 大場茂馬『刑法總論』417-418頁，422-429頁，627-629頁（1914）。なお，大場は，負責と責任は異なる概念であり，後者は人に非難すべき行為がある場合にのみ用いられるのに対し，前者は行為の善悪に関係なく人に賞賛すべき行為があった場合にも用いられる概念であるという違いがあるものの，刑法上は両者を区別する実益はないとしている。

50) これに対して，何らの動機なくして卒然と身体運動をしたり動機があっても異常な反動的身体運動をしたりする場合には，健全なる意思を有する者とは言えないとする。以上につき，大場・前掲注49) 631-637頁。

第2節　昭和6年判例に至るまでの議論の変遷：定式の出現

考えられていたと言える。

(2) 新派的見解

この時期における新派的見解の代表的な主張者は牧野英一である。

牧野は，従来の通説（道義的責任論（responsabilité morale））は，責任の観念が自由意思の観念に由来し，自由意思を有する者が一定の意思発動によって一定の行為をした場合にその本人の行為及び結果とみるという考え方であるが，自由意思の観念が科学上排斥されるのと同時に，道義的責任論は社会的責任論にその歩を譲りつつあるという。そして，社会的責任論とは，犯罪による責任を単に社会に対する責任として理解し，刑事責任の本質は社会防衛の必要を基礎にするものであるとした上で，責任の要件には，「責任能力（Zurechnungsfähigkeit）」と「意思決定（Willensbestimmung，責任條件（Zurechnenbarkeit der Tat））」とがあるという[51]。

ここでいう責任能力の内実については，牧野の見解には一定の変遷がある[52]が，大正期以降，牧野の見解は「意思決定の常態」を基準とする考え方へと収斂していく。すなわち，大正期には，牧野は，道義的責任によれば責任能力は「自由ナル意思決定」や「辨別心」を意味することになるが，社会的責任によれば，責任能力者と無能力者の区別にあたってはその効果たる刑罰の方面に標準を求めるほかなく，責任能力とは「刑罰ヲ科スルコトニ因リテ刑罰ノ目的ヲ達シ得可キ能力」（「刑罰能力（Straffähigkeit, Strafmündigkeit）」）であるとまずは述べる。しかし，その上で，学者の中には，自由意思の観念を避けて別に社会的行為の能力という観念をとり，これを社会的応化能力とした上で，責任能力とは「意思決定ノ常態（normale Determinierbarkeit des Willens）」がその内容であるとする見解がある（リスト）が，かかる見解は，その理由は，刑罰を反社会的行為に対する社会防衛の通常の方法と理解するならば「意思決定の常態」にある者に対してのみ刑罰はその効果があるべきものだと解することになるという点にあるとして，この見解は一種の刑罰能力説であると見ることがで

---

51)　牧野英一『日本刑法』87-90頁（1918）。

52)　例えば明治期においては，刑事責任は社会的責任であるとする牧野は，リストの見解をも拒絶したうえで，犯罪狂や悪少年にも相当の処分を科す必要がある一方で，幼者や精神病者には刑罰を科してもその効能は得られないので，無能力者として刑罰の外に置くのだと述べていた。この点につき，明治40年11月に国家医学会にて行った講演録である，牧野英一「所謂責任能力の観念に就て」同『刑事学の新思潮と新刑法』167頁（1909）を参照。

41

きるとしている[53]。すなわち,「意思決定の常態」を基準とする見解と,自らの刑罰能力説とが親和的であることを主張しているのである。

そして,次項の対象とする時代まで跨いでしまうが,昭和初期に至ると牧野は,上記の理由づけから社会的責任論を支持した上で,責任能力は刑罰適応性であるとする学者の中に,責任能力は意思決定の常態を指すとする者がいるが,この説は従来の自由意思論と社会的責任論による刑罰能力説とを融和しようとするものであり,現行法の理解としては,この学説によって責任能力を説くことを妥当とするべきであると述べている[54]。

このように,牧野は,自由意思論を否定し,刑罰の効果の側面から責任能力を捕捉する立場を堅持しているが,その内実としては「意思決定の常態」を基準とする見解へと支持を強めていったのであり,その兆候は1920年代に至る前にも看取されていたと言えよう。

(3) 折衷的見解?:泉二新熊の見解

それでは最後に,泉二新熊の見解を見よう。学派の争いにおいて泉二は折衷主義を採用していたとの評価が一般的である[55]が,こと責任能力の問題については,両者を折衷させようとしながらも,自らは社会的責任論者だと声高に主張していた。

(a) 責任能力の意義

泉二は,責任の主観的意味は,広義には違法行為につき本人に法律上の制裁を負担させるために必要な一身的条件であり,それは「責任能力」と「意思責任」により構成されるとする。そして,意思の自由と責任能力の関係については,旧派が是非の弁別と意思の自由が責任の前提条件であるとする一方,新派が人の意思も外界の事情に左右されるとしている学派の争いにおいて,意思不自由論が正当であるとしつつも,旧派のいう自由意思に基づく行為とは,機械的強制によらない責任能力者の行為という意味でしかないとし[56],自己の行動を支配し得る意志力を自由意思と称すべきかどうかはむしろ字義上の争いに他ならないとして,両者の折衷も図っている[57]。

---

53) 牧野・前掲注51) 90-93頁。
54) 牧野英一『日本刑法』110-121頁 (1929)。
55) 内田文昭「泉二新熊の刑法理論 (I)」吉川経夫他編『刑法理論史の総合的研究』373頁 (日本評論社, 1994)。
56) 以上につき泉二新熊『日本刑法論』217-223頁 (1908)。

42

第 2 節 昭和 6 年判例に至るまでの議論の変遷：定式の出現

そして泉二は，責任能力とは「法律カ違法行爲ニ付キ本人ヲシテ法律上ノ制裁ヲ負擔セシムルニ適當ナリトスル常則的精神状態」であり，それはすなわち，刑罰制裁を負担するのに適当な程度に成熟し且つ健全なる精神状態であるという[58]。泉二は独仏の新派の学者の様々な見解を概観した上で，いずれも批判を受けているがいずれも一面の真理を含むものであると評価した上で，種々の動機に対し正則的に反動し得る能力が責任能力であるというリストの見解が我が刑法に直接応用できるものであるとして，刑法 39 条・40 条・41 条は社会平均程度の精神状態を責任能力としているのだと解釈する。この見解には，「平均程度」が曖昧だという批判があるが刑法から常識的判断は排斥できず，また「変態」が放任されるという批判があるが，専門家から見れば「変態」でも常識的判断では平均程度から下落したものとは言えないし，刑罰以外の処分はなお可能であると応答する。そして，知情意全ての側面から見た正則状態が刑法上の責任能力であり，自らは道義的責任論者ではなく社会的責任論者であるというのである[59]。

このように，泉二は学派の争いにおける折衷的見解を模索してはいたものの，社会的責任論を支持し，刑罰制裁を負担させるのに適当な程度に健全な精神状態・常則的精神状態を責任能力の内実として提示するのである。

（b）具体的内実

泉二の叙述が注目に値するのは，責任能力に関する具体的内容の豊富さである。

泉二は，責任能力の要素たるべき精神状態の存否を確かめるには，精神作用を「知情意ノ作用ノ各方面」から観察しその全体若しくは一部が著しく不完全で普通一般の人に比べて著しい欠陥を有しているかどうかを審査すべきであるとして，39 条 1 項は精神作用がその全体として平均程度の精神状態を欠缺したものを無能力とするものであり，同条 2 項はその無能力に至らなくとも平均程度の能力に比べて低能状態にあるものを対象とするものであるという[60]。

その上で，泉二は，心神喪失・心神耗弱にならない事案も挙げることでその

---

57) 以上につき泉二新熊『日本刑法論』361-364 頁（1918）。

58) 泉二・前掲注 56）219-223 頁。また泉二新熊『刑法大要』116-118 頁（1911）。

59) 泉二新熊「責任能力の観念」法協 29 巻 1 号 1 頁（1911）。このように正則的に成熟し且つ健全なることを責任能力の実質とする立場は既に 1908 年の段階で示されていた（泉二新熊「新刑法における責任能力の観念」法曹記事 18 巻 11 号 13 頁（1908））。

60) 泉二・前掲注 57）361-364 頁，369-374 頁。

第1章　日本法における議論の変遷

外縁を具体的に述べている。例えば，自分の甥がいじめられているとの幻聴を受け，飛び起き外に出て，外で居合わせた人が甥をいじめた人だと誤認し，丸太棒で叩き殺したという事案について，行為の性質や効果の弁識能力はあるが，意思の能力が著しく障害されているので心神耗弱者であるとしている[61]。さらに，「精神病的中間者」（病的素質を受けるべき遺伝系統を有し，精神身体の発育が常人に比べて劣るところがあり，道義観念および自制力に乏しく，軽微な動機で無分別の行為に陥りやすい特質があるが，未だ精神病者の領域に属さない者）について，常人と比較して，心神耗弱でもないと断定して当然であろうと評価している[62]。

2　考察：見解の収斂・原理との接続の不存在

以上のように各見解を概観すると，その根本的な立場の相違にもかかわらず，責任の要件としては責任能力と故意過失が挙げられ，さらに責任能力の基準としては各見解が正則状態か否かという観点へと収斂しているのが見て取れるだろう。自由意思論を否定する新派的見解が意思決定の常態ないし常則的精神状態を基準として掲げる一方で，旧派的見解も原動力の正常さないし正常な決定の能力を基準の中心に据えており，特に小疇はかかる見解が意思の自由とはなんの関係もないと強調しているのであって，新派的見解が批判するような自由意思を基準として提示する伝統的旧派とは（重大な）一線を画した見解だったのである[63][64]。

このように，学派的争いにもかかわらず責任能力の基準が正常な精神状態へと収斂していることは，当時の学者も認めるところであった。例えば，勝本勘三郎は，責任能力は責任を負うことを得るべき能力であるとした上で，意思自由説からは自由意思ある者という基準になり，意思必至説からは正常なる感応性という基準になるが，正常なる精神状態を有する者という点では両者は一致し，一般普通の人と同じく精神の完全に発育し且つ毫末の異状なき者をいうと

---

61)　泉二・前掲注 57) 361-364 頁。

62)　泉二・前掲注 57) 379-387 頁。

63)　我が国の旧派の見解が，ヨーロッパと対比して，少なからず新派理論と妥協された折衷的色彩が加わったものであったことを指摘するものとして大塚・前掲注 42) 61 頁。

64)　旧派的見解に立つ岡田庄作も，自由意思を責任能力の内容とみることには新派の批判があり，むしろ成熟し健全なる精神状態であるというべきであると主張している（岡田庄作『刑法原論総論』135-138 頁 (1914)）。またその立脚する責任論は定かではないが，富田山寿や山岡萬之助も動機による通常の決意・正則に決意するを得ることを基準として掲げていた（富田山寿『日本刑法』213-218 頁 (1918)，山岡萬之助『刑法総論』92-93 頁 (1912)）。

44

している[65]。

　この正常な精神状態という基準が，如何なる適用範囲を想定していたのかについては必ずしも明らかではないが，例えば泉二は，「常識的判断」において平均程度からの下落を見ることを明言し，幻聴の事例や「精神病的中間者」の事例を通じて，専門家から精神障害であると診断されたとしても，なお処罰を免れない場合もあることを具体的に述べており，法学独自の観点からの適用範囲についても意識されていたといえよう。

　こうして，学説上の見解は，一定程度の具体性をも有しながら，正常な精神状態・通常の意思決定を中心的概念とする方向へと収斂していったのであるが，しかしなぜかかる観点が原理的に重要であるのかは必ずしも定かではなかった。例えば旧派においては，なぜ正常な状態が責任を負うべき状態にとって必要であるのか定かではなく，新派においては，なぜ執行時点ではなく犯行時点における正常な状態が，社会の通常の防衛方法を科されるか否かを決するのか定かではなかった[66]。

　以上のように，旧派や新派は，その自由意思や刑罰目的等をめぐる基本的な原理について激しい対立を見せていたものの，基準としては正常な精神状態・通常の意思決定へと収斂を見せていた一方で，当該基準が各々の原理からどのように基礎づけられるのか定かではなかったのである。

第2項　大正後期から昭和初期にかけて

　前項に見たように，正常な精神状態・通常の意思決定を中心的概念とする方向へと収斂していった学説は，大正後期に入ると一定の変容を見せる。例えば牧野は，1920 年代の叙述においては，社会的責任論を依然として支持した上で，現行法を理解する範囲では，意思決定の常態を基準に据える見解によって責任能力を議論するのが妥当であるとし，この見解による場合には責任能力とは「行為の社会的道義的意義を理解し且其の理解に基づきて意思を決定するの能力」であると述べるに至っているのである[67]。

---

65)　勝本勘三郎『刑法要論　総則』184 頁（1913）。同頁では「意思必要説」と書かれているが，その直前で勝本が意思自由説と「意思必至説」とを対置させ，「意思必至説」に立つことを明らかにしていること（同 178-181 頁）からすれば，意思必至説の誤植であると思われる。

66)　新派からは行為時点の能力を問題にし得ないと批判するものとして岡田・前掲注 64) 135-138 頁。

67)　牧野・前掲注 54) 110-121 頁。

45

第1章　日本法における議論の変遷

　このように，一定の理解／弁識と，それに基づいて／従って意思を決定する／行為する能力という定式は，大正後期において，学説上幅広く見受けられるようになる。本項では，その個々の見解を考察し，如何なる意義でかかる定式が支持されているのかを見ることとしたい。

1　定式の提示とその原理

(1)　瀧川幸辰の見解

(a)　基準の提示

　この時期の代表的な刑事法学者は瀧川幸辰である。

　瀧川は，意思自由論について決定論が正当であり，決定論と責任は論理の法則では矛盾するが文化の思想では調和するとした上で，責任とは，行為につき行為者に非難を加える場合にその基礎となるところの精神状態であるという。そして責任には，「行為ニ対スル非難ヲ行為者ニ帰セシメ得ル所ノ行為者ノ精神能力」（帰責能力／責任能力）と，「行為者ニ帰セシムベキ非難ノ程度ヲ決スルトコロノ行為者ノ精神作用」（責任条件）とがあるという[68]。

　そのうち帰責能力について，瀧川は，帰責能力／責任能力とは行為につき法律上非難を受ける能力であり，その本質は「條理を理解し，條理に従って行動を決定し得る能力」であるということができ，この本質はあらゆる刑法学者から承認されているという[69]。そして，条理を理解すること及び条理に従って行動することとは，観念の結び付きが正常の仕方及び速さで生じること，観念を感受する力（一般的・法律的・道義的・宗教的な規範によって動かされる力）が平均程度にあること，意志力の方向・強度に異常なところのないことを意味し（リスト），要するに通常の精神状態が健全・成熟した精神状態であることを意味するというのである[70]。

(b)　原理との接続

　さらに瀧川は，この通常の精神状態がなぜ責任能力を定める標準となるのかについて，以下のように説明する。すなわち，責任は裁判上行為者を評価する

---

68)　瀧川幸辰述『刑法総論』30-34頁，87-88頁（1926）。
69)　瀧川・前掲注68) 88頁，瀧川幸辰『刑法講義』92頁（1931）。瀧川は，社会生活は各人が互いに他人の利益を侵害しないという前提の下で成立しており，この社会人の行動の準則が条理であって，犯罪は刑罰を科せられるところの条理違反の行動であると考えている（同『刑法講義』88-89頁（1931））。
70)　瀧川・前掲注69) 92頁。

46

第2節　昭和6年判例に至るまでの議論の変遷：定式の出現

につき意義を有する要件であるが，評価は評価する主体が評価の対象に対して有する意味であるところ，その根底をなすものは主体の主観的経験に他ならない。そして，我々が評価すなわち判断し得るものは我々自身が体験する事柄であり，我々は自己の内面生活で直接経験し得ることでなければ，他人の心持ちになって考えることや他人の心持ちを理解することはできない。人が一般的に体験し得るということが帰責能力を定める唯一の根拠ないし限界であり，精神病者の行為を罰するとすれば，裁判官にその経験し得ない精神状態の判断を命じることとなり，その連想作用と発生を異にする連想作用の判断を命じることになるのであって，不可能なことを要求することになるというのである[71]。このように，責任能力の基礎には「経験の可能」が存在し，通常人の連想と異常人の連想の差異が極めて大きいから，通常人は異常人を判断すべきではないということが基礎になっているのであって，この意味において責任無能力を認めることは一つの「あきらめ」であるとして，責任能力の基礎づけを図っている[72]。

　以上を要するに，瀧川は「条理を認識し，これに従って行動を決し得る能力」という定式を，通常の精神状態を記述するものとして把握した上で，責任判断という評価においては評価者／判断者による経験可能性がその基礎をなしているという議論を提示することで，精神状態の通常性を基準とすることに基礎づけを行おうとしていると言える[73]。

　(c) 小　　括

　このような瀧川の見解は，観念や意志力等の正常さを捉えた通常の精神状態を，「条理を認識し，これに従って行動を決し得る能力」という定式の下で基準として承認するとともに，「経験の可能」という観点から，責任非難の要件としてこれを要求することを説明することで，基準と原理との接続を試みる見解であると言える。そして，このような見解は，当時の他の学者の叙述においても見受けられるところである。以下では，久礼田益喜と島田武夫の叙述を見ることとしたい。

---

71)　瀧川・前掲注68) 87-91頁。
72)　瀧川・前掲注69) 93-95頁。
73)　なお，瀧川は以上の議論を既に大正10年に論じている（瀧川幸辰「帰責能力の本質」志林23巻10号 (1921)）。

第1章　日本法における議論の変遷

(2) 久礼田益喜の見解

久礼田益喜は，犯罪事実を犯罪人に結びつけるものが責任（Schuld）であり，刑法に従えば有責行為とは責任能力者の故意又は過失に基づく行為であるという。そして，責任能力は社会的行動の一般的能力であり，社会的要求を正当に認識する能力並びにその認識に従って行動する能力を包含するという。具体的には，「行爲者の精神が社會的有價値の爲め要求せられて居る程度に十分な諸表章を整理し」「之を通常の方法及び速度で聯結し」「且つ夫等の表章の感情的高調並に一般的，法律的，道徳的，宗教的，其他の規範の動機力が平均率に合し，尚ほ意思衝動の方向及び強さが通常な場合」に存在するという。

久礼田は，その理由として，我々は自己の精神状態から他人の精神状態を推測するより他はないから，他人の意識や反動方法が自己のそれらと類似しており，そして我々の経験から抽象した類型に他人のそれも一致していることが帰責の前提条件になるという説明を与えている。その上で久礼田は，以上の意味において責任能力とは通常の意思決定能力であり，意思自由説とは無関係であると述べるのである[74]。

(3) 島田武夫の見解

また島田武夫も 1920 年代の段階では同様の見解を述べている。

島田は，責任（Zurechnung）とは行為の主体と行為による外界の現象とが規範によって結合される関係を指し，責任の問題は，一定の現象を到来せしめ又は防止し得べき能力である責任能力（Zurechnungsfähigkeit）と，個々の具体的行為につき責任を負うとは如何なることかという負責（Schuldhaftigkeit）の二つの問題を包含しているという。そして，責任能力とは，行為が非難されるべきことを認めこの観念に基づき意思決定をなし得ることを指し，精神が健全に成熟して義務を正当に評価し認識に従ってこれを実行することをいうのであって，すなわち，精神が成熟健全で正常（Normal）であることをいうとする。

この点につき，島田は，如何なる状態が正常なのか，激情犯や虐待者は正常なのか，と問題提起をし，以下のような応答を行う。すなわち，責任能力の本質は我々の認識により決されるところ，我々は自ら経験しないものについては判断することはできず，判断し得べきものは自ら固有の精神によって経験した

---

74)　以上につき久礼田益喜『日本刑法総論』151-153 頁，160-162 頁（1925）。

48

第 2 節　昭和 6 年判例に至るまでの議論の変遷：定式の出現

ものに限られる。我々は永久に他人の精神状態を経験することはできないが，自己の精神状態を類推した結果として他人の責任能力を決定しているのであり，同一時代同一文化の社会ではかかる類推は多くは異ならない。しかし精神病者の精神状態や強度の精神混濁状態は知覚をもって経験することはできない。厳格に言えば，精神病者や著しく知覚混濁した者に責任能力がないのではなく，我々がただこれらの者に責任能力があるかないかを知ることができないといい得るだけである[75]。

2　考　　察

　以上のように，大正中期までは正常な精神状態・通常の意思決定を中心的概念とする方向へと学説が収斂していったのに対して，1920 年代に入ると，正常ないし通常の精神状態を全体的に（図式的に言えば知情意の側面から）記述したものとして，一定の義務等を認識しその認識に従って行為する能力という定式を提示する学説が多く見受けられるようになる[76][77]。ここでは，現行刑法制定以後，刑法 39 条に関する学説の一般的理解であった正常な精神状態・通常の意思決定という観念が，上記の定式という基準へと結実するに至ったということができよう。

　そして，本項で確認した見解においては，判断者の経験を超えることについては判断することができないとして，判断者の経験可能性が責任能力を基礎づけているために，正常ないし通常の精神状態が基準となる旨が述べられており，かかる基準が責任非難の見地から基礎づけられ，原理と基準との接続が図られていた。この，当時の Jaspers の「了解（Verstehen）」概念[78]をも想起させ

---

75)　以上につき島田武夫『日本刑法新論　総論』218-230 頁（1924）。

76)　なお，新派的見解に基づき，人類の国家的共同生活に適応する行動をなし得る一般的能力が責任能力であるとし，それは社会的要求を理解しこの理解に従って行動する能力をいうとする見解もある（吉田常次郎『日本刑法』107-109 頁（1924））。

77)　小野清一郎は，大正時代には，責任能力は刑罰適応性であるという牧野の見解に与し，刑法としては犯罪の時を標準として効果を定めているので，犯行時点における存否を判断すれば足りるのだとして，牧野説を擁護している（小野清一郎『犯罪の時及び所』65-68 頁（1923））が，昭和初期に入ると，主観的責任の本質は倫理的責任であるとして社会的責任論を拒絶する立場に移行していたことがうかがい知れる（小野清一郎述『刑法全』159-165 頁（1927））。もっとも，これらの資料からは，小野が責任能力の具体的基準をどのように考えていたかについてはうかがい知れない。

78)　例えばヤスパース（西丸四方訳）『精神病理学原論』27 頁以下，116 頁以下（みすず書房，1971）。この点については，古茶大樹『臨床精神病理学』18 頁以下（日本評論社，2019），近藤和哉「責任能力判断における「了解」について（1）」上法 39 巻 2 号 97 頁，103 頁以下（1995）も参照。

49

第1章　日本法における議論の変遷

る，判断者の経験可能性という議論によって，正常な精神状態という観点から一定の精神病者の行為の処罰を否定しようとする当時の通説は，その原理を獲得するに至ったといえよう。

さらに，その具体的適用範囲について見ると，我々は永久に他人の精神状態を経験できないが自己の精神状態を類推することは可能であるとして，精神病者の精神状態等については経験できないとしても，激情犯や虐待者については正常な精神状態として責任を認めることができるとして，その具体的な限界についても意識されていた。

こうして，正常な精神状態・通常の意思決定を中心的概念とする当時の一般的理解は，判断者の経験可能性という原理，一定の義務等を認識しその認識に従って行為する能力という定式・基準，精神病者等の精神状態は包含されるが激情犯や虐待者については除外されるという適用について，一定程度一貫した議論を提示するに至っていたといえよう。ここで特に重要なのは，一定の義務等を認識しその認識に従って行為する能力という定式は，あくまでも正常性を（知情意の観点から）全体的に記述したものとして提示されていたのであり，久礼田が強く主張するように，自由意思の表現として認められたわけではなく，新旧両派の学派的対立とは独立して承認されていたということである。このことを踏まえ，次款では，上記の定式を支持した昭和6年判例について見ることとしたい。

第2款　昭和6年判例とその背景事情としての刑法改正作業

旧刑法制定以降，多くの事案が精神科医の鑑定に付されていることからも，旧刑法78条ないし現行刑法39条は裁判例上も問題となっていたことがうかがい知れる[79]が，大審院による判例において，これらの条文の基準は，必ずしも具体化されていなかった[80]。そのような中で，周知のように，大審院は昭和6年判例において，心神喪失は「精神ノ障礙ニ因リ事物ノ理非善悪ヲ辨識スルノ

---

79)　例えば呉秀三『精神病鑑定例』（1909），片山國嘉『法医学鑑定実例』（1912），三宅鑛一『精神鑑定例』（1937）等。

80)　例えば飲酒酩酊について，大判明治28年7月16日刑録1輯1巻110頁，大判明治28年11月14日刑録1輯4巻78頁，大判明治29年9月21日刑録2輯8巻35頁。

50

能力ナク又ハ此ノ辨識ニ從テ行動スル能力ナキ狀態」を指し，心神耗弱は「精神ノ障礙未タ上敍ノ能力ヲ缺如スル程度ニ達セサルモ其ノ能力著シク減退セル狀態」を指すという一般的定式を提示するに至った。

　既に指摘されているように，この昭和6年判例の定式には，当時行われていた刑法改正作業における草案，及び同草案作成においても参照された当時のドイツ刑法草案の強い影響が見て取れる[81]。当時の刑法改正作業は，昭和15年に改正刑法仮案へと結実したのであるが，そのうち刑法総則の大部分についての実質的議論は，昭和2年から昭和6年までに（すなわち昭和6年判例が出された昭和6年12月3日と前後して）行われており，そこで決議された草案では「心神ノ障礙ニ因リ事理ヲ辨別スル能力ナキ者又ハ事理ノ辨別ニ從テ行爲ヲ爲スノ能力ナキ者ノ行爲ハ之ヲ罰セス」「能力減弱シタル者ノ行爲ハ其ノ刑ヲ減輕ス」という昭和6年判例の定式に酷似した規定が採用されていたのであった。さらに，刑法改正作業を中心で進めていた泉二新熊が，昭和6年判例を出した当時の大審院第一刑事部の裁判長でもあることを考えると，同判例の定式に対する改正刑法仮案成立過程の議論の強い影響が認められるだろう。

　もっとも，現在の有力説は，昭和6年判例の定式が改正刑法仮案及びドイツ刑法草案の影響を受けたものであることにとどまらず，同定式をもって，これが現在の有力説を反映しているものであることまで主張している。既に見たように，現在の有力説とは，責任能力は違法行為を思いとどまる能力であると理解する考え方であり，かかる理解からは，その前提として，自己の行為が違法であることを認識する能力としての弁識能力が要求されるとともに，その中心的概念として，思いとどまる能力としての制御能力が要求される[82]。この有力説に立つ論者の叙述を見ると，例えば，安田拓人は，同判例の定式を引用し，学説がおおむねこれを支持しているとしたうえで，「すなわち，判例・学説上，精神の障害に基づいて行為の違法性を認識する能力あるいはそれに従って行動を制御する能力がない場合が心神喪失であり，そうした能力の少なくともいずれかが著しく減少している場合が心神耗弱だということには，おおむね見解の一致がある」という[83]。また近時，箭野章五郎は，同判例の理解の一資料として泉二の見解を捉えることができるのであれば，「少なくとも大審院判例にお

---

81)　例えば，小野・前掲注3) 121頁。

82)　序章第1節第1款第1項参照。

83)　安田拓人『刑事責任能力の本質とその判断』20頁（弘文堂，2006）。

第1章　日本法における議論の変遷

ける『此ノ辨識ニ從テ行動スル能力』（今日の行為を思いとどまる能力である制御能力）は，文字通り，要求されており，これを否定することは，やはり同判例の立場とは相容れないのではないであろうか」と主張している[84]。このように，現在の有力説は，同判例の定式を「行為の違法性を認識する能力」・「行為を思いとどまる能力」を示すものと捉え，昭和6年判例は現在の有力説を示しており，現在の有力説に反することは昭和6年判例の立場と相容れないかのような理解を示しているように思われる[85]。

しかし，既に前款で見たように，このような理解は当時の学説の一般的理解ではなかった。さらに，改正刑法仮案の制定過程及び昭和6年判例の内実を探求することで示されるのは，むしろ，同制定過程における泉二の議論や同判例の具体的解決は，1920年代までの一般的見解であるところの，責任能力を正常な精神状態・通常の意思決定と理解する見解を想定・是認していたものとみられるということである。すなわち，基準として昭和6年判例を据えるとしても，その意味するところや，原理や適用との関係については，現在の有力説のような読み方が前提とされていたわけではないということである[86]。

以下では，まず，昭和6年判例の背景事情として，当時の学問的議論の到達点を示すものともいえる改正刑法仮案の成立過程を検討し（**第1項**）[87]，その上で，昭和6年判例の内実を検討することとしたい（**第2項**）。

第1項　背景事情：改正刑法仮案成立過程

1　成立の経緯

現行刑法制定後，刑法改正作業が本格的に始動したのは，政府が大正10年に臨時法制審議会に対して刑法改正の要否を問う諮問第4号を発したことに端を発するとされており，ここで同審議会は改正の議を可決し，さらに同諮問の

---

84)　箭野章五郎「責任能力の意義と責任非難の構造について」髙橋則夫＝只木誠＝田中利幸＝寺崎嘉博編『長井圓先生古稀記念　刑事法学の未来』77頁，85頁（信山社，2017）。

85)　これには，刑法改正作業における幹事の1人でもある小野清一郎が，現在の有力説に近い立場を採用する（次節第1款**第1項*1*,** 第2款**第1項*1*)**とともに，そのような立場から責任能力の歴史研究を記していたこと（例えば小野・前掲注3)）も影響しているかもしれない。

86)　法務資料別冊23号（1957）の記載を用いつつ，同様の理解を示唆するものとして，樋口亮介「責任能力の理論的基礎と判断基準」論ジュリ19号199-200頁（2016）。

87)　なお，本款**第1項**では，一般的に入手が困難な文献を用いながら議論を進めるため，かかる文献のうち，とりわけ本書の議論の展開にとって重要な箇所については，適宜脚注において原文を引用する。なお，引用頁数や丁数は原典による。

52

第2節　昭和6年判例に至るまでの議論の変遷：定式の出現

主査委員会は大正15年に同諮問への答申として「刑法改正ノ綱領」を決議したとされる[88]。綱領を受けて政府は，司法省内に刑法改正原案起草委員会を昭和2年に設置し，そこで，同委員会の主査委員たる泉二新熊が書記官3名と共に作成した刑法改正原案準備案をたたき台に議論が重ねられ，「刑法改正豫備草案」が昭和2年3月末日に作成されることになった[89]。

そして，同草案を基に，同年6月2日に設置された刑法並監獄法改正調査委員会に審議が委ねられ，同委員会で指名された刑法改正起草委員会で総則審議が昭和6年9月15日に一応終了し，その審議結果を受けて刑法並監獄法改正調査委員会で審議が行われ，一定事項を留保したまま同年11月20日に大部分が決議され，ついに同年12月18日に留保条項を含め総則の審議が終了し，「刑法並監獄法改正調査委員会総会決議及留保條項（刑法総則）（未定稿）」が出されたのである[90]。その後各則の議論が重ねられ，昭和15年に「改正刑法假案」が出されるに至っている[91]。

以上の経緯のうち，本書の対象とする条文に限って言えば，「刑法改正豫備草案」に至るまでは現行刑法の規定は改められておらず，その起草過程においても，改める動きは見られなかった[92]。しかし，その後これを改める動きがみられ，「刑法並監獄法改正調査委員会総会決議及留保條項（刑法総則）（未定稿）」において，「心神ノ障礙ニ因リ事理ヲ辨別スル能力ナキ者又ハ事理ノ辨別ニ從テ行爲ヲ爲スノ能力ナキ者ノ行爲ハ之ヲ罰セス」「能力減弱シタル者ノ行爲ハ其ノ刑ヲ減輕ス」との条文が採用されるに至っている。

---

88)　この経緯につき林弘正『改正刑法假案成立過程の研究』43-55頁（成文堂，2003）。

89)　林・前掲注88) 54-63頁。

90)　林・前掲注88) 63-84頁。

91)　林・前掲注88) 85-101頁。

92)　すなわち，泉二が書記官3名と共に作成した『刑法改正原案準備案原稿（昭和2年2月10日稿）』（中央大学多摩キャンパス中央図書館蔵（いわゆる泉二文庫）。なお第一読会後の修正稿は矯正図書館に所蔵されている）においても，また，それを叩き台に刑法改正原案起草委員会での議論を経て作成された『刑法改正豫備草案』（矯正図書館蔵（いわゆる正木文庫））においても，「心神喪失者ノ行爲ハ之ヲ罰セス」「心神耗弱者ノ行爲ハ其ノ刑ヲ減輕ス」とされている。同委員会の議事日誌たる『刑法改正原案起草日誌』（東京大学法学部図書館蔵（林頼三郎旧蔵））を紐解いても，そこでは，精神障害によるものであれば常に無罪とする医学者の議論があるが（参照，泉二新熊『日本刑法論』370-371頁（1918），片山國嘉「精神病性人格と刑法」刑事法評林2巻3号277頁（1910)），改めると面倒な問題を生じるおそれがあるので現行法通りにしたことと，心神喪失とされた者の不服申立ての方法の2点が議論されており，それ以外特段議論は見受けられない（「刑法改正原案起草準備委員会日誌第一読会第2回（昭和2年2月16日)」，「刑法改正原案起草準備委員会日誌第二読会第1回（昭和2年3月2日)」，「刑法改正原案起草準備委員会日誌第三読会第1回（昭和2年3月23日)」（同日誌所収)）。

第1章　日本法における議論の変遷

そこで，本項では，以上の経緯における議論について，「刑法並監獄法改正調査委員会総会決議及留保條項（刑法総則）（未定稿）」の成立過程における議論を見ることで，かかる条文の起草理由等について探ることとしたい。

2　「刑法並監獄法改正調査委員会総会決議及留保條項（刑法総則）（未定稿）」成立過程における議論

本項 *1* に記した経緯に鑑みると，心神喪失・心神耗弱規定を巡る実質的な議論は，最初に昭和6年9月15日までなされた刑法改正起草委員会における議論（(1)）と，そこでの議論を受けて刑法並監獄法改正調査委員会で昭和6年11月20日までなされた議論（(2)），そして留保条項に関して両委員会で昭和6年12月18日までなされた議論（(3)）の3段階から構成されることになる。ここでは，昭和6年判例の定式に類似した定式が(1)の段階で認められたが，(2)の段階でその一部の文言につき疑義が提起され，(3)の段階でその点につき修正が行われたことを確認したい。

(1) 刑法改正起草委員会における議論

当初の刑法改正起草委員会での議論は，さらに大きく分けて3段階に分かれる。それは，「刑法改正豫備草案」を中心とした審議の段階（第1回から第51回），刑法改正起草委員会により指名された対案起草委員による対案（豊島案・小山案・牧野（英）案）及び各案の多数の案を採用して作成した第二対案に関する審議の段階（第52回から第81回），そして第二対案を土台にした審議の段階（第82回以降）である。これらの議論を把握するための資料としては，『刑法改正起草委員会議事日誌』[93]，豊島直道委員による「刑法豫備草案修正意見」[94]，『小山委員提出刑法改正豫備草案ノ對案』，『牧野（英）委員提出刑法改正豫備草案ノ對案』[95]，そして『刑法第二對案』[96]があり，これらを適宜参照しながら，刑法改正起草委員会における議論を辿ることとしたい。

(a) 各草案・対案の提示

まず，各草案・対案が提示され議論の対象となった段階（第81回まで）の議

---

93) 東京大学法学部図書館蔵（林頼三郎旧蔵）。
94) 豊島清子編『豊島博士追悼論文及遺稿集』127頁（1933）。
95) 以上につき，中央大学多摩キャンパス中央図書館蔵（いわゆる泉二文庫）。
96) 矯正図書館蔵（いわゆる正木文庫）。

第2節　昭和6年判例に至るまでの議論の変遷：定式の出現

論を追う。

　（ア）各草案・対案における条文

　刑法改正豫備草案14条「心神喪失者ノ行爲ハ之ヲ罰セス」「心神耗弱者ノ行爲ハ其ノ刑ヲ減輕ス」

　豊島案17条「意識の喪失又は精神の未熟若くは障礙に因り行爲の正當なるや否を辨別し又は其の辨別に從て行爲を爲すの能力なき者の行爲は之を罰せず」「前項の能力あるも其の能力著しく減衰したる者の行爲は其の刑を減輕す」

　小山案14条「意識ノ障礙又ハ精神作用ノ病的障礙アル爲是非ヲ辨別シ又ハ其ノ辨別ニ從テ行爲ヲ爲スノ能力ナキ者ハ之ヲ罰セス」「前項ニ掲クル障礙ニ因リ其ノ能力著シク減弱スル者ハ其ノ刑ヲ減輕ス」[97]

　牧野（英）案[98]14条「心神ニ障礙アル者ノ行爲ニシテ其ノ者ニ刑ヲ科スルモ刑ノ目的達スル能ハサルモノト認メラルルトキハ之ヲ罰セス但シ其ノ者ヲ保安處分ニ付ス」

　第二対案15条「意識ノ障礙又ハ精神作用ノ病的障礙ニ因リ是非ヲ辨別シ又ハ其ノ辨別ニ從テ行爲ヲ爲スノ能力ナキ者ノ行爲ハ之ヲ罰セス」「前項ニ掲クル障礙ニ因リ著シク其ノ能力低減シタル者ノ行爲ハ其ノ刑ヲ減輕ス」

　（イ）各草案・対案の説明

　泉二が刑法改正豫備草案14条の規定は現行法の規定と同様であるとのみ述べている[99]のに対し，各対案は全て現行法の規定と異なる規定を提示している。このうち，豊島は，従来問題視されてきた「心神喪失」の言葉を用いず，実務家の実際の例を参酌し且つ「独逸案」に倣ったと説明しており[100]，小山松吉委員も，同様に，心神喪失の文字には問題があるので改めたと説明している[101][102]。

---

97)　なお泉二文庫所蔵の『小山委員提出刑法改正豫備草案ノ對案』には，泉二によるものと思われる朱筆の修正が入っており，「心神障礙ニ因リ是非ヲ辨別スル能力ナキ者又ハ是非ノ辨別ニ從テ行爲ヲ爲ス能力ナキ者ノ行爲ハ之ヲ罰セス」「能力減弱シタル者ノ行爲ハ其ノ刑ヲ減輕ス」となるように修正されている。

98)　牧野菊之助と区別するためか，条文案は「牧野（英）案」となっている。条文案名を除き，本書では牧野英一のことを単に「牧野」と記す。

99)　「第十四條乃至第十六條ハ現行法ノ規定ト同様ナリ」（「刑法改正起草委員会議事日誌（第二十六回）」3丁裏（『刑法改正起草委員会議事日誌』（前掲注93）所収））。以下，後掲注109）に至るまで同書所収。

100)　「第十七條ハ從來問題視セラレタル心神喪失ノ文字ヲ用ヒス規定シタリ此ノ點ハ實務家ノ實際ノ例ヲ參酌シ且獨逸案ニ倣ヒタリ（豫備草案第十四條）」（「刑法改正起草委員会議事日誌（第五十六回）」3丁表）。

101)　「第十四條ハ心神喪失ノ文字ハ矢張リ問題アルヲ以テ對案ノ如ク改メタリ本條ハ研究ノ要アル

第1章　日本法における議論の変遷

以上の諸草案を対照し多数の案を原則として採用した第二対案においては，小山案や豊島案と類似した規定が採用されている。そこでは，「是非ヲ辨別シ」の文字は従来の用例に倣ったこと以外の説明は特段加えられていない[103]。

(b)　第二対案を土台とした議論

以上の諸草案・対案を前提に，審議は第二対案を土台とした議論へと移る。本書の着目する規定について議論が行われたのは，刑法改正起草委員会の第89回・90回である。

(ア)　刑法改正起草委員会（第89回）

第89回（昭和5年4月15日）においては，各委員が各々の草案・対案の説明を行っている。

議論の土台となっている第二対案15条については，起草者の1人である鵜澤總明委員が，「心神喪失」という言葉については医者から不分明であると批判されており，専門家が判断しやすくなるようにしたと説明している[104]。これに対して，他の類似の草案・対案の説明については以下のように説明が行われている[105]。豊島は，是非の弁別力を欠く場合としては酒精等による意識の障害・脳神経の損傷等による直後の病気・先天的知能の不完全な場合があり，対案のように「精神作用ノ病的障礙」と言えるか不明であるので，「病的」の文字は削除すべきだと主張している[106]。小山は，自分の案は対案と同趣旨であり，心神喪失とだけ規定していると困難をきたすと主張し，ドイツ刑法

ヘシ」（「刑法改正起草委員会議事日誌（第五十六回）」5丁表）。

102)　牧野は「ベルヂックノ社會防衛法案」,「余ノ見解」,「最近ノ獨逸案」を参照した旨を述べている（「刑法改正起草委員会議事日誌（第五十六回）」11丁（また，「刑法改正起草委員会議事日誌（第六十五回）」5-6丁））。ここの「獨逸案」は，後述の「獨逸罰金法案」を指すものと思われる（後掲注105)）。

103)　「牧野（菊）委員　本條中「是非ヲ辨別シ」ノ文字ハ従來ノ用例ニ倣ヒタリ」（「刑法改正起草委員会議事日誌（第七十三回）」10丁表）。

104)　「従來ノ心神喪失ノ文字ハ鑑定人ノ医師ニ於テ不分明ノ文字トシテ非難アリシ處ニシテ對案ノ如ク記載アルトキハ専門家ニ於テ判断シ易クナルモノト思ハル」（「刑法改正起草委員会議事日誌（第八十九回）」3丁表）。

105)　他の草案について，泉二は，現行法を分析すると対案15条のようになるので，現行法を維持した旨を，牧野は，対案のように心理学的な分析をしても現行法よりわかりやすくはならないとしつつ，改めるならば，自分の「獨逸罰金法案」に倣った案にすべきだと主張している（前掲注104)4丁裏，3丁）。

106)　「記憶力ハ明確ナルモ是非ノ辨別ニ従テ行為ヲ為スノ能力ヲ缺ク場合アリ故ニ心神障礙ノ著シキモノト然ラサルモノニ區別スル丈ニテハ不十分ノ場合アリト考ヘラル又是非ノ辨別力ヲ缺ク原因ニハ三ツノ場合アリト考ヘル即チ酒精等ニ因ニ意識ノ障碍，腦神経ノ損傷等ニ因ニ直後ノ病氣及先天的智能不完全ノ場合之レナリ夫レ等ノ場合ヲ對案ノ如ク精神作用ノ病的障礙ト云ヒ得ルヤ否疑問アリ病的障礙丈ニテハ狹キニ失スル観アリ病的ノ文字ヲ削ルヘシ」（前掲注104)3丁裏-4丁裏）。

56

第2節　昭和6年判例に至るまでの議論の変遷：定式の出現

1927 年草案にも同趣旨の文字があること等を主張している[107]。

　以上を要するに，第二対案等の文言は，「心神喪失」という文言だけでは実践上困難をきたしているという問題意識に基づきながら，ドイツ草案等を参照しつつ，適切な障害の列挙にすべきとの意見に基づくものということができよう。以上の議論を受けて，委員会は次回までに各自修正案を作成してくることを決定し，次条の審議に移っている。

　（イ）刑法改正起草委員会（第 90 回）

　第 90 回（昭和 5 年 4 月 22 日）では，各自が修正案を作成してきており，例えば第二対案を作成した委員らは，その修正案として「心神障礙ニ因リ是非ヲ辨別シ又ハ其ノ辨別ニテ行爲ヲ爲スノ能力ナキ者ノ行爲ハ之ヲ罰セス」「其ノ能力著シク低減シタル者ノ行爲ハ其ノ刑ヲ減軽ス」として，元々の第二対案から障害の列挙を削除した案を提示しているが，その他のほとんどの委員も類似の案を提示している[108]。そして，議事日誌では，「花井委員長　各委員幹事提出十五條ノ修正案ニ付懇談ノ上決定シタシ」「（懇談）」「花井委員長　懇談ノ結果左ノ案ヲ得タリ各委員異議ナキヤ」「第十五條　心神障礙ニ因リ是非ヲ辨別シ又ハ其ノ辨別ニ從テ行爲ヲ爲スノ能力ナキ者ノ行爲ハ之ヲ罰セス能力減弱シタル者ノ行爲ハ其ノ刑ヲ減軽ス」「各員異議ナク決定ス」と記されている[109]。

　ここでは「（懇談）」の内実が把握されえないため，ここで決定された 15 条（その後 14 条へと条文番号は変わっている）が如何なる理由で採択されたか正確には叙述できないものの，これが第 89 回における議論を経て修正された第二対案修正案等と酷似していることは明らかであろう。それゆえ，現行法通り規定することには実践上困難をきたすという問題意識の下，ドイツ草案等に影響を

---

107)　「余ノ案ハ對案ト同趣旨ナリ現行法ノ喪失及耗弱ノ文字ハ不適當ニシテ余ハ曾テ専門家ニ心神喪失トハ何ンヤト質問シタルニ全々其ノ説明ヲク能ハサリシコトアリ要スルニ喪失者トシテハ法ノ適用上困マル場合ヲ生ス辨別ノ有無ヲモ規定スル要アリ独逸一九二七年案ニモ同趣旨ノ文字アリ牧野（英）委員案ハ社會的責任論ノ見地ヨリ出テタル案ナルモ余等ハ道義的責任論カラ考ヘ斯ク規定スルノ必要アリト考フ現行法ノ如ク心神喪失及耗弱ノ文字ヲ改ムルヲ可トス」（前掲注 104）4 丁）。

108)　具体的には以下の通りである（「刑法改正起草委員会議事日誌（第九〇回）」2 丁裏-3 丁裏）。
　　黒川幹事提出：（現行法第 39 条通り）
　　遠藤幹事・岩村幹事提出：「心神ノ障礙ニ因リ是非ヲ辨別スル能力ナキ者ノ行爲ハ之ヲ罰セス」「是非ヲ辨別スル能力アルモ其ノ能力著シク低下セル者ノ行爲ハ其ノ刑ヲ減軽ス」
　　木村幹事提出：「心神ノ障礙ニ因リ是非ヲ辨別シ又ハ其ノ辨別ニ從テ行爲ヲ爲スノ能力ナキ者ノ行爲ハ之ヲ罰セス」「第二項ハ対案ト同シ」
　　小野幹事提出：「心神ノ障礙ニ因リ是非辨別ノ能力ニ欠陥アル者ノ行爲ハ之ヲ罰セス但シ其ノ者ヲ保安處分ニ付スルコトヲ得」「（第二項削除）」

109)　以上につき前掲注 108) 2-5 丁。

57

第1章　日本法における議論の変遷

受けたとされる第二対案をベースにしつつ，同対案よりは幅広く障害を含める形で規定されたと推察することができよう。

　（ウ）「刑法改正案理由書」

以上のことは，刑法改正起草委員会における議論の結果について作成されたものと推察される『刑法改正案理由書』の叙述[110]からも裏付けられる。同理由書のうち1条から15条の規定について理由を記しているのは小野幹事（小野清一郎）である。

理由書によれば，本条，つまり「心神障礙ニ因リ是非ヲ辨別シ又ハ其ノ辨別ニ従テ行為ヲ為スノ能力ナキ者ノ行為ハ之ヲ罰セス能力減弱シタル者ノ行為ハ其ノ刑ヲ減軽ス」との条文は現行法39条に相当するものであり，その規定を具体的にしたものであるとされている。すなわち心神喪失・心神耗弱という言葉は法律上の概念として一定の内容を有しているはずであるが，その語義は漠然としていて一般人がその意味を理解し難く，さらに鑑定人にも概念が抽象的過ぎて鑑定の方針が一定しないという困難を抱えているので，具体化したという。そして同理由書は，本条の定式は大体において今日の責任能力の観念を表現するものであり，独墺瑞の刑法草案で採用されている上，ドイツ草案の理由書に見られるように医学者からも是認されているというのである。

---

110)　「本條ハ現行法第三十九條ニ相當スルモ少シク其ノ規定ヲ具体的ナラシメタリ　蓋シ心神喪失又ハ心神耗弱ノ語ハ法律上ノ概念トシテ自ラ一定ノ観念的内容ヲ有スヘキモ其ノ語義寧ロ漠然タルヲ以テ一般人ヲシテ其ノ如何ナル意味ヲ有スルカヲ解スルニ苦シマシム　殊ニ此ノ點ニ付キ鑑定人タル經験ヲ有スル醫學者ニシテ其ノ概念ヲ餘リニ抽象的ニシテ人ニ依リ鑑定ヲ爲スノ方針一定セサルコトヲ難スルモノアリ仍テ翻案ハ心神ノ障碍ニ因リ是非辨別ノ能力又ハ其ノ辨別ニ従テ行爲ヲ爲スノ能力ナキ者ヲ責任無能力者トシテ之ヲ罰セス　其ノ能力ノ減弱シタル者ヲ限定責任能力者トシテ其ノ刑ヲ減輕スヘキモノナルコトヲ明カニシタリ　是レ大体ニ於テ今日ノ責任能力ノ観念ヲ表現スルモノニシテ最近刑法草案中ニモ此ノ種ノ規定ヲ爲セルモノ少カラス（スイス一九一八年案第十條，オーストリア一九二二案第十條，ドイツ一九二七年案第十三條）マタ其ノ内容ハ醫學者ノ側ヨリモ是認セラルルトコロナリト信ス（ドイツ一九二七年草案理由書第十三條ノ項參照）　本條ハ心神障礙者ノ刑罰責任ニ關スルモノニシテ殊ニ心神喪失者ノ行爲ハ之ヲ罰セサルコトヲ明カニスルニ止マリ其ノ者ニ對スル保安上ノ處分ヲ否定スルモノニ非ス（第百十八條以下參照）」（矯正図書館蔵（いわゆる正木文庫））。

　なお，ここで審議の対象となっている条文（第14条）が，「刑法並監獄法改正調査委員会総会決議及留保條項（刑法総則）（未定稿）」の規定ではなく，刑法改正起草委員会第90回で採択された規定の内容に対応すること，刑法改正起草委員会第151回（昭和6年9月15日）において理由書を作成し添付して平沼委員長へ提出する旨が述べられていること，刑法並監獄法改正調査委員会第2回（昭和6年10月9日）には『刑法改正案理由書』と執筆者の対応する理由書が配布されていること（法務資料別冊23号15頁（1957）），同委員会第2回で審議された条文と条文内容が刑法改正案理由書のそれらと一致すること等から，『刑法改正案理由書』は「刑法並監獄法改正調査委員会総会決議及留保條項（刑法総則）（未定稿）」の理由書ではなく，刑法改正起草委員会第151回までに採択された規定の理由書であるものと推察される。

第2節　昭和6年判例に至るまでの議論の変遷：定式の出現

　以上の理由書からしても，現行法の規定は抽象的で内実が不明確であり実践的に問題を引き起こしているとの問題意識の下，ドイツ系統の草案でも見受けられる定式を引き継いだということが看取されるだろう。

（c）　小　　括

　以上の議論からすれば，この段階の刑法改正起草委員会においては，現行法の規定では実践上困難をきたすという問題意識[111]に基づき，当時の責任能力の観念を表すものであり，ドイツ系統の草案にもみられるものである定式を採用したこと，ドイツの刑法草案より幅広い対象を捕捉するよう「心神障礙」という文言が用いられたことがうかがわれる。

（2）　刑法並監獄法改正調査委員会における議論

　それでは議論が刑法並監獄法改正調査委員会へ戻された際の議論を見ることとしよう[112]。ここでは逐条的に審議が行われており，9条から16条（故意・結果的加重犯・不作為・心神の障礙・瘖啞者・14歳未満の者）については，泉二が条文の説明を行い，これに対して委員らが質疑応答を行うという形をとっている。

（a）　本条の趣旨について

　まず泉二は9条から16条は，行為の違法性は認めるけれども主観主義の原因として刑罰を加えない趣旨であるという。そして14条（心神の障礙）については「現行法と大した趣旨精神の相違はない」とする。すなわち，「今日の一般の学説又鑑定等に照して見まして心神の障礙に因つて是非を弁別する能力なき者又は是非の弁別に従つて行為を為すの能力なき者の行為は心神喪失者として取扱はれて居る。又それが適当であるのでありますから，はつきりと之を明文に現はしたと云ふに外ならぬのであります」と説明している[113]。

　これに対して，山岡萬之助委員は，現行法の心神喪失者の行為という規定と14条とは「概念上の相違になるのでせうか，相違にならぬのでありますか」と質問する。すなわち，山岡によれば，旧刑法は「是非を弁別すると云ふ事柄」を重要な概念として置いたが，「現行刑法の立法者は此の如き事柄は鑑定

111）　現行刑法制定直後に，現にこのような問題意識を示すものとして，例えば，呉秀三「精神病者ト新刑法」刑事法評林1巻2号153頁（1909），井村忠介「精神障害の分界點」刑事法評林3巻3号313頁（1911）。
112）　同委員会の議事録として法務資料別冊23号（1957）を参照。
113）　前掲注112）30頁。

59

第1章　日本法における議論の変遷

の目的物としては必らずしも適当でない。即ち心神が障礙されて居るや否やと云ふことは生理的又は心理的に見た所の医学上の見地から主として観察すると云ふ議論も当時致されて居るやうであります」と。しかし「是非を弁別」という言葉を用いると「どうして見た所で倫理的の観念が這入つて来る。さう云ふやうに倫理的観念の這入つて来ることを之へ附加へる，即ち之は旧刑法に逆戻りすることが適当であるか否や」と質問するのである[114]。

　これについて泉二は「旧刑法とは違ふ積りであります」という。すなわち，旧刑法は知覚精神の喪失により是非を弁別せざる者と規定していたが，「是非の弁別力ばかりでなく所謂精神作用知情意の三つの方面が心理的に精神的にどう云ふやうに働くかどうか，それが正常のものであるか異常のものであるかと云ふことを見なければ知覚精神の喪失と云ふことは言へないことでありませう」として，旧刑法のように規定するのは少し不可解であるとする。そして，今日学説の議論はあるが，「其の精神障礙がありや否やと云ふことを見るには矢張り其の精神作用の総ての方面を研究して，さうして精神障礙があるや否やと云ふことを先づ判定しさうして其の程度が喪失に至つて居るものと見るべきか否かと云ふことは医学者の方で決定するよりは寧ろ法律上の概念として裁判官の判断に任して宜からうと言ふ人も随分沢山あるのであります」という。そして以下のように14条の趣旨を説明するのである。

　「即ち精神障礙と云ふものが先づなければならぬ。そこが普通のノルマルの状態である。所がそれならばさう云ふ障礙があつて其の程度が是非を弁別する能力がないと云ふ場合或は其の弁別に従つて行為を為す能力がないと云ふ，さう云ふ無能力の状態と云ふ方と精神障礙の程度の強い場合は前段に当る。精神障礙の程度がそれ迄強くない或は無能力であると見る程度迄に至らないと云ふ場合は後段に依る。」[115]

　以上の議論においては，旧刑法と対比する山岡の質問を受け，泉二が，上記定式を「精神作用知情意の三つの方面」から正常異常を判断し，精神障害の程度が，定式のいうような無能力というほどに強いかどうかを，医学者ではなく裁判官によって判断する旨を述べているといえよう。

---

114)　前掲注112) 33頁。
115)　以上につき前掲注112) 34-35頁。このうち，「そこが普通のノルマルの状態である。所が……」の箇所の句点は誤記であるようにも思われるが，原典通り記した。

60

(b)「是非を弁別」「事理を弁別」

以上の議論を受けて，山岡は「之は科学的に見た犯罪不処罰であるか或は倫理的に見た犯罪不処罰であるか」と問う。すなわち，「兎に角従前は古い時代を通してみた所で人間の大体が社会的通念から見てどうも此の男は気狂ひである，此奴は何にも判らぬから無罪だ，之は古い観念から来て居ると思ふ。今日になれば寧ろさうでなくして科学的に見て此の男がノルマルであるか，アブノルマルであるかと云ふ所が問題になつて居るやうに思ふ。そこで此の是非と云ふ字が這入つて来るとそれは矢張り私は議論になると思ふ。之が若し是非にあらずして心神の障礙に因り事理を弁別する能力なき者と云ふことになれば，それは科学的観念から来て居るので，之は直ちに判ると思ふ」というのである。

これに対して，泉二は，14 条は「此の条文は科学的の精神障礙に因つて所謂先刻御話の是非を弁別する能力なき者と之に従つて行為を為す能力なき者の行為は罰せぬと云ふ趣旨を定めたものであります。今日の判例では御医者さんが是非の弁別力があるかないかと云ふことを一の徴憑として精神障礙の有無を判断して居るやうでありますから，併しながら理屈の上から云へば事理と云ふやうな文字を使つても差支へない」としたうえで，事理に直す方がよいか「尚ほ考へて見たい」と留保している[116]。

(c) 検 討

以上の議論からすれば，刑法並監獄法改正調査委員会においては，とりわけ泉二の見解として，上記の定式は，知情意 3 つの方面から正常か異常かを判断し，無能力というほどに精神障害の程度が強いかどうかを表すものであると理解されていたといえる。

この点を踏まえると，山岡と泉二の議論は，如何なる観点から正常異常を判断するかを巡る議論であると整理できるだろう。すなわち，山岡は「倫理的に」「社会的通念からみて」判断することには問題があり，これを「科学的に」（医学的に）判断すべきであるという理解から，「是非」という用語に問題があると考えていたといえる。これに対して，裁判官によって決する事柄であると考えていた泉二は，医学的に正常異常を判断する立場に立つても「是非の弁別力」は一つの「徴憑」となると応答しつつ，この用語に一定の議論の余地があ

---

116) 以上につき前掲注 112) 36-39 頁。他に，鵜澤委員から，趣旨は必ずしも明らかではないが，「事理と云ふことは我々の知的判断であつて，従来論理的に解釈すべきことに使はれて居りはしないかと考へたのであります」として「是非」を支持する見解が述べられている（同 39-40 頁）。

第1章　日本法における議論の変遷

ることを認識したといえるだろう。

(3)「刑法並監獄法改正調査委員会総会決議及留保條項（刑法総則）（未定稿）」の成立

こうして留保条項に残されることになった14条は，刑法改正起草委員会における議論へと戻されることになる。

同委員会第155回（昭和6年11月24日）では，まず山岡等が現行法の規定で従来間に合っているので強いて改正する必要はなく，仮に改正するとしても「是非」の文字は是非善悪ともいうように道徳的意義に解釈されるので適当ではなく「事理」と修正すべきだと主張する。これに対して，第二対案の起草委員でもある鵜澤が，従来心神喪失の観念は明確性を欠き具体的判断に困難を生じつつある上，医学的用語としても適当ではないとして，今一度改正の必要性を主張し，さらに続けて，「是非」とは道徳的善悪の意味ではなく「知識的意味」であると主張した。以上の議論の後に，是非を事理に修正することのみが可決され，14条の議論は終えられることとなった[117]。

そして刑法並監獄法改正調査委員会へと議論は再び戻され，是非を事理へと修正したことについて泉二と鵜澤が説明を行っている。このうち，泉二は，山岡委員からの指摘を受けて改めることになった旨を説明した後，委員会で決めたことではないとしつつ，以下のように述べる。すなわち「此の事理と云ふ言葉に改めたが為に……是非の弁別即ち道義上の観念に基づく弁別と云ふものは全部除くと云ふことにはならないだらうと思ふのであります。総てさう云ふ道義上の観念，法律上の観念，社会上の観念，諸般の点を包括して居る所の事理，斯う云ふ風に解すべきであろう」と自分は考えていると述べている[118]。

---

117)「山岡委員　現行法ノ規定ニテ従來間ニ合ヒ居ラレルヲ以テ之ヲ強ヒテ改正スルノ實益ヲ認メズ而シテ若シ改正スルトスルモ本條『是非』ノ文字ハ是非善悪トモ云ヒ道徳的意義ニ解セラルルヲ以テ適當ナラズ同文字ハ現行法ノ精神通リ『事理』ト修正シタシ

牧野委員　民法ニ於テモ現行用法ト同一文字ヲ用ヒ居リ従來運用サレ來リタルモノナリヲ以テ強ヒテ改正スルノ要ナシトモ考ヘラル

鵜澤委員　従来心神喪失ノ観念明確ヲ欠キ具体的場合ニ判断ニ困難ナル問題ヲ生シツツアリ又醫學的用語トシテモ適當ナラズトサレ居ルヲ以テ決議案ノ如ク規定スルニ至リタルモノナリ尚ホ『是非』ハ道徳的善悪ノ意味ニアラズ知識的意味ナリ

花井委員長　第十四條ハ是非ヲ事理ト修正シ異議ナキヤ」

以上につき，「刑法改正起草委員会議事日誌（第百五十五回）」8丁表-9丁表（『刑法改正起草委員会議事日誌』（前掲注93）所収）。

118)　以上につき前掲注112）192-193頁。また，鵜澤も，「是非と云ふ言葉には道徳も法律も入つて居つて，而して智的の判断の決する所のものを是非」という立場を採用している（同）。

62

第2節　昭和6年判例に至るまでの議論の変遷：定式の出現

　こうして「刑法並監獄法改正調査委員会総会決議及留保條項（刑法総則）（未定稿）」14条では「心神ノ障礙ニ因リ事理ヲ辨別スル能力ナキ者又ハ事理ノ辨別ニ從テ行爲ヲ爲スノ能力ナキ者ノ行爲ハ之ヲ罰セス」「能力減弱シタル者ノ行爲ハ其ノ刑ヲ減輕ス」という規定が採用されるに至った。そしてこの規定が，改正刑法仮案にも引き継がれることとなったのである。

　以上の議論においては，泉二は，（2）に見たように山岡が「是非」という文言に問題があると考えていたことを踏まえたうえで，文言としては「是非」を避け「事理」との文言を採用した旨を述べていることが看取されるだろう。もっとも，泉二は，かかる文言を，山岡のいうような「科学的」観点に限定する趣旨では理解せず，「道義上の観念，法律上の観念，社会上の観念，諸般の点を包括して」決する趣旨で理解していたのであった。

3　議論の総括

　以上の議論に鑑みると，本款冒頭に示したように昭和6年判例への強い影響が認められる，改正刑法仮案の「心神ノ障礙ニ因リ事理ヲ辨別スル能力ナキ者又ハ事理ノ辨別ニ從テ行爲ヲ爲スノ能力ナキ者ノ行爲」という定式の成立経緯・趣旨は，以下のように要約されるだろう。すなわち，当初泉二が中心となって草案が作成された段階では現行刑法39条を改める動きは見受けられなかったが，その後，現行法の規定は抽象的で内実が不明確であり実践的に問題を引き起こしているのであって，鑑定人にも一定の指示を与えるような具体的規定が必要であるとの問題意識が多くの幹事・委員より提示され，心神喪失・心神耗弱の内容を具体化する趣旨で，ドイツ系統の草案においても見受けられる定式を導入することとなった。その内実として，刑法改正起草委員会を代表して泉二は，この定式が「今日の一般の学説又鑑定等」に相応していることを指摘したうえで，これは，知情意の3つの方面から心理的に精神作用を考察し，精神障害を有しているか，正常であるか異常であるかを確定して，それが法学的に見て同定式のいう無能力に該当するほどのものであれば心神喪失となり，それほどでない場合には心神耗弱となるという判断であると説明を加えている。ここでは，前款までに見たような学説の一般的理解同様，同定式はその精神作用・精神状態の正常異常を判断するという定式であるという理解が看取されよう。

　かかる定式の文言のうち，「辨別」の対象として「是非」は不適切ではない

63

第1章　日本法における議論の変遷

かとの指摘を受けて「事理」という文言が採用されるに至っているが，この「事理」については，山岡は「科学的に見て……ノルマルであるか，アブノルマルであるか」を示すものと捉えていたのに対して，とりわけ裁判官によって決する事柄であると考えていた泉二は「道義上の観念，法律上の観念，社会上の観念，諸般の点を包括して居る所の事理」という意味で捉えており，「道義上の観念」が「事理」の内実から排斥されるか否かについては，委員の間に見解の相違があったといえる。

第2項　昭和6年判例

それでは，以上の背景事情を踏まえた上で，昭和6年判例を見ることとしたい。

1　昭和6年判例の概要

（1）事実関係及び弁護人の主張

事実関係は以下の通りである。被告人は田を借り受けて耕作をしていたが，事件の数年前に隣人Vから土地境界を巡って訴えを提起されることがあり，また昭和5年春ごろには田の畦畔についてVと争いがあり，Vと折り合いの悪い状況が続いていた。同年6月28日，Vが帰宅しようとして，その所有する田から畦伝いに，被告人が耕作している田の付近に登っていたところ，それを見た被告人は，Vが被告人の田の草刈りをしていると誤信し，日頃の反感が一時に激発して，突如Vの背後から柴刈鎌で頭部を数回強打し，さらにVの叫び声に驚き登ってきたVの長男の頭部も殴打して，両者に打撲傷を負わせた。

以上につき第二審が心神耗弱のみを認め被告人を懲役2年に処したところ，被告人側が上告した。弁護人の主張は多岐にわたるが，刑法39条については，被告人は心神喪失の状況にあったものとして処罰を免れるべきであるとして，以下のように主張がなされた。すなわち，原判決は鑑定人の鑑定結果をそのまま採用したものであると思われるが，鑑定書には，被告人は濃厚な精神病的遺伝を有し（兄は早発性痴呆[119]ですでに死亡），その遺伝症状はすでに十数年前に発し，それ以来漸次亢進しており，犯行当時も早発性痴呆にあったものであり

---

119)　統合失調症の旧名である。本項でも，当時の用語通りに記す。

第2節　昭和6年判例に至るまでの議論の変遷：定式の出現

「心神障碍」があったことは明らかであると書かれており，これだけでも心神喪失の状況にあったことを認めるべきである。さらにその程度について，鑑定書には，5年前程から妄覚が起き，他人の話し声を聞いても自分を冷笑するように錯聴し，人の声がしないのに自分に対して罵声を漏らすような幻聴を生じ，人または獣が襲撃してくるという幻視もあり，また他人が自らを苦しめにくるという被害的念慮を抱き時折常軌を逸する行為に及ぶこともあり，最近は幻聴も著しくなり興奮の程度も強くなり夜分も睡眠不良で常に頭鳴を訴えており，当時も早発性痴呆であると診断されると記されているのであり，早発性痴呆症が高度に亢進していたことが認められるべきであって，心神喪失者に該当することは明白である。鑑定人が以上の状態を心神耗弱と認めたのは，刑法39条の心神喪失者の意義を誤解し，自己の行為を全然知覚していないものだと理解したからであって，精神障害の程度が高くその行為が錯覚に基づき被害念慮に原因し意思の抑制力が欠けるような場合には心神喪失者と認めるべきである。犯行当時に錯覚や被害妄想が存在したことは記録から明らかであり抑制力の欠缺も明白であって，これはまさに心神喪失者の行為である。

(2) 判　　旨

以上につき大審院第一刑事部[120]は以下のように判断を下した。

まず，「心神喪失ト心神耗弱トハ孰レモ精神障礙ノ態様ニ屬スルモノナリト雖其ノ程度ヲ異ニスルモノニシテ卽チ前者ハ精神ノ障礙ニ因リ事物ノ理非善惡ヲ辨識スルノ能力ナク又ハ此ノ辨識ニ從テ行動スル能力ナキ狀態ヲ指稱シ後者ハ精神ノ障礙未タ上敍ノ能力ヲ缺如スル程度ニ達セサルモ其ノ能力著シク減退セル狀態ヲ指稱スルモノナリトス」という。

そして本件については，「所論鑑定人Eノ鑑定書ニハ被告人ノ犯行當時ニ於ケル心神障礙ノ程度ノ是非辨別判斷能力ノ缺如セル狀態ニアリタリトハ認メラレス精神稍興奮狀態ニアリ妄覺アリテ妄想ニ近キ被害的ノ念慮ヲ懷キ知覺及判斷力ノ不充分ノ狀態ニアリ感情刺戟性ニシテ瑣事ニ異常ニ反應シテ激昂シ衝動性行爲ニ近キ乃至ハ常軌ヲ逸スル暴行ニ出ツルカ如キ感情ノ障礙ノ症狀存シタリトノ趣旨ノ記載アリテ右ニ依レハ本件犯行當時ニ於ケル被告人ノ心神障礙ノ程度ハ普通人ノ有スル程度ノ精神作用ヲ全然缺如セルモノニハアラス唯其ノ程度

---

120)　当時の構成は，「裁判長判事泉二新熊，判事清水孝蔵，判事日高要次郎，判事三宅正太郎，判事杉浦忠雄」である。

65

第1章　日本法における議論の変遷

ニ比シ著シク減退セルモノナリト謂フニアルカ故ニ其ノ精神状態ハ刑法ニ所謂心神耗弱ノ程度ニアリト認ムヘキモノニシテ所論ノ如ク心神喪失ノ程度ニアリト認ムヘカラサルモノトス」という。そして「果シテ然ラハ所論ノ鑑定ノ結論ハ相當ニシテ又原判決カ右鑑定書ノ記載ヲ引用シテ被告人カ本件犯行當時心神耗弱ノ状況ニアリタリト判斷シタルハ正當ナリ」とし，記録を精査しても重大な事実誤認があることを疑うに足りる顕著な事由はないとして，論旨には理由がないとした。

2　検　討

(1)　大審院判例の評価

　こうして大審院は，心神喪失は「精神ノ障礙ニ因リ事物ノ理非善悪ヲ辨識スルノ能力ナク又ハ此ノ辨識ニ従テ行動スル能力ナキ状態」であり心神耗弱はその「能力著シク減退セル状態」であるとして，初めて心神喪失・心神耗弱の一般的定式を提示するに至った。

　その具体的判断においては鑑定人の意見がその大部分を占めているが，鑑定については「鑑定ノ結論ハ相當ニシテ」と述べるに止まるのに対して，原判決についてはその結論を是認するのみならず「原判決カ右鑑定書ノ記載ヲ引用シテ被告人カ本件犯行當時心神耗弱ノ状況ニアリタリト判斷シタルハ正當」（下線筆者）として原判決の判断も是認していることから，かかる鑑定書の記載を前提に心神耗弱の状態であったと判断することも是認されていると言えよう。そして，そこで引用されている鑑定書では，妄覚・被害的念慮があり知覚や判断力が不十分であったこと，瑣末な事への異常な反応として激昂に基づき常軌を逸する暴行に出るほど感情の障害があったことをもって，「普通人ノ有スル程度ノ精神作用」は「全然缺如」はしておらず，著しく減退しているにとどまっているとされている。

　このように「普通人ノ有スル程度ノ精神作用」の有無に着目する判断は，翌年の大審院判例[121]においても見ることができる。この昭和7年判例においては，「智力低能ニシテ其ノ智力程度ハ満十二歳ノ就學兒童ノ平均智力程度以下ニ在ル」とされた被告人が放火した事案につき，刑法が14歳未満の行為を罰していないのは，14歳未満の者は「是非ノ辨別力」を有さないと認めたもの

---

121)　大判昭和7年11月21日刑集11巻1644頁。

第2節　昭和6年判例に至るまでの議論の変遷：定式の出現

であるから，被告人は心神喪失であるとの主張に対して，大審院は，昭和6年判例と同じ定式を判示したうえで，以下のように具体的判断を行っている。すなわち，鑑定の理由に「本件犯行當時ニ於ケル被告人ハ輕症癡愚者ニシテ高等ナル概念ノ構成ハ不完高等感情ハ鈍麻ヲ呈シ判斷ハ不良利己心盛ニシテ他人ノ利害ヲ顧ルコトナク意思行爲ハ專ラ感覺的感情ニ指定セラルルモノナルカ爲ニ本件犯行ニ陷リタルモノナリト考ヘラレ從テ本件犯行當時ノ被告人ノ心神ニハ輕度ノ異狀アリタルモノナリト思料セラル旨ノ説明」があるが，これによれば「被告人ノ精神狀態ニハ障礙アルモ輕度ノモノニシテ普通人ノ有スル程度ノ智情意三方面ノ精神作用ヲ全然缺如セルモノニハ非ス唯其ノ程度ニ比シ著シク減退セルモノナリ」として，「被告人ノ精神狀態ハ……心神耗弱」であるとしているのである。

　このように，両判例の具体的判断に照らすと，昭和6年判例の定式は，「普通人ノ有スル程度ノ智情意三方面ノ精神作用」がどれほど存在しないかを表すものとして表現されているものといえるだろう。そしてこのことは，前款までの学説において，正常な精神状態として責任能力を理解するのが一般的であったこと，そして前項に見た改正刑法仮案成立過程において泉二が同様の理解を示していたことからも裏付けられる。上記定式では，知情意の3つの方面から全体的に精神作用を考察し，正常異常を判断し，その程度が心神喪失・心神耗弱にまで至っているかを判断することが想定ないし是認されていたのであり，この点は当時の学説の展開と軌を一にするものであったということができるだろう[122]。

(2) 現在の有力説との関係について

　このように見ると，本款の冒頭で見たように現在の有力説が自己の積極的論拠として昭和6年判例を掲げることには，必ずしも理由がないように思われる。もちろん，昭和6年判例の定式と類似の規律を有するドイツの戦後学説にも見

---

[122]　もっとも，その程度として，昭和6年判例の事案の具体的解決につき，被告人が早発性痴呆（統合失調症）に罹患し，犯行時点でその亢進が認められたにもかかわらず，「普通人ノ有スル程度ノ精神作用」は「全然缺如」はしていない，心神喪失には至っていないとした点については批判が多く当てられているところである（例えば，西村克彦「判批」団藤重光編『刑法判例百選〔新版〕』48頁（有斐閣，1970），岩井宜子「判批」平野龍一他編『刑法判例百選Ⅰ〔第2版〕』92頁（有斐閣，1984））。また，「今日であれば」心神喪失とされる可能性が大きいと指摘するものとして，金澤文雄「判批」平野龍一他編『刑法判例百選Ⅰ〔第3版〕』70頁（有斐閣，1991）。

第1章　日本法における議論の変遷

受けられるように，同定式を現在の有力説の立場から解釈することが不可能であるということではない。しかし，以上の研究から導かれるように，昭和6年判例の定式自体は，元々は知情意の3つの方面から全体的に精神作用を考察し，正常異常を判断し，その程度が心神喪失・心神耗弱にまで至っているかを判断するものであったのであり，ましてや同定式を現在の有力説通りにしか解釈できないということはないように思われる。

この読み方の相違は，同定式を捉える基本的視座の相違である。すなわち，現在の有力説は，思いとどまる能力こそが決定的であるという観点から，それが認められるためにはどのような要件が必要であるかを具体化し，同定式を捉えているのに対して，泉二らの理解からは，どのような状態が正常な精神状態を表すものかという観点から同定式が捉えられることになる。かかる相違は，個々の要件の理解にも差異をもたらし得るものである。

例えば，同定式の「事物ノ理非善悪ヲ辨識スルノ能力」について，現在の有力説は，これを，違法行為を思いとどまる能力の前提たる「行為の違法性を認識する能力」と捉えているが，必ずしもそう読む必然性はないことになる。この点，改正刑法仮案の「事理ヲ辨別スル能力」という文言と比べると，「事理」が「事物ノ理非善悪」となっているが，改正刑法仮案制定過程における議論に鑑みれば，以下のようにも言えるだろう。すなわち，同案の条文について，山岡は，科学的観点（医学的観点）からの正常さを基礎に据え「道義上の観念」を除外した「事理」を理解していたのに対し，泉二は，「道義上の観念，法律上の観念，社会上の観念，諸般の点を包括」するところの「事理」と理解していたように，委員間で意見の相違があったところ，泉二は「事物ノ理非善悪」ということによって，必ずしも「道義上の観念」等が排斥されない旨を強調したものとも捉えられるだろう[123]。

また，「此ノ辨識ニ従テ行動スル能力」について，現在の有力説は，これを「行為を思いとどまる能力」と捉えているが，これもその必然性はないことになる。知情意の3つの方面から全体的に精神作用を考察し，正常異常を判断し，その程度が心神喪失・心神耗弱にまで至っているかを判断する定式であると捉

---

123)　ここでは，箭野・前掲注84) 85頁の記載とは異なり，泉二は「是非の弁別力と自由意思」ではなく正常異常を前提とした判断を示しており，また「今日でいう制御能力」について積極的な立場を示してもいない（この点については，拙稿「刑事責任能力の判断について――原理・基準・適用（二）」法協137巻11号62頁注46，48（2020）参照）。

えるならば，例えば，前款の島田武夫のように[124]，経験と類推の作用により正常異常を判断するとしたうえで，精神病者（とりわけその意的な異常）については「此ノ辨識ニ從テ行動スル能力」が欠けるが，激情犯や虐待者にはこれが欠けないと理解する余地も生まれることになるだろう。

　この点，それでもなお，改正刑法仮案がドイツ系統の草案を参照して作成されたことをもって，同定式は現在の有力説のようにしか読めないとの疑義があるかもしれない。しかし，既に見たように，ドイツ系統の草案を参照した理由は，「心神喪失」「心神耗弱」を「具体的」にする趣旨でしかなく，それが現在の有力説のように具体化するという趣旨には限られない[125]。そもそも当時のドイツ刑法草案が現在の有力説のような理解から作成されたものかにも疑問がある[126]が，文言がドイツ系統の草案に由来することをもって，現在の有力説の積極的論拠とすることもできないように思われる。

第3款　小　　括

　以上，現行刑法制定直後から昭和6年判例に至るまでの変遷を見てきた。

　前節に見たように，現行刑法39条は，「精神障礙ニ因ル行爲」か否かが決定的であり，精神障害の段階に応じて「普通ノ刑罰」を加えるものから刑罰を全く科さないものまで書き分けるべきであるという観念に基づきながらも，法律上意義を決することができる用語として民法から「心神喪失」「心神耗弱」の用語を借用して制定されたものであったが，「心神喪失」「心神耗弱」の内実は，立法者が「法律上」の意義について特定の学説に与しないよう，敢えてブランクにされていたのであった。

　かかる条文について，制定直後の学説の応答を見ると，旧派新派の学派的争いにおける根本的な立場の相違にもかかわらず，責任能力基準という局面においては，正常ないし通常の精神状態か否かという観点へと学説が収斂していたことが看取される。我が国に当初導入された旧派的見解は新派的見解の批判を受け止めた見解であったのであり，自由意思論を否定する新派的見解のみならず，旧派的見解も原動力ないし決定の正常さを基準の中心に据え，かかる基準

---

124)　本節第1款第2項1 (3)。なお，その後の変遷について後掲注135)。

125)　本款第1項3 (1)(b) 参照。

126)　第2章第1節参照。

第 1 章　日本法における議論の変遷

は意思の自由とはなんの関係もないと強調していたのであった（以上第 1 款**第 1 項**）。

　そして 1920 年代に入ると，この正常ないし通常の精神状態を全体的に記述したものとして，一定の義務等を認識しその認識に従って行為する能力という定式を提示する学説が多く見受けられるようになると共に，判断者の経験を超えることについては判断することができないとして，判断者の経験可能性により責任能力論の原理と基準の接続が図られるようになった。また，適用範囲についても，精神病者は含まれるが激情犯や虐待者は含まれないなど，一定程度の具体性をもって議論がなされていた。こうして，責任能力の基準は，自由意思の表現としてではなく，正常・通常の精神状態を全体的に記述したものとして，学派的争いを超えて，一定の義務等を認識しその認識に従って行為する能力という定式をもって記述されるようになったのであり，原理・基準・適用について一定程度一貫性のある議論が構築されるようになったのであった（以上第 1 款**第 2 項**）。

　かかる定式は，1930 年代に入り，改正刑法仮案の草案や昭和 6 年判例において実現することとなる。現在，同判例の定式は現在の有力説を支持するものとして提示されている。しかし，前者の成立過程（とりわけ昭和 6 年判例を出した裁判体の裁判長である泉二の見解）や，後者及び昭和 7 年判例の事案の解決を見ると，知情意の 3 つの方面から全体的に精神作用を考察し，正常異常を判断し，その程度が心神喪失にまで至っているかを判断することが想定ないし是認されており，昭和 6 年判例の定式は当時の学説の理解と軌を一にするものであったのである（以上第 2 款）。

　こうして，旧派新派の学派的争いとは独立して，当時の学説の一般的理解であるところの，正常・通常の精神状態を全体的に記述したものを示す定式として，昭和 6 年判例が出現することとなった。しかし，その後の学説では，現在の有力説が徐々に有力化していくこととなる。次節以降では，如何様にして，現在の有力説が有力化したのか，そして，如何様にして，学説と判例実務とが乖離することとなったのか[127]について，さらに検討を進めることとしたい。

---

127)　**序章第 1 節参照。**

70

第3節　昭和53年・59年判例に至るまでの議論の変遷：現在の有力説の興隆

本節では，昭和6年判例以降，昭和53年・59年判例（元自衛官殺人事件）[128]
に至るまでの議論の変遷を追う。周知のように，この間，刑事責任論において
は，期待可能性の理論の導入や，行為者人格を巡る論争など，責任論の根幹に
関わる議論が展開された。しかし，こと刑事責任能力判断に関する原理・基
準・適用を巡る議論に照準を絞って議論の流れを追うと，この根本的な議論の
展開が責任能力の議論に与えた影響は，限定的なものであったことが看取され
る。

本節の検討からは，刑事責任能力判断については，以下の二つの議論の流れ
が存在していたことが明らかとなる。すなわち，第1に，従前の一般的理解
（責任能力を正常・通常の精神状態として基礎づける見解）が，学説において一定の
ヴァリエーションをもちながらも見受けられるとともに，実務的動向も従前と
同様にこれと親和的であったこと，第2に，同時期においては，現在の有力説
が学説上徐々に有力化していったということである。本節では，まず昭和6年
判例以降の戦前・戦中の議論状況を概観したうえで（第1款），戦後の議論の
展開を追い（第2款），昭和53年・59年判例について分析を行う（第3款）。

第1款　昭和6年判例以降の戦前・戦中の議論状況

刑事責任能力を巡る議論において，本款の対象とする期間において注目され
るのは，昭和6年判例の定式について，それまでの一般的理解とは異なる理解
（現在の有力説）からこれを支持する見解が現れたことである。そこで，本款で
は，まずこの点について概観する（**第1項**）。

他方で，この期間においては，刑事責任論全般における議論として，期待可
能性の理論が導入され始めていた[129]。そこで，本款では，続けて，期待可能

---

128)　最判昭和53年3月24日刑集32巻2号408頁，最決昭和59年7月3日刑集38巻8号2783頁。
129)　厳密には昭和6年判例以前に期待可能性の理論自体は紹介されていたが（批判的な立場からの
　　検討として，木村亀二「刑事責任に關する規範主義の批判」志林30巻（1928）〔なお「『期待の可

第1章　日本法における議論の変遷

性の理論を明示的に導入していた瀧川や佐伯千仭の見解を見ることで，かかる理論の導入と当時の刑事責任能力の議論との間にどれほどの関連性があったのかについて考察することとしたい（**第2項**）[130]。

第1項　刑事責任能力を巡る議論状況の変化

1　定式の異なる位置づけの提示

既に見たように，昭和6年判例以前から，一定の理解・弁識と，それに基づいて／従って意思を決定する／行為する能力という定式は学説上見受けられるようになっていたが，同判例以後，同判例の定式は学説上一般的に受容されるようになる。そして，同判例以降，責任能力に関する旧派新派の学派的対立の着地点は，正常な精神状態・通常の意思決定という観点から，同定式へと移行するようになる[131]。

かかる定式の位置づけについては，同判例以降にも，正常な精神状態・通常の意思決定として理解する見解も存在する。例えば，牧野は1930年代に入っても，現行法を理解する範囲内では責任能力は意思決定の常態であるという理解を妥当とすべきであり，それは換言すれば行為の社会的道義的意義を理解し且つその理解に基づいて意思を決定する能力であるとし，改正刑法仮案の草案もこれに倣うものであるとしている[132]。また泉二も，責任能力とは「違法行為ニ付キ法律上ノ制裁タル刑罰ヲ負擔スルニ必要ナル正常的精神状態」であると理解すると共に，改正刑法仮案の草案の定式とは現行法の心神喪失者に該当し，心神喪失は責任無能力であるという説明を行っている[133]。

しかし，1930年代には，同定式について異なる位置づけを行う見解も主張

能性』Zumutbarkeit」との記載として「同（3）」同巻8号37頁，44頁〕），一般的な刑事責任論の叙述の中で見受けられ始めたのは1930年代であるといえるだろう。

130)　なお，この期間の叙述には，例えば瀧川事件に見られるように時代的制約が存在する（後掲注142）も参照）。本款では，可能な限り戦後の同論者の叙述も踏まえながらも，この期間における刑事責任論の叙述を正確に追うこととしたい。

131)　象徴的であるのが平井彦三郎の叙述である。平井は，「行爲者ニ，或制裁ヲ負擔セシムル一定ノ心理状態」である責任の観念には道義的責任論と社会的責任論があり，前者からは自由意思のない者が責任無能力者に，後者からは危害能力のない者が責任無能力者になるが，両説の根拠を「併合一丸ト爲スモ何等矛盾スルコトナシ」とする融和論者の主張が結局正しく，融和論者からすれば，責任能力とは行為の道義的社会的意義を理解しこれにより行為の実行を決定する能力となるとしている（平井彦三郎『刑法論綱總論』235-241頁（1930））。

132)　牧野英一『改訂日本刑法全』135-138頁（1933）。

133)　泉二新熊『全訂増補刑法大要』153-158頁（1934）。

72

され始める。それは，自由意思の表れとして同定式を理解する見解である。

　例えば，小野清一郎は，刑事責任を帰する条件として，「反道義的なる行爲に付き其の行爲者に對する道義的非難に基きて責任を負はしむること」（道義的責任）を挙げ，その本質は，「行爲者が道義的軌範に從って行動すべく，又行動し得べかりしに拘らず，之に反する行爲に出でたることを非難する意味の」消極的価値判断であるとする。その上で，責任能力とは，行為者が一般に刑法が維持しようとする道義的規範を意識し，その意識に従って行為を制する精神的能力を有すること，「卽ち是非を弁別し，其の弁別に従って行為するの能力あること」を意味し，この意味において自由なる意思及び行為の能力を指すのであって，「『意思の自由』と解することを得るであらう」というのである[134]。

　また同様に，佐瀬昌三も，犯罪が成立するためには，「違法行爲を爲したる者の主觀的態度が，社會の非難（道義的倫理的）に値する」必要があるとし，かかる責任の本質は「意思の自由」にあり，責任とは「行爲者に對してその自由な意思を以て違法なる行爲に出でたることに付社會的倫理的非難 Vorwurf を歸せられ得ること」であるとする道義的責任をもって通説となすべきであるとした上で，責任能力とは是非弁別力を有し，それに従って自由に意思を決定し行為をなす能力であるとして，心神喪失の定義に昭和6年判例を引用しているのである[135]。

2　検　　討

　このように，昭和6年判例以降，旧派的見解に立脚し，端的に自由意思を責任の中心に据えた上で，その表れとして上記定式を支持しようという見解が姿を現すこととなる。

　この点，一言で自由意思といってもその内実は多様たり得るため，自由意思の表れと理解したところでその内実が一義的に定まる訳ではない[136]。しかし，

---

134)　小野清一郎『全訂刑法講義』145-152頁（1944-1945）。同様の理解として，同『刑法講義　總論』124頁以下（1932）。

135)　佐瀬昌三『刑法大意』152-155頁，159頁（1937）。なお，1920年代には正常な精神状態の表れとして同定式を理解していた島田も，1930年代には，人間の意思は環境の支配を受けながらこれを制服する個性を有するとして，この意味における自由意思により行為した場合に行為者には非難される理由がある（責任がある）とし，自由意思によって行爲し得ることを責任能力とする立場を表明するに至っている（島田武夫『刑法概論』88-90頁，94-96頁（1934））。

136)　例えば小野は，この時期の「『意思の自由』と解することを得るであらう」という叙述におい

73

第1章　日本法における議論の変遷

前節に見た，学派的争いにおいて当初主張されていた旧派的見解と比較すると，議論に大きな断絶があることが看取されるだろう。前節に見たように，我が国における当初の旧派的見解は，自由意思を基準に据える伝統的旧派とは異なり，自由意思は科学的には排斥されるのではないか等の新派的見解の批判を十分に認識した上で，自由意思とは異なる基準を提示しようと議論を模索していたのであり，その結果，原動力ないし決定の正常さを基準の中心に据えるという見解へと行き着いたのであった[137]。これに対して，1 に見た見解では，人間に自由意思があるという自らの立場の宣言を超えて，新派の批判を論理的にどのように受け止めているか必ずしも明らかでなく，正常な精神状態という観点から責任能力の議論を展開しようとする，これまでの旧派的立場の議論の積み上げとの間には重大な断絶があるといえよう[138]。

第2項　期待可能性の理論の導入

前項に見た動きと時を同じくして，我が国の刑法学においては，期待可能性の理論が導入され始めることになる。すなわち，「期待可能性 Zumutbarkeit トイフコトヲ主張シ，之ヲ以テ責任ノ本質ナリトス」る見解である「規範的責任論」が受容され始めるのである[139]。

この点，現在の刑法学では規範的責任論が支配的であることからすると，期待可能性の導入が現在の有力説を支持するものであるかにも思われる。そこで，以下では，期待可能性を責任論の中心に据える立場を明示している瀧川と佐伯の見解を見ることで，かかる議論の変化が責任能力の理解に影響を及ぼしていたかについて見ることにしたい。

て，（趣旨は必ずしも明らかではないが）Frank の教科書を引用している（小野・前掲注 134）152 頁（1944-1945），小野・前掲注 134）132 頁（1932））。

137)　前節第 1 款。

138)　確かに，社会的責任論とは異なり，道義的・倫理的観点からの非難であることを見出すという特徴はある（團藤重光『刑事法教科書』58-59 頁（1944）が，責任能力基準という観点においては自由意思の表れ以上の特徴がある訳ではない。

139)　牧野・前掲注 132）125-129 頁。もっとも，当時の論者が指摘していたように，当時は 2 種類の「規範的責任論」が語られ始めていた。すなわち，本文に掲げたような規範的責任論と，「宮本教授ノ主張ニ係ル」「刑罰ノ規範的評價作用トイフコトヲ基點トシテ責任ノ本質ヲ論スヘキモノトス」る見解としての規範的責任論があり，「規範的責任論ト稱セラルルモノニ二アリ」とされていた（同頁。同様に 2 種類あることを指摘するものとして，佐伯千仭「期待可能性の理論と法規範の構造」論叢 44 巻 6 号 836 頁（1941））。本書では，一般的に受容されるようになった，期待可能性に基づく規範的責任論について取り上げることとする。なお，宮本の見解については，宮本英脩『刑法大綱総論』4-15 頁，41-48 頁，105-120 頁（1934）。

第3節　昭和53年・59年判例に至るまでの議論の変遷：現在の有力説の興隆

1　瀧川幸辰の見解と評価

前節に見たように，瀧川幸辰は「正常的決定能力」を責任能力の基準に据え，その原理を判断者の「経験の可能」に求める見解を提示していたが，1930年代に入ると，期待可能性の議論をこの「正常的決定能力」の議論と接続させることを図っている。

すなわち，瀧川は1938年の著書において，刑法上の責任は規範的評価的事実関係であるという立場（規範的責任理論）を支持し，法律規範の期待に反して適法行為を取らなかった場合に責任が問題になるとして，責任問題の核心は適法行為の期待可能性にあるとする[140]。そして，責任能力者は通常の状態において行為の侵害性を認識し得るし，認識することによって行為動機に対する反対動機を構成する可能性を備えているとした上で，行為者が行為及びその違法性を認識又は認識し得る場合（故意過失が備わる場合）に行為動機に対する反対動機が構成され適法行為の期待可能性が現れ，さらに行為者が義務意識に基づく行為支配の圏内にある場合に期待可能性があるという。瀧川によれば，行為が許されているかを理解する能力は行為動機に対する反対動機を構成する前提であって，法律規範はかような能力を備える者についてのみ適法行為を期待し得る。瀧川は，この能力が責任能力であり，「義務を認識しこれに従って行動を規律し得たかどうかということ，即ち義務認識の可能性が責任の前提」であるとして，責任能力とは「精神の健全及び成熟に基き現に存する義務を正しく評價し，この認識に従って行爲する能力」であるとする[141]。

もっとも，そのうえで，瀧川は，このように位置づけられた責任能力について，これは「通常の精神状態」を意味するとして，前節に見たのと全く同じように，経験の可能が責任能力の基礎であるという観点から理論的基礎付けを図っている。すなわち，「吾々は自己の精神生活において體験し得ることでなければ他人の心持を想像することも出来ないし，また他人の行爲を理解することも出来ない」として，「體験の可能が責任能力の基礎である」とし，前節に見たのと同様に，心の中の連想の相違から，責任能力の説明を行っているのである[142]。

---

140)　この点については，瀧川幸辰『犯罪論序説』131-151頁（1938）。

141)　瀧川・前掲注140) 151-154頁。

142)　瀧川・前掲注140) 154-157頁。なお，瀧川は戦後『犯罪論序説』を改訂するにあたり，「私が

第1章　日本法における議論の変遷

　以上の議論を見ると，瀧川は，確かに期待可能性を責任問題の核心としては
いるものの，こと責任能力の議論においては，従前と同様に経験の可能性とい
う見地から基礎づけている点が注目されよう。少なくとも瀧川の見解において
は，期待可能性の議論は，責任能力自体の原理には影響を及ぼしていなかった
のである。

2　佐伯千仭の見解と評価

　これに対して，佐伯千仭の見解はどのようなものであっただろうか。

(1)　佐伯の見解

　佐伯は，犯罪が成立するためには行為が違法であるのみならず，さらにその
行為者がその違法な行為について「責任を問はれ，人格的に非難せられ得るこ
と」(「有責なること」) を要するとした上で，「責任の本質は非難の可能性にあ
り，非難の可能性は當該の違法行為が其の行為者にとって不可避的でなく，む
しろ止めようとすれば止め得たであらうと判斷される場合に存在する」とする。
そして，「責任性の評價を可能ならしめるものは」法規範の「命令規範として
の作用」であり，それには，「國民各自の意思に對する要請 (命令又は禁止)
として現れ，各自の主觀 (内心) において違法なる行爲への決意に導かうとす
る刺戟や動機を壓迫して適法なる行爲への決意を成立たしめんとする」機能が
存在するとする[143]。

　この点，命令規範としての作用は「人の精神に對する要請」であるため，そ
の作用も「人の精神力の限界」により制限されているとして，以下の二つの制
限があるという。すなわち，その者が一般的に法規範の含む命令禁止の意義を
理解し，且つこの理解に従って自己の意思を決定する能力を有する者であるこ
と (責任能力) と，かかる能力を備えた者において特定の行為に当たり命令禁
止を現実に観念したか，又は少なくとも観念しうべかりし場合 (故意過失) で
あり，且つ他にこの命令禁止の動作作用を阻害する事情がないこと (期待可能

　京都大學教授をやめさせられた頃，刑法に關する私の著書は發賣禁止處分を受けた。その後に出版
　した犯罪論序説は，そうした不幸から免れるために，叙述が甚だなまぬるくなっておる」と回顧し
　ている (同『犯罪論序説〔改訂版〕』(有斐閣，1947) 1 頁) が，「改訂版とゆうたところで，根本の
　考え方は元の書物のままである」とも述べており (同 3 頁)，責任論・責任能力の叙述は基本的に
　同様である (同 99-119 頁)。
143)　佐伯千仭『刑法総論』199 頁，204-205 頁 (1944)。

76

性）の二つである。これらを総括して，佐伯は，責任とは「其の人について法の命令規範としての作用が有効に期待され得たにも拘らず，此の期待に反した態度をとった人に向けられる非難であり，又は斯かる非難を理由づけるその行爲者の主觀的態度である」として，責任能力と故意過失が充足されている限り，適法行爲が期待可能であったとの「一應の推定」を受け，「種々の責任阻却原因」が認められる場合には，その推定が破られる（「期待不可能性」）としている[144]。

　そして，責任能力の説明としては，以前の通説は，責任能力は「所謂意思の自由の存在を豫定してゐた」ところ，「前世紀後半」に「意思決定論」の立場から「意思決定の正常性」「刑罰適應性」が實質であると説かれるに至ったが，意思決定の正常性なるものも「結局は『社會的要求を正常に理解し且其の理解に從って行爲する能力』に外ならぬとせられるのであるから，決定論の立場を採るといっても實質的には第一の説と大差はない」とする。そして，佐伯自身は，「意思の自由，不自由に關する議論の渦中から遠ざかる」ことの重要性につき認識しつつ，「人間精神の全體」についての考察や「直接的な具體的な人間存在」を出発点とした議論の必要性を強調して，改正刑法仮案の定式について支持している[145][146]。

(2) 評　　価

　以上の佐伯の叙述においては，法の命令規範としての作用を有効に期待し得る者たる責任能力者として，一般的に法規範の含む命令禁止の意義を理解し，且つこの理解に従って自己の意思を決定する能力を有する者という定義が当てられている。もっとも，既に見たようにかかる定式には複数の理解があり得るところ，佐伯が如何なる意味で理解しているかは必ずしも明らかではない。

　この点，佐伯が責任の本質を「止めようとすれば止め得たであらうと判斷さ

---

144) 佐伯・前掲注143) 205-207頁。
145) 佐伯・前掲注143) 211-215頁。宮本の見解（前掲注139)）について，「専ら認識と理解の方面から責任能力を規定しようとする」ものであり，「意思の自由，不自由に關する議論の渦中から遠ざかる」ことができそうであるが，意思と感情とを十分に考慮できていないとして批判している。
　なお，さらに佐伯は，以上に加えて，可罰的責任能力（刑罰による対抗を必要とする程度の強い反規範的性情があり，または刑罰を科すことで効果を予期できる程度の能力があること）も要求している（同216-217頁）。
146) 以上の佐伯の説明のうち，責任能力の学説史については，本書の（特に前節の）検討からすると疑問がある。従前は，旧派の立場からも，意思決定の正常性の見地から責任能力が基礎づけられていたからである。

れる」ことに求めていることからすると，責任論の根本においては伝統的旧派の議論に近い議論があり[147]，前項に見た見解と同種の見解として分類されるようにも思われる。しかし，責任能力の定式が自由意思の表れであると端的に述べているわけでもなく，また自由意思の観点から期待可能性を理解するという見解を展開しているわけでもない。期待可能性を導入するにあたって，佐伯は責任能力の特定の理解（とりわけ前項に見た自由意思の表れとしての理解）を支持したとは限らないように思われる。

このことは，（次款の対象とする年代に跨ってしまうが）戦後の佐伯の議論を追うとさらに明確になる。すなわち，佐伯は戦後の責任能力の叙述において，「人間が行為するに当つて必ず抱くところの自由感（自由の意識）をその儘肯定」し，「類型的思惟方法に従つて，我々の社会生活の経験上，社会的要求を正しく理解し且それに従つて意志を決定することができると考えられる人間の類型を構想し，これを以て責任能力者とした」と述べたり[148]，「人は，真に自由であるかどうかはともかくとして，実際，自由の主体として自らも行動し，また他人からも取り扱われるというのが現実である」として，「法・道徳などのいわゆる人倫の世界では」「人間は自由なものとして——少なくとも——擬制されている」としたうえで，「右のような自由の主体として扱われるために，その人が備えていなければならない条件」が責任能力であると述べたりしている[149]。このように見ると，やはり自由意思の表れとして責任能力を理解していたとは必ずしも評価できないだろう。

以上からすると，期待可能性の思想に基づく規範的責任論の妥当性を強く主張していた佐伯の見解においても，期待可能性の導入によって責任能力に関する特定の立場（とりわけ現在の有力説）が支持されていたわけでは必ずしもなかったということができよう[150]。

第3項　小　　括

昭和6年判例以降の議論状況を追うと，同判例の定式自体は一般的に受容される一方で，その理解において，学説の流れに一定の変化がみられるようにな

---

147)　佐伯千仭「刑法に於ける人間觀の問題」論叢47巻4号732頁，762頁以下（1942）も参照。

148)　佐伯千仭『刑法総論』117-119頁（有信堂，1956）。

149)　佐伯千仭『刑法講義（総論）』236-240頁（有斐閣，1963）。

150)　既に，規範的責任論が主として自由意思と関係なく展開され，それは論理的にも正当であるとするものとして，木村亀二「刑事責任の本質」法哲学四季報2号2頁，18頁以下（1949）。

第3節　昭和53年・59年判例に至るまでの議論の変遷：現在の有力説の興隆

る。すなわち，1920年代同様に正常・通常の精神状態を全体的に記述したものとして同定式を位置づけるものもあるものの，同定式を端的に自由意思の表れとして位置づける旧派的見解が主張されることとなったのである。かかる見解においては，我が国に当初導入された旧派的見解とは異なり，人間に自由意思があるという自らの立場の宣言を超えて，新派の批判を論理的にどのように受け止めているか必ずしも明らかでなく，これまでの旧派的見解の議論の積み上げとの間には重大な断絶があるといえよう（以上，**第1項**）。

　この点，この時期には期待可能性を責任の中心に据える規範的責任論も本格的に導入され始めていることから，かかる責任概念の変化の影響があったかにも思われる。しかし，個々の論者の叙述をたどっていくと，少なくとも当時の論者の叙述自体においては，期待可能性の導入によって，同定式を端的に自由意思の表れとして捉える理解が導かれるようになったわけではなかったことが明らかになる。期待可能性の導入は責任論一般の叙述においては根本的な変化をもたらしたが，こと責任能力の原理・基準・適用を巡る議論においては，必ずしも直接的な影響をもたらしていなかったのである（以上，**第2項**）。

　こうして，責任能力を巡る議論においては，現行刑法制定以降一般的であった，正常・通常の精神状態を全体的に記述したものとして昭和6年判例の定式を捉える理解と，端的に自由意思の表れとして捉える理解とが生じるに至った。そして戦後の学説においては，後者の理解が興隆することになる。これを次款以降見ていくことにしよう。

第2款　戦後の昭和53年・59年判例に至るまでの　　　　議論状況

　戦後に入ると，刑法学においては，戦前の責任論の議論を支配していた学派的対立が収束に向かい，責任を非難可能性と考える見解が支配的となる一方で，かかる見解内部にて新たな学問的対立，すなわち行為者人格と行為責任との関係を巡る議論が生じることとなる。そこで，まずは，かかる議論の対立が責任能力を巡る議論にどのような影響を与えたのかという点にも留意しつつ，法学者による責任能力の議論をたどることとしたい（**第1項**）。

　他方，戦後に至ると，下級審裁判例において責任能力判断が積み重ねられるとともに，かかる諸判断について刑事実務家の整理・分析が示されたり，或い

第1章　日本法における議論の変遷

は精神医学者により議論（いわゆるコンヴェンション論）が提示されたりするに至った。そこで，続けて，実務的動向として，下級審裁判例の動向やその当時の整理と，精神医学者の議論について，検討を行うこととしたい（**第2項**）。

第1項　刑法学における議論

　戦後の刑事責任論においては，新派的見解がほとんど姿を消し，犯罪行為についての非難可能性を責任の内容とする旧派的理解が支配的となることで，旧派と新派による学派的対立は収束することとなった[151]。しかし，これに代わって，主として常習犯加重や，刑の量定基準における性格の危険性の取扱いを巡って，犯罪行為についての非難可能性を責任の内容とする立場から，如何様にして行為者の性格ないし人格を責任非難の判断に取り入れることができるかが激しく争われることとなった[152]。相対的自由意思論・人格形成責任論を支持する團藤重光と，やわらかな決定論・性格論的責任論を支持する平野龍一との論争の存在は人口に膾炙しているところであるが，両者の論争に止まらず，行為者人格と行為責任との関係を如何に把握するかが戦後の刑事責任論の大部分を占めていたのである。

　もっとも，かかる議論と責任能力論の議論とが必ずしも論理的に関連していたわけではない。行為者人格と行為責任の関係を巡る議論の主戦場は，あくまでも常習犯加重等であったのであり，責任論一般では行為者人格を巡る議論を多分に行う一方で責任能力については議論を割かない叙述も相当程度存在していた。そこで，刑事責任能力を巡る議論の形成過程を概観するという本書の目的に鑑み，本項では，行為者人格と行為責任の関係を巡る議論との関係性を踏まえつつ，責任能力につき自覚的に議論を展開するものに絞って議論を追うこととしたい[153]。

---

151)　「ここにおいて，社会的責任論か道義的責任論かの対立は，実質的意味をもちえなくなった。さらに，社会的責任論にもとづく特別予防が刑法の人権保障原則に抵触するという意識は，戦後の憲法制定を契機としていよいよ強くなり，社会的責任論は姿を消したのである。こうして，非難可能性を内容とする規範的責任論が学界を支配し，実務もこの説に従っていることは疑いない」（大谷實「行為責任と人格責任」中山研一他編『現代刑法講座第2巻』197頁，200頁（成文堂，1979））。

152)　この点については，例えば大谷・前掲注151) 200頁も参照。

153)　それゆえ，責任論一般については議論を展開しつつも責任能力論については多く議論を展開していない見解として，福田平の見解については紹介を割愛する。

　　福田は，責任能力とは「行態の是非善悪を弁別し，それに応じて意味にかなった意思決定をすることのできる能力」であるとしており（福田平『刑法総論』147頁（有斐閣，1965）），大塚仁と共

80

第3節　昭和53年・59年判例に至るまでの議論の変遷：現在の有力説の興隆

　予め考察の結果を示すならば，ここで明らかとなるのは，正常・通常の精神状態を表すものとして責任能力を把握する理解と，これを端的に自由意思の表れとして把握する理解との併存が，一定のヴァリエーションを持ちながらも，なお受け継がれていたということである。以下では，後者に相応するものとして，相対的自由意思を支持する道義的責任論の立場から主張された議論を見た上で（1），前者に相応するものとして，人格の異常ないし人格異質性に着目して主張された議論を見ることとしたい（2）。

1　相対的自由意思を支持する「道義的責任論」の立場から

(1) 各論者の見解

(a) 團藤重光の見解

　まず，道義的責任論に基づきつつ責任能力の議論を展開する見解として，團藤の見解を見たい。

　團藤は，人格の形成には主体的・自由意思的要素が存在することを強調し，且つ，犯罪はそうした潜在体系としての人格の主体的な現実化であるとした上で，潜在的人格体系を主体的に現実化した現実的な人格態度に対する非難としての行為責任とともに，その背後に人格の主体的形成に対する非難としての人格形成責任を認め，両者を合わせて人格責任として刑事責任を基礎づけていた。もっとも，團藤がこのうち第一次的に重要なのは行為責任であると一貫して主張していたことには注意を要するだろう。すなわち，團藤は，犯罪行為は行為者の潜在的人格体系の主体的な現実化であり，人格の潜在体系を前提としながらもそれ自体がまず規範的な評価の対象として現れるのであって，犯罪行為に対する非難も直接的には現実的な人格態度に対する非難であるとしていた。つまり，犯罪は一定の性格の自然的発露ではなく，人格の特性に従いながらも種々の内的及び外的条件のもとに行為者が他の可能性を排除し特にその可能性を選択して行うものであって，まず当の行為について行為者の人格態度を取り

に「意味にかなった行為・意思決定をなしうるか」を主として問題としている（参照，大塚仁『刑法概説（総論）』283頁（有斐閣，1963））が，この背景にはWelzelとEngischの議論が存在するものと推察される（参照，福田平「現代責任理論の問題点」ジュリ313号58頁（1965））。もっとも，福田自身は，Engischの批判を受け入れてWelzelの見解を修正するにあたって，何を「意味」として措定し，如何なる場合に意味にかなった意思決定をなし得ない（それゆえ責任が認められない）のか明らかにしていない。それゆえその責任論は結局，環境的要素に影響されながらも意思決定は常に可能であるという非決定論と同じであるとの批判を受けている（西原春夫『刑法総論』395-396頁（成文堂，1977））。なお，本文記載の学説史叙述の方針は，次節についても同様である。

81

第 1 章　日本法における議論の変遷

上げなければならないとする。そして，その上で，行為責任も，人格の現実的なものから潜在的なものにわたって，行為における人格態度を理解し責任判断を加えるものであって，行為における人格態度の把握のためには必然的には過去における人格形成をも取り上げなければならないとして，行為責任を第一次的に，人格形成責任を第二次的に考慮しながら，両者を合一的に理解した人格責任を認めるべきであるとしていたのである[154]。

このように團藤の「人格責任の考え方は，行爲責任を否定するものではなく，むしろこれを包攝しながら，さらにそれに何ものかをつけ加えようとするものにほかならない」のであり[155]，その人格責任の中核には，「素質・環境の制約のわくの中で，主体的な自由（意志ないし行為の自由）すなわち自己の行動を主体的に制御する力をみとめ，決定されながら決定して行くという動的な過程の中に人間存在のありかたをみとめる」相対的自由意思論が存在したのであった[156]。

こうして「行為者人格を考慮に入れながら，古典派の傳統を受けついで，やはり道義的責任論を主張しよう」とする見解に立脚した上で，團藤は，責任は非難可能性を中核とするものであり，有責に行為する能力，すなわち行為者に非難を帰することの可能な人格的能力が責任能力に他ならないという。そして，刑法の実質的な内容となっている（あるいは刑法が維持しようとする）社会的道義規範を理解し，體感し，遵守することによって社会の一員として生活することのできる者だけに対して，刑法は非難を向けることができるという。「刑法の實質的な内容となっている社會的道義規範を理解し，體感し，遵守することのできる能力，逆にいえば自己の行爲がかような規範に違反するものであることを辨別，體感することができ，かつ，それにしたがって自己の行爲を制御することができる能力が責任能力である」というのである[157)158]。

---

154)　團藤重光「人格責任の理論」法哲学四季報 2 号 100 頁，123-130 頁（1949），同「責任の理論」日本刑法學會編『刑事法講座第 2 巻』249 頁，253-255 頁（有斐閣，1952）（なお，既に團藤重光「行刑と刑事訴訟との關聯」刑政 56 巻 4 号 1 頁，6 頁以下（1943）において同様の見解が示されていた）。また，大谷・前掲注 151）参照。なお，人格形成責任に対する批判として，例えば西原・前掲注 153）398-399 頁。

155)　團藤・前掲注 154）「責任の理論」254 頁。

156)　団藤重光編『注釈刑法 (2) の II』274-276 頁〔團藤重光〕（有斐閣，1969）。

157)　團藤重光「刑法學から見た責任能力」精神経誌 51 巻 7 号 1 頁，1-6 頁（1950）。同論文とほぼ同じものとして同「人の責任——刑法學から見た責任能力」季刊人間研究 1 号 2 頁（1950）。また，団藤重光「責任能力の本質」日本刑法学会編『刑法講座第 3 巻』33 頁（有斐閣，1963）も参照。

158)　なお，團藤は，責任能力は「行爲者に非難を歸することの可能な人格的能力」であり，「外部

82

第3節　昭和53年・59年判例に至るまでの議論の変遷：現在の有力説の興隆

(b) 小野清一郎の見解

　以上の團藤による議論の展開も踏まえながら，小野清一郎は，戦後においても，以下のように道義的責任論の下で昭和6年判例等の定式を支持し，議論をさらに展開している。

　小野は，規範的責任論とは責任を非難可能性と理解する見解であるとして支持した上で，非難が可能であるということは，行為の反価値の判断を行為者に移し，行為者がその行為に出たことを非難することができるということでなければならないとする。そして，この意味の非難は，行為者がその行為に出ないことができたこと，「他の（正しい）行為が可能であった」ということを前提としており，非難可能性は，その根本において，行為者における意思及び意思的な行為の自由を前提としているとして，「その精神面における自由を一括して『意思の自由』又は『自由意思』というなら，自由意思こそは責任能力の本質であるということができる」とする。このように率直に自由意思論を認めることには，意思そのものが心理学的・性格学的・社会学的に決定されるために躊躇があるが，それは一般的・抽象的に種々の因果法則の下にあるということであり，具体的な行為が百パーセント必然であることではないとして，自由意思論を擁護している[159]。

　こうして小野は，意思及び行為の主体としての「人間」は，歴史的な因果的必然性の下にありながら，「自己の意思を倫理的な軌範によって決定する自由をもつ『人格』でなければ」ならず，刑法における「人格」は，「刑法の指示する（indicate）社会倫理的軌範によって主体的に自己の意思を形成し，決定する自由であり，その自由な意思決定に従って行為することのできる人間」であることを指すという。小野は，かかる自由を含む人間の能力が責任能力であるとして昭和6年判例や（当時の）ドイツ刑法51条の定式を支持するのである[160]。

　的事情」により「そのような事情のもとでは健全な通常人としてもそのような行為をしたことは無理がない」という場合については，それは「期待可能性の問題であって，責任能力の問題ではない」と整理している（團藤・前掲注157）（精神経誌）3頁）。

　この点，責任無能力者を「期待不可能」という言葉で説明できても概念的には峻別すべきであり，帰責不可能は「何人も精神が健全である」という法の推定を破る一方，期待不可能は「精神の健全な者には常に適法行為を期待し得る」という擬制を覆すものであり，前者では法の非難が断念されるが，後者では法の非難が躊躇されるとして，両者を区別するものとして，西村克彦「期待可能性と責任能力」岡山大学法経学会雑誌5号1頁（1954）。

159)　小野・前掲注3）117頁。

160)　小野清一郎「責任能力の人間学的解明 (1)」ジュリ367号87頁，89頁（1967），小野・前掲

第1章　日本法における議論の変遷

　このように，小野は，自由な意思決定に従い行為することのできる能力を責任能力の中心に据える一方で，「人格」の存在にも一定の重きを置き，議論を展開しているといえよう[161]。

(2) 批判的検討：墨谷葵の批判を中心に

　このように，小野や團藤は，責任の基礎たる非難可能性の前提に，相対的にではあれ人間は自らの意思を主体的に決定できるという自由意思の観念をおいた上で，「社会倫理的軌範によって主体的に自己の意思を形成し，決定する」能力，ないし，「社会的道義規範を理解し，體感し，遵守することのできる能力」を基準に据え，昭和6年判例等の定式を支持している。意思を自由に形成し決定する能力や，規範を遵守する能力という基準には，自由意思の表れとして責任能力を捉える見方が反映されていると評価できるだろう。自由意思という文言は多義的であるが，以下では，このような「相対的自由意思」の考えも依拠する自由意思の観念（人間の意思は環境や素質に必然的には規定されず，行為者はその行為に出ないことができたという意味での自由意思）を，山括弧付きで〈自由意思〉と呼ぶことにしよう。戦前の小野や佐瀬の見解では，その依拠する「意思の自由」の内実は不明確だったが，戦後の小野や團藤の見解では，〈自由意思〉が責任能力の基礎として提示されており，そこに「人格」という観点から一定の修正が加えられていると評価できるだろう[162]。

　しかし，かかる議論が如何なる具体的な適用結果をもたらすものであるかについては，なお明らかではなかった。そして，この点は，本款の対象とする時代の学説においても批判を受けていたところでもあった。その著名なものとしては，墨谷葵の批判を挙げることができるだろう。墨谷は，そのモノグラフィー[163]において，アメリカにおける M'Naghten Rules の生成から模範刑法典成

注3) 120頁以下。なお，小野は「責任能力の本質は自由意思であるとすることは，法律上の概念として『責任能力とは自由意思である』と定義しようというのではない」と言いつつも，昭和6年判例と同様の定式を採用する1933年ドイツ刑法について，「依然として『自由な意思決定』の思想を基底としている」「その意味で表現の方法を変えたにすぎない」とも述べており（小野・前掲注3) 117-118頁），同定式を，その「自由意思」の表れとして捉えているといえるだろう。

161) 小野は，人格の持続性・統一性を強調して，團藤とは異なり，特定の行為に限らず，およそ行為の是非を弁別する一般的な能力を問題にしている（小野・前掲注3) 121-123頁）。

162) なお，團藤自身は，後に「意志の自由があるかないかという形の議論は割合に不毛」であり，「このごろはもっと端的に，意志の自由という言葉は使わないで，主体性という言葉でそれを表そうとしている」と述べるに至っている（團藤重光「日本刑法学会の50周年を祝う」刑雑39巻2号1頁，6頁（2000））。

84

第 3 節　昭和 53 年・59 年判例に至るまでの議論の変遷：現在の有力説の興隆

立後までの議論[164]を追った上で，混合的方法の支持を表明しつつも，「是非の弁別に従って行動する能力」を基準に含めることに対して以下のように強い批判を当てていた。すなわち，「是非の弁別に従って行動する能力」とは「『現実に活動した制御能力の有無』＝『自由意思の有無』」であり，経験科学的に判定が困難であって「それに因る裁判官の恣意的判定の危惧を避けられ」ず，また更に，「是非の弁別に従って行動する能力」を文字通りに適用するならば，「弁別能力には障害がなく，もっぱら制御能力に障害のある精神病質者や神経症患者などまで責任無能力者とされてしまう」ことになるが，「とくに，精神病質者は最も危険な犯罪者であることが多く，かつ，犯罪者中に多いことならびに常習犯人となる傾向が強いことなどを考えると，これを責任無能力者としたり，限定責任能力者とするならば，それは，最も危険な犯罪者に対する社会の許容可能性を超過した責任無能力・限定責任能力の洪水現象を」招いてしまうという批判である[165]。

以上のように，道義的責任論を支持する小野や團藤は，「相対的自由意思」を認めつつ「人格」の存在にも重きを置いており，伝統的旧派の理解を中心に据えながら一定の修正を図るものであるが，墨谷によって強く批判されていたように，〈自由意思〉の表れとして昭和 6 年判例の定式を基準に据えた場合，そこから如何なる適用結果が獲得されるのか，獲得されるとしてそれは妥当な適用結果をもたらすのかについて，必ずしも明らかではなかったのである。すなわち，原理・基準・適用の観点からすれば，原理・基準は比較的明確であったのに対し，それと適用との関係が明確でなかったのである。

2　人格の異常・人格異質性を基準に据える見解

以上のような道義的責任論に基づく議論に対して，行為者人格という観点を直截に責任能力基準に反映させる見解も，昭和中期には主張されていた。

---

163)　墨谷葵『責任能力基準の研究』（慶応通信，1980）。M'Naghten Rules の綴りは同書のものによる（21 頁，綴り方が複数あることについては同書 33 頁も参照）。

164)　参照，第 3 章第 1 節。

165)　以上につき，基本的に墨谷・前掲注 163) 211-230 頁を参照し，適宜，墨谷葵「責任能力」阿部純二他編『刑法基本講座第 3 巻』234 頁，245 頁（法学書院，1994）も参照した。なお，墨谷自身は，「精神の障害により，自己の行為の違法性を弁別する能力が著しく低い者の行為は，これを罰しない」との基準を定立しているが，必ずしも積極的な責任の原理を定立するものではなかったため，生の刑事政策的考慮を正面から導入する点で責任主義に反するとの批判がある（例えば，竹川俊也『刑事責任能力論』260 頁以下（成文堂，2018））。

85

第1章　日本法における議論の変遷

(1)　各論者の見解

(a)　植松正の見解

　植松正は，責任能力とは刑事責任を負荷せしめるに足る適格性であり，刑事責任を負荷せしめることが合理的であるか否かは，その行為者に対する法的価値判断によって決せられるという[166]。そして，刑法39条にいう「心神喪失」「心神耗弱」の内実について以下のように述べる。

　すなわち，刑法は平凡な多数人の規範であるから，完全な責任能力があるとするには，この多数の平凡人の能力を標準としなければならず[167]，その最低の限界は「通常の社会生活を営み得るに必要な最小限度の素質と教養を持った者」であり，これは，正常人たる裁判官や一般平均人が，自ら平均人としての思考の範囲において了解を可能とする行動の主体である。なぜならば，行為にして，かかる了解の限界を超え，平均人の思考をもってしてはその行動に相応した理由があるということを了解し得ない場合には，それはもはや「普通の社會規範的價値判斷の對象」とはなし得ず，「刑法各本條という社會規範をそのまゝあてはめて，價値判斷を施すに適しない」からである。その場合には価値判断の対象たるに適しないという意味における否定の判断又は除外の判断をするか，そうでなければ規範の基準を一般の場合に変更を加えて適用するほかなく，前者が心神喪失，後者が心神耗弱に相当する[168]。

　こうして正常人（一般平均人）が自ら平均人としての思考の範囲において了解可能か否かという基準を定立する植松は，昭和6年判例の定式がこれと同趣旨であることを前提とする[169]が，以下のように「人格」という観点もこれに

---

166)　植松正「責任能力」日本刑法學會編『刑事法講座第2巻』281頁，281-283頁（有斐閣，1952）。

167)　なお，植松は，「素朴に考えると，人間は自由に罪を犯すこともできれば，犯さないこともできるように見える」が，皮膚の色や髪の毛のように「脳味噌の中味も同じような遺伝の支配を受けていると考えなければならない」とした上で，しかし「犯罪を遺伝と環境との宿命だと見る」のは「現代社会の秩序を保つ手段としては，うまく適合しない」のであり，「意志自由があるかないかが問題なのではなく，結局は意志自由がないにかかわらず，それあるがごとくに行動している人間どもの集団が作っている社会の規律をどうするかが問題なのである」としており（植松正『刑法とはなにか』10-16頁（日本放送出版協会，1983）），刑法においては「もともと遺伝と環境との所産としての人間」すなわち「平均的不自由人」が基準として考えられているとする（植松正「激情行動と責任能力」団藤重光他編『犯罪と刑罰（上）佐伯千仭博士還暦祝賀』422頁，424-425頁（有斐閣，1978））。

168)　以上につき，植松正「責任能力の實體」警察研究21巻10号55頁，55-56頁（1950），同・前掲注166）287-288頁，同『刑法概論』198-199頁（勁草書房，1956）。

169)　「たゞ健全な常識にたよるというのでは，あまりに漠としていてたよりないから，善悪の弁別力とその弁別に従つて行為する能力ということに目安を置くことになる」（植松正『刑法教室・犯罪理論編』199-201頁（法令普及会，1954））。

併置している。すなわち，通常の社会生活を営むにつき格別の支障を持たない人格を標準類型として，それからみて，ある行為がその人格から流出した行為と見得る（「人格相即」）か，その人格のあらわれと見られないような行為である（「人格無縁」）かを区別し，後者であれば心神喪失であると言ってよいともしている[170]。

そして，植松は以下のように具体例の検討も行っている。まず，精神の一時的異常に基づく場合（病的酩酊等），本来の人格との関連が極小であるという特徴があり，行為は行為者の固有の人格の発動としてのみ刑法的非難の対象となるに値するのであり，別個の人格の発動たる行為を対象とすべきではないから，責任無能力者とすべきである。次に，精神の継続的病変に基づく精神障害については，病変前の人格に比べて，本来有する人格と無関連として認められるほどの異常があれば責任無能力であり，その程度には至らないがなお刑法上から見た正常人の限界を逸脱していれば限定責任能力である。以上に対して，精神の発育遅滞がある場合には，生来性又はこれに準ずる恒常的な人格異常を有するのであるから，各個の行動はその人格と密接な関連を有し，その本来の人格の表現であると言えるが，本来の正常人一般を標準として，当該行為者が仮に正常人であったらその行為をすることが本来の人格に関連がないと考えられるような性質のものであるか否かによって決するとして，遅滞の程度が高いものを責任無能力，程度の低いものを限定責任能力としている[171]。

このように，植松は，平均人としての思考の範囲において了解可能かという観点を主軸としつつ，それに「人格」の観点から修正を加え，責任能力基準の定立を図っているということができるだろう。

(b) 大谷實の見解

昭和40年代に入り，本格的に人格責任論の理論を構築したのは大谷實である。

大谷は，その重厚なモノグラフィー[172]において，行為主義の原理を可能な

---

170) 植松・前掲注166) 289頁。

171) 植松・前掲注166) 289-291頁。また，激情行為については，俗に言う「カッ」となって殺傷したというような場合に，激情下における意志抑制力の低下を理由にその責任を減免するとなると，犯罪行為そのものが何ほどかは異常なものであるだけに限界が甚だ難しくなるとして問題性を認識した（植松正「激情下の犯罪と責任能力」時の法令599号9頁，14頁（1967））上で，「弁別に従って行為しうる能力」において常規性を欠く余地を認めつつ，有責的な激情であるか否かというドイツ判例等が支持する基準により区別することを支持している（植松・前掲注167)「激情行動と責任能力」435-437頁）。

第1章　日本法における議論の変遷

限り体系的に貫徹しながら人格主義的責任観を導入しようという立場が，ドイツ及び日本にてどのような形で形成されてきたかを解き明かした上で，自らの人格責任論（性格論的責任論）を以下のように述べる。すなわち，責任非難は，「行為はまさに自分が原因であった，この1回限りの行為は，偶然や単なるエピソードではなく，自分という身体と精神との統一的人格が原因であった」という主体側の責任感情を前提とする一方で，行為時の人格が因果の支配に属しているならば責任非難を向けることはできない。この点，人間の存在は，精神的身体的に一定の構造を持った個体として素質と環境から相対的に独立しているのであって，その限度で人格の自律性は素質と環境の相互作用を含みながら維持されているのであり，多くの場合，人は現在の存在になったことにつき，いろいろな原因があっても，それに対して自ら全責任を負うと言える。かくして，刑事責任は，犯罪行為の人格相当性が高ければ高いほど原則として重く，その責任非難は犯罪行為に至るような人格を形成するなという規範の命令に反したことに根拠を持つのであり，人格環境が行為時の人格形成に影響を与えるほど人格の自律性は後退し，人格責任の程度は低下する。

　しかし他方で，犯罪行為をするような反規範的人格を形成するなという法規範の要求は，もっぱらかかる規範の要求が妥当するような者，すなわち本来人間が有するとされているところの人格構造の自律性を具備している者にのみ妥当する，と大谷は言う。当為の要求は，人格構造そのものが正常な者にのみ妥当するはずであって，環境の異常性が人格の自律性を破壊するのと同様の関係で，一定の内因的な，いわば人格の内部構造そのものに異常性がある場合は，自律性そのものが維持されず，従って人格形成の責任を問うことは不可能になると言うのである。そして，人格構造に欠陥がある限り正常な運動状態は阻害され，人格の持つ正常な機能が維持できず当為の要求は妥当し得ないとした上で，人格構造に国民大多数のものとは異なった性質，つまり変性が認められる場合には人格責任は否定されるとする[173]。ここで大谷が変性を持ち出す理由は必ずしも定かではないが，大谷は，本来，法は，社会的存在である人間に向けて命令や禁止をなすのであり，それを期待できないのは社会的存在者たり得ない人格だからだとも述べている[174]。

---

172)　大谷實『人格責任論の研究』（慶應通信，1972）。
173)　以上につき大谷・前掲注172) 355-373頁。
174)　大谷實『刑事責任の基礎〔訂正版〕』144-147頁（成文堂，1977）。

第3節　昭和53年・59年判例に至るまでの議論の変遷：現在の有力説の興隆

このように大谷は，「行為が人格に裏づけられていればそれだけ責任が重い」という人格責任論（性格論的責任論）に立脚し[175]，「人格の変性ないし異種性」を責任能力概念の核心に据える[176]。そして，国民の大多数から乖離する少数者としての「人格構造の変性を示す者」とは，「結局，普通，正常の者においてはあり得ないような根拠，方法，形式によって動機形成が行われるようなものを指す」が，現代のように多元的価値観が混在している社会においては，この「変性」の判断を社会的政治的に判断することは妥当ではなく，経験的記述的方法により確定すべきであるとする。その具体的内実は必ずしも明らかではないが，精神病，精神薄弱，正常人における一時的な人格変性（熱性譫妄等）が通常含まれると考えられているとしている[177]。

こうして，当時の大谷は，「正常・異常の判断は，検証不可能な意思自由の存否からではなく，身体における正常・異常の観念と同様，生物学的・経験的な立場から限界を定めるのが妥当である」として「生物学的方法に依拠」するのであった[178]。以上の大谷の立場は，性格論的責任論の立場から，人格構造の正常さを基準に据えつつ，これを医学的な観点から判断することを求める見解であるといえよう。

(c)　平野龍一の見解

大谷も支持していた「行為が人格に裏づけられていればそれだけ責任が重い」という責任論は，やや異なる理由づけからではあるが，平野龍一も共有するところであった。ここでは大谷の見解と対比する意味合いも込めて，平野の見解を見ることとしたい。

平野は，人間の世界にも自然の世界と同様に法則の定立は可能であるところ，人間の意思も法則に従うものであるとしたうえで，「やわらかな決定論」（平野によれば，人間が自由であるか自由でないかとは，何によって決定されているかによるのであって，人間の意思が法則に従うことと自由であることは矛盾しないという議論）を支持し，刑法の場合は社会的な非難によって決定されうることが自由である

---

175)　大谷・前掲注151) 210-215 頁。
176)　大谷・前掲注174) 147 頁。
177)　大谷・前掲注174) 156-157 頁。なお「精神病質」の扱いについては記述の変遷があり，当初は「基本的には，責任能力が無いとする方が正しいように思われる」としていたが（大谷・前掲注172) 374 頁），その後，「過去の人格形成の非難性に根拠を求めて責任を加重するのは妥当でない」が「原則としては，一般の犯罪者よりも人格と行為の関連が密接であるのだから責任が重いといわざるをえない」としている（大谷・前掲注151) 216 頁）。
178)　大谷・前掲注172) 371 頁。

89

第1章　日本法における議論の変遷

として、刑罰は、人間の意思の持つ法則性を利用して、将来行為者および一般人が同じような事態のもとで犯罪を行わないように新たな条件づけを行おうとするものであるとする。そして、この刑罰観を前提に、平野は、どの程度の刑を科するかは犯罪的な意思が作り上げられる可能性の強さによるとし、犯罪的な動機を持つ強い可能性のある性格であるならばそれだけ重い刑罰が必要であるとして、行為が人格相当であればそれだけ責任が重いという性格論的責任論を唱えている[179]。

　もっとも、平野は以上の議論を前提に、責任能力について以下のように付言している。

　すなわち、刑事責任で問題にしなければならないのはやはり行為当時の人格であるが、人格の異常さに対しては必ずしも全面的に非難を加えることはできない。仮に人格を層に分けて考えると、刑罰を受け入れることのできる人格の層ないし刑罰が作用しうる人格の層とそうでない層とに分けることができるところ、重い責任を問うことができるのは前者の異常さに対してだけであり、脳が損傷した場合のような生理的な障害に対して刑罰はもはや効果を及ぼすことはできないし、神経症などの心理的な障害にしても刑罰の効果は期待できない、と[180]。

　そして、平野は責任能力の具体的基準としては、昭和6年判例等の定式を支持しつつ、「とくに制御能力の有無」については「実際上は、その認識はほとんど不可能に近い」として、「精神の障害という生物的要素」を重視する立場を示している。とりわけ「精神分裂病」や「そううつ病」などの「内因性精神病」や、「外因性精神病」については、「『原則として無条件で』責任無能力とすべき」であり、この「無条件」というのは「しいて心理的要素の分析を必要としない、ということ」、「原則として」というのは「その精神病が発病期でまだ軽い場合および寛解期である場合などには、例外的に、行為との心理的むすびつきが検討されなければならない、ということ」であるとしている[181]。

---

179)　平野龍一『刑法の基礎』3-50頁（東京大学出版会、1966）参照。なお、かかる責任論の前提に対しては種々の批判が当てられており（概要として大谷・前掲注151) 202-203頁）、例えばこうした刑罰は非難の形式としての意味を喪失した単なるリアクションないし刺激の体系としての意味しか持ち得ず、かかる刑罰に対応する責任は本来的意味における非難とは言えないという批判等がある（福田・前掲注153)「現代責任理論の問題点」63頁）。

180)　以上につき平野・前掲注179) 38-43頁。

181)　平野龍一『刑法総論II』282-298頁（有斐閣、1975）。

90

第3節　昭和53年・59年判例に至るまでの議論の変遷：現在の有力説の興隆

（2）検　討

上記の見解，とりわけ植松と（この時期の）大谷の見解に共通して見受けられるのは，「正常」と言える状態であるか否かを責任能力基準として据えた上で，一定の基準における正常との乖離をその中心に据える理解である。これらの見解は，必ずしも戦前の理解（例えば前節に見た瀧川等の見解）を引用しておらず，これらの理解を直接的に受け継ぐものではない。しかし，平均人としての思考の範囲において了解可能かという植松の原理や，正常な精神機能という大谷の観点，さらに精神病などの生理的な障害の有無に着目するという意味で，結論においても大谷と方向性を一にしている平野の観点に鑑みると，これらの見解は，戦前の正常・通常の精神状態として責任能力を把握する理解のヴァリエーションとして位置づけることができるだろう。

このうち植松の見解は，正常人たる裁判官や一般平均人が，自ら平均人としての思考の範囲において了解を可能とする行動の主体でなければ，社会規範的価値判断の対象とはなし得ないという原理に立脚しており，戦前における瀧川幸辰らの見解[182]の延長線上において把握することができよう。さらに植松は「人格無縁」の場合も責任無能力とするとも述べており，自ら平均人としての思考の範囲において了解を可能とする行動の主体か否かという観点と「人格無縁」の観点を並列させる見解と評価できよう。

他方，この時期の大谷の見解は，行為が人格に裏づけられていればそれだけ責任が重いという性格論的責任論に立脚した上で，国民の大多数から乖離する少数者としての人格構造の変性を示す者か否かという責任能力基準へと至っている。しかし，平野が，（その根拠には相違があるものの[183]）行為がその人格の必然的な表現であればあるほど責任は重くなるという性格論的責任論に立脚した上で，刑罰が作用しうる人格の層に基づくか否かという基準に至っているように，かかる大谷の責任能力基準は性格論的責任論から論理必然的に導かれるものではない。行為が人格に裏付けられているか否かを問題とする性格論的責任論だけからは，重度の精神病者の行為も人格に裏付けられるとも言えるところ，大谷も平野も，「人格」に一定の限定を与えることで，かかる結論を回避

182）　本章第2節第1款第2項。
183）　既に見たように，大谷は，犯罪行為に至るような人格を形成するなという規範の命令に違反したことを理由とするのに対して，平野は，犯罪的動機を持つ強い可能性のある性格はそれだけ重い刑罰を要することを理由としている。

第1章　日本法における議論の変遷

しようとしているのであって，この限定の与え方こそが責任能力基準を導いているのであり，両者の見解の差異を導いているのである。

このように見ると，この時期の大谷の責任能力基準が，実のところは専ら，「法は，社会的存在である人間に向けて命令や禁止をなすのであり，それを期待できないのは社会的存在者たり得ない人格だからだ」という言明と，それを「生物学的・経験的な立場から」判断するという立場に支えられていることが看取される。精神病者等を「社会的存在者たり得ない人格」とすることが「多元的価値観が混在している社会」において妥当であるかには重大な疑問の余地があるが，責任能力基準としては，もっぱら医学的な観点から，その「正常さ」が検討されているといえよう。他方で，平野の責任能力基準は，刑罰の効果という観点からの基礎づけが図られてはいるものの，結局は同様に医学的・生理的な観点から「正常さ」が据えられているとも整理できるだろう。

以上を要するに，これらの見解は一定の基準における正常との乖離を責任能力基準の中心に据えているところ，植松は戦前の学説同様の了解可能性の観点に加えて「人格無縁」か否かという観点も並列させ同基準を説明する一方，大谷や平野はもっぱら医学的観点からの「人格」の正常さの判断を同基準としていると整理できるだろう。

3　議論状況の評価

前節に見たように，戦前においては，責任能力とは正常・通常の精神状態を表すものであるという理解と，これを端的に自由意思の表れとして把握する理解とが併存するに至っていたが，本項で見た戦後における法学者の議論においても，かかる理解の併存が，一定のヴァリエーションを持ちながらも，なお受け継がれているように思われる。すなわち，相対的自由意思論を支持し「道義的責任論」を唱える小野や團藤の見解においては，「人格」の存在にも重きを置きつつも〈自由意思〉の表れとして責任能力を捉える理解が示されていた一方で，植松や大谷・平野の見解においては，基本的には一定の基準における正常との乖離を責任能力基準の中心に据える理解が示されていたのである。

このように，行為者人格と行為責任との関係を如何に把握するかが大部分を占めていた戦後の刑事責任論においても，こと責任能力基準については，戦前の二つの理解の併存が，一定のヴァリエーションを保ちながらもなお続いていたということができよう。このうち，〈自由意思〉の表れとして責任能力を捉

える理解については，その適用範囲の不明瞭さ・不当さが既に墨谷によって指摘されており，同時代においてもその限界が指摘されていたことが注目されよう。これに対し，正常との乖離を責任能力基準の中心に据える理解については，どのような基準によって正常さを定めるかについて，一定のヴァリエーションが存在することが注目される。大谷や平野はこれをもっぱら医学的観点から定めていたのに対して，植松は，人格概念を用いた判断も併存させつつ，戦前の瀧川と同様，社会規範・平均人の観点からこれを定めていたのである。

そして，当時の実務的動向は，後者の理解（正常との乖離）から導かれる帰結と，大枠において軌を一にしていたように思われる。これを次項にて見ることとしたい。

第2項 実務的動向

昭和中期には，とりわけ下級審裁判例において責任能力判断が積み重ねられるとともに，かかる諸判断について刑事実務家の整理・分析が示されたり，或いは精神医学者により論評が行われたりするに至った。本項では，（当時の裁判例に関する）整理・分析も参照しつつ裁判例の動向につき分析を加えたうえで，精神医学者の議論として著名なコンヴェンション論につき検討を加えることとしたい。

このうち，前者の裁判例分析については，入手可能な裁判例に限界があることや，判断の前提となった鑑定に接することが困難であることから，全体としての動向を直接的に示すことには困難が伴う。そこで，本書では，同時代の著名な刑事実務家等の整理を取り上げるとともに，筆者自身としても公刊物登載の裁判例を検討することによって，当時の刑事実務の在り方について検討することとしたい。

1 当時の裁判例の動向について

主に本款の対象とする時代の裁判例における責任能力判断については，島田仁郎により，以下のように整理・分析がなされていた。すなわち，「結局のところ，裁判官が個々具体的な事案ごとに」判断を行うことではあるものの，「実務上のおよその基準をごく大ざっぱに言えば，一般に，精神分裂病，躁うつ病，てんかんの例外状態，進行麻痺等のいわゆる大精神病の場合には，心神喪失者とされることが圧倒的に多いが，症状が軽いときや寛解期などでは，そ

第1章　日本法における議論の変遷

の例外もありうる。老年痴呆，脳動脈硬化症，頭部外傷などによる精神障害では，精神障害の程度によって心神喪失，耗弱のいずれかに当たるものとされる。他方，精神薄弱者については，よほど程度の重い場合を除き，せいぜい心神耗弱が認められることがあるにすぎない。精神病質や神経症の場合には，ほとんどの場合，完全責任能力者とされている。」と[184]。また，若干のニュアンスの異なりはあるものの，研究者の側から，大塚仁も「きわめて大まかにいえば，躁鬱病，精神分裂病，てんかん，進行性麻痺，脳炎後の精神病などの重症の者，白痴および重症の痴愚段階にある精神薄弱者は，心神喪失者とされ，軽症の痴愚，魯鈍の段階の精神薄弱者は心神耗弱者とされることが多い。精神病者であっても軽度なばあいには必ずしも責任能力が否定されるわけではない。たとえば，躁鬱病の寛解状態時の犯行などには，責任能力がみとめられるのが一般であるし，精神病質者は，その程度のとくに重い者は，心神喪失者・心神耗弱者とされることもあるが，大部分の者は，完全な責任能力者とみられている」などとしたうえで，「かようにして，行為者の精神状態について，生物学的観点からする異常性が大きいときは，それにもとづいて，心理的面における是非弁別能力も行動統御能力にも強く支障がきたされるのに対し，生物学的な面における異常性が小さいときは，心理的面における是非弁別能力・行動統御能力にもさした影響はみられないのが一般であるといえよう」としていた[185]。

　このように，最終的には個別判断によるものの，当時の裁判例においては一定の障害ごとに傾向の異なりがあることが，実務家・研究者より示されていたところであった。以下では，裁判例の動向に関する当時の整理を踏まえたうえで，これに理論的観点から分析を加えることとしたい。

(1) 実務家による整理の概観

　当時の裁判例においては，様々な障害についての裁判例が見受けられるところではあるが，その後の昭和53年・59年判例が精神分裂病に関するものであったこと，また本項2でも見るように，精神医学者からとりわけ精神分裂病に関する裁判例の判断について注目を集めていたことから，当時の裁判例分析としては，精神分裂病に関する整理・分析が多く見受けられる。そこで，以下

---

184)　大塚仁＝河上和雄＝佐藤文哉編『大コンメンタール刑法第2巻』766頁〔島田仁郎〕（青林書院，1989）。
185)　団藤編・前掲注156) 416頁〔大塚仁〕。

94

第3節　昭和53年・59年判例に至るまでの議論の変遷：現在の有力説の興隆

では，精神分裂病についての裁判例の整理を見たうえで，その他の障害についての裁判例の整理を見ることとしたい。

なお，周知のように精神分裂病とは統合失調症の旧名であり，現代的にはこの用語を用いることは不適切であるものの，本章が判例学説史研究であることに鑑み，同名が用いられている時代の叙述においては，同名を用いる。この点は，精神遅滞等の用語についても同様である。

(a) 精神分裂病に関する裁判例

当時の精神分裂病に関する裁判例については，一般的に以下のように整理がなされていた。すなわち，「精神分裂病の程度が重症である」場合や「幻覚妄想」や「病的体験」との一定の関連性がある場合には心神喪失とされる一方，それ以外の場合については，「諸般の事情を総合的に考慮」することにより，「心神耗弱に止めたものも」多かった，と[186]。

公刊された裁判例を見ると，とりわけ昭和30年代においては，精神分裂病の罹患の認定から比較的直截に心神喪失を導いているように見受けられる裁判例も存在したものの[187]，とりわけその後の年代においては，病状の程度や，精神分裂病或いはその症状と犯行との一定の関連性に着目し，心神喪失・心神

---

186) 「精神分裂病の程度が重症である場合や，精神分裂病による幻覚，妄想等の病的体験があり，これに支配され，または動機づけられて犯行に及んだ場合には，心神喪失が認められることは，まずまちがいないであろう。」「これに対し，精神分裂病の程度がそれほど重くなく，あるいは，経過的に寛解期ないし軽快状態にあり，妄想・幻覚等の病的体験と犯行との結びつきがみられない場合には……総合的判断方法をとることにより，心神耗弱を認めるに止めた事例も少なくない」とするものとして，大塚他編・前掲注184) 767-769頁〔島田〕。また，昭和59年判例も含めた裁判例の検討として，「イ精神分裂病の程度が重症である場合や，精神分裂病による幻覚，妄想等の病的体験に直接支配された犯行である場合には，通常，心神喪失と認められ，ロその他の場合には，(a) 被告人の精神分裂病の種類・程度（病状），(b) 犯行の動機・原因（その了解可能性），(c) 犯行の手段・態様（計画性，作為性の有無。犯行後の罪証隠滅工作の有無を含む），(d) 被告人の犯行前後の行動（了解不可能な異常性の有無），(e) 犯行及びその前後の状況についての被告人の記憶の有無・程度，(f) 被告人の犯行後の態度（反省の情の有無等），(g) 精神分裂病発症前の被告人の性格（犯罪傾向）と犯行との関連性の有無・程度等を総合考察して，被告人の責任能力を判断すべきことになろう」とするものとして，高橋省吾「精神鑑定と刑事責任能力の認定」判タ730号12頁，37頁 (1990)（なお，小林充＝香城敏麿編『刑事事実認定——裁判例の総合的研究（上）』397頁〔判例タイムズ社，1992〕）。

また研究者からの整理として，中谷瑾子＝野阪滋男＝保崎秀夫「精神分裂病者の刑事責任能力をめぐって——最高裁昭和59年7月3日第三小法廷決定を契機として」判タ550号23頁，31頁〔中谷瑾子〕(1985)，岩井宜子「判批」重判昭和59年度（ジュリ臨増838号）166頁，168頁 (1985) も参照。

187) 例えば，京都地判昭和33年9月25日第一審刑集1巻9号1552頁。また，大阪地判昭和33年4月10日第一審刑集1巻4号531頁，水戸地判昭和33年8月21日第一審刑集1巻8号1259頁も参照。

95

第 1 章　日本法における議論の変遷

耗弱の判断を行っている裁判例が多く見受けられるところである。例えば，「妄想に支配されて」行われた行為であることや，精神分裂病が重症であり「作為体験に直接支配されて」犯行に及んだことを重視して心神喪失を導く裁判例がある一方[188]，逆に，精神分裂病が軽快状態であり犯行が異常体験に支配されていないことや，精神分裂病と犯行との「関連性」を肯定するのが困難であることから心神耗弱を導く裁判例[189]も見受けられるところであった。もっとも，精神分裂病と犯行との関連性に着目するとしても，当該関連性がどの程度必要であるのかについては，必ずしも明確ではない。裁判例においては，幻覚妄想等に「支配」されていたかというフレーズが間々見受けられる一方で，精神分裂病と犯行との「関連性」を見ているようにも見受けられる裁判例もあるところであり[190]，当時の実務家・研究者の整理においても，病的体験の「直接支配」がある場合に心神喪失と認められているとの整理がある一方で，病的体験との「結びつき」がある場合に心神喪失と認められているとの整理があるところであった[191]。

---

188)　例えば，東京地判昭和 33 年 12 月 25 日第一審刑集 1 巻 12 号 2134 頁（病的衝動行為または幻覚妄想の「支配」による病的行為と認め「然らば」心神喪失と判断。その「支配」を基礎づける事情については不明），水戸地土浦支判昭和 38 年 8 月 1 日下刑集 5 巻 7 号 783 頁（刑務所内での同房者の行為を看守に告げた結果，同人に懲罰が科されたが，同人がヤクザで服役中との話を聞き，出所後子分が仕返ししてくると心配するようになり，出所後，人の話し声や人が出たり入ったりする気配を感じ，これが子分であると思い込み，放火・傷害に及んだ事件。明白に精神分裂病によるものと思われる高度の追跡妄想・被害妄想その他の異常体験をもち，被告人の思考及び行動が「全くこれらの妄想に支配されていたもの」であるとして心神喪失と判断），大阪地判昭和 56 年 3 月 26 日判時 1031 号 176 頁（「精神分裂病であるからといってその症状如何にかかわりなく直ちに心神喪失であるとの見解を採り得ない」と述べる一方で，本件については，重症の精神分裂病に罹患し，その一症状である「作為体験に直接支配」されて犯行に及んだとして心神喪失と判断）。

189)　例えば，東京地判昭和 53 年 4 月 28 日刑月 10 巻 4・5 号 973 頁（Gruhle らの見解を明確に否定し，個別的判断を行うことを述べた上で，本件犯行につき，分裂病も重症ではなく，精神分裂病による抑止力欠如による犯行というよりも累犯者としての犯罪習癖の顕現としての違法性の意識の鈍麻の結果であるという一面も否定できないとして心神耗弱と判断），大阪高判昭和 58 年 4 月 27 日高刑速（昭 58）241 頁（所持金が底をつき強盗に及んだ事件について，経過自体通常人の目から見て十分に納得・了解しうるものであり計画的事件であること等から，幻覚妄想と本件の関連性を肯定するのは極めて困難として心神喪失の判断を排斥したものの，「精神分裂病に罹患していたことが本件犯行に幾許かの影響を与えている」として心神耗弱と判断。もっとも，その「幾許かの影響」の内実については必ずしも明らかではない）。

190)　前掲注 188)，189) の裁判例を見ても，「妄想に支配されていた」か，「作為体験に直接支配」されていたかに着目するものもあれば，幻覚妄想との「関連性」に着目するものもある。他に，「重篤なる妄想型精神分裂病」に罹患していることを前提に，「その妄想に関係する場合においては全く正常な認識判断の能力及び制御能力を有せず」，「本件犯行が前記妄想に基いて行われたものと認められる」とするものとして横浜地判昭和 33 年 12 月 26 日第一審刑集 1 巻 12 号 2172 頁。

191)　前掲注 186) 参照。

96

第3節　昭和53年・59年判例に至るまでの議論の変遷：現在の有力説の興隆

　他方で，精神分裂病に関する裁判例においては，「動機の了解可能性」が重視されていたとの整理も存在していた[192]。裁判例においても，病的体験と犯行との関連性に関する判断を行いつつも，犯行の動機等について「客観的に諒解可能であつて特段異常ともいえない」との判断を行っているもの等が存在している[193]。

　このように，精神分裂病に関する裁判例においては，責任能力判断として，その病状（重症か否か）に基づく判断や，精神分裂病或いはその症状と犯行との関連性に基づく判断，また了解可能性に基づく判断などが見受けられていたといえよう。

　(b)　その他の障害に関する裁判例

　他にも，例えば躁うつ病・うつ病については，精神分裂病と同様に，症状の軽重や犯行との具体的関連性に基づいて，心神喪失や心神耗弱の判断がなされているとの整理がなされている[194][195]。公刊された裁判例においても，うつ病のもとにおける自殺衝動に駆られて行われた犯行であることや，一連の犯行行為が了解困難な異常な犯行であることを理由として心神喪失としたり[196]，逆

192)　宮崎礼壹「判批」警論38巻2号146頁，152頁（1985）。

193)　東京高判昭和56年1月26日高刑集34巻2号276頁。また，精神分裂病に基づく症状を有し，「発作的に発現した興奮による動機不明の衝動行為」として犯行に及んだことを認めたうえで，被告人の言動にはある程度の論理的一貫性があるとの検察官の主張に対し，「正常人の感情を移入して外面的に理解することはできないもの」であって「それを正常人の立場で理解し，その言動の故をもつて被告人の刑事責任能力を肯定するのは正鵠をえた判断とは言いがたい」とするものとして，熊本地判昭和45年1月13日刑月2巻1号51頁。

194)　裁判例を引用・検討したうえで「犯行当時の病状のほか，犯行前の生活状態，犯行の動機，態様等を総合して，うつ病と犯行の具体的関連性を考慮した上で責任能力を判断すべきであるとする立場が支配的である」とするものとして，高橋・前掲注186）38頁。また，「うつ病相にあった被告人が自殺をはかるとともに，誰かを道連れに殺害したという事案について，心神喪失を認めたという事例が圧倒的に多い」「これに対し，症状が軽度である場合には，心神耗弱とされた裁判例も少なくない」とする整理として，大塚他編・前掲注184）771-772頁〔島田〕。もっとも，島田は「内因性うつ病と近似する心因性の性格・状況反応型うつ病」について「完全責任能力を認めるのがむしろ通例であったが，最近では」「心神喪失ないし耗弱と認めるのが相当な場合もあるとする主張も有力になってきて」おり，いずれに対応する裁判例も掲げている。

195)　他にも，パラノイアについて，例えば，東京地判昭和49年12月13日刑月6巻12号1248頁（被害妄想と好訴妄想を中心とする強固な妄想体系を形成発展させ，パラノイア（妄想病）の状態にあったとし，「強固な妄想に支配された行為」であるとして心神喪失と判断），東京地判昭和57年7月20日判タ524号283頁（「根拠ともならないことから……浮気を疑い始め，偶然の出来事などを自分の疑惑に一致するように意味づけ解釈し，ついにそれを確信し，強固な嫉妬妄想を形成するに至るとともに，仕事が妨害されているとの被害妄想を持つに至つたもの」であるとして，「被告人はパラノイア（妄想病）の状態にあつたものであること，本件犯行はその症状である嫉妬妄想に基づき行なわれたものであること」を認め，心神喪失と判断している）。

196)　例えば，水戸地土浦支判昭和34年12月14日下刑集1巻12号2603頁（うつ病の下に自殺衝

に，躁うつ病の症状の程度が不明であることや，未だ全人格を支配するほど重篤な症状には至っていなかったことを重視して心神耗弱としたり[197]する裁判例が見受けられるところである。躁うつ病や（とりわけ内因性の）うつ病等については，症状の軽重や犯行との具体的関連性を重視する判断が見受けられるといえよう。

他方で，精神薄弱・精神病質・情動等については，当時の裁判例の整理において，様相を異にしている。例えば，精神薄弱については「重度のものは通常起訴されないせいもあり，心神喪失を認めた事例はほとんどない」，精神病質については「一般には，精神病者の行動が了解不可能であるのに対し，精神病質者の行動は了解可能であるという考え方が強く，」「精神病質であるというだけでは，責任無能力はもとより，限定責任能力も認めない例の方が多い」，情動については「意識の混濁等の意識障害を伴うに至った場合」は別であるが「正常な人間の，いわば正常な（精神の病的障害にもとづかない）情動（恐怖，憤激，憎悪，性的衝動など）による犯罪行為（いわゆる激情犯）の場合には……一般に，刑事責任を免除する理由とはならないとされる」のであり，「比較的簡単に排斥されるのが例である」と整理されている[198]。

公刊された裁判例を見ると，例えば，精神病質者・性格異常者に対しては，複合型精神病質などの一部では心神耗弱を認める裁判例も存在した[199]ものの，

　　動に駆られて敢行した発作的な激越的状態における病的感情に基づく行為であったとして心神喪失
　　と判断），東京地判昭和43年12月4日下刑集10巻12号1195頁（内因性うつ病に心理的負担が加
　　わり，深刻な絶望感へと至り，病的心理的負因により高められた自殺念慮の病的衝動により他の行
　　為の選択を期待できない状態だったとして心神喪失と判断），大阪地判昭和54年5月7日判月11
　　巻5号422頁（一連の窃取行為が追体験＝了解の困難な異常な犯行であったとし，躁うつ病の影響
　　により人格の異体化・人格水準の低下があったとして心神喪失と判断）。

197)　例えば，鹿児島地判昭和44年12月9日刑月1巻12号1164頁（躁症状とうつ症状の混在した
　　精神疾患の状態にあったとしつつも，未だ全人格を支配するほど重篤な症状には至っていなかった
　　として心神耗弱と判断），岐阜地判昭和48年12月11日刑月5巻12号1643頁（抑制力が存在する
　　場合でも躁病状態において犯罪を犯した以上は全て完全に病気に支配されて抑制力が機能しなかっ
　　たと断定するのは速断であるとして拒絶し，躁うつ病の重症の程度が不明であり意識の混濁が見ら
　　れなかったこと等を理由に，心神耗弱と判断）。

198)　大塚他編・前掲注184) 777-780頁，791-792頁〔島田〕。また，高橋・前掲注186) 39-40頁も
　　参照。

199)　富山地高岡支判昭和33年3月19日第1審刑集1巻3号386頁（狭義の精神病者ではないので，
　　犯行が異常であって，その異常の程度と本件行為との関連を詳細に心理分析して責任能力の有無
　　を判断すべきであるとした上で，興奮の程度は高くなく理性力と感情抑制力が本件行為を避け得な
　　いほどに障害されていたとは考えられないとして心神喪失を排斥したものの，判断力と感情抑制力
　　は著しく減弱されていたとして心神耗弱と判断）。さらに，精神分裂病質について「高度の性格の
　　偏り」とした上で心神耗弱を認めたものとして大阪地判昭和57年7月27日判時1058号158頁。

第 3 節　昭和 53 年・59 年判例に至るまでの議論の変遷：現在の有力説の興隆

「精神病」ではないこと等に基づき完全責任能力を認めるものが多く見受けられ，場合によっては死刑を是認することも少なくない[200]。また，情動行為については，正常人が短絡的に衝動行為に出ても責任能力は排除・限定されるものではないが，身体疾患や生理的条件が認められる場合等には例外的に免責が認められるとの立場を示す裁判例が複数見受けられ，かかる例外状態の有無により心神喪失とするものと完全責任能力とするものが見受けられた[201]。精神薄弱については，動機が「十分理解できるもの」であること等を理由に完全責任能力を認め死刑を科したものもある一方，「性的精神病質」も有する被告人について「抑制することが著しく困難」であることを理由に心神耗弱を認めたものがあった[202]。

　以上からすると，当時の裁判例は，精神病質・情動については基本的にはそれだけでは心神喪失・心神耗弱を認めることはなく，精神薄弱については，一定の場合に抑制力の低さを理由とした心神耗弱が認められることもあったと，少なくとも当時の整理では理解されており，またそれは公刊された裁判例においても同様であったということができよう。

　大塚他編・前掲注 184）〔島田〕は，精神病質について心神耗弱を認めた裁判例を分析し「いずれも他の要素と複合的なものであ」ったことを強調する（779-780 頁）。

200）　例えば，鹿児島地判昭和 33 年 10 月 31 日第 1 審刑集 1 巻 10 号 1722 頁（甚だ異常で精神病質者だが狭義の精神病者ではなく，抑制力に多少の欠陥はあったが平素はある程度抑制する力を有しており，抑制して意識的に機会を作って犯行に及んだことが察知できるとして，完全責任能力と判断し死刑を科した），新潟地長岡支判昭和 35 年 3 月 1 日下刑集 2 巻 3 号 399 頁（衝動的にたやすく反社会的行動を惹起する危険のある性格異常者又は精神病質者に属するとした上で，思考力・記憶力・表現力等において通常人に劣るところはなく，自己の行為に対する道徳的価値判断能力に著しい障害を有したものとは認めがたいとして，完全責任能力と判断し死刑を科した），東京高判昭和 42 年 1 月 27 日下刑集 9 巻 1 号 6 頁（精神病による性格変化が起こったと見なければ理解できないほど異常なものではなく，精神病ではなくむしろ精神病質であるとして完全責任能力と判断）。

201）　例えば，大阪地判昭和 46 年 7 月 1 日判時 656 号 103 頁（類てんかん性素質や自律神経失調傾向という生物学的要因と睡眠不足という生理的要因が存在したとして心神喪失と判断），札幌地判昭和 48 年 3 月 12 日判タ 297 号 384 頁（被告人は正常人に準じて考えられ，身体的な障害条件や生理的条件も認められないとして完全責任能力と判断）。

202）　「被告人を常人に非ずと人に思わせる程，知能の低劣さを示して居るものとは謂えない」などとして軽度の精神薄弱者に完全責任能力を認め死刑を科したもの（水戸地判昭和 33 年 9 月 13 日第 1 審刑集 1 巻 9 号 1369 頁）や，「恒常的に魯鈍級の智能をもつ精神薄弱者で精神病質を有する」者について，動機が「十分理解できるものであ」り，犯行後「極めて落着いた行動」をしていたことをもって完全責任能力を認め死刑を科したものとして，大阪地堺支判昭和 35 年 10 月 20 日下刑集 3 巻 9 号 955 頁。「軽度な精神薄弱を伴う性的精神病質人」について，「性的刺戟を受けた場合，性的衝動が起りこれを抑制することが著しく困難となり姦淫行為に入り軽度の意識涵濁状態に陥るものと認めることは決して不自然ではない」として心神耗弱を認めたものとして，大阪高判昭和 27 年 5 月 15 日高刑集 5 巻 5 号 812 頁。

99

第1章　日本法における議論の変遷

(2) 検　　討

　以上を見ると，最終的には個別判断であり，また一部の裁判例に限った分析ではあるものの，当時の裁判例においては一定の障害ごとに傾向の異なりがあることが指摘されており，また公刊された裁判例においても同様であったといえよう。具体的には，精神分裂病や躁うつ病・(内因性の) うつ病等については，症状の重さや，犯行との具体的関連性，或いは動機の了解可能性によって心神喪失・心神耗弱が認められていたのに対して，精神病質・情動については基本的にはそれだけでは心神喪失・心神耗弱が認められず，精神薄弱については一定の場合に心神耗弱が認められていたのであった。これは，冒頭の大塚の言葉を借りるならば，「生物学的観点からする異常性が大きいとき」，すなわち，とりわけ精神分裂病や躁うつ病・(内因性の) うつ病については，症状の重さや，犯行との具体的関連性等によって心神喪失・心神耗弱が認められるのに対して，「生物学的な面における異常性が小さいとき」，すなわち，一般的には「行動は了解可能である」と考えられる精神病質や「正常な人間の，いわば正常な……情動」の場合には，基本的にはそれだけでは心神喪失・心神耗弱を認めることはなかったと評価することができよう。

　前項の学説の展開と比較すると，以上のような判断，すなわち，精神分裂病等の病状の重さや犯行との関連性を重視する一方，「了解可能である」精神病質や，「正常な」情動については，基本的には完全責任能力を認めるという判断は，正常との乖離を責任能力判断の中心に据える見解と軌を一にしていたということができるように思われる。かかる見解に一定のヴァリエーションが存在したように[203]，当時の裁判例においても，例えば精神分裂病について，病状 (重症か否か) に基づく判断や，精神分裂病或いはその症状と犯行との関連性に基づく判断，また了解可能性に基づく判断が存在し，関連性についてもどれほど関連性を要求するか一定ではなかったものの，大枠としては，正常との乖離を責任能力判断の中心に据える見解と親和的であったということができるだろう。

　他方で，正常との乖離という観点のみから裁判例の動向が説明しつくされるかについては，なお議論の余地もあるように思われる。もちろん最終的には個別判断であるものの，例えば精神薄弱の場合について，「心神喪失を認めた事

---

203)　大谷や平野が医学的な異常を重視していたのに対して，植松は了解可能性を重視していたことについて，前項 2 (2) 参照。

100

第3節　昭和53年・59年判例に至るまでの議論の変遷：現在の有力説の興隆

例はほとんどない」一方で，一定の抑制力の弱さを理由に心神耗弱を認めた裁判例は存在しているところであり，正常な精神状態であるかとは別に，精神薄弱等の場合の抑制力の弱さを責任能力で考慮する見方も一部では存在していたようにも思われる[204)205)]。

　以上を要するに，(1)での分析の限りにおいては，精神分裂病を含め，当時の裁判例の大枠は，正常との乖離を責任能力判断の中心に据える見解と親和的であったところ，精神薄弱等の一部の場合については例外的に抑制力の高低に着目した視点も併用されていたということができるだろう。

2　コンヴェンション論について

　以上のように，法学者による議論や刑事裁判例が展開される中で，昭和中期には，精神科医・精神医学者からも，障害ごとに判断や帰結の傾向が異なる旨を指摘する議論が提示されていた。それがいわゆるコンヴェンション論である。そして，当時の刑事裁判例は，コンヴェンション論と大枠においては一致していたものの，その特徴的な部分において重大な相違を有していた。そこで，本項では，我が国におけるコンヴェンション論の主唱者と目される中田修の見解を検討することとしたい。

(1)　中田修の見解
(a)　コンヴェンションの位置づけ
　中田修は，著名事例を含む（少なくとも）365例の精神鑑定を行い，昭和後半から平成にかけて我が国の司法精神医学・犯罪精神医学の理論と実践において指導的立場を有していた精神科医・精神医学者である[206)]。

---

204)　また，躁うつ病が認められる窃盗の事案につき，「本件一連の窃取行為が，追体験＝了解の困難な異常な犯行である」として，「されば」「意思の自由を著しく障害された状態」にあったとするもの（前掲大阪地判昭和54年5月7日）がある一方で，うつ病が認められる事案につき，「殺害行為の動機は必ずしも了解不可能な異常なものとも言えない」としつつも，「鬱病に特有な感情状態の異常と自殺念慮によって，それ以外の行為を選択する判断をなしうる余地が全くとざされ」ているとするものもある（前掲東京地判昭和43年12月4日）。

205)　後に安田拓人は，この点を捉えて，「わが国の判例では制御能力が責任能力の判断基準として活用されていないという指摘がみられるが……この指摘がとくに当てはまるのは，精神分裂病などの精神病の事例を中心とした裁判例について」であり，「例えば，精神遅滞に精神病質（人格障害）が加重したような事例においては，制御能力公式が活用されているのである」と評価している（安田拓人「制御能力について」金沢法学40巻2号101頁，105頁（1998））。

206)　影山任佐「中田修──日本の犯罪精神医学の泰斗」臨床精神医学45巻7号949頁（2016）。

101

第1章　日本法における議論の変遷

　中田は，責任能力について「判定に関する大まかな方針を大綱として」提示している。すなわち，責任能力は個別事例に応じて個別に判定される筋合いのものであるが，「裁判官，専門家，法学者などのあいだに一定の合意に基づくおおよその規準が長い歴史のあいだに築かれて」いて，「これは Konvention（われわれは慣例と訳しているが，適訳かどうか疑問である）ともいわれて」おり，「専門家も裁判官もこのいわゆる慣例を無視することはできないと思われる」としている。中田は，「慣例が金科玉条であるなどとは考えてはいない」のであって，「個々の事例についてはこの大枠の中で種々のバラエティーは許されるものであり，ときには例外と思われるような判定があってもよい」としていたのであって，一種の判断の指針としてコンヴェンションを提示していたのである[207]。

　(b)「大綱」の内実

　その「大綱」について，中田はしばしば Gruhle や Schneider らを引き合いに出して説明を行う[208]が，呉秀三・三宅鉱一・内村祐之らの我が国の精神医学者の見解にも一定の大綱が存在しているという[209]。そして，主として Gruhle の見解に依拠しながら，以下のような大綱が我が国の裁判所によっても大方において支持されているというのである（一部抜粋）。

　「1.　精神分裂病，躁うつ病，進行麻痺，てんかんの例外状態（もうろう状態）などの大精神病では，これらの精神障害が確認できれば，ただちに責任無能力（心神喪失）とみとめられる。病状の軽重や，症状と犯行との動機的関連性を考慮する必要がなく，つねに責任無能力である。……

　3.　精神薄弱でも知能の程度が重要であり，それに加えて知能の程度と犯行の種類との関連性が考慮される。最近では……軽愚（知能指数六九―五〇）では原則として限定責任能力が，また痴愚（知能指数四九―二〇）では原則として責任無能力がみとめられる，という見解がかなり有力である。白痴……では異論なく責任無能力がみとめられる。……

　5.　性格異常（精神病質），欲動異常（性欲倒錯など），異常体験反応（心因反応，神経症など）では完全な責任能力がみとめられるのが原則である。

---

207)　中田修「責任能力の判定に関する実際的諸問題」懸田克躬他編『現代精神医学大系 24』46 頁（中山書店，1976）。
208)　中田修「刑事責任能力の問題」矯正医学会誌 4 巻 1 号 1 頁，6-7 頁（1950）等。
209)　中田・前掲注 207) 47-48 頁。

102

第3節　昭和53年・59年判例に至るまでの議論の変遷：現在の有力説の興隆

……」

「情動については一般に厳格な態度がとられ，体質異常，睡眠障害，栄養障害，疲労，酩酊などの医学的布置因子が存在しないかぎり責任能力の減喪をみとめるべきでないとする見解がかなり有力である」

「脳炎，頭部外傷などの後遺症として生じた性格変化（仮性精神病質）では，それらが後天性に生じた器質性変化にもとづくから，生来性の性格のかたよりである精神病質の場合と異なり，より広汎に責任能力の減喪をみとめるべきであろう」[210]

(c) 特徴：「精神分裂病即心神喪失」

このように，中田は障害ごとに「大まかな方針」が存在しているとしている[211]。1で見たように，我が国の裁判例では一定の障害ごとに傾向の異なりがあったことからすると，我が国の裁判例とも大枠においては一致しているといえよう。

しかし，1で見た我が国の裁判例と大きく異なるのが，上記の「大まかな方針」において特徴的である，精神分裂病が認められれば「病状の軽重や，症状と犯行との動機的関連性を考慮する必要がなく，つねに責任無能力である」という議論である[212]。中田は，「人間の精神状態は全体的なものであるから，ある行為が妄想とは無関係のように見えてもやはり精神障害がそこに波及しているのではないか」として，いわゆる部分責任能力を排斥するとともに，「精神

---

210) 以上につき中田修「精神異常状態における責任能力」自由と正義31巻6号22頁，23-24頁（1980）。

211) なお，以上の「大綱」は，「長い歴史のあいだに築かれ」た「裁判官，専門家，法学者などのあいだ」での「おおよその規準」であるから，その原理は必ずしも明らかではない。この点，中田自身は，「現在支配的な責任刑法の基礎である意思自由は形而上学的立場からは確実なものとして根拠づけられない」として目的的考察が必然的に伴うものであるとする（中田・前掲注208）10頁）一方で，常々 Leferenz の叙述として以下の叙述を引用することで「精神病には責任能力の減免は認められるが，精神資質の偏倚には認められない（精神薄弱は例外）」という原則の説明に代えている（例えば中田・前掲注207）50頁）。
　「(1) "悪い（schlecht）" 人間に対してはその行為に責任を帰するが，"病気の（krank）" 人間に対しては帰せられない。このことの意味は一つには，責任能力と健康精神（Gesundsinnigkeit）を等値することであり，二つには，性格的基礎に基づいてあるいは特殊な状況から "悪い"（法律的の意味で）行為を犯す人間は病気とみなされず，したがって免責されないということである。
　(2) われわれは "悪い" 人間を有責とみなすけれども，"愚かな（dumm）" 人間を許すのが常である。それゆえ，知能の障害は，それが素質規定性のものであろうが，疾病の結果によるものであろうが，原則として責任の制限を意味する。」

212) 中田自身も認識していたように，この点に司法精神医学内部でも異論が存在していた（例えば，福島章『精神鑑定』300頁以下（有斐閣，1985）。なお，中田・前掲注207）51-54頁）。

103

第1章　日本法における議論の変遷

分裂病というのは」「軽いようでもかなり深刻な人格の変化を伴う場合が多いわけで，従って軽いからどうだというようなことがあまり言えない」として，病状の軽重にかかわらず責任無能力を認めている。分裂病の症状において著明な寛解状態に達している場合には責任能力を認めてよいとはしていたが，かかる場合を除き，精神分裂病であれば症状の軽重や犯行との関連を見るまでもなく責任無能力とする理解を示していたのである[213]。

　この点，中田自身も，上記の「大まかな方針」が我が国の裁判所によっても大方において支持されていると述べる一方で，「わが国の裁判では明らかな精神分裂病の犯行に対しても責任無能力を認めない傾向」が存在し[214]，「裁判官の一般的な考えかたは，精神分裂病の行為は原則として責任無能力であるとするわれわれの司法精神医学的見解からかなり遠いようである」とも評していた[215]。既に1で見たように，我が国の精神分裂病に関する裁判例では，その多くが，病状や犯行との関連性等に基づく判断を行っており，「精神分裂病即心神喪失」とは異なる理解を示していたのである。

(2) 検　　討

　中田の「大綱」・「大まかな方針」は，「長い歴史のあいだに築かれ」たものとして提示されており，大枠においては我が国の裁判例と対応するものであったが，その特徴的な議論である「精神分裂病即心神喪失」は，必ずしも我が国の裁判例では採用されていなかった。

　このうち，「精神分裂病即心神喪失」，すなわち精神分裂病の事案においては「病状の軽重や，症状と犯行との動機的関連性を考慮する必要がな」いという議論は，中田の見解において，「人間の精神状態は全体的なものであるから，ある行為が妄想とは無関係のように見えてもやはり精神障害がそこに波及している」という可能性や，「軽いようでもかなり深刻な人格の変化を伴う場合が多い」という点から基礎づけられている。ここでは，軽症や寛解期ではない精神分裂病者の行為や，精神分裂病の症状と関連を有する動機に基づき行った行為については責任無能力であることを前提に，以上の行為であるか明らかでは

---

213)　中田修「責任能力について——精神分裂病及び覚せい剤中毒を中心に」司研72号1頁，5-7頁（1983）。これは1981年12月に行われた講演の講演録である。

214)　中田・前掲注207) 54頁。

215)　中田修「精神分裂病の責任能力への一寄与」同『犯罪精神医学』74頁，84頁（金剛出版，1972)。

104

第3節　昭和53年・59年判例に至るまでの議論の変遷：現在の有力説の興隆

ない行為であっても，その背後に深刻な人格変化等が存在する疑いが十分に存在するために責任無能力を認めるべきだと主張されていると理解できよう。すなわち，軽症や寛解期ではない精神分裂病者の行為や，精神分裂病の症状と関連を有する動機に基づき行った行為については責任無能力であるという議論を，（〈自由意思〉が証明不能であるということにとどまらず[216]）症状の重さや症状と行為との関連性も証明することが困難であるという理由で[217]，さらに拡張するものであると理解できる。

　もっとも，この論理的な前提であるところの，軽症や寛解期ではない精神分裂病者の行為や，その症状と関連を有する動機に基づき行った行為については責任無能力であるという議論は，1で見た当時の裁判例の分析とも親和的であるように思われる。そして，かかる議論は，1で見たように，当時の学説における見解（正常との乖離を責任能力判断の中心に据える見解）と軌を一にしていたのであった。

　以上からすると，中田のコンヴェンション論において特徴的である「精神分裂病即心神喪失」という議論も，当時の裁判例の動向と同様に，正常との乖離を責任能力判断の中心に据える見解の一つのヴァリエーションであったと評価することができよう。現に，中田は，「現在支配的な責任刑法の基礎である意思自由」に基づく議論を拒絶していた[218]し，その一定の精神障害の存在を重視する議論は，大谷や平野の議論の帰結と軌を一にしている[219]。かかる議論は，精神分裂病においては症状の重さや症状と行為との関連性も証明することが困難であるという観点から，その「正常」の内実を，医学的な診断名により判断する議論であったということができるだろう。

　責任能力を正常な精神状態という観点から理解したとしても，必ずしもその

---

216)　前掲注211）参照。
217)　なお，このように「「精神障害」がその人の意思や行動の決定過程にどのように関わるかを，評価することができないという立場」を「不可知論」といい，「可知論」はそれが「できるとする立場」であるという理解が現在しばしば見受けられる（例えば，國井恒志「病的酩酊者の責任能力」植村立郎編『刑事事実認定重要判決50選（上）〔第3版〕』123頁，127頁（立花書房，2020）等）。しかし，本来的な可知論・不可知論は，我が国においても現在のドイツにおいても，また昭和期における司法精神医学においても刑法学においても，制御能力とは自由意思であるが，その存否は精神科医にも裁判官にも回答不能であるという全く異なる意味であった。この点については，拙稿「忘れられた『不可知論』の意味」法時95巻3号32頁（2023）を参照（概要については本書第4章注142))。
218)　前掲注211）参照。
219)　前項2（1)(b）及び（c）参照。

105

第1章　日本法における議論の変遷

基準がコンヴェンション論に至る訳ではないということは，論理的にも明らかであるし，且つ前節に見た泉二の見解[220]を見ても明らかであるが，中田の議論は，以上の理解を，精神分裂病等については「病状の軽重や，症状と犯行との動機的関連性」を問わないという形で拡張したものであったと評価することもできるだろう。

3　小　　括

昭和中期には，刑事裁判例において責任能力判断が積み重ねられていたが，*1*で見た分析の限りにおいては，精神分裂病等については，病状や病的体験と犯行との関連性，或いは了解可能性といった観点から心神喪失・心神耗弱が認められる一方，「了解可能である」精神病質や，「正常な」情動については基本的に完全責任能力が認められており，（一定の例外の余地はあるものの）かかる判断の大枠は，正常との乖離を責任能力判断の中心に据える見解と親和的であったといえる。

同時期においては，司法精神医学者・精神科医によって，責任能力の「判定に関する大まかな方針」が障害ごとに提示されていた。*1*で見た分析と対比すると，大方においては対応していたが，主唱者たる中田修の「大綱」にて特徴的であった，精神分裂病が認められれば「病状の軽重や，症状と犯行との動機的関連性を考慮する必要がなく，つねに責任無能力である」という議論は必ずしも裁判例では支持されていなかった。もっとも，かかる「精神分裂病即心神喪失」という議論も，正常との乖離を責任能力判断の中心に据える見解と親和的であり，精神分裂病においては症状の重さや症状と行為との関連性も証明することが困難であるという観点から，「正常」の内実を医学的な診断名により判断しようとした理解であったと評価することができるだろう。

第3項　小　　括

戦後（昭和中期）の議論状況を見ると，相対的自由意思論を支持し「道義的責任論」を唱える小野や團藤の見解においては，「人格」の存在にも重きを置きつつ〈自由意思〉の表れとして責任能力を捉える理解が示されていた一方で，植松や大谷（或いは平野）の見解においては，基本的には一定の基準にお

---

220)　前節第2款第1項*1*(3)。

106

第 3 節　昭和 53 年・59 年判例に至るまでの議論の変遷：現在の有力説の興隆

ける正常との乖離を責任能力基準の中心に据える理解が示されていた。これは，行為者人格という観点から一定の変化は見られるものの，基本的には，戦前に見られた責任能力の二つの理解のヴァリエーションとして評価することができよう（以上，**第 1 項**）。

　他方，同時期には，刑事裁判例において責任能力判断が積み重ねられていたが，一定の裁判例と当時の実務家・研究者の整理を前提に検討すると，大枠としては，正常との乖離を責任能力判断の中心に据える見解と親和的な形で判断が積み重ねられていたということができる。この点，当時の司法精神医学者・精神科医によって提示された，責任能力の「判定に関する大まかな方針」（大綱・コンヴェンション）も，大枠においてはこれに対応していたものの，同方針において特徴的だった，精神分裂病が認められれば「病状の軽重や，症状と犯行との動機的関連性を考慮する必要がなく，つねに責任無能力である」という議論は，裁判例において必ずしも支持されていなかった。もっとも，かかる「精神分裂病即心神喪失」という議論も，正常との乖離を責任能力判断の中心に据える見解と親和的であり，精神分裂病においては症状の重さや症状と行為との関連性も証明することが困難であるという観点から，「正常」の内実を医学的な診断名により判断しようとした理解であったと整理できよう（以上，**第 2 項**）。

　このように，昭和中期において，学説においては，戦前に見られた責任能力の二つの理解のヴァリエーションとして評価できる諸理解が提示される一方で，実務的動向としては，（一定のヴァリエーションを持ちながらも）正常な精神状態として責任能力を把握する理解に親和的な形で議論が展開されていたのであった。本款の検討を前提に，原理・基準・適用の観点から議論を総括すると，〈自由意思〉の表れとして責任能力を捉える理解に対しては，適用との関係の不明瞭さが既に同時代において批判されていたことが注目される一方，正常との乖離を責任能力判断の中心に据える理解については，この「正常」を社会規範的に捉えるのか，医学的に捉えるのか，またこれにおいて行為との関連性の証明をどの程度要求するのかについて，多様な理解が存在しており，それに応じて，もたらされる適用結果にも相違が存在していたことが注目されるだろう。

107

第1章　日本法における議論の変遷

第3款　昭和53年・59年判例：いわゆる元自衛官殺人事件

　以上の議論状況に対して大きなインパクトを与えたのが，いわゆる元自衛官殺人事件における第一次上告審判決（昭和53年判例）・第二次上告審決定（昭和59年判例）である[221]。この事件は被殺者5名の重大事案であり，第1審判決で死刑が下され控訴審もこれを是認していたものの，第一次上告審判決で心神耗弱の疑いが認められ破棄差戻しとなり，差戻し後は主として心神耗弱か心神喪失かが争われたものの，心神耗弱・無期懲役刑となったというものである[222]。

　昭和59年判例については，「精神分裂病即心神喪失」の考えを否定し，「被告人の犯行当時の病状，犯行前の生活状態，犯行の動機・態様等を総合して」判断することを示したものであると評価されている[223]が，この「精神分裂病即心神喪失」が，責任能力を正常な精神状態として捉える理解の一つのヴァリエーションであったことからすると，同判例によりかかる理解さえも否定されたかにも思われる。しかし，当時の評釈等においても指摘されていたように[224]，また同判例の調査官解説[225]も示しているように，昭和53年・59年判例は単なる総合考慮を示したものではなく，むしろ（前款に見たように上記の理解と親和的である）精神分裂病の犯行への影響を重視する当時の下級審裁判例と軌を一にするものであった。以下では，この事件について，審級ごとにその判断を見ていくことで，昭和53年・59年判例の射程と意義について論じることとしたい[226]。

---

221)　なお，周知のように，同じく昭和50年代に出された最高裁判例として，最決昭和58年9月13日集刑232号95頁がある。

222)　第一次上告審では「完全責任能力と限定責任能力の境界を主に問題としていた」のに対し，第二次上告審では「限定責任能力と責任無能力の境界が問題となっている」という評価として，岩井・前掲注186) 167頁。

223)　例えば，國井・前掲注217) 127頁，青沼潔「精神遅滞（知的障害）者の責任能力」植村編・前掲注217) 159頁，162頁。

224)　例えば，青木紀博「判批」同志社法学37巻3号63頁（1985）。

225)　髙橋省吾「判解」最判解刑事篇昭和59年度347頁。

226)　この事件については，鑑定書や調書，鑑定人証人尋問速記録等も含めて一冊の本にまとめられている（西山詮『精神分裂病者の責任能力──精神科医と法曹との対話』（新興医学出版社，1996））ため，同書を適宜参考にしながら叙述する。

　なお，被害者らの略称が判決・決定ごとに異なるため，統一されるように修正している。次節に見る平成20年判例，平成21年判例も同様である。

108

第3節　昭和53年・59年判例に至るまでの議論の変遷：現在の有力説の興隆

第1項　第一次上告審

1　事　実　関　係

　被告人は，昭和37年10月24日から5年間海上自衛隊員として勤務していたが，友人Aの妹B（Cの四女）に好意を抱き，昭和42年6月頃Bに結婚を申し込んだが，B及びその一家が革新主義者であるところから，主義相容れざるものとして断られ，さらに昭和43年1月に同家を訪れた際にAらと思想的に対立し不快な思いをしたこと等から，一家を深く恨み，遂にはAやB共々その家族をも殺害しようと決意した。そして，長さ約80cmの鉄棒に茶色テープを巻きつけて木の棒に偽装したものと，インディアンナイフを準備し，昭和44年1月3日午後10時頃C家に赴いたが，Bの姉らに冷たくあしらわれ帰宅を促されて，ハイヤーを呼ばれて送り帰された。しかしハイヤーで帰る途中，憤懣やるかたなく，再び一家を殺害しようと，ハイヤーの運転手DにC家へ引き返すよう強要し，Dを人質同然にしてC家へ上がり込み，同月4日午前0時20分頃，Dの隙を見て前記鉄棒でDの頭を殴打したのを始めとして，Bの姉Eの子供で就寝中のF・G・Hの各頭部を殴打し，さらに駆けつけてきた近所のIの頭部，そしてEの頭部，Iの子供で悲鳴を聞いて駆けつけたJの頭部も殴打し，結果としてE・F・G・I・Jを死亡させ，D・Hに重傷を負わせた。その際，素早く逃げたBを追うことはなく，またDの手当てをしたり駐在所への連絡に外出しようとしたりしたCには何ら手出しをしていない。犯行後被告人は，電話線を切断し，堂々と玄関から外に出て自転車を盗んで立ち去り，証拠隠滅等を行った上で，何事もなかったかのように，当時泊まっていた姉の嫁ぎ先に戻り，着替えもせずに就寝し，早朝熟睡しているところを警察官らに起こされた。

　なお，被告人には入院歴・通院歴がある。被告人は昭和42年7月に国立呉病院に入院し，分裂病の診断の下で治療を受け，翌年1月に退院し，以後は通院治療を続けながら鉄板剪断工として民間会社に勤めていた。

2　第一審・第二審

　第一審において，鑑定人Kは，病状を「精神分裂病の欠陥状態」と理解した上で，「犯行は直接，幻聴や妄想あるいは作為体験などの病的体験に基いて

109

遂行されたものとは考えられない」「犯行を思い立った動機には，恐らく妄想的な理論の飛躍が背景にあるかも知れないが，これを立証することは出来ないので，あくまで推論の域を出ない」「犯行時……一応，理性の運用並びに是非善悪の判断は保たれていたものと考えられる」「精神分裂病の症状としての……障害以外に，幾分かは，一層精神病者らしく見せようとする意図的要素が加わっているような印象を受ける」等と記した鑑定書を作成していた[227]。弁護人は，被告人が精神分裂病の影響により心神喪失又は心神耗弱の状態にあった旨を主張したが，第一審は，この鑑定書等を踏まえて，「精神病にいわゆる幻聴や妄想ないし作為的体験といつた病的体験と直接のつながりがないのみならず，判示のように，被告人は周到な準備のもとに現場に臨んで」いることや証拠隠滅等を図っていること等を指摘し，「被告人はことさら精神病者をよそおつている疑いが非常に濃いといわざるをえない」とまで述べて，かかる主張を排斥し，被告人に対し求刑通り死刑を言い渡した。

　第二審において，鑑定人Ｉは，被告人は，退院後も分裂病は完全に治っていたとは言えず，「犯行当時精神分裂病（破瓜型）に罹患」しており，「是非善悪の判断をなし得ないほどの重症ではない」が，「犯行に及んだ動機には精神分裂症による被害妄想から来る被害意識，恋愛妄想による恋愛感情が現実には相手に拒絶されたことによる失意の感情が関与している」とし，現在の精神状態としても精神分裂病（破瓜型）に罹患しており，その病状は徐々に進行しているとして，詐病を明確に否定していた[228]。しかし，第二審は，「被告人はＢに結婚を断わられた不満と，自衛隊に好意をもたない同女やその兄Ａに対する反感からＣ家の人達を憎悪し，本件犯行に及んだもの」として「殺害すべき動機」を認定した上で，弁護人が心神喪失を主張するのに対して，以下のようにその主張を排斥した。すなわち，「被告人には精神分裂病（破瓜型）の病歴があるとはいえ，右病症はすでに寛解していて，犯行時における被告人の心神状態に著しい欠陥や障害はなかつたものと認められ」るところ，犯行前に関

---

227)　西山・前掲注 226) 105-125 頁。もっとも，この点については，鑑定書においては，犯行時に病的体験が存在していたかどうかについて究明されておらず「犯行は直接，幻聴や妄想あるいは作為体験などの病的体験に基いて遂行されたものとは考えられない」との言明は成立しないこと，推論と憶測は異なり，精神科医が行うべきは精神医学的所見に基づく推論であること，被告人の拒絶・緘黙は緊張病症候群の現れであること等が指摘されている（同 136-153 頁）。

228)　西山・前掲注 226) 160-169 頁。また同 170-189 頁。もっとも，緊張病症候群を見逃していたため病状の深刻さを十分に把握することができていなかった等の指摘もある（同 200-207 頁）。

する周囲の人間の供述等を調査しても「被告人の精神状態が異常であつたのではないかと疑わせるような事跡は見当ら」ず，実行行為等も「通常人の行動として評価できるもの」であり，犯行後の行動等についても「被告人の精神状態に異常や欠陥を想定しなければ説明の困難なものとは認められない。」以上に基づき第二審は，「被告人には前記のとおり首肯するに足る犯行の動機が認められることをも総合すると，本件犯行時における被告人の心神状態は耗弱の程度にも達していなかつたとの原判決の判断は正当」とした上で，量刑判断も是認し死刑判決を維持したのである。

3　第一次上告審判決

　これに対して，「被告人の精神状態は正常でなく心神喪失者にあらずんば心神耗弱者であつたと言わざるを得ない」等として上告がなされた。

　最高裁は，責任能力に関する事実誤認の疑いがあるとして原判決を破棄した。最高裁は，原判決には「問題点」があるとして，被告人が昭和42年6月頃精神分裂病と診断され，昭和43年1月下旬に退院した後にも本件犯行の約2ヶ月前まで通院治療を受けていたことを確認した後，以下の点を指摘した。

　まず原判決は，被告人がBに結婚を断られた不満と自衛隊に好意を持たない同女及びその兄Aに対する反感からC家の人びとを憎悪し本件犯行を計画，実行した旨を認定している。しかし，被告人とBとの間には具体的な交際があったわけではないし，Aらとの自衛隊をめぐる議論も前年の新年会における座興類似のものであって「普通ならば謀殺の動機に発展するほどの深刻な問題を含むものでは」ない。犯行態様についても，人質同然にC方へ連行したハイヤー運転手，就寝中のいたいけな幼児3名，急を聞いて同家に駆けつけた近隣者2名及び戸外に助けを求め戻ってきたBの姉Eに対し，順次，所携の鉄棒で頭部を強打して5名を殺害し2名に重傷を負わせている反面，被告人のいる前でハイヤー運転手の手当てをしたり駐在所への連絡に外出しようとしたりしたBの父Cに対しては何ら手出しをしておらず，「前記の動機のみでは説明のできないような奇異な行動を示している。」

　次にK鑑定もI鑑定も，本件犯行が被告人の精神分裂病に基づく妄想などの病的体験に支配された行動ではなく，被告人は是非善悪の判断が可能な精神状態であった旨の意見を記している。しかし，両鑑定とも「本件犯行時に被告人が精神分裂病（破瓜型）の欠陥状態（人格水準低下，感情鈍麻）にあつたこ

第1章　日本法における議論の変遷

と，破瓜型の精神分裂病は予後が悪く，軽快を示しても一過性のもので，次第に人格の荒廃状態に陥つていく例が多いこと及び各鑑定当時でも被告人に精神分裂病の症状が認められること」を指摘している。さらにＩ鑑定は，「本件犯行を決意するに至つた動機には精神分裂病に基づく妄想が関与していたこと及び公判段階における被告人の奇異な言動は詐病ではなく精神分裂病の症状の現われであることを肯定している。」

そして最高裁は，「右のような，被告人の病歴，犯行態様にみられる奇異な行動及び犯行以後の病状などを総合考察すると，被告人は本件犯行時に精神分裂病の影響により，行為の是非善悪を弁識する能力又はその弁識に従つて行動する能力が著しく減退していたとの疑いを抱かざるをえない」として，限定責任能力を認めなかつた点において判決に影響を及ぼすべき重大な事実誤認の疑いがあるとして原判決を破棄したのであつた[229]。

4　評　　価

まず，第一審・第二審判決は，「被告人はことさら精神病者をよそおつている疑いが非常に濃いといわざるをえない」，「被告人には精神分裂病（破瓜型）の病歴があるとはいえ，右病症はすでに寛解していて，犯行時における被告人の心神状態に著しい欠陥や障害はなかつたものと認められ」るとして，精神分裂病が存在しない或いは存在しても寛解していることを前提としている。そして第二審は，「被告人はＢに結婚を断わられた不満と，自衛隊に好意をもたない同女やその兄Ａに対する反感からＣ家の人達を憎悪し，本件犯行に及んだ」という「殺害すべき動機」を措定した上で，犯行前の「被告人の精神状態が異常であつたのではないかと疑わせるような事跡は見当ら」ない，実行行為等も「通常人の行動として評価できるもの」である，犯行後の行動等についても「被告人の精神状態に異常や欠陥を想定しなければ説明の困難なものとは認められない」として，弁護人の主張を排斥している。ここでは，一般の殺人事件にもあり得る「動機」を措定した上で，犯行前後の行動や実行行為が「通常人

229）　なお，上告審では，鑑定命令に基づき鑑定人Ｎ（中田修）による被告人の「現在の精神状態」についての鑑定書が提出されており，そこでは，被告人は精神分裂病の緊張型に罹患し，その末期状態であることは明白であつて，自らの訴訟に関して自己の利害を理解しその理解に従つて相当の防御をする能力に欠けている状態にあるとされていたが，最高裁は訴訟能力や鑑定人Ｎの鑑定に言及することなく判決を下している。同鑑定後被告人は八王子医療刑務所に移監され逮捕以来中断していた精神科治療が8年ぶりに再開されたとされている（西山・前掲注226）285頁）。

112

の行動」として評価できることを理由に，心神喪失・心神耗弱の主張が退けられており，通常の「動機」から説明がつくような通常の「行動」であるか否かによって責任能力の判断が行われているということができよう[230]。

以上を前提に最高裁判決を見ると，以下の2点の判断を元に原判決を破棄していることがわかる。第一に，犯行の2ヶ月前まで精神分裂病について通院治療を受けていたことを前提に，上記の通常の「動機」だけからは「謀殺」に至ることや「犯行態様」の説明がつかないことが指摘されている。第二に，本件犯行は「精神分裂病に基づく妄想などの病的体験に支配された行動」ではないにせよ「精神分裂病（破瓜型）の欠陥状態（人格水準低下，感情鈍麻）にあった」ことは認められ，またI鑑定が「本件犯行を決意するに至る動機には精神分裂病に基づく妄想が関与していたこと」等を認めていることが指摘されている。

要するに，最高裁は，犯行当時において精神分裂病の影響が存在し得ることを前提に，「謀殺」という犯行やその「犯行態様」に，原審の措定する一般の殺人事件にもあり得る通常の「動機のみでは説明のできない」点が存在していること，犯行を決意するに至る動機に「精神分裂病に基づく妄想が関与していた」との鑑定が存在することから，心神耗弱の「疑いを抱かざるをえない」と判断したといえよう。それゆえ，一般の殺人事件にもあり得る通常の「動機」だけから説明がつかず，犯行決意の動機に精神分裂病に基づく妄想が関与していた場合には，心神耗弱を認めるべきものを示したものと評価することができよう。

第2項　第二次上告審

1　第二次控訴審

差戻し後，第二次控訴審では，鑑定命令に基づき鑑定人T（武村信義）と鑑定人Hによる鑑定・鑑定人証人尋問が行われていた。

T鑑定は，被告人が精神分裂病（緊張病）に罹患しているとし，本件犯行の動機は，恋愛妄想を基盤として生じたBないしC家の人々に対する怨恨感情，共産主義に対する反感，共産主義に同調する人々の中での孤立無援感と自我感

---

230)　この点については，本款**第3項**及び青木・前掲注 224) 75-76 頁も参照。

第1章　日本法における議論の変遷

情の毀損を伴う被害的感情であると考えられるが，「この動機は出発点におい
て病的なもの」であり，本件犯行は「正常な行為であったと見ることは不可能
であり，全面的に分裂病との深いかかわりがあったことを考えなければならな
い」という。そして，精神分裂病はどの病型においても「生来の人格に復する
ことはない」という特殊な理解[231]にも基づきながら，ごく著しい寛解例を除
き分裂病者は責任無能力である旨の議論を展開した[232]。これに対しては，証
人尋問において検察官より「証人は自分の研究の立場がかなり支配的な見解で
あるということのよう」だが，現実にはK鑑定・I鑑定で「全く逆な鑑定結果
が出ております」等の指摘が加えられている[233]。

　他方，鑑定人Hは，被告人は「非定型精神分裂病」に罹患しているとの診
断を行った上で，服薬停止により症状増悪に至り本件に結実したのではないか
との鑑定書を作成していた[234]が，証人尋問において，本人が犯行前日まで服
薬していたこと等を検察官より告げられ，「一応，社会生活が可能であった」
「判断力等にも一応の能力はあったからこそ，数箇月の社会生活ができていた」
と意見を修正している。これに対して裁判長が，本件事件の重大さや特異さと
いうことについて「バランスがとれんような感じ」がすると指摘したところ，
鑑定人Hは，「非常に奇妙」と認めつつ，動機を探っていくと，自衛隊は憲法
違反と言われたことによるショックと結びつき，これは正常心理とかけ離れて
いるとは必ずしも言えず，「動機の点でやや了解可能な面が残る」としてい
た[235]。

　以上を前提に，第二次控訴審では，心神耗弱のみを認め無期懲役に処する旨
の判決が出された。まず，第二次控訴審は，H鑑定につき，同鑑定によれば
「その病状の程度は，本件犯行当時，被告人の社会に対する適応能力がやや低
下していたことは否定できないものの，通常の社会生活が可能であり，一応の
判断能力を備えていたとされている」とする。次に，T鑑定については，被
告人が心神喪失であったという意見は「分裂病者は原則として責任無能力であ

---

231)　「筆者もここで数十年ぶりに聞く学説である……いずれにしても武村は，分裂病に関してかな
　り偏った概念をもっているように思われる。『生来の人格に復することはない』ということを証明
　した人はいない」（西山・前掲注226）495-496頁）。
232)　以上につき西山・前掲注226）290-371頁。また同372-403頁。
233)　西山・前掲注226）394頁。
234)　西山・前掲注226）404-424頁。
235)　以上につき西山・前掲注226）425-465頁（特に444-448頁，461-462頁）。

114

るとする精神医学上の学説の立場からのものであつて，必ずしも裁判実務上承認された考え方とはいえない」とした上で，同鑑定人からしても「被告人は良好な寛解状態」にあり，「本件は直接幻覚，幻聴，妄想などの作為体験に基く犯行ではない」とされていること，被告人は「普通に社会生活を営んで」おり，「必要とされる薬は引続き服用しており，」被告人と接触した者も「その行動に格別異常な様子を感じなかつた」ことを挙げて，「本件犯行態様や動機などに奇異な面のあることを考慮しても，心神喪失とする結論は採用できない」とした。そして，「当時の病状や，犯行態様などを総合考察」して，心神耗弱のみを認めたのである。

2　第二次上告審決定

これに対して再び上告がなされたが，最高裁は以下のように述べて上告を棄却した。

「被告人の精神状態が刑法39条にいう心神喪失又は心神耗弱に該当するかどうかは法律判断であるから専ら裁判所の判断に委ねられているのであつて，原判決が，所論精神鑑定書（鑑定人に対する証人尋問調書を含む。）の結論の部分に被告人が犯行当時心神喪失の情況にあつた旨の記載があるのにその部分を採用せず，右鑑定書全体の記載内容とその余の精神鑑定の結果，並びに記録により認められる被告人の犯行当時の病状，犯行前の生活状態，犯行の動機・態様等を総合して，被告人が本件犯行当時精神分裂病の影響により心神耗弱の状態にあつたと認定したのは，正当として是認することができる。」

3　評　　価

第二次上告審決定において主に問題となったのは，原判決におけるT鑑定の取扱いである。すなわち，鑑定人Tは，軽症か否か・動機との関連性があるか否かを問わずに分裂病者の行為であれば（ごく著しい寛解例を除き）責任無能力と判断すべきであるとの議論を主張していたところ[236]，第二次控訴審は，これを「必ずしも裁判実務上承認された考え方とはいえない」とした上で，病状や，「作為体験に基く犯行ではない」こと，犯行前の異常さが低いことを挙げて，心神喪失の結論を排斥した。第二次上告審決定は，これを正当として是

---

236)　なお武村の理解については，例えば武村信義「精神分裂病者の責任能力——福島論文の批判と社会復帰した病者の場合について」犯罪学雑誌45巻2号57頁（1979）。

第1章　日本法における議論の変遷

認したものである。ここでは，精神分裂病に罹患していると認定する一方で，
「被告人の犯行当時の病状，犯行前の生活状態」や「作為体験に基く犯行では
ない」ことに基づき心神喪失を排斥することを認めていることから，「精神分
裂病即心神喪失」との考えは排斥されたものと見ることができるだろう[237]。

　もっとも，注意を要するのは，本決定が，かかる議論の論理的前提であると
ころの，軽症や寛解期でない精神分裂病者の行為や，精神分裂病の症状と関連
を有する動機に基づき行った行為については責任無能力であること[238]につい
てまでは，必ずしも否定していないということである。この点，最高裁は，確
かに本件について「被告人の犯行当時の病状，犯行前の生活状態，犯行の動
機・態様等を総合」して判断した原審を是認はしたが，かかる判断につき，
「これを具体的にどのように組み合わせて責任能力の有無・程度の認定に結び
付けるか」については明確ではないところ[239]，本決定の調査官解説は，本決
定を踏まえた上で，以下のように述べて，精神分裂病者の責任能力の整理を行
っている。「精神分裂病の程度が重症である場合や，精神分裂病による幻覚，
妄想等の病的体験に直接支配された犯行である場合には，通常，心神喪失と認
められ」るとして，精神分裂病者の責任能力の有無・程度の判定においてはま
ずその病状の把握が重要であることを前提に，「精神分裂病の寛解状態」や
「その他の場合」には，病状・犯行の動機原因・犯行の手段態様・犯行前後の
行動・犯行及びその前後の状況についての被告人の記憶・被告人の犯行の態
度・精神分裂病発症前の被告人の性格と犯行との関連性を総合考察して判断す
べきである，と[240]。ここでは，従前の裁判例と同様に[241]，精神分裂病につい
て，病状の程度が重い場合や，病的体験と犯行との一定の結びつきがある場合
には心神喪失となることを前提に，それ以外の場合に総合考慮により心神耗弱
となる余地を認めているものとして，本決定が理解されているといえよう[242]。

　このように，確かに本決定は「精神分裂病即心神喪失」を否定したものでは
あるが，調査官解説のように，また従前の裁判例と同様に，精神分裂病に罹患

---

237)　高橋・前掲注 225) 358 頁以下，青木・前掲注 224) 73-74 頁。

238)　前款第 2 項 2 (2)。

239)　大谷實「判批」判評 316 号 219 頁，222 頁（1985）。

240)　高橋・前掲注 225) 359-360 頁。

241)　本書の分析として，前款第 2 項 1。

242)　同様の理解として，中谷他・前掲注 186) 31 頁〔中谷〕，中森喜彦「判批」法教 50 号 96 頁，
　　97 頁（1984）。

していることを前提に，重症であるか，病的体験との一定の関連性があるか等を主に問う形で判断を行う余地もあり，その総合考慮によって如何なる判断手法が是認されているかについては一義的でないのであって，本決定の意義は本来的に限定的なものであると評価できよう[243]。

第3項　考　察

以上，昭和53年・59年判例を見てきた。元自衛官殺人事件を巡る二つの判例は，一般の殺人事件にもあり得る通常の「動機」だけからは説明がつかず，犯行決意の動機に精神分裂病に基づく妄想が関与していた場合には，心神耗弱を認めるべきであることを示す一方で，コンヴェンション論のうち，軽症か否か・動機との関連性があるか否かを問わずに精神分裂病者の行為は即心神喪失とする議論については，これを排斥するという立場を示した。

前項に見たように，昭和59年判例は，コンヴェンション論のうち，「精神分裂病即心神喪失」の考え方を否定したものではあるが，その論理的前提であるところの，軽症や寛解期でない精神分裂病者の行為や，精神分裂病の症状と関連を有する動機に基づき行った行為については責任無能力であることについてまでは，必ずしも否定しないものであった。昭和53年判例自体も，通常の「動機」だけからは説明がつかず，犯行決意の動機に精神分裂病に基づく妄想が関与する場合には責任能力が著しく減退すること（心神耗弱）を認めていたのであり，むしろ精神分裂病が動機に関与する場合の責任能力の減退を是認していたのである。

かかる判断は，一般の殺人事件にもあり得るような「動機」から説明がつくかどうかという観点を中心に行われており，前節や前款でも見受けられた正常な精神状態・通常の意思決定として責任能力を理解する見解を「動機」という観点から展開するものとして整理することができよう。昭和59年判例は，確

---

243)　同判例については「可知論」を採用するよう求めていると理解されることも多い（例えば，入江猛「責任能力の判断における精神鑑定について」警論69巻12号136頁，141頁（2016））。「可知論」「不可知論」の用語は多義的であるが（前掲注217)），同判例自体は「精神分裂病即心神喪失」を排斥した以上の意義を一義的に有するわけではない。この点，「この決定はあくまで全般的免責を否定したものであり，不可知論を無効にする趣旨ではない」とするものとして，中谷陽二「精神障害者の刑事責任能力——最近の事例にみる裁判の傾向」精神経誌122巻2号105頁，113頁（2020）。また，本決定の意義は「精神分裂病の寛解期でも人格的能力への重大な影響を認め得るとして完全責任能力を排斥した点に意義があるのであり，精神分裂病者の犯行について，心理的要素を重視して心神喪失を排斥する方向に働く恐れについては充分注意せねばならない」とするものとして，岩井・前掲注186) 168頁。

第1章　日本法における議論の変遷

かに「精神分裂病即心神喪失」の考え方を否定したものではあるが，昭和53年判例は，正常な精神状態・通常の意思決定として責任能力を理解する見解の，一つのヴァリエーションを支持するものであり，昭和59年判例もこれを否定するものではなかったのである。

このように，昭和59年判例を単なる総合考慮と理解するのではなく，昭和53年判例も踏まえて理解する必要があることは，当時の評釈においても現れていたところであった。すなわち，例えば，青木紀博は，昭和59年判例は「当然に第1次上告審の判断を前提としており，したがって，昭和53年判決の意義を探る必要がある」ところ，ここでは「分裂病であるという生物学的事実を前提にする以上，合理的に説明することのできない事情が存在する限り，認識・制御能力に欠陥があったものとせざるをえないとの判断があったと解すべきではなかろうか」として，「本決定は（53年判決も含めて），生物学的要素を重視すべきであるとの視座を明示したものと考える」と述べていた[244]。

以上のように，本判例においては，コンヴェンション論のうち「精神分裂病即心神喪失」という考えは否定されたものの，正常な精神状態として責任能力を理解する見解とは親和的な形で，事案の解決が図られていたのであった。しかし，昭和59年判例以降，コンヴェンション論は「勢いを失」う[245]と共に，正常な精神状態・通常の意思決定として責任能力を理解する見解さえも，学説からその姿を消すことになる。次節では昭和末期から平成中期にかけてどのような議論が支配的に展開されてきたのかを追うこととしたい。

第4節　平成中期に至るまでの議論の変遷：
有力説の興隆・刑事実務との乖離

これまで幾度となく繰り返してきた通り，刑事責任能力を巡る理解には，主として，現行刑法制定当初（明治末期）から唱えられてきた，正常な精神状態・通常の意思決定を表すものとの理解と，1930年代より有力化してきた，

---

244)　青木・前掲注224) 75-76頁。

245)　林美月子「判批」西田典之＝山口厚＝佐伯仁志編『刑法判例百選Ⅰ〔第6版〕』68頁，69頁（有斐閣，2008）。同「判批」山口厚＝佐伯仁志編『刑法判例百選Ⅰ〔第7版〕』70頁，71頁（有斐閣，2014）は，「コンヴェンチオン論は衰退していった」と評している。

118

第 4 節　平成中期に至るまでの議論の変遷：有力説の興隆・刑事実務との乖離

端的に〈自由意思〉を表すものとの理解の二つがあり，これらが，時として一定のヴァリエーションを持ちながら，昭和中期まで見受けられてきたのであった。前節までの判例学説史の検討から明らかとなったように，昭和 6 年判例の定式は前者の理解に基づくものであったし，昭和中期の裁判例の大枠や，昭和 53 年判例も前者の理解と親和的なものであった。確かに，前者の理解と親和的な基礎を有しつつ，症状や動機との関連性を見ずに精神分裂病者の行為であれば心神喪失とする理解（コンヴェンション論の一部）は，昭和 59 年判例により否定されたところであるが，同判例は診断名のみにより責任能力を判断することを否定したに止まるのであり，その意義は本来的には限定的なものであった。

　しかし，平成期に入ると，以上の議論状況には一定の変化が生じるようになる。すなわち，学説においては前者の理解が消失し，後者の理解が興隆した一方で，実務的動向においては，前者の理解と親和的な大枠が維持されつつも，その内実について自覚的議論が展開されるに至ったのである。本節では，これまで本章で検討してきた昭和中期までの議論状況が，どのように変化し現在の議論状況に至ったかについて，平成中期までに時代を絞り[246]，学説の議論状況（第 1 款），そして実務における動向（第 2 款）を見ることとしたい。

第 1 款　学説の議論状況の変化

　序章において見たように，現在の学説においては，刑罰を科すためには，行為者に非難可能性としての責任が認められる必要があり，この責任は，行為者が当該違法行為をせず他の適法行為も選択可能であったという他行為可能性を前提とするとした上で，これを責任能力の原理とし，思いとどまることができることを責任能力の基準として据える見解が有力化している[247]。そして，一般的な体系書においては，とりわけ責任非難の見地から，正常な精神状態・通常の意思決定を表すものとして責任能力を捉える理解は，そもそもその存在自体が示されていない[248]。

---

246)　現在の議論状況については序章第 1 節参照。また拙稿「統合失調症と刑事責任能力判断の関係について――近時の裁判例・学説の検討」佐伯仁志他編『刑事法の理論と実務 5』201 頁，211 頁以下（成文堂，2023）参照。
247)　序章第 1 節。
248)　例えば，序章注 5）参照。例外として，阿部純二『刑法総論』176 頁（日本評論社，1997）。

119

第1章　日本法における議論の変遷

このように，現行刑法制定当初（明治末期）から学説上見受けられ，諸判例及び当時の裁判例の大枠とも親和的であったところの，正常な精神状態・通常の意思決定として責任能力を把握する見解が，現在においては学説上姿を消し，もう一つの理解であるところの，責任能力は〈自由意思〉を表すものとの理解（及びそのヴァリエーションとして把握され得る理解）が興隆していることが看取されるところ，この議論状況は既に平成初期に形成されている。例えば，「普通，正常の者においてはあり得ないような根拠，方法，形式によって動機形成が行われるようなもの」か否かを基準として掲げていた大谷實[249]は，平成初期に入ると，かつては「将来は生物学的方法によらざるを得ないのではないか」と考えていたが，「精神医学における見解の対立が大きすぎる」ということを「最大の理由」として，生物学的な側面を重視する考えを必ずしも取らないことを宣言しており，かかる見解からの離脱を表明している[250]。そして，平成初期には，責任能力の解釈論については「『解決済みの問題』……とする雰囲気が支配的」であり[251]，精神科医の役割の問題を除いて「解釈論的には……あまり問題な」い[252]とまで評価されていたのであった。

本款では，如何様にして上記の議論状況が形成されたのかを中心に，学説の議論を検討することとしたい。具体的には，責任非難の基礎として〈自由意思〉を想定し，この〈自由意思〉を表すものとして責任能力を把握する見解（及びそのヴァリエーション）について見たうえで（**第1項**），これを批判する見解がその原理を責任非難ではなく予防的見地に求めていることを見ることとしたい（**第2項**）。本款で示されるのは，この時期においては，責任非難の観点から正常な精神状態として責任能力を把握する見解が姿を消した結果，責任非難の観点からは責任能力基準は違法行為を思いとどまることができる能力を前提とするほかないという観念が有力となり，それと異なる見解はその原理を責任非難以外の観点（予防的観点）に求めることになったということである。

第1項　〈自由意思〉として把握する理解・そのヴァリエーション

責任能力を〈自由意思〉の現れとして把握する理解に共通して見受けられる

---

249)　前節第2款**第1項2**(1)(b)。
250)　大谷實＝前田雅英「エキサイティング刑法（10）責任とその阻却（1）」法教202号59頁，65頁〔大谷発言〕(1997)。
251)　墨谷葵「責任能力の諸問題・総説」刑雑31巻4号57頁，67頁(1991)。
252)　大谷＝前田・前掲注250) 66頁〔前田発言〕。

のは，責任能力とは「違法行為を思いとどまることができる能力」[253]であると捉える理解である。ここでは端的にそれを示す見解として浅田和茂の見解をみた上で，かかる理解のヴァリエーションとして捉えられる安田拓人の見解をみることとしたい。

1 浅田和茂の見解

浅田は，その代表的な著作において，主として限定責任能力をめぐるドイツの歴史的展開と我が国の沿革等を探究した上で[254]，以下のように，〈自由意思〉を責任能力として捉える見解を端的に示している。すなわち，浅田は，「責任を非難可能性と解し，非難を回顧的にとらえる以上，行為時における行為者の他行為可能性がその前提となる」と理解した上で，「責任非難は，あくまで『汝為し得るがゆえに為すべし（Du sollst, denn du kannst!）』といえる場合にのみ可能」であると強調する[255]。そして責任能力基準については，生物学的要件と心理学的要件があるとし，後者は弁識能力・制御能力からなるとした上で，制御能力については，「それは，他行為可能性をいうもので，意思の自由と同義であり，非決定論を前提にするものである」という批判に対して，「責任が非難可能性であり，その非難可能性が回顧的にとらえられるべきであるとする以上，何らかの意味において，行為者の他行為可能性を前提にせざるをえない」のであり，かかる理由から相対的自由意思論を採用していると応答を試みている。

このように，浅田の見解には，責任能力を端的に（相対的）自由意思の現れであると把握する理解が色濃く出ている[256]が，浅田は他方でコンヴェンション論に類似する考えへの接近も見せている。すなわち，「被告人の犯行時および現在の精神状態は，裁判官よりは専門家である精神医学鑑定人の方が適切に判断できるものであって，裁判官は，たとえば法廷での被告人の態度などから犯行時にも責任能力はあったという独自の判断を下すというように，精神鑑定の結果を無視して（被告人に不利益に）判断してはならない」として，「その

---

253) 大越義久『刑法総論〔第4版〕』144頁（有斐閣，2007）。
254) 浅田和茂『刑事責任能力の研究 上巻』（成文堂，1983），同『刑事責任能力の研究 下巻』（成文堂，1999）。
255) 浅田和茂「責任能力論（上）」法セミ394号72頁（1987），同『刑法総論〔補正版〕』274頁（成文堂，2007）（同書第3版281頁（2024）も参照）。
256) 浅田・前掲注255)（刑法総論）282-287頁（同書第3版295頁以下（2024）も参照）。

第1章　日本法における議論の変遷

意味で，生物学的要件と心理学的要件との間には，事実上，前者が後者を推定させるという関係（固いコンベンションではなく緩やかな事実上の推定）が認められるべきである」とするのである[257]。

2　安田拓人の見解

序章においてみたように，安田拓人は，現在の有力説の代表的論者であり，その著書を含む一連の著作において，「違法行為を思いとどまることができる能力」という観点から責任能力論を巡る問題の全体像を提示している。安田は，以下のように，その責任能力の理解において，制御能力を制御主体と制御可能性から把握するという独自の観点を有しながらも，なお制御能力を「思いとどまることのできる能力」として把握[258]し，責任能力基準の中核に据えており，その見解は責任能力を〈自由意思〉の現れと捉える見解のヴァリエーションとして評価することができる。もっとも，安田の見解には，とりわけ司法研究の提言等との関係で，裁判員裁判導入前後において一定の見解の変遷があるように思われる。ここでは，裁判員裁判導入前に絞って安田の見解を考察することで，その見解の骨子を示すこととしたい。

安田は，責任能力に関する昭和6年判例等の定式のうち，「精神の障害」は「認識・制御能力に影響を与えうるような精神症状あるいは精神状態像」であるという法律的病気概念を支持してその独自の意義を否定し，いわゆる弁識能力（安田によれば「認識能力」）についても，違法性の意識に解消するドイツ通説[259]に与してその独自の意義を否定することで，責任能力基準に関する議論の焦点を「制御能力」へと移す[260]。安田は，制御能力について判例が適用を躊躇しているとされることや墨谷による批判に対して，「伝統的な責任論に従い，『当該犯行を思い止まることが可能であったことを理由とする非難可能性』を責任の本質とする限り，制御能力は絶対不可欠であり，依然として責任能力の判断基準に据えられなければならない」とし，「制御能力軽視論ないし不要論は拒絶されなければならない」と強く主張する[261]。

---

257)　浅田和茂「司法精神鑑定に求めるもの──責任能力の判定基準を中心に」法と精神医療15号33頁（2001）。

258)　安田拓人「刑事責任能力の判断基準について」現代刑事法36号34頁，36頁（2002）。

259)　概観として第2章第2節第2款第1項を参照。

260)　安田拓人『刑事責任能力の本質とその判断』第2章，第3章第1節（弘文堂，2006），また同・前掲注258）34-36頁。

122

第4節　平成中期に至るまでの議論の変遷：有力説の興隆・刑事実務との乖離

　そして「制御能力」とは，「これから自らがまさに行おうとしている行為を，それが違法だという認識に従って，思いとどまることのできる能力」[262]，「犯罪行為へと駆り立てる衝動を抑制する能力」[263]であるとした上で，そこには「衝動を抑制する主体の側面（制御主体）と，その主体のもつ能力と衝動の力関係の側面（制御可能性）が含まれている」という。安田によれば，まず「制御主体」とは「違法性の認識に従って行為を思いとどまる精神的機能」を意味し，ここでは「制御主体が完全に破壊されていたか」すなわち「正常な人間における衝動制御のメカニズムが完全に損なわれていたか」が問題となり，「精神鑑定を重視した事実的判断」が行われることになる。そして，制御主体が完全に損なわれていなかったことが確認された場合には「制御可能性」の問題として，「その主体に残された抑止力でもって具体的事案における犯罪衝動を抑えることができたのか」が問題となる。

　もっとも，安田は，この「制御可能性」が「行為者の具体的他行為可能性を基礎としてなされるべきだとしても」これを「裁判上認定することはできない」ため「規範化の試みが不可欠となる」とした上で，制御可能性が問題となる場合には「正常な制御主体が残されていることを前提とする」以上，「期待可能性判断と同様の枠組みをとる余地は十分残されている」といい，これを「国家標準説の立場」による期待可能性の議論と接続させる。ここでの安田の「国家標準説の立場」とは，平均人標準人による置き換えを拒絶するもので，「行為者本人の可能性が判断対象」となるものであり，この行為者本人の可能性を「国家・法規範の側から見て」すなわち「法秩序の側からの規範的要求を考慮して」判断するというものであって，安田は，自らの立場においても「あくまで『当為は可能性を前提にする』という命題は堅守されて」いるというのである[264]。

　そして安田は，具体的判断においては，「従来の判例の診断名を重視した図式的な判断公式については，再検討の余地がある」[265]としつつ，重い精神分裂病は「人格の核心を冒す」ものであり「制御主体が完全に損なわれているも

---

261)　安田・前掲注205）103頁。
262)　安田・前掲注258）36頁。
263)　安田拓人「制御能力の鑑定」刑弁32号70頁（2002）。
264)　以上について，安田・前掲注260）104-133頁，同・前掲注258）36頁，同・前掲注261）130-148頁，同・前掲注263）70頁。
265)　安田「判批」判例セレクト'97（法教210号別冊付録）33頁（1998）。

123

の」とみられるとする。そして，人格障害については「規範意識に欠けているために犯罪衝動に抗しえないことは，制御可能性を否定する理由にならない」として「人格障害者は，犯罪衝動を制御しえなかったのではなく，制御しなかっただけだと判断されるべきことになる」とする一方で，神経症については，「制御主体が完全に損なわれているわけではないが，抑圧されていた衝動が自我の抑制を排除して行動に移されたといえるような場合には，制御可能性がなかった，あるいは，著しく減少していたとみられうる」としている[266]。また情動犯罪については，見当識・認知・行動の一貫性等の障害や動機の了解不能性が認められれば制御主体の欠如が認められるとする[267]一方で，事前の努力により回避し得たという事前責任・回避可能性を理由に責任非難の余地を認めている[268]。

3　検　討

このように，以上の見解は「思いとどまることのできる能力」こそが責任能力であるという前提に立っており，責任能力を〈自由意思〉の表れと捉える見解ないしそのヴァリエーションとして評価することができる。浅田の見解はかかる理解を直截に責任能力判断に反映させたうえで，「緩やかな事実上の推定」を認めることで一定の精神障害の存在を重視する適用結果を導こうとする理解であるのに対して，安田の見解は，責任能力を事実的判断により確定する部分（制御主体）と，規範的要求を考慮して確定する部分（制御可能性）とに分けて，判断を柔軟にし，明確化しようとした見解であると評価することができよう。前節に見たように，〈自由意思〉の表れと捉える見解ないしそのヴァリエーションについては，その適用結果の不明瞭さについて批判が存在したところであったが，以上の見解は，上記の論理をもって，かかる適用論における問題点を乗り越えようとする見解であると評価できるだろう。

しかしながら，本書の問題意識である原理・基準・適用の一貫性という観点からすると，以上の見解が，その原理・基準と論理的に整合する形で適用論における問題点を乗り越えているかについては疑問の余地がある。例えば，浅田は，「生物学的要件と心理学的要件との間には，事実上，前者が後者を推定さ

---

266)　安田・前掲注263) 70-73頁。

267)　安田・前掲注263) 73頁。

268)　安田・前掲注260) 45-57頁。

せる」関係を見出しているが，直截に〈自由意思〉の表れとして責任能力を理
解する浅田の見解において，なぜ一定の生物学的要件が責任能力の存在・不存
在を推定させるのであろうか。例えば精神分裂病（統合失調症）に罹患してい
ることが〈自由意思〉を持たないことを（「みなす」のではなく）事実上推定さ
せるというのであれば，それが如何なる論理によって可能となり，また如何な
る場合にはその推定が認められなくなるかについて明らかでないように思われ
る。また，安田は，「違法性の認識に従って行為を思いとどまる精神的機能」
たる「制御主体」について「事実的判断」による判断を試みているが，「行為
者の具体的他行為可能性」が「裁判上認定することはできない」という批判自
体は受け入れているところ，かかる判断が果たして可能であるのかが問題にな
るように思われる[269]。そして，安田の具体的適用結果を見ると，「診断名を重
視した図式的な判断公式」には疑義を示しているが，「制御主体がどれだけ損
なわれているのか」の具体的判断において，「重い精神分裂病」では「行為を
思いとどまる精神的機能」が破壊されていたが「人格障害」や「神経症」では
「行為を思いとどまる精神的機能」が破壊されていないという黙示の前提が所
与のものとされているところ，なぜかかる前提が採用できるのか，必ずしも明
らかではないだろう。

　このように見ると，以上の見解には，とりわけその生物学的要素の考慮の仕
方において，その支持する原理・基準と，その支持する適用との論理的整合性
に，なお不明瞭な点が存在すると評価できるだろう[270]。

第2項　予防的観点からの基礎づけを図る見解

　以上のように「思いとどまることのできる能力」を責任能力の中核に据える
見解が強く主張されるに至ったが，学説上，これとは異なる方向性の見解も主
張され始めた。かかる見解は，責任能力基準への異論にとどまらず，その原理
に対しても一定の疑義を抱き，予防的観点から基礎づけを図ろうとしている。

---

269)　この点，制御主体が生物学的判断なのだとすれば，鑑定医に責任能力という法的判断を求めて
　いることにほかならないのではないかと指摘するものとして，村松太郎「書評・安田拓人『刑事責
　任能力の本質とその判断』」法と精神医療23号106頁，116頁（2008）。また，「どのような場合が
　『制御主体』不存在となるのか明確ではない」とするものとして，町野朔『刑法総論』310頁（信
　山社，2019）。
270)　この点については，次項2における水留の批判も参照。なお，**序章第1節第3款第1項も参**
　照。

125

第1章　日本法における議論の変遷

ここでは，明示的にそのような試みを行い，抑止刑論による基礎づけを図る町野朔・水留正流の見解を見ることとしたい[271)272)]。

1　町野朔による議論提起

当時の論稿において，町野朔は，昭和59年判例がコンヴェンション論を排斥したことを踏まえつつも，実務も学説も，精神障害の種類や重大性を基礎として責任能力の有無・程度を決定するという方法を依然として維持しているとして，「『精神病即責任無能力』という思想は凋落したが，責任能力論は『精神障害』という基盤の上で停止し，安定を保っている」という[273)]。

町野は，心神喪失・心神耗弱について混合的方法が使用されているところ，違法性の認識の可能性や期待可能性に対応させる見解も主張されているが，これらによる免責が認められるのは例外的な場合に止まり，精神障害者の免責を一般人のそれと同一の基準によるべきとするならば免責が極めて困難になってしまうと批判する。さらに，精神障害者には類型的に責任阻却を認めそうでない者にはそうしないという議論を展開するならば，それは法の下の平等に反する事態であり「差別の固定」であると批判する。そして，「犯罪的環境の中で生育されたために，違法性の意識の可能性あるいは適法行為の期待可能性が欠如していたから責任がない，という抗弁をそのまま認めることは困難である」が「精神障害のためにそうなったときには，刑法39条1項によって責任阻却を認めなくてはならない」し，「行為時に，人に弁識不能・制御不能をもたらしうる精神障害が行為者に存在していたことが証明されれば，当該行為に出たことについて，彼が弁識・制御不能であったことの厳密な証明がなくても，責任の阻却を認めることになる」として，「心神喪失は，まさに，実定法によって特権化された責任阻却事由である」という立場を宣言するのである[274)]。

こうして，「『弁識・制御不能をもたらす精神障害』『弁識・制御能力を著し

---

271)　序章第2節第3款において述べたように，かかる見解を批判的に評価するためには刑事政策的議論を含む多面的な検討が必要になるため，かかる評価は本書の対象外とし，ここでは当時の議論状況の整理という観点から述べるにとどめることとしたい。

272)　なお，ドイツ学説を参照し，積極的一般予防の観点から責任能力の基礎づけを図る見解として，林美月子『情動行為と責任能力』177頁以下（弘文堂，1991），町野朔＝中森喜彦編『刑法1総論』99頁以下〔林美月子〕（有斐閣，1995）。

273)　町野朔「『精神障害』と刑事責任能力：再考・再論」内田文昭先生古稀祝賀論文集編集委員会編『内田文昭先生古稀祝賀論文集』141頁，142頁（青林書院，2002）。

274)　町野・前掲注273)148-149頁，同・前掲注41)32-33頁。

126

く減退させる精神障害』が，それぞれ心神喪失による責任無能力，心神耗弱による限定責任能力である」とする町野は，その原理を「抑止刑論」により基礎づけようとする。すなわち，「犯人に刑罰を加えることを社会がどう思うかではなく，彼が刑罰にどのような意味を認めるかが，決定的である」として，「刑法上の責任は，刑罰によって犯罪を抑止しうる行為者の心理状態」であり，「弁識能力は行為の可罰性の認識可能性であり，制御能力は刑罰威嚇が反対動機となりうる心理状態である」として，「行為者のこれらの能力を侵害する彼の精神の異常が，刑罰による抑止効果を期待することを不適切なものとする態様のものである」場合に責任無能力であるというのである[275][276]。

2　水留正流による展開

以上の町野の問題提起と基本的方向性を共有しつつ，さらに議論を展開したのが水留正流である。水留は，「統合失調症」のように「鑑別診断を経て確定された精神障害の種類が責任能力判断の基盤である」という「診断論」と，「妄想」のように「診断の前にある個別の精神症状が責任能力判断の基盤である」という「症状論」とを対比させ，議論を展開する[277]。

水留は，当時の判例学説・精神医学の議論では症状論が有力になってきているが，実際には判例学説は症状論を徹底させず，むしろ精神病の診断を重要視しているという。そして，診断論を採用するならば，「なぜ行為時の行為に直接関係する症状ではなく，診断を，すなわち行為者の状態全体という行為の背景事情ともいうべきものを判断の基盤に据えることができるのか，という根本的な問題が存在する」とした上で，この問題は「精神の障害」という要件の必要性という問題でもあるといい，検討の必要性を主張する[278]。

そのうえで，例えば安田拓人が「精神の障害」を原理的に不要であるとしつ

---

275)　町野・前掲注 273) 153-154 頁，同・前掲注 41) 34-35 頁。
276)　しかし，その後町野は，「責任は行為の非難可能性」であり，「どのような事実によって意思が決定されているとき，これを不自由とし，制御能力が欠如するか」が問題であるとしたうえで，「制御能力は，抽象的な自由意思能力ではなく，行為者の意思が『精神の障害』によって決定されていないことである。決定されていたとは……それが行為者の意思決定を支配したということである。具体的には，行為が行為者人格ではなく精神障害に由来すると理解されるときには，精神障害が行為者の意思を決定したということであり，心神喪失とすべきことになる」として後述の難解概念司法研究の定式を支持するに至っている（町野・前掲注 269) 302-303 頁，308-313 頁）。
277)　水留正流「責任能力における『精神の障害』——診断論と症状論をめぐって (1)」上法 50 巻 3 号 137 頁，140 頁（2007）。
278)　以上につき水留・前掲注 277) 140-167 頁。

第1章　日本法における議論の変遷

つも，なお制御主体の議論において「衝動の制御に関わる精神的機能・人格的能力」を問題にしていること等を取り上げて，多くの見解が診断論の意味における「精神の障害」は原理的には不要であるとしつつも，それでもなおこの要件を維持すべきだとしていると評価し，診断論はどのようにして積極的に基礎付けられるかと問題設定を行う[279]。かかる問題について，行為者の「人格」や「主体性」を害するという議論は「……"精神障害者を異常な存在であって刑法のシステムから外れるものとはみないでほしい"というノーマライゼーションの主張」に反する等とした上で，「精神障害という事態がどう刑法と関係するかということは，規範への一般人の動機づけということでなく，あくまで刑罰と行為者との関係で考える必要」があり，そうして初めて「診断論に刑法上適切な位置付けを与えることができる」という[280]。

こうして，水留は，「精神障害によって当該行為への動機付けが適切になしえなかったという場合には，彼が適切な動機付けを行えるようにし向けるには刑罰は適さない」「社会の非難を国家権力により強制的に伝達する刑罰という手段を通じても，同じ行為は防げなかったであろうから……可罰的責任を欠く」として，予防的観点からの基礎づけを主張する。もっとも，ここでは「予防とはあくまで刑罰，すなわち社会的非難の伝達という手段による予防を意味している」のであり「予防の必要性ということには，社会的に非難が相当であるということも含まれている」という。すなわち，「他行為可能性のない場合にまで刑罰を賦課するのは不当であるという結論」には同意しつつも，「ある程度重症の病勢期の統合失調症患者といっても，他行為を行う余地が全くないとは言えない」のであり，「純粋な他行為可能性の定式に従えばある程度他の行為が可能だった余地があったかもしれないが，それでも行為者を責任無能力にして刑罰から解放するという診断論を正面から認める」のがその主張であるというのである[281]。

以上からして水留の見解は，診断論及び「精神の障害」要件の独自の意義を強調し，それを特別予防的考慮から基礎づけた上で，これを，非難が相当な場合を超えて刑罰から解放すべき場合を示すものだという理解の下で議論を発展

---

279)　以上につき水留・前掲注 277) 167-173 頁，水留正流「責任能力における『精神の障害』——診断論と症状論をめぐって（2・完）」上法 50 巻 4 号 195 頁，196-204 頁（2007）。

280)　以上につき水留・前掲注 279) 204-222 頁。

281)　以上につき水留・前掲注 279) 222-227 頁。

128

第4節　平成中期に至るまでの議論の変遷：有力説の興隆・刑事実務との乖離

させたものと評価できよう。

第3項　議論枠組みについての検討

1　有力説の興隆

　昭和末期から平成中期にかけては，「違法行為を思いとどまることができる能力」の有無こそが決定的であるという見解が強く主張されることとなった。そこでは，安田の見解において特徴的に現れているように，責任非難を原理とする責任とは「当該犯行を思い止まることが可能であったことを理由とする非難可能性」であり，そしてそれこそが責任能力の中核的基準であるという観念を不動の前提として，種々の要件解釈が導かれていた。

　もっとも，水留も指摘するように，こうした見解も，その具体的判断を見ると，罹患している精神障害の種類やその程度といった，いわゆる生物学的要素にもなお一定の重要性を見出していたところであった。例えば安田の見解は，「制御主体がどれだけ損なわれているのか」の具体的判断において，「重い精神分裂病」では「行為を思いとどまる精神的機能」が破壊されていたが「人格障害」や「神経症」では「行為を思いとどまる精神的機能」が破壊されていないという黙示の前提を所与のものとしており，精神障害の病名や程度の重視が垣間見られた。

　このように，適用論・実践的観点において罹患している精神障害の病名や程度を重視する方向性と，「違法行為を思いとどまることができる能力」を決定的に考える原理・基準とが，如何なる論理的説明をもって可能になるかについて，有力説には不明瞭な点が残されていた。それゆえ，学説上も，かかる見解に疑義を呈し，異なる観点から精神障害の病名や程度も重視する方向性を正面から基礎づけようとする見解が，少数説ながら主張されていた。

　しかし，責任非難の観点から正常な精神状態・通常の意思決定を責任能力基準に据えるという，明治末期から昭和中期まで受け継がれていた理解が消失した学説においては，責任非難の観点からは責任能力基準は「違法行為を思いとどまることができる能力」「を前提とせざるを得ない」という観念が支配的になっていた。そして，「違法行為を思いとどまることができる能力」を基準に据える見解に疑義を呈する見解（とりわけ町野や水留の見解）は，その原理を，責任非難ではなく予防的観点に求めていたのであった。こうして，あたかも責

129

第1章　日本法における議論の変遷

任非難を原理に据えれば基準は「違法行為を思いとどまることができる能力」となり，責任論内在的にこれに反対する見解はその原理を責任非難以外の観点に求めるものであるかのような学説の状況が形成されたのである。

2　正常な精神状態・通常の意思決定として責任能力を捉える理解の消失

　このような，有力説を採用するか，さもなくば責任非難を原理として放棄するか，という議論の枠組みは，（本節の時代区分を跨いでしまうが）その後安田によって自覚的に主張されており，現在においても見受けられるところである。すなわち，安田によれば，責任能力の本質には二つのモデルがあり，一つは自らの依って立つ見解（「理論モデルA（他行為可能性肯定論）」）であり，もう一つは，「犯罪は素質と環境によって決定されて行われるものなので，非難を内容とする責任というものはありえず，当該犯行の原因となった危険な性格への特別予防的対応が行われることになり，そのうち正常者に対するものが刑罰とネーミングされるにすぎない」（下線筆者）という見解であり，これが「理論モデルB（他行為可能性否定論）」であるという。そして，この妥当性の「最終的な決め手となるのは，心神耗弱（39条2項）を規定するわが国の刑法の解釈としていずれの見解が整合的か」ということであり，理論モデルBは，「正常（責任能力が限定的ながら認められる）と異常（精神の障害が責任能力の減少をもたらしている）の二面性をもつ限定責任能力に関する規定をもつわが国の刑法の解釈論として存在の余地はない」として，理論モデルA「以外に刑法39条全体を合理的に解釈することは殆ど不可能だと考えられる」というのである[282]。

---

282)　安田拓人「裁判員裁判のもとでの責任能力判断および精神鑑定のあり方」司法精神医学13巻1号30頁，30-31頁（2018）。同様の理解として，同「責任能力の意義」法教430号14頁，14頁（2016）。

　かような安田の理解の萌芽は，既に平成20年より前にも見受けられる。すなわち，既に安田は，制御能力の「規範化の試み」を検討する中で，Lencknerが「行為者の行為時の精神状態を正常な（障害のない）精神的経過と比較して，他行為をすべきとの要求が正当になされうるならば，帰責能力があるとする」としたり，Etzelが「帰責能力は行為者の精神状態への感情移入可能性である」としたりするのに対して，「現行法では，正常者（責任能力があるがそれが限定している者）と異常者（精神障害があるがその程度が責任無能力者ほどではない者）の両側面をあわせもつ限定責任能力（心神耗弱）があるのであり，これらの見解では，限定責任能力の説明に窮するであろう」と批判している。さらに「正常者が何なのか必ずしも明らかではない」としたうえで，Bockelmann/Volkが「異常者とは教育やセラピーを与える必要があるために刑罰を科すのが不適当な者のことだというのは，一つの説明として成り立ちうるものであろう」としつつ，「責任主義の要請」からこれは採り得ないとしている（以上につき，安田・前掲注261）130-132頁）。

第4節　平成中期に至るまでの議論の変遷：有力説の興隆・刑事実務との乖離

　以上の整理では，正常さという観点が予防的観点と結びつけられて排斥されており，有力説を採用するか，さもなくば責任非難を原理として放棄するか，という議論の枠組みが提示されているものといえる。もっとも，確かに正常な精神状態・通常の意思決定を責任能力基準に据える見解は社会的責任論を主張する学者によっても主張されたことはあるが，本章で既に見てきたように，明治末期から昭和中期に至るまで，責任非難の観点から正常な精神状態・通常の意思決定を責任能力基準に据える見解が常に主張され続けてきたのであり，正常さを新派的観点からのみ理解しこれを排斥することは一面的であるように思われる。

　このように，以上の議論枠組みでは，責任非難の観点から正常な精神状態・通常の意思決定を責任能力基準に据える見解が，そもそも議論の俎上にすら載せられていないことが看取される。学説上明示的にこの点が検討されているわけではない[283]ため，かかる見解が消失したことの理由は推測するほかないが，旧派的立場に立つ場合，〈自由意思〉を直截に反映するものとして責任能力を捉える方が簡明であることは指摘することができよう。すなわち，新派的立場を排斥して旧派的立場を採用する際に〈自由意思〉を承認し，それを責任能力の原理・基準に据えるという議論は，責任非難を基礎づける原理そのものを責任能力の原理・基準に持ち込むものであり，特段論理的説明を要しないのに対して，一般的理解であるところの責任非難を基礎とした規範的責任論を承認する場合，正常な精神状態・通常の意思決定として責任能力を捉えるという議論には，なぜかかる基準が導出されるかについて一定の論理的説明が必要になること[284]が指摘できるだろう。このように，正常な精神状態・通常の意思決定という責任能力の基準が規範的責任論とどのような関係に立つかについては検討の余地があるといえよう。

　もっとも，既に見たように，有力説においては，原理・基準は明瞭であったとしても，それらと適用結果との間において不明瞭さを抱えていたのであった。これに対し，前節までに見たように，昭和6年判例をはじめとする諸判例や，

---

283)　例外的な研究として，近藤和哉「責任能力判断における『了解』について（1）（2・完）」上法39巻2号97頁（1995），39巻3号125頁（1996）があり，そこでは「了解可能性」による判断において検討されるべき問題が指摘されているが，そもそも責任非難の観点から正常な精神状態・通常の意思決定を責任能力基準に据えるべきか否かという議論が行われているわけではない。

284)　なお，正常・通常の精神状態が責任能力を基礎づけると考えていた瀧川幸辰が，規範的責任論を受容後もかかる理解を継続していたことについては，本章第3節第1款第2項を参照。

131

第1章　日本法における議論の変遷

戦後の裁判例の動向の大枠は，正常な精神状態・通常の意思決定を責任能力基準に据える見解と親和的な判断を示していたところであり，次款に見るように，このことは平成期における実務的動向も変わらないところである。そうすると，責任非難を基礎とする規範的責任論において，正常な精神状態・通常の意思決定という基準を据えることが許されないかについて，今一度理論的に検討する余地があるように思われる。このような理論的検討の必要性について，次款において平成期の実務的動向を見ることによって，さらに検討することとしたい。

第2款　実務における議論の維持・深化

　周知のように，平成期以降の実務においては，例えば『難解な法律概念と裁判員裁判』（以下，「難解概念司法研究」）に見られるように，裁判員裁判導入を契機に，責任能力の判断枠組みについて一定の自覚的な議論が展開されるに至っている。

　本款の検討より明らかとなるのは，かかる動向は，従前と同様の大枠，すなわち正常な精神状態・通常の意思決定を責任能力基準に据える見解と親和的な大枠を自覚的に維持しつつも，その正常さの原理・基準・適用をめぐって議論を展開するものであると評価することができるということである。本款では，まず昭和59年判例以降の実務において，従前と同様の判断枠組みが引き継がれていたことを確認し（**第1項**），裁判員裁判導入を契機に展開された議論が，かかる枠組みの中で展開されたものであることを確認するとともに，その議論の内実を探る（**第2項**）。そのうえで，近時の司法研究の叙述を例に，実務的動向において，どのような議論の方向性と問題が看取されるかについて，検討することとしたい（**第3項**）。

第1項　平成中期に至るまでの裁判例の動向について

　前節に見たように，昭和59年判例は，コンヴェンション論のうち，軽症か否か・動機との関連性があるか否かを問わずに精神分裂病者の行為であれば心神喪失とする議論を排斥し，「右鑑定書全体の記載内容とその余の精神鑑定の結果，並びに記録により認められる被告人の犯行当時の病状，犯行前の生活状態，犯行の動機・態様等を総合して」判断した原審を是認したものであった。そして，疾病概念に関して，同議論が前提とする病因論的疾病から，操作的診

132

第4節　平成中期に至るまでの議論の変遷：有力説の興隆・刑事実務との乖離

断や症状論への移行が見られること，精神分裂病の治療法が進んでいること，それと共にできるだけ健常人と同様に扱おうという傾向が生じたこと（ノーマライゼーション）等からコンヴェンション論は「勢いを失った」と評されている[285]。

　もっとも，これも既に見たように，同判例は必ずしも，単に上記の諸要素を，何の重みづけもなく平板に総合して判断する責任能力判断を志向するものではなかったのであり，その調査官解説や当時の評釈等が理解していたように，また従前の裁判例がそうであったように，精神分裂病に罹患していることを前提に，重症である場合や，病的体験と犯行との間に一定の関連性がある場合には心神喪失を認めるような形で判断を行う余地も存在していたのであった[286]。そして，同判例後の裁判例や実務家の論稿を見ると，確かに総合考慮による判断も見受けられるようになったものの[287]，その大枠においては，従前の議論[288]を引き継ぐものであったことが看取される。以下では，実務家による当時の整理を取り上げるとともに，筆者自身としても公刊されている裁判例を検討することで，当時の刑事実務の在り方について検討することとしたい。

1　実務家による整理の概観

　本款の対象とする時代の実務家による整理を見ると，前節に見た整理が大枠において引き継がれていることが看取される。例えば，前節に見た大コンメンタールの叙述は，平成期の改版を経てもなお維持されており，「実務上のおよその基準をごく大ざっぱに言えば，一般に，精神分裂病，躁うつ病，てんかんの例外状態，進行麻痺等のいわゆる大精神病の場合には，心神喪失者とされることが圧倒的に多いが，症状が軽い時や寛解期などでは，その例外もあり得

285）　林・前掲注245）（第6版）69頁。この点，「疾病と行為の関係の詳細にまで言及しようとする」可知論が優勢になっていると指摘し，検討するものとして，岡田幸之「刑事責任能力再考——操作的診断と可知論的判断の適用の実際」精神経誌107巻9号920頁（2005）。

286）　この点については前節第3款**第3項**参照。

287）　そのうち，統合失調症の事案で総合考慮により完全責任能力とする裁判例を取り上げ，否定的評価を与えるものとして，林・前掲注245）（第6版）69頁。

288）　従前の裁判例においては，精神分裂病や躁うつ病・（内因性の）うつ病等については，症状の重さや，犯行との具体的関連性，或いは動機の了解可能性によって心神喪失・心神耗弱が認められていたのに対して，「了解可能である」精神病質や，「正常な」情動については，基本的には完全責任能力を認めるものであると整理されており，正常との乖離が責任能力判断の中心に据えられている一方で，精神薄弱等の場合には抑制力の弱さも考慮されていたことについて，前節第2款**第2項**。

133

第1章　日本法における議論の変遷

る。」「他方，精神薄弱者については，よほど重い場合を除き，せいぜい心神耗
弱が認められることがあるにすぎない。精神病質や神経症の場合には，ほとん
どの場合，完全責任能力者とされている。」と記されている[289]。そこで，前節
と同様に，本書の検討対象とする精神障害のうち，精神分裂病（統合失調症）
に関する裁判例について見たうえで，それ以外の裁判例について見ることとし
たい。なお，前節同様，本章が判例学説史研究であることに鑑み，精神障害の
名称については，元となる資料の叙述に合わせている。

(1) 精神分裂病（統合失調症）に関する裁判例

まず，精神分裂病ないし統合失調症[290]については，既に前節で見たように，
昭和59年判例の調査官が，以下のように従来の裁判例を分析している。すな
わち，「精神分裂病の程度が重症である場合や，精神分裂病による幻覚，妄想
等の病的体験に直接支配された犯行である場合には，通常，心神喪失と認めら
れ」，「その他の場合には，(a) 被告人の精神分裂病の種類・程度（病状），
(b) 犯行の動機・原因（その了解可能性），(c) 犯行の手段・態様（計画性，
作為性の有無。犯行後の罪証隠滅工作の有無を含む），(d) 被告人の犯行前後
の行動（了解不可能な異常性の有無），(e) 犯行及びその前後の状況について
の被告人の記憶の有無・程度，(f) 被告人の犯行後の態度（反省の情の有無
等），(g) 精神分裂病発症前の被告人の性格（犯罪傾向）と犯行との関連性の
有無・程度等を総合考察して，被告人の責任能力を判断すべき」であろう
と[291][292]。他の実務家の論稿としても，かかる枠組みを是認したうえで，「統
合失調症が発症していれば，完全責任能力が認められることは考えにくく，病
状が重ければ，その余の事情を考慮するまでもなく，心神喪失とされるし，症
状が軽かったり，寛解・欠陥状態にあっても，他の事情と総合して，心神耗弱
と認められることがあるから，責任能力の判断に際しては，その病状を正確に
判定するのが最も重要である」とするものがある[293]。

---

289)　大塚仁＝河上和雄＝佐藤文哉＝古田佑紀編『大コンメンタール刑法〔第2版〕第3巻』374頁
　　〔島田仁郎＝島田聡一郎〕（青林書院，1999）。また，高橋省吾「精神鑑定と刑事責任能力」小林＝
　　香城編・前掲注186) 397頁も参照。

290)　平成14年頃から平成16年頃にかけて，裁判例上も精神分裂病は統合失調症へと呼称を変えて
　　いる。

291)　高橋・前掲注289) 461頁。

292)　同様の高橋の整理を是認するものとして，上田哲「責任能力をめぐる問題」大塚仁＝佐藤文哉
　　編『新実例刑法（総論）』140頁，149頁（青林書院，2001）。

134

第 4 節　平成中期に至るまでの議論の変遷：有力説の興隆・刑事実務との乖離

　公刊された裁判例を見ると，精神分裂病・統合失調症自体が重度の場合や，幻覚や妄想の支配下において犯行が行われた場合（特に動機が了解不能と判断された場合）について，これらの点を重視し，心神喪失を認めるものがある[294]。他方で，いずれにも該当しない場合の判断には，精神分裂病・統合失調症の存在を重視し心神喪失・心神耗弱を認めるものと，総合考慮により心神喪失を否定し場合によっては心神耗弱も否定するものの 2 種類が見受けられる。すなわち，妄想の有無にかかわらず精神分裂病の影響が大きいことを重視したり，動機と精神分裂病との間に極めて密接な関連があることを重視したり，或いは妄想に匹敵する重篤な強迫観念があることを重視したりして心神喪失を認めるものもある[295]一方で（前者），妄想が関与しておらず動機や行動が了解可能であるとして心神耗弱を認めたり，硬直化した思考形式を持っていても病的体験に深く広く支配されていないとして心神耗弱を認めたりするものもある[296]（後

---

293)　松藤和博「責任能力（1）──統合失調症」小林充＝植村立郎『刑事事実認定重要判決 50 選（上）〔補訂版〕』86 頁，91 頁以下（立花書房，2007）。松藤は，これ以外の要素（高橋省吾の挙げる (b) 〜 (f)）については，まず (b) につき，了解不可能な犯行動機が責任能力を否定する方向に作用することを指摘し，了解可能なように見えて実際には不合理な動機に突き動かされていることも見受けられるため，動機が了解可能だからといって安易に責任能力を肯定してはならないとする。そして，(c) 〜 (f) については，「合理性や計画性が備わっているからといって，その点を過大に評価するのは相当ではない」((c))，犯行「の前後の行動だけを取り上げて，責任能力を判定することはできない」((d))，「記憶の有無や程度は，責任能力を判定する決定的な要素とはならない」((e))，罪障感「のみで責任能力を肯定することはできない」((f))，発症前の人格につき「犯罪傾向のみで，責任能力の判定を行うべきではなかろう」((g)) としており，重要性を低く見積もるべきであることを指摘している。

294)　例えば，大阪地判昭和 62 年 9 月 16 日判タ 657 号 263 頁（相当重度の妄想型・緊張型の精神分裂病に罹患し，犯行当時再燃期にあったことを指摘した上で，殺人の動機としては理解し難いところがあることや，被告人による被害者の行為の受け取り方が（被告人の性格といったものでは説明できず）精神分裂病に基づく妄想によるものであることを重視し，心神喪失と判断），大阪地判平成 15 年 9 月 16 日判タ 1155 号 307 頁（重度の精神分裂病に罹患していたことを指摘し，幻聴による自殺動機から死刑になるために他人を殺害したことについて，通常人の思考とはかけ離れたもので犯行動機が全体としておよそ了解し難いとし，前後の行動も極めて異常だったことから，精神分裂病の圧倒的な影響下の犯行と認め，心神喪失と判断），長野地判平成 16 年 1 月 8 日刑弁 39 号 174 頁（被告人の破瓜型の統合失調症が既に重度の状態にあったとして心神喪失と判断），大阪地判平成 19 年 2 月 28 日判タ 1278 号 334 頁（犯行時，被告人の統合失調症が急激に重症化の一途を辿り，高度の幻覚妄想状態にあった上，幻聴に直接支配され，その圧倒的な影響を受けて犯行に及んだものであるとして心神喪失と判断）。

295)　例えば，東京高判昭和 60 年 7 月 18 日高刑速（昭 60）199 頁（妄想幻覚に直接支配されたものではないが，一般に破瓜型の精神分裂病の場合には妄想や幻覚はあまり目立たないので心神喪失の状態にあったとの認定の妨げとならないとして，精神分裂病の影響が如実だったことを重視し心神喪失と判断），東京地八王子支判平成元年 6 月 26 日判タ 713 号 278 頁（精神分裂病による妄想に支配されてなされたものとは言えないが，精神分裂病に伴う妄想にも匹敵するほどの重篤な強迫観念にとらわれてなされたものであるとし，かかる強迫観念に基づく行為はその執拗さや貫徹性等の点で一般通常人には了解不可能な常軌を逸したものであるとして，心神喪失と判断）。

135

第1章　日本法における議論の変遷

者）。また，精神分裂病・統合失調症の罹患者に完全責任能力を認めた原判決を，その病名を重視して破棄し心神耗弱とする高裁の判断も見受けられる一方で[297]（前者），総合考慮の上で統合失調症罹患者にも完全責任能力を認める地裁の判断も存在する（後者）[298]。

　このように精神分裂病ないし統合失調症については，症状の程度が重度でなく幻覚や妄想の支配下にもない罹患者が犯行に及んだ場合に，どのような事実が総合考慮において決定的な意味を持つのか，その判断のポイントが必ずしも明らかではなく，この点では昭和59年判例以降の実務的判断の不明瞭さが見受けられる。しかし，その前提として，精神分裂病・統合失調症自体が重度の場合や，幻覚や妄想の支配下において犯行が行われた場合（特に動機が了解不能であると判断された場合）には心神喪失が認められることにおいては，管見の限りの裁判例では一致を見ており，当時の実務家の整理とも整合するものであった。

(2) その他の障害について

　他にも，うつ病やパラノイア・妄想性障害については，症状が重症か否か，そして妄想に基づくか，動機が了解不能であると判断されるか，通常人の思考からかけ離れたものかという観点が見受けられ，当時の実務家の論稿においても同様の整理が見受けられる[299]。例えば，うつ病については，内因性うつ病と反応性うつ病が分けられ，内因性うつ病では，その前提として動機が了解不能であることが認められるところ[300]，症状の重さや，その犯行（ないしその前

---

296)　例えば，東京高判昭和61年9月11日高刑速（昭61）136頁（硬直化した思考様式の中で「うらみをはらしたい」との思念に基づき行われた犯行につき，明らかな幻覚妄想による犯行ではないことや動機の了解可能性等を総合考慮して，犯行が病的体験に深く広く支配されていたとは考えられないとして心神耗弱と判断），広島高判平成元年3月23日高刑速（平1）213頁（犯行が妄想など精神分裂病に基づく異常体験に直接支配されたものではなく，その病状も末期荒廃状態にまで至っていないこと，直接の動機が了解可能なこと等を総合考慮して心神耗弱と判断した原審を是認）。

297)　例えば，東京高判平成8年2月19日東高刑時報47巻1〜12号20頁（病的体験とは直接の関係がない犯行について完全責任能力を認めた第一審判決を，被告人が犯行当時に幻覚妄想状態にあったことを理由に心神耗弱の状態にあったものとして破棄），東京高判平成18年11月21日東高刑時報57巻1〜12号64頁（鑑定は存在しないが，犯行以前に統合失調症の診断を受けており，犯行前に異常な言動を見せていたことからすると，犯行当時，統合失調症のため心神耗弱の状態にあったとの疑いを払拭できないとして，第一審判決を破棄）。

298)　例えば，青森地判平成18年2月15日裁判所ウェブサイト（犯行動機が十分に了解可能であること，犯行態様，記憶の保持等を総合考慮して完全責任能力を認めた）。

299)　例えば，大塚ほか編・前掲注289) 381-384頁，388頁〔島田＝島田〕。

300)　この点については例えば，古茶・前掲注78) 18頁以下。

136

第 4 節　平成中期に至るまでの議論の変遷：有力説の興隆・刑事実務との乖離

提としての自殺念慮）への衝動が病的衝動であることが重視され心神喪失を導くものがある[301]のに対して，反応性うつ病では，動機が了解され心神喪失を認めず，重症でその犯行への影響が強いとして心神耗弱を認めるもの[302]，その影響が弱いとして完全責任能力を認め，場合によっては量刑で対応するに止まるものが見受けられる[303]。またパラノイア・妄想性障害については，了解不能・訂正困難な妄想に基づいて行われた場合には心神喪失を認めるものがある[304]が，妄想と直接つながりのない行動も含まれているとして心神耗弱を認

301）　例えば，東京地判昭和 63 年 3 月 10 日判タ 668 号 226 頁（内因性うつ病の病勢期であり，その発作により心気妄想・罪業念慮等が募り，このような病的負因により高められた自殺念慮の衝動により他の行為の選択を期待できない状態に陥ったこと，精神障害の程度が重篤だったことを重視して，心神喪失と判断），東京地判平成元年 5 月 19 日判タ 705 号 262 頁（病的抑うつ気分に基づき発作的に拡大自殺の衝動が発現し，何ら躊躇することなく一気に犯行に及んだもので，精神障害の程度は重く，正常人の精神状態との間には非連続な隔絶があったことが認められるとして心神喪失と判断），浦和地判平成元年 8 月 23 日判タ 717 号 225 頁（かなり重い内因性うつ病に罹患していたことを指摘した上で，息子から殺害を依頼されたというだけで現実にその殺害を決意し実行するという事態は，正常な精神状態を前提とする限り常識上到底想定し難く，常識上合理的と了解できないことを強調し，心神喪失と判断），東京高判平成 18 年 11 月 13 日高刑速（平 18）226 頁（犯行当時内因性うつ病に起因する相当に強い希死念慮に支配され，思考抑制の結果，実子を殺害して自殺する以外の行為を選択することは期待できなかったことを重視し，近所づきあいができていたとしてもうつ病が重かったことと矛盾しない等として，心神喪失と判断）。

302）　例えば，大阪地判昭和 60 年 8 月 27 日判タ 621 号 226 頁（内因性よりも反応性の色彩が濃く，経緯や動機について通常人から見て必ずしも了解不能とはいえないこと等を指摘し，うつ病が本来の人格にかなりの影響を与えていたが，人格を完全に支配していたとまでは言い難いとして心神耗弱と判断），東京地判昭和 63 年 7 月 28 日判時 1285 号 149 頁（疲憊性うつ病（心因性うつ病，反応性うつ病の一型）に基づく妄想様観念に支配され，その下に犯行が行われたものと指摘した上で，心因性うつ病によるものとはいえ妄想様観念が被告人の判断や行動に及ぼした影響は相当程度高いと指摘しつつも，普段通りの振舞いや犯行への躊躇を指摘し，心神耗弱と判断），東京地八王子支判平成 10 年 10 月 26 日判時 1660 号 159 頁（産褥うつについて，被告人が殺意を抱くに至った経緯は了解可能であり，殺害方法も目的にかなった合理的なものといえるとして心神耗弱と判断）。

303）　例えば，大阪地判昭和 60 年 7 月 29 日刑月 17 巻 7・8 号 714 頁（自殺後自閉症の娘がいたら妻が大変だという理由で娘のみを殺害した事案につき，負担となるべきものをことさら選択して殺害することを決意したものでそれ自体合理的・論理的思惟に基づくもので了解可能であることや，犯行が平素の人格から無縁なものでないこと，周囲に十分配慮した行動を取っていること等を理由に完全責任能力を認めつつ，経過と心情には酌量の余地があること等を理由に執行猶予に付した），大阪高判昭和 61 年 3 月 25 日刑月 18 巻 3 号 149 頁（衝動性がさほど強くなく，反応性うつ状態の制御能力への影響が軽度であることを重視し完全責任能力を認め，実刑に処した）。

304）　例えば，大阪地判平成元年 6 月 28 日判タ 730 号 250 頁（重度のパラノイアに罹患しており，犯行はその症状である被害妄想に基づくものであるとして心神喪失と判断），千葉地判平成 2 年 10 月 15 日判タ 771 号 283 頁（妄想に直接的に支配された行為ではないが，妄想が動機の形成過程に密接不可分に関わっており，妄想自体が突飛かつ強固なものであって，被告人のその点に関する思考には通常人の了解できないものが存在し，妄想が殺害行為自体も強く支配した可能性があるとして心神喪失と判断），神戸地判平成 6 年 5 月 10 日判時 1515 号 172 頁（被告人の被害妄想・迫害妄想・関係妄想は，妄想知覚により益々強化され，精神生活を大きく支配しており，犯行当時も被告人はその妄想に直接支配されていたとして，心神喪失と判断）。もっとも，東京地判平成 9 年 8 月

第1章　日本法における議論の変遷

めるものもある[305]。

　以上に対して，精神遅滞や人格障害等についてはそれらだけで心神喪失を認めたものには接し得ず，また当時の整理においても傾向を異にすることが指摘されている[306]。

　管見の限りの裁判例においても，例えば，精神遅滞については，その症状の重さや，衝動抑制力の弱さ・易刺激的傾向，性格異常との重なり等を理由として心神耗弱を認めるものが複数ある[307]一方，知能障害が軽度であることや動機が了解可能であること，合理的行動を取っていること等を総合考慮した末に完全責任能力が認められることもあり，場合によっては死刑も認められている[308]。さらに人格障害については，犯行の合理性・合目的性や動機の了解可能性により，同障害だけでは完全責任能力を認めるものが多数あり，無差別殺人等の凶行に及んだ場合でも，本人の性格を前提とすれば動機が了解可能であること等から完全責任能力が認められ，死刑も認められている[309]。

　12日判時1629号156頁（被告人の体感異常を中心とする被害妄想の内容自体は奇異で理解困難なものであるが，それが手術後の体の不調を契機として形成されたと考えられる点で，かかる妄想を抱く様になった経緯及び動機の形成過程は「了解可能」であるし行動もある程度合理的であるとして心神耗弱と判断）もある。

305)　例えば，東京高判平成15年12月9日東高刑時報54巻1〜12号87頁（妻に浮気され，あるいは組織の嫌がらせを受けているというのは根拠のない誤った思い込みで，妄想性障害の最も特徴的かつ中核的な症状であるとした上で，かかる訂正不能の妄想に支配されるところがあった事実は否定できないとしつつ，妄想と直接的つながりのない相手も殺害しようとしていたり犯行の最中にも一定の配慮をしたりしていることを指摘し，理性による行動抑制の能力がある程度は残されていたとして心神耗弱と判断）。

306)　この点については前掲注288)参照。

307)　例えば，東京地判昭和60年9月4日刑月17巻9号877頁（知能障害と顕著な異常性格を基盤として，著しく情緒不安定な状況の下で，被害者の些細な言動に触発されて強度に興奮して激怒し，衝動的に犯行に及んだことを認めて心神耗弱と判断），横浜地判昭和62年3月6日判時1228号144頁（中度ないし軽度の知能障害を有し，周期的に襲来する気分の変動・衝動性・易刺激性の亢進する精神状態下にあって，情動爆発反応により本件犯行に及んだことを認めて心神耗弱と判断），名古屋地岡崎支判平成7年11月27日判時1553号151頁（動機はそれ自体格別了解困難なものではないが，十分現実吟味がなされぬまま錯覚にとらわれ不安や恐怖をうまく処理できず，精神的に追い詰められ衝動的に自傷行為に逃避し犯行に及んだものと認め，心神耗弱と判断）。

308)　例えば，広島地福山支判平成3年6月25日判時1407号120頁（知能障害は軽度であること，爆発性異常性格も責任能力を著しく減退させるほどのものではないこと，動機が了解可能なこと，周到な計画と準備に基づく犯行であること等を総合考慮して完全責任能力を認め，死刑に処した。広島高判平成10年2月10日判時1639号143頁もこれを是認）。

309)　例えば，東京高判平成12年1月24日高刑速（平12）53頁（殺人に及ぶ理由が認められ十分了解可能であること，計画的であること，結果の認識に誤りがないこと，意識が清明であることから完全責任能力を認め死刑に処した），大阪地判平成15年8月28日判時1837号13頁（いわゆる池田小事件について，自己の目的に即応する合理的合目的的行動をとる能力を有していたこと，犯行態様も合目的的であること，社会倫理規範の存在自体の認識理解に欠けるところはないこと，犯

第 4 節　平成中期に至るまでの議論の変遷：有力説の興隆・刑事実務との乖離

2　評　　価

　以上を見ると，最終的には個別判断であり，また一部の裁判例に限った分析
ではあるものの，昭和末期から平成中期にかけての裁判例においても，一定の
障害ごとの傾向の異なりが指摘され，また管見の限りの裁判例においても同様
のことが認められていた[310]。すなわち，精神分裂病・統合失調症や内因性の
うつ病，一定の妄想性障害については，症状が重症か否か，そして幻覚や妄想
の支配下において犯行が行われたか，了解不能であるかという観点を重視する
判断が多く見受けられるのに対して，反応性うつ病や心因反応性の妄想に関し
ては，その症状が重くとも心神喪失を認めないものが見受けられること，さら
に人格障害においては，その重さ如何にかかわらず完全責任能力が認められて
いることが看取されるのである。前節の時代における実務的動向に関する検
討[311]もあわせてみると，ここでは，統合失調症等の症状の重症さや，幻覚や
妄想の支配・動機の了解可能性が重要なファクターとして受け止められている
と評価できよう[312]。このように，「通常人の思考」との乖離[313]や「正常な精
神状態」との乖離[314]等を重視する枠組みは，かかる枠組みが従前の裁判例や
昭和 53 年判例とも共通していること[315]等も踏まえると，従前同様，正常な精
神状態・通常の意思決定として責任能力を把握する見解と親和的な枠組みであ
ったと評価することができよう。

　行動機にも妄想等の異常体験の支配影響は認められず，常人にはおよそ理不尽で突飛としか考えよ
うのない動機ないし形成過程も，被告人の人格傾向や，その所産である被告人なりの独自の論理を
前提とすれば，被告人の人格の延長上にあるものと位置付けられ，本来の人格から逸脱した全く了
解不可能なものであるとは到底認められないこと等から完全責任能力を認め死刑に処した），東京
高判平成 15 年 9 月 29 日東高刑時報 54 巻 1〜12 号 61 頁（政治的・宗教的主張のない無差別殺人に
ついて，類がなくその意味で動機が了解しがたいものがあり，思考過程に何らかの病的なものが存
在したのではないかと推測がされやすいことは否めないとしつつ，被告人のそれまでの生活歴やそ
の特異な性格を前提に考察すれば了解可能であるとして，完全責任能力を認め死刑に処した）。
310)　なお，前節第 2 款**第 2 項**も参照。
311)　前節第 2 款**第 2 項**。
312)　この点，無差別殺人等の凶行があった際，人格障害が認められる場合には本人の性格・本人の
人格傾向を前提とすれば動機が了解可能であるとして完全責任能力が認められていることからすれ
ば，漠然と通常の動機から犯行の説明がつくかを議論しているのではなく，本人の性格・本人の人
格傾向等を踏まえたうえで，かかる動機の了解可能性の議論がなされているといえる。もっとも，
精神分裂病・統合失調症の事案において，「幻覚や妄想の支配」等が存在した場合にも，なお本人
の性格・人格傾向による判断の余地があったか，という判断がなされているわけでは必ずしもない。
313)　前掲大阪地判平成 15 年 9 月 16 日。
314)　前掲東京地判平成元年 5 月 19 日。なお，前掲浦和地判平成元年 8 月 23 日も参照。
315)　この点について例えば前節第 2 款**第 2 項**，第 3 款参照。

第1章　日本法における議論の変遷

　なお，それ以外の場合，すなわち，「幻覚や妄想の支配」等が存在しない場合には常に完全責任能力が認められていた訳でもない。例えば，裁判例の中には，反応性うつ病のうち重症でその犯行への影響が強いことから心神耗弱を認める裁判例，また精神遅滞につき（動機の了解可能性等の観点から完全責任能力を認めるものもあるものの），衝動抑制力の弱さから心神耗弱を認める裁判例等が存在していることにも鑑みると，「幻覚や妄想の支配」等以外の観点から責任能力判断を行う裁判例があることもうかがい知ることができよう。従前においても，精神薄弱等において抑制力の弱さを問題にする裁判例が存在していたところであったが[316]，この時期においても，一定の場合には例外的に抑制力の高低に着目した視点も併用されていたということができよう。

　以上のように，ここでの分析の限りにおいては，この時期の裁判例も，大枠においては，正常な精神状態・通常の意思決定として責任能力を把握する見解と親和的な形で展開される一方，一定の場合には例外的に抑制力の高低に着目した視点も併用していたといえよう。

第2項　裁判員裁判導入に際する議論の展開

　このような中，平成20年頃に至ると，裁判員裁判導入を目前に，実務において責任能力の内実について自覚的な議論が展開され始めるに至った。本項では，その嚆矢でもある「7つの着眼点」をめぐる議論を見たうえで（1），難解概念司法研究の提言につき考察し（2），そして，平成20年・21年に相次いで出された判例につき考察することとしたい（3）[317]。本項で示されるのは，とりわけ難解概念司法研究においては，正常な精神状態・通常の意思決定として責任能力を把握する見解と親和的な大枠が自覚的に維持されたということ，そして，本項で検討するところの裁判員裁判導入に際する議論は，かかる正常さの内実に関する議論として評価することができるということである。

316）　前節第2款第2項。

317）　難解概念司法研究の発行日は平成20年判例よりも後であるが，それ以前に裁判所内部で共有されていること，また同司法研究は議論枠組みを提示するものであり，全体像の把握にとっても有意義であることから，この順番で検討を行う。

140

第4節　平成中期に至るまでの議論の変遷：有力説の興隆・刑事実務との乖離

1　「7つの着眼点」を巡る議論について

(1)「7つの着眼点」に関する変遷

　平成20年以前における著名な議論としては，司法精神医学者から提言された「7つの着眼点」を巡る議論が挙げられるだろう。

　「7つの着眼点」は，精神科医の平田豊明が起訴前簡易鑑定において「責任能力を評価するに際して」着目している着眼点として掲げたものに由来する[318]。平田は，「犯行時の責任能力……の評価根拠は，鑑定書の信頼度を決定する最重要事項であるが，その評価基準は曖昧である」とし，「経験的ながら」留意している着眼点として一定の着眼点を提示していた[319]。そして，「刑事責任能力に関する精神鑑定書作成の手引き（平成17年度版）」[320]は，かかる項目を取り入れ，「責任能力を考察する上で参考になる事項」として，7つの着眼点を挙げるに至った。すなわち，「鑑定書の書式の提案を通じて，責任能力に関する考え方についてある程度の標準化を行うための試み」として，様々な事項を提案する中で，「責任能力を考察する上で参考になる事項」として，「行為前後の時間的な流れにそってA行為前，B行為中，C行為後の3つに分けるならば，Aについては①動機の了解可能性，②計画性，③違法性・反道徳性の認識，④精神障害による免責可能性の認識，Bについては⑤犯行時精神状態の平素からの質的懸隔，⑥手順の一貫性・合目的性，Cについては⑦自己防御的行動ないし危険回避的行動，という7つの項目」を掲げ，「当該行為時の責任能力を考える場合に」これを「参考として検討することを推奨する」としたのであった。そこでは，例えば「犯行動機の了解可能性」について「精神病症状に基づく明らかに不合理な動機しか認められない場合は責任能力は低く評価される」ことや，「たとえ妄想的確信による犯行であったとしても，違法性・

---

318)　平田豊明「起訴前簡易鑑定の現状と問題点」松下正明編『司法精神医学5司法精神医療』10頁，18頁（中山書店，2006）。なお，岡田幸之「責任能力判断の構造と着眼点——8ステップと7つの着眼点」精神経誌115巻10号1064頁，1067頁（2013）も参照。

319)　すなわち，「1. 犯行直前の精神機能と行動」として，精神機能の不連続性，犯行動機の了解可能性，犯行の計画性，違法性の認識，精神障害による免責可能性の認識，「2. 犯行の態様」として，犯行手順の一貫性，目的遂行の徹底性，「3. 犯行後の精神機能と行動」として「犯行直後の自己防衛的行動」を掲げている（平田・前掲注318）18頁）。

320)　「厚生労働科学研究費補助金（こころの健康科学研究事業）触法行為を行った精神障害者の精神医学的評価，治療，社会復帰等に関する研究」の分担研究班である「責任能力鑑定における精神医学的評価に関する研究班」（分担研究者：樋口輝彦）によるものである。本書では，同研究の研究報告書に添付資料として付されている手引きを参照している。

141

第 1 章　日本法における議論の変遷

反道徳性の認識が認められれば，相応の責任能力が認定されるべきである」と
されており，責任能力の評価にあたって重要な事項として着眼点が掲げられて
いることが看取される。

　しかし，以上の提言は，とりわけ「刑事責任能力に関する精神鑑定書作成の
手引き」（平成 18〜20 年度総括版）[321]において一定の修正を受けることにな
る[322]。すなわち，そこでは，「『7 つの着眼点』は，あくまでも法律家の視点
から法廷などで問われる可能性の高い質問などを経験的に列挙したもの」であ
り，「（法律家ではなく）精神科医が（法律家への説明の準備のために）用いる
『整理のツール』であるという位置づけ」を有するものであるとしたうえで，
その位置づけが「推奨」ではなく「参考」に変更されるようになったのであ
る[323]。そして，7 つの着眼点も「a. 動機の了解可能性／不能性，b. 犯行の計
画性／突発性／偶発性／衝動性，c. 行為の意味・性質，反道徳性，違法性の認
識，d. 精神障害による免責可能性の認識，e. 元来ないし平素の人格に対する犯
行の異質性・親和性，f. 犯行の一貫性・合目的性／非一貫性・非合目的性，g.
犯行後の自己防御・危険回避的行動」と並列表記され，かかる項目は「あくま
でも『視点』としてあげるもの」であり，「この着眼点を参考にしたうえで，
犯行と精神障害との関係を中心にした総合的な説明を法曹に提供することにな
る」とされている[324]。

　もっとも，かような修正を受けた後においても「7 つの着眼点」は完全に並
列表記されているわけではなく，「a. 動機の了解可能性／不能性」については，
「おそらくこの着眼点については，他にくらべて総合的評価における比重が大
きくなることが多いであろう」（下線は原典）と記されている。

321）　「厚生労働科学研究費補助金（こころの健康科学研究事業）他害行為を行った精神障害者の診
　　　断，治療及び社会復帰支援に関する研究」の分担研究班である「他害行為を行った者の責任能力鑑
　　　定に関する研究班」（分担研究者：岡田幸之）によるものである。
322）　なお，同手引きにおける可知論・不可知論の用語法については，拙稿・前掲注 217）参照。
323）　他害行為を行った者の責任能力鑑定に関する研究班・前掲注 321）3-4 頁。
324）　以上につき，他害行為を行った者の責任能力鑑定に関する研究班・前掲注 321）19-21 頁。な
　　　お，その後の「追補」においても，かかる着眼点は「精神障害と事件の関係の整理のための視点」
　　　であり，各項目への該当／不該当が「責任能力を決するパワーをもつわけでは」なく，むしろ各着
　　　眼点において，「精神障害（と精神障害とはいえない要素）がどのように関わるのかを示す」こと
　　　に重点が置かれるべきであるとされており，それゆえ「〜であるので，動機は了解可能である」と
　　　いう使い方は「あまり適切とは言え」ず，「〜という面から動機に了解不能な部分があると指摘し
　　　うる。これについては被告人の精神障害は〜というかたちで影響しているといえる……」といった
　　　使い方が「より適切」であるとされている（「『刑事責任能力に関する精神鑑定書作成の手引き』追
　　　補（ver1. 1）」6-7 頁（2011））。

（2）検　討

　以上の変遷においては，責任能力の「評価」にあたっての着眼点であった「7つの着眼点」が，犯行ないし事件と精神障害との関係を整理するための着眼点へとその位置づけが変化していることが看取されよう。

　当初の「7つの着眼点」は，個々の着眼点における評価が責任能力判断にとって重要であることを示しており，実体法上の評価に踏み込んだ議論を展開するものであったといえる[325]。このように様々な着眼点から責任能力判断を行うこと自体は，例えば前節に見た昭和59年判例が「右鑑定書全体の記載内容とその余の精神鑑定の結果，並びに記録により認められる被告人の犯行当時の病状，犯行前の生活状態，犯行の動機・態様等を総合して」判断した原審を是認していたように，従前も見受けられたところであった。そして，位置づけが変化した後の「7つの着眼点」を巡る議論においても，従前の裁判例の動向において重視されていたところである動機の了解可能性について，「総合的評価」における比重が大きくなることが多いことが示唆されているところである。以上の点を，従前の実務的判断の大枠が正常な精神状態・通常の意思決定として責任能力を捉える理解と親和的であったことも踏まえてみると，とりわけ当初の「7つの着眼点」における議論は，かかる大枠において，その正常さ・異常さを基礎づけ得る着眼点を示すものであったと評価することができるように思われる。

　もっとも，平成18〜20年度総括版においては着眼点の位置づけが変更されている。かかる変更の背景には「『7つの着眼点』が，『評価基準』のように誤解されるとか，責任能力が『ある』という判断へ向かわせる傾向が強いという指摘」があるとされており[326]，同様の指摘は現に見受けられるところである[327]。さらに，前節において検討したように，昭和59年判例は単に諸事情を

---

325)　（1）で見た事項以外にも，例えば「犯行時精神状態の平素からの質的懸隔」については，「犯行時の精神状態が平素のそれから質的に異なっていた」場合でも，「自ら招いた物質摂取を背景とする場合は，この限りでない」とされており，相当程度実体法上の議論にコミットしていることが看取される。

326)　他害行為を行った者の責任能力鑑定に関する研究班・前掲注321) 3頁。

327)　病理の考察と7つの着眼点とが必ずしも合致しないとの指摘として，中谷陽二「最高検察庁による精神鑑定書例に関する私見」精神経誌111巻11号1363頁，1367頁（2009）。また，「機械的に検討すると，どんな人でも，7つのうち1つか2つは当てはまってしまう。そうすると，従来であれば心神喪失と判断されていた事例でも，責任能力を認める方向に誘導されてしまいます。」との批判として，岡田幸之＝中島直＝田陽直博＝金岡繁裕＝菅野亮「裁判員裁判における精神鑑定の現状」刑弁69号35頁，38頁〔田陽発言〕（2018）。なお，岡田も，「『全体の何項目かが完全責任

第1章 日本法における議論の変遷

平板に総合考慮する枠組みにとどまるものではなかった[328]。

このように，正常な精神状態・通常の意思決定として責任能力を捉える理解と親和的な大枠においては，正常さを基礎づけ得る着眼点を並列表記し総合考慮するという選択肢もあり得るところではあるものの，判断枠組みとしては不明瞭に過ぎ，実践的にも批判が集められていたと評価することができよう。そして，その後に出された難解概念司法研究は，上記の大枠を自覚的に維持しつつも，単に諸事情を総合考慮するわけではない，比較的明瞭な判断枠組みを志向したものであった。そこで次に，同司法研究の提言を見ることとしたい。

2 難解概念司法研究による提言

難解概念司法研究は，裁判員裁判導入を前に，裁判員に適切な判断を行ってもらうために，法律概念の本当に意味するところを正確に表現する試みとしてなされた司法研究の報告書である[329]。責任能力に関しては，同報告書が一定の場合の検討の視点として，「精神障害のためにその犯罪を犯したのか，もともとの人格に基づく判断によって犯したのか」という視点を提示したことが有名である。本項では，その提言の背景事情を探ったうえで，その叙述を追い，検討することとしたい。

(1) 背 景 事 情

裁判員裁判の導入にあたっては，全国各地において模擬裁判が実施されており，難解概念司法研究における責任能力判断の提言も，主に責任能力が争点となる模擬裁判（いわゆる森一郎事件，罹患している障害は統合失調症）を踏まえて行われている[330]。

能力を示唆するようだから，完全責任能力だろう』というような，足し算・引き算（得点）形式みたいな使い方は間違っています」としている（同37頁）。これらの点については，岡田幸之＝清野憲一＝菅野亮＝田口寿子＝稗田雅洋＝田岡直博「座談会 検証『8ステップ』 法曹と精神科医の役割分担を考える」刑弁93号88頁（2018）も参照。

328) 同判例の調査官解説が，「精神分裂病の程度が重症である場合や，精神分裂病による幻覚，妄想等の病的体験に直接支配された犯行である場合には，通常，心神喪失と認められ」るとして，精神分裂病者の責任能力の有無・程度の判定においてはまずその病状の把握が重要であることを前提に，「精神分裂病の寛解状態」や「その他の場合」には，病状・犯行の動機原因・犯行の手段態様・犯行前後の行動・犯行及びその前後の状況についての被告人の記憶・被告人の犯行の態度・精神分裂病発症前の被告人の性格と犯行との関連性を総合考察して判断すべきであるとしたことについては，前節第3款参照。

329) 司法研修所編『難解な法律概念と裁判員裁判』（法曹会，2009）（「はじめに～研究の目的と趣旨」を参照）。

144

第4節　平成中期に至るまでの議論の変遷：有力説の興隆・刑事実務との乖離

　かかる模擬裁判では，大きくみて以下の3種類の説明例が存在したとされている。それは，例えば心神喪失については，①「統合失調症の圧倒的な影響により，自分のやろうとしていることが悪いことだとは全く分からない，又は分かっていてもやめることが全くできない状況にあった場合」であるとするもの，②「統合失調症の圧倒的な影響の下に犯したもので，もともとの人格により犯罪を犯したと評価できない場合」であるとするもの，③「統合失調症の圧倒的な影響によって犯したもので，自己の判断によって犯罪を犯したと評価できない場合」であるとするものである[331]。難解概念司法研究は，「どの説明例が有力とまでには至っていない」とはしているものの[332]，最終的には，後述のように，「犯行が妄想に直接支配されていたか否かが責任能力の判断のポイントとなる事案では，端的に，『精神障害のためにその犯罪を犯したのか，もともとの人格に基づく判断によって犯したのか』という視点から検討」するのがよいとして，②の説明案を採用しており，有力説と親和的に見える①の説明案は採用していない。

　この背景には，①の説明案が刑事実務と必ずしもそぐわないものであるとの感覚があったことが安田によって明らかにされている。すなわち，安田によれば，「実際，裁判員裁判施行を控えた段階で行われた責任能力を扱う模擬裁判において，東京地裁刑事第4部では私の見解を図式化した説明案が用いられましたが，評議の結果は裁判官と裁判員の9名全員が心神喪失と結論づけたとのことで，これと異なる説明案による他の部において心神喪失と心神耗弱の判断が分かれたのと顕著な対照を示しています。おそらく，この説明案では心神喪失に流れやすいとの懸念もあったのか，私の見解は採用されず，平成21年に刊行された司法研究『難解な法律概念と裁判員裁判』は，『精神障害のためにその犯罪を犯したのか，もともとの人格に基づく判断によって犯したのか』という視点からの検討を提示するに至ったのです」とされている[333]。

---

330)　司法研修所編・前掲注329) 163頁以下参照。

331)　司法研修所編・前掲注329) 163-164頁。

332)　司法研修所編・前掲注329) 163頁。

333)　安田拓人「責任能力と精神鑑定をめぐる諸問題」司研123号174頁，188頁以下（2013）。この点を踏まえ，安田は，自らの見解からも②の説明案（より正確には「もともとの人格」を「正常な精神機能」と読み替えた②の説明案）が捕捉可能であることを主張するようになる（序章第1節第3款**第1項**も参照）。なお，本文にある刑事第4部での模擬裁判を含む，東京地裁で行われた4つの模擬裁判を分析した田岡直博も，刑事第4部の判断基準によると心神喪失と判断するハードルが低くなるように思われると指摘している（田岡直博＝本庄武「責任能力」刑弁56号68頁，71頁〔田岡〕（2008））。この模擬裁判に関する法曹三者の分析として，刑ジャ11号61頁以下の特集

145

第1章　日本法における議論の変遷

このように，難解概念司法研究は意識的に，有力説と親和的な①の説明案ではなく，②の説明案を採用したのであった。かかる説明案について，どのような説明が付されているか，以下見ることとしたい。

(2)　難解概念司法研究における叙述

難解概念司法研究は，責任能力判断について，実務上，弁識能力と制御能力とを明確に区別した上で具体的事実関係を当てはめて個別的に検討するという運用が定着している訳でもなく，そのように判断することには困難が予想され，さらに模式図を用いて説明する等の工夫も必ずしも成功していないことを指摘し，法律判断である責任能力の判断をどのようにしていけばよいのかという困難な検討課題はなお残っていると指摘する。そして，同報告書は，解決の道筋としては，「法律家が，当該事案の本質的な部分にまで立ち返り，判断すべき重要なポイントは何かを整理した上，判断の対象を簡明で理解しやすいものに設定する」という方向性を志向する。

同報告書は，その「判断対象や説明内容は，当該事案における争点や精神障害の実態に即して変わる」ことになるとしつつ，その「一例として」「統合失調症の影響を理由として責任能力が争われた場合」を挙げる。「裁判例では，犯行の動機や犯行が妄想に直接支配されていたか否かという点が最も重要視され，次いで，動機や犯行態様の異常性などが被告人の平素の人格（統合失調症に罹患する前からのものをいう。以下同じ。）と乖離しているのか否かという点も重視されている」とし，「そして，妄想に直接支配された場合や被告人の平素の人格と乖離していたと認められる場合には，心神喪失と判断されるのが一般的である」という。

以上の裁判例の分析を前提に，「たとえば，犯行が妄想に直接支配されていたか否かが責任能力の判断のポイントとなる事案では，端的に，『精神障害のためにその犯罪を犯したのか，もともとの人格に基づく判断によって犯したのか』という視点から検討するのが裁判員にとって理解しやすいのではないかと思われる。すなわち，『統合失調症の圧倒的な影響によって犯したもので，もともとの人格に基づく判断によって犯したと評価できない場合か』（心神喪失），『統合失調症の影響を著しく受けているが，なお，もともとの人格に基づく判

───────────

（2008）も参照。

第4節　平成中期に至るまでの議論の変遷：有力説の興隆・刑事実務との乖離

断によって犯したといえる部分も残っていると評価できる場合か』（心神耗弱），『統合失調症の影響があったとしても著しいものではなく，もともとの人格に基づく判断によって犯したと評価することができる場合か』（完全責任能力）という形で判断の対象を示す」と提案するのである。なお，かかる視点以外にも，「精神障害の影響によって自己の判断で罪を犯したと評価できるような状態にあったか否か」という視点からの検討（（1）の説明案のうち，③の説明案）もあり得るとしつつ，「『自己の判断』という表現であると，統合失調症の影響が強くても自分が何をしているか分かってさえいれば，『自己の判断』に変わりがないのではないかという意見もあり得ると思われ，議論が混乱するおそれがあろう」としている。

　そして，上記の提案について，「刑法上の責任主義は，自ら意思決定を行って犯行に及んだが故に非難可能性があるということにあるから，精神障害の影響によりもともとの人格に基づく判断で罪を犯したと評価できないのであれば責任が問えないと説明しても，何ら差し支えないのではないか」と基礎づけを図る。同報告書は，「上記のような判断対象の示し方は，判例の定義する弁識能力及び制御能力という概念を無視しているわけではない」と配慮しつつも，「今回の研究では，①統合失調症のほか，②躁うつ病，③アルコール関連障害，④薬物関連障害，⑤広汎性発達障害，⑥人格障害についても検討を加えたが，それぞれについて，上記と同様の視点に基づいた上で，各類型に応じた表現による判断の対象を示し（例えば，『被告人の犯した本件犯罪は，覚せい剤中毒による精神障害に支配されて犯したものか，これに支配されて犯したとはいえないか』『被告人の飲酒の程度が異常であり，平素の人格と極端にかけ離れたものであったかどうか』等），その責任能力を検討することは基本的に可能である」として，汎用性も主張している[334]。

(3) 検　　討
(a) 従前の枠組みの自覚的維持・有力説との乖離
　以上の叙述のうち，注目を集めたのは「犯行が妄想に直接支配されていたか否かが責任能力の判断のポイントとなる事案では，端的に，『精神障害のためにその犯罪を犯したのか，もともとの人格に基づく判断によって犯したのか』

---

334)　以上につき，司法研修所編・前掲注329) 32-38頁。

第1章　日本法における議論の変遷

という視点から検討するのが裁判員にとって理解しやすい」という提言である。前項までの検討を踏まえるならば，かかる提言は，統合失調症の犯行への影響を判断のポイントの一つとしている点において，従前の実務的動向と同様の方向性を示すものであると評価でき，それゆえ正常な精神状態・通常の意思決定として責任能力を把握する理解と親和的な判断枠組みが提示されているといえよう。

　もっとも，難解概念司法研究の叙述を見ると，従前の議論の引継ぎにとどまらず，自覚的に議論も展開されている。その中で，とりわけ注目を集めたのが，「精神障害（統合失調症）の影響」と対置されている「もともとの人格に基づく判断」というフレーズである。統合失調症の犯行への影響を問題にする場合，その影響と対置されるものが問題になるところ，難解概念司法研究は，「自己の判断」を対置させると，心神喪失・心神耗弱が認められる適用範囲が狭きに失し得ることを問題視し，これに代えて「もともとの人格に基づく判断」というフレーズを設定している。ここでは，正常な精神状態・通常の意思決定の内実として，「もともとの人格に基づく判断」を充塡することで，妥当な適用結果をもたらす判断枠組み・基準の提示が試みられているといえよう。

　さらに，かかる基準の基礎づけとして，難解概念司法研究は，「刑法上の責任主義は，<u>自ら意思決定を行って犯行に及んだが故に非難可能性がある</u>ということにある」（下線筆者）との原理を持ち出しており，「思いとどまることができた」ために非難可能性があるという原理とは異なる原理を提示している。（1）に見た背景事情も併せてみるに，ここでは明示的に，有力説以外の原理が援用されているといえるだろう。この点，現に，有力説からも，かかる原理及び上記フレーズについては，「他行為可能性に基づく非難可能性という責任の本質論」からして，「刑罰から応報的・回顧的非難としての本質的性格を奪ってしまう」ものであり，有力説と相容れないと批判されている[335]。この有力説からの批判に鑑みても，上記の難解概念司法研究の叙述は，明示的に有力説とは異なる説明を採用し，正常な精神状態・通常の意思決定として責任能力を把握する理解と親和的な判断枠組みを提示するものであって，ここには有力説と実務的動向との乖離が顕在化していると評価することができるだろう。

---

335)　例えば，安田・前掲注 333) 176 頁以下。もっとも，このような「有力説を採用するか，さもなくば責任非難を原理として放棄するか」という議論枠組みには必ずしも理由がないことについては，前款**第3項**参照。

148

第4節　平成中期に至るまでの議論の変遷：有力説の興隆・刑事実務との乖離

(b) 正常さの内実を巡って

もっとも，「もともとの人格」というフレーズを，統合失調症と対置するものとして設定することは，正常さの充填の仕方としては一つの選択肢に過ぎないところ，かかる充填が適切であるかについては，有力説との整合性を措くにしても，批判が向けられているところである。例えば，かかる設定には十分な資料的典拠が存在しないのではないか[336]，また判断枠組み全体を見た際に，適用範囲が狭きに失し得るのではないか[337]との批判が提起されている。

さらに，より根本的な問題としては，難解概念司法研究の提示する判断枠組み・基準が，同報告書が主張するように汎用性ある判断枠組みとして通用するかという問題があるように思われる。具体的な適用場面を想定すると，例えば，難解概念司法研究が基本的に同様の枠組みで判断可能であるとする広汎性発達障害や人格障害については，その犯行は全てその人格に基づくものとして常に完全責任能力にならないか，なるならばそれは従前の裁判例の動向との関係でも妥当であるか批判が向けられている[338]。また，うつ病などの病前性格との

---

336)　難解概念司法研究が挙げる「裁判例から難解な法律概念のいうように『もともとの人格』との対比という基準を導き出すことには疑問を覚える。むしろ，犯行動機が幻覚・妄想に基づいている場合には心神喪失とされることが多いように思われる」との指摘として，浅田和茂「責任能力と精神鑑定」犯罪と刑罰 21 号 47 頁，51-54 頁 (2011)。

337)　上記提言が「もともとの人格に基づく判断によって犯したと評価できない」ことに言及することを捉えて，「当然心神喪失が認められてよいはず」な場合が「カバーされないこととなるようにも思われる」と批判するものとして，安田拓人「責任能力の具体的判断枠組みの理論的検討」刑雑 51 巻 2 号 133 頁，141 頁 (2012)。また，「とりわけ『もともとの人格』論が了解過剰に導きうる点で，疑問がある」とするものとして，浅田・前掲注 336) 68 頁 (吉岡隆一「裁判員裁判と責任能力」法と精神医療 25 号 16 頁 (2010) も参照)。

　提言には，「犯行が妄想に直接支配されていたか否かが責任能力の判断のポイントとなる事案」においては，「精神障害のためにその犯罪を犯したのか，もともとの人格に基づく判断によって犯したのか」という視点から検討するのが有益であること，そして「統合失調症の影響を著しく受けているが，なお，もともとの人格に基づく判断によって犯したといえる部分も残っていると評価できる場合」(下線筆者) であれば心神耗弱等と判断がなされることが記されている。ここでは，「犯行が妄想に直接支配されていたか否か」が判断のポイントとなる場合に，その検討によって，心神喪失・心神耗弱・完全責任能力が分かれ得るかのような書きぶりになっており，「直接支配」と言えない場合には心神喪失とならないかのような書きぶりになっているほか，「もともとの人格に基づく判断によって犯したといえる部分も残っていると評価できる場合」には心神喪失とならないような書きぶりとなっているように思われる。

　しかし，前項に見たように，平成 10 年代までの裁判例においては，妄想等に「直接支配」された訳ではない場合であっても心神喪失を認める裁判例が少なくなく，例えば報告書自体が参照する裁判例においても，「妄想それ自体に支配されて」当該犯行に及んだ「というものではなく」一応了解可能であるが，「動機は被告人の精神分裂病に極めて密接な関連がある」ことを重視し心神喪失が認められている (岡山地判平成 7 年 12 月 18 日判時 1565 号 149 頁)。報告書の参照するもの以外の裁判例についても同注参照)。そうすると，ここでは従前より厳格な責任能力判断が可能になっているように思われ，以上の意味において上記指摘には理由があるように思われる。

149

第1章　日本法における議論の変遷

異質性が顕著ではない場合や，統合失調症罹患者の病前性格が認定できない場合についても，人格親和性／異質性を問題にすることになるのか，なるならばこれも従前との関係で妥当といえるのか，疑問の余地があろう[339]。

このように，上記のように難解概念司法研究が従前の裁判例より引き継いだ大枠（すなわち正常な精神状態・通常の意思決定として責任能力を把握する理解と親和的な判断枠組み）における「正常さ」を「もともとの人格」とのフレーズを用いて充填することについては，これが如何なる場面にまで妥当な結論をもたらし得るかについて疑問の余地があるところである。そして，このことは，上記の枠組みにおける「正常さ」が「もともとの人格」という観点にとどまらない内容を持ち得ることを示唆するものであり，これが如何なる基準であり，そして如何なる原理によって支えられるものであるのかについてなお検討の余地があるといえるだろう。

3　平成20年判例・平成21年判例

以上のように，裁判員裁判導入前に出された難解概念司法研究においては，正常な精神状態・通常の意思決定として責任能力を把握する見解と親和的である従前の刑事実務の枠組みが自覚的に維持される一方で，その正常さ或いは異常さを如何様に判断するか，またそれが如何なる原理に根差すものであるかについて議論が展開されるに至っていた。

さらに同時期には，最高裁が責任能力判断に関して，平成20年・平成21年に立て続けに判例を出しており，注目されるところである（平成20年判例[340]・平成21年判例[341]）。かかる判例を実体法的な観点から考察すると，これらにおいても，上記の枠組みにおいて，その正常さ或いは異常さをどのように判断すべきかについて一定の判断が示されていることが看取される。これらの判例は重要な判例であるとともに，原審や差戻審との関係を見なければその意義を確

---

338)　「精神遅滞（知的障害）や人格障害の場合，『もともとの人格』論では，すべてその人格から了解可能ということになってしまうであろう」との指摘として，浅田・前掲注336) 53頁。

339)　難解概念司法研究自体の分析においても，躁うつ病に関する従前の裁判例について「犯行の人格異質性」を検討したものは認められない（司法研修所編・前掲注329) 167-168頁）。また，統合失調症について前掲注337) 参照。なお，統合失調症の場合には「もともとの人格」自体が変更されているとするものとして，浅田和茂「裁判員裁判と刑法」立命館法学327・328号1頁，11-12頁（2009）。

340)　最判平成20年4月25日刑集62巻5号1559頁。

341)　最決平成21年12月8日刑集63巻11号2829頁。

150

定しがたい判例であることから，以下紙幅を割きながら，順に考察を進めていくこととしたい。

（1）平成 20 年判例

（a）事 実 関 係

本件事案は，統合失調症により，旧勤務先の経営者 V らが頭の中に頻繁に出てくる等の幻視幻聴に悩まされてきた被告人が，犯行当日も，同様の幻視幻聴から V にばかにされていると憤り，自分をばかにするのをやめさせよう等と考え，旧勤務先に赴いたところ，V がへらへら笑っているように思え，顔面等を数発殴る等の暴行を加え V を死亡させたというものである。

具体的に述べると以下の通りである。被告人は平成 8 年頃より統合失調症を発症し，平成 14 年頃からは，特に，平成 6 年まで稼働していた塗装店の経営者 V が「ばかをからかってると楽しいな」等とからかったり「仕事で使ってやるから電話しろ」等と話しかけてきたりする幻視幻聴が頻繁に現れるようになった。こうした幻視幻聴に応じて V に電話をして再就職を申し出ると V からそれを断られ，そのすぐ後に電話しろという幻聴があったことから電話をかけるということを繰り返す等していた。そして，こうした幻視幻聴が続く中で，V が自分をばかにしていると憤りを覚えるようになり，殴りに行こうとするが交際相手にたしなめられ思いとどまったり，殴って脅かしてやろうと塗装店に向かったが，別の幻聴から自分の行動が人に見られていると感じて殴るのをやめたりすることもあった。

犯行当日まで幻視幻聴に混乱し自宅にこもっていた被告人は，犯行当日，V が再び頭の中に現れ「仕事に来い。電話しろ。」という声が聞こえ，電話をかける等したが，V に対する腹立ちが収まらず，V を殴って脅し自分をばかにするのをやめさせよう等と考え，塗装店に向かった。塗装店の社長室に入ると，被告人を見た V がへらへら笑っているように思え，被告人は V の顔面等を数発殴り，逃げ出した V を追いかけさらに顔面を殴った。仰向けに倒れた V を見て，被告人は，ふざけてたぬき寝入りをしていると思い，V を蹴った。しかし通行人が来たのでそれ以上の暴行を加えることなく立ち去った。その後，被告人は交際相手の家で食事をとるなどして自宅に戻ったが，翌日新聞記事を見て怖くなり自首した。

第1章　日本法における議論の変遷

(b) 第一審・第二審

　本件事案における主たる争点は被告人の責任能力の有無であった。簡易精神鑑定における S_1 鑑定では，本件犯行時被告人は，統合失調症による幻覚妄想状態の増悪期にあり，心神喪失の可能性は否定できないが，行動経過が合目的的であること，著明な残遺性変化がないことから心神耗弱相当とされていた。これに対して第一審での精神鑑定では，S_2 鑑定において，本件犯行時被告人は，統合失調症の激しい幻覚妄想状態にあり，直接その影響下にあって犯行に及んだもので心神喪失の状態にあったものとし，一方で現実生活をそれなりにこなし，本件行為の前後に合理的に見える行動をしている点は，精神医学では「二重見当識」等と呼ばれる現象として珍しくはない等とされていた。

　第一審判決は，本件犯行当時被告人は統合失調症の増悪期にあったことは明らかとした上で，本件犯行に及んだ動機は，約1年5ヶ月にもわたって続いていた V に関する幻覚妄想に基づき形成された了解不可能なもので，他にその動機を合理的に説明し得る事情はないとして，「被告人は，本件犯行当時，統合失調症の増悪期にあり，同犯行はその症状，激しい幻覚妄想に直接支配されたものであるから」心神喪失であると結論づけた。そして，検察官の主張に対して，S_1 は S_2 の二重見当識の理解が誤っていると指摘するが S_1 の意見においても同様の定義が引用されていること，V への架電の際の V の応対や態度への不信等が部分的には了解可能だというが，そもそも架電自体が幻覚妄想状態の直接の影響を受けてのことであり，動機として了解可能であるとは言えないこと等を指摘して，これを排斥した。

　以上に対して控訴がなされた。第二審では，検察官から提供された一件記録を検討した意見として，H 意見が，被告人の本件行為当時の症状は統合失調症が慢性化して重篤化した状態ではなく，心神耗弱にとどまるとの所見を示していた。これに対して第二審での精神鑑定では，F 鑑定において，異常体験が活発に生じる中で次第に V を中心的迫害者とする妄想が構築され，被告人において V の妨害的行為を中止させるため攻撃を加えたことにより本件行為は生じたと考えられ，幻覚妄想に直接支配された行為とは言えないが，統合失調症が介在しなければ本件行為は引き起こされなかったことは自明であり心神喪失であるとされていた。

　第二審判決は，統合失調症による幻聴，幻視，作為体験の影響下で行われたとは認められるが，激しい幻覚妄想に直接支配されたもので心神喪失の状態に

152

あったという結論を是認することはできないとして，心神耗弱のみを認め，第一審判決を破棄した。第二審判決は，Vを殴って脅し自分をばかにするのをやめさせようなどと考えたという動機の形成，行動経過や犯行態様，経緯は了解が十分可能であること，電話しろという作為体験はあっても，殴りつけろという作為体験はないのだから，幻聴や幻覚が犯行に直接結びついているとまでは言えないこと，本件犯行が犯罪であることも認識していたと認められること，犯行後の狼狽，後悔，交際女性への優しさが認められること，被告人はそれなりの社会生活を送り，母親や交際女性からも精神病を疑われていなかったこと等から，統合失調症が重いものであるとは言えない等として，せいぜい心神耗弱の状態にあったものというべきであるとした。そして第一審判決について，被害者が頭の中に現れ電話しろなどというのは幻聴幻覚であっても被害者が断ったのは現実であり，腹を立てた原因の一つには現実世界が関与していること，仕事で使ってやるから電話しろ等という幻聴幻覚の内容は特別に異常な要素を含んでいないこと，殴ってばかにするのをやめさせようと考えたことも腹を立てたことに対する対応として格別不自然ではなく，実行したことも了解不可能であるとは言えないこと，被告人の日常生活の内容はその細部においても普通人とさして変わりがなく，被告人の正常部分を二重見当識という言葉で顧みないことは誤りであり，被告人の全体像を考慮して責任能力を判断すべきこと等を述べて，これを否定した。

(c) 最高裁判決

以上に対して上告がなされたところ，最高裁は原判決を破棄し，差し戻した。

最高裁の判決は，大別して鑑定の証拠評価に関する判断と，責任能力の総合判断の方法に関する判断の二つから構成されている[342]。前者は，法律判断たる刑法39条該当性の判断において，生物学的要素・心理学的要素も上記法律判断との関係で究極的には裁判所の評価に委ねられるべき問題だが，精神障害の有無及び程度，それが心理学的要素に与えた影響の有無及び程度については，「鑑定人の公正さや能力に疑いが生じたり，鑑定の前提条件に問題があったりするなど，これを採用し得ない合理的な事情が認められる」のでない限り，「その意見を十分に尊重して認定すべき」というものである。最高裁は，かかる一般論に基づき，基本的に高い信用性を備えているS_2鑑定及びF鑑定を，

---

342) 先行評釈等が重視するのは前者の判断であるが，ここでは本書の問題意識に鑑み後者の判断に重点を置いて検討する。

「二重見当識」と説明するだけで十分検討していないとして採用できないとした証拠評価を，不相当と判断した。

　そして最高裁は，かかる判断を前提に，以下のように述べて，責任能力の総合判断の方法についても，原審の判断を否定した。すなわち，まず「S_2鑑定及びF鑑定に関係証拠を総合すれば，」本件犯行は，統合失調症に罹患していた被告人が「急性に増悪した同症による幻聴，幻視，作為体験のかなり強い影響下で，少なくともこれに動機づけられて敢行されたものであり」しかも本件行為時の被告人の状況認識も「正常とはいえない，統合失調症に特有の病的色彩を帯びていたものであること」に照らすと，「本件行為当時，被告人は，病的異常体験のただ中にあったものと認めるのが相当」であるとする。

　そして，原判決が述べるように，(i) 動機の形成過程は，契機が幻聴等である点を除けば，了解が可能であると解する余地があることを認め，さらに，(ii-1) 本件行為及びその前後の状況について詳細に記憶し，当時の意識はほぼ清明であり，行為が犯罪であることも認識し自首していること，(ii-2) その他，被告人がそれなりの社会生活を送り，就労意欲もあったことなど「一般には正常な判断能力を備えていたことをうかがわせる事情も多い」ことも認めた上で，以下のように各々について判断を下した。すなわち (i)「被告人は，同種の幻聴等が頻繁に現れる中で，しかも訂正が不可能又は極めて困難な妄想に導かれて動機を形成したと見られるのであるから，原判決のように，動機形成等が了解可能であると評価するのは相当ではない」こと，(ii-1)「このような幻覚妄想の影響下で，被告人は，本件行為時，前提事実の認識能力にも問題があったことがうかがわれるのであり，被告人が，本件行為が犯罪であることも認識していたり，記憶を保っていたりしても，これをもって，事理の弁識をなし得る能力を，実質を備えたものとして有していたと直ちに評価できるかは疑問である」こと，(ii-2)「本件前後の生活状況等も，」上記幻覚妄想状態の下で本件行為に至ったことを踏まえると「過大に評価することはできず，少なくとも『二重見当識』によるとの説明を否定し得るようなものではない」ことを述べた。

　こうして最高裁は，「統合失調症の幻覚妄想の強い影響下で行われた本件行為について，原判決の説示する事情があるからといって，そのことのみによって，その行為当時，」「心神耗弱にとどまっていたと認めることは困難であるといわざるを得ない」と結論づけた。もっとも，① S_2鑑定及びF鑑定は，統合

失調症罹患者の病的体験の影響下にある認識，判断ないし行動が，正常な精神作用により補完ないし制御することは不可能であるという理解を前提としているが，この問題に関する精神医学的知見の現状は明らかでないこと，②本件以前に被害者を殴りに行こうとして交際相手に止められたり本件行為時にも通行人がきたため攻撃を中止したりする等，本件行為自体又はこれと密接不可分な場面において相応の判断能力を有していたと見る余地のある事情が存するところ，これも二重見当識として説明すべきものなのか明らかではないこと，③自首するなど本件行為後ほどない時点で十分正常な判断能力を備えていたとも見られるが，このことと行為時に強い幻覚妄想状態にあったこととの関係も S2 鑑定及び F 鑑定で十分に説明されているとは評し難いことを指摘し，原裁判所に差し戻すこととしている。

(d) 差 戻 審

かかる判断を受けて「本判決では……心神喪失が帰結された」（下線筆者）と評されていた[343]ものの，差戻審はまたしても心神耗弱のみを認め，心神喪失の判断を排斥した[344]。差戻審は，追加的な審理（2名の医師の意見書及びその証人尋問）を行った結果，S2 鑑定及び F 鑑定に根本的な疑問があることが判明したものであるから，本件上告審の差戻し判決としての拘束力は排除されるとして，以下のように，最高裁の指摘する上記①～③の点につき判断し，心神耗弱のみを認めたのである。

まず，①の点については，S2 鑑定及び F 鑑定の立場は「不可知論と同一の立場，あるいは，これに近い立場であるといって」よく，それは「司法精神医学の現状に照らして，必ずしも一般的立場ではないというべきである」とし，②の点については，二重見当識という言葉は「責任能力判断の基礎資料としては無内容である」とする。そして，③の点については，「妄想型の場合の精神症状の変動は……ごく短期間のうちに精神症状が増悪した患者が，なんらの治療的介入もなされることもないまま，短時間で，その精神症状が改善するなどということは臨床的に考え難い」という意見等を重視し，「犯行直後から正常な判断能力を備えていたと見られる事情が認められることは……責任能力を検討，判断するに当たり，重要な考慮要素とされるべき」であるとする。さらに，差戻審は，差戻審における2名の医師が「個々の病者の病的な部分と正常な精

---

343)　安田拓人「判批」刑ジャ 14 号 93 頁，97 頁（2009）。
344)　東京高判平成 21 年 5 月 25 日高刑集 62 巻 2 号 1 頁。

第1章　日本法における議論の変遷

神作用の領域とのどちらが優位であったかを事例ごとに評価して判断することになる」などとする意見に全面的に賛成し，S$_2$鑑定及びF鑑定の「実質は，不可知的色彩が色濃く窺われる」とか「その推論過程は……合理性を欠く」とか述べて，「上告審判決の説示にもかかわらず，直ちにその信用性を肯定することはできない」と拒絶する。

　以上を前提として，統合失調症の重篤度について「陰性症状は軽微であり，周囲から見てもその人格や生活が破綻しているとする程の状態ではなかった」とし，犯行当時「被告人の現実認識は，明らかに正常心理では説明できない異常な性質のものであり，被告人は，本件犯行当時，統合失調症のため，病的異常体験のただ中にあり，自らの置かれた状況や周囲の状況を正しく認識する能力に著しい障害が存在していたが，他方，周囲の状況を全く認識できないほど強い幻覚や妄想は存在していなかったと認めるのが相当である」という。そして総合考慮の結果，「統合失調症のため，病的異常体験のただ中にあり，自らの置かれた状況や周囲の状況を正しく認識する能力に著しい障害が存在していたが，他方，命令性の幻聴や作為体験のような自らの行動を支配するような性質の精神症状は存在しておらず，周囲の状況を全く認識できないほどではなかったと認められるから，被告人の精神症状は『重篤で正常な精神作用が残されていない』ということはできない」とし，社会生活機能にほとんど障害は窺えないこと等を総合考慮し，心神喪失の状態にはなかったとした[345]。

　(e)　評　　価

　平成20年判例については，一般的に，原審の証拠評価に関して鑑定人の意見を「十分に尊重して認定すべき」とした説示が注目され，裁判員裁判を前に十分に鑑定を尊重して事実認定すべきことを示した意義が強調されることが多い[346]。もっとも，本書の問題意識に鑑みて，その責任能力判断について述べるところに注目すると，最高裁の判決文は，正常な精神状態・通常の意思決定として責任能力を把握する理解と親和的な判断枠組みにおける，正常さの判断方法について一定の判断を示すものであること，しかし差戻審の判断との間にニュアンスの差がある[347]ように，その意義は限定的なものであることが看取

---

345)　以上の差戻審判決については上告されているが，上告理由にあたらないとして棄却されている（最決平成23年11月28日 L06610260）。

346)　例えば，浅田和茂「判批」判評610号23頁，27頁（2009），緒方あゆみ「判批」明治学院大学法科大学院ローレビュー11号111頁（2009），金尚均「判批」速報判例解説3号167頁，170頁（2008），笹倉香奈「判批」法セミ644号136頁（2008）。

156

第4節　平成中期に至るまでの議論の変遷：有力説の興隆・刑事実務との乖離

される。

　（ア）判断枠組みについて

　まず本判例における破棄理由の構造を見ると，最高裁は，「本件行為当時，被告人は，病的異常体験のただ中にあったものと認めるのが相当」とした上で，これを前提に，原判決の着目した観点（動機の形成過程・犯罪性の認識や記憶の保持・本件前後の生活状況等）について原判決と反対の評価を導き，結論として，「統合失調症の幻覚妄想の強い影響下で行われた本件行為について，原判決の説示する事情があるからといって，そのことのみによって」心神耗弱に止まるとすることを否定している。従って，ここでは「病的異常体験のただ中」の行為，すなわち「統合失調症の幻覚妄想の強い影響下で行われた」行為については，基本的に心神喪失が認められることを前提に，原判決の叙述のみではこの評価を覆し得ないことが示されているといえよう。この点，本判例は，従前の裁判例において使用されていた「支配」「直接支配」という用語を用いず，「統合失調症の幻覚妄想の強い影響下で行われた」行為であると述べるにとどまっている[348]が，本事案が原判決の述べるように「『殴り付けろ。』という作為体験はない」事案であったことからすれば，本判例は，犯行を命じる病的体験のない場合であっても，基本的に心神喪失が認められるような「統合失調症の幻覚妄想の強い影響下で行われた」行為があり得ることを示しているといえよう[349]。

　そして，原判決の着目した観点については，幻聴以外の部分での動機形成過程の了解可能性と，犯罪性の認識・意識の清明さ・生活状況等という正常に見える側面について，最高裁の立場から評価が行われている。「第2審判決は……行動経過の合目的性……等を認め，そこから犯行時の病状は重いものではなかったとしていたが，」「本判決は精神障害の種類や程度という視点から……

---

347)　この点，破棄差戻しとしたことにより，本判決の意義が不明確になっていることを指摘するものとして，林・前掲注22)（5）頁。

348)　担当調査官は，「重症」・「直接支配」という用語につき「必ずしも一致した理解が形成されているわけではないことから，重症性や直接支配性という観点からの中間的評価を介在させなかったものであろう」と評している（前田巌「判解」ジュリ1367号114頁，117頁（2008））。

349)　この点，「『直接支配性』基準ではカバーされないものの，病的症状の重大な影響のもとでなされた犯行に関する責任能力判断を正しく方向付ける，まさしくリーディングケースとしての価値が認められてよい」（安田拓人「判批」重判平成20年度（ジュリ臨増1376号）178頁，179頁（2009））。もっとも，多義的な「直接支配」という用語を本判例が回避した（前掲注348)）とするならば，犯行を命じる病的体験がない場合にも，基本的に心神喪失を認めるべき場合があることを示したという限度で，以上の指摘は正当であると思われる。

157

第1章　日本法における議論の変遷

犯行への影響を考えるべきであるとして」おり，「逆の思考方法をとっている」と評されている[350]ように，ここでは，統合失調症の病態ないし病像に即した検討の結果として，原判決とは反対の評価を導いている[351]。具体的には，動機形成過程の了解可能性については，本件のような場合には，契機が幻聴等である点を除けば了解が可能であると評価することは相当でないことを示したうえで[352]，犯罪性の認識・意識の清明さ・生活状況等という正常に見える側面については，「前提事実の認識能力にも問題があったこと」からすると「事理の弁識をなし得る能力を，実質を備えたものとして有していたと直ちに評価できるかは疑問である」こと，また生活状況等も「過大に評価することはでき」ないことを指摘している。

　このような一連の判断を見ると，本判例は，「病的異常体験のただ中」の行為，すなわち犯行を命じる病的体験はないが「統合失調症の幻覚妄想の強い影響下で行われた」行為については基本的に心神喪失を認めるべきであるとしつつ，本件のような動機形成過程においては部分的に動機を切り取り了解可能と評価することは相当でないこと，また原審が「一般には正常な判断能力を備えていたことをうかがわせる事情」として掲げるものについて，本件においては過大に評価できないことを述べているといえる。このように，本判例が，病的異常体験の影響を基軸に据えつつ，動機の了解可能性の評価や，正常さをうかがわせる事情の評価について一定の判断を下すものであることを踏まえると，かかる判断は，従前の実務の動向と同様に，正常な精神状態・通常の意思決定として責任能力を捉える理解と親和的な枠組みにおける判断であると位置づけることができよう。すなわち，かかる枠組みにおいて，統合失調症の病態ないし病像に即した正常さ・異常さの判断を行うべきであり，本件のような場合において，動機の一部における正常さや，認識や社会生活における正常さについては評価を過大にすべきでないことを示すものであるといえる。

　この点，本判例の調査官解説が，一般論としては責任能力を「端的には，違

---

350)　林・前掲注22）（5）頁。
351)　前田巌「判解」最判解刑事篇平成20年度346頁，367頁。
352)　差戻審も「動機形成が妄想と直接的な因果関係を有するのに，うるさいから止めさせようと殴りに行ったといういわば合理的に見えなくもない一場面のみを切り取って，了解不可能ではないとすることには疑問がある」としている。この点，「病的な幻聴・幻視を発端とする経過の最終局面だけを切り取って，そこの正常性を指摘することには全く意味がないばかりか，責任能力判断を誤ることにつながる危険がある」と評するものとして，安田・前掲注343）98頁。

158

第 4 節　平成中期に至るまでの議論の変遷：有力説の興隆・刑事実務との乖離

法と弁識された行為を思いとどまることができる能力ということになろう」と有力説を引用していること[353]からすると，有力説と本判例の関係が問題となり得るところである。しかし，同解説もそうであるように，本判例は「思いとどまることができる能力」を有していたかという観点からの明示的な判断を行っていない。さらに，学説上は，本判例の「事理の弁識をなし得る能力を，実質を備えたものとして有していたと直ちに評価できるかは疑問」という説示について，弁識能力は違法性の意識の可能性の一局面に過ぎないと考える有力説からは，違法であると認識していてもなお実質的な弁識能力を検討する余地があるとは考えられず，有力説からこの説示は捕捉され得ないのではないかという点が議論されている[354]。また，仮にこの説示が有力説から捕捉され得るとしても，本判例は，弁識能力と制御能力を分析的に検討して本事案で弁識能力が減退していることを示したのではなく，「一般には正常な判断能力を備えていたことをうかがわせる事情」として違法性の認識を掲げたうえで，その評価を過大にすべきでないことを示しているのであって，少なくとも，この判断構造を有力説の立場から直截に把握することは困難であるように思われる。

　このように見ると，本判例は，正常な精神状態・通常の意思決定として責任能力を捉える理解と親和的な枠組みにおいて，その異常さの評価の方法と，正常さの評価の限界について一定の判断を示したものということができよう。

　　（イ）意義の限界について

　もっとも，最高裁は，相応の正常な判断能力を有していたと見る余地があること等との関係について，更に審理させるため破棄差戻しとしている。ここで不明瞭であるように思われるのは，こうした「正常な判断能力」が一定程度存在していたと判断されたならば，そもそも「病的異常体験のただ中」ではなかったとなるのか，それとも「病的異常体験のただ中」ではあるが一定の正常な判断能力が存在していたために心神喪失が否定されることになるのかが必ずしも明らかではないことである[355]。後者のように理解すると，一定の正常さが

---

353)　前田・前掲注 351) 359 頁。
354)　有力説からこの点を批判するものとして，安田・前掲注 343) 98 頁，同・前掲注 349) 179 頁。また，有力説からはその問題意識の理解が困難であることを端的に指摘するものとして，樋口・前掲注 86) 192 頁，193 頁。以上に対して，制御能力との関係で「実質」との文言を捉えるものとして，橋爪隆「責任能力の判断について」警論 70 巻 5 号 138 頁，155 頁（2017）があるほか，その違法性の理解から弁識能力に幅をもたせる見解として，小池信太郎「精神障害と量刑判断——犯情評価をめぐって」刑雑 58 巻 2 号 188 頁がある。
355)　最高裁の差戻しの理由のうち，①は後者の理解と親和的に見えるが③は前者の理解と親和的に

第1章　日本法における議論の変遷

僅かにでも存在すれば心神喪失が否定され得るのに対して，前者のように理解すると，そもそも異常さが少なかったゆえに心神喪失が否定され得ることが示されるにすぎず，読み方によって一定の正常さが責任能力判断にとって如何様な意味を持つかが異なるように思われる。

差戻審は，このうち後者の理解を採用した。それゆえに，「被告人は，本件犯行当時，統合失調症のため，病的異常体験のただ中」にあったことを認めつつ，「命令性の幻聴や作為体験のような自らの行動を支配するような性質の精神症状は存在しておらず，周囲の状況を全く認識できないほどではなかった」と評価し，それを理由として，「被告人の精神症状は『重篤で正常な精神作用が残されていない』ということはできない」と述べ，他の諸事情を総合考慮しつつ，心神喪失を排斥したのである。この点，（ア）で確認したように，本判例が，犯行を命じる病的体験がない場合でも基本的に心神喪失を認めるべき場合があることを示していたこととも比較すると，差戻審判決は，心神喪失のハードルが非常に高いかのような立場を示すものであると評価でき，それゆえに学説上頗る評判が悪い[356]。もっとも，差戻審のいうように「妄想型の場合の精神症状の変動は……短時間で，その精神症状が改善するなどということは臨床的に考え難い」こと等から，S_2鑑定及びF鑑定の「推論過程は……合理性を欠く」というのであれば，最高裁が前提とする被告人が「幻覚妄想の強い影響下」にあったこと自体に疑問の余地が存在し，心神喪失が否定されるという理解もあり得るように思われるところであり，上記の差戻審判決の理解が本件事案の解決にとって唯一の理解ではないように思われる。

このように，本判例は，統合失調症の病態ないし病像に即した正常さ・異常さの判断を行うべきであり，本件のような場合において，動機の一部における正常さや，認識や社会生活における正常さについては評価を過大にすべきでないことは示してはいるものの，差戻審判決にも見られるように，一定の正常さを理由に心神喪失を否定することがどの程度可能であるのかについては明らかではなく，その点において本判例の意義は限定的なものであったということが

見える。

[356]　否定的な評価を与えるものとして例えば，浅田・前掲注346) 27頁，林・前掲注22)（5）頁。平成21年判例との関係でも否定的な評価を与えるものとして，町野朔「刑事責任能力論の現段階」司法精神医学7巻1号65頁，72頁（2012）。さらに差戻審の判断が裁判実務の支配的見解ではないことも指摘しつつ，同判決を批判するものとして，水留正流「責任能力における『精神の障害』」法と精神医療29号18-20頁（2014）。

第4節　平成中期に至るまでの議論の変遷：有力説の興隆・刑事実務との乖離

できよう。

（2）平成 21 年判例について

（a）事　実　関　係

　本件は，統合失調症の疑いないし広汎性発達障害があり，通行人や近所の女性に対してエアガンの弾を発射して措置入院となっていた被告人が，措置解除の後，隣家の男性 V[357] の長男が監視盗聴している等の妄想を有するようになり，V 方に侵入し V の頭部を殴りつけ，サバイバルナイフで多数回切りつけ，その胸部を突き刺すなどして同人を殺害した他，V の次男に傷害を負わせたというものである。

　具体的に述べると以下の通りである。被告人は，平成 14 年夏頃から，窓から通行人めがけてエアガンの弾を発射するようになり，翌年 2 月，統合失調症の疑いと診断され措置入院となった（主治医の診断は特定不能の広汎性発達障害）。翌月には措置解除となり退院となったが，同年 5 月に自宅から近所の女性を狙いエアガンの弾を発射し逮捕され，再度措置入院となった（2 名の精神保健指定医の診断は，1 名が，主たる精神障害は反社会的行為で従たる精神障害は広汎性発達障害の疑い，もう 1 名が，主たる精神障害は人格障害で従たる精神障害は「妄想」の疑いであった）。

　同年 8 月には退院し，しばらく落ち着いていたが，平成 16 年 3 月頃から，被告人がドライブから帰ってきたら V の長男が「チェッ」と言っていた，V の長男が盗聴し家の中をのぞきにきているなどと言いだし，V 方の家族から嫌がらせを受けていると思い込み悪感情を抱くようになった。無断で V 方に上がり込んだり，玄関ドアを金属バットで叩いたりしたことがあり，その際 V から叱責され，通報を受けた警察官の聴取を受けるなどした。なお，その後友人とドライブした際，手を出したのか尋ねられると「手は出していない。そういうことをしたら捕まってしまう」と答えていた。

　その後，同年 6 月 1 日 22 時頃，被告人は金属バットを振り上げて V 方に向かっていったが，V がなだめるように話しかけると，被告人は金属バットを下ろし自動車に乗って走り去っていった。しかし翌日 4 時頃，友人とのドライブを終えた被告人は，金属バットとサバイバルナイフを持って再度 V 方に向

---

357)　以下，判決文にいう「被害者」は全て V と記す。

第1章　日本法における議論の変遷

かい，Ｖ方に侵入し，淡々とした低い声で「お前が警察に言うたんか」と言いながら寝室に入り，Ｖの頭部を金属バットで殴りつけたのち，逃げるＶを追いかけ多数回にわたって切りつけ胸部を突き刺す等し，Ｖを殺害した。またＶの次男の右頸部を上記ナイフで切りつけ傷害を負わせた。

その後Ｖ方に駆けつけた母親に連れられて家に戻った被告人は，自首するよう言われたが，母親が通報している間に，別のナイフを持って逃走した。路上で警察官らに見つかり，声をかけられると，ナイフを構えて威嚇し，「おれは人を刺してきたんや。おれはもうどうなってもいいんや。」等といってナイフを振り回すなどし，現行犯逮捕された。

(b) 第 一 審

本件事案では被告人の責任能力の有無が争点となり，弁護人は，被告人は統合失調症による妄想に支配されており心神喪失の状態にあったと主張したが，捜査段階でのＮ鑑定においては，被告人は統合失調症にも広汎性発達障害にも罹患しておらず，統合失調症型障害に罹患しているとしていた。

第一審判決は，弁護人の主張を排斥し，完全責任能力を認めた。すなわち，まずＮ鑑定が基本的に信頼に足りるとし，「統合失調症に至らない状態」であると評価した上で，被告人は人に手を出すことが悪いことであるという認識を有していたこと，Ｖから駐車場を解約されたりＶから叱責を受けたりしてＶ方家族に深い悪意を抱き，殺害を思い至るという動機は一応了解が可能であること，状況に応じた合理的な判断に基づく行動をとっていること，筋道だった思考に基づく供述をしているほか，友人とドライブするなど日常生活上大きな支障は見られなかったこと，犯行時の意識はほぼ清明で記憶も概ね保持されていたこと等から，完全責任能力を認めた。

(c) 第 二 審

以上に対して控訴がなされた。第二審での精神鑑定では，Ｓ鑑定において，被告人は，本件犯行時，（鑑定時には残遺型統合失調症の病型に進展しつつある）妄想型統合失調症に罹患しており，平成 16 年 3 月頃から妄想型統合失調症の病的体験が再燃し，翌月中旬頃から 5 月頃にかけてＶ方がその対象となって次第に増悪し，犯行時には一過性に急性増悪していたのであって，本件犯行は統合失調症の病的体験に直接支配されたもので心神喪失であるとされていた。

第二審判決は，原判決を破棄し心神耗弱を認めた。第二審判決は，まず統合失調症に罹患していたものと認めるのが相当であるとし，原判決の総合考慮も

第 4 節　平成中期に至るまでの議論の変遷：有力説の興隆・刑事実務との乖離

完全責任能力を結論づける根拠としては不十分であると指摘する。そして，本件殺人等の動機として，Ｖからの叱責等からＶないしＶの家族に悪意を抱くとしても，そのこと故にＶらを殺害しようと思うには，かなり飛躍があるし，Ｖは犯行当夜には叱責せずなだめるように声をかけているのだから，この際のＶの態度に特に腹をたてる等したのだとすれば，それは合理的な感情とは言いにくく，また被告人によるＶ方への一連の嫌がらせのような行動は，統合失調症による幻聴の影響によるものとみるべきであって，それ以外に被告人がそのような行動に及ぶ理由は考えにくいのだから，「Ｓ鑑定が，本件犯行を統合失調症による一連の病的体験の行動化として位置付けているのは，納得のできるところである」という。

　しかし，第二審判決は，「そのことだけで直ちに被告人が心神喪失状態にあったとされるものでは」ないとする。まず，病状について，Ｓ鑑定以外の医師の所見がいずれも統合失調症ではないことから，「重篤ないしは明らかなものではなかった」ことを導く。次に，Ｓ鑑定は病的体験に直接支配されて本件犯行が引き起こされたとするが，犯行直前までドライブをしたり，犯行後は逮捕を免れようと逃走したり警察官に「おれは人を刺してきたんや。おれはもうどうなってもいいんや」等と言ったりしていることは，病的体験が本件犯行を直接支配しあるいは本件犯行に決定的な影響を与えているかどうかなどを判断する上で検討を要する事柄であるが，十分検討をしておらず，なぜこの犯行時点で一過性に幻覚妄想が増悪したのか，そのきっかけや機序についての説明がなく，「どのように『直接支配』して引き起こさせたといえるのかについては，十分納得できる説明がなされているとは思われない」と指摘する。また犯行時の「お前が警察に言うたんか」との発言等に照らすと，「被告人が幻覚妄想の内容のままに本件殺人等に及んだかどうかにも疑問の余地がある」という。

　そして最後に，「被告人の人格傾向」について以下のように述べる。被告人は，「平素から粗暴な行動に及ぶような人物であったとまではいえない」が，かつて剣道・柔道・空手を習っていたほか，エアガンやサバイバルナイフを購入所持するなど「武道や戦闘などに独自の強い関心を有していることが認められる」し，本件事件の前のエアガン事件についても，「被告人の暴力容認的な姿勢ないしは周囲との関係を戦闘的な視点からとらえようとする思考傾向が，被告人の病的体験をきっかけとして，それぞれの際の被告人の行動として発現したものとみれば，合理的に理解できる」という。本件殺人等についても，侵

163

第1章　日本法における議論の変遷

入自体については統合失調症による幻覚妄想に支配されて行ったものと考えられるものの,「やはり被告人の暴力容認的な姿勢ないしは周囲との関係を戦闘的な視点からとらえようとする思考傾向が,『なめられて黙っていられるか,男たるものが, おれを怒らせたら, どれだけ恐ろしいか, どういう目に遭うか,分からせてやろう, おれをなめたらこうなるぞ』という感情を激発させ, それまでの V 方に向けた行動の際に V 方が警察を呼ぶなどしたことに対する怒りが加わり, V やその家族に対し, あのような残忍な攻撃を加えて殺害する等の行動として発現したものとして, 合理的に理解できる」という。そして, 本件殺人等は「統合失調症の強い影響を受けてはいるものの, 被告人の本来の人格から全く乖離したものではなく, 病的体験と被告人の人格とがあいまって犯されたものとみるのが相当である」とした。

　以上を総合考慮し, 第二審判決は, 上記の人格傾向がある中で, 統合失調症による妄想と幻聴が顕在化するようになり, これらの病的体験が V 方に向けられ, 警察を呼ぶなどしたことに対する怒りが加わっていたところ, 犯行当日,V の長男の幻声にあって V 方への侵入を敢行し,「その病的体験と前記のような被告人の人格傾向に V 方に対する怒りが加わり, 本件殺人等に及んだもの」であって,「統合失調症による病的体験に犯行の動機や態様を直接に支配されるなどして犯されたものではなく」「心神喪失の状態にはなかったものの,」「被告人の病的体験に強い影響を受けたことにより犯されたものであることは間違いがなく,」心神耗弱を認めるのが相当であるとした。

（d）**最高裁決定**

　以上に対し, 被告人側が, 平成 20 年判例を引用しながら, S 鑑定にしたがって心神喪失と判断すべきであると主張したのに対して, 最高裁は, 平成 20年判例によっても,「鑑定の前提条件に問題があるなど, 合理的な事情が認められれば」裁判所はその意見を採用せずに判定することができ,「特定の精神鑑定の意見の一部を採用した場合においても」「他の部分に事実上拘束されることなく」判定することができるとした上で, 以下のように述べ, 上告を棄却した[358]。

　すなわち,「原判決が, 前記のとおり, S 鑑定について, 責任能力判断のための重要な前提資料である被告人の本件犯行前後における言動についての検討

---

358)　平成 20 年判例同様（前掲注 342）), 鑑定の取扱いよりも責任能力判断自体に焦点を当てて紹
　　介を行う。なお, 以下の引用においては, 原文より鑑定人名を S に書き換えている。

164

が十分でなく，本件犯行時に一過性に増悪した幻覚妄想が本件犯行を直接支配して引き起こさせたという機序について十分納得できる説明がされていないなど，鑑定の前提資料や結論を導く推論過程に疑問があるとして，被告人が本件犯行時に心神喪失の状態にあったとする意見は採用せず，責任能力の有無・程度については，上記意見部分以外の点ではＳ鑑定等をも参考にしつつ，犯行当時の病状，幻覚妄想の内容，被告人の本件犯行前後の言動や犯行動機，従前の生活状態から推認される被告人の人格傾向等を総合考慮して，病的体験が犯行を直接支配する関係にあったのか，あるいは影響を及ぼす程度の関係であったのかなど統合失調症による病的体験と犯行との関係，被告人の本来の人格傾向と犯行との関連性の程度等を検討し，被告人は本件犯行当時是非弁別能力ないし行動制御能力が著しく減退する心神耗弱の状態にあったと認定したのは，その判断手法に誤りはなく，また，事案に照らし，その結論も相当であって，是認することができる。」

(e) 評　　価

平成 21 年判例は，平成 20 年判例の例示した「鑑定人の公正さや能力に疑い」がある場合等にとどまらず，被告人が統合失調症に罹患していたことについては信用性を認めた鑑定について，「犯行前後の事情についての説明が不十分であるということ」[359]・「『機序』の説明の不備」があること[360]を理由に，責任能力判断については尊重しない「合理的な事情」を認めた上で[361]，原審の責任能力判断についてもこれを是認した。もっとも，最高裁は，単に原審の判断を是認したのではなく，厳密には「その判断手法に誤りはなく，また，事案に照らし，その結論も相当であって，是認することができる」としており，「判断手法」の正しさと，「結論」の相当さを分けて記述している。

まず是認されたのは，総合考慮の上，「統合失調症による病的体験と犯行との関係，被告人の本来の人格傾向と犯行との関連性の程度等」を検討するという「判断手法」である。この「判断手法」は，『難解な法律概念と裁判員裁判』

---

359)　林美月子「判批」論ジュリ 2 号 258 頁，261 頁（2012）。

360)　安田拓人「判批」山口厚＝佐伯仁志編『刑法判例百選Ｉ〔第 7 版〕』72 頁，73 頁（有斐閣，2014）。

361)　この点，「合理的な事情」の範囲について平成 20 年判例と異なる判断であると指摘するものとして林・前掲注 359) 261 頁。平成 20 年判例の書きぶり自体に疑問を示し，平成 21 年判例はその意義を限定するものと捉えるものとして，安田・前掲注 360) 73 頁。平成 21 年判例が一部でも鑑定の意見を尊重しうることを認めた点を捉え，むしろ鑑定が尊重される余地が広がった可能性を指摘するものとして，嘉門優「判批」速報判例解説 7 号 179 頁，181 頁（2010）。

第1章　日本法における議論の変遷

の「『精神障害のためにその犯罪を犯したのか，もともとの人格に基づく判断によって犯したのか』という視点から検討」するという提言と「同方向にある」[362]，これに「沿うものである」[363]，この提言を「判例法に組み入れたものである」[364]と評されており，担当調査官も，この提案の「判断手法を基本的に是認したものと評価することも可能であると思われる」としている[365]。前款に見たように，『難解な法律概念と裁判員裁判』の提言における「もともとの人格に基づく判断」という用語については，その妥当する範囲に疑問の余地が存在するところであったが，平成21年判例においては，「本来の人格傾向」という言葉が，一定の場合における統合失調症罹患者に関する責任能力判断において，一定の意義を獲得するに至ったのである[366]。

　そこで，その具体的内実を探るべく，原審による「判断手法」の適用のあり方を見ると，原審は，「病的体験と前記のような被告人の人格傾向にV方に対する怒りが加わり，本件殺人等に及んだ」と認定することで心神耗弱を導いている。このうち，心神喪失ではなく心神耗弱であることを導き得るのは，「被告人の人格傾向」と「V方に対する怒り」である。原審によれば，前者は「被告人の暴力容認的な姿勢ないしは周囲との関係を戦闘的な視点からとらえようとする思考傾向」であり，後者は「それまでのV方に向けた行動の際にV方が警察を呼ぶなどしたことに対する怒り」である。

　しかし，こうした原審の「判断手法」の適用のあり方には疑問も示されている。特に，本件のように妄想があり，病的体験に強く影響されたことが認められているにもかかわらず，「被告人の人格傾向」において暴力傾向を措定し，それとの関連性を問題として心神耗弱を認めるとすると，暴力傾向のある者は責任無能力とはされないことになると批判されている[367]。また，原審が被告人に「被告人の暴力容認的な姿勢ないしは周囲との関係を戦闘的な視点からとらえようとする思考傾向」を認めた根拠は，剣道・柔道・空手を習っていたこ

---

362)　箭野章五郎「判批」法学新報118巻1・2号703頁，717頁（2011）。

363)　田野尻猛「判批」警論64巻11号151頁，160頁（2011）。

364)　安田・前掲注360) 73頁。

365)　任介辰哉「判解」最判解刑事篇平成21年度646頁，670頁。

366)　この「本来の人格傾向」を，平成20年判例の差戻審のように「正常な精神作用」と理解し，連続的に捉えるものとして安田・前掲注337) 269-271頁。逆に，両者を区別した上で，平成21年判例が平成20年判例の差戻審のような判断を否定したものであると捉えるものとして，町野・前掲注356) 71-72頁。

367)　林・前掲注359) 261頁。

166

第4節　平成中期に至るまでの議論の変遷：有力説の興隆・刑事実務との乖離

と，エアガンやサバイバルナイフを購入所持していたこと，従前のエアガン事件の3つであるが，エアガン事件については，S鑑定によれば統合失調症の前駆期はエアガン事件よりも前であって，暴力容認傾向は統合失調症の発症後に生じたのではないかとも批判されている[368]。さらに，エアガン等を持っていたこと，また特に剣道等を習っていたことから，責任無能力を否定する要素となり得るほどに「武道や戦闘などに独自の強い関心を有していること」が導けるかには疑問の余地もあるだろう。それゆえ，「人格傾向の立証のために度を越した立証活動がなされれば無用な悪性立証にもつながりかね」ないとも批判されているのである[369]。

　従って，原審の「判断手法」の適用の通りに最高裁が心神耗弱を認めたのであれば，以上の批判が最高裁決定に向けられることになるだろう。もっとも，前述のように，最高裁は，この「判断手法」に従って心神耗弱との「結論」を導くことを是認しているのではなく，「事案に照らし，その結論も相当」であるとしているに過ぎない。それゆえ，最高裁は，一般論として『難解な法律概念と裁判員裁判』と軌を一にする「判断手法」を採用すること自体には賛同したものの，原審のその適用の仕方には必ずしも賛同しておらず，「事案に照らし」て，心神耗弱であるという「結論」を「相当」としているという読み方も，判決文の読み方として十分あり得るのであって，そのように読むのであれば，上記疑問は，最高裁判例への疑問としては解消されることになろう[370]。さらに，最高裁は，『難解な法律概念と裁判員裁判』とは異なり，「もともとの人格に基づく判断によって犯したといえる部分も残っていると評価できる」（下線筆者）かどうかという叙述はしておらず，「残っている」といえれば心神喪失が認められないかのような叙述は採用していないほか[371]，あくまでも原判決の当該事案における判断手法について認めたものであるから，その汎用性は当然には認められない。

　このように，その具体的内実・適用のあり方についてはなお重大な不明確さ

---

368)　林・前掲注359) 262頁。
369)　箭野・前掲注362) 717頁。
370)　そのように読んだ場合，どのように結論が正当化され得るかには幾つかの方法があり得るように思われる（その当否はさて置き，例えば，動機として「V方に対する怒り」を取り上げ，第1審が指摘するように現実に即した一定の理解できる動機も併存していたことを取り上げること等が考えられる）。
371)　この点については，前掲注337) も参照。

167

第1章　日本法における議論の変遷

を残しながらも,「本来の人格傾向」というフレーズが,統合失調症における責任判断においても,判例上一定の意義を獲得するに至ったといえよう。

(3) 検　討

実務的動向の大枠が正常な精神状態・通常の意思決定として責任能力を把握する見解と親和的であったことも踏まえつつ,平成 20 年判例・21 年判例を実体法的な観点から考察すると,その正常さ或いは異常さをどのように判断すべきかについて一定の判断が示されていることが看取される。

まず,平成 20 年判例は,正常な精神状態・通常の意思決定として責任能力を把握する見解と親和的な枠組みにおいて,正常さ・異常さの判断は統合失調症の病態ないし病像に即して行うべきであること,また本件のような場合においては,動機の一部における正常さや,認識や社会生活における正常さについては評価を過大にすべきでないことを示すものと理解でき,かかる枠組みにおける異常さの判断方法,また正常さの評価についての一定の限界を示すものといえよう。

他方で,平成 21 年判例は,総合考慮の上,「統合失調症による病的体験と犯行との関係,被告人の本来の人格傾向と犯行との関連性の程度等」を検討するという「判断手法」を是認しており,統合失調症に関する責任能力判断においても「本来の人格傾向」が一定の意味を持ち得ることを示している。もっとも,同判例の判示と,難解概念司法研究の定式とには差異があるところである。さらに,同判例は,学説上批判のある原審の適用の在り方までも是認したものとは必ずしも読めず,その具体的判断の在り方についてはブランクにされている。難解概念司法研究に関する検討も踏まえると,ここでは,正常さ或いは異常さの判断にあたって,一定の場合に「本来の人格傾向」が意味を持ち得ることは認めつつも,その限界や具体的適用の在り方についてはなお明らかにされていないといえるだろう。

第3項　看取される問題：近時の司法研究を例に

このように,裁判員裁判導入前において,正常な精神状態・通常の意思決定として責任能力を把握する見解と親和的であるところの従前の実務的判断の大枠において,正常さ或いは異常さを如何様に評価すべきであるかについて,実務上議論が展開されていたところであった。そして,以上により看取される議

論・問題点は，現在においてもなお受け継がれているように思われる。そこで，本款の最後に，本節の対象とする時代を跨いでしまうものの，近時の司法研究（公判準備司法研究[372]・実質的協働司法研究[373]）を見たうえで，近時の実務的動向における議論の方向性と問題点において，前項までに看取された問題が現れていることを示したい。

1 近時の司法研究の叙述

(1) 公判準備司法研究

公判準備司法研究は，「公判前整理手続が長期化する根本的な原因は，争点及び証拠の整理が的確に行われていないことに」あるとして，公判準備に困難を来した事例について，それらの原因を探り検討を加えたものである[374]。その中で，刑事責任能力判断については，以下のように，近時の精神科医からの提言（7つの着眼点・8ステップ論）との関係で，その判断構造について検討を加えるとともに，実体法上の議論についても踏み込んだ表現を行っている。

公判準備司法研究は，現在の実務において，「『7つの着眼点』がどのような機能又は役割を有するかについて十分に意識されることなく，責任能力に関する詳細な主張がなされている事例が多い」として，問題性を指摘する。そして，責任能力の判断枠組みとしては，基本的に岡田幸之の提唱した8ステップ論[375]の枠組みを支持したうえで，7つの着眼点については「法律家と精神科

---

372) 司法研修所編『裁判員裁判において公判準備に困難を来した事件に関する実証的研究』（法曹会，2018）。

373) 司法研修所編『裁判員裁判と裁判官——裁判員との実質的な協働の実現をめざして』（法曹会，2019）。

374) 司法研修所編・前掲注372) 2頁。

375) 岡田が，精神科医と法曹の役割分担を踏まえつつ，「現在の日本の責任能力判断の構造を理論的に整理」したものとして提示したものであり（岡田幸之「精神医学がいう『異常』と法律判断」法時90巻1号39頁注1 (2018)），「白丸数字は医学的な作業，黒丸数字は法学的な作業」を示すものとして，「事件が起こった際に法律家は，❶あらゆる情報を集め，❷犯行の態様や事情を認定し，これに刑法をあてはめることによって構成要件該当性や違法性を決定する（筆者注：これが❸）。このとき，責任能力に疑問が生じたならば精神鑑定を要請する。これを受けて精神科医は，①あらゆる情報を集め，②精神の機能，症状，病理，病態（健常部分を含む）をまとめ，③これに診断基準等をあてはめることによって診断を行う。そして②で確認した精神の諸要素が❷で認定された犯行の諸要素とどのように関係しているのかを整理して，④精神障害が事件に与えた影響の機序を描く。法律家は，刑法39条を念頭において，❺その機序のなかから弁識能力や制御能力に関わる機序のみを抽出し，❻具体的に弁識能力と制御能力として観るべきものを特定し，❼それらの能力の障害の程度を評価し，❽その評価の程度に応じて，刑事責任能力（心神喪失，心神耗弱，完全責任能力）を決定する。」というものである（同注2，詳しくは同論文に掲載されている図を参照。なお，8ステップ論については，その嚆矢として，同「責任能力判断の構造」論ジュリ2号103頁

169

第1章　日本法における議論の変遷

医の役割分担が十分に意識されていなかった時期の鑑定書や判決を分析した結果，抽出された項目である」と注意を促す。そして，7つの着眼点は，「例えば，鑑定書において，精神障害が犯行に影響を与えた機序がきちんと説明されていない場合」にかかる着眼点から「検討する必要があったのではないか」とし，「しかし」これは「本来，精神科医において」「精神障害が事件に与えた影響の機序」（8ステップ論における④）として説明すべきことであるという。こうして，「『7つの着眼点』として考慮されるべき視点は，被告人を実際に鑑定した精神科医による『機序』の説明の中に解消されるべきものといえる」として，「精神障害が犯行に影響を与えた機序」こそが重要であることを強調する[376]。

　以上のことについて，公判準備司法研究は，具体例として，うつ病と診断され希死念慮・心気妄想・罪業妄想が認められる被告人が子供を殺害した事例を取り上げ，以下のようにいう。すなわち，「『了解可能性』『計画性』『一貫性・合目的性』というのは，被告人の精神状態（精神症状や正常な機能）が表層に現れた部分を法律家として分析可能な観点で評価したものであるが，本質的なことは，精神状態（精神症状や正常な機能）が犯行に与えた機序そのものであり，本来，精神科医の判断に委ねられるべきであろう。そして，このうち，精神症状が犯行に影響したと判断された部分は，被告人の自由意思でコントロー

(2012)。法曹向けの解説として，同「責任能力判断の構造――8ステップモデルの基本解説」刑弁93号37頁（2018）。7つの着眼点との関係も含めた解説として，同・前掲注318）。もっとも，これは現在の議論の枠組みを示すものとして位置づけており，法的判断をどのように行うかについて提言するものではない。岡田自身，責任能力が"わからない"のは，❺～❽「の法的水準での方法論が"わからない"ことが原因である」，「鑑定は責任能力の結論を伺う御宣託ではない」，「責任能力判断の責任は法曹にあることを裁判員制度は明らかにしているのである」と厳しい指摘を行っており（同・前掲（論ジュリ）），その判断方法によっては，例えば「③→❽型」や「②→❻型」のように，色々な判断のモデルも可能であると示している（同「精神科医から見た法律家が考えるべき問題」刑雑58巻2号154頁，166頁（2019））。なお，8ステップ論について，疾病診断の重要性が軽視されないか，また機序を強調することで精神医学的に不可能な判定を行うことが求められないかとの精神科医からの批判として，例えば田口寿子「精神鑑定の精神医学的意義を守るために」臨床精神医学47巻11号1213頁，1215頁以下（2018），五十嵐禎人「刑事責任能力鑑定について最近感じること」同1237頁，1242頁）。

376）　この「機序」という言葉は，論者によって異なるニュアンスをもって理解されているように思われる（例えば，中谷陽二＝清野憲一＝鈴木秀行＝菅野亮＝赤崎安昭＝吉岡眞吾＝村松太郎「法曹と精神医学の対話」臨床精神医学47巻11号1171頁，1186頁〔清野，中谷発言〕（2018）を参照）。岡田自身も，「機序を説明するというのは，必ずしも，妄想や幻聴などの『非合理的な理屈』で事件を合理的に説明しなければならないわけではない。本人が非合理的な説明すらできないことがむしろ事件時の病理の影響を示唆している――このような意味も含めて，精神科医による機序の説明は丁寧に行わなければならない」と注意を促している（岡田・前掲注375）（刑弁）39頁）。この点については，**第4章第3節第1款第3項1**(3)を参照。

170

ルできない性質の部分である。例えば，幻覚妄想に支配された犯行の場合，幻覚妄想自体が，本来あり得ないことを真実だと思い込み，それが訂正不可能な状態を意味するから，それに支配された犯行は，本人の自由意思で左右できないものであったという評価になるのであろう」と。

そして，「以上によれば，法律家の領域では，精神科医が説明する精神症状の影響の大きさとその影響の仕方を，精神の正常機能の働き具合と併せ考えることによって，『是非善悪の判断能力』や『その判断に従って行動をコントロールする能力』がどれくらい残っているのかを評価すれば足りるように思われる」という。上記具体例の分析としては，「是非善悪の判断能力」については保持されているとした上で，「自分の行動をコントロールする能力」については，「うつ病による希死念慮，心気妄想，罪業妄想等の強い影響により，自分の行動をコントロールする能力がかなり損なわれたと評価することになる」一方，「数日間にわたって自殺をためらっていることや，最終的に拡大自殺を図ったのには，何でも自分で対応しなければならないという被告人の本来の性格も寄与していることなどからすれば，自分の行動をコントロールする能力は多少とも残っていたといえよう」としている[377]。

(2) 実質的協働司法研究

実質的協働司法研究は，「裁判官と裁判員との協働の核心部分である評議に主として焦点を当て，可能な限りその実像に迫り，課題を明らかにしようと試みたものである」とされる[378]。そのうち，責任能力の実体法上の議論については，まず責任主義についての「説明の在り方」として，「精神障害の影響により，自分の行為がやってもよいことか悪いことかを判断できないときや，悪いことと分かっていても自分の意思で思いとどまることができない場合には，それを非難することができないので，刑罰を科すことができない」という説明について，「両方の要素を判断する必要のある事案により適した説明」であるとしつつ，「善悪の判断能力は正常であるのに，行動コントロール能力だけが欠如し，あるいは著しく低下している事案は，少数にとどまると思われる」として，事案によっては「自分の行為がやってもよいことか悪いことかを判断できないとき」に絞った説明を行う方が簡明な場合もあるという[379]。

---

377) 以上につき，司法研修所編・前掲注 372) 104-114 頁。
378) 司法研修所編・前掲注 373) 1 頁。

第 1 章　日本法における議論の変遷

そのうえで,「責任能力が問題となる事案における基本的な判断枠組み」として,難解概念司法研究の定式について,以下のように一定の修正を加えている。すなわち,難解概念司法研究の提言を用いた「精神障害の影響のためにその罪を犯したのか,元々の人格に基づく判断によって犯したのか」という判断枠組みについて,かかる提言は「統合失調症の場合には,裁判例において平素の人格と乖離しているか否かが重視されていることが多いことに着目して」このような判断対象を示したにすぎず,「統合失調症以外の他の精神障害について,同じ説明が妥当するわけではないのは当然である」として,難解概念司法研究の提言は「『もともとの人格』の立証や認定ができる場合を想定した説明であって,り患してから長期間にわたって治療を受けたことがなく,その発症時期や発症前の性格などが不明なため,人格異質性を判断の重要な要素にすることが難しい事案にあえてこの中間概念を使う必要はない」という。そして,「『精神障害の圧倒的な影響(著しい影響)のためにその罪を犯したのか』かどうかが,裁判官にとっても責任能力判断の分かれ目になってきたものと思われる。そうすると,難解概念司法研究にいう『もともとの人格』とは,より本質的には,『正常に判断・制御する部分』と理解されるべきであろう」として,「精神障害の影響のためにその罪を犯したのか,正常な精神作用によって犯したのか」という判断対象の示し方が,「統合失調症を念頭に置いた場合,より汎用的なものであるということができる」としたうえで,「類型ないし事案ごとに判断の分岐点となる的確な判断対象を設定することができれば,上記の枠組みは,統合失調症のみならず,躁うつ病,アルコール関連障害,薬物関連障害などにおいても有効に活用できるといえよう」と提言するのである。

このように,かかる判断枠組みに正当性を認めたうえで,実質的協働司法研究は,心神喪失・心神耗弱について「精神障害の影響により,自分の行為について,してもよいことなのか悪いことなのかの判断能力,またはその判断に従って自分の行動をコントロールできる能力」が失われている或いは著しく低下

379) 司法研修所編・前掲注 373) 92-93 頁。もっとも,このような説明をしたからといって「行動コントロール能力の要件の検討が不要となるわけではない」としており,弁識能力に全て解消されるという議論をしているわけではない。
　なお,「善悪の判断能力は正常であるのに,行動コントロール能力だけが欠如し,あるいは著しく低下している事案は,少数にとどまると思われる」という点について,脚注で,「刑法は,行為者に対し,この社会をともに構成する者としての平均的な要請に応じることを期待しているのであり,その要請に反する以上,責任を肯定すべきである(平均人標準説)」と書いている(注 181)が,その趣旨は不明である。

172

している状態であるとする判断枠組みについて，以下のように述べる。すなわち「善悪の判断能力と行動コントロール能力の関係については，多くの場合，分断する必要がないことは裁判官の間で既に共有されており，重点を前者において評議することは可能であろう。しかし，たとえ善悪の判断能力に評議の焦点を当てたとしても，それを具体的な事案において当てはめる作業が難しいという問題の本質は変わっていないはずである。もし，そのような難しい当てはめ作業を行う評議がそれなりにできているとすれば，裁判官や当事者が，前記の判断枠組みを示す際に，当該事案において重要と考えている要素（判断の分岐点）を，何らかの形で抽出して指摘しているためであると考えられる」と述べて，「精神障害の影響のためにその罪を犯したのか，正常な精神作用によって犯したのか」という提言は「統合失調症や躁うつ病などの精神障害」では「現時点でも有効であることは既に検討した通りである」というのである。もっとも，「知的障害やパーソナリティ障害，発達障害などの精神障害や複数の精神障害を併発している事案では，判断のポイントについて法律家として未整理な状況であり，当面は従来の判断枠組みも利用しつつ，どこが判断の分岐点となっているのかを探りながら，事案を集積していくほかないであろう」としている[380]。

2 看取される問題

以上の司法研究の叙述においては，大枠としては（とりわけ統合失調症等を念頭に）精神障害と犯行との影響関係が決定的であることを是認しており，少なくとも基準の議論においては，正常な精神状態・通常の意思決定として責任能力を把握する見解と親和的であるところの従前の枠組みを引き継ぐものであると考えられる。そして，前款までの検討を踏まえると，以上の叙述においては，責任能力を基礎づけ得る正常な精神状態・通常の意思決定につき，その原理・基準・適用を巡る議論が行われているものと整理することができるように思われる。

(1) 原理について
公判準備司法研究及び実質的協働司法研究においてまず注目されるのは，そ

---

380) 以上について，司法研修所編・前掲注373) 95-100頁。

第1章　日本法における議論の変遷

の原理において，現在の有力説に親和的な原理が援用されていることである。すなわち，例えば，前者においては「精神症状が犯行に影響したと判断された部分は，被告人の自由意思でコントロールできない性質の部分である。例えば，幻覚妄想に支配された犯行の場合，幻覚妄想自体が，本来あり得ないことを真実だと思い込み，それが訂正不可能な状態を意味するから，それに支配された犯行は，本人の自由意思で左右できないものであったという評価になるのであろう」としている。「自由意思」は多義的でありここでの意味は確定し得ないものの，精神症状の影響を「本人の自由意思でコントロールできないもの」と位置づけることで基準の説明を試みており，有力説に親和的な原理の説明となっているといえよう。また，後者においては，責任主義の説明の在り方として，端的に「精神障害の影響により，自分の行為がやってもよいことか悪いことかを判断できないときや，悪いことと分かっていても自分の意思で思いとどまることができない場合には，それを非難することができない」との説明を当てており，有力説の原理と親和的であるといえる。

　前項2で見たように，難解概念司法研究は有力説の説明を採用せず，また有力説とも異なる原理を採用することで，実務的動向と有力説との距離感を明らかにしていたところであったが，以上の議論は，原理においては有力説の説明を援用することによって両者の融和を図ろうとするものであると整理できよう。もっとも，本書の問題意識から検討されるべきは，かかる原理が，従前の枠組み（基準）と論理的に整合しているか否かという点である。

　公判準備司法研究の原理の説明においては，精神症状の影響が「本人の自由意思でコントロールできないもの」と位置づけられているが，ここで対置されている「もともとの性格・人格」（例えば性格の偏り，特殊な思考方法）については本人の"自由意思"でコントロールできると評価してよいのだろうか。或いは一定の嗜癖・依存の影響はどのように評価されるのだろうか。また実質的協働司法研究の原理の説明のように，「精神障害の影響」であれば「やってもよいことか悪いことか判断できない」或いは「自分の意思で思いとどまることができない」と評価することには，既に序章で見たように，例えば人格障害や窃盗癖，或いは妄想性障害について如何なる判断が導かれるか明らかではなく，疑問の余地がある[381]。

───────────

[381]　**序章第1節第3款第1項**参照。現実に陰惨ないじめにあった者が，"自分の意思ではどうしようもない"ほどに湧き上がる憎しみから加害者を殺害した場合には，責任能力の問題であるとは考

174

第4節　平成中期に至るまでの議論の変遷：有力説の興隆・刑事実務との乖離

このように，有力説の原理の援用が，果たして実務的な枠組みとの融合に成功しているのかについては疑問の余地があり，ここには実践的な枠組みが如何なる原理から基礎づけられるかについての議論・問題が生じていると評価することができよう。

(2)　基準について：「正常」の内実

従前提示されていた判断枠組みについても，両司法研究は新たな議論を提示している。

まず，公判準備司法研究は，正常さを基礎づけ得る着眼点でもあり得た「7つの着眼点」について[382]，その機能等が意識されずに詳細な主張がなされていることを問題視し，「精神障害が犯行に影響を与えた機序」の説明の中にこれを解消しており，「7つの着眼点」の重要性について一定程度低めたものと見ることができる[383]。もっとも，その上でどのように具体的に責任能力判断を行うべきかについては明瞭ではない。具体例の叙述における「その判断に従って行動をコントロールする能力」の内実を見ると，病気による強い影響と，被告人の本来の性格の寄与とを重視しており，ここには，難解概念司法研究の定式が影響力を持っていることが看取される。

もっとも，難解概念司法研究の定式は，実質的協働司法研究によって一定の修正を受けている。すなわち，実質的協働司法研究は，難解概念司法研究の定式を引き継ぎつつも，「もともとの人格」について一定の修正を加え[384]，「精神障害の影響のためにその罪を犯したのか，正常な精神作用によって犯したのか」という判断枠組みを是認しているのである。ここでは，「精神障害の影響のためにその罪を犯した」のかにポイントがあるとともに，そこで対置されて

えもしないように，〈自由意思〉として責任能力を把握する中で，犯行に寄与しているものが精神症状か「本来の性格」かによって，なぜ判断が変わるのかは定かでないように思われる。

382)　この点については前項1を参照。

383)　なお，稗田雅洋「責任能力と精神鑑定」池田修＝杉田宗久『新実例刑法』165頁（青林書院，2014）は，7つの着眼点を「精神障害が犯行に与えた影響（前記ステップ④）を法的に分析する上で，その前提事実として法律家が注目し質問することが多い項目をまとめたもの」であるとしている（178頁）。

384)　難解概念司法研究自体は，「犯行が妄想に直接支配されていたか否かが責任能力の判断のポイントとなる事案」について同定式を視点として提示し，かつ，躁うつ病・アルコール関連障害・薬物関連障害・広汎性発達障害・人格障害についても同様の視点で判断ができるといっていたのであり，「統合失調症以外の他の精神障害について，同じ説明が妥当するわけではないのは当然である」，「『もともとの人格』の立証や認定ができる場合を想定した説明」であるとは読めないように思われる。ここでは，難解概念司法研究の定式の実質的な修正が図られていると評価できよう。

175

第1章 日本法における議論の変遷

いるのは，何らかの意味で「正常な精神作用」であることが示されており，かかる判断枠組みが，正常な精神状態・通常の意思決定として責任能力を把握する見解と親和的であることが明示されるに至っていると評価できる一方，「もともとの人格に基づく判断」が過度に強調されることに歯止めをかけたものと見ることができるだろう。

このように，正常さを基礎づけ得る観点をどのように取り扱うべきか，また正常さの内実として「もともとの人格」をどのように評価すべきかについては，近時の裁判例においても問題となっているところである。前者については，例えば，平成後期には7つの着眼点を網羅的に検討するものがあったほか[385]，自己の行為の意味の理解など一定の正常さを指摘して責任能力を肯定するものがある[386]一方で，精神障害や妄想の強い影響を認めた上で，合理的行動があることや行為の意味の認識等があったとしても，これを強調することはできないとするものもある[387]。また，後者については，妄想以外に犯行動機が認められない場合であっても，犯行に至るまでに被告人の「人格」等が介在している点をもって責任能力（ないし完全責任能力）を肯定するものがある一方で[388][389]，平素の人格に特別な偏りがないことを理由に人格親和性の強調を否

---

385) 例えば，被告人の精神障害が犯行に与えた影響の有無及びその程度については，7つの着眼点を総合考慮した上で判断することが合理的であるとして，これを網羅的に検討し，「そうすると，本件犯行当時，被告人は，被害妄想と幻聴体験の影響により自分の行動が良いことか悪いことかを判断し，その判断に従って行動を制御する能力がある程度低下していたものの，その程度は著しくは」なかったとするものとして，大分地判平成23年7月28日 LEX/DB 25480174。他にも，田岡直博「裁判員裁判における責任能力判断の変化 判決一覧表の分析」刑弁93号55頁，55頁（2018）によれば，統合失調症罹患者の責任能力判断について，7つの着眼点を網羅的に検討した山口地判平成24年2月20日判例集未登載があるとされる。

386) 例えば，津地判平成25年12月18日 LEX/DB 25502702（重度の産後うつ病の影響を著しく受けた病的で異常な思いこみにより犯行（保護責任者遺棄致死）を行っており，犯行に一貫性もないとしつつ，自己の行為の意味を理解している点を指摘して，心神喪失を否定している）。

387) 例えば，京都地判平成25年2月26日 L06850079（統合失調症の幻聴や妄想により被害者から嫌がらせを受けてきたと思い腹立たしい感情を持っていたところ，Tシャツを取ろうとした際にそれが床に落ちたため，Vの仕業だと考えて怒りを爆発させて犯行（殺人未遂）に及んだという事件について，動機は常識に照らすと了解不可能であるとともに，動機と犯行との間に相当大きな飛躍があることを指摘した上で，目的に向けた合理的な行動をとっているようにもみえるが，これは被害者を殺すと決めた上での選択としてはごく単純な判断であり強調できないこと，行為の意味や違法性を十分理解しているが，症状の程度の判断に影響は与えないこと等を指摘して，心神喪失を認めている）。

388) 例えば，山口地判平成25年6月27日 LEX/DB 25501467（明日には殺されるという妄想や，やられる前にやれ等の内容の幻聴があるが，被告人には追い詰められたときに独断的，自己中心的な思考をするという傾向もあり，被告人のもともとの人格の部分で判断したところもあるとして心神喪失を否定）。

389) 類似の議論として，動機形成には精神症状の影響があるとしても，決意或いは実行には被告人

176

定するものがあるほか[390]，容易に重大犯罪を人格の発露と見ることに明示的に歯止めをかけようとするものもある[391)392)]。

こうした議論は，難解概念司法研究や平成20年判例・21年判例にも現れていたように，正常な精神状態・通常の意思決定として責任能力を把握する見解と親和的な判断枠組みを採用した際に，その正常さ或いは異常さを如何様に判断すべきであるかに関する議論であると整理することができ，かかる点について自覚的に議論が提起されているほか，実務上一定の混乱も見受けられるということができるだろう。

(3) 判断枠組みの限界について

もっとも，以上のような判断枠組みについては，実質的協働司法研究によって一定の限界が認識されているところである。すなわち，実質的協働司法研究は，昭和6年判例のような定式について，これを「善悪の判断能力」「行動コントロール能力」という観点から分析的に議論をしても問題の本質は変わらないとして，かかる議論の方向性を批判的に見た上で，判断の分岐点が抽出されることが重要であることを指摘し[393)]，「統合失調症や躁うつ病などの精神障害」については，「精神障害の影響のためにその罪を犯したのか，正常な精神

自身の意思決定の介在を見出すことができるとして責任能力を認めるものがある（例えば，東京地判平成26年3月20日 L06930063）。もっとも，実行や直接の動機のみを見ると了解可能に見えても，それらが精神症状の強い影響を受けている点を指摘して心神喪失を認めるものもある（例えば，神戸地尼崎支判平成22年4月19日判タ1360号246頁）。

390)　名古屋地判令和元年9月13日 L07451112（うつ病が認められる被告人が殺人に及んだ事件で，犯行態様の異常さを指摘し，平素の人格によって説明することが困難であると判断。検察官は責任感が強い平素の人格であったと指摘するも，性格や思考に特別な偏りがあったとは認められないとしてこれを排斥）。

391)　例えば，いわゆる熊谷6人殺害事件の控訴審判決である東京高判令和元年12月5日東高刑時報70巻1〜12号89頁（妄想がなければ犯罪に及ぶことはなく，妄想に強い影響力があったことを指摘した上で，原審が被告人は残虐な場面が出てくるゲームに関心を有し，元来の人格と連続性のある正常な精神機能に基づく行動とみて違和感がないとしたのに対して，そのようなゲームに関心のある者が3日間の間にさほど多額でない金品欲しさに6名連続殺害することは通常想定できないと批判。完全責任能力を認め死刑を科した原審を破棄し，心神耗弱を認めた）。他にも，大阪高判令和元年5月20日 L07420150。

392)　なお，「人格」という観点は責任能力を肯定する方向だけでなく否定する方向にも用いられている。例えば，福島地判平成24年3月23日 L06750169（躁病発症前の性格と比較すると犯行が突出しており，行動をコントロールする能力が著しく制限されていた可能性があると指摘し，完全責任能力を否定している）。

393)　このような議論の方向付けは，少なくとも昭和6年判例自体の理解としては正当であるように思われる。この点については，本章第2節を参照。

177

作用によって犯したのか」が重要になるとしており，かかる判断枠組みが大枠としては正当であることを示している。他方で，「知的障害やパーソナリティ障害，発達障害などの精神障害や複数の精神障害を併発している事案では，判断のポイントについて法律家として未整理な状況」であるとして，当面は昭和6年判例のような定式を使いつつ「どこが判断の分岐点となっているのかを探りながら，事案を集積していくほかないであろう」としているのである。

既に見たように，従前の裁判例においては，例えば知的障害や人格障害については，正常さを基軸とした上記の大枠からは必ずしも捕捉されないような判断を提示するものが見受けられたのに対して[394]，難解概念司法研究は広汎性発達障害や人格障害についてもその提言が及ぶかのような汎用性を主張していたのであった[395]。このような中で，実質的協働司法研究は，知的障害やパーソナリティ障害，発達障害などについて同様の枠組みを採用してよいか，或いはかかる枠組みに限界があるかという点を議論の俎上に載せているといえよう。そして，難解概念司法研究に関する検討でも見たように[396]，上記の大枠がどれほどの汎用性を持つものであるかは，結局のところ，その正常さの内実，さらにはその依拠する原理に関する問題であるのだから，上記の大枠の限界に関する問題は，ひいてはかかる枠組みの原理・基準・適用に関する問題へとつながるものであると評価することができるだろう。

第4項　小　　括

以上見てきたように，昭和59年判例以降平成中期に至るまでの裁判例の動向も，裁判員裁判導入に際する議論の展開も，また近時の司法研究の動向も，いずれも正常な精神状態・通常の意思決定として責任能力を把握する見解と親和的である従前の判断枠組みを継受しているものであり，このうち後者二つはその正常さ・異常さの判断をめぐって自覚的に議論を展開するものであると整理することができるように思われる。

このことを，本章の判例学説史より明らかになった分析軸，すなわち刑事責任能力を巡る理解には，主として，現行刑法制定当初（明治末期）から唱えられてきた，正常な精神状態・通常の意思決定を表すものとの理解と，1930年

---

394)　前節第2款第2項，本款第1項。
395)　本款第2項2。
396)　本款第2項2 (3) (b)。

第4節　平成中期に至るまでの議論の変遷：有力説の興隆・刑事実務との乖離

代より有力化してきた，端的に〈自由意思〉を表すものとの理解の二つが存在したとの分析軸に即して見るならば，以下のようにまとめることができるだろう。

　すなわち，実務的動向において見受けられるところの，一定の精神障害・症状（とりわけ幻覚妄想）と犯行との関連性や動機の了解可能性を重要なファクターとする判断枠組みは，従前と同様のものであり，正常な精神状態・通常の意思決定として責任能力を把握する理解と親和的なものであった。そして，平成20年・21年判例が，正常な精神状態・通常の意思決定を表すものとの理解と親和的な形で判断を提示しているように，また難解概念司法研究が，自覚的に有力説を示す説明案を採用せず，従前の判断枠組みを引き継ぐとともに，有力説とは異なる原理を提示しているように，かかる動向は有力説よりも，正常な精神状態・通常の意思決定として責任能力を把握する理解に親和的なものであったといえる。以上に対し，近時の司法研究は，原理においては有力説の説明を援用することによって両者の融和を図っているが，そのような融和が成功しているかには疑問の余地があり，少なくとも，かかる援用が当該司法研究における基準・適用の議論に変化をもたらしているわけではない。

　他方で，正常な精神状態・通常の意思決定として責任能力を把握する理解と親和的な枠組みを維持するとしても，その内実や限界については自覚的な議論が生起するに至っている。例えば，難解概念司法研究や平成21年判例は「もともとの人格」「本来の人格傾向」という観点が重要になり得ることを示しているが，実質的協働司法研究はその限界を示唆し重要性を低め，結局は「精神障害の圧倒的な影響（著しい影響）のためにその罪を犯したのか」が重要であることを示している。もっとも，そのように理解したとしても，動機や認識等において正常に見える側面があった場合にこれをどの程度重要視していいかについては，平成20年判例やその差戻審の議論にも見られるように，必ずしも明らかではない。さらに，難解概念司法研究は上記枠組みが汎用性を持ち得ることを示している一方で，実質的協働司法研究では枠組みの適用に限界があり得えないか問題提起をしているところである。

　以上のように，とりわけ裁判員裁判導入前後以降の実務においては，正常な精神状態・通常の意思決定として責任能力を把握する理解に親和的な枠組みにおいて，これを如何なる原理から基礎づけるか，また正常さを如何なる見地から理解し，如何なる適用結果を導くべきかについて，議論が生起し，また判断

179

第1章　日本法における議論の変遷

が分かれているところであって，理論的検討を要する状況にあると整理することができよう。

第3款　小　　括

　昭和59年判例以降，現在に至るまでの議論状況の変化をみると，現在の学説上の個々の見解や個別の裁判例についての分析はさて置くとしても[397]，大要以下のようにいうことができるだろう[398]。

　まず学説においては，責任非難の観点から正常な精神状態・通常の意思決定を責任能力基準に据える見解が消失する中で，有力説を採用するか，さもなくば責任非難を原理として放棄するか，という議論の枠組みが形成され，責任非難を原理とする責任とは「当該犯行を思い止まることが可能であったことを理由とする非難可能性」であり，そしてそれこそが責任能力の中核的基準であるという観念を不動の前提とする見解（〈自由意思〉を表すものとして責任能力を把握する理解或いはそのヴァリエーション）が有力化することとなった。しかし，有力説も，その適用における議論においては，罹患している精神障害の種類やその程度といった，いわゆる生物学的要素にもなお一定の重要性を見出していたところであったが，これが有力説から如何なる論理的説明をもって可能になるか，不明瞭な点が残されていた（第1款）。

　以上に対して，実務的動向においては，従前と同様，正常な精神状態・通常の意思決定として責任能力を把握する見解と親和的である判断枠組みが採用されるとともに，裁判員裁判導入前後に至っては，その正常さ・異常さの判断をめぐって自覚的に議論が展開され始めていた。すなわち，とりわけ難解概念司法研究が，正常な精神状態・通常の意思決定として責任能力を把握する見解と親和的であるところの従前の実務的判断の大枠については，自覚的にこれを維持することを承認しつつも，その正常さ或いは異常さについて如何様にこれを判断すべきかにつき，議論を展開するに至ったのである。かかる議論は，諸判例にも見出されるほか，現在においても見出されるところであり，そこでは，上記の大枠が如何なる原理に基づくものであるか，その「正常さ」の内実，そして「人格」の位置づけはどのように理解すべきであるか，また以上の大枠に

---

397)　この点については本節柱書参照。
398)　なお，現在の議論状況については，序章第1節参照。

180

は適用範囲の限界が存在しないかについて議論が展開されており，かかる枠組みの原理・基準・適用を巡る議論が自覚的に提起されていると評価することができよう（第2款）。

　こうして，有力説において，その支持する適用結果が如何なる論理的説明をもって可能となるか不明瞭な点が残されている中で，とりわけ裁判員裁判の導入及び運用にあたって，実務的に独自に「正常さ」を巡る自覚的議論が展開されるに至り，**序章に見たような議論状況**[399]が形成されたと評価できよう。このように，責任能力の判断枠組みについては，理論的にも実践的にも，原理・基準・適用の観点から検討する必要性が存在しているといえよう。

第5節　検討課題・次章以降の検討の方針

　本章の最後に，前節までの検討から獲得された知見を整理するとともに，本書で検討すべき課題を明確にしたうえで（第1款），次章以降の検討の方針を述べることとしたい（第2款）。

第1款　検討課題

第1項　我が国の判例学説史の素描

　犯罪の軽重にかかわらず一定の精神の異常に基づき必要的に免責を認める制度は，既に我が国では旧刑法78条によって認められていたところ，現行刑法39条は，「精神障礙ニ因ル行爲」か否かが決定的であり，精神障害の段階に応じて「普通ノ刑罰」を加えるものから刑罰を全く科さないものまで書き分けるべきであるという観念に基づき制定されるに至った。現行刑法39条は「心神喪失」「心神耗弱」という用語を用いているが，これは，上記観念に基づきながらも，「精神障礙」の定義には医学上も争いが存在することに鑑み，法律上意義を決することができる用語として当時の民法から借用されたものであった。もっとも，「心神喪失」「心神耗弱」の用語を支える法律上の意義が一体何であ

---

399)　**序章第1節**（とりわけ第3款）参照。

第1章　日本法における議論の変遷

るかとは制定過程上定かではなく，むしろ立法者は，責任論を巡って学説上「大ニ議論アル」中において，敢えて特定の学説に与しないように本条を設けており，本条はその内実について敢えてブランクにされた条文であった（以上，第1節）。

そこで，制定直後の学説の理解を見ると，学派的争いにおける根本的な立場の相違にもかかわらず，責任能力基準という局面においては，正常な精神状態ないし通常の意思決定という観点へと学説が収斂していたことが看取された。自由意思論を否定する新派的見解のみならず，我が国の当初の旧派的見解も，原動力ないし決定の正常さを基準の中心に据え，かかる基準は意思の自由とはなんの関係もないと強調していたのであった。そして1920年代に入ると，正常な精神状態ないし通常の意思決定を全体的に記述したものとして，一定の義務等を認識しその認識に従って行為する能力という定式を提示する学説が多く見受けられるようになると共に，判断者の経験可能性という観点から原理と基準の接続が図られるようになったほか，適用範囲についても一定程度の具体性をもって議論がなされるに至った。こうして，責任能力の基準は，正常な精神状態ないし通常の意思決定を全体的に記述したものとして，学派的争いを超えて，上記の定式をもって記述されるようになり，この点について一定程度一貫した原理・基準・適用の議論が展開されていたのであった。

かかる定式は，1930年代に入り，改正刑法仮案の草案や昭和6年判例において実現することとなる。現在，同判例の定式は現在の有力説を支持するものとして提示されているが，前者の成立過程や後者等の事案の解決を見ると，知情意の3つの方面から全体的に精神作用を考察し，正常異常を判断し，その程度が心神喪失にまで至っているかを判断することが想定ないし是認されており，昭和6年判例の定式は当時の学説の理解と軌を一にするものであった（以上，第2節）。

もっとも，昭和6年判例以降，学説の流れには一定の変化がみられるようになる。すなわち，従前と同様に正常な精神状態ないし通常の意思決定を全体的に記述したものとして同判例の定式を位置づける理解もあるものの，同定式を端的に自由意思の表れとして位置づける旧派的見解が主張されることとなったのである。かかる見解は，人間に自由意思があるという自らの立場の宣言を超えて，新派の批判を論理的にどのように受け止めているか必ずしも明らかでなく，それまでの旧派的見解の議論の積み上げとの間には重大な断絶があるもの

182

であった。

　かかる学説の議論状況は，戦後（昭和中期）の議論状況にも引き継がれることになる。そこでは，行為者人格という観点から一定の変化はみられるものの，基本的に，〈自由意思〉の表れとして責任能力を捉える理解と，正常な精神状態・通常の意思決定として責任能力を捉える理解のヴァリエーションとして評価できる議論が提示されていた。このうち，前者については適用との関係の不明瞭さが既に同時代において批判されていた一方で，後者についてはその「正常さ」を社会規範的観点から捉えるのか，医学的観点から捉えるのか等といった点で様々なヴァリエーションが存在していたことが看取された。

　他方，同時期には刑事裁判例の判断も積み重ねられていたが，その大枠は，正常な精神状態・通常の意思決定として責任能力を捉える理解と親和的なものであった。さらに，昭和53年判例も，一般の殺人事件にもあり得るような「動機」から説明がつくかどうかという観点を中心に責任能力判断を行っており，かかる理解との親和性を示している。この点，昭和59年判例は，「精神分裂病即心神喪失」の議論（すなわち医学的な診断名により「正常さ」を判断しようとする議論）を従前の裁判例の大勢と同様否定し，一定の総合考慮による判断を是認したが，その総合考慮の方法については明確でないところ，同判例の調査官解説が従前の裁判例と整合する形でかかる総合考慮を理解しているように，その意義は限定的なものであった（以上，第3節）。

　平成期に入っても，裁判例の大枠は従前と同様であったが，学説においては重大な変化が生じるようになる。とりわけ責任非難の観点から正常な精神状態・通常の意思決定として責任能力を捉える見解が学説から消失することで，責任非難の観点からは「違法行為を思いとどまることができる能力」「を前提とせざるを得ない」という観念が支配的となり，有力説を採用するか，さもなくば責任非難を原理として放棄するか，という議論の枠組みが形成されるに至ったのである。こうして，現行刑法制定直後から昭和中期まで学説上存在していた，正常な精神状態・通常の意思決定として責任能力を捉える見解が学説から消失する一方で，実務上はかかる見解に親和的な大枠が受け継がれており，学説と実務の乖離が生じるに至った。そして，裁判員裁判導入を受けて，実務においては，かかる大枠が如何なる原理に基づくものであり，その判断の基礎となる「正常さ」の内実，そして「人格」の位置づけはどのように理解すべきであるか，また以上の大枠には適用範囲の限界が存在しないかについて議論が

第1章　日本法における議論の変遷

展開され，かかる枠組みの原理・基準・適用を巡る議論が自覚的に提起されるに至っており，序章に見たような議論状況が形成されたのであった（以上，第4節）。

第2項　責任能力を巡る二つの理解

このように我が国の判例学説史を振り返ると，責任能力の理解としては，これを正常な精神状態・通常の意思決定として責任能力を捉える理解と，〈自由意思〉の表れとして責任能力を捉える理解の二つがあり，諸学説は基本的にこれらのヴァリエーションであると整理することができるように思われる。現在の学説においては後者ないしはそのヴァリエーションが有力説であるものの，昭和6年判例以前の一般的理解は前者の理解であったのであり，同判例を含む諸判例及び実務の動向の大枠は前者の理解と親和的なものであって，かかる大枠は現在にも引き継がれているものであった。

もっとも，本章のこれまでの検討からすると，かかる二つの理解については，その原理・基準・適用において，それぞれ問題が指摘されていたことにも注意を向ける必要があるだろう。

まず，現在の有力説は，その原理・基準は明瞭であるものの，その具体的適用が明らかではなく，この点について常に批判を受けていたところであった。既に序章でも確認したところではあるが，早くは墨谷によっても指摘されていたように，有力説を論理的に一貫させるならば，一般的に妥当でないと考えられる適用範囲がもたらされるのではないかが問題となる。また，責任能力を〈自由意思〉の表れとして捉えるのであれば，我が国の当初の旧派的見解も認めているように，そもそも基準が具体的判断に耐えうるものであるかにも疑義が生じよう。

この点，有力説は適用の場面においては一定の生物学的要素を重視することによって妥当な帰結を導くことを試みているが，前節で検討したように，これが如何なる論理によって可能となるのか必ずしも明らかではない。このように，有力説について一定の修正を加える場合においても，その原理・基準・適用の一貫性について検討する必要があるだろう。

次に，正常な精神状態・通常の意思決定として責任能力を捉える理解については，その原理・基準・適用において，これまで様々なヴァリエーションが提唱されてきたところ，その如何なる選択肢が，現在の我が国の判例学説上受容

184

第5節　検討課題・次章以降の検討の方針

可能なものであるのかについて検討される必要があるだろう。まず，原理について，現在の学説においては責任非難を基礎とした規範的責任論が一般的な理解であるところ，正常な精神状態・通常の意思決定として責任能力を捉えることが，かかる一般的理解において受容可能な原理を持ち得るかについて検討される必要があるだろう[400]。また，その基準・適用の在り方についても，例えば昭和53年判例は動機に着目した議論を展開している一方，昭和59年判例は診断名から正常さを判断することは否定したところであって，こうした諸判例の動向と親和的な基準・適用の在り方を示し得るかについても検討される必要があるだろう。

　また，近時の司法研究においては，基準としては正常な精神状態・通常の意思決定として責任能力を捉える理解と親和的な大枠が維持されながら，原理としては有力説の原理が述べられている。この接合が成功しているかには疑問の余地があるが，この点が成功しているか否かも，結局のところ，有力説のヴァリエーションの限界，或いは正常な精神状態・通常の意思決定として責任能力を捉える見解の原理の妥当性に依存するものであるから，この点からも，上記の二つの理解の原理・基準・適用に関する検討が必要であるといえるだろう。

第2款　検討の方針

　このように，我が国の判例学説史の検討から浮かび上がる上記の二つの理解については，さらに原理・基準・適用の観点から検討されるべき点が残されているといえる。そこで，ここから本書は，独米における責任能力判断の議論状況へと検討を進めることとしたい。これらの研究の新規性については既に**序章**で提示している[401]が，ここでは，前款において示された課題との関係で，どのように検討を進めていくべきかについて付言することとしたい。

　まず，次章においてはドイツにおける議論状況を検討する。我が国の有力説が常にドイツ学説を参照してきたことからすれば，現在のドイツの議論状況を検討することは，翻って我が国の有力説についての批判的検討を可能にするだろう。ここでは，我が国の有力説がその具体的適用との関係で常に問題を指摘されてきたことからすれば，ドイツの判例の判断枠組みと，ドイツにおける我

---

400)　この点については，前節第1款**第3項2**参照。
401)　**序章第2節第2款**。

185

第1章　日本法における議論の変遷

が国の有力説と同様の理解との整合性について検討することは有益な示唆をもたらし得るように思われる。また，ドイツにおいて，我が国の有力説と同様の理解について，どのような批判が提起され，またどのような修正が試みられているかを検討することも，我が国の有力説及びそのヴァリエーションとみられる見解についての批判的検討を可能にするだろう。

次に，第3章においてはアメリカにおける議論状況を検討する。検討の意義を示すため予め内容に踏み込みつつ述べるならば，我が国にも若干の紹介のあるラショナリティティテスト[402]は，本書の見地からは，我が国における正常な精神状態・通常の意思決定として責任能力を捉える理解と同様の理解であると考えることができるように思われる。我が国におけるこの理解に様々なヴァリエーションがあったように，アメリカのラショナリティティテストにも様々なヴァリエーションが見受けられるところであって，その問題意識及び提言について原理・基準・適用の観点から検討することは，我が国における上記の理解，ひいては我が国の実務的動向に対しても有益な示唆をもたらし得るだろう。

こうして独米の議論状況から獲得された知見をもとに，第4章では，前款において提示された課題を検討することによって，我が国の責任能力判断について一定の視座を提供することを試みることとしたい。

---

402)　ラショナリティティテストを参照するものとして，樋口・前掲注86) 192頁，竹川・前掲注165)。もっとも，これらの見解が，正常な精神状態・通常の意思決定として責任能力を捉える理解として分類可能か・すべきものかについては，ラショナリティティテストについて見たうえで，なお検討すべき問題である。

第2章　ドイツにおける議論状況

　本章では，前章末尾において述べた問題意識から，ドイツにおける議論状況を見ることとしたい。

　前章で見たように，ドイツは我が国の現在の有力説が参照する国である。例えば，浅田和茂は，ドイツにおける議論の歴史的展開も踏まえた上で，「責任非難は，あくまで『汝為し得るがゆえに為すべし（Du sollst, denn du kannst!）』といえる場合にのみ可能」であると強調して有力説に立つことを主張し，安田拓人は，ドイツの一定の議論枠組みに与することで，昭和6年判例の定式のうち「精神の障害」や弁識能力に独自の意義があることを否定し，制御能力へと議論の焦点を移して，ドイツ学説を参照しながらその内実を展開していた[1]。また，近時改めて有力説に立つべきことを主張する箭野章五郎も，ドイツにおける近時の議論をも参照することで，その立場を示している[2]。このように，我が国の有力説はドイツ学説を参照することによってその議論を構築しているといえるだろう。

　もっとも，現在のドイツの議論状況を見ると，我が国の有力説と同様の理解には，強い批判が当てられており，かかる理解は一般的理解としての地位を失いつつあるように思われる。本章では，まず，基本的前提として，ドイツにおける責任能力の制度は我が国のそれと一定の相違を有しているものの，責任能力の判断基準については，ドイツの規定と我が国の判例とが類似していることを確認する（第1節）。次に，我が国の有力説と同様の見解（犯行に出ることを回避する能力を要求する見解）について，ドイツの議論状況から看取される問題点について検討するとともに，これがドイツ学説上強い批判にさらされていること

1）　前章第4節第1款第1項。
2）　例えば，箭野章五郎「刑事責任能力における『精神の障害』概念」法学新報115巻5・6号285頁（2008），同「刑法39条と41条のそれぞれの責任能力――一般的な能力か，個々の行為についての能力か」法学新報117巻5・6号145頁（2011）。

第2章　ドイツにおける議論状況

とを示す（第2節）。その上で，ドイツにおいて看取される二つの議論の方向性
について検討することとしたい。一つは，上記見解を批判しつつも「犯行の回
避」という観点をなお維持する見解であり，我が国の有力説を実質的には修正
する見解として評価することができる見解である（第3節）。もう一つは，上記
見解を批判し，さらに「犯行の回避」という観点とは異なる観点から議論を定
立する見解であり，本書の分析軸からは，一定の正常さに明示的に着目する見
解として評価することができる見解（第4節）である。

第1節　責任能力を巡る議論の基本的前提

　本節では，ドイツにおける責任能力論の前提となる基本的理解として，精神
障害による責任無能力・限定責任能力を規定する刑法20条及び21条を確認し
た上で（第1款），その他の規定についても確認し（第2款），日独の責任能力
を巡る制度には一定の相違があるものの，責任能力判断という観点からは類似
した基準を示しており，一定の参照可能性があることを確認したい。

第1款　刑法20条，21条について

　ドイツにおいては，成人の刑事責任能力[3]は，刑法典20条及び21条に規定
されており，前者は精神障害による責任無能力を規定し（Schuldunfähigkeit
wegen seelischer Störungen），後者は限定責任能力を規定している（Verminderte
Schuldfähigkeit）。

　「刑法20条（精神障害による責任無能力）犯罪遂行時に，病的な精神障害，
根深い意識障害，又は精神遅滞若しくはその他の重い精神障害のため，当該犯
行の不法を弁別し，又はその弁別に従って行為する能力がない者は，責任なく

3）　児童（14歳未満）については刑法19条が，少年（14歳以上18歳未満）については少年裁判所
　　法3条（なお刑法10条）が，その責任能力につき規定している。前者は一律に責任無能力とされ，
　　後者は（原則的に責任無能力とした上で）犯行時点において，道徳的・精神的発達に基づいて，行
　　為の不法を弁別しその弁別に基づいて行動できるほど十分に成熟している場合に（例外的に）刑法
　　上の責任を負うとされる。これらの規律の沿革については，渡邉一弘『少年の刑事責任：年齢と刑
　　事責任能力の視点から』（専修大学出版局，2006）第3章。

188

行為したものである。

　刑法21条（限定責任能力）当該犯行の不法を弁別し，又はその弁別に従って行為する行為者の能力が，第20条に掲げられた理由の一により，犯罪遂行時に著しく減退していたときは，刑は，第49条第1項により，減軽することができる。」

　（なお，「精神遅滞」「その他の重い精神障害」という文言は，「精神薄弱」「その他の重い精神的偏倚」という文言であったが，2021年1月1日発効の法改正により，同文言に変更されている[4]。本書で対象とする文献等は全て改正前のものであるが，改正において内実に変更は加えられていない[5]ことから，引用部分等を除き，改正後の用語に揃えることとする。）

　上記の条文と，我が国の定式（すなわち，「精神ノ障礙ニ因リ事物ノ理非善悪ヲ弁識スルノ能力ナク又ハ此ノ弁識ニ従テ行動スル能力ナキ状態」については「罰しない」，「精神ノ障礙未タ上歟ノ能力ヲ欠如スル程度ニ達セサルモ其ノ能力著シク減退セル状態」については「その刑を減軽する」こと）とを比較すると，ドイツ刑法では，生物学的要素について四つのグループに分けて規定されていること，弁別・弁識の対象が「事物ノ理非善悪」ではなく「当該犯行の不法」とされること，限定責任能力について任意的減軽にとどまることの3点において，両者が異なっていることが看取される。もっとも，いわゆる混合的方法を採用し，一定の精神の障害と，一定の事象を弁別・弁識しその弁別・弁識に従って行為する能力とを要求している点においては共通しているといえるだろう[6]。

4）　条文の訳語の選択においては，改正を踏まえつつ，法務資料461号（2007），法務省刑事局『ドイツ刑法典』（2021）を参照し，適宜変更を加えた。

5）　改正前のSchwachsinn（精神薄弱）及びeiner schweren anderen seelischen Abartigkeit（その他の重い精神的偏倚）という言葉については，このような用法は差別的で不適切なものであるという批判がそもそも学説上強く（z. B. Frister, Strafrecht Allgemeiner Teil: ein Studienbuch, 10. Aufl. (2023) Kap. 18 Rn. 4; Rosenau, Rechtliche Grundlagen der psychiatrischen Begutachtung, in: Venzlaff/Foerster/Dreßing/Habermeyer, Psychiatrische Begutachtung, 7. Aufl. (2021) S. 85, 98, 99; Roxin, Strafrecht Allgemeiner TeilI, 4. Aufl. (2006) §20 Rn. 24），また精神医学の用語法でも心理学の用語法でも用いられていないことから，内実には変更を加えないまま当該用語を現代化する意図で，精神遅滞（Intelligenzminderung）・その他の重い精神障害（einer schweren anderen seelischen Störung）という用語へと改められている（vgl. BT-Drs. 19/19859, 19/23179; Fischer, Strafgesetzbuch: mit Nebengesetzen, 71. Aufl. (2024) §20 Rn. 1, 35）。

6）　なお，上記の相違点のうち，限定責任能力の場合において任意的減軽にとどまる点については，減軽の裁量は義務の課された裁量（pflichtgemäße Ermessen）であり，その裁量判断においては責任内容が基本的に減退していることを考慮しなければならないとされている。例えばBGH 07. 09. 2015-2 StR 350/15, NStZ-RR 2016, 74は以下のように整理を行っている（判例引用略）。「刑法21

第2章　ドイツにおける議論状況

第2款　その他の規定について

　刑法 20 条の責任無能力は，具体的犯罪についての責任阻却事由である[7][8]。もっとも，犯行時点において責任無能力であったとしても，いわゆる原因において自由な行為として解釈論上処罰が肯定される場合もある[9]し，また責任無能力の理由が（アルコールや薬物による）酩酊であれば別の規定（323a 条[10]）に

条の意味において限定責任能力が存在する場合に，刑の減軽を肯定するか否定するかについて，事実審裁判官は，個別事案における全ての状況を考慮した上で，義務の課された裁量に従って判断しなければならない。この裁量判断の範囲において考慮されなければならないのは，責任能力が著しく減退している場合，犯行の責任内容は基本的に減退しているということである。それゆえ，その他の行為者の責任を高める事情がこれと対立している場合や，それまでの経験から自分にはアルコールや薬物の影響により犯罪遂行の傾向があると知っている等，行為者が犯罪遂行を予見し又は予見し得た場合を除いて，基本的に刑枠の移動は認められなければならない。」

7）　責任阻却事由であるということは以下の二つをも含意する。まず，少年裁判所法 3 条（前掲注 3)）とは異なり，刑法 20 条は責任無能力を規定しているが，これは，成人は通常は責任能力があることを前提としていることの現れであるとされる。Jescheck/Weigend, Lehrbuch des Strafrechts Allgemeiner Teil, 5. Aufl. (1996) §40 I3; Leipziger Kommentar Strafgesetzbuch, 13. Aufl. (2021) §20 Rn. 1, 31 .(Verrel/Linke/Koranyi); Münchener Kommentar Strafgesetzbuch, 5. Aufl. (2024) §20 Rn. 2 (Streng); Roxin, a. a. O. (Anm. 5) §20 Rn. 1; Schönke/Schröder Strafgesetzbuch Kommentar, 30. Aufl. (2019) §20 Rn. 1 (Perron/Weißer); Rosenau, a. a. O. (Anm. 5) S. 91; Satzger/Schluckebier/Werner Strafgesetzbuch Kommentar, 6. Aufl. (2024) §20 Rn. 1 (Kasper).
　　また，責任能力は，法的意味における「行為」が否定されていない場合にのみ問題となるとされる。Jescheck/Weigend §40 II; LK-Verrel/Linke/Koranyi Rn. 2; MüKo-Streng Rn. 1; Roxin, a. a. O. (Anm. 5) §20 Rn. 30; Sch/Sch-Perron/Weißer Rn. 2; SSW-Kasper, a. a. O. Rn. 3.

8）　この点において，児童（14 歳未満）であることが一般的責任阻却事由であること（刑法 19 条）とは異なる。そのため，同一時点での同一人物についての行為単一の犯罪であっても，一方には適用され他方には適用されないということもある（Fischer, a. a. O. (Anm. 5) Rn. 2a.; Jescheck/Weigend, a. a. O. (Anm. 7) §40 III3; MüKo-Streng, a. a. O. (Anm. 7) Rn. 2; Roxin, a. a. O. (Anm. 5) §20 Rn. 31; Sch/Sch-Perron/Weißer, a. a. O. (Anm. 7) Rn. 31; SSW-Kasper, a. a. O. (Anm. 7) Rn. 25)。
　　もっとも，BGH 02. 08. 2011-3 StR 199/11, NStZ 2012, 44 は例外的に分割できない場合があることを示唆している。事案は，行為単一の関係にある麻薬販売と麻薬所持について，Düsseldorf 地裁が，被告人は経済的に豊かな状況にあり販売による利益を必要としなかったため前者については完全責任能力を認めたが，後者については禁断症状による不安のために責任能力（制御能力）の著しい減退が存在したと認定したというものである。BGH は，確かに責任能力は具体的法律違反との関係で判断すべきではある（そのため酩酊状態での強姦未遂と強盗，神経症の下での好訴的犯罪と謀殺未遂，性的偏倚及び酩酊の下での子供に対する性的行為と殺人について，前者では責任能力が問題となるが後者では問題とならないこともある）が，行為単一の「行為」で二つの構成要件を実現する場合に責任能力判断は分割不能であるように思われる，と判断した。もっとも本件については麻薬所持にも完全責任能力が認められるので「当法廷はこの問題を決する必要がない」としている。

9）　この点の多様なドイツ判例の現状について，杉本一敏「原因において自由な行為をめぐる BGH 判例理論（上）――過失帰属・故意帰属の本質を探るための一素材として」早稲田法学 88 巻 2 号 129 頁（2013）。また主として BGH 22. 08. 1996-4 StR 217/96, BGHSt 42, 235 をめぐる学説の発展について，神田宏「ドイツにおける原因において自由な行為の法理をめぐる最近の判例・学説の動向とわが国に及ぼす影響について」近畿大学法学 52 巻 1 号 A33 頁（2004）。

より処罰され得る。

さらに，仮に責任無能力により無罪，あるいは限定責任能力により刑の減軽の対象となったとしても，ドイツ刑法においては「改善及び保安の処分」が規定されている（61条以下）ため，例えば，責任無能力や限定責任能力の状態で違法な行為を遂行した者に対しては，その状態を理由として重大な違法行為が予想され，それゆえその者が社会にとって危険であることが，行為者及び行為の全体評価から明らかになった場合には，（基本的に義務的に[11]）裁判所が精神病院収容を命じることになる（63条）[12]。

しかし，要件等の差異からして，責任無能力であった疑いがあるとして無罪になったとしても，必ず精神病院収容命令が出される訳ではない。それは，刑法63条には危険予測という別要件があるというに止まらず，「責任無能力……の状態で違法な行為を遂行した」の要件の認定においても刑法20条と刑法63条は異なるという点にも求められる。すなわち，責任阻却事由である前者とは異なり，命令である後者では，責任無能力であったことが積極的に（positiv）疑いなく（zweifelfrei）認定される必要があるため，「責任無能力であったことが排斥できない」というだけでは，同要件は前者では認められるが後者では認められない[13]。

このように，責任無能力が責任阻却事由である点は我が国と共通しているものの，323a条の存在や比較的広範な保安処分の存在を併せて考えると，その実際上の効果は必ずしも等しくないように思われる一方で，323a条が酩酊のみを捕捉すること，無罪となった場合に必要的に保安処分が課されるわけではないことにも鑑みると，責任無能力により無罪となり何ら処分の対象とならない場合も存在し得るのであって，かかる相違を過度に強調することはできない

---

10)　323a条（完全酩酊）「故意又は過失により，アルコール飲料又はその他の酩酊物質（berauschende Mittel）により酩酊状態に陥った者は，その状態において違法な行為を行ったにもかかわらず，酩酊の結果責任無能力であった又は責任無能力であったことが排斥され得なかったために，その犯行を理由として処罰され得ない場合には，5年以下の自由刑又は罰金に処する。」

11)　BGH 13. 07. 1989-4 StR 308/89, NStZ 1990, 122; BGH 10. 08. 2005-2 StR 209/05, NStZ-RR 2005, 370. もっとも，社会内措置で足りると考えられる場合には執行猶予付きで言い渡すことが可能である（ドイツ刑法67b条）。

12)　制裁と改善保安処分との二元主義については，個々の内容も含め，フランツ・シュトレング（小池信太郎／監訳）「ドイツにおける刑事制裁——経験的視点を交えた概観」慶應法学34号77頁（2016）（特に110頁以下）に詳しい。

13)　例えば，BGH 24. 03. 1998-1 StR 31/98, NStZ 1998, 408（露出症に基づく児童性犯罪）；BGH 16. 01. 2003-1 StR 531/02（統合失調症）。また21条について BGH 08. 07. 1999-4 StR 283/99, NStZ 1999, 610（ペドフィリア）。

第 2 章　ドイツにおける議論状況

だろう。

第 2 節　我が国の有力説と同様の見解を巡って

　以上の制度的前提，すなわち日独の責任能力を巡る制度には一定の相違が存在するものの，両者が類似の責任能力規定を有していることを踏まえたうえで，ドイツにおける責任能力の原理・基準・適用に関する理解について検討を進めることとしたい。

　現在のドイツ刑法 20 条，21 条の条文について，最終的な実質的改正があったのは 1975 年改正であり，後述のように，同改正においては責任能力とは「一定の犯罪を実現する意思形成を回避する能力を犯行時点で有していること」であるとして，我が国の有力説と同様の理解が示されている。このことからすると，かかる理解がドイツでは常に支配的であったかのようにも見える。

　しかし，沿革をたどると，責任能力の規定，とりわけ一定の性質を弁別し，又はその弁別に従って行為する能力に着目する規定は，一般的観念からして責任を問えるような正常な精神状態を叙述しようとする中で出された定式であったことが看取される。さらに，上記理解は，確かに 1975 年改正においては見受けられるものの，現在の学説においては，これには強い批判が当てられるに至っている。

　以下では，まず，ドイツの責任能力規定の沿革について，上記のような能力に着目する規定に至った経緯を中心に考察したうえで（第 1 款），現在のドイツの一般的な議論枠組みと，今なお一部では看取される我が国の有力説と同様の見解について確認する（第 2 款）。そのうえで，現在のドイツの議論状況から看取される上記見解の理論的・実践的問題について検討することとしたい（第 3 款）。

第 1 款　沿革について

　本款においては，刑法 20 条，21 条の沿革について検討する。もっとも，沿革については既に重厚な先行研究が存在している[14]ため，ここでは，本書の問題意識，すなわち上記のように，とりわけ一定の性質を弁別し，又はその弁別

192

に従って行為する能力に着目する規定が如何なる経緯で定められたのかという観点から，ライヒ刑法典以降の条文の変遷と，主として能力に着目する規定に至った経緯に関する検討のみに止めたい。

第1項　条文の変遷

条文の変遷は以下の通りである[15]。

（1871年成立）ライヒ刑法51条「犯人が行為遂行時に，意識喪失又は精神活動の病的障害のために，その自由な意思決定（Willensbestimmung）が排除された状態であったとき，可罰的な行為は存在しない[16]。」

（1933年改正[17]）刑法51条1項「犯人が犯罪遂行時に，意識障害，精神活動の病的障害，又は精神的薄弱のために，当該犯行が許されないこと（Unerlaubte）を弁別し，又はその弁別に従って行為する能力を有しない場合，可罰的な行為は存在しない[18]。」

同条2項　「当該犯行の不法を弁別し，又はその弁別に従って行為する行為者の能力が，前項に掲げられた理由の一により，犯罪遂行時に著しく減退していたときは，刑は，未遂処罰規定に従って，減軽することができる。」

（1975年改正）刑法20条「犯罪遂行時に，病的な精神障害，根深い意識障害，又は精神薄弱若しくはその他の重い精神的偏倚のため，当該犯行の不法（Unrecht）を弁別し，又はその弁別に従って行為する能力がない者は，責任なく行為したものである。」

刑法21条「当該犯行の不法を弁別し，又はその弁別に従って行為する行為者の能力が，第20条に掲げられた理由の一により，犯罪遂行時に著しく減退していたときは，刑は，第49条第1項により，減軽することができる。」

---

14)　浅田和茂『刑事責任能力の研究：限定責任能力論を中心として　上巻』（成文堂，1983）。

15)　なお，1975年改正の条文のうち，「精神薄弱」「精神的偏倚」について，現在は「精神遅滞」「精神障害」となっていることについては，前掲注4)。

16)　原文は „Eine strafbare Handlung ist nicht vorhanden, wenn der Täter zur Zeit der Begehung der Handlung sich in einem Zustande von Bewußtlosigkeit oder krankhafter Störung der Geistestätigkeit befand, durch welchen seine freie Willensbestimmung ausgeschlossen war."

17)　「危険な常習犯罪人および保安改善処分に関する法律」による改正である。その立法趣旨としては，帝国司法省の枢密顧問官等による「1933年及び1934年の刑法修正法令」（Leopold Schäfer, Hans Richter, Josef Schafheutle; Die Strafgesetznovellen von 1933 und 1934）の解説を参考とした。

18)　1項の原文は „Eine strafbare Handlung ist nicht vorhanden, wenn der Täter zur Zeit der Tat wegen Bewußtseinstörung, wegen krankhafter Störung der Geistestätigkeit oder wegen Geistesschwäche unfähig ist, das Unerlaubte der Tat einzusehen oder nach dieser Einsicht zu handeln."

第2章　ドイツにおける議論状況

第2項　一定の「能力」への着目

　主要な変遷は，1933年改正において「自由な意思決定」の排除という文言が一定の能力に着目した記述へと変更されたこと，1975年改正において弁別の対象が「不法」へと限定されたこと，両改正において原因たる精神障害等の範囲が拡張していることの三つである。このうち，後者二点の理由については先行研究の示す通り[19]，立法理由書からも明らかである。すなわち，弁別の対象については，少年裁判所法3条[20]との一致や禁止の錯誤との内的関連性という観点から，単なる道徳違反とは区別された「不法」に限定したとされている[21]。また，精神障害等の範囲の拡張については，特に1975年改正においては，判例が拡張傾向を示す[22]中で，生物学的基礎のない精神障害でも弁別・制御の能力が欠けうることから拡張がなされたとされている[23]。

　以上に対して，如何なる経緯で「自由な意思決定」の排除という文言が一定の能力に着目した叙述に変更されたかについては，1933年の立法解説からは必ずしも明確ではない[24]。この点，改正前の種々の草案の中で，一定の能力に着目した叙述への変更をもたらす契機となったのは（1909年刑法改正予備草案に対する）1911年対案であると推測される[25]。そこで，1909年予備草案について

---

19)　例えば浅田・前掲注14) 191-202頁。

20)　前掲注3) 参照。

21)　改正に向けた最初の草案である1956年草案における説明であり（Entwurf des Allgemeinen Teils eines Strafgesetzbuchs nach den Beschlüssen der Großen Strafrechtskommission in erster Lesung (abgeschlossen im Dezember 1956) mit Begründung, S. 30)，その後の草案の理由書でも維持されている（Entwurf eines Strafgesetzbuches E 1960 mit Begründung, S. 132; Entwurf eines Strafgesetzbuches E 1962 (mit Begründung), S. 140)。なお，1933年改正の立法趣旨として「許されないこと」とは「不法性（Unrechtmäßigen）」よりも広く，法に対する違反に加えて道徳律（Sittengesetz）に対する違反も含むとされていた（Schäfer, a. a. O.（Anm. 17）S. 61)。

22)　旧51条の「精神活動の病的障害」を（器質的要因が少なくとも推定されている）外因性・内因性のものに限定するとの主張もあったが，BGHSt 14, 30は，器質的でない精神病理学的現象も「精神活動の病的障害」に入ることを認めた。

23)　1962年草案は，支持しがたいほど多くの無罪判決が出されるのを防止するため「その他の重い精神的偏倚」には刑の減軽の効果しか持たせないように限定していたが（Entwurf 1962, a. a. O.（Anm. 21）S. 140f.)，1975年改正はこれを採用しなかった。BT-Drucks. V/4095, 10-11.（1966年対案の立場を採用したことになる（Alternativ-Entwurf eines Strafgesetzbuches, S. 21, S. 61)）。

24)　Vgl. Schäfer, a. a. O.（Anm. 17）SS. 60-62。もっとも，1956, 1960, 1962年草案においては，こうした精神的能力の欠如の認定は個別事例では難しいが可能ではあるため，「自由な意思決定」の欠如や精神障害の犯行への「影響」といった一般的メルクマールによって代替させることを拒絶した，と説明されている（Entwurf 1956, a. a. O.（Anm. 21）S. 29f.; Entwurf 1960, a. a. O.（Anm. 21）S. 132f.; Entwurf 1962, a. a. O.（Anm. 21）S. 140)。なお安田拓人『刑事責任能力の本質とその判断』96頁以下（弘文堂，2006）も参照。

194

理由書と共に見たうえで，1911年対案やその後の草案について理由書と共に見ることとしたい。

1 1909年予備草案について

　1909年予備草案は，なおライヒ刑法典51条の条文を引き継ぎ，「行為時に，精神病，白痴，又は意識喪失であったために，それにより自由な意思決定が排斥されていた者は，処罰され得ない」と規定していた[26]。もっとも，理由書を紐解くと，同草案は，非決定論的な意味において「自由な意思決定」という用語を採用したのではなく，決定論・非決定論の争いにおいて特定の立場を示さず，あくまでも一般的な国民観念によれば「正常な精神状態」として責任を基礎づけるような用語として同用語を採用したということが看取される。

　すなわち，同理由書によれば，同草案は，「現行法と一致して，この草案は，決定論と非決定論について明白な立場を採用している。人間が自由意思を有するかどうか，そして決定論的見解と非決定論的見解のどちらが正しいかという検討は，刑法の領域には属さず，哲学と心理学の領域に属する。この点についての学説上の見解の多様性は，学説上も何度も強調されているように，立法者にとって決定的ではない。むしろ，一般的な国民観念（Volksanschauung）によれば正常な精神状態として（als ein normaler）可罰的行為の責任を基礎付けるような人間の精神状態（eines geistigen Zustandes）を要件とする必要があり，この状態が異常な形で（in abnormer Weise）排斥又は阻害されている限りでこの責任は否定される。この状態が自由な意思決定の能力と関係づけられているので，この表現は形而上学的意味ではなく，日常的な生活の意味において理解されなければならない。」「多く異論の唱えられている『自由な意思決定』という表現を維持することは，より良い表現が欠けていることにより正当化され，こ

---

25)　本規定に限って言えば，1933年改正は従来の諸草案にも基づいて行われたと説明されており，その規定はラートブルフ草案にまで遡るところ（Schäfer, a. a. O.（Anm. 17）S. 31ff. 浅田・前掲注14）115-120頁，135-140頁，また木村亀二「ナチスの刑法」我妻榮編『ナチスの法律』（日本評論社，1934）159頁以下），同草案は，1913年委員会草案を基礎として作成された1919年草案とそれに対する批判を踏まえて作成されたものであり（Gustav Radbruchs, Entwurf eines Allgemeinen Deutschen Strafgesetzbuches（1922）, SS. 47-49），1913年委員会草案は，1909年の刑法改正予備草案と1911年の対案の公開を受けて作成されている（浅田・前掲注14）109頁は同委員会草案を，予備草案と対案を参照し当時の平均的意見を集約したものと評している）。以上の経緯と当時の条文の変遷から本文記載のように推測されることにつき，拙稿「刑事責任能力の判断について——原理・基準・適用（四）」法協138巻3号1頁注26（2021）を参照。

26)　前掲注16）参照。

第2章　ドイツにおける議論状況

の草案がどのような意味でこれを把握しようとしているかという点についての
上述の説明からすれば，誤解も存在し得ない。必要なのは，誰しもが分かるよ
うな（volkstümlich）表現の選択であり，この表現は長期間の適応によって国民
性を有するに至っている。」[27]

　このように，1909年予備草案自体は「自由な意思決定」という用語は用い
てはいるものの，決定論・非決定論において特定の立場を採らず，「日常的な
生活の意味において」「一般的な国民観念によれば正常な精神状態として可罰
的行為の責任を基礎付ける精神状態」を要件とすることを志向し，しかしそれ
を表す適切な代替案が存在しないために，かかる用語を用いたに過ぎないので
あった。

2　1911年対案等について

　このような中で，1911年対案は，1909年予備草案と同様の問題意識を引き
継ぎつつも，その代替案として，一定の能力に着目した規定を提示したのであ
った。

　すなわち，1911年対案は，「犯人が行為時に，意識障害，又は精神活動の病
的障害であったために，当該犯行の可罰性を弁別し，又はその弁別に従って行
為する能力を有していなかった場合，行為は処罰されない」と規定している[28]
が，理由書は以下のように述べている。すなわち，理由書によれば，同対案は，
「誰にでもわかる形で（in gemeinverständlicher Weise）帰責能力を排斥するよう
な，知性（Intellekt）と行為の自由（Handlungsfreiheit）という的確な二つの要
素」に置き換えるべきことを主張しているが，「重大な原理的論点についてこ
こで今一度詳細に検討することはしない。予備草案の理由書自体が，『自由な
意思決定』という文言の選択によって，決定論も将来の刑法典から排除されな
いし，非決定論が導入されることになるわけでもない，としていることを示す
だけで十分である。この表現が選ばれたのは，起草者がより良い表現が見つか
らないと考えているからだとされている。本対案の起草者は，『犯罪の可罰性
を弁別し又はその弁別に従って行為する能力を有していないこと』という表現
がより良いものであるとして推奨する。これは医学的経験にも適う一方で，刑

---

27)　Vorentwurf zu einem Deutschen Strafgesetzbuch, Begründung, Allgemeiner Teil (1909) S.
　　225f., 228.
28)　拙稿・前掲注25) 注26参照。

196

事司法の法実務的必要性も全くもって満たす。いかなる素人裁判官もこれを理解し用いることができる」と[29]。

そして，その後同対案の影響を受けた諸草案においても，「法律が人間の意思の自由に関する哲学的問題において非決定論的見解に有利な立場を採用しているように見えることを避け」，「精神的欠如が理解力（Verstand）の領域にも意思の領域にも存在し得る」ことを示すものとして，一定の能力に着目した規定が支持されている[30]。

3 小括・その後の動き

このように見ると，責任能力にかかる規律を設けるにあたっては，一般的観念からして責任を問えるような正常な精神状態を叙述することが目的とされたが，その叙述にあたっては，立法者が人間の自由意思の存否について特定の立場を採用したかのような外観を排斥し，精神科医・素人裁判官にも共有可能な文言を採用することが求められたために，一定の能力に着目した叙述に至り，それが1933年改正まで引き継がれたということができるだろう[31)32]。

しかし，こうして採用された不法性ないし不許容性を「弁別する能力」及び「その弁別に従って行為する」能力という表現は，戦後の刑法草案の理由書では「一定の犯罪を実現する意思形成を回避する能力」という意味で解釈される

---

29) Gegenentwurf zum Vorentwurf eines deutschen Strafgesetzbuchs, Begründung (1911) S. 12f.

30) 例えば1919年草案理由書（Denkschrift zu dem Entwurf von 1919, S. 29f.; in: Entwürfe zu einem Deutschen Strafgesetzbuch (1920)）は以下のように言う。「〔ライヒ〕刑法51条によれば帰責無能力の心理学的要件は，自由な意思決定の排斥である。本草案は，刑法委員会の経過に従いこの概念の使用を放棄する。その目的は，法律が人間の意思の自由に関する哲学的問題において非決定論的見解に有利な立場を採用しているように見えることを避けるためである。その代わりに，本草案は，海外の法律及び近時の草案の多数（例えば参照，1918年スイス草案10条）と一致して，心理学的要件を，行為が法律に反することを弁別する能力とその弁別に従ってその意思を決定する能力とに分解する。このような分解は，精神的欠如は理解力（Verstand）の領域にも意思の領域にも存在し得るということを示しており，このような本質的側面を明確にしている。」1925年草案理由書（Amtlicher Entwurf eines Allgemeinen Deutschen Strafgesetzbuchs nebst Begründung, Zweiter Teil: Begründung (1925) S. 17）も参照。

31) 以上の点は，1911年対案作成者の1人であるv. Lilienthalが，自身は決定論的立場に依拠しつつも，自由意思の問題と切り離して責任論・責任能力論の構築を行っていたことからも支持される。すなわち，Vergleichende Darstellung des Deutschen und Ausländischen Strafrechtsの中でv. Lilienthalは，責任を問うという事象は，ある行為をある惹起者に帰することのみを意味しており，それが被評価者にとって異なるようにもなり得たかという点には全く依存していないと主張している（Allgemeiner Teil Band. V (1908) S. 1, 5）。

32) なお，1911年対案の「当該犯行の可罰性を弁別し，又はその弁別に従って行為する能力」との文言の由来については，正確には特定できなかったが，拙稿・前掲注25）注33参照。

197

ようになっている。すなわち，戦後の諸草案の理由書では，責任とは違法な犯行に至る意思形成の非難可能性であり，かかる非難可能性の要件であるところの「一定の犯罪を実現する意思形成を回避する能力を犯行時点で有していること（fähig war, die bestimmte tatverwirklichende Willensbildung zu vermeiden）」が責任能力であると説明されているのである[33]。

以上の変遷，すなわち，一般的観念からして責任を問えるような正常な精神状態を叙述しようとする中で出された定式が，戦後において，一定の意思形成の回避能力として理解されるようになったという変遷は，我が国の学説史とも類似するところがある。前章において検討したように，我が国の昭和 6 年判例の定式は，本来的には，同判例が出された頃までの一般的な学説の理解と同様に，正常な精神状態・通常の意思決定を表すものであったのに対して，同判例後の学説においては，同定式を端的に〈自由意思〉を把握するものと捉える見解も学説では示され，平成期には有力化したが，判例実務の動向は依然として前者の見解と親和的な大枠を維持し続けていたのであった[34]。

もっとも，我が国の議論状況と異なるのは，ドイツにおいては，上記のような違法行為に至る意思形成を回避する能力として責任能力を把握する見解は，確かに現在も一部においては見受けられることがあるものの，学説上強い批判が当てられているということである。以下では，まず次款において，学説上の議論の前提と，我が国の有力説と同様の見解について見たうえで，これに如何なる批判が当てられているか見ることとしたい。

第 2 款　学説上の一般的な議論の前提・我が国の有力説と同様の見解

本款では，学説上の一般的な議論の前提を見たうえで，我が国の有力説と同様の見解が提示している原理・基準・適用について見ることとしたい。なお，刑法 20 条，21 条は責任能力に関する要件として，一定の精神障害等，当該犯行の不法を弁別する能力，その弁別に従って行為する能力の三つを挙げているが，以下では，ドイツの一般的な呼称に従い，それぞれを「入口要件」（Eing-

---

33)　Entwurf 1956, a. a. O. (Anm. 21) S. 27; Entwurf 1960, a. a. O. (Anm. 21) S. 129; Entwurf 1962, a. a. O. (Anm. 21) S. 137.

34)　とりわけ前章第 2 節及び第 4 節を参照。

angsmerkmal)，「弁別能力」（Einsichtsfähigkeit），「制御能力」（Steuerungsfähig-keit）と呼ぶ。

第1項　学説上の一般的な議論の前提

　本項では，学説上の一般的な議論の前提として，一般的に[35]共有されている要件解釈について見る。刑法20条，21条は入口要件・弁別能力・制御能力の三つの要件を掲げているが，一般的には，入口要件に刑法理論上独自の意義は認められず，また弁別能力は禁止の錯誤の一事例と考えられており，刑法20条，21条の独自の減免範囲に関する議論の焦点は，制御能力に移されている。

1　入口要件（混合的方法？）

　ドイツ刑法20条は，一定の精神障害等の要件と，一定の能力の欠如の両方を要求する，いわゆる混合的方法（gemischte Methode）[36]を採用しているとされる。そのため，責任無能力を認めるためには，条文の挙げる「病的な精神障害」「根深い意識障害」「精神遅滞」「その他の重い精神障害」という入口要件（Eingangsmerkmal）のうち，少なくともいずれか一つに該当することが必要になる[37]。

　しかし，例えば「根深い意識障害」の実務的適用の中心は，病気によらない高度の情動（hochgradige Affekt）であり[38]，医学的にみて精神障害でないものも入口要件に含まれている。また沿革上，「その他の重い精神的偏倚」（今の「その他の重い精神障害」）は，器質的原因のない精神障害であっても責任能力が排斥される可能性があるという理由で，1962年草案に反して規定されたもの

---

35)　例外として例えば Herzberg, Frister（本章第4節）等がある。

36)　この混合的方法は，日本同様「生物学的・心理学的方法」と呼ばれることもあり，現に1919年草案理由書（Entwurf 1919, a. a. O.（Anm. 30）S. 29）や1925年草案理由書（Entwurf 1925, a. a. O.（Anm. 30）S. 17）はそのように呼んでいる。しかし，下記のように，入口要件には器質的でない（＝生物学的でない）ものも含まれているし，「根深い」「重い」のように規範的要素に鑑みて定まると主張されている要件も存在するため，呼称として妥当ではないという評価が現在は多い（z. B. Jakobs, Strafrecht Allgemeiner Teil, 2. Aufl.（1991）Kap. 3 Abschn. 18 Rn. 3; Jescheck/Weigend, a. a. O.（Anm. 7）§40 III1; MüKo-Streng, a. a. O.（Anm. 7）Rn. 13; Roxin, a. a. O.（Anm. 5）§20 Rn. 2.; Sch/Sch-Perron/Weißer, a. a. O.（Anm. 7）Rn. 1.; Rosenau, a. a. O.（Anm. 5）S. 91）。この中で，Jescheck/Weigend は「精神医学的・規範的方法」という呼称を提唱している。

37)　複数の入口要件が同時に成立することは排斥されないが（Fischer, a. a. O.（Anm. 5）Rn. 6），実務上入口要件に重要性が認められていることについては次款第2項（また，事案自体は刑法63条が問題となったものだが BGH 12. 11. 2004-2 StR 367/04, BGHSt 49, 347）。

38)　Fischer, a. a. O.（Anm. 5）Rn. 28.

であり[39]，他の入口要件を充足しない精神障害も包摂する受皿的要件として設けられたものとも言える[40]。さらに学説上，「根深い意識障害」の「根深い」や「その他の重い精神障害」の「重い」は量的には決することができず，結局その影響として一定の能力が排斥されるようなものかが問題になるにすぎない，と指摘されている[41]。

かかる状況に鑑みて，入口要件を独立して設ける必要性があるのか疑義が呈されている。学説上は，それでもなお入口要件を設けることが感情による解釈を防止するという意義を認めるものはある[42]ものの，刑法理論上独自の意義は見出されていない[43]。

2 弁別能力

責任能力を構成する二つの能力のうち，弁別能力については，極めて特徴的な一般的理解が存在する。それは，弁別能力は違法性の意識の可能性（禁止の錯誤，17条）と連続的に捉えられており，現に不法を知っていた場合には，弁別能力の喪失を理由とした責任無能力のみならず，弁別能力の減退を理由とした限定責任能力も認められないということである。

ドイツ刑法は，17条において，犯罪遂行時に不法を行っていることの弁別（Einsicht）が欠けている場合，その錯誤が回避可能でなかったならば責任が阻却される旨を規定しているが，判例は，弁別能力に関する20条，21条の規律は，かかる禁止の錯誤の一事例（einen Fall）であると明示的に認めており[44]，一般的理解も基本的にはこれに賛同している[45]。

こうして回避不能の禁止の錯誤と弁別無能力とが同様に捉えられているとこ

---

39) 前掲注23）。この点については次節第1款も参照。

40) Frister, a. a. O. (Anm. 5) Kap. 18 Rn. 6. 事例群について Fischer, a. a. O. (Anm. 5) Rn. 41. 及び LK-Verrel/Linke/Koranyi, a. a. O. (Anm. 7) Rn. 154ff。

41) Fischer, a. a. O. (Anm. 5) Rn. 29a, 38-38b. Roxin, a. a. O. (Anm. 5) Rn. 14.
なお，1975年改正における立法者としては，「根深い」という要件について「通常人の活動の範囲にあるにすぎない」ものを除外し「被告人の精神構造が一時的に破壊された」場合に限定する趣旨であった（BT-Drucks. V/4095 S. 10）。

42) Jescheck/Weigend, a. a. O. (Anm. 7) §40 III1; Roxin, a. a. O. (Anm. 5) §20 Rn. 7.

43) 一般的理解に与するものではないが，Frister, a. a. O. (Anm. 5) Kap. 18 Rn. 7 は，入口要件は廃止すべきと主張する。

44) BGH 05. 03. 1085-4 StR 80/85, NStZ 1985, 309; BGH 01. 06. 1989-4 StR 222/89, NStZ 1989, 430.

45) Jescheck/Weigend, a. a. O. (Anm. 7) §40 III3; LK-Verrel/Linke/Koranyi, a. a. O. (Anm. 7) Rn. 12f; MüKo-Streng, a. a. O. (Anm. 7) Rn. 17, 50; Roxin, a. a. O. (Anm. 5) §20 Rn. 29; Sch/Sch-Perron/Weißer, a. a. O. (Anm. 7) Rn. 27; Rosenau, a. a. O. (Anm. 5) S. 102.

200

ろ，行為者が現に不法を知っていた場合には，弁別能力の問題は生じないとされている。判例は「不法を現に弁別していた場合には行為者の責任は減退しない」として，実際の不法の弁別の有無を問題とし[46]，そして自らの行為の外的状態とその当罰的行為としての意味内容を知っていた（erkannt hat）ことから弁別の存在を導いており[47]，一般的理解もこうした判例の叙述に特段異論を示していない[48]。さらに，現に不法を弁別していなかった場合の規律としては，その弁別の欠如について行為者が非難可能でなければ弁別無能力（20条），非難可能であれば弁別能力の著しい減退（21条）が認められる，と判断されている[49]。

　以上のように，一般的理解において弁別能力は，もはや「不法を弁別する能力」ではなく，現実に不法を知っていたかどうか，知らなければそれは非難可能かを問う要件となっており，あくまでも禁止の錯誤の一事例と考えられている。

3　小　　括

　以上見たように，学説上の一般的な議論の前提として，入口要件には独立して設けることの意義に疑義が呈される一方，弁別能力は禁止の錯誤の一事例と考えられており，刑法20条，21条の独自の減免範囲に関する議論の焦点は，残された要件たる制御能力に向けられることになる。このことを前提に，ドイツにおける我が国の有力説と同様の見解について見ることとしたい。

---

46)　BGH 02. 02. 1966-2 StR 529/65, BGHSt 21, 27. 数件の詐欺の再犯について，地裁が，不法の弁別の有無を決することなく軽度または中程度の精神遅滞を理由に弁別能力の著しい減退を認めたところ，BGHは「〔旧〕51条2項は，弁別能力の減退が弁別の欠如をも引き起こしている場合にしか妥当しない」とした上で，当該事案につき，すでに多数の同様の，多くは簡単な欺罔行為に基づく詐欺行為を理由に何度も処罰されているから，不法の弁別に至っていたことが疑われるとした。

47)　BGH 06. 03. 1986-4 StR 40/86, BGHSt 34, 22.

48)　Jescheck/Weigend, a. a. O.（Anm. 7）§40 III3; LK-Verrel/Linke/Koranyi, a. a. O.（Anm. 7）Rn. 12; MüKo-Streng, a. a. O.（Anm. 7）Rn. 48ff.; Roxin, a. a. O.（Anm. 5）§20 Rn. 29: Sch/Sch-Perron/Weißer, a. a. O.（Anm. 7）Rn. 27; SSW-Kasper, a. a. O.（Anm. 7）Rn. 6.

49)　BGH 02. 08. 2012-3 StR 259/12, NStZ-RR 2013, 71. またこの点につき Fischer, a. a. O.（Anm. 5）Rn. 4。

第2章　ドイツにおける議論状況

第2項　我が国の有力説と同様の見解

1　原理：前提とされる責任観

　我が国の有力説と同様の見解において，責任論の前提としてなお提示されているのは，禁止の錯誤に関する判例である[50] 1952 年の BGH 判例（BGHSt 2, 194）である[51]。

　同判例は処罰の前提たる責任の内実について以下のように述べている。すなわち，「刑罰は責任を前提とする。責任とは非難可能性（Vorwerfbarkeit）である。責任という無価値判断によって，行為者は，適法に振る舞い法に従うように決定することができた（sich für das Recht hätte entscheiden können）にもかかわらず，適法に振る舞わず不法へと決定したことについて，非難される。責任非難の内的根拠は，人間は自由で答責的な，道徳的自己決定を行う素質を有しており（angelegt），それゆえ，法に従い不法を選択しない能力（befähigt ist, sich für das Recht und gegen das Unrecht zu entscheiden），つまり法的当為規範に自らの振舞いを適合させ法的に禁止されたことを回避する能力を有している，という点にある。そしてこのことは，行為者が道徳的に成熟しており，且つ，〔旧〕刑法 51 条のあげる病的事象によって自由で道徳的な自己決定の素質が一時的に奪われてもいないし持続的に破壊されてもいない場合に，認められる。」

　これは，原則として人間は，現実に行った違法行為とは異なる行為を選択することができるという，世界観・責任観を前提として提示しているものと言えよう。その後の判例は，このような「自由意思への明確な支持の表明（Bekenntnis）を避けている」と評価されているが[52]，我が国の有力説と同様の見解においては依然として上記判例の議論が提示されている。

---

50)　BGH 18. 03. 1952-GSSt 2/51, BGHSt 2, 194. 当該判例については，それ以前の判例学説の動向やその射程も含めて，福田平『違法性の意識』（有斐閣，1960）に詳しい（BGHSt 2, 194 については特に 111 頁以下）。

51)　Z. B. Heinrich, Strafrecht Allgemeiner Teil, 7. Aufl. (2022) §17; Hilgendorf/Valerius, Allgemeiner Teil, 3. Aufl. (2022) §6; Krey/Esser, Deutsches Strafrecht Allgemeiner Teil, 6. Aufl. (2016) §20; Kühl, Strafrecht Allgemeiner Teil, 8. Aufl. (2017) §10.

52)　SSW-Kasper, a. a. O. (Anm. 7) Rn. 11.

2 基準・適用？

以上の原理からすれば，「現実に行った違法行為とは異なる行為を選択する能力」が中核的な問題となるはずであり，それが精神障害に起因するか否かは重要でなくなるはずであるし，また当該行為が不法であることを知ってさえいれば後は「それに従えたか」を問題にすれば足りることになるはずである。それゆえ，前項に見た，入口要件にも弁別能力にも刑法理論上独自の意義を認めない要件解釈は，以上の理解とも親和的であるということができ，残された要件たる制御能力に，責任能力制度の趣旨が如実に反映されるはずである。

しかし，我が国の有力説と同様の見解における制御能力の叙述においては，基本的には *1* に示した責任観の叙述と実質的に同様のことが述べられるだけであり，どのような判断方法・適用結果を想定しているのか明らかではない。例えば，責任能力においては弁別能力と制御能力が問題になることだけが摘示されたり[53]，制御能力とはその弁別に従って適法行為をする能力であるという説明だけがなされたり[54]しているに止まり，その適用結果はおろか，基準すら明確に述べられていない。

第 3 款　現在の議論状況から看取される問題

このように，我が国の有力説と同様の見解においては，現実に行った違法行為とは異なる行為を選択する能力が責任及び責任能力を基礎づけており，その有無及び程度が制御能力判断として要求されているといえるところ，その叙述を見ると，原理に関する叙述は明快であるものの，その基準及び適用に関する叙述には乏しく，その具体的内実は必ずしも明らかではない。そして，現在のドイツの判例学説における議論を見ると，学説においては，上記見解の基準の適格性について強い批判が加えられているほか，具体的適用の必要に迫られる判例においては，上記見解とは必ずしもそぐわない判断の傾向が存在しているように思われる。本款では，理論的問題として前者を取り上げたうえで（**第 1項**），実践的問題として後者を取り上げることとしたい（**第 2 項**）。

---

53)　Heinrich, a. a. O. (Anm. 51) Rn. 539; Hilgendorf/Valerius, a. a. O. (Anm. 51) §6 Rn. 7; Krey/Esser, a. a. O. (Anm. 51) Rn. 695.

54)　Kühl, a. a. O. (Anm. 51) §11 Rn. 1.

第2章 ドイツにおける議論状況

第1項 理論的問題：基準の適格性

我が国の有力説と同様の見解に対しては，学説上様々な批判が提起されているが，中でも一般的に共有されつつある批判は以下の批判である。すなわち，行為者の決定の自由は具体的状況において証明できず認定不能であるという批判である[55]。この点は多くのコンメンタール等において散見されるところであり，例えば，「学説においては圧倒的に（überwiegend），」前款に見た BGHSt 2, 194 のような「自由意思への支持の表明では，責任非難の基礎づけは不十分であると考えられている。なぜならば，具体的状況における行為者の決定の自由は証明不能であるからである」と指摘されていたり[56][57]，「司法精神医学の鑑定人は自由意思ドグマ（（Willens-）Freiheitsdogma）は証明不能であり，その限りで犯行時点における行為者の制御能力の問題は回答不能であると，繰り返し強く強調している」が，かかる観点は「法理論上も至極圧倒的に共有されている」と指摘されていたりしている[58]。

具体的な批判としては，例えば，決定論も検証不能であるために自由意思はなお依拠できる仮説であるかもしれないが，「しかし，決定の自由は理論的には思考可能であっても，個別の行為者の行為時点における他行為可能性が科学的に（wissenschaftlich）認定できないことは争いようがないため，」その者が法に従うことができたにもかかわらず適法に行為しなかったことを責任の根拠とする説は取り得ないとの指摘がなされている[59]。また，決定論と非決定論とを巡る争いは理論上も解決不能であるところ，理論上も解決できない問題を，様々な要素の影響を受ける具体的行為状況における個々の行為者について，回顧的に解答することは刑事手続において不可能であるとも指摘されている[60]。

こうした批判は，我が国の有力説と同様に，自らの行った違法行為とは異なるように行為することができる能力として責任能力を把握することは，証明不

---

55) Z. B. Jescheck/Weigend, a. a. O. (Anm. 7) §37 I2; LK-Verrel/Linke/Koranyi, a. a. O. (Anm. 7) Rn. 17.; Sch/Sch-Perron/Weißer, a. a. O. (Anm. 7) Rn. 26. Stratenwerth/Kühl, Strafrecht Allgemeiner Teil, 6. Aufl. (2011) §10 Rn. 4. また詳細な批判として，Frister, Die Struktur des „voluntativen Schuldelements", S. 99ff. (1993)。

56) LK-Verrel/Linke/Koranyi, a. a. O. (Anm. 7) Rn. 17.

57) SSW-Kasper, a. a. O. (Anm. 7) Rn. 12 においても同じ評価が示されている。

58) MüKo-Streng, a. a. O. (Anm. 7) Rn. 53.

59) Roxin, a. a. O. (Anm. 5) Rn. 20.

60) Rosenau, a. a. O. (Anm. 5) S. 87f.

204

能なものを基準として設定するものであり，そもそも基準として不適格ではないかと指摘するものであると整理できよう。

また，学説の一部では以下のように，刑罰論上との議論とも矛盾していると指摘されている。すなわち Frister によれば，通説は，刑罰論において，人間の自由意思は今日に至るまで証明され得なければ反証され得もしないノンリケットの状態にあるのだから，責任刑法と純粋予防刑法のいずれを採用するかは人間の自由と権利がよりよく保障されるかにより決されるという議論を提示し，刑法上の責任は他意欲可能性（現実に有した意欲と異なる意欲を持ち得ること，Anderswollenkönnen)[61]には依拠し得ないという理解を提示しているにもかかわらず，責任能力の定義において未だに公然と他意欲可能性を援用する見解が見受けられるとして，その矛盾を批判している[62]。

以上のように，我が国の有力説と同様の見解に対しては，そもそも証明不能であり基準として不適格ではないかが強く批判されており，かかる問題性は，かような証明不能性が刑罰論上の議論としては既に受け入れられていることに鑑みても，重大なものであると評価することができるだろう。

第2項　実践的問題：具体的適用を巡って

このように，学説上の議論においては，我が国の有力説と同様の見解について，基準としての適格性に理論上疑義が示されているところであるが，前款に見たように，上記見解においてはその想定している具体的適用結果も明らかではないところであった。そして，判例の判断に目を転じてみると，そこには上記見解とは必ずしもそぐわない判断の傾向が存在しているように思われる[63]。

すなわち，BGH 判例には，上記見解を含め学説上必ずしも重視されていない入口要件に，責任能力判断における一定の重要性を認める傾向が存在してい

---

61)　日本では他行為可能性という言葉が一般的であるが，それは Anders-Handeln-Können の訳語であり，ここで用いられている Anderswollenkönnen とは異なる。現実に有した意欲と異なる意欲が現実には持ち得ないとしても，（外的強制等がない限りは）異なる意欲を持ったならば異なるように行為することができるはずであり，そのような場合に他行為可能性があると言えないことはない。こうした論理を踏まえた上で，ここで問題となっているのは「異なる意欲が持ち得たか」であるということを強調するために，Frister は敢えて異なる単語を用いているものと思われる。

62)　Frister, Überlegungen zu einem agnostischen Begriff der Schuldfähigkeit; in: Freund/Murman/Bloy/Perron (Hrsg.), Grundlagen und Dogmatik des gesamten Strafrechtssystem-Festschrift für Wolfgang Frisch zum 70. Geburtstag (2013) S. 533.

63)　詳細については，拙稿「ドイツ判例における刑事責任能力判断について」志林 118 巻 4 号 17 頁 (2021)。

205

る。例えば，近時の BGH 判例を見ても，「行為者の不法を弁別する能力又は弁別に従って行為する能力が犯罪遂行時に著しく減退していたかどうかについての裁判官の判断は，多くの手順のうちの一つに過ぎない」として，入口要件の存在について未決定としながら制御能力の著しい阻害を否定した地裁判決を拒絶している[64]。

　この背景には，条文に存在する四つの入口要件，すなわち精神病（外因性精神障害・内因性精神障害）[65]が問題となる「病的な精神障害」，実務上主として情動が問題となる「根深い意識障害」，知的障害が問題となる「精神遅滞」，人格及び行動の障害等が問題となる「その他の重い精神障害」について，問題となる精神障害等がどの入口要件に該当するかによって，責任能力判断の傾向が異なるという事情が存在している。例えば，「病的な精神障害」でも「その他の重い精神障害」でも問題になり得る妄想（Wahn）について，いずれの入口要件に該当するか明確でない地裁判決を，BGH 判例[66]は以下のように述べて破棄している。すなわち，「被告人の状態の明確な分類を放棄してしまうことはできない。なぜならば，妄想表象は心的原因にも身体的原因にも基づきうるからである。精神医学の文献においても，鑑別診断としては，診断が難しくとも，妄想性の統合失調症は妄想性障害と区別されなければならないということが承認されている。刑法 20 条の『生物学的』要件の正確な分類は法的に意味あることである；何故ならば，――例えば内因性の精神病の場合とは異なり――そ

---

64)　BGH 25. 03. 2015-2 StR 409/14, NStZ 2015, 688. 本件は，ペドフィリアに基づく計 140 件を超える子供に対する性的虐待や児童ポルノの公開・所持に関する事件であり，完全責任能力を認めた地裁判決を BGH は破棄した。

65)　なお，精神病（Psychose）と精神障害は異なる概念である。すなわち，シュナイダー以降のドイツ語圏精神医学においては「精神病」は主として身体的基盤を持つものに限られており，頭部外傷や感染症等の侵襲のように身体的基礎の明らかな外因性精神障害と，統合失調症や双極性障害のように身体的基礎がいずれは見出されるだろうと仮定される内因性精神障害とにより構成される一方で，精神障害は人格異常や精神遅滞も含めて精神の病的状態全体をまとめる包括的概念として考えられているとされている。以上につき，大熊輝雄『現代臨床精神医学〔改訂第 12 版〕』4 頁，20 頁，23 頁（金原出版，2013），加藤敏他編『現代精神医学事典』589 頁，596 頁（弘文堂，2016）。
　また，本書では，Psychose も Psychosis も「精神病」と訳出している（例えば，加藤他編・前掲）が，「精神病」という言葉の内実は多様であり，Psychosis と Psychose の指示内容も必ずしも同じではない（この点，Psychosis と Psychose が異なる概念であることを指摘しつつ，両者とも症状面の用語であり「疾患」を意味しないとしたうえで，いずれについても「精神症」との翻訳があることを指摘する近時の文献として，針間博彦「サイコーシスと『精神病』」精神医学 63 巻 3 号 285 頁（2021））。本書では，文献・判例等の訳語として「精神病」との言葉を用いているが，その内実に立ち入った検討を行うことで，可能な限りこの訳出の問題が実質的内容に影響しないように試みている。

66)　BGH 26. 06. 1997-4 StR 153/97, NJW 1997, 3101.

206

第 2 節　我が国の有力説と同様の見解を巡って

の他の重大な精神的偏倚に属する状態において，責任無能力ゆえに完全な免責にいたることは稀な例外にすぎない（nur in seltenen Ausnahmefällen）からである。」と。

　個々の裁判例を見ても，例えば「病的な精神障害」に該当する統合失調症が問題となった事案で，「急性期シューブや『末期』においては経験則上，責任無能力であることを原則として前提とされなければならない」とする判例[67]や，「破瓜型統合失調症に基づくまさに不快性の変調や衝動的な緊張から行われた犯罪行為」について「制御無能力は原則として排斥され得ない」とする判例がある[68]。また，「病的な精神障害」に該当すると判断された統合失調感情障害について，「被告人が目をぎょろっとして獣のようなうめき声をあげていたという，混乱し正気ではない外見（wirren und sinnlosen Äußerungen）からも明らかなように，被告人の精神病は直接的に（unmittelbar）その犯行の振舞いに影響していた」との理由で責任無能力を認めた判例があるほか[69]，同じく「病的な精神障害」に該当すると判断された妄想について，被告人に精神病による妄想表象が認められれば，それだけで，責任能力の喪失，少なくともその著しい阻害が認められる蓋然性が認められるとする BGH 判例も存在する[70][71]。

　これに対して，例えば人格障害については，そもそも医学的に人格障害に至らない人格構造であれば「その他の重い精神障害」にも該当しないとされている[72]ほか，人格障害が存在したとしても[73]，それが「病的な精神障害」と比較

---

[67]　BGH 13. 06. 1995-1 StR 268/95, MDR 1995, 1090. 63 条が問題となった事案ではあるが，BGH 16. 01. 2003-1 StR 531/02 も同様の判断を提示している。市街電車で，その時まで知らなかった 15 歳の女学生に対して，彼女が自分を迫害，追跡している（verfolgen）と感じて，その頭を蹴り上げたという事案であるが，BGH は「統合失調症の急性発作においては，経験則上原則として行為者は責任無能力であるということが前提とされなければならない」としている。Vgl. BGH 24. 03. 1995-2 StR 707/94, StV 1995, 405; BGH 19. 12. 2012-4 StR 417/12, NStZ-RR 2013, 145; BGH 13. 08. 2013-2 StR 128/13, NStZ-RR 2013, 368.

[68]　63 条が問題となった判例であるが，BGH 14. 07. 2010-2 StR 278/10, NStZ-RR 2011, 196.

[69]　BGH 18. 01. 2006-2 StR 384/05, NStZ-RR 2006, 167.

[70]　BGH 09. 04. 2002-5 StR 100/02, NStZ-RR 2002, 202.

[71]　なお，双極性障害・うつ病については，「双極性障害においては，顕在化と重さの程度について広範な変動幅が存在する」という特殊性等（BGH 07. 03. 2017-3 StR 521/16, NStZ-RR 2017, 200）から，判断は一様ではないように見受けられることについて，拙稿・前掲注 63）35 頁以下。

[72]　BGH 21. 01. 2004-1 StR 346/03, BGHSt 49, 45 では「その者が，単に順応しない振舞いや際立った人格のみを示唆し，人格障害の重さにまで到達していないような人格構造を示している場合には，精神医学的見地からすでに，刑法 20 条の 4 つ目のメルクマールへの分類が排斥される」とされている。そもそも法律的な病気概念を支持した BGHSt 14, 30 も，「意思薄弱やその他の性格の欠陥は〔旧〕刑法 51 条 1 項，2 項を認めることを正当化しない」としていた。

[73]　なお，人格障害が存在する場合には一定の審査義務が認められている。すなわち，BGH 19. 03.

207

第 2 章　ドイツにおける議論状況

して同様の効果をもって，日常生活に影響を与えていなければ「その他の重い精神障害」に該当せず[74]，そもそも入口要件の段階で絞りがかけられている。さらに，「その他の重い精神障害」に該当したとしても，免責の可能性は極めて例外的な場合であるとされ[75]，下級審にはこの可能性を「単に学説上は完全には排斥され得ない，それゆえ単に理論上存在する可能性」であると評するものさえある[76]。また，一定の場合には，小児性愛等の性的逸脱は「その他の重い精神障害」，情動は「根深い意識障害」に該当し得るが，それらにおいても免責の可能性は例外的な場合であるとされている[77]。

　以上のような状況に鑑みて，コンメンタールにおいても，「判例はまさに『その他の重い精神的偏倚』（現在では『その他の重い精神障害』）について，『病気や環境は軽減し，性格は加重する』という伝統的な原理に基づいて区別

1992-4 StR 43/92, NStZ 1992, 380 は「メルクマールカタログに従って ICD において定義されている人格障害に鑑定が分類されたことは，原則として，わずかではない阻害が存在していることを示している。こうした状況の下で事実審裁判官は，特に入念に，個別に説明されなければならない全体的考察の下で個別事例での精神障害の重大さがどれほどであるかについて審査する義務を持つ」としている。Vgl. BGH 04. 07. 1991-5 StR 122/91, BGHSt 37, 397; BGH 04. 06. 1997-2 StR 188/97, StV 1997, 630.

74)　Z. B. BGH 03. 08. 2004-1 StR 293/04, NStZ-RR 2004, 329. Vgl. BGH 06. 05. 1997-1 StR 17/97, NStZ 1997, 485; BGH 20. 02. 2001-5 StR 3/01, StraFo 2001, 249; BGH 22. 08. 2001-1 StR 316/01, StV 2002, 17; BGH 12. 11. 2004-2 StR 367/04, BGHSt 49, 347; BGH 25. 01. 2006-2 StR 348/05, NStZ-RR 2006, 199; BGH 01. 07. 2015-2 StR 137/15, NJW 2015, 3319.
　　　もっとも責任無能力ではなく限定責任能力が問題となるにすぎない場合，責任無能力をもたらすような精神病ではなく，より程度の弱い精神病との比較がなされることになる（BGH 04. 07. 1991-5 StR 122/91, BGHSt 37, 397; BGH 04. 06. 1997-2 StR 188/97, StV 1997, 630）。

75)　Z. B. BGH 07. 03. 2002-3 StR 335/01, NStZ 2002, 476. Vgl. BGH 09. 04. 1999-3 StR 77/99, NStZ-RR 1999, 359. もっとも，「その他の重い精神障害」に該当する場合，責任能力の著しい減退が認められるのが通常であるとされている（BGH 20. 02. 2001-5 StR 3/01, StraFo 2001, 249. Vgl. BGH 16. 05. 1991-4 StR 204/91, StV 1991, 511; BGH 06. 05. 1997 1 StR 17/97-NStZ 1997, 485; BGH 22. 08. 2001-1 StR 316/01, StV 2002, 17）。

76)　KG Berlin, 11. 09. 2012-(4) 161 Ss 89/12 (175/12) の維持している地裁判決の文言である („(lediglich) nie wissenschaftlich nie vollständig auszuschließende, daher nur rein theoretisch („in Ausnahmefällen") gegebene Möglichkeit")。

77)　性的逸脱（小児性愛）について例えば，「責任能力の完全な喪失はここでは初めから問題外である」としているものとして BGH 06. 07. 2010-4 StR 283/10, NStZ-RR 2010, 304，類似の判断として BGH 17. 07. 2007-4 StR 242/07, NStZ-RR 2007, 337。情動については，事前有責性の観点から，具体的状況下で情動の形成を阻止することができ，且つ，情動の勃発による帰結が予見可能であった場合には減免が否定される（z. B. BGH 29. 10. 2008-2 StR 349/08, BGHSt 53, 31）ほか，かかる事前有責性がなかったとしても，「高度の情動に基づく責任無能力は例外的な場合にのみ認められる」と判断されている（BGH 05. 02. 1997-3 StR 436/96, NStZ 1997, 333）。なお，両者について詳細は拙稿・前掲注 63）43 頁以下。また情動については林美月子『情動行為と責任能力』85 頁以下（弘文堂，1991），林美月子「情動行為と意識障害」立教法務研究 9 号 109 頁（2016），友田博之「健常人の情動に関する一考察（1）（2）」法雑 52 巻 4 号 133 頁，53 巻 1 号 123 頁（2006）に詳しい。

208

している」と評されており[78]，とりわけ内因性の精神病については比較的幅広く免責を認めるのに対して，行動の障害や情動については免責が例外的であるとされ，さらに人格障害についてはその減軽の可能性についても様々な制約が課されているものといえよう[79]。このように，ドイツの判例における責任能力判断は，制御能力に焦点を当てて同要件を厳格に判断するというよりも，学説上一般には独自の意義が認められていなかった入口要件を積極的に活用しながら，様々な精神障害・問題事象に合わせた柔軟な解決を志向しているものといえる。かかる判例の動向は，少なくとも上記見解からは必ずしも重視されない入口要件について重要な意義を認めているものと評価でき，上記見解は実践的適用との関係でも問題を有していると評価することができるだろう。そして，このことは，実践的には（仮に精神病以外の精神障害の場合にも責任無能力があり得ることを認めるにしても）一定の生物学的要素を重視し得るような責任能力の理論的な構成が必要であることを示唆しているようにも思われる。

第4款　小　括

　以上，我が国の有力説と同様の見解について検討してきた。

　ドイツ刑法は，一定の入口要件の存在を前提に，一定の性質を弁別し，又はその弁別に従って行為する能力に着目する規定を有している。かような規定ぶりは，一般的観念からして責任を問えるような正常な精神状態を叙述しようとする中で，立法者が人間の自由意思の存否について特定の立場を採用したかのような外観を排斥し，精神科医・素人裁判官にも共有可能な文言を採用することが求められ，採用されたものであった。しかし，戦後の諸草案においては，上記規定は一定の意思形成の回避能力を表すものとして理解されるようになっていた。このような推移は，我が国の学説史において，正常な精神状態・通常の意思決定を表すものとして学説上理解され，昭和6年判例により判例上も採用された定式が，戦後，そして平成期において，端的に〈自由意思〉を表すものとして捉えられるようになったという推移と類似するところがある（以上，第1款）。

　しかし，現在のドイツにおいては，我が国の有力説と同様の見解，すなわち

78）　MüKo-Streng, a. a. O.（Anm. 7）Rn. 96.
79）　この分析については，拙稿・前掲注63）55頁以下参照。

第2章　ドイツにおける議論状況

現実に行った違法行為とは異なる行為を選択する能力，一定の犯罪実現の意思形成を回避し，犯行に出ることを回避する能力として責任能力を把握する見解は，確かに一部において見受けられはするものの（第2款），学説上強い批判を浴びていたところであった。中でも，コンメンタール等で圧倒的であると評されている批判は，行為者の決定の自由は具体的状況において証明できず認定不能であるという批判であり，上記見解の基準としての不適格さが学説上一般的に認識されるようになっていた。かかる批判は，かような証明不能性が刑罰論上の議論としては既に受け入れられていることに鑑みても，傾聴に値するように思われる。さらに，判例においては，上記見解からは必ずしも重視されない入口要件について積極的に活用する立場が示されており，上記見解は実践的適用との関係でも問題を有しているように思われる（以上，第3款）。

このように，沿革において我が国の学説史と類似する推移をたどっていたドイツの議論状況からは，我が国の有力説と同様の見解について，重大な理論的問題・実践的問題が看取されるところであった。そうすると，明示的に上記見解に対する批判が圧倒的である旨が指摘されているドイツにおいて，如何なる具体的見解が定立されているのかを探究することは，翻って，前章において考察した我が国の議論状況に対しても，有益な示唆をもたらすものであるように思われる。

そこで次節以降では，本書の問題意識及び前章の我が国の議論状況の検討結果を踏まえて，ドイツにおいて提示されている見解について，以下の二つに分けて考察することとしたい。一つは，上記見解を批判しつつも「犯行の回避」という観点をなお維持する見解であり，我が国の有力説と同様の見解を実質的に修正する見解として整理できる見解（第3節），もう一つは，「犯行の回避」という観点とは異なる観点から議論を定立し，一定の正常さに着目して責任能力の原理・基準・適用を構築する見解（第4節）である。

第3節　「犯行の回避」という観点を維持する見解

本節では，我が国の有力説と同様の見解を批判しつつも，これを実質的に修正するものと評価できる見解について見ることとしたい。前節で確認したように，行為者本人が犯行時点において犯行に出ることを回避する能力として責任

能力を把握することは，とりわけその基準としての適格さに強い批判が当てられているところであった。本節から看取されるアプローチは，かかる批判を提起しつつも，なお「犯行の回避」という観点を基準として維持する見解である。

本節ではまず，コンメンタール類において有力に主張されている，平均人との「比較判断」による責任能力判断，すなわち行為者本人ではなく，行為者の状況に置かれた一般人等が犯行を回避したかどうかに着目した判断を行う見解について考察する（第1款）。次に，しばしば見受けられるフレーズである「規範的応答可能性」という概念を用いる見解について考察し，かかる概念を用いて議論を定立する近時の見解が，行為者本人が「その他の様々な状況において」犯行を回避していたかどうかに着目した判断を提唱していることを確認し，これについて考察する（第2款）。そのうえで，これらのアプローチについて一定の限界があることを指摘し，更なる検討の必要性があることを指摘したい（第3款）。

第1款　「比較判断」による責任能力判断：有力説の原理・基準・適用

本款では，我が国の有力説と同様の見解について，第一の修正の可能性を示すものと評価できる見解として，「比較判断」を提唱する見解について見ることとしたい。

第1項　原理・基準

前節第3款に見た批判を前提に，多くのコンメンタール類においても支持されている有力説は，行為者の内的・外的状況と同一の状況において他者ないし一般人が犯行を回避したかどうかを問題とする比較判断の方法（vergleichende Aussage）を提唱する考え方である[80]。例えば，「弁別能力及び制御能力の判断において今日有力であるのは，経験的比較的評価を基礎におく方法」であり，それによれば「行為者の内的状況及び外的状況において他者（ein

---

80) Z. B. LK-Verrel/Linke/Koranyi, a. a. O. (Anm. 7) Rn. 44; Rosenau, a. a. O. (Anm. 5) S. 88f.; SSW-Kasper, a. a. O. (Anm. 7) Rn. 17. また，疑わしさは残るとしつつも支持するものとして，Sch/Sch-Perron/Weißer, a. a. O. (Anm. 7) Rn. 26。なお Jescheck/Weigend も同様の提唱を責任論一般のレベルで行っている（a. a. O. (Anm. 7) §37 I2）が，それを責任能力の分析としても妥当させるか定かではない。

Mensch）が経験則上どのように振る舞ったかが問題となる」との指摘がなされている[81]。他にも，行為者が責任を負わせられるのは「行為者が異なるように行為し得た場合」であるが，「この他行為可能性は，維持し得ないとされる非決定論的な自由概念として理解されるのではなく」「そのような外的状況及び内的状況にいるその他の平均人（ein durchschnittlicher anderer）が，一般的に異なるように，すなわち規範適合的に振舞うことができたということを意味するにすぎない」という見解の主張がなされている[82]。このように有力説は，行為者本人が異なるように行為し得たかが証明不能であるという問題性を認識した上で，これを直接問うのではなく，平均人に置き換えることにより，かかる問題性を克服し，責任能力判断を可能にしようとしているものといえよう。

　この点，本書の問題意識であるところの原理・基準・適用の一貫性の観点からは，かかる基準が如何なる原理に基づくものであるのか，すなわち行為時点の行為者と同様の状況において平均人が犯行をしないという判断が，なぜ行為者の責任を基礎付けるのかについてなお問題になるところ，その説明には二通り見受けられる。

　一つは，平均人が犯行を回避したといえる場合には行為者が回避し得たという推論が正当化されるという説明である[83]。もう一つは，より直截に，刑法上の責任非難は，平均的な通常の市民に対して向けられた，法規範に従うという法の期待に対して，違背があったことを表現するものであるところ，法の責任判断は，通常の条件の下で市民に対して期待され得た振舞いを下回っていることのみを捕捉するものにすぎないとして，社会的規範による通常の動機付け可能性が要件となるとする説明である[84]。

第2項　適　　用

　もっとも，このような置き換えによる判断については，さらに適用論について検討する余地があるように思われる。すなわち，行為者が犯行に至ったにもかかわらず，何かしらの平均人をその「外的状況及び内的状況」に置くならば犯行に至らないというのであれば，そこにおいて一定の要素（例えば抵抗力の弱

---

81)　SSW-Kasper, a. a. O.（Anm. 7）Rn. 17.

82)　Rosenau, a. a. O.（Anm. 5）S. 88.

83)　LK-Verrel/Linke/Koranyi, a. a. O.（Anm. 7）Rn. 44; Systematischer Kommentar zum Strafgesetzbuch, 9. Aufl.（2017）§20 Rn. 62-65（Rogall）; SSW-Kasper, a. a. O.（Anm. 7）Rn. 17.

84)　以上につき Rosenau, a. a. O.（Anm. 5）S. 88f。

第3節　「犯行の回避」という観点を維持する見解

さ）を行為者から捨象した「平均人」が措定されているように思われるところ，如何なる要素が抽出され如何なる要素が捨象されるかについて，なお明らかではないように思われる。

　有力説に立つ多くの見解は具体的な適用結果について述べていないものの，例外的にこうした問題性を認識しているのが LK（Leipziger Kommentar）の叙述である[85]。そこでは，比較判断による責任能力判断が許容される旨が述べられた上で[86]，「未だなお満足いく程度に明らかとなっていないのは，個別事例における適法な振舞いの期待可能性の規範的判断を可能にする基準である」と指摘されている。かかる規範的判断を行うには，如何なる場合に犯行の回避を行為者に要求することが許容され且つ必要となるかが問題となるとされるが，これは「『通常人』の像により特徴付けられる空っぽの定式（Blankettformel）」であり，どれほど個別事例の特殊性が重要となるかがなお問題となるとされる[87]。

　そして，「法律の沿革と，伝統的な価値の確信を含めた法慣習が重要なヒントを与える」とされ，これによれば障害の性質がまず意義を有するとされる。例えば「精神病は，通常心理的根拠に基づく逸脱よりも，規範適合的振舞いの期待を後退させる」とか「誰もが屈服しうる怒りによる情動や，自らが晒されていると多くの者が感じる欲動は，『遍在する』ものであるから基本的に通常のものと言える」とか，また立法過程において，入口要件のうち人格障害等を含む「その他の重い精神障害」は躊躇しながら採用されたのであり，例外的にしか責任無能力は認められない等の分析が提示されている[88]。

　このように LK の叙述においては，精神障害等のうち，精神病の影響については規範適合的振舞いへの期待を後退させるとしつつ，遍在する情動や欲動については基本的には同期待を後退させないと考えることによって，平均人への置き換えの判断を具体化しようとしているといえるだろう。そして，他のコンメンタール，例えば Schönke/Schröder において，比較判断の方法によってのみ責任能力判断が可能であるとの立場が示され，「当該犯行の不法を弁別しその弁別に従って行為できるような『通常の』精神構造から責任能力が生じる」としつつ，「『通常』と『異常』の間の境界をどこに引くかというのは法的規範

---

85)　第13版の Verrel/Linke/Koranyi のみならず，第12版の Schöch，第11版の Jähnke も同様の叙述を行っている。

86)　LK-Verrel/Linke/Koranyi, a. a. O.（Anm. 7）Rn. 44, 45.

87)　以上につき LK-Verrel/Linke/Koranyi, a. a. O.（Anm. 7）Rn. 46。

88)　以上につき LK-Verrel/Linke/Koranyi, a. a. O.（Anm. 7）Rn. 47。

213

的問題である」とした上で，「真の精神病においては（少なくとも急性期にお
いて，また軽度のものを除いては），一般的に弁別能力及び制御能力の喪失が
前提とされ得る」などとし，「責任能力にとって重要な徴表は，行為者が意味
適合的な，通常人にとって追体験可能な動機連関において行為していること」
であるとしている[89]のも，同様の趣旨であると理解することができるだろう。
このような議論は，前節に見たような入口要件を積極的に活用する判例の傾向
とも対応しており，ドイツにおいては実践的にも是認し得るような議論である
と評価できるように思われる。

第3項　検　討

　以上見たように，現在の有力説は，我が国の有力説と同様の見解に強い批判
を当てた上で，行為者の「外的状況及び内的状況」における平均人に行為者を
置き換えることによって，責任能力判断を可能にしようとしていた。これは，
かかる見解が基準として不適格であることを前提に，比較判断へと修正を図る
ことにより，上記問題を解決しようとするものであると整理できる。

　このように基準を修正する場合，本書の問題意識からは，かかる修正につい
て原理・基準・適用の一貫性がなお問題となる。このうち原理については，学
説上二つの説明が提示されていたが，このうち，平均人が犯行を回避したとい
える場合には行為者が回避し得たという推論が正当化されるという説明は，我
が国の有力説と同様の見解の原理を維持した上で，基準のみを修正しようとす
る見解であると思われるところ，かような修正には問題があるように思われる。
既に見たように，平均人に置き換えるにあたっては一定の要素を捨象した「平
均人」が考えられることになるのであるから，かような平均人が犯行に至らな
かったことは，必ずしも行為者自身が犯行を回避し得たことを意味しないよう
に思われるからである[90]。そうすると，もう一方の説明，すなわち置き換え自
体について正面から正当化を図る説明の方が妥当であるように思われる。

　このような置き換えの判断をもって責任非難を基礎づけることについては，
そのこと自体に対してドイツ学説においても批判が存在する。例えば，通常人

---

89)　Sch/Sch-Perron/Weißer, a. a. O.（Anm. 7）Rn. 27. 第25版の Lackner においても同様の叙述が
　なされている。

90)　Vgl. Streng, Schuld ohne Freiheit? Der funktionale Schuldbegriff auf dem Prüfstand, ZStW 101
　（1989）S. 273. S. 273ff.; MüKo-Streng, a. a. O.（Anm. 7）Rn. 52ff.

214

第 3 節 「犯行の回避」という観点を維持する見解

の規範による動機付け可能性を問うても，答責的国民として到達しなければならないことを実現しなかったことについての技術的道具としての意味しか持たず，個人的叱責は基礎づけられないとの批判が存在するほか[91]，なぜその態度が非難できるかということについて，他の態度が期待できたからだと回答したとしても，なぜ他の態度が期待されるかは未解決であって，問題を先送りにしているだけではないかとの批判も存在するところであり[92]，かかる批判が妥当であるか，或いは上記の正当化が成功しているかについては，期待可能性の理論一般に鑑みて検討されるべき問題があるといえよう。

　もっとも，仮にこの点について正面から正当化することができたとしても，その具体的適用においてなお問題が存在するように思われる。有力説の論者が，どのように上記のような平均人基準の期待可能性を判断するか必ずしも明らかではないところ，一部のコンメンタールでは，精神病については責任能力・規範適合的振舞いへの期待が減退すると考えつつ，遍在する情動等については基本的に責任能力等を減退させないと考えることによって，適用結果の具体化を図っていた。かかる立場は，要件論としては必ずしも入口要件の存在を重視するものではない[93]ものの，病気の有無によって規範適合的振舞いへの期待が変わると理解することにより，実践的帰結としては，入口要件の存在を重視する判例の傾向とも対応するものであると評価できよう。

　こうした立場は，平均人との比較判断の方法と，病気の有無等の一定の正常さとを結びつけることによって，実践的にも耐え得るような議論を提示するものと評価できるようにも思われる。この立場が維持可能であるならば，我が国の有力説と同様の理解について基準が不適格であるという問題が存在する場合には，これを平均人への置き換えの判断へと修正し，かかる修正を正面から正当化した上で，規範適合的振舞いへの期待の程度を病気の有無と結びつけることで，上記問題に対処するというアプローチを採ることも考え得るだろう。

　しかしながら，本書の問題意識であるところの原理・基準・適用の一貫性，

91)　Streng, a. a. O.（Anm. 90）S. 273ff.
92)　Roxin, „Schuld" und „Verantwortlichkeit" als strafrechtliche Systemkategorien, in: Roxin（Hrsg.），Grundfragen der gesamten Strafrechtswissenschaft, Festschrift für Heinrich Henkel zum 70. Geburtstag am 12. September 1973（1974）S. 173f., 176ff. 翻訳として，高橋則夫訳「刑法上の体系カテゴリーとしての『責任』と『答責性』」C・ロクシン（宮澤浩一監訳）『刑法における責任と予防』71 頁（成文堂，1984）がある。Roxin は，期待可能性が責任の基礎に据えられるという言明を「呪文（Zauberformel）」と評している。
93)　前節第 2 款第 1 項。

215

第2章　ドイツにおける議論状況

そして**序章**での我が国の議論状況に関する検討[94]を踏まえると，このようなアプローチには疑問の余地もあるように思われる。それは，なぜ刑法上の期待の程度が，精神医学的診断であるところの病気（精神病）の有無と結びつくのか，必ずしも明らかではないという点である。精神病と関連付けられて理解されるところの妄想や病的衝動に対しては期待の程度が下がる一方で，ドイツ判例において「病的な精神障害」に該当せず「その他の重い精神障害」に該当する場合の妄想や，病的ではない衝動に対しては期待の程度が必ずしも下がらないというのは，必ずしもその理由が明らかではなく，なお検討の余地が残されているように思われる。

第2款　「規範的応答可能性」について

本款では，我が国の有力説と同様の見解について，第二の修正の可能性を示すものと評価できる見解について見ることとしたい。

前款に見たように，ドイツ学説においては比較判断の方法が有力な見解として提示されているところであるが，コンメンタールでは，「規範的応答可能性」という観点が責任判断にとって重要であると考えられている旨も指摘されることがある[95]。

もっとも，この「規範的応答可能性」が具体的に如何なる内実を伴う概念であるかは定かではない。例えば次節に見る Frister は，規範的応答可能性等の概念が，積極的な意味の説明もなく用いられ，「自由意思」という表現を避けるためだけに用いられていると批判を行っている[96]。そこで，本款では，規範的応答可能性概念の主唱者と目されている Roxin の見解について見たうえで，近時同概念を継承しつつ，その展開を試みる R. Merkel の見解を見ることとしたい。本款から明らかになるのは，Roxin の見解においては同概念の内実は不明確であること，そして R. Merkel の見解においては内実が明確化されつつあるところ，その見解は，行為者本人が「その他の様々な状況において」犯行を回避していたかどうかに着目した判断を提示するものであり，前款に見た有力説とは異なる方法で，我が国の有力説と同様の見解を実質的に修正しようとす

---

94)　**序章第1節第3款第1項**。
95)　SSW-Kasper, a. a. O.（Anm. 7）Rn. 13.
96)　Frister, a. a. O.（Anm. 55）S. 118 Fn. 60.

216

る見解であると評価できるということである。

第1項 Roxin の見解

まず，本項では Roxin の見解を見ることとしたい。

周知のように Roxin は，責任（Schuld）と予防の両側面から処罰が是認されるか否かを検討する答責性（Verantwortlichkeit）概念を提唱したことで有名である。この責任と予防を巡る争いの背景には，これもまた周知の通り，刑罰の基礎づけに関する応報刑論と積極的一般予防論を巡る争い，そしてその下での責任の内実を巡る争いが存在する。すなわち，ドイツでは刑法改正作業とも関連して 1960, 70 年代より責任の本質をめぐる議論が活発化し，刑罰の基礎づけとして，正義の実現という形而上学的論拠は適切でないとした上で，法益保護等の観点から刑罰の任務を規範承認の維持に求める積極的一般予防論が有力化したところ，責任論の内実についても議論の対象となり，責任を予防目的をも考慮して基礎付ける見解や，予防目的からのみ基礎付ける見解が構築されるに至ったことが，既に我が国でも指摘されている[97]。その後積極的一般予防論は批判を呼び，現在は応報刑論のルネッサンスと呼ばれる状況にもなっているものの[98]，積極的一般予防論がなお有力であることには変わりない。ここでは，1970 年代頃からの Roxin の著作を見ることで，Roxin が「規範的応答可能性」概念について，どのような理解を示していたか見ることとしたい[99]。

---

[97] この点については浅田和茂「責任と答責性——ロクシン説の検討」鈴木茂嗣他編『平場安治博士還暦祝賀 現代の刑事法学（上）』272 頁（有斐閣，1977），堀内捷三「責任論の課題」芝原邦爾他編『刑法理論の現代的課題——総論 I』172 頁，191 頁以下（日本評論社，1988），宮崎英生「刑事責任の本質としての非難」高橋則夫他編『曽根威彦先生・田口守一先生古稀祝賀論文集（上）』455 頁（成文堂，2014）等を参照。

[98] この点については飯島暢『自由の普遍的保障と哲学的刑法理論』25 頁以下（成文堂，2016），中村悠人「刑罰の正当化根拠に関する一考察（1）（2）」立命館法学 341 巻 244 頁，342 巻 208 頁（2012）に詳しい。また翻訳論文として，ミヒャエル・パヴリーク（岡上雅美訳）「予防理論による刑罰正当化への批判」比較法雑誌 40 巻 4 号 63 頁（2007），エルンスト・アマデウス・ヴォルフ（飯島暢／川口浩一監訳，中村悠人訳）「一般予防についての最近の理解と犯罪への応答に関するその適格性（1）」関法 62 巻 3 号 1185 頁（2012）。

[99] なお，近時 Roxin/Greco, Strafrecht Allgemeiner Teil I, 5. Aufl. (2020) が出版されるに至っており，責任論については叙述が大幅に増えているものの，責任能力の理解自体については主たる変更はないように思われることから，その基盤にあると考えられる旧版の Roxin, a. a. O. (Anm. 5) を参照することとしたい。

217

第2章　ドイツにおける議論状況

1　答責性概念の提示

　Roxin は，我が国の有力説と同様の見解や，前款に見た有力説同様の考え方
に対して批判を加えた上で，一般的に責任（Schuld）と呼称されるカテゴリー
での決定的な問題は，刑法の領域において一般的に責任という言葉で意味され
る他行為可能性ではなく，立法者が個人に対してその行為について刑法的観点
から答責させようとするかどうか（zur Verantwortung ziehen will）であるとして，
答責性（Verantwortlichkeit）という用語を用いることを提唱する[100]。そして，
他行為可能性がない場合には責任も可罰性も排斥されるが，自由意思を前提と
して行為者が他の行為をなし得たと認定された場合でも，処罰が刑事政策的に
（特別予防または一般予防から）必要であるかどうかという観点から可罰性が排斥
される場合がある[101]として，責任と予防の両面から処罰が是認されるかどう
かを答責性概念の中で判断することを提唱している。Roxin は，こうした予防
的側面を考慮することによって責任論の問題がよりよく解決されるとして，例
えば免責的緊急避難が通常認められる場合でも，自招による場合や軍人や警官
等の特別な法関係にある場合には認められなくなるという刑法35条1項の規
定は，いずれの場合にも一般的な他行為可能性が認められるが予防目的から違
いが説明されるとする等，解釈論を提示している[102]。

2　責任能力論への影響

　このように，Roxin は答責性という概念の中で責任と予防の両面を考慮して
いるのだが，Roxin の叙述では予防目的により処罰が排斥される場合について
は多く語られているものの，その他面として責任のみにより処罰が排斥される
場合がどのような場合かは，実のところ明確ではない。このことが如実に現れ

---

100)　Roxin, a. a. O.（Anm. 92）S. 181f. それ以前における提案として ders., Kriminalpolitik und
　　Strafrechtssystem, 2. Aufl.（1973）. 同書については初版について，中義勝／山中敬一「紹介　クラ
　　ウス・ロクシン　刑事政策と刑法体系」関法21巻6号725頁（1972）の紹介がある他，途中まで
　　の翻訳として斉藤誠二「飜訳　クラウス・ロクシン著『刑事政策と刑法体系』(1)」成蹊法学3号
　　135頁（1972）がある。

101)　Roxin, a. a. O.（Anm. 92）S. 182f.; ders., a. a. O.（Anm. 5）§19 Rn. 15.

102)　Roxin, a. a. O.（Anm. 92）S. 183ff.; ders., Zur jüngsten Diskussion über Schuld, Prävention und
　　Verantwortlichkeit im Strafrecht, in: Kaufmann/Bemmann/Krauss/Volk（Hrsg.）, Festschrift für
　　Paul Bockelmann zum 70. Geburtstag am 7. Dezember 1978（1979）S. 279, 282ff.（翻訳として中空壽
　　雅「刑法における責任，予防，答責性をめぐる最近の論争について」ロクシン・前掲注92）179頁
　　がある）; ders., a. a. O.（Anm. 5）§19 Rn. 15.

218

るのが責任能力の文脈である。

(1)「責任」の内実？

Roxin は，責任（Schuld）とは「規範に応答しうるにもかかわらず不法な行為をした」ことであるとして，かかる規範的応答可能性（normative Ansprech-barkeit）を提示し，これは自由意思とは異なり経験科学的認定により確定されるとする。そして，規範的に応答しうるときには，行為者は自由であるとして扱われるという規範的仮設（normative Setzung）が可能となるとするのである[103]。

Roxin は，自由意思は証明不能であるということは受け入れた上で，国家の干渉権に対して国民の自由を保護する限定機能を持つものとして規範的に仮設することができるとするのである[104]が，この仮設の前提として，行為者に規範的応答可能性があることが必要であるという立場を採用しているということができ，Roxin の以上の文章を整合的に理解するのであれば，これが責任（Schuld）の中身であると考えているといえるだろう。

(2) 責任能力の判断基準

そしてこの規範的応答可能性を欠くと Roxin が考えているのが責任無能力者や児童である。Roxin は，自由が規範的仮設にすぎないと考えたとしても，刑法は，全ての人間について同じように自由な決定を行う能力があるとは判断しておらず，むしろ，責任無能力者や児童，一部の少年といった一定のグループの人間については，不自由で答責能力を有しない（unfrei und verantwortung-sunfähig）者として取り扱っているとする[105]。そして，「人間は法律によって正しい行動へと動機付けられ得るものだ」とすることが，その精神状態・心理的状態のために初めから根拠のない（von vornherein nicht begründet）場合には，刑法を用いることは不必要で不適切なもの（unnötig und unangemessen）であるとして，規範的応答可能性があったことが肯定されれば行為者は自由と扱われるのに対して，規範的応答可能性が認定されない場合には，法秩序はその者を

---

103) Roxin, Zur Problematik des Schuldstrafrechts, ZStW 96 (1984) S. 641, 652f.（同論文のもととなった講演の原稿について，井田良「責任刑法の問題性」ロクシン・前掲注 92) 233 頁がある）; ders., a. a. O. (Anm. 5) §19 Rn. 36, 37.

104) Roxin, a. a. O. (Anm. 103) S. 650f.

105) Roxin, a. a. O. (Anm. 103) S. 651.

第2章　ドイツにおける議論状況

責任無能力とみなすとする[106]。

　以上からすると，規範的応答可能性の有無が責任能力の基準として考えられ
ているということができるだろう。現に Roxin は，弁別能力及び制御能力を，
規範的応答可能性にとって決定的な基準（das für die normative Ansprechbarkeit
entscheidende Kriterium）としている[107]。

(3)「規範的応答可能性」の意味？

　以上の（1）と（2）で見受けられた説明を整合的に理解するならば，責任
無能力者は，責任（Schuld）すなわち規範的応答可能性を有することなく行為
した者であり処罰が排斥されるという説明になるだろう。しかし，この「規範
的応答可能性」とは一体何を意味するものであり，どのように判断されるので
あろうか。ここでは，以下の2点について Roxin 自身の叙述を見ることで，
その位置付け及び内実が必ずしも明確ではないことを指摘しておきたい。

　1点目が，規範的応答可能性を欠く責任無能力者が処罰されない根拠（原理
論）である。Roxin は，「人間は法律によって正しい行動へと動機付けられ得
るものだ」とすることが，その精神状態・心理的状態のために初めから根拠の
ない場合として，精神的・心理的に病気で動機づけの能力に重大な障害がある
者や未成熟な者を挙げ，処罰が排斥される理由を以下のように述べる。「一般
的にこれらの者が規範を遵守することは予期されていない。法律に違反しても
社会的予期（Erwartung）に対する違背はなく，一般的な法意識も動揺しない。
公衆の目から見てその行為によって規範の妥当性は弱められないので，誰も模
倣へと誘惑されない。行為者が規範の要求に従い得ないのだから，行為者自身
が処罰によって法遵守的振舞いへと導かれ得ないことは，誰にでもわかり誰も
が許容する」と。そして，「換言すれば，刑法を手段とする予防が要請される
のは，行為者が犯行の瞬間において基本的に規範的に応答可能だった場合のみ
である」としている[108]。

　このように，Roxin は，（1）の叙述からすれば責任の中身であると思われる
規範的応答可能性を，むしろ予防的観点から基礎付けているようにも思われ，
Roxin 自身も「ここで主張されている責任概念は，刑罰の社会的正当化に依拠

---

106)　Roxin, a. a. O. (Anm. 103) S. 652f.; ders., a. a. O. (Anm. 5) §19 Rn. 47.

107)　Roxin, a. a. O. (Anm. 5) §20 Rn. 2.

108)　以上につき Roxin, a. a. O. (Anm. 103) S. 652; ders., a. a. O. (Anm. 5) §19 Rn. 47。

第3節 「犯行の回避」という観点を維持する見解

するものである」と認めているのである[109]。

2点目が，具体的に如何なる場合が責任無能力となるかという適用結果（適用論）である。かつて Roxin は責任能力の判断について，その他の要件の場合には責任の要素と予防の要素が明確に分離されるが，責任能力が問題となる場合には「極めて複雑な法的状態が存在する」と述べた上で，以下のような分類を行っていた[110]。すなわち，第一に，顕性の精神病の場合のように「自由意思を原理的に肯定する見解からも他行為可能性がないことが明白に認定可能であり，その結果（so daß）責任の欠如のみを理由として，刑法上の予防の必要性とそれゆえ答責性が欠ける場合」がある。第二に，「根深い意識障害」や「重い精神的偏倚」という一般条項的な言い回しにより法律上の文言に表現されている「正常者から逸脱している現象」があり，ここでは（平均人に対して定立される期待に達しなかったという）一般的又は社会的責任概念から説明がなされるが，これはすでに刑事政策的な諸目的により規定されている。第三に，通常心理的な情動は無責的な場合にのみ免責される傾向にあるが，これは，通常自らの情動を抑制しなければならず責任が認められるものの，心的虐待等により疲労困憊であった等の場合には，特別予防的な働きかけが不要である上，一般予防上制裁が必要となる動揺も存在しないという理由による。

以上の Roxin の分類は，自由意思を原理的に肯定する見解や一般的な責任の概念からでは説明がつかない部分に予防的側面から説明ができるという内容にとどまっており，責任の観点から如何なる責任能力の適用範囲が定まるかという枠組みで説明を行っているわけではないといえよう。

3 小　　括

以上のように，Roxin は責任と予防の両面を考慮する答責性概念を提示し，予防的側面を考慮することでよりよく免責等の説明が可能となる旨を強調しているものの，そこにいう責任の内実として提示され且つ責任能力の基準とされた規範的応答可能性について見ると，規範的応答可能性もむしろ予防的側面から存在意義が語られている。そして，責任能力の具体的適用を見ると，一般的な責任の概念からでは説明がつかない場合に予防的側面による説明が可能になる旨の説明は記されているものの，責任の内実については明らかではなかった。

---

109) Roxin, a. a. O. (Anm. 5) §19 Rn. 48.
110) Roxin, a. a. O. (Anm. 102) S. 292f.

221

第2章 ドイツにおける議論状況

ドイツにおいても，規範的応答可能性（規範に応答できること）という概念が，どのような意味で，Roxin 自身が批判しているところの自由意思（犯罪実現に向けた意思形成を回避できること）と異なる概念であるか明確でない旨が指摘されているところであり[111]，Roxin の主張するところの，責任能力判断基準としての規範的応答可能性には，その原理においても内実においても不明瞭さが認められると評価することができるだろう。

第2項　R. Merkel による展開

前項に見たように Roxin の主張する規範的応答可能性は，主張内在的には内実に不明確なところが存在していたが，近時 R. Merkel は，積極的一般予防論の立場に依拠した上で，Roxin の主張する規範的応答可能性の概念を継承しつつ，その発展を試みている。

1　R. Merkel の見解の概要

（1）依拠する刑罰論

R. Merkel は，現在の責任論の立場には，自由意思を必要とするという立場や，自由意思を規範的措定とするという立場が存在するが，前者は不可能であり，以前の生活や比較可能な他者の状況から認定しようにもせいぜい推定しか基礎付けられないし，後者は，そのようなフィクションを行うことを正当化する理由がなく許容されないとする[112]。

そして R. Merkel は，責任の規範的割当ての正統性（Legitimation）という観点から考察を進める。R. Merkel によれば，その観点としては，行為者には主観的には自由の感覚があるという観点と，刑法の任務という客観的基礎の二つがありうるが，精神病者であっても主観的な自由の経験はあるため，前者は責

---

111)　Frister, a. a. O.（Anm. 62）S. 542ff. Frister は，Roxin の挙げた「規範的応答可能性」について，規範に適合した意思形成の能力（すなわち他意欲可能性の意味における自由意思）という概念と区別された規範的応答可能性は，規範によって動機づけられる特性として理解されなければならなくなるが，犯罪行為を現にした（それゆえ規範により動機づけられなかった）者に対してかかる特性が認められる場合があるのか，全ての犯罪者にかかる特性は認められないのではないかという問題があるとして批判している。

112)　R. Merkel, Willensfreiheit und rechtliche Schuld, 2. Aufl.（2014）SS. 110-118, S. 134. 後者について，「自由意思が存在しないことは証明されていないが，存在することも証明されていない。このようなノンリケットの下で，法律は自由を認めるように決断したのだ。これは立法者の自由である」と言われるが，断定的な根拠の無さから驚くべき文章であると評価し，責任の実体的要件には「疑わしきは罰せず」が妥当するとして批判している。

222

第 3 節 「犯行の回避」という観点を維持する見解

任能力者と責任無能力者を区別する基準として不適格であるとした上で，客観的基礎として刑法の任務が考察の対象とされる[113]。そして R. Merkel は，刑法の社会的任務は一般的な行為規範の保障であるとした上で，国家が侵害を黙って甘受することは客観的に象徴的な同意の意味を持ち規範の浸食を増大させるとし，侵害された規範妥当性の信頼できる象徴的回復と，それによる将来における持続の保全が，刑罰によって（のみ）図られるとする[114]。

　ここで，こうした刑罰論から導かれる責任論について，R. Merkel は，アメリカ哲学者のストローソンの反応的態度に目を転じる。補足をすると，ストローソンの反応的態度（die reaktiven Einstellungen〔原語では reactive attitude〕）は，他者から悪意或いは善意等を向けられた際に生じる，責め・恨み・憤り・軽蔑或いは感謝・賞賛・尊敬といった心情であり，原則的に人にだけ向けられそして人々の結びつきにとって重要な役割を果たしているものである[115]。ストローソンはこの反応的態度を考察の基盤に据えながら，責任は対物的関係の中では成立せず人々相互の人間的な関係にしか生じないことをも手掛かりに責任論の構築を試みるのだが，R. Merkel はこの反応的態度を媒介させて自らの議論の展開を図る。すなわち，R. Merkel は，刑罰とは規範の違反に基づく反応的態度を制度化したものであると考え，刑罰は個別事例において，法共同体がその振舞いを「害悪であると解していること」の証明を，全ての市民にとって象徴的に提示するものだとするのである[116]。

(2) 責任能力基準

　R. Merkel は，責任能力と責任無能力の境界は，証明不能である他行為可能性の基準を以て引くことはできないとした上で，代わりに要件とされるべきは Roxin の挙げた「規範的応答可能性」，つまり法的禁止に基づく動機形成に対する要求に共鳴する能力（Fähigkeit der Resonanz）であるとする。そして，このような能力を持つ者がなお要求を無視した場合，その者を同時代の人間と法の「反応的態度」の適格な名宛人とすることができる一方で，その精神状態の

---

113) R. Merkel, a. a. O. (Anm. 112) SS. 118-121.
114) R. Merkel, a. a. O. (Anm. 112) SS. 121-130.
115) この点については成田和信『責任と自由』7 頁以下（勁草書房，2004），P・F・ストローソン（法野谷俊哉訳）「自由と怒り」門脇俊介＝野矢茂樹編・監修『自由と行為の哲学』31 頁，37 頁以下（春秋社，2010）を参照（なお成田は「反応的心情」の訳語を採用している）。
116) R. Merkel, a. a. O. (Anm. 112) SS. 130-131.

223

ために行為者においてかかる動機づけ可能性が全く欠けている場合には法遵守的住民の意識において規範命令の適格な名宛人としてその者を取り扱うことが無意味になり（sinnlos），責任をその者に負わせるような反応的態度も余計なものとなるとしている[117]。

このように Roxin のいう「規範的応答可能性」が基準として適格であるとする R. Merkel は，後の論稿において，この「規範的応答可能性」は自由意思とは異なる概念であるとして，更にその内実について議論を展開している[118]。

R. Merkel は，規範的応答可能性とは，砂糖が溶けやすい，グラスが脆いというのと同じように，その内在的な特性であるディスポジションであるということを強調する。そしてこのディスポジションを有していることは，実際に規範適合的な理解と反応を示していることで説明されるが，その理解と反応は，具体的な違法行為に限らず，一定の他の状況において規範を遵守する現実の振舞いを行っていることによって示されるのだと主張する。例えば，グラスの「脆い」というディスポジションについて例にとると，床にグラスを落としたところグラスは予想に反して壊れなかったが，2回目に落とした場合に壊れたという場合，1回目にグラスを落とした場合にも「脆い」というディスポジションを有していたことには変わりない（そしてそのディスポジションを有していたということは2回目に壊れていることから明らかとなる）。これと同様に，仮に犯行状況において行為者が規範適合的に反応しなかったとしても，「これまでの生活のその他の様々な状況において十分に明らかである」規範的応答可能性というディスポジションを犯行時に有していたということには変わりがないとする[119]。

そして，その規範的応答可能性の内実としては，違反する刑法の具体的規範について，呼びかけられる受動的客体に止まらないディスポジションを有する必要があるとして，規範の命令の意味に対する感受性と，規範の呼びかけに対する反応性が必要であるとする。前者としては，具体的犯罪の規範的判断にとって重要な要素の的確な認知（させられ体験において欠如），規範命令を適用可能にするような行為状況の構成要素について規範命令の適用であると同定するこ

---

117) R. Merkel, a. a. O. (Anm. 112) SS. 131-132.

118) R. Merkel, Schuld, Charakter und normative Ansprechbarkeit, in: Heinrich/Jäger/Achenbach/Amelung/Bottke/Haffke/Schünemann/Wolter (Hrsg.), Strafrecht als Scientia Universalis, Festschrift für Claus Roxin zum 80. Geburtstag am 15. Mai 2011 (2011), S. 737, SS. 752-754.

119) 以上について R. Merkel, a. a. O. (Anm. 118)。

と（他者に傷害を負わせることがあるべきでないと理解していない場合に欠如），喚起
された規範をその重要性を以て義務体系において整理すること（大天使からの
命令を受け例外なく殺人の禁止が命令より劣後すると考えた場合に欠如）が挙げられ
る。そして後者は，規範からの強制的圧迫を知り又は感じるに止まらず，自分
自身のことを振舞いに対する公平な制裁の潜在的名宛人として理解するための
最低限の理解を指すとされる[120]。

2　批　　判

　次節に見る Frister は，Roxin の規範的応答可能性概念の不明瞭さを指摘し
たうえで，これをディスポジションと理解することで問題を解消しようとする
R. Merkel の見解にも以下のように批判を加えている[121]。R. Merkel の見解は，
規範的応答可能性を，その者が「その生活のその他の様々な状況において」当
該規範を遵守しようと決定してきており，そしてそのように決定していくだろ
うということを表現したにすぎないと理解するものであり，他意欲可能性の意
味における自由意思と区別された構成を可能にするものである。しかし，これ
では常習的確信犯が一律に責任無能力になってしまう。例えば，ドイツ国内で
も評価が分かれる規範として，ドイツの生殖系医師が，外国では放任されてい
る卵細胞の提供に対して国内で関与行為を行った場合，当該行為は可罰的であ
るとする規範があるが，ある生殖系医師が，この禁止規範を意図的に無視しつ
つ，患者が現れる機会のたびに，卵細胞提供のために外国に斡旋する行為をし
ていたとすると，この者は「その他の様々な状況において」当該規範を無視し
ているのだから，R. Merkel の見解によれば責任無能力となってしまう。多元
的社会においては全ての規範が同等に扱われることになるのだから，こうした
評価が分かれる規範だけでなく，意図的に殺人の禁止規範を常に無視している
者も全て責任無能力となってしまう。

3　検　　討

　R. Merkel の見解は，これまでの見解と同様，我が国の有力説と同様の見解
に対して，自由意思を要件として必要とすることが不適切であるとして批判し
た上で，これとは異なる概念として「規範的応答可能性」を措定し，これが反

---

120)　以上について R. Merkel, a. a. O.（Anm. 118）SS. 754-757。
121)　Frister, a. a. O.（Anm. 62）S. 542ff.

第2章　ドイツにおける議論状況

応的態度の適格性として必要である旨を主張している。そして，その内実としては，この「応答可能性」がディスポジションであると理解することにより，すなわち，行為者が「これまでの生活のその他の様々な状況において」犯行を回避していたかを問うことによって，これが自由意思と区別された適格な要件であると主張しているといえよう。

　かかるアプローチは，前款に見た有力説とは異なり，平均人への置き換えの判断をするものではなく，「これまでの生活のその他の様々な状況において」犯行を回避していたか，という本人の性質に着目した判断を行うものであって，我が国の有力説と同様の見解に対する批判は前款に見た有力説と共有しつつも，これとは異なる形で，これを修正するものであると評価することができよう。

　もっとも，上記の修正が成功しているかについては，疑問の余地も残る。「その生活のその他の様々な状況において」当該規範を遵守しようと決定してきており，そしてそのように決定していくだろうということを基準とするならば，責任が当然あると考えられるところの常習的確信犯にまで責任能力が認められないことになるのではないか，との批判が提起されており，傾聴に値するように思われる。この点，R. Merkel は，責任能力の具体的な適用範囲については，規範の命令の意味に対する感受性と，規範の呼びかけに対する反応性を問うことで，妥当な適用範囲を画そうとしている[122]。しかし，この感受性や反応性が如何なる意味で，「これまでの生活のその他の様々な状況において」犯行を回避していたかというディスポジションと関連しているのか，すなわち具体的適用範囲と基準とが一貫しているのかについては明らかではないのであって，やはり上記アプローチには問題があるように思われる。

第3款　小括・更なる検討の必要性

　本節では，我が国の有力説と同様の見解を実質的に修正するものと評価できる見解について考察してきた。

　前節に見たように，我が国の有力説と同様の見解に対しては，その証明不能性について強い批判が当てられているところ，コンメンタール類においては，行為者の「外的状況及び内的状況」における平均人に行為者を置き換えること

---

[122]　この点，R. Merkel に対して本文記載のような批判を加える Frister も，この感受性・反応性についてまで批判を行っているわけではない（vgl. Frister, a. a. O. (Anm. 55) Fn. 45）。

226

によって，責任能力判断を可能にしようとするアプローチが有力化している。かかる有力説からは，その具体的適用範囲は必ずしも明らかではないものの，一部の見解においては，規範適合的振舞いへの期待の程度を（ある種の正常さとして）病気の有無・程度と関連させることにより，ドイツ判例の動向にもそぐう妥当な適用範囲を実現しようとする主張が展開されていた（以上，第1款）。

以上に対して，ドイツにおいては，自由意思とは区別された要件として「規範的応答可能性」というフレーズもしばしば見受けられるところである。もっとも，その積極的な内実については必ずしも明らかではなく，主張者と目されるRoxinの見解においても同様であった。近時，R. Merkelは，これをディスポジションとして把握し，「これまでの生活のその他の様々な状況において」犯行を回避していたかを問うことで，その具体化を試みているが，かかるアプローチには，論理的に言えば常習的確信犯も不処罰となってしまうという問題が内在していた（以上，第2款）。

以上の検討は，我が国の議論状況にとっても一定の示唆をもたらすものである。すなわち，我が国の有力説のように，自由意思を表すものとして責任能力を捉えるのであれば，基準として不適格でないかが問題となるところ，それを修正するアプローチとして，平均人への置き換えの判断へと修正する方向性と，置き換えはせずに，判断対象を行為者のディスポジションとして，「これまでの生活のその他の様々な状況において」犯行を回避していたかを問う修正の方向性とがあり得ることが看取される。もっとも，このうち，後者については，常習的確信犯も不処罰となる欠点が指摘されている。そうすると，前者の方向性として，平均人への置き換えの判断へと修正した上で，かかる修正を正面から正当化し，且つ規範適合的振舞いへの期待の程度を病気の有無と結びつけるというアプローチが，我が国の有力説を実質的に修正するアプローチとして有望であるように思われる。

もっとも，既に指摘したように，このようなアプローチには，なぜ刑法上の期待の程度が，精神医学的診断であるところの病気（精神病）の有無と結びつくのか，必ずしも明らかではなく，この点になお検討の余地があるように思われる。そこで，次節では，以上とは異なるアプローチによって，一定の正常さに着目する理論的構成を提示している近時の見解について見ることで，更なるアプローチの可能性を探ることとしたい。

227

第2章　ドイツにおける議論状況

第4節　異なる理論的構成から一定の正常さに着目する見解

　本節では，近時の学説のうち，前節に見たアプローチとは異なる理論的構成から，すなわち「犯行の回避」という観点を必ずしも採用することなく，責任能力判断において一定の正常さに着目し，その具体的帰結についても見据えながら議論を展開する学説について取り上げることとしたい。本節で取り上げる学説は，本章第2節に見た問題意識，すなわち我が国の有力説と同様の見解が提示する「現実に行った違法行為とは異なる行為を選択する」能力という意味における制御能力は，自由意思の言い換えにすぎず，それは証明不能である，或いは全ての犯罪者に欠けているために，基準として適さないという問題意識を共有しつつも[123]，さらに第3節で見た見解のような「犯行の回避」という観点を必ずしも採用せず，それぞれの立場から，一定の正常さに着目し議論を展開している。

　本節ではまず，責任を非難の観点から基礎づけた上で，いわゆる性格責任論を主張し，「性格」と評価できる特徴に基づくという正常さに着目する Herzberg の見解を見る（第1款）。次に，責任を積極的一般予防の観点から基礎づけた上で，いわゆる機能的責任概念の下で責任能力論を展開する Streng の見解を見た上で，同じく積極的一般予防論に分類されるものの，独自の立場から責任論を主張する Jakobs の見解について触れる。そして，両見解が，一般人の動機や精神の構造という正常さを提示し，これに基づく責任能力判断の領域を認めるとともに，それ以外にも更なる減免の余地を認める責任能力判断の領域を併置するものであることを示す（第2款）。そして最後に，責任を非難の観点から基礎づけようとも積極的一般予防論の観点から基礎づけようとも，責任能力論等の帰結には差異をもたらさない旨を指摘した上で，発達心理学のモデルを参照しつつ，一定の判断の正常さに着目する Frister の見解について見ることとしたい（第3款）。

---

123)　例えば Herzberg と R. Merkel は，2010 年の Herzberg の著作以降，互いが互いを引用しながら批判しあっているが，責任能力という文脈に限れば，両者は，制御能力は犯行時点で実際に犯行を回避する能力を意味しているが，それは通常の犯罪者にも欠けているということを共通の前提とした上で，代替案の方向性や内実を巡って争っているものといえる。

228

第 1 款　Herzberg の見解：「性格」への着目

第 1 項　Herzberg の見解の概要

　Herzberg の見解は，明確に決定論的前提を取った上で，その性格から決定されていたものに対して非難がなされるとし，病的な精神障害等に基づく場合にのみ免責することを刑法 20 条は規定していると主張するものである。

　Herzberg は，賞賛と叱責（Lob und Tadel）とに対称性を見出しながら，賞賛に関する実践を軸に自らの決定論的前提を補強する。すなわち，「邪悪な行為，叱責，責任非難，処罰は，善良な行為，賞賛，感謝，報酬を，その積極的な対称とする」とした上で，善良な行為への賞賛は自由意思に依拠しないことを強調する。例えば，よろめいて電車のレールの上に落ちた人を，他に何も考えることなく自らの命を投げ打って救出した（すなわち救出せざるを得なかった・救出しないではいられなかった）者に対して，賞賛にも感謝にも値しないとは我々は考えず，その性格ゆえに不可避的な動機に至ったにもかかわらず，というよりもそのように至ったからこそ，その行為について道徳的に評価し賞賛し感嘆する。このように，行為の道徳的評価にとって非決定論の支持は不必要であり，邪悪な行為に対する叱責と処罰にとっても選択の自由は重要ではないとする[124]。

　こうした性格責任論には，かねてより，責任無能力者もその本来的性質にしたがって活動しているのになぜ責任無能力となるのか説明がつかない，という批判がなされてきたが，Herzberg は，これに対して，「性格（Charakter）」が，その人間を特徴付ける全てを捕捉している訳ではないという反論を試みる。Herzberg は，性格は，（脳器質的な阻害を有さない人間の）本性を特徴付ける特質（wesensprägende Eigenschaften）であるとして，その例として，利己心・嫉妬妄想・冷淡さ・突発的怒り・復讐心・無情さ・好色家・小児性愛・加虐性愛・無思慮さといった例を挙げる。これに対して，精神病（Geisteskrankheit）は人間の本性の核心（Wesenskern）ではないし，生来の精神薄弱者の精神障害も性格の欠如とは評価されないとする[125]。

　このように性格責任論を基礎付けた上で Herzberg は，刑法 20 条について

---

124)　Herzberg, Willensunfreiheit und Schuldvorwurf (2010), SS. 90-92.

125)　Herzberg, a. a. O. (Anm. 124) SS. 113-115.

第2章　ドイツにおける議論状況

特殊な解釈を提示し，度々強調している。すなわち Herzberg は，刑法 20 条が責任能力を積極的に規定しているとすると，裁判官に対して，行為者が犯行を回避できたことを証明するよう義務付けるという不可能な要求をすることにほかならず，そうであるならば立法者の失錯行為（Fehlleistung）であるとして批判した上で，同条は，あくまでも消極的に「責任なく行為した」場合を規定しているにすぎないということを強調する。そして Herzberg は，決定論的世界の下では，行為者は皆制御無能力であるのだが，その根拠が「病的な精神障害」等に基づく場合だけ，「責任なく行為した」として免責する旨を規定しているのだとするのである。その上で，刑法 20 条が「その他の重い精神的偏倚」という入口要件の存在も認めていることには批判的であり，性格異常のうち上記場合にのみ免責の余地を認めるのは一貫しないと批判している[126]。

第2項　批　判

こうした Herzberg の見解に対しては，本章で取り上げている他の論者からも批判が投げかけられている。

例えば，Herzberg と互いに批判の応答を行っている R. Merkel は，賞賛・感謝とは異なり侵害的性質を有する刑罰には正当化が必要であるという原理的批判に加えて，病気か性格かという区分はあまりにも荒く，器質的原因のために粗暴な性格を獲得した場合にその原因が特定されたかどうかで帰結を異にするのは問題があるとして，適用結果についての批判も行っている[127]。また Frister は，かかる理論は Schopenhauer, A. Merkel, Engisch と同様に，「内的本性」に動機づけられたかどうかを問題とするものだが，内的本性も精神の障害も総じて関連する生理学的な脳の経過や状態なしでは考えられないため区別することはできないと批判している[128]。

---

126)　Herzberg, a. a. O. (Anm. 124) SS. 104-106, 115-117; ders., Überlegungen zum ethischen und strafrechtlichen Schuldbegriff; in: Hellmann/Schröder (Hrsg.), Festschrift für Hans Achenbach (2011) S. 157, S. 173f.; ders., Setzt strafrechtlichen Schuld ein Vermeidenkönnen voraus? , ZStW 124 (1) (2013) S. 12, SS. 23-26.

127)　R. Merkel, a. a. O. (Anm. 118) SS. 744-752.

128)　Frister, a. a. O. (Anm. 62) S. 538ff. さらに Frister は，Herzberg が自らの解釈が法律上の規定の文言とよりよく調和するものであると主張していることについて，法律上弁別能力と制御能力が規定されていることを無視していること，また「その他の重い精神的偏倚」が入口要件にあることを批判していることとの矛盾も指摘している。

230

第3項　小　　括

　性格責任論（及び人格責任論）については古くより学説の展開があるところではあるが[129]，Herzberg は近時の哲学の動向も踏まえながら「性格」を限定的に把握することで，従前の批判をも意識した性格責任論を展開している。かかる見解は，決定論的立場に明示的に立ち，行為者が犯行を回避できたことを具体的に証明することは不可能である旨を強く主張した上で，責任非難と「性格」とを結びつけ，且つ精神病等を「性格」から除外することにより，一定の生物学的要素を直截に責任能力論に反映する立場を示しているといえよう。ここでは，「性格」を限定的に把握するにあたって，脳器質的な阻害の有無が（ある種の正常さとして）主題化され，責任能力基準として提示されていると評価できるように思われる。

　もっとも，「性格」の限定的把握が成功しているか，また理論的に基礎づけ得るものであるかについては，ドイツ学説において批判が提起されているように議論の余地がある。なぜ人間は精神病等以外の特性（精神病以外の精神障害も含まれる）については自らの存在に責任を持ち，精神病等については責任を持たないことになるのか，常に人間の行為が何らかの形で生理学的な脳の経過・状態を介する以上，これらをどのように区別するのかについては，なお議論の余地があろう。このように見ると，一定の生物学的要素を重視するにせよ，脳器質的な阻害の有無という視点からは必ずしも議論が成功しないと評価することができるだろう。

第2款　Streng, Jakobs の見解：一般人との同等性への着目

　次に，積極的一般予防の観点を取り入れつつ責任概念を展開する Streng や Jakobs の見解を見ることとしたい。

第1項　Streng の見解の概要

　Streng は，第2節・第3節に見た見解に批判を加えたうえで[130]，責任刑罰

---

129)　この点については，我が国における先行研究として大谷實『人格責任論の研究』（慶應通信，1972）（特に 275 頁以下）を参照。

第2章 ドイツにおける議論状況

は少なくとも一般予防効果と結びつく必要があるとし，その責任概念・責任能力論を，以下のように（とりわけ社会心理学的影響に焦点を当てた[131]）一般予防効果と結びつけながら構築している。

　すなわち，Streng によれば，本章第2節で見たように「自由」には証明不能性の問題が存在しているが，我々が健康な人間として一定程度自由に決定することができるという日常的な考えは存在し，我々は精神的に正常に見える人間には自由を割り当てている（zuschreiben）。これに対して，我々は，明白に異常な者については，自らが感じる「健康な」自由とは区別して「不自由である」と割り当て（zuschreiben），追体験不能な振舞いを20条，21条の範囲に分類している。

　精神的に正常に見える人間には自由を割り当て，責任を割り当てることの基礎にあるのは，その者による法益侵害という刑法規範の無視そのものが一定程度"お手本となるような"（„vorbildhaft"）ものであり，それゆえ誘惑的な性格を獲得しているという前提である。これに対して，十分な資格のある同胞（vollwertiger Mitbürger）とはみなされないような，あるいは運命的な巻き添えに巻き込まれたような，精神的に健全ではない階層者（Eingestuften）による，結局のところ感情移入不能な犯罪行為には，全くあるいはほとんど犯罪感染危険（Ansteckungsgefahr）がないために，減免が可能となる。

　このように，Streng は，刑罰の必要性は，その犯罪が処罰されなければ同胞にとって（少なくとも潜在的には）誘惑的な例となるように正常な法違反者に対して感じられるために生じると考えており，それに基づき責任概念・責任能力論の構築を行っている[132]。

　そして，さらに Streng は，この「犯罪感染危険」に基づく責任能力判断は

130）　Streng, a. a. O. (Anm. 90) S. 273ff.; MüKo-Streng, a. a. O. (Anm. 7) Rn. 52ff. 第2節及び第3節で見た批判に加えて，欲動犯・いわゆるサイコパス（Psychopathen）・情動犯等に免責を認めることにより余りにも多くの者が免責されてしまう「ダムの崩壊の危険」が起きること，また刑罰の正当性は社会の目的に資する機能的なものでなければ正当化され得ないことを指摘している。

131）　この点については更に Streng, Schuld, Vergeltung, Generalprävention-Eine tiefenpsychologische Rekonstruktion strafrechtlicher Zentralbegriffe, ZStW 92 (1980) S. 637, S. 650ff.。

132）　以上につき，Streng, Richter und Sachverständiger. Zum Zusammenwirken von Strafrecht und Psychowissenschaften bei der Bestimmung der Schuldfähigkeit (§§20, 21 StGB), in: Kerner/Göppinger/Streng (Hrsg.), Kriminologie-Psychiatrie-Strafrecht Festschrift für Heinz Leferenz zum 70. Geburstag (1983) S. 397, S. 405; ders., a. a. O. (Anm. 90) S. 297ff.; MüKo-Streng, a. a. O. (Anm. 7) Rn. 60ff.。Streng は，ニーチェの「人間は，処罰されうるために『自由』と考えられる」という有名な一節を引用しながら自説の説明を行っている（Streng (1983) S. 405)。

232

以下のように細分化されるという。すなわち，重度の精神薄弱や統合失調症の
ような場合には，詳細な分析がなくとも「異質な（fremd）感情移入不能なも
のでありそれゆえ責任無能力」という診断を以て責任無能力になる。他方で，
それほど初めから「全く違う（ganz anders）」人ではない場合には，動機や決
定の過程の構造に対する細分化した分析が決定的となるという。すなわち，自
我相当な（ich-adäquat）動機構造がある場合には自由の意識があるのに対して，
決定，動機，或いは決断の構造が異常である場合，とりわけ屈服されるように
感じられる（als überwältigend empfundenen）決定要素がある場合には，我々は
その者を不自由であると経験するとして，かかる場合には，その者を「人格異
質的振舞い」という意味において不自由であると割り当てることになるとする
のである[133]。こうして判断基準を定立した Streng は，制御能力概念は，単に
「同胞が自己安定化の目的のために行為者の処罰を予期するかどうかという理
解の媒介にすぎない」としている[134]。

　以上のように Streng は，刑罰論の議論における積極的一般予防論[135]につい
て，社会心理学的視点からその内実を補充しながら，責任論・責任能力論を導
出している。ここでは，犯罪感染危険という観点が原理として重視され，そこ
から基準として，判断者の経験・追体験可能性という観点からの精神的な正常
さと，人格相当性・異質性という観点からの動機構造の正常さとが導出されて
いるものといえよう。

第2項　Jakobs の見解の概要

　次に，同じく積極的一般予防論に分類されるものの，独自の立場から主張さ
れた責任論として Jakobs の見解について触れることとしたい[136]。もっとも，
Jakobs の責任論・責任能力論については既に多数の先行研究が存在すること
から[137]，ここでは，本書の問題意識からその概観を行うにとどめたい。

---

133)　Streng, a. a. O. (Anm. 90) S. 299f. さらに Streng は，情動犯罪について，行為者が権利を不当
　　に行使した正常な市民というよりもむしろ被害者であるように思われる場合，ほとんど誘惑的な例
　　に見えず，処罰しても規範遵守が報われるという感情は確証されないという説明も行っている
　　（ders., a. a. O. (Anm. 132) S. 405f.）。
134)　Streng, a. a. O. (Anm. 90) S. 302f.
135)　なお，Streng の刑罰論において，積極的一般予防論のみならず威嚇も補充的に考慮されてい
　　るとの指摘として，中村・前掲注98) (1) 244 頁，313 頁以下。
136)　Jakobs の見解について，現在「一種の応報刑論と評し得る見解を展開するに至っている」と
　　の指摘として，中村・前掲注98) (2) 272 頁。
137)　例えば，浅田・前掲注14) 293 頁以下，神田宏「責任と刑罰の積極的一般予防論的考察——予

第 2 章　ドイツにおける議論状況

1　議論の前提

　既に指摘されているように，Jakobs のシステム理論的な刑罰論・責任論は Luhmann のシステム理論（とりわけその制裁の位置づけ）を背景として展開されている[138]。その前提について，（次款の Frister の見解とも関連しているため）やや紙幅を割いて説明するならば，大要以下の通りであるといえよう。

　すなわち，Luhmann によれば，人間の体験内容には複雑性（Komplexität）や不確実性（Kontingenz）が含まれているところ，人々は，外界に対する何らかの予期（Erwartung）を形成することによって，体験や行為を選択している。また，自我の視野には，自己と同様に独自の体験と行為との源泉に他ならぬものとして，他我（alter ego）が入ってくるところ，他者も自分と同様に自由に行動を変化させることができることによる二重の不確実性が生じ，他者の予期をも予期すること（予期の予期〔Erwartung von Erwartung〕）が必要になる。

　Luhmann によれば，予期には，その違背（Enttäuschung）への対応方法として，違背された予期を変更して，予期に反した現実に対応する方法と，予期を固持し，予期に反した現実に逆らってそのまま続ける方法とが存在し，前者は認知的予期（kognitive Erwartung），後者は規範的予期（normative Erwartung）と呼ばれる。Luhmann 自身の挙げる例としては，新任秘書を雇った場合に，秘書が一定の仕事をできることは規範的に予期され，期待外れに終わった場合にも予期は堅持され，現実との開きについては相手方の責めに帰されるものであって，規範とは，抗事実的に（kontrafaktisch）安定化された行動予期であるとされる。

　かかる規範的予期が充足されなかった場合，予期の一般化された機能レベルにおいて，予期を表出し違背を処理する象徴過程により，予期そのものを回復する必要があるところ，社会システムが予期の違背の処理を引き受けなければならない。そこでは，違背行動について，予期した者の方が誤っていたのでは

防目的の犯罪論的意義の再検討」法と政治 42 巻 3 号 497 頁（1991），同「責任の機能化と責任能力——ヤコブス（JAKOBS, Günter）の所論を中心に」法と政治 44 巻 1 号 213 頁（1993），松宮孝明編訳『ギュンター・ヤコブス著作集　第 1 巻　犯罪論の基礎』（成文堂，2014）（特に 33 頁以下）。なお，安田が制御主体論について Jakobs の見解からも示唆を得ていることについては，安田・前掲注 24）109 頁以下参照。

[138]　Jakobs の刑罰論と Luhmann のシステム理論との関係についての分析として，田中久智「ヤコブスの積極的一般予防論とルーマン社会システム理論」比較法制研究 19 号 1 頁（1996）。

なく，行為者の方が誤っていたのだと帰責（Zurechnung）がなされるが，かような違背の説明は規範を害しないようになされなければならない。かかる観点は，違背が法則的に予期し得ることを立証するような，科学的に（wissenschaftlich）検証可能な説明とはほとんど無関係であり，これとは逆に違背の例外的な性格を立証するものである。この違背説明について如何なる説明を選択するかは，当該社会の社会システムの構造的与件により予め規定されており，近代法秩序では，逸脱行動の科学的説明は，規範的領域においては極めて制限され，極端な場合にのみ許されており，一般には個人的責任の想定というかなり擬制的な説明（eine weitgehend fiktive Erklärung）が行われている。

規範的予期の違背に際しては，日常的なケースでは，説明や謝罪等により逸脱は中和されるが，破られた規範について了解が十分速やかには得られない場合，とりわけ行動の際に規範に反抗する意図があまりにも明らかにされてしまった場合は，かかる対応が困難であるところ，そこから抜け出るための最も重要で典型的な手段として制裁（Sanktion）が行われる。発展した社会・分化の進んだ社会では，規範的予期の維持（Luhmann の「行動予期の一般化」のうち「時間的一般化」）にあたって，スキャンダル化等を試みてもあらゆる第三者が同じ気持ちになってくれるとは考えられず，法違反者に向けられた制裁が，規範維持のための明確な手段として制度的に優位に置かれるようになる[139]。

以上の Luhmann の議論に影響を受けて Jakobs は以下のように刑罰論を展開していた。すなわち，犯行は，その正当性が法的に保障されている予期を侵害するために，その除去が一定程度必要なものとなるところ，予期の侵害ないし違背に対する埋め合わせには認知的なものと規範的なものがあるが，刑法上中心的であるのは後者である。すなわち，予期を抗事実的に維持し，違背の振舞いが誤りであるとして行為者に帰責されることで，これが議論の余地なき行動選択として学習されるというものである。そして，責任の内実について議論は分かれているが，責任によって，違背行為の諸条件から動機づけの欠陥（Motivationsfehler）が刑法上唯一重要なものとして取り出され，動機づけの欠陥の理由についての問いが切り取られているとし，動機づけに欠陥があることの理由が責任として問題になるとしていたのであった[140]。

---

139) 以上につき，N. ルーマン（村上淳一＝六本佳平訳）『法社会学』33-75 頁，107-121 頁（岩波書店，1977）。

140) Jakobs, Schuld und Prävention (1976) S. 8ff.

第 2 章　ドイツにおける議論状況

2　Jakobs の責任能力論

(1)　社会的構造からの把握の必要性

　以上を前提に Jakobs の責任能力論について概観したい。Jakobs は，行為者がなぜ違法行為について責任を取るべきであるのか，現在に至るまで満足のいく形ではほとんど解決されていないとして，これまでの見解と同様に，我が国の有力説と同様の見解に対しては批判的であり，行為状況における個人の能力は一般的に事後的に認定し得ないことなどを理由に，これと異なるアプローチを志向している。Jakobs によれば，自然科学的に把握された世界の決定要素によって拘束されていないという意味の自由は法的概念ではなく，法は，決定論的でも非決定論的でもない行為者の行為を判断する固有のシステムを構築しており，人格 (Person) とのコミュニケーションが存在しているという。重要なのは自然科学・政治・宗教などの「ゲーム (Spiel)」とは異なる，固有の規律を持った「ゲーム」であって，決定的な問題は，自然科学的観点が正しいか，法的規範的観点が正しいかということではなく，如何なる関連において如何なる観点が指針を与えるかということであり，社会の規範的構造が指針力を有していることは疑いようがないとする[141]。

(2)　責任能力の内実

　Jakobs は，社会の規範的構造の観点から考察を加え，責任の内実は，法への忠誠の欠如 (Rechtsuntreue) が行為者に認められることにあることを前提とするが，責任がまず認められるのは，犯行時点において主体が規範妥当性を否認する資格 (Kompetenz, die Normgeltung in Abrede zu stellen) がある場合，すなわち帰責能力がある (zurechnungsfähig) 場合であるとされる。Jakobs によれば，帰責能力があるのは，(一般人との) 同等者 (Gleicher) として定義される人間であり，かかる同等性は，行為者において，動機づけ過程を根底において形成し又は阻害しないような諸要因が，その性質に応じて，一般的な (ubiquitär) 動機づけ過程を形成し又は阻害しないということを前提とする。動機づけに関する要素の内容や程度は当然個々人によって差異があるが，根底において且つその性質において同等な動機づけ状態であれば，主体の規範違反は，

---

141)　Jakobs, a. a. O. (Anm. 36) Kap. 3 Abschn. 17 Rn. 16, 23; ders., System der strafrechtlichen Zurechnung (2012) S. 65ff.

一般人と同等の行為者のモデル的な規範違反となり，一般人にとっての規範妥当性への侵害となる。このような主体性（Subjektivität）の喪失は，脳の所見ではなく，精神的関連（psychische Konnex）において認められるものであり，かかる喪失がある場合には，行為者が「質的に異常である」ことが示される。具体的には，主として，「病的な精神障害」の場合や，重大な「精神薄弱」の場合に，これが認められる[142]。

以上が刑法20条の主たる領域であるが，Jakobs によれば，責任能力とは「帰責能力プラス部分領域的な期待可能性」を指しており，主体性・帰責能力の喪失のみによって責任能力は捕捉されつくされない。すなわち，上記主体性が認められる場合にも，規範遵守への動機づけにおける困難さが，当該主体が管轄を有さない根拠から生じている場合には，犯行への動機づけの生成がその根拠・条件によって説明され得る程度に応じて免責される。適法でない動機づけが，行為者において不運であり，一般的にも不運であると定義される場合又は他の者に帰責され得る場合には，規範遵守は期待不能として免責を導くとされている。具体的には，「根深い意識障害」や「重い精神的偏倚」の場合について，（主体性が喪失する場合もあり得るものの）実践上は期待可能性の規律が問題になっているほか，「病的な精神障害」の場合も，限界事例や酩酊の場合について，主体性がなお認められても期待不能であるとして免責される場合があり得るとしている[143]。

(3) 問題領域の区分について

以上のように Jakobs は，規範妥当性を否認する資格があるか否かを判断する「帰責能力」の場合と，規範妥当性が否認されるものの，精神的構造等の指摘によりかかる逸脱が中和されるかを判断する「期待可能性」の場合の二つに議論状況を区分している。Jakobs は，刑法20条全体を一つの枠組み（eine Leisten）へとはめ込もうとする試みは，概念上の不明確さに陥るだけではなく，病的でない所見の領域（例えば人格障害等）を，精神病へと方向づける（つまり精神病とどれほど類似しているかを問う）ことにより極めて狭くしてしまうと批判している[144]。

---

142) Jakobs, a. a. O. (Anm. 36) Kap. 3 Abschn. 17 Rn. 1f., 48, Abschn. 18 Rn. 5, 8, 13.

143) Jakobs, a. a. O. (Anm. 36) Kap. 3 Abschn. 17 Rn. 53, Abschn. 18 Rn. 5, 12, 14.

144) Jakobs, a. a. O. (Anm. 36) Kap. 3 Abschn. 18 Rn. 6.

第2章　ドイツにおける議論状況

　Jakobs の議論において，上記の二つへの議論状況の区分は，更なる帰結を
含意している。まず，帰責能力は同等性を意味するものであって数量化不能な
ものであり，「できるかできないか」の二者択一であるのに対して，期待可能
性は数量化可能であるから，刑法 21 条（限定責任能力）が問題になるのは期待
可能性の判断においてのみである。他方で，期待可能性の判断において（減軽
にとどまらず）免責に至る可能性も開かれており，例えば刑法 35 条（免責的緊
急避難）において答責的でなく存在する危険からの救助が免責されるように，
同条により推定される程度に身体的性質が至った，嗜癖を有している者は，主
体性の破壊が認められなくとも期待不能となるとされている[145]。

　なお，Jakobs によれば，刑法 20 条，21 条のいう「能力」という言葉は，
精神科医や心理学者によって認定され得る属性（Eigenschaft）ではなく，規範
的な帰属（Zuschreibung）の問題であるとされる。すなわち，ここでは異なる
ように振舞い得たかという問題ではなく，異なるように振舞わなかったことに
ついて管轄を有するかという問題であるとして，例えば上記の期待可能性の判
断も，この帰属の問題として取り扱われている。期待可能性の判断においては，
帰責能力の判断とは異なり，犯行時点における精神状態だけではなく，犯行前
の行為者の振舞いも重要となるほか，精神医学的所見と責任の間の規範的に修
正された関係のみが問題となっているのだから，あまりに過剰な免責に至るお
それ（“ダムの崩壊”）は存在しない[146]。

第3項　検　　討

　本款では，積極的一般予防論に分類される議論のうち，責任能力の具体的内
実にまで議論を至らせるものとして，Streng の見解と Jakobs の見解について
見た。

　本款で見たように，いずれの見解も我が国の有力説と同様の見解に対する批
判的立場を前提としたうえで[147]，責任能力の内実としては，Streng の見解で

---

145)　Jakobs, a. a. O. (Anm. 36) Kap. 3 Abschn. 17 Rn. 49, Abschn. 18 Rn. 16, 28ff.

146)　Jakobs, a. a. O. (Anm. 36) Kap. 3 Abschn. 17 Rn. 54, Abschn. 18 Rn. 15, 25, 28.

147)　また，さらに Jakobs が，帰責論においては自然科学等とは異なる固有の規律が問題となって
いる点を指摘していた点も注目に値するように思われる。かかる指摘は，非決定論・決定論を巡る
争いとは独立した観点からの責任論の可能性を示唆しているものといえ，R. Merkel がストローソ
ンの議論を参照していたこと（本章第3節第2款第2項）とも共通した問題意識であるように思
われる。

は，犯罪感染危険という観点から，行為者の心理・動機へと目が向けられ，判断者の経験・追体験可能性という観点からの精神的な正常さと，人格相当性・異質性という観点からの動機構造の正常さが問題となっていた。これに対して，Jakobs の見解では，社会の規範的構造・規範の維持という観点から，ここでもまた行為者の精神的構造へと目が向けられ，同等性と期待可能性という異なる問題領域の存在が指摘されていた。

　両者の見解は，大元の積極的一般予防論の内実には大きな相違を有するものの，責任能力判断という観点からすると，いずれも以下の二つの特徴を有しているように思われる。

　第一に，いずれの見解も，一般人の動機や精神の構造と行為者のそれらとの比較により責任能力判断を行う領域を是認しているといえるだろう。すなわち，いずれの見解も，（論者の想定する内実は異なるものの）一般人の規範意識を問題とすることによって，行為者の心理・精神的構造に目を向けるとともに，一般人の動機や精神の構造と（とりわけ）精神病に罹患した人間のそれらとの差異を直接的に判断対象とする領域を是認しているように思われる。ここで，異なる階層者や同等者でない者という表現が，精神病罹患者等をそれ以外の人間とおよそ異なる地位にいる者であると理解する表現であるならば問題があるように思われるが，上記の差異は，Streng の見解においては犯罪行為の感情移入不能という観点から，Jakobs の見解においては犯罪行為の動機づけ要素の異質さという観点から取り上げられているところであって，必ずしもそのような地位とは結びつけた理論ではないとも評価できよう。かかる問題領域においては，責任能力判断において，とりわけ精神病の影響について直截な判断が可能となっているところであって，本書の問題意識からは，ここでは，一般人の動機や精神の構造が，ある種の正常さとして責任能力基準として主題化されているものと評価できよう。

　第二に，いずれの見解も，上記のような正常さによる判断（感情移入不能・同等性）によって責任能力が捕捉し尽くされるものとは考えておらず，更なる減免の余地が認められる問題領域があることを認めているように思われる。すなわち，Streng の見解においては人格異質性という観点が，Jakobs の見解においては期待可能性という観点がさらに存在することが指摘されており，ここでは，とりわけ精神病を中心とする問題領域とは異なる問題領域が存在し得ることが示唆されているものと評価できよう。

第 2 章　ドイツにおける議論状況

　以上のように，両者の見解においては，犯罪行為の動機等の構造が一般人の
それと乖離しているという意味において，その正常性を問うことによって，と
りわけ精神病の影響について直截に判断した上で，さらに，かかる正常性が認
められる場合にも，一定の場合に責任の減退が認められるような判断を併置す
るという考えが提示されていたといえよう。

第 3 款　Frister の見解：根本的批判

　前款に見たように，Streng や Jakobs は，大元の積極的一般予防論の内実に
は大きな相違を有するものの，責任能力判断という観点からすると，いずれも
類似した特徴を示していたところであった。もっとも，そうであるならば，前
款に見た両者の責任能力論が，果たして両者の前提たる刑罰観（とりわけ積極
的一般予防論）を前提としなければ採用され得ない理論であるかには議論の余
地があるように思われる。特定の刑罰観を前提としないのであれば，果たして
如何なる原理から責任能力基準が導出されているのか，原理・基準・適用の観
点からなお検討の余地があるものといえよう。そこで本節の最後に，責任を非
難の観点から基礎づけようとも積極的一般予防論の観点から基礎づけようとも，
責任能力論等の帰結には差異をもたらさない旨を指摘する Frister の見解につ
いて見ることとしたい。

第 1 項　Frister の見解

　Frister は，その代表的著作[148]の中で，ドイツの一部の理解（とりわけ我が国
の有力説と同様の見解）が責任論において展開する「意思的責任要素」（volunta-
tive Schuldelement）を巡る問題について議論を展開している。この「意思的責
任要素」とは，規範侵害に向けられた衝動の抑圧により不法の弁別に対応した
意思を形成する能力であり，我が国の有力説と同様の見解が「制御能力」の内
実として，また免責的緊急避難の要件たる「動機の圧迫」の内実として展開す
るものである。Frister は，帰責論全体について根本的批判を加え，責任と予
防を巡りなされる責任概念に関する議論は，帰責論を巡る問題について何の意
味も持たないことを論じたうえで，「他意欲可能性」（Anderswollenkönnen）と

---

148)　Frister, a. a. O.（Anm. 55）.

240

しての「自由意思」に依拠しない帰責論の展開を試みている。以下ではこの順番で，（やや紙幅を割きながら）Frister の考察を見ることとしたい。

1　責任と予防を巡る議論の意義

（1）伝統的責任概念について

Frister によれば，伝統的責任概念における責任とは，「人に対して向けられた非難（という帰責主体との関係での否定的「道徳的」判断）を基礎付ける事態（Sachverhalt）」を指している。ここにおける責任概念には，「道徳的帰責（moralische Zurechnung）」の問題と「道徳的評価（moralische Bewertung）」の問題という二つの問題が存在しているが，このうち，前者の問題は，誰が適格な主体で（例えば動物は適格な主体たり得るか），いかなる性質の事態が道徳的評価の適格な客体で（例えばペストの罹患は評価の対象たり得るか），当該事態の評価から帰責主体と関連づけられた道徳的判断が導かれるためにはいかなる関係性が存在しなければならないか（例えば予見せず事態を惹起した場合は道徳的判断が可能か）という問題を含むものである。こうした問題において，伝統的に我々は，実定法の内容とは関係なく「正しい」答えがあることを前提にしており，道徳的帰責についての前法的（vorpositive）規律を用いて，例えば動物には非難が妥当しない等の答えを出している。

　このように伝統的責任概念にて常に前提とされる道徳的帰責の前法的規律が何であるかについては，自己決定という観念から導かれるということ以上には学説上滅多に議論されない。しかし，ある事情を自己決定による行為として解釈することは，実定法に先行する社会的事象であって，社会的インタラクションの実践により構成される前法的規律によって，自己決定による行為としての解釈がなされる。それゆえ，言語学が社会的インタラクションにおいて黙示的にのみ保たれている言語的規律を浮き彫りにすることを課題とするように，伝統的責任概念における課題は，社会的インタラクションにおいて黙示的にのみ保たれている前法的規律を概念にする（auf den Begriff zu bringen）ことである[149]。

　以上のように Frister は，伝統的責任概念からすれば，如何なる事態があればその者を非難できるかが問題となるが，それは，実定法上の問題というより

---

149)　以上について Frister, a. a. O. (Anm. 55) SS. 22-26。

第2章　ドイツにおける議論状況

も，我々が社会におけるインタラクションにおいてどのような事態において自己決定による行為を認めるのかという前法的規律を問題とするものだと指摘している。

(2) 積極的一般予防論に基づく責任概念について

(a) 積極的一般予防論について

Frister によれば，積極的一般予防論とは刑罰の任務を「規範承認の維持（Erhaltung der Normanerkennung）」に求める見解であり，責任概念もこれを基礎にして展開される。ここにいう「規範承認」とは，規範に対応した振舞いが「道徳的に」正しい振舞いとして経験され評価されることであり，このことを刑罰が目的としているということにより消極的一般予防論や，社会連帯感の強化を目的とする刑罰論等と区別される。そして刑罰の任務は，この規範承認を維持することであり，それはすなわち犯罪行為により社会心理的に成立する規範承認の阻害を埋め合わせること（Ausgleich）であるとされる。

かかる積極的一般予防論は，人々の道徳的確信形成（moralische Überzeugungsbildung）のいかなる側面に本来的意義を認めるかによって，以下の二つに分化すると Frister は分析する。一つは，道徳的判断に応じて行為する義務の意識（義務意識）に本来的意義を認める見解（Frister は「行為論モデル」と呼称する），もう一つは，道徳的判断に応じた行為を他人に予期する権利があるという意識（権利意識）に本来的意義を認める見解（Frister は「インタラクションモデル」と呼称する）である[150]。

義務意識に意義を認める行為論モデルは[151]，人間には快楽的基本構造があることを前提とし，人間の行為は自身の効用を最大化する方向へと本来的に向けられているが，規範遵守が権威者の意思として人間に内面化され，そうした固有の欲求が抑圧されている状況であると捉える。規範違反行為は，こうした規範名宛人の抑圧された固有欲求にとって無意識的な模範像を示すことになり，

---

150) 以上について Frister, a. a. O. (Anm. 55) SS. 27-33。

151) Frister は，行為論モデルには，深層心理学的根拠モデル（フロイト的な考えの下，権威の意思が内面化されることを義務意識とした上で，道徳的判断により禁止されている欲動充足に何の処罰もなければ，かかる欲求充足が何の否定的反応も受けないことになり，無意識に，内面化において存在する抑圧の効能が疑問視されるとする）と学習理論的根拠モデル（義務違反行為の実行が不快な感情と結び付けられており，外的抑制と無関係に欲求満足の放棄を強制することができるが，欲動満足が不処罰となるとそれが疑問視される）とがあるとする。

道徳的確信の基礎をなす固有欲求の抑圧についてその効能が疑問視され，その結果規範承認が阻害される。ここで行為者に対して責任を問い処罰することによって，道徳的確信を基礎付ける，規範承認阻害に対する不安が，正当なものであることが示され，かかる阻害が埋め合わせられることになる[152]。

　他方で，権利意識に意義を認めるインタラクションモデルは，このような人間の義務と傾向との対立ではなく，他者への要求と現実との対立に注目するものである。これは，人間には様々な体験と行為の可能性が存在する中で，一定状況で一定の出来事を予期（Erwartung）できることにより，自分の体験と行為を初めて方向づけることができ，それにより初めて社会的インタラクションが可能になることに着目する。社会的インタラクションはこのような予期に依拠しているが，現実には予期への違背があり，それにより予期を存続させること（そして社会的インタラクション）への脅威となる。すなわち，規範違反の振舞いが，自分の体験と行為を選別するための予期（道徳的確信）を疑問視することになるため，規範承認が阻害されることになるのである。こうした予期の違背に対して，個人の責任を問い処罰することで，予期が回復され維持されることになる[153]。

　以上のように，Frister は，規範承認阻害の回復に刑罰の意義を認める積極的一般予防論について，その阻害・回復のプロセスを分析することで，二つのヴァリエーションがあることを指摘している。

（b）帰責論の解釈について

　こうした二つのヴァリエーションは，Frister 自身も指摘しているように，これまで本書で取り上げた著名な積極的一般予防論者の見解に対応している。すなわち，前者は Streng や Roxin，後者は Jakobs の見解を裏付けるものとして提示されている。Frister は彼らの帰責論についても分析を行いながら，いずれのモデルにおいても，刑法上の帰責要件は規範承認阻害の要件として解釈されなければならないと指摘する。

　例えば，前款に見たように Streng は，「見知らぬ感情移入不能な」行為は犯罪感染危険がないために責任無能力として免責可能であるとしているが，これは，帰責能力という帰責要件を，当該行為に規範違反の模範機能が存在するかどうかという規範承認阻害の事実上の存在の要件として解釈しているものと

---

152)　以上について Frister, a. a. O. (Anm. 55) SS. 34-39。
153)　以上について Frister, a. a. O. (Anm. 55) SS. 39-41。

第 2 章　ドイツにおける議論状況

言える。他方で，Jakobs は，規範妥当性を否認する適格性を持つ同等者についても，一定の精神的構造を指摘することによって違背の処理が可能になる（期待可能性）としており，規範承認阻害の要件のみならず同阻害回復の要件としても帰責要件を捉えている。しかし，このような規範承認阻害の回復を認めると，一定の例外状況においては予期の違背も予期しなければならないということになり，予期を維持することができなくなってしまうと Frister は批判する。それゆえ，Frister によれば，やはりインタラクションモデルからも，規範承認阻害の要件として捉える必要がある[154]。

　以上を前提に，まず行為論モデルを分析すると，規範承認阻害は，規範を遵守する道徳的確信と矛盾する傾向を抑圧するメカニズムが弱体化した場合に存在すると言えるが，かかる弱体化は，規範を遵守しなかった場合に権威から否認されることへの不安が不当なものであると感じた場合に生じる。すなわち，規範に違反する振舞いがなされた際に，その振舞いは否認されるべきだと無意識的に予期されるにもかかわらず，処罰すなわち否認されなければ，規範を遵守するよう固有の欲求を抑圧するメカニズムは弱体化するという説明になるのである。そうすると，規範承認阻害の事実上の存在の要件たる帰責要件が存在するのは，その振舞いが否認すなわち処罰されるべきだと予期される場合となる。しかし，これは，ある主体に道徳的に帰責されるべきだと理解される振舞いに他ならない。すなわち，如何なる場合に模範機能が認められ規範承認阻害が生じるのかという帰責論は，伝統的責任概念でも問題となっていた道徳的帰責に関する問題へと帰着することになるのである。

　他方で，インタラクションモデルを分析すると，このモデルの前提は，Luhmann の言うところの「自己と同様に，独自の体験と行為との源泉に他ならぬもの（die als ichgleiche Quelle originären Handelns und Erlebens）」[155]として，自分と同じように振舞いを変化させる自由を持つと受け入れられるような他者が自我の視野に入ってくる場合に，互いに体験と行為を変化させられるために複雑性・不確実性が生じるため，一定の予期の確実性を確保する必要があると言う点にある。すると，そもそも規範承認を阻害しうる行為，すなわち一定の予期の確実性を阻害しうる行為は，自己と同様な主体の自己決定行為のみであることになる。そして，如何なる場合にかかる自己決定行為であると判断され

---

154)　Frister, a. a. O. (Anm. 55) SS. 45-64.
155)　ルーマン（村上＝六本訳）・前掲注 139）38 頁に依拠した。

244

得るのかは，既に社会的インタラクションにおいて維持されている帰責の規律から導かれることになるため，これもまた，伝統的責任概念でも問題となっていた道徳的帰責に関する問題へと帰着することになる[156]。

　以上のように Frister は，積極的一般予防論に基づく帰責論は，そのいずれのモデルを採用したとしても，如何なる場合に規範承認阻害が生じるかという事実上の要件として構成され，そしてそれは，いずれのモデルからも，道徳的帰責についての前法的規律の問題に帰着することになると指摘するのである。

(3) 責任と予防を巡る議論の帰結

　以上の検討を経て Frister は以下の帰結に至る。すなわち，「最終的に確定されうるのは，責任と一般予防の関係に関する争いは，帰責論によって果たされる刑法上の帰責全体の規律の記述にとって，そしてもちろん『意思的要素』の概念上の構造の問題にとっては，何の意味も持たないということである：責任と一般予防の関係をめぐる議論により課せられている誤解を取り除くと，伝統的責任概念と一般予防的責任概念の間の論争は，刑法は人による道徳的判断を，正しいと見るべきか，単に我々の道徳的確信の維持のために必要だと見るべきかという，帰責論にとっては重要ではない問題に帰せられることがわかる」と[157]。

2　Frister の責任能力論

　Frister は，第 2 節に見た批判同様，他意欲可能性として「意思的責任要素」を理解する考えを排斥した上で，1 で見たように伝統的責任概念からしても積極的一般予防論に基づく責任概念からしても問題となる，道徳的帰責に伴う自己決定能力の承認について検討を行う。Frister は，「能力」概念自体は，一定の動機に関する条件が存在すれば一定の方法で反応するという人間の特性・ディスポジションであると把握することができ，非決定論に依拠しているわけで

---

156)　以上について特に Frister, a. a. O. (Anm. 55) SS. 65-73。

157)　この点について Frister, a. a. O. (Anm. 55) SS. 88-98（引用文は S. 250f.）。なお，ここで述べられている「誤解」とは，一般予防的責任理解は功利主義的であるという誤解と，伝統的責任概念とは他意欲可能性であるという誤解である。前者については，積極的一般予防の理解の下では，個人は自らの振舞いによる規範承認阻害の埋め合わせのためだけに処罰されるだけであるし，後者については，自己決定行為の解釈に他意欲可能性を持ち出す必要は必ずしもない上に積極的一般予防論でも同じ問題は生じるはずである，と指摘している（ders., a. a. O. (Anm. 55) SS. 91ff.）。

第2章　ドイツにおける議論状況

はない[158]として,「能力」概念を維持しつつ,この自己決定能力の内実について自説の展開を行っている。

　Frister によれば自己決定能力の承認においては,そもそもそしていかなる程度にその者を,社会的インタラクションを共に構成する主体として承認するかが重要となる。自己決定能力は法律上同意能力や遺言能力においても問題となるが,根本的には同じ社会的現象であり,(それぞれ基準は異なるが)概念構造としては同じである。遺言能力において,正しい者を相続人に指定する能力が問題となるのではなく,十分にラショナルな方法で相続人を決定する能力が問題となっているように,ここにおいても,ラショナルな決定プロセスの能力がその者に認められることが問題となっているのである。現実の実践判断では対象及び時間に限界があることから,全ての決定根拠を包括的に検討する能力が問題になるのではないし,また決定根拠等の認知はその評価(肯定的・否定的・中立的)があって初めて実践的意義を獲得するのだから,認知能力だけが問題になるのではない。

　こうした認知・情動にわたって問題となる意思形成能力の阻害について,Frister は,発達心理学のモデルを参考にしながら自説を展開する。すなわち,経験内容がどれほど細分化しているかについての知的要素,そして経験内容が統合されて実践的に意味を持っているかについての情動的要素に分けて検討がなされる。まず知的要素については,生来的に細分化が欠如しているものとして抽象的概念が欠如する精神薄弱を,後天的に細分化が阻害されるものとして人格解体が生じる器質的精神病と,自分の行為についての熟考が阻害される一時的な意識障害とを挙げている。ここにいう意識障害には,通常意識障害に分類されないような嗜癖・衝動行為の一部も該当するが,その大部分は嗜癖の満足の放棄が自己にとっての特別な不利益と結びついているだけで自己決定能力の阻害は問題とならず「動機の圧迫」において問題となるとする。次に情動的要素については,生来的に統合が欠如している自閉症や,価値・人間・物を結びつける人格が阻害されているサイコパスが挙げられ,後天的な統合の障害としては,自我障害等により経験は存在するがその経験を統一化する主体に欠ける統合失調症・躁鬱病が挙げられている[159]。

　こうして展開された「十分にラショナルな判断プロセスの能力」という概念

---

158)　以上について Frister, a. a. O. (Anm. 55) SS. 100-103。
159)　以上について Frister, a. a. O. (Anm. 55) SS. 118-146。

は，Frister の後の論稿では，「責任能力の精神的な実体は，当該犯罪行為の遂行をする理由としない理由（für und gegen）とを慎重に検討する（abwägen）能力」であり，「行為者がなされた決定に対してその注意力（Aufmerksamkeit）を傾注していたのであれば行為者は如何なる方法で犯罪遂行を決意したかどうか」が重要であるとまとめられている[160]。また，この見解において衝動行為等がどれほど責任能力の減退として考慮され得るか明らかではないが，後の論稿において，犯行計画やリスク防衛等せずになされた高度の衝動行為では制御能力が欠けるとされている[161]。

第2項　検　　討

　以上，本款では Frister の根本的批判，そして自説について紹介を行った。
　このうち批判として Frister は，伝統的責任概念も積極的一般予防論に基づく責任概念も，結局のところは道徳的帰責についての前法的規律に帰着するとの指摘を行っていた。とりわけ Streng の見解について，ある振舞いが規範的に否認されるべき振舞いであるとの予期が模範機能・規範承認阻害を基礎づけているとの分析は首肯できるように思われる上，Jakobs の議論については，上記前法的規律との関係は依然間接的なものであるようには思われるものの，Jakobs のいう同等者の判断も道徳的帰責についての前法的規律と密接に関連するものであることは是認できるように思われる。このように見ると，道徳的帰責についての前法的規律を問題にするほかないとの指摘には傾聴に値するところがあるだろう。
　もっとも，このように Frister の批判については是認できる点があるように思われる反面，Frister の私見については疑問の余地が残るように思われる。Frister は，ある種正常な判断能力を問題としつつも，発達心理学の知見を援用することにより，認知・情動にわたる様々な機能を考察の対象とすることにより，種々の精神病或いは精神障害の影響について直接的に捕捉することを可能にしている。他方で，そこで終局的に判断対象にしている「十分にラショナルな判断プロセスの能力」については，どのような観点からその「ラショナ

---

160)　Frister, a. a. O. (Anm. 62) S. 546ff. なお限定責任能力について，一般的理解からは人間は適法に行為することができたか否かの二択である（tertium non datur）ので説明がつかないが，私見では問題なく説明がつくとする（ders., a. a. O. (Anm. 55) SS. 188-189）。

161)　Schneider/Frister/Olzen, Begutachtung psychischer Störungen, 5. Aufl. (2024) 2. 1. 2. 2（共著ではあるが，責任能力については Frister の見解が記されている）。

ル」さが決定されているのかは直ちには明らかではないところ，発達心理学の知見を援用するアプローチは，人間には如何なる能力が存在するかを明らかにすることはできたとしても，そこで明らかとなった諸能力が，「道徳的帰責」の前法的規律の着目する能力と同一であるとは直ちには言えないようにも思われる[162]。そうすると，その道徳的帰責の内実（原理・基準・適用）については，なお検討の余地があるといえるのではないか。

第4款　小括・検討

　本節では，近時の学説のうち，前節に見たアプローチとは異なる理論的構成から，責任能力判断において一定の正常さに着目する見解について見てきた。本節で見た学説も，有力説と同様に，我が国の有力説と同様の見解について批判的な立場を示しつつ，しかし「犯行の回避」というメルクマールは必ずしも採用せずに，それぞれの立場から一定の正常さを問題にし，議論の構築を行っていた。

　本節で見た議論のうち，脳器質的な阻害の有無という正常さに着目し範囲を画そうとする見解（Herzberg）には，その原理が必ずしも明らかではないという原理の問題，常に人間の行為が何らかの形で生理学的な脳の経過・状態を介する以上，区別が困難であるという適用の問題が存在していた。これに対して，積極的一般予防論に立つ見解（Streng, Jakobs）においては，一般人の（何らかの意味での）規範意識を問題とすることにより，行為者の心理・精神的構造へと目が向けられ，一般人の動機や精神の構造と（とりわけ）精神病に罹患した人間の動機や精神の構造との差異が，ある種の正常さとして直接的に主題化され，一定程度明確な具体的適用範囲が提示されていたといえよう。

　このように見ると，責任能力判断において一定の正常さに着目するにあたっては，脳器質的阻害の有無を問うよりも，行為者の心理・精神的構造を判断対

162）　また Frister は能力をディスポジションとして捉えているが，このように捉えるのであれば，自身が R. Merkel に行っている批判（前節第2款**第2項**）がそのまま自身の見解に妥当し，常習的確信犯或いは幾度も突発的に犯行等に及んでいる者について，Frister の指摘する能力は否定されないか，問題になるように思われる。この点では，「能力」という言葉は精神科医や心理学者によって認定され得る属性ではなく，規範的な帰属であるという Jakobs の指摘が示唆的であるようにも思われる（前款**第2項**。なお Luhmann も示唆的な叙述を残している（ルーマン（村上＝六本訳）・前掲注 139) 65 頁))。

象とするアプローチが有望であるように思われる。そして，上記見解では，一般人の動機や精神の構造との差異という意味において，その正常性を問うことによって，とりわけ精神病の影響について直截に判断した上で，さらに，かかる正常性が認められる場合にも，一定の場合に責任の減退が認められるような判断（Jakobs によれば期待可能性）を併置するという考えが提示されていたのであった。かかる考えは，前節に検討した有力説，すなわち，平均人基準の期待可能性の判断において，精神病と期待とを連動させるのであれば，その論理になお不明瞭な点が存在していたこと[163]に鑑みると，期待可能性の前段階として，とりわけ精神病の影響について直截に判断することができる段階を認めるというアプローチもあり得るのではないか，有益な示唆を提示するものであるようにも思われる。

　このように上記の議論は，議論の方向性とその内実において有益な示唆を提供するように思われるところであるが，その前提には，Streng においては社会心理学的分析が，Jakobs においてはシステム理論が提示されていることからすると，かような特有の前提を取らなければ採用できない示唆であるようにも見える。しかしながら Frister によれば，伝統的責任論も積極的一般予防論も，その帰責論においては，道徳的帰責についての前法的規律を問題にするほかないとされており，かかる指摘は一定程度支持に値するものであった。そうすると，上記のような示唆について，上記の論者の特有の前提を取らずとも採用し得る可能性も開かれているのであって，かかる示唆はなお汎用性ある示唆として有益であるように思われるのである。

第 5 節　総括的検討・獲得された知見

　以上でドイツ法に関する検討を終える。本書は，前章における我が国の判例学説史の検討によって，我が国の責任能力の諸学説は，これを正常な精神状態・通常の意思決定として責任能力を捉える理解と，〈自由意思〉の表れとして責任能力を捉える理解の二つのヴァリエーションであると整理することができ，現在の学説においては後者ないしはそのヴァリエーションが有力説である

---

163)　前節第 1 款，第 3 款。

第2章　ドイツにおける議論状況

ものの，昭和6年判例以前の一般的理解は前者の理解であったのであり，同判例を含む諸判例及び実務的動向の大枠は前者の理解と親和的なものであって，かかる大枠は現在にも引き継がれているものであったことを解き明かした。そして，以上のドイツ法の検討は，かかる我が国の議論状況に対して一定の示唆をもたらすものであるように思われる。

　日独の責任能力を巡る制度には一定の相違が存在するものの，両者は類似の責任能力規定を有しているところ，責任能力の規定，とりわけ一定の性質を弁別し，又はその弁別に従って行為する能力に着目する規定は，一般的観念からして責任を問えるような正常な精神状態を叙述しようとする中で，立法者が人間の自由意思の存否について特定の立場を採用したかのような外観を排斥するような規定として出された定式であったが，戦後に至ると，刑法草案の理由書では「一定の犯罪を実現する意思形成を回避する能力を犯行時点で有していること」として同規定が理解されるに至っていた。かような推移からすると，正常な精神状態・通常の意思決定として責任能力を捉える理解から，〈自由意思〉の表れとして責任能力を捉える理解へと議論が移行しているようにも見え，我が国の学説史の推移も併せ鑑みると，以上の推移は我が国の有力説の説得性を強めるようにも思われる。

　しかし，我が国の有力説と同様の見解，すなわち現実に行った違法行為とは異なる行為を選択する能力として責任能力を把握する見解は，現在のドイツにおいては，確かに一部において見受けられはするものの，学説上強い批判を浴び，今日では刑法学上その問題が圧倒的に共有されているとも評されていた。多くの見解に共有されている批判は，上記のような〈自由意思〉（Frister の言葉を借りれば他意欲可能性）は具体的状況において証明できないため認定不能であって，基準として不適格であるという批判である。さらに，刑罰論の議論においては他意欲可能性の意味における自由意思は仮設するほかないとされているにもかかわらず，責任能力の基準としてかかる自由意思を設定することは矛盾しているという批判も提起されていたところであった。以上の批判の内容，及び，ドイツにおいても多くの見解が上記の批判・問題意識を共有していることは，我が国の有力説が〈自由意思〉を責任能力の原理・基準として据えていることについて，再検討すべきことを示しているように思われる。

　そこで如何なる積極的な議論の方向性が提示されているか，ドイツの議論状況を見ると，まず，我が国の有力説を修正する方向性としても位置付け得る，

250

第5節　総括的検討・獲得された知見

幾つかのアプローチが看取された。このうち，能力をディスポジションとし，「これまでの生活のその他の様々な状況」における犯行の回避を問うことで，〈自由意思〉とは異なる要件を定立しようとする理解は，常習的確信犯をも不処罰にし得る理論であり，妥当とはいいがたい具体的適用範囲を含意するものであった一方，ドイツにおいて近時有力化している理解は，行為者の「外的状況及び内的状況」における平均人に行為者を置き換えることによって，（いわば平均人基準の期待可能性の判断として）責任能力判断を可能にしようとするアプローチを採用していた。有力説の想定している具体的適用範囲については必ずしも明らかではないものの，一部の見解においては，規範適合的振舞いへの期待の程度を病気の有無・程度と関連させることにより，ドイツ判例の動向にもそぐう妥当な適用範囲を実現しようとする主張がなされていた。このような理解は，我が国の有力説の基準が不適格なものとして排斥された場合に，これを平均人への置き換えの判断へと修正し，且つその期待の程度を病気の有無と結びつけることによって，維持可能な基準と具体的な適用結果を提示するというアプローチがあり得ることを，我が国の議論状況に対して示唆しているように思われる。

　他方で，かかるアプローチを我が国の議論状況において採用しようとする場合，なぜ刑法上の期待の程度が，精神医学的診断であるところの病気（精神病）の有無と結びつくのか，また精神障害の中でもなぜ精神病が期待の程度と結びつくのかについて必ずしも明らかではなく，更なる検討の余地が存在していた。そこで，有力説と同様の問題意識を共有しつつも，独自の観点から議論を展開する諸学説を考察したところ，行為者の心理・精神的構造を判断対象とした上で，その動機や精神の構造が一般人のそれと乖離しているという意味において，その正常性を問うことによって，とりわけ精神病の影響について直截に判断した上で，さらに，かかる正常性が認められる場合にも，一定の場合に責任の減退が認められるような判断（一部の見解によれば期待可能性の判断）を併置するという考えが看取された。かかる考えは，有力説から看取されるアプローチを是認しつつも，期待可能性の前段階として，その精神状態の正常性に着目することで，とりわけ精神病の影響について直截に判断することができる段階を認めることによって，上記アプローチの有する問題点を克服することができないか，有益な示唆を提示するものであるようにも思われる。

　このように見ると，我が国の判例学説史から看取される対立軸，すなわち責

251

第2章　ドイツにおける議論状況

任能力を正常な精神状態・通常の意思決定として責任能力を捉える理解と，〈自由意思〉の表れとして責任能力を捉える理解の二つの対立軸について，ドイツの有力説から示唆されるアプローチは，後者の理解に基準の不適格さという根本的問題が認められる中で，これを平均人基準の期待可能性の判断へと修正し，その期待の程度を病気（ある意味では医学的な正常さ）と結びつけることで，前者の理解とも融合させようとするアプローチであると整理することができよう。他方で，このような融合には，なぜ刑法上の期待が精神医学的診断であるところの病気（精神病）の有無と結びつくのか，また精神障害の中でもなぜ精神病が期待の程度と結びつくのかについて必ずしも明らかではないという問題点が存在している。そうすると，後者の理解を期待可能性の判断へと修正するとしても，しかしその前段階として，なお前者の理解について独自の判断領域を認めるアプローチにも，なお検討の余地があるように思われるのであって，そこでは，行為時点における行為者の心理・精神的構造と一般人のそれとの差異を判断対象とすることで，とりわけ精神病の影響を直截に判断することができるようにも思われるのである。

そして，かかるアプローチは，近時のアメリカの学説の展開においても看取されるところである。そこで，更なる検討のためにも，アメリカ法における議論の検討へと進むこととしたい。

252

第3章　アメリカにおける議論状況

序節　本章の内容について

本章では，アメリカにおける議論状況，とりわけアメリカで近時学説上盛んに主張されており，我が国の一部でも参照されているラショナリティテストについて，これを先行研究とは違った観点から参照することで，正常な精神状態・通常の意思決定として責任能力を捉える理解の原理・基準・適用について一定の示唆を得ることとしたい。本節では，ラショナリティテストを参照することの適切さについて論じたうえで（第1款），本章の構成について付言する（第2款）。

第1款　本章の分析対象

第1項　ラショナリティテストについて

アメリカにおいて我が国の刑事責任能力と一般的に対応するものと考えられるのは，当該抗弁が認められなければ犯罪になるような行為の遂行時点において「精神異常（insanity）」であった者を免責する抗弁である「精神異常」抗弁である[1]。確かに「精神異常」抗弁は，全ての精神障害について包摂する抗弁ではなく，例えば，アメリカ刑法において，通常，犯罪の成立要件は，社会的危害を惹起する自発的行為がなされたこと（アクトゥス・レウス〔actus reus〕）と，一定の心理状態等が備わっていること（メンズ・レア〔mens rea〕）により

---

1)　22 C. J. S. Criminal Law: Substantive Principles §131.

253

第3章　アメリカにおける議論状況

構成されるところ[2]，アクトゥス・レウスの要件である行為の自発性（voluntariness）が欠如する場合（例えば痙攣〔convulsion〕による動作のような無意識な動作）は処罰の対象とならない[3]。また，自らの意思でアルコールや薬物を摂取し一定の精神状態に至った場合に関する抗弁である自発的酩酊の抗弁については，精神異常の抗弁とは別建てで論じられるのが一般的であり[4]，自発的にアルコールを摂取したり薬物を乱用したりした結果の精神障害は，（長期の乱用による障害や，振戦せん妄〔delirium tremens〕等を除き）「精神異常」免責においては通常考慮されないとされている（一時的精神障害）[5]。しかし，こうした場合を除き，精神障害による免責は一般には「精神異常」免責として論じられており，とりわけ本章の検討対象とする問題群については，我が国の刑事責任能力に一定程度相応するものと評価することができる[6]。

　次節で見るように，「精神異常」免責の伝統的な基準は，行為者が当該行為の性質や当該行為が不正であることを知っていたか等の認知的要素のみを据える基準や，かかる認知的要素に，当該行為を避ける能力や行為を法に従わせる

---

2 ） Joshua Dressler, Understanding Criminal Law 83, 115 (9th ed. 2022). 同書の第4版の和訳として，ジョシュア・ドレスラー（星周一郎訳）『アメリカ刑法』（レクシスネクシス・ジャパン，2008）がある。

3 ） 22 C. J. S. Criminal Law: Substantive Principles §130; 1 Subst. Crim. L. §6. 1 (3d ed.). もっとも，習慣的動作のように，自分が行っていることを意識していないような動作であるというだけで自発性を欠くと扱われるわけではない（Dressler, supra note 2, at 89）。

4 ） 22 C. J. S. Criminal Law: Substantive Principles §144; 2 VC. §176; Dressler, supra note 2, Ch. 24; 1 Subst. Crim. L. §9. 5 (3d ed.).

5 ） 22 C. J. S. Criminal Law: Substantive Principles §148; 2 Crim L. Def. §173; Dressler, supra note 2, at 316; 1 Subst. Crim. L. §9. 5 (h) (3d ed.). この点については，尾仲俊彦「英米刑法における酩酊の抗弁」日本刑法学会編『酩酊と刑事責任』93 頁（有斐閣，1959），田中圭二『酩酊と刑事責任』115 頁（成文堂，1985）も参照。

6 ） なお，「精神異常」免責が認められた後の対応は法域によって異なっているが，他の抗弁に基づく無罪（Not Guilty）評決と異なり，「精神異常ゆえに無罪」（Not Guilty by Reason of Insanity, NGRI）の評決が出された場合，無罪になっても釈放されることは稀であるとされている。「精神異常」免責により無罪となった者を必要的に収容（commitment）する法域も存在するが，多くの法域においては，「精神異常」の継続性や危険性（自傷他害のおそれ）等の要件を充足した場合に限って収容を行っているとされる（2 Crim L. Def. §173）; Dressler, supra note 2, at 346-349）。

　また，「精神異常」免責が認められたとしても，幾つかの法域では，「有罪だが精神障害」（Guilty But Mentally Ill, GBMI）の評決等を通じて，異なる取扱いがされることがあり，かかる法域においては，一般的には，GBMI ではない通常の有罪評決が出された場合の刑期と同じ期間，精神医療施設に収容し，期間中に治療が完了すれば宣告された自由刑を全うさせているとされる（2 Crim L. Def. §173; Dressler, supra note 2, at 353-354. この点については，林美月子『情動行為と責任能力』312 頁以下〔弘文堂，1991〕も参照）。これについては，仮釈放（parole）を受けることができなくなり，通常より重い刑罰となってしまうという批判（2 Crim L. Def. §173）や，無罪とすべき事案についても陪審が GBMI で妥協してしまうという批判（Dressler, supra note 2, at 354）がある。

254

能力といった意思的要素を付加する基準である。そして，一般的な議論においては，伝統的基準を所与の前提として，個々の要件の用語を調整したり，不知（ignorance）や強制（complusion）に擬えた原理の説明が行われたりしており，「精神異常」免責独自の原理は必ずしも探究されていない。このような中で学説上主張されているラショナリティテストとは，上記のように伝統的基準を所与の前提としたり，既存の別の抗弁に擬えて「精神異常」免責を認めたりすることに与せず，「精神異常」免責はラショナリティという観点に基づく独自の免責事由であると主張する学説である[7]。

第2項　ラショナリティテストの参照価値について

　ラショナリティテストに立つとされる諸学説は，ラショナリティという観点を重視するという点では一致しているものの，その内実は様々であって，ラショナリティテストが何かを厳格に定義することは困難である。例えば Garvey は以下のようにいう。「この理論の擁護者は，イラショナリティがどうも『精神異常』の基準であるということについては当然同意しているのだが，その議論は，その詳細とニュアンスにおいて相異なっており，それゆえ，この理論が何を支持しているかを描写するのは困難である。もしかしたら，相互に同種の類似性を持つが重要な点で異なるものであるということで，イラショナリティに関する理論群（irrationality *theories*）（強調原文）であると呼ぶ方がよいかもしれない」と[8]。また，このようにラショナリティの内実が一義的でないことを捉えて，以下のようにも評されている。「どの〔アメリカの〕法域も公式に，〔ラショナリティテストの〕示唆を受容したり，『精神異常』免責を直接的にイラショナリティという用語で定義したりしていない。これは，『ラショナル』という言葉が曖昧で議論の余地のある言葉だからかもしれない」と[9]。このようにラショナリティテストが，一義的でないラショナリティという観点に依拠する理論（群）であることからすれば，かかる学説はそもそも参照に値しないものであるようにも思われる。

　しかし，本章の検討から明らかとなるのは，本章で取り上げるラショナリテ

---

7 ）　*See* Stephen Garvey, *Agency and Insanity*, 66 Buff. L. Rev. 123, 142 (2018).

8 ）　Garvey, *supra* note 7, at 142.

9 ）　Walter Sinnott-Armstrong & Ken Levy, *Insanity Defenses, in* The Oxford Handbook of Philosophy of Law 299, 317 (John Deigh & David Dolinko 2011).

ィテストの議論は，相互に重大な相違点を抱えてはいるものの，なお共通して，ラショナリティという観点を，ある種の正常な精神状態・通常の意思決定を把握するものとして捉えていると評価できる議論であって，**第1章**に見た我が国の判例学説史からすれば，なお参照に値する議論であるということである。また，我が国の学説史においては，責任能力を正常な精神状態・通常の意思決定として把握する見解の中にも様々なヴァリエーションが存在したほか，同見解と親和的と評価できる現在の我が国の実務においては，その内実を巡って議論が生起し，また判断が分かれているところであって，ラショナリティテストが如何なる観点から如何なるヴァリエーションを有しており，また如何なる批判が提起されているかを見ることは，翻って我が国の議論状況の検討にとっても有用であるといえるだろう。

このような参照価値は，**序章**に見たように，実務的動向との整合性を自らの強みとする近時の反対説（樋口亮介・竹川俊也）が共通してラショナリティテストを参照していること[10]からも基礎づけられよう。もっとも，これらの見解は，本書の問題意識とは異なる観点からラショナリティテストを参照しているように思われる。例えば竹川は，現在の有力説への批判に加えて，制御能力要件の独自の意義を否定し，制御能力要件により減免すべき範囲は自身のいう実質的弁識能力要件へと解消されるべきである旨を主張する中で，一部のラショナリティテストの論者を取り上げている。竹川は，これを，「両要件〔（認知能力要件と制御能力要件）〕を統一的に把握」する理解であり，かかる理解においては「従来的意味における制御能力要件は，（プロセスに着目することで意味内容が変化させられた）認知能力要件に吸収され」るものと位置づけているのである[11]。また樋口は，近時の実務的動向をよりよく説明できる議論としてラショナリティテストを位置づけ，難解概念司法研究の「精神障害のためにその犯罪を犯したのか，もともとの人格に基づく判断によって犯したのか」との定式と対応するものとして，ラショナルか否かという観点を位置づけている[12]。

しかし，本章で見るように，ラショナリティテストの論者の中には認知的要素に限定しようとする論者もいるものの，この点明示的でない論者も多いほか，この点に明確に批判的である論者さえいるところであり，ラショナリティテス

---

10) **序章第3節第3款。**
11) 竹川俊也『刑事責任能力論』121頁，158頁（成文堂，2018）。
12) 樋口亮介「責任能力の理論的基礎と判断基準」論ジュリ19号192頁（2016）。

トは，基準を認知的要素に限定するかどうかには留まらない内容を含んでいる理論群である。我が国の判例学説史に照らせば，むしろ，本章で見る各見解が，ある種の正常な精神状態・通常の意思決定を把握するものとして責任能力を捉えている点に着目する方が，少なくとも本書の問題関心にとっては有益であるように思われる。また，ラショナリティテストを主張する個々の論者の見解を見ると，これらの見解は（多様な中身を持つ）ラショナルかどうかという観点を提起するだけではなく，それが如何なる原理を有するのか，また如何なる適用範囲を実現するものであるかについても，自覚的に議論を行っていることが看取される。我が国の議論状況において，とりわけ正常な精神状態・通常の意思決定として責任能力を把握することが規範的責任論とどのような関係に立つか，また如何なるヴァリエーションがあり得るかが問題となっていたことに鑑みると，かような議論を原理・基準・適用の一貫性の観点から分析することがなお有益であるといえよう。

　以上のように，本章では，ある種の正常な精神状態・通常の意思決定を把握するものとして「精神異常」免責を把握している点に注目して，その共通点や相違点にも留意しながら，原理・基準・適用の一貫性の観点からラショナリティテストに分析を加えることとしたい。

第2款　本章の構成

　本章では，前款に見たように我が国の議論状況に対して一定の示唆をもたらし得るラショナリティテストの議論を中心に，アメリカにおける議論状況を検討する。

　本章では，まず現在のアメリカにおける「精神異常」免責の伝統的基準と，これを巡る一般的な議論枠組みについて見ることで，議論の前提，とりわけラショナリティテストの前提となる問題状況について把握したうえで（第1節），ラショナリティテストの議論のうち我が国の議論状況に対して一定の示唆をもたらし得るものとして，以下の三つのタイプのラショナリティテストについて検討することとしたい。最初に，主体性・人格（personhood）という観点に着目するアプローチとして M. S. Moore の見解について検討する（第2節）。次に，実践的推論（practical reasoning）という観点に着目しつつ，認知的要素に基準を限定しようとする見解として，Morse と Schopp の見解を見たうえで，両者

257

の共通点や相違点について検討する（第3節）。そして，刑事責任を問う営みに理由の問いかけと応答の観点を見出しつつ，刑罰論・犯罪論の体系的見地から「精神異常」免責を論じる見解としてDuffの見解を見たうえで，対比として，類似の観点を採用しながらなおDuffの理解を批判するPillsburyの見解を見る（第4節）。最後に，以上の検討を経て我が国の議論状況に対して如何なる示唆がもたらされるかについて，付言することとしたい（第5節）。

なお，ラショナリティテストについて，先行研究では「合理性テスト」や「理性テスト」と訳されているが，前款でも触れたようにラショナリティの内実については論者相互に相違があり，複数の論者を取り上げる際に単一の邦語で訳すことは必ずしも適切でないように思われることから，本書では原語通り記すこととしたい[13]。

第1節 「精神異常（insanity）」免責の伝統的基準を巡る議論

本節では，まず議論の基本的前提として，アメリカにおける伝統的基準がどのように生起してきたかを含め，「精神異常」免責の基本的理解を踏まえたうえで（第1款），伝統的基準を巡って一般的にどのような議論が展開されているかを考察し（第2款），その問題点を指摘することとしたい（第3款）。

第1款 「精神異常」免責に関する基本的理解

序節でも見たように，アメリカにおいて「精神異常」抗弁とは，当該抗弁が認められなければ犯罪になるような行為の遂行時点において，法的に「精神異常」であった者を免責する制度として理解されており，本書の検討対象の範囲においては刑事責任能力に一定程度対応する制度である。本款では，アメリカ諸法域における「精神異常」免責の伝統的基準がどのように生成されてきたかにつき，現在の議論状況の把握に必要な限度で概観し，様々な基準が定立されていることを踏まえたうえで（第1項）[14]，かかる基準の多様性は，近時の連

---

13)　「合理性テスト」と訳すものとして，竹川・前掲注11) 116頁以下，「理性テスト」と訳すものとして，樋口・前掲注12) 194頁注10。この点については，後掲注202) も参照。

258

第1節 「精神異常（insanity）」免責の伝統的基準を巡る議論

邦最高裁でも基本的に是認されていることを示したい（**第2項**）。

第1項 沿　革

　現代的な（modern）「精神異常」抗弁は，マクノートン事件の余波と共に19世紀半ばに誕生したとされる[15]。イギリスで発生した同事件は，迫害妄想に駆られたマクノートンが，当時の首相であるロバート・ピール卿を殺害しようとし，その私設秘書ドラモンドをピール卿と取り違えて射殺したという事件であり[16]，この事件において貴族院が精神異常に関して出した宣言の一部が，現在もマクノートンテストとして知られる基準である。それは，「行為時点において，被告人が精神の障害により，その行為の性質を知らない（not know）ほどに，又は，その行為の性質は知っていたとしても自分のしていることが不正（wrong）であると知らないほどに，理性を欠いた（defect of reason）状態であった」か否かという基準であり，すぐにアメリカでも「精神異常」の基準として受け入れられることとなった[17]。

　このマクノートンテスト自体がどれほどの免責の余地を有するものであるかは必ずしも定かではない[18]が，マクノートンテストは，基準を行為の性質や不正の認識（knowledge）に限定して意思的要素を含んでいないことを主たる理由に，既に19世紀後半の段階で批判を受けることとなった[19]。かかる批判を

---

14)　この点に関する重厚な研究として，墨谷葵『責任能力基準の研究』7頁以下（慶応通信，1980）がある。また同書公刊以降の動向も含めて，竹川・前掲注11) 92頁以下も参照。本款の内容については，これらの先行研究と共に，模範刑法典（MPC）の注釈書（American Law Institute, MODEL PENAL CODE AND COMMENTARIES (OFFICIAL DRAFT AND REVISED COMMENTS) (1985)）のうち，「精神異常」抗弁に関する4.01条の解説や State v. Johnson, 399 A. 2d 469 (1979) における叙述，また主として以下の論文も参考にした。Samuel Brakel, *The Insanity Defense, in* LAW AND PSYCHIATRY IN THE CRIMINAL JUSTICE SYSTEM (Samuel Brakel & Alexander Brooks 2001); Michael Corrado, *The Case for a Purely Volitional Insanity Defense*, 42 TEX. TECH L. REV. 481 (2009); Garvey, *supra* note 7; Gary Melton et al., PSYCHOLOGICAL EVALUATIONS FOR THE COURTS: A HANDBOOK FOR MENTAL HEALTH PROFESSIONALS AND LAWYERS (4th ed. 2018); Paul Robinson, *The effect of mental illness under US criminal law*, 65 NILQ 229 (2014).

15)　Corrado, *supra* note 14, at 490. それ以前の状況については墨谷・前掲注14) 7-19頁，Melton et al., *supra* note 14, at 201-202.

16)　M'Naghten Case, 8 Eng. Rep. 718.

17)　詳細については State v. Johnson, 399 A. 2d 469 (1979) も参照。

18)　この点については墨谷・前掲注14) 40-51頁に詳しい。

19)　Robinson, *supra* note 14, at 231，墨谷・前掲注14) 57-81頁。「……最初の批判の連発は，テストの叙述したことではなく，テストの叙述しなかったことに向けられた」とされる（Garvey, *supra* note 7, at 131）。なお，マクノートンテストの提示以前から，認知に限定する立場には批判が存在したことについては，Melton et al., *supra* note 14, at 202。

259

第3章　アメリカにおける議論状況

受けて，いくつかの法域では，マクノートンテストに抵抗不能の衝動（irresistible impulse）テストを付加するという対応が取られた。例えば1887年のAlabama州のパーソンズ判決[20]では，マクノートンテストに加えて，「(1) 自由な主体性が当該時点で破壊されるほどに，正と不正を選択する能力，そして当該行為を避ける能力を喪失しており，且つ，(2) 同時に，当該犯罪が，その産物でしかないと言えるほどに，原因と結果の関係において，精神障害と結びついている」場合にも法的責任を有さないという判断が提示されていた[21]。

さらに，この抵抗不能の衝動テストの付加でもなお十分な免責範囲を画し得ない[22]という考えから，コロンビア特別区の連邦控訴裁判所では1954年にダラムルール（産物テスト）が採用された。これは，鍵となる問題は，その性質如何にかかわらず精神障害が犯罪を惹起する効果を有していたか否かであるとして，「当該違法行為が，精神の障害又は欠陥の産物（product）である場合には，刑法上責任を負わない」とするテストであった[23]。もっとも，このテストは「精神の障害又は欠陥」の内実を定義しておらず混乱と批判を招き，結果的に1972年にブローナー判決[24]によりコロンビア特別区でも放棄されている[25]。

他方で，ダラムルールとは異なる観点から上記の問題状況に対応しようとしたのが，アメリカ法律協会（American Law Institute, ALI）により起草された模

---

20)　Parsons v. State, 2 So. 854 (Al. 1887).

21)　以上の詳細については墨谷・前掲注14) 82-99頁。

22)　人間の心理は認知と意思に区分されるという誤った印象を強めてしまうこと，違法な振舞いを防止することが完全に不能である者のみが免責されるという厳格すぎるテストであるように見えること等の批判が存在したことについて，Melton et al., *supra* note 14, at 202。

23)　Durham v. United States, 214 F. 2d 862 (D. C. Cir. 1954).

24)　United States v. Brawner, 471 F. 2d 969 (D. C. Cir. 1972).

25)　以上の経緯につき，Melton et al., *supra* note 14, at 202-203; Robinson, *supra* note 14, at 231-232. また詳細につき，墨谷・前掲注14) 100-156頁，竹川・前掲注11) 165頁以下。なお，ダラムルール採用以前からNew Hampshire州では，「精神の障害の産物」である場合には免責するという判決が下されており（State v. Pike, 49 N. H. 399 (1870)），現在でも「『精神異常』(insane) 者はその行為について刑法上責任を負わない」という法律の下（N. H. Rev. Stat. Ann. §628: 2），その判断を陪審に委ねており，基本的な立場は変わっていないと言える（比較的近時の判例としてState v. Fichera, 153 N. H. 588 (2006)）。もっとも，New Hampshire州では，精神異常であるかないかは事実認定者（陪審）に委ねられた事実問題であるとされ（デュープロセス違反の主張を排斥した判例としてState v. Abbott, 127 N. H. 444 (1985)，三権分立違反の主張を排斥した判例としてState v. Shackford, 127 N. H. 695 (1986)），上訴審は如何なる合理的な事実認定者も同じ結論に至り得ない場合にのみ陪審の評決を破棄することができるとされ（State v. Novosel, 120 N. H. 176 (1980)），このような法と事実の区別方法等の点でNew Hampshire州の規定はダラムルールとは異なるとされる（John Reid, *Understanding the New Hampshire Doctrine of Criminal Insanity*, 69 YALE L. J. 367 (1960)）。

260

範刑法典（Model Penal Code, MPC）である。模範刑法典は，当時，アメリカの
ほとんどの法域において，刑法の法典化がなされないことにより，制定法が
「まとまりを欠き，しばしば捕捉範囲が偶発的であり，立法と判例法のごた混
ぜであり，文言が相当詳細な場合でさえ文言よりも注釈の方がはるかに重要で
あり，歴史によってしか説明がつかないような古きものと新しきものの組み合
わせ」であった[26]という状況に鑑みて[27]，裁判官，弁護士，法学教授により構
成された ALI が，州が新刑法典を起草するのに用いることができるように作
成したものである[28]。MPC のうち，「精神異常」抗弁について提示されたテ
ストは「(1) 犯行時点において，精神の障害又は欠陥の結果として，自らの行
為の犯罪性［不正］を弁識し（appreciate），又は自らの行為を法の要求に従わ
せる（conform）実質的能力（substantial capacity）を欠いている場合には，当該
犯行について責任を負わない。(2) 本章において『精神の障害又は欠陥』とい
う用語には，反復された犯罪的その他の反社会的行為によってのみ徴表される
異常性を含まない」というものである[29]（以下「ALI テスト」）。

　1962 年に公表された模範刑法典のうち，刑事責任の一般原理と各犯罪の定
義に関する部分については，半数を優に上回る数の州がその影響の下で刑法典
の修正を採用するほどに，大きな影響を多くの法域にもたらしたとされる[30]。
そして「精神異常」抗弁に関する ALI テストも例外ではなく，ALI テストは
1980 年代初めに至るまでに多くの法域で採用されたが，「自らの行為を法の要
求に従わせる能力」を独立の基準としていることを中心に批判的見解も多く見
受けられるところであった[31]。そのような中，レーガン大統領暗殺未遂等を行
ったジョン・ヒンクリーに対して ALI テストの下で無罪評決が下されたこと
（いわゆるヒンクリー事件）[32]を契機に，「精神異常」抗弁は世間の強い抗議に晒

---

26)　Herbert Wechsler, *American Law Institute: II. A Thoughtful Code of Substantive Law*, 45 J. CRIM.
　　L., CRIMINOLOGY & POLICE SCI. 524, 526 (1955). ALI は通常リステイトメントを作成するが，刑法につ
　　いては，現存している法があまりに混沌とし不合理なものでありリステイトメントを作るに値しな
　　いと考え，模範刑法典を作成することにしたとされる（Paul Robinson & Markus Dubber, *The
　　American Model Penal Code: A Brief Overview*, 10 NEW CRIM. L. REW. 319, 323 (2007)）。
27)　Sanford Kadish, *The Model Penal Code's Historical Antecedents*, 19 RUTGERS L. J. 521, 537 (1987).
28)　Kadish, *supra* note 27, at 538; Robinson & Dubber, *supra* note 26, at 323.
29)　Section 4. 01: Mental Disease or Defect Excluding Responsibility.
30)　Kadish, *supra* note 27, at 538; Robinson & Dubber, *supra* note 26, at 326.
31)　この点について Melton et al., *supra* note 14, at 203. また墨谷・前掲注 14) 166 頁以下，竹川・前
　　掲注 11) 341 頁以下。
32)　同事件については経緯も含め，例えば PAUL ROBINSON & SARAH ROBINSON, CRIMES THAT CHANGED
　　OUR WORLD 197 (2018)。

され，連邦を含む多くの法域で意思的要素が削除される他，「精神異常」免責そのものを廃止する州も複数存在するに至り，現在ではマクノートンテストや，ALI テストから意思的要素を削除した基準が主流となっている[33]。

第2項　近時の連邦最高裁による多様性の是認

こうしてアメリカでは，「精神異常」免責の廃止から ALI テストに至るまで法域ごとに様々な対応が採用されることになった。現状[34]，「精神異常」免責を廃止する法域があるほか[35]，一定の「精神の障害」[36]ゆえに一定の精神状態或いは能力の欠缺等によって精神異常免責を認める法域がある。その中には，行為の性質の認知[37]能力を求める法域[38]，行為の不正の認知（能力）を求める法域[39]，行為の性質と行為の不正の認知（能力）を求める法域[40]，ALI テス

---

33)　Corrado, *supra* note 14, at 491; Brakel, *supra* note 14, at 6; Melton et al., *supra* note 14, at 204. また，以上の変遷に関する詳細について，竹川・前掲注11) 99 頁以下，林・前掲注6) 233 頁以下参照。

34)　詳細は拙稿「アメリカ諸法域における刑事責任能力判断について——資料編」志林 121 巻 2 号 1 頁（2023）。

35)　Idaho 州（Idaho Code Ann. §18-207. *See* State v. Searcy, 118 Idaho 632, 798 P. 2d 914 (1990); State v. Delling, 152 Idaho 122, 267 P. 3d 709 (2011)), Kansas 州（Kan. Stat. Ann. §21-5209. *Cf.* §21-5205. *See* Kahler v. Kansas, 206 L. Ed. 2d 312, 140 S. Ct. 1021 (2020)), Montana 州（Mont. Code Ann. §46-14-101, 46-14-102. *See* State v. Cowan, 260 Mont. 510, 861 P. 2d 884 (1993)), Utah 州（Utah Code Ann. §76-2-305）がある。

36)　後述のように，「精神の障害」からは一定の障害等が除外されるのが通例である。

37)　認識（know），区別（tell, distinguish），弁識（appreciate），理解（understand）等を，以下「認知」と総称する。

38)　Alaska 州がある（Alaska Stat. Ann. §12. 47. 010. *See also* Andrew P. March, Insanity in Alaska, 98 Geo. L. J. 1481 (2010); Lauren G. Johansen, Guilty but Mentally Ill: The Ethical Dilemma of Mental Illness As A Tool of the Prosecution, 32 Alaska L. Rev. 1 (2015)）。

39)　認知を問う州として Louisiana 州（La. Stat. Ann. §14: 14), Ohio 州（Ohio Rev. Code Ann. §2901. 01), Texas 州（Tex. Penal Code Ann. §8. 01）がある。なお，Arizona 州も同様の基準から「精神異常を除き有罪（guilty except insane）の評決」に至ることを認めており（Ariz. Rev. Stat. Ann. §13-502），この評決が出されると，精神異常でなかったならば受けるだろう量刑等を判断し，それを猶予し，州の保安精神保健施設へと収容することとなっている（同条）ため，このグループに含めることができよう。
　　認知能力を問う州として，Colorado 州（Colo. Rev. Stat. Ann. §18-1-802, 16-8-101. 5), Delaware 州（Del. Code Ann. tit. 11, §401), Illinois 州（720 Ill. Comp. Stat. Ann. 5/6-2), Indiana 州（Ind. Code Ann. §35-41-3-6), Maine 州（Me. Rev. Stat. tit. 17-A, §39.), South Carolina 州（S. C. Code Ann. §17-24-10), South Dakota 州（S. D. Codified Laws §22-1-2, 22-5-10）がある。

40)　認知を問う州として Florida 州（Fla. Stat. Ann. §775. 027), Minnesota 州（Minn. Stat. Ann. §611. 026), Nebraska 州（State v. Hotz, 281 Neb. 260, 795 N. W. 2d 645 (2011)), New Jersey 州（N. J. Stat. Ann. §2C: 4-1.), Pennsylvania 州（18 Pa. Stat. and Cons. Stat. Ann. §315）がある。
　　認知能力を問う法域として，連邦（18 U. S. C. A. §17), Alabama 州（Ala. Code §13A-3-1), California 州（Cal. Penal Code §25.), Iowa 州（Iowa Code Ann. §701. 4), Mississippi 州（Eatman v. State, 169 Miss. 295, 153 So. 381 (1934); Myrick v. State, 290 So. 2d 259 (Miss. 1974)), Missouri 州

第1節 「精神異常（insanity）」免責の伝統的基準を巡る議論

ト[41]を採用する法域等があり[42]，多くの法域において，一定の「精神の障害」の存在を前提とした，不正の認知と意思的要素の組み合わせによる対応がなされている。

　こうした様々な基準が諸法域に存在していることの背景には，近時の連邦最高裁判決で是認されているように，「『精神異常』免責の規律は，犯罪の概念化同様に，州政府の選択に実質的に開かれている」という発想が存在する。このことを述べた連邦最高裁判決が2006年のClark v. Arizona[43]である。アリゾナ州は，一定の精神障害について，当該犯罪行為が不正であると知らないほど

　(Mo. Ann. Stat. §552. 010)，Nevada州（Finger v. State, 117 Nev. 548, 27 P. 3d 66 (2001)），New York州（N. Y. Penal Law §40. 15 (McKinney)），North Carolina州（State v. Mancuso, 321 N. C. 464, 364 S. E. 2d 359 (1988)），Oklahoma州（Okla. Stat. Ann. tit. 22, §1161），Tennessee州（Tenn. Code Ann. §39-11-501.），Washington州（Wash. Rev. Code Ann. §9A. 12. 010）がある。

41)　Arkansas州（Ark. Code Ann. §5-2-301, 5-2-312），Connecticut州（Conn. Gen. Stat. Ann. §53a-13.），District of Columbia（Bethea v. United States, 365 A. 2d 64 (D. C. 1976)），Hawaii州（Haw. Rev. Stat. Ann. §704-400），Kentucky州（Ky. Rev. Stat. Ann. §504. 020, 504. 060），Maryland州（Md. Code Ann., Crim. Proc. §3-101, 3-109），Massachusetts州（Com. v. McHoul, 352 Mass. 544, 226 N. E. 2d 556 (1967)），Michigan州（Mich. Comp. Laws Ann. §768. 21a.），Rhode Island州（State v. Johnson, 399 A. 2d 469 (R. I. 1979)），Vermont州（Vt. Stat. Ann. tit. 13, §4801, 4802），West Virginia州（State v. Massey, 178 W. Va. 427, 359 S. E. 2d 865 (1987)），Wisconsin州（Wis. Stat. Ann. §971. 15），Wyoming州（Wyo. Stat. Ann. §7-11-304）がある。

　　なお，Oregon州も同様の基準から「精神異常を除き有罪（guilty except for insanity）」となることが認められているが（Or. Rev. Stat. Ann. §161. 295），これは抗弁であり（§161. 305），認められた場合，重罪であれば，なお適格な精神障害の影響を受け，州精神病院への収容を要する他者への実質的危険を示しているならば，管轄は精神科安全審査委員会（Psychiatric Security Review Board）へと移され，州精神病院へと収容されるが，適格な精神障害の影響がなくなり，又は実質的危険が示されなくなった場合には解放されるものであり（§161. 327, §161. 329），このグループに含めることができよう。

42)　他には，一定の犯罪について行為の有責な性質又は結果を理解する実質的能力や現実認識能力の喪失又は重大な歪曲を求めるもの（North Dakota州（N. D. Cent. Code Ann. §12. 1-04. 1-01)），行為の性質及び行為の不正の認知に加えて行為を制御又は抑止する精神力を要求するもの（Virginia州（Herbin v. Commonwealth, 28 Va. App. 173, 503 S. E. 2d 226 (1998)），行為の性質及び行為の不正の認知に加えて当該行為を遂行することを妨げることができることを要求するもの（New Mexico州（State v. White, 1954-NMSC-050, 58 N. M. 324, 270 P. 2d 727）があるほか，前述のようにNew Hampshire州のような規定がある。また，Georgia州の規定は，正と不正を区別する精神的能力を要求するほか（Ga. Code Ann. §16-3-2），犯罪遂行に抵抗する意思を圧倒する行為への妄想上の強制による場合も無罪となる旨規定しているが（Ga. Code Ann. §16-3-3），判例上，16-3-3条は信念通りであれば当該行為が正当化される場合にのみ適用可能な規定であると理解されており（Stevens v. State 256 Ga. 440 (1986); Lawrence v. State, 265 Ga. 310, 454 S. E. 2d 446 (1995)），事実の錯誤（§16-3-5）でカバーされる内容となっている（See 18 Ga. Jur. §2: 5-2: 9; §4: 6. Insanity as defense, Trial Handbook for Ga. Lawyers §4: 6; §22: 12. Insanity as a defense-General, Ga. Criminal Trial Practice §22: 12 (2022-2023 ed.); Insanity Defense and Mental Incompetency to Stand Trial, Ga. Criminal Offenses and Defenses I33 (2022 ed.)）。

43)　Clark v. Arizona, 548 U. S. 735 (2006).

第 3 章　アメリカにおける議論状況

重大な場合に「精神異常」抗弁の成立を認めており[44]，マクノートンテストから「行為の性質の認知」を除外した形の規定になっている[45]。Clark は，この「行為の性質の認知」の除外がデュープロセスに違反すると主張したが[46]，連邦最高裁はこの主張を排斥した。そして，連邦最高裁はその理由として，様々な定式化や対応が存在することを指摘した上で，「特定の定式がデュープロセスのベースラインにまで発展したことはなく，『精神異常』免責の規律は，犯罪の概念化同様に，州政府の選択に実質的に開かれていることは明白である」と述べ[47]，「精神異常」を巡る対応に州政府の広範な裁量を認めたのである。

　その後，連邦最高裁は，2012 年の Delling v. Idaho[48]において，「精神異常」免責を廃止したアイダホ州の規定の合憲性についての裁量上訴（writ of certiorari）を許可しなかった[49]。さらに，2020 年の Kahler v. Kansas[50]において

---

44)　「犯罪行為遂行時点において，当該犯罪行為が不正であると知らないほどに重大な精神の障害又は欠陥に罹患していた場合，その者は精神異常であることを除き有罪となる。法的な精神異常を構成する精神の障害又は欠陥は，積極的抗弁である。ここにいう精神の障害又は欠陥には，アルコールや薬物の自発的な急性酩酊や離脱症状，性格の欠陥，病的な性的障害，衝動制御障害は含まれない。法的な精神障害を構成しない状態の例としては，当該状況の圧迫に由来する瞬間的一時的状態，道徳的堕落，精神の障害又は欠陥に罹患していないような人間における怒り，嫉妬，復讐，憎悪その他の動機に由来する堕落若しくは情熱，又は犯罪行為によってのみ徴表される異常性がある」（Ariz. Rev. Stat. Ann. §13-502)。

45)　Arizona 州は元々マクノートンテストを採用し，「精神異常」でないことについて検察官が合理的な疑いを超える証明を行う必要があったが，1980 年代以降，以下の 2 つの大きな改正を経た。第一に，夢遊病中に妻を刺殺した Steve Steinberg や，ベッドにいた妻と愛人を銃殺したが重大なうつ病に罹患していた William Gorzenski が両者とも無罪となり，且つ収容もなされなかったこと，またヒンクリー事件が発生したことで，1983 年に，証明責任が被告人に転換され，且つ，その証明基準としては明白且つ説得的な証拠が要求されるという改正がなされた。そして第二に，別の男とベッドにいた妻（Laura）を一過性の精神病に基づき殺害した Mark Austin が無罪となり，さらに 6 ヶ月後に条件付で解放されたことから，世間からの非難が高まるとともに Laura の両親がメディアに訴えかけたことで，精神異常免責の余地を限定する Laura 法が提案され，1993 年に現在のような規定が制定されるに至ったとされる。以上の経緯について，RenÉe MelanÇon, *Arizona's Insane Response to Insanity*, 40 ARIZ. L. REV. 287 (1998); Michael Stoll, *Miles to go before we sleep: Arizona's "Guilty except insane" approach to the insanity defense and its unrealized promise*, 97 GEO. L. J. 1767 (2009).

46)　その他にも，妄想性障害に罹患していたという精神障害の証拠を，「精神異常」抗弁のみならずメンズ・レアの判断においても用いることができないというアリゾナ州の Mott ルールがデュープロセスに違反するとの主張も行っており，この判例では，主としてこの点を巡って多数意見と反対意見が対立している。

47)　他方で，同判例は別の理由づけとして，行為の性質の認知能力を欠いている場合には必然的に不正の認識も欠如することになるとも指摘しており，何れにせよデュープロセス違反は認め難い事案であったと言えるだろう。

48)　Delling v. Idaho, 133 S. Ct. 504 (2012).

49)　もっとも，9 名中 4 人の裁判官が裁量上訴許可に賛成すれば上訴請求を受理する慣例であるとされるところ（浅香吉幹『現代アメリカの司法』66 頁（東京大学出版会，1999)，田中英夫『英米

264

第1節　「精神異常（insanity）」免責の伝統的基準を巡る議論

は，カンザス州が，精神障害はメンズ・レアの欠如についてのみ抗弁となり得，後は量刑事由としてのみ考慮できる旨を定めているところ[51]，（とりわけ道徳的）不正の認知の欠如について「精神異常」抗弁を認めていない点において違憲ではないかが争われたが，連邦最高裁は，有責性と精神障害の関係性について決することは諸価値に関する困難な選択（hard choices among values）であり，時代を超えて改正に開かれるべきであって，「連邦憲法ではなく，州政府の統御するプロジェクトである」などとして，かかる主張を排斥している[52]。

　このように，少なくとも現在のところは「精神異常」免責の選択は州政府の選択に実質的に開かれており，様々な「精神異常」の基準が定立されているのである。

第2款　伝統的基準を巡る一般的な議論の内容

　前款に見たように，アメリカの諸法域においては，歴史的事情や判例の動向を背景として，「精神異常」免責に対して様々な対応がとられており，同免責を認める諸法域においては，基本的には，一定の「精神の障害」の存在を前提とした，不正の認知と意思的要素の組み合わせによって「精神異常」の基準の定立が図られている[53]。そして，一般的なケースブックや解説書の類い[54]にお

法総論　下』395頁（東京大学出版会，1980)），同判例では，Breyer 判事が自らを含む3名の判事（Justice Breyer, Justice Ginsburg, Justice Sotomayor）を代表して，「精神異常」のために自分の行っていることが不正であると理解できない人間を処罰することは適切ではないという意見と共に，裁量上訴を認めるべきだとの反対意見を付している。

50)　Kahler v. Kansas, 140 S. Ct. 1021 (2020).

51)　「被告人が，精神の障害又は欠陥の結果として，訴追されている犯罪の構成要件として要求される有責な精神状態を欠如していたことは，如何なる法令に関する訴追に対しても抗弁となる。精神の障害又は欠陥は，それ以外について抗弁とならない」（Kan. Stat. Ann. §21-5209)。また量刑事由について Kan. Stat. Ann. §21-6625, 6815。

52)　もっとも，多数意見（Justice Kagan）が，精神障害がメンズ・レアの否定や量刑事由となることを理由に，カンザス州は「精神異常」抗弁を廃止しておらず，原告（Kahler）の好む「精神異常」抗弁を採用していないだけだと整理している点には注意が必要となろう。なお，本判例についても，Delling v. Idaho と同じ3名の反対意見が付されている。

53)　*See generally* 22 C. J. S. Criminal Law: Substantive Principles §131; PAUL ROBINSON & TYLER WILLIAMS, MAPPING AMERICAN CRIMINAL LAW 159 (2018). ニューハンプシャー州（前掲注25）参照）を含め，例外もごく一部に存在することについては，拙稿・前掲注34）参照。

54)　本節では，標準的な教科書及びケースブックとして，Dressler, *supra* note 2; JOSHUA DRESSLER & STEPHEN GARVEY, CRIMINAL LAW: CASES AND MATERIALS (9th ed. 2022); SANFORD KADISH, ET AL., CRIMINAL LAW AND ITS PROCESSES: CASES AND MATERIALS (11th ed. 2022) を参照し，実務書として，Melton et al., *supra* note 14 を参照したほか，Westlaw Classic において，2 Crim L. Def.; 1 Subst. Crim. L. (3d ed.)

265

いては，「精神異常」免責基準に関する議論としては，主として，上記組み合わせのヴァリエーションの対立について論じられている。

本款では，かかる一般的な議論の内容について見ることとしたい。一般的な議論の対象となっているのは，「精神の障害（又は欠陥）」の範囲，「不正の認知」の「不正」の内容，「不正の認知」の「認知」の内容，意思的要素の付加の適否の四つである。

第1項　「精神の障害（又は欠陥）」の範囲

第1に議論が見受けられるのは，「精神異常」免責基準のほぼ全てに共通する要素である「精神の障害（又は欠陥）」の範囲についてである[55]。

「精神の障害（又は欠陥）」は，ほとんどの裁判所では法的概念として取り扱われているが，その積極的定義は裁判所で提示されることはほとんどないとされる[56]。同じく積極的な定義を与えない模範刑法典（MPC）の注釈書では，「その後の医学的知見の発展に適合させるように未確定のまま」にしたと説明されており[57]，線引き自体が困難であることは一般的に認められている[58]。

これに対して，「精神の障害（又は欠陥）」から一定の障害等を除外しようとする消極的な限定は，少なくない法域・基準に見受けられる。例えば，連邦法は，非精神病の行動障害等を除外する目的で[59]「重大な（severe）精神の障害又は欠陥」という限定を付している[60]し，人格障害を全て除外する法域や，病的賭博を除外する法域等も存在している[61]。また，上述のように ALI テストは「反復された犯罪その他の反社会的行為によってのみ徴表される異常性」を除外しているが，これは，いわゆるサイコパス（精神病質者）・反社会性人格障害等を除外する目的で規定されたと一般的に理解されている[62]。また，例え

を参照した。なお，先行研究として竹川・前掲注11）107頁以下。

55) Dressler, *supra* note 2, at 338-339; Dressler & Garvey, *supra* note 54, at 659; Kadish et al., *supra* note 54, at 976-981; 2 Crim L. Def. §173; Melton et al., *supra* note 14, at 205.

56) Kadish et al., *supra* note 54, at 978. *Cf.* Dressler, *supra* note 2, at 326.

57) American Law Institute, *supra* note 14, at 164.

58) Dressler, *supra* note 2, at 338-339.

59) S. Rep. No. 98-225 (1983). 同法については林・前掲注6）242頁以下も参照。

60) 18 U. S. C. §17 (a).

61) Dressler, *supra* note 2, at 339. *Cf.* Kadish et al., *supra* note 54, at 979.

62) Kadish et al., *supra* note 54, at 980; 2 Crim L. Def. §173; Melton et al., *supra* note 14, at 206. さらに間欠性爆発性障害も同条項により精神異常免責から除外されるとするものとして Sandgathe v. Maass 314 F. 3d 371 (9th Cir., 2002)。

ばオレゴン州では「人格障害」を規定で除外しているほか[63]，コネチカット州
では「病的又は強迫性賭博」を規定で除外している[64]。

このような様々な限定に対しては，障害の定義は変化しうる上，如何なる病
名であったとしても同様の能力等の阻害が存在するならば同様の免責を認める
べきではないか，精神医学上の分類と免責に関する共同体の見解とが一致する
とは限らないのではないか，との批判が当てられている[65]。また ALI テスト
の限定に対しては，サイコパスには反社会的行為以外にも症状が存在するため，
必ずしも ALI テストに基づく免責から除外されないはずであるとの指摘もな
されている[66]。

第2項　マクノートンテストの「不正」の範囲

第2に，「行為時点において，被告人が精神の障害により，その行為の性質
を知らないほどに，又は，その行為の性質は知っていたとしても自分のしてい
ることが不正（wrong）であると知らないほどに，理性を欠いた状態であった」
か否かを問うマクノートンテストの「不正」が何を意味しているかが議論の対
象となっている[67]。

ここで主として問題となっているのは，「不正」を「法的不正（legal wrong）」
すなわち「違法性」と理解するか，「道徳的不正（moral wrong）」と理解するか
という点である。いずれを採用するかは法域ごとに異なるところ[68]，違法であ
ると十分気づいていればその行為は潜在的に抑止可能であるとして法的不正と
理解する見解もある一方，法的不正に限定してしまうと，精神病の妄想に基づ
き神の命令を受けたとして殺人に及ぶ場合にも，違法だとわかっていれば免責
が認められないことになってしまうとして，道徳的不正と理解する見解も存在
する[69]。

---

63)　Or. Rev. Stat. Ann. §161. 295. 性嗜好異常も含まれないとするものとして Beiswenger v. Psychiatric Sec. Review Bd. 192 Or. App. 38 (2004)。

64)　Conn. Gen. Stat. Ann. §53a-13.

65)　Kadish et al., *supra* note 54, at 979; 2 Crim L. Def. §173.

66)　2 Crim L. Def. §173.

67)　Dressler, *supra* note 2, at 340-341; Dressler & Garvey, *supra* note 54, at 667-674: Kadish et al., *supra* note 54, at 972-976; 2 Crim L. Def. §173; Melton et al., *supra* note 14, at 209-210.

68)　Kadish et al., *supra* note 54, at 974-975; Melton et al., *supra* note 14, at 209.

69)　Kadish et al., *supra* note 54, at 974-975; 2 Crim L. Def. §173. なお，神の命令（Deific Decree）が あった場合には例外的に別途免責を認めようとする法域も存在する（Melton et al., *supra* note 14, at 209）が，命令するのが誰であろうが関係ないのではないかとの批判が存在する（Dressler & Gar-

もっとも，「道徳的不正」と言っても，行為者本人が個人的に（personally）道徳的に正しいと信じているかどうかではなく，社会的（societal）な道徳的基準に反していると知っているかが問題とされている[70]ところ，社会の道徳的判断は通常は法的基準と同一であるのだから，それほど違いは大きくないとの指摘も存在する[71]。現に，州が選択できるように犯罪性と不正とを並列的に記した模範刑法典（MPC）の注釈書も，同様の観点から，「いずれが使われるかによって多くの事件の実際の結果が変化するかは疑わしい」とコメントしている[72]。

第3項　マクノートンテストの「認識」とALIテストの「弁識」

第3に一般的に見受けられるのは，マクノートンテストの「認識」とALIテストの「弁識」の差異を巡る議論である[73]。

マクノートンテストは，上記のように「知っている（know）」か否かを問題としているが，この「認識（knowledge）」は，単に抽象的に認知しているか否かだけを問うているとも解釈でき[74]，そのように狭く理解された「認識」のみを問題にするのでは免責範囲が狭すぎるとの批判がある。「犯行時点において，精神の障害又は欠陥の結果として，自らの行為の犯罪性［不正］を弁識し（appreciate），又は自らの行為を法の要求に従わせる実質的［能力］を欠いている」か否かを問題にするALIテストは，単なる認知よりも広い意味における理解を意味する用語として「弁識する」という単語を採用したのであった[75]。一般的な議論においては，この「弁識」という単語により情緒的・感情的な認知をも把握しようとすること[76]は，例えば少年は「人を殺すことは悪い」と知ってはいても自分の行為の重大さを真に理解していないために「弁識」していないと言えるように，潜在的に重大な違いをもたらすという指摘がある[77]一方で，行為の重大性の理解をテストに導入するのであれば認知の対象を道徳的不

---

vey, *supra* note 54, at 674-676)。
70)　Dressler, *supra* note 2, at 340-341.
71)　1 Subst. Crim. L. §7. 2 (3d ed.).
72)　American Law Institute, *supra* note 14, at 170.
73)　Dressler, *supra* note 2, at 339-340; Dressler & Garvey, *supra* note 54, at 660: 2 Crim L. Def. §173; Melton et al., *supra* note 14, at 208-209.
74)　Dressler, *supra* note 2, at 339-340.
75)　American Law Institute, *supra* note 14, at 169.
76)　Dressler, *supra* note 2, at 340.
77)　Dressler & Garvey, *supra* note 54, at 660.

第1節 「精神異常（insanity）」免責の伝統的基準を巡る議論

正に拡張する方がより直截であるとの指摘も存在する[78]。

第4項　意思的要素の有無・内実

　抵抗不能の衝動テストや ALI テストは「当該行為を避ける能力」や「自らの行為を法の要求に従わせる（conform）実質的能力」を基準に組み入れている。第4に一般的に見受けられるのは，こうした意思的要素（volitional prong）を巡る議論である[79]。

　そもそも意思的要素を「精神異常」免責基準へ組み入れること自体については，制御できなかった人間と（制御できたが）単に制御しようとしなかった人間との区別を基準化するのに十分な正確な科学的根拠がない等の理由から否定的な反応も多く見受けられる[80]一方で，制御できない場合には処罰に効果がない，行為を制御するのに十分な自由意思を欠いている者を処罰することは道徳的に正しくない等の理由から肯定的な反応を示すものも存在する[81]。しかし，こうした肯定的理解に立った場合，具体的にどのような者が処罰を免れるべきか，その基準と具体的内実は語られていない。

　基準に関して，伝統的な組み入れ方はマクノートンテストに抵抗不能の衝動テストを付加するというものであるが，「抵抗不能の衝動」とまで言う以上，突発的な衝動のみが免責の対象となるとも解釈でき，それでは免責の範囲が狭すぎるとの批判が存在する[82]。ALI テストは「実質的能力」を問題にしており，より幅広く免責の対象を認めるものだと指摘されている[83]が，その具体的範囲が明らかにされている訳ではない。

第3款　一般的な議論の問題点

　このように，アメリカにおける「精神異常」免責の多様な基準の多くは，一

---

78)　2 Crim L. Def. §173.

79)　Dressler, *supra* note 2, at 342-344; Dressler & Garvey, *supra* note 54, at 657-658; Kadish et al., *supra* note 54, at 959-961; 2 Crim L. Def. §173; Melton et al., *supra* note 14, at 210-211.

80)　Dressler, *supra* note 2, at 343; Dressler & Garvey, *supra* note 54, at 660-661; Kadish et al., *supra* note 54, at 959-960.

81)　Dressler, *supra* note 2, at 342-344; 2 Crim L. Def. §173.

82)　もっとも，このように解釈する必然性はなく，より幅広い免責を認める法域も存在しており，「抵抗不能の衝動」テストは誤解を生む名称だと指摘されている。Dressler, *supra* note 2, at 343; 2 Crim L. Def. §173; Melton et al., *supra* note 14, at 210.

83)　Dressler, *supra* note 2, at 344; 2 Crim L. Def. §173; Melton et al., *supra* note 14, at 210.

269

第3章　アメリカにおける議論状況

定の精神障害と，不正の認知及び意思的要素の組み合わせを前提とした上で，
(1) 精神障害の限定の有無，(2) 認知の対象たる「不正」の意義，(3) 認知の
深さ，(4) 意思的要素の有無と把握方法における相違を含むものであり，この
点を巡って一般的な議論が行われているものといえる。

　もっとも，前款の議論にも表れているように，かかる組み合わせ方のヴァリ
エーションがどれほど実践的帰結の差異をもたらすのか[84]，また基準の定立が
如何なる原理に根差すものであるか定かではない。例えば，(3) 認知の深さの
議論は (2) 認知の対象の議論と大幅に重なるのではないかと指摘されていた
が，(2) 認知の対象の議論においては，法的不正と解しても道徳的不正と解し
ても結果が変化するか疑わしいと指摘されていた。また，(4) 意思的要素につ
いては適切に基準化できない旨の批判が当てられていたが，意思的要素の組入
れに賛同する見解を見ても，かかる批判に対して直接的な応答はなされておら
ず，その具体的適用範囲は明らかではない。そして，(1) 一定の精神障害を判
断から除外するにしても，それが如何なる原理から正当化されるか明らかでな
い旨の指摘がなされており，組み合わせ方の原理についても明らかではないよ
うに思われる。

　そして，かかる組み合わせ方の原理や適用範囲を巡る問題は，(とりわけ初期
の) ラショナリティテストの論者をはじめとして，学説上も強く批判されてい
るところである。本款では，この点を強く批判しラショナリティテストに立脚
する Fingarette の見解と，同じくこの点を強く批判しつつ「精神異常」免責
を独自の抗弁としては廃止すべきとの主張を展開する Slobogin の見解を，一
般的な議論枠組みへの批判を中心に取り上げることで，上記問題点を更に明確
にした上で (**第1項**)，諸法域における実践においてもこの点が問題となって
いることを示すこととしたい (**第2項**)。

---

84)　「精神異常」免責を巡る議論には果たして意味があるのか，単なるから騒ぎ (Much ado about
nothing) ではないかとの疑義すら存在している (Dressler & Garvey, *supra* note 54, at 666: Kadish
et al., *supra* note 54, at 963)。こうした疑義の元となっている実証研究として，模擬陪審員を，何も
説示されないグループ，ALI テストを説示されるグループ，意思的要素を削除した連邦法を説示
されるグループ等に分けても，事案解決においてそれほど重大な差異をもたらさない，という研究
が存在する (Norman Finkel, *The Insanity Defense Reform Act of 1984: Much Ado About Nothing*, 7
BEHAV. SCI. & L. 403 (1989))。もっとも，これがテスト自体への疑義を示すものなのか，陪審の説
示の有効性への疑義を示すものなのかには議論の余地があろう。

270

第1項　学説上の批判

1　Fingarette の批判・主張

Fingarette は，「精神異常である（insane）」人間の免責に関する道徳的・法的論拠について，従前の判例法や学説上の文献では，刑法上の insanity の概念の根本まで遡ることなく，同じ言語装置をシャッフルしたり，古いスローガンや定式を操縦し調整したりすることしかなされていないが，単に組み合わせをシフトしたり並び替えたり「洗練させたり」「改良したり」するだけでは根本的な原理は明らかとはならないとして，上記組み合わせ方の原理の不在について問題を提起した上で[85]，従前のテストについても検討を加え，以下のように批判している。すなわち，例えばマクノートンテストのように「不正であることを知っている」かどうかを問題にする見解が主張されているが，（「精神異常」の典型例であるとされる Hadfield[86]のように）妄想に基づいて犯行に及ぶ者は，法や道徳に違反していることは知っているのだから，「知る」ことが問題になるのは稀である。そこでこれを拡張して「本当に理解する」ことを求める見解もあるが，「精神異常」でない通常の犯罪者でも「本当に理解」していない人間も存在するのであって，「知る」を「弁識」や「理解」等へと広げることで改善しているように感じるのは，あまりにも曖昧なために直観の判断を可能にしているだけだからである。さらに，「抵抗不能の衝動」や「法に従う能力の欠如」を問題としても，情熱に「圧倒された」とか気分に「支配された」とか欲望に「屈した」とか「意思の弱さ」とか「自己制御を失った」とかいった，くだけた比喩的な慣用句が形式主義的な重要さを持って取り扱われているのであり，ここでは，ある行為が自分自身の性質・性格を表現していないことが表現されているにすぎないが，刑事事件における主たる関心は行為自体にあるのであり，行為者の人格や生活全体についての道徳的評価による免責は許されるべきではないとしている[87]。

このように，不正の認知と意思的要素の組み合わせを，原理なくシャッフル

---

85)　HERBERT FINGARETTE, THE MEANING OF CRIMINAL INSANITY 1-11 (1972).

86)　Hadfield's Case, 27 St. Tr. 1281 (1800). 新たなキリストとなり人間の救済の殉職者となるという妄想の下，政府の手で犠牲として殺されるために，銃と弾薬を購入し，劇場で王に向けて発砲したという有名事件である。

87)　その他の批判も含め，以上につき Fingarette, *supra* note 85, at 123-172。

第 3 章　アメリカにおける議論状況

することが妥当でないことを批判する Fingarette は，自らの見解としては，
「刑法上の精神異常（Criminal Insanity）」を言語化することで，適切な免責範囲
の言語化を試みている。すなわち，Fingarette によれば，辞書上の意味や伝
統的な言葉の用い方において Insanity という言葉とイラショナル（＝「理性を
失っていること（lost his reason）」＝非理性的）という言葉が密接に関連している
ことを前提に，「非理性的に行為すること」，「非理性的な人間」，「insane な人
間」，「刑法上 insane な人間」という言葉の意味を解き明かすことで，適切な
免責範囲を言語化しようとしている。その結果，Fingarette は，「本質的関連
事情への相当な反応を欠くこと」が，有責的地位の欠如と関連する「イラショ
ナル」の意味であると主張し，かかる意味でのラショナリティを下回ることは，
人間の交流の決裂に相当するものであって，下回る場合には，不器用である・
不注意である・悪意があるというような，行為が理解可能で且つ関連規範に関
連することを前提とした記述が排除されるという[88]。そして，かかるラショナ
リティの分析を前提に，「刑法上の精神異常」について，当該犯行時点におけ
る個人の精神的構造が，その行為の犯罪性に関してラショナルに（すなわち関
連事情への相当な反応として）行為する能力がその者に実質的に欠如しているよ
うなものであることと定義を行い，これは法を尊重する能力や，行為を法の要
求に従わせる能力とは異なるとしている[89]。

---

[88]　Fingarette, *supra* note 85, at 173-194. 具体的事例としては，自分のしていることの物理的含意さ
えも把握できないほど酩酊し石を投げた場合（物理的含意の関連事情への反応の欠如），感情的に
平坦であり人間の苦しみという関連事情に反応する能力がなく石を投げた場合（道徳的な関連事情
への反応の欠如），ヘロイン中毒の禁断症状から，ヘロインを購入する現金を求めて石を投げたと
いう場合（行為の関連する人間的・道徳的・法的側面を感知してはいるが反応していない場合），
誰かに暗殺されるという被害妄想に基づいて石を投げた場合（妄想上の信念の虚偽性を指摘する如
何なる事柄にも相当な反応ができない場合）等を挙げている。なお，このうち道徳的な関連事情へ
の反応が欠如する場合について，Fingarette は，かかる事例は刑法上の insanity にとってのハー
ドケースであり徹底的な議論はしたくないとしつつも，「この問題への適切なアプローチは，刑法
は幾分か基本的な意味において共同体の道徳的良心の表明であり，少なくとも根本的な道徳的問題
について反応する能力が真にない人間は法の下での適切な主体たり得ないということを認識するこ
とであると信じている（believe）」と述べ，かかる事案において行為者は「道徳的に関連する次元，
法が本当に意味しているものに盲目であるために，法に違反する（flout）能力がない」としてい
る。

[89]　*Id.* at 203-215, 227-234. その違いとして，Fingarette は，ここでの問題は，法に一致させるかど
うかをラショナルに選択する能力であり，Fingarette のテストの下では，insanely に怒り，落ち込
み，傷ついていた被告人について，法に従うことができたが，その insane な理由から従いたくな
かったような場合についても，陪審はより躊躇なく「精神異常」免責の判断が可能となるとしてい
る。また，具体例としては，他者から自分に対して向けられる不快や敵対心の表現が時折浮かび，
それが，機会があり次第自分を破壊しようという他者の広範な根深い欲望の反映であると感じ，殺

2 Sloboginの批判・主張

Sloboginは，人間は精神障害にも性格にも同様に制御を持たないのだから精神障害による犯行か否かの区別は適切ではないとしたうえで，伝統的基準に対して批判を加えている。まず，マクノートンテスト等のように「不正の認知」等を問題にした場合，これを文字通り適用するならば，サイコパスは「椅子」「テーブル」「りんご」「家」「殺人」という5つの単語を聞かされても，精神障害に罹患していない者が生理的反応を示す「殺人」という言葉に何も反応を示さなかったとの実験をふまえると，サイコパスも免責されることになる上，自らの行為を「教育的価値」があると合理化する小児性愛者，結果について大して考えず悪質さを理解していない常習賭博者，挑発や激怒のために悪質性や結果について弁識できない者も全て免責されることになってしまうと批判を行っている[90]。また，統合失調症患者が幻聴による命令のために犯罪をした場合に「犯罪をするよう強制されていると感じた」ために免責するというならば，ペドフィリア，常習強姦魔，クレプトマニアも，主観的衝動のレベルでは同様の状況にいるのだから免責されるはずであるし，街頭に横たわる人からお金を盗む貪欲な人間が，精神障害者よりも「自らの行為を法の要求に従わせる」ことができたとは言えないだろうと批判する[91]。そして，これらについて，精神障害であることを理由に「犯罪行為と結びついた体質である」という主張をするならば，異常な脳パターンの抗弁や不遇な生育歴の抗弁等，様々な免責を認めなければならなくなるし[92]，これまで見た反例について「精神の障害又は欠陥」に該当しないという解釈論を展開するならば，その区別がいかなる意味で機能的区別たりうるかが問題となるとするのである[93]。

このような批判も前提に，Sloboginは「精神異常」免責を，独立の抗弁としては廃止すべきであると主張している[94]。すなわち，Sloboginは，現在は

人に及んでしまうような妄想性の精神病罹患患者について，明白な事実や基本的規範が気分や信念と矛盾し，事実や規範が気分や信念を正当化するものだとみるに至るまでに事実や規範が歪められており，法をラショナルに考慮に入れることができないとしている。

90) CHRISTOPHER SLOBOGIN, MINDING JUSTICE 42-46 (2006). *See also* Slobogin, op. cit., Fn. 128.

91) なお同様に，異常な行為をさせる意欲や衝動の方が，通常の行為をさせる意欲よりもより強いとアプリオリには言えないのだから，衝動の強さという観点からは，通常の犯罪者と精神障害を有する犯罪者との間に道徳的に重要な違いがあるように思われないとの指摘として，Joel Feinberg, *What Is So Special about Mental Illness?, in* DOING AND DESERVING 272 (*id.* 1970)。

92) Slobogin, *supra* note 90, at 38-41.

93) *Id.* at 44.

「精神異常」以外の抗弁も十分に主観化されており，独立した抗弁として維持する理由がないとして，精神障害に罹患していない者にも妥当する理由（正当防衛や誤想防衛，強制の抗弁，メンズ・レアが欠如する場合，一般的な法の不知）のみによって免責の範囲を画すべきであり，「精神異常」免責は，独立した抗弁としては廃止すべきであると主張している[95][96]。

第2項　実践から看取される問題：「不正」の範囲を例に

前項に見た学説において批判を受けているように，不正の認知と意思的要素の組み合わせを，原理なくシャッフルするアプローチには，これによって適切な免責範囲を区切ることができるか，疑問の余地がある。そして，この問題は，現在のアメリカ諸法域における実践においても看取されるところである[97]。以下では，伝統的基準における「不正」の認知を巡る問題を取り上げ，「不正」の認知（すなわち「悪い」と分かっていたか）という言葉の意味を探って精神異常免責の範囲を画そうとするアプローチの限界を指摘することとしたい。

前提として，アメリカ諸法域の多くが，精神異常免責の基準として「不正」

94）　なお，「精神異常」免責廃止の議論としては，ともすれば精神障害者とそれ以外の者との間の平等から直ちに導かれるかのように提示されることがあるほか（E. g. Tina Minkowitz, *Rethinking criminal responsibility from a critical disability perspective: The abolition of insanity/incapacity acquittals and unfitness to plead, and beyond*, 23 GRIFFITH LR 434 (2014)），精神医学への不信感に基づき提示されることもある（例えば Montana 州での廃止では，精神科医が「恣意的で神のような決断をしている」という不信感が大きな影響を有していたとされる（*See* Andrew King-Ries, *Arbitrary and Godlike Determinations: Insanity, Neuroscience, and Social Control in Montana*, 76 MONT. L. REV. 281 (2015)）が，Slobogin の見解は Morse らに「我々が知る限りにおいて，廃止論の中で唯一，論理的で，現代の学問的な提案である」と評されている（Stephen Morse & Morris Hoffman, *The Uneasy Entente between Legal Insanity and Mens Rea: Beyond Clark v. Arizona*, 97 J. CRIM. L. & CRIMINOLOGY 1071, 1123 (2007)）。

95）　Slobogin, *supra* note 90, at 24-28; *id.*, *A Defense of the Integrationist Test as a Replacement for the Special Defense of Insanity*, 42 TEX. TECH L. REV. 523 (2010). もっとも，一般的には承認されていないが，犯罪の概念が何か知らない場合についても一般的な法の不知として免責されるべきであるとして，この場合について免責範囲を拡張すべきであることを述べている。

96）　また，Slobogin は近時，「障害者の権利に関する条約」12 条は，「精神異常」免責を独立の抗弁とすることを否定するものであるとの議論も提示している（Christopher Slobogin, *Eliminating Mental Disability as a Legal Criterion in Deprivation of Liberty Cases: The Impact of the Convention on the Rights of Persons with Disabilities on the Insanity Defense, Civil Commitment, and Competency Law*, 40 INT'L J. L. & PSYCHIATRY 36 (2015)）が，かかる解釈には批判も存在する（*See* Michael Perlin, *God Said to Abraham/ Kill Me a Son: Why the Insanity Defense and the Incompetency Status Are Compatible with and Required by the Convention on the Rights of Persons with Disabilities and basic Principles of Therapeutic Jurisprudence*, 54 AM. CRIM. L. REV. 477 (2017)）。

97）　詳細は拙稿「アメリカ諸法域における刑事責任能力判断について」志林 122 巻（2025）掲載予定。

の認知を掲げているところ，法域によっては，その内容を法的不正か道徳的不正か区別しないとするものもあるが[98]，いずれかの意味で法律上或いは解釈上定義されていることも多く，幾つかの法域では法的不正と定義され，多くの法域では法的不正にとどまらない道徳的不正を意味すると定義されている[99][100]。もっとも，一般的議論にもあるように，道徳的不正を要求するとしても，行為者の個人的な道徳に照らして「不正でない」と信じていれば精神異常が成立すると考えられているわけではなく，何らかの客観的・社会的な道徳に照らして不正であるとの認知（能力）を有していたかが問われているところ[101]，一部の法域においては，法的不正と道徳的不正の違いが生じる場合としては，例えば神や超越的存在の命令に従って行為した場合が挙げられるとされている[102]。

---

98) 例えば，Louisiana 州では，何が「不正」を指すかは法の問題であるが，これは陪審の事実認定に委ねてよいとされているほか (State v. Abercrombie, 375 So. 2d 1170 (La. 1979))，Tennessee 州でも特定は不要であるとされている (State v. Wise, No. M2012-02520-CCA-R3CD, 2014 WL 992102 (Tenn. Crim. App. Mar. 13, 2014))。

99) なお，不正の認知については，当該行為の不正の認知が問われている。一般的な正と不正の区別に加え，当該行為の正と不正の区別も要求することを明示する法域もある (South Carolina 州では，「犯罪を構成する行為の遂行時点において，被告人が，精神の障害のために，道徳的若しくは法的正と道徳的若しくは法的不正とを区別する能力，又は訴追された当該行為を道徳的若しくは法的不正であると認識する能力を欠いている」ことが要求されている)。

100) なお，法的不正と定義されている法域でも，実際には違法性にとどまらない内容が要求されている，と指摘されることがある。例えば Texas 州では，「訴追された行為の時点で，重大な精神の障害のために，当該行為が不正であったと知らなかったこと」(但し，繰り返される犯罪行為やその他の反社会的行為のみによって徴表される異常は精神の障害に含まない) を基準としているところ，「不正」とは違法 (illegal) の意味であるとされている (Bigby v. State, 892 S. W. 2d 864 (Tex. Crim. App. 1994); Ruffin v. State, 270 S. W. 3d 586 (Tex. Crim. App. 2008))。しかし，神が子供を殺すことを欲しているとの妄想の下で子供を殺害した Deanna Laney 事件や，同様の事案で有名な Andrea Yates 事件 (産褥期精神病とも診断され，悪魔から子供を殺すようにとの指示を受けているとの幻聴もあった女性が自らの5名の子供を殺害した事案) では，違法とは知っていても最終的には精神異常ゆえに無罪となっていることが指摘されている (Michelle R. Prejean, "Texas Law Made This Mad Woman Sane", 42 Hous. L. Rev. 1487 (2006); Theodore Y. Blumoff, Rationality, Insanity, and the Insanity Defense: Reflections on the Limits of Reason, 39 Law & Psychol. Rev. 161 (2015))。

101) 例えば連邦法では，「不正」とは主観的な個人的基準としての道徳的不正ではない一方，違法と知っていれば常に精神異常抗弁が排除されるわけではなく，客観的な社会的・公的基準としての道徳的不正を問題にすべきであるとされている (United States v. Ewing, 494 F. 3d 607 (7th Cir. 2007))。

102) 例えば New Jersey 州では，道徳的不正は社会的基準によるものであり，行為者自身の特異な道徳的規律 (idiosyncratic code of morality) によるものではないが，法は専ら社会的道徳の結晶である (Law is largely the crystallization of societal morals) 以上，ほとんどの事案では，違法と理解する能力があれば，社会の道徳に反していると理解する十分な能力もあるところ，法的不正と道徳的不正が異なると一般的に承認された状況の一つとは，神の命令に従って他人を殺害したとの主張がなされた場合であるとされている (State v. Worlock, 117 N. J. 596, 569 A. 2d 1314 (1990))。他にも神の命令の事案を不正の認知において処理可能と考えていると思われる法域として，Col-

第 3 章　アメリカにおける議論状況

すなわち，これらの法域では，違法であるとの認知（能力）があっても，神や超越的存在により許容されている（それゆえ「悪い」とは分からない（或いは分かることができない））場合には，不正の認知（能力）が欠け，精神異常免責が認められることとなる。

しかし，この「道徳的不正」の認知（能力）によって適切な免責範囲を画し得ているかには疑問の余地がある。このことが看取されるのが California 州の議論状況である。「不正」の内実について議論の蓄積のある California 州[103]では，不正とは，社会的に一般的に受容された道徳的な義務を基準とすると道徳的不正を意味するとされ，例えば何らかの超越的存在からの権利の授与を伴う妄想に基づく犯罪や，被告人の認知していることを社会が共有すれば社会は許容するだろうと考えていた場合にも精神異常免責が認められている[104]。このような意味での道徳的不正の認知（能力）のみに着目することは，そもそも統合失調症等と犯行とが密接に関連している場合についても免責範囲から除外され得るとの問題を抱えているようにも思われるが[105]，この点を措いたとしても，

orado 州，Hawaii 州等がある。なお，Washington 州では，不正とは法に反することとの説示が為された事案で，州最高裁は両者の区別は通常重要ではなく，道徳的不正か法的不正か説明を加えるべきではないとする一方，道徳的にも法的にも不正と知っていても神の命令であると信じていた場合には例外的に精神異常になると整理しており（State v. Crenshaw, 98 Wash. 2d 789, 659 P. 2d 488 (1983)），道徳的不正とは別建てで神の命令の事案を扱っている。

103)　Cal. Penal Code §25（b）は「少年裁判所の手続を含め，如何なる刑事手続においても，精神異常ゆえに無罪の答弁が行われた場合，被告人が証拠の優越をもって，当該犯罪遂行時点において，当該行為の性質を知り又は理解し，正と不正を区別する能力がなかったことを証明した場合に限り，事実認定者はこの抗弁を認める」と規定する。

104)　例えば People v. Skinner 39 Cal. 3d 765 (1985) は，統合失調症又は統合失調感情障害の罹患者たる被告人が「死がまさに我らを引き離すまで」という結婚の誓いは，誓いに違反したり違反しそうであったりするパートナーを他方のパートナーが殺すという，神による権利を与えるものであるという妄想から，妻を絞殺した事案について「精神異常」免責を認めている。また，People v. Stress 205 Cal. App. 3d 1259 (1988) では，精神病罹患者である被告人は，サッカー選手だった息子がプロのサッカーチームに選抜されず，ベトナム戦争に徴兵される可能性があったという事件をきっかけに，プロリーグ，テレビ局，連邦政府等との間で，徴兵するためにプロ選手に選抜しないという共謀を行っていると考えるようになり，この共謀を公衆に知らせようという運動を始めたが，運動が功を奏さず，出版社等の共謀によるものだと考え，誰かが死なないと公判には行けないと考えた上で，自分が死んだら誰も共謀の話を伝えに行くことができないが，妻を傷つければ自分が行けると考えて，妻を斧で襲い殺害したという事案について，「不正」を法的不正に限定した原判決を破棄している。

105)　例えば，妄想性統合失調症又は統合失調感情障害に罹患している被告人が，犯行中に「人を傷つけろと彼に言え，彼に自殺しろと言え，彼に出来損ないだと言え」という声を聞き，電車や車が見えたり亡くなった父親と話したりする幻覚を見て，「面白い顔と大きな体を持った」悪魔で「足が蹄のようなもの」に見えた被害者に暴行・強盗等に及んだ事案では，犯行が道徳的に正しいと被告人が信じていたことについて証拠がないために精神異常免責が否定されている（People v. Blakely 230 Cal. App. 4th 771 (2014)）。また，妄想性統合失調症に罹患している被告人の第二級強盗の事

276

第 1 節 「精神異常（insanity）」免責の伝統的基準を巡る議論

行為の性質や不正の認知及び意思的要素の組み合わせのみでは適切な免責範囲の切り分けを行い得ないことを示唆する問題をも抱えている。

すなわち，上記の意味での道徳的不正，つまり社会的に一般的に受容された道徳的義務の内実が問題となった事案において，州最高裁は，「不正」とは，その行為が良いか悪いかの個人的信念ではなく「一般的に受容されている道徳的基準」に鑑みた「不正」である必要があるところ，これを満たすためには，必ずしも人々に認知されている宗教の原理を反映する必要はないし神等への信仰も必要とされないものの，「外的な源に由来する，一般的に受容された倫理的又は道徳的原理に基づく，心からの信念」である必要があると判断を示している[106]。そのうえで，州最高裁は当該事案について，被告人側は「若干異なる神の概念を有し既存の宗教を拒絶して自身の道徳的体系を構築してはいるものの，神等からのサインだと信じているものに従ったのだと陪審が判断すれば，精神異常免責は認められるべきだ」として上告しているが，実際に第 1 審では，被告人の信念に道徳的体系が存在したか，それとも自分のしたいことに神という言葉を当てはめているだけかという点が争点とされており，これを妨害するような説示や議論も存在しないのだから，この主張には理由がない，と判断している。

ここでは，「外的な源に由来する，一般的に受容された倫理的又は道徳的原理に基づく，心からの信念」の有無が基準であるところ，特定の宗教に限定されない道徳的体系の下で何らかの超越的存在からの是認を受けているという妄想を有している者と，自分の欲望の単なる正当化に超越的存在を持ち出している者が区別できるという前提の下で，前者のみが免責に値するという立場が示されているといえる。しかし，両者の区別は，もはや「当該犯行が悪いとわかっているか」ではなく，何らかの超越的存在からの是認を受けているとの妄想から犯行に及ぶ者と，自分の欲望の正当化のために超越的存在を持ち出してい

案であり，被告人が，頭を叩かれるといつも悪魔が自分の体を制御し狂ったようになり自分が普段しないことをする，悪魔はそちら側につくように誘ってくるが自分は人類を救いに来た救世主なので拒んでいる，悪魔を自分の中に閉じ込めており自分が死んだら悪魔を別の惑星に連れて行く，強盗等は悪魔が制御している時のもので覚えていない等と供述しているという事案についても精神異常免責は否定されている（People v. Severance 138 Cal. App. 4th 305 (2006)）。このように，道徳的不正の認知のみに着目することは，被害客体自体の幻覚，犯行を直接命じる幻覚等の存在が捨象され得るとの問題を抱えているように思われる。

106）　People v. Coddington 23 Cal. 4th 529 (2000). 2 名の老齢者の第一級謀殺及び 2 名の児童への強姦等での死刑判決に関する事案である。

277

第3章　アメリカにおける議論状況

る者との区別という観点からなされているのではないだろうか。すなわち，ここではどのような「不正」の認知が精神異常免責を基礎づけるかではなく，どのような思考を経て当該犯行に至っているか，すなわち犯行に至る意思決定過程における幻覚妄想等の影響という観点から判断が行われているように思われるのである。

第4款　小括・検討

アメリカの諸法域においては，歴史的事情や判例の動向を背景として，「精神異常」免責に対して様々な対応がとられており，同免責を認める諸法域においては，基本的には，一定の「精神の障害」の存在を前提とした，不正の認知と意思的要素の組み合わせによって「精神異常」の基準の定立が図られている（第1款）。一般的な教科書やケースブックの類いにおいては，かかる組み合わせを前提にした様々な基準の対立について，主としてその文言を如何に修正すべきかを巡って議論が展開されていた（第2款）。しかし，かかる一般的な議論について，本書の問題意識であるところの原理・基準・適用の一貫性からみると，とりわけその根差す原理について探究することなく基準の文言の修正を図ったとしても，明瞭且つ妥当な適用範囲が実現されがたいように思われるところであり，この点は，Fingarette や Slobogin の見解に見られるように，アメリカ学説においても批判されているところであり，このことは特に California 州の議論状況においても看取されるところであった（第3款）。このように，とりわけ前款の批判に鑑みると，一定の「精神の障害」の存在を前提とした，不正の認知と意思的要素の組み合わせによって基準を定立するとしても，とりわけその根差す原理について探究することなく，かかる組み合わせの文言を「洗練させたり」「改良したり」するだけでは，適用範囲としても明瞭且つ妥当な範囲を確保しがたいように思われる。

もっとも，前款において代案として提起されている議論については，なお疑問の余地が残るところである。例えば，Slobogin の見解は，有責性と精神障害の関係性について決することは諸価値に関する困難な選択であることからすれば，あり得る選択肢の一つではあるものの，実現される免責範囲が過度に狭くなるようにも思われる[107]。例えば精神病罹患者において，その妄想の内容が法や道徳に違反していることの認識を阻害せず，また一定の侵襲を含まない

278

第1節 「精神異常（insanity）」免責の伝統的基準を巡る議論

ものであった場合，他の抗弁は必ずしも妥当せず，免責されないように思われる[108)109]。我が国の実践においては，とりわけ統合失調症の影響がある場合に責任の減退が認められていることからすると，廃止を主張する見解よりも，むしろ前款に見たような問題状況において「精神異常」免責の独自の意義をなお探究しようとする議論（すなわちラショナリティテスト）について検討することが，我が国の議論状況にとっては，なお有益であるように思われる。

　また，ラショナリティテストの論者のうち，前款に取り上げた Fingarette は，原理なく言語装置をシャッフルするだけでは適切な免責範囲を画し得ない旨を批判しているところ，Fingarette 自身の採用する「刑法上の精神異常」を言語化するアプローチは，Fingarette の言葉を借りれば「常識的な直観」を明確にし得るものではあるものの，なぜその適用範囲が正当であるといえるのかについての原理を解き明かすものではなく，それゆえに適用範囲の明確化にも限界を含んでいるようにも思われる[110]。そこで，次節以降では，原理についてもなお一定の検討を及ぼすラショナリティテストの議論について，検討していくこととしたい[111]。

---

107)　*See also* Paul Litton, *Against Integrationism, in* CRIMINAL LAW CONVERSATION 486 (Paul Robinson et al. 2009).

108)　Slobogin は，模範刑法典に倣い，強制の抗弁を，当該行為者の状況において，合理的断固さを持つ者が抵抗できないような強制に対する反応である場合を捕捉するものであると捉えている（Slobogin, *supra* note 95, at 529）ため，当該事案を強制の抗弁で捕捉するようにも思われるが，神の命令があったとの妄想で免責すると宗教によるテロリズムも免責されるのではないかとの批判も行っているところであり（*id.,* at 527）明確ではない。

109)　第3節第2款第1項*1*に見る Schopp の挙げる事例においては，他の抗弁が妥当しないように思われる。その他の批判も含めて，ROBERT SCHOPP, AUTOMATISM, INSANITY, AND THE PSYCHOLOGY OF CRIMINAL RESPONSIBILITY 42-51 (1991)。

110)　この点，Fingarette と並んで，ラショナリティテストの論者として取り上げられる論者の論稿のうち初期のものとしては，Feinberg の議論がある（*See* Sinnott-Armstrong & Levy, *supra* note 9, at 317）が，Feinberg の議論も，Fingarette と同様の問題意識・アプローチを採用するものである。すなわち Feinberg は，精神障害に関する免責を巡る法学者の見解においては，不知（錯誤）や強制の抗弁などの他の伝統的な免責の根拠となるに過ぎないという主張が多くなされているが，「病気の（sick）」犯罪者と通常の典型的な犯罪者との区別ができないと問題を提起し，動機のイラショナルさと動機の洞察の欠如こそが区別を与えるとの主張を行っている（Feinberg, *supra* note 91）。もっとも，Feinberg は Fingarette とは異なり，刑法上の「精神異常」免責ではなく「病気（sickness）」という観点に着目しているため，免責の適否という観点から妥当な区別が達成されているか疑問の余地がある（*See* Walter Sinnott-Armstrong, *Insanity vs. Irrationality*, PUBLIC AFFAIRS QUARTERLY, Jul. 1987, at 1, 2-8）。

111)　なお，ラショナリティテストに対しては，ラショナリティテストの内実を検討すると，結局のところは，不正を弁識し，行為を法に従わせる能力を有しているかという基準に落ち着くのであって，伝統的基準と何ら変わらないとの批判も提起されているところであり（Sinnott-Armstrong & Levy, *supra* note 9, at 317），現にラショナリティの観点を重視しつつ伝統的基準自体については批

279

第3章 アメリカにおける議論状況

第2節 主体性・人格に着目するアプローチ：M. S. Moore の見解

　本節では，次節に見る Morse と並んで現在のラショナリティテストの代表的な論者である M. S. Moore の見解を見ることとしたい。M. S. Moore は，信念や意図といった我々自身及び他者の振舞いを説明する前提となっている日常心理学に着目し，その一定の異常が「精神異常」免責を基礎づけるとしたうえで，これを主体性の観点と結びつけることで原理の説明を行っている。

第1款　M. S. Moore の見解

第1項　「精神異常」免責と日常心理学

　M. S. Moore は，その代表的な著作[112]のなかで，精神障害と責任を巡る問題は責任を有する主体・非難を負うに値する主体の範囲の問題であると位置づけたうえで，現在の学説では精神障害の意義を法の不知や強制の抗弁の証拠に限定し，独自の意義を認めない見解があるが，かかる考えからすれば免責される者は稀になるはずであり，実践と合致しないと批判を加える[113]。そして，日常生活の活動の描写の前提とされるラショナリティが欠如するために免責するという観点こそが，「精神異常」免責に関する我々の道徳的心情を適切に把握すると主張する[114]。

判的でない学説も存在している（E.g. Benjamin Sendor, *Crimes as Communication: An Interpretive Theory of the Insanity Defense and the Mental Elements of Crime*, 74 Geo. L. J. 1371 (1986). また，一般にラショナリティテストの論者には数えられないものの，Jerome Hall も，イラショナリティが「精神異常」免責の中核にあるとしつつも，伝統的基準自体については批判的ではなかった（*See* Jerome Hall, General Principles of Criminal Law 521 (2d ed. 1960)））。もっとも，**第1章**で明らかになったように，我が国の昭和6年判例の定式が正常な精神状態・通常の意思決定として責任能力を捉える理解を背景に提示されたものであることからすれば，ラショナリティテストから，伝統的基準のうち認知的要素・意思的要素いずれをも含む基準が導かれるのであれば，なおさらラショナリティテストが我が国の議論状況に対してもたらし得る示唆は大きいものであると評価することもできるだろう。

112)　Michael Moore, Placing Blame (1997).

113)　その他の見解への批判も含め，Moore, *supra* note 112, at 595-602。

114)　*Id.* at 602.

280

M. S. Moore は，とりわけ近著において，ここでの議論の前提となっているのは，有責性等に関する刑法理論が，「我々が日常生活において，我々自身及び他者の振舞いについて描写し，説明し，評価するところの，ラショナルな主体に関する心理学」である日常心理学（folk psychology）[115]を前提としているということを示している[116]。すなわち，メンズ・レアが信念（belief）・欲求（desire）・意図（intention）などの日常心理学的概念に依拠しているように[117]，行為性や有責性（とりわけ意図），免責においては日常心理学が前提となっており，かかる日常心理学的観点は，近時の神経科学による決定論的主張をもってしても維持されるべきであるとする[118]。そして，「精神異常」も，正当に非難され得るために認められる必要のある心理状態を示していると位置づけているのである。

以上の議論からすれば，M. S. Moore は，刑事責任を論じるにあたっては，我々自身及び他者の振舞いについて説明する日常心理学的観点が重要になるところ，かような日常生活の活動の描写においてはラショナリティの観点が前提となっており，かかるラショナリティを一定程度欠く場合には，非難を適格に負う主体とは評価できず，「精神異常」免責として免責されると理解しているといえるだろう。

第2項　原理：主体性との接続

M. S. Moore は以上の議論について，主体性の観点から理解することで原理の説明を行っている。

すなわち，M. S. Moore は，ここで議論の対象となっている，責任を負う主体が誰かに関する問題の理論的正当化は，刑罰理論に依拠するとしたうえで，

---

115) 「素朴心理学」等の訳語が当てられることもあるほか，「常識心理学（commonsense psychology）」と対応する概念としても用いられることがある（なお，鈴木貴之「日常心理学と科学的心理学」科学基礎論研究 28 巻 2 号 13 頁（2001））。同様に日常心理学が刑事責任論にとって重要であることを主張するものとして，例えば Katrina Sifferd, *Non-Eliminative Reductionism: Not the theory of the mind/body relationship some criminal law theorists want, but the one they need, in* Neurolaw and Responsibility for Action: Concepts, Crimes, and Courts 71-103 (Bebhinn Donnelly-Lazarov 2018)。

116) Michael Moore, Mechanical Choices: The Responsibility of the Human Machine 12-13 (2020).

117) *Id.* at 93-114.

118) *Id.* at 207-474. M. S. Moore は，神経科学に基づくとされる近時の主張を 11 にも細分化し，それを還元主義的異議，決定論的異議，随伴主義的異議，可謬主義的異議，従属的主体の異議にグループ分けして，検討を加えている。

第3章　アメリカにおける議論状況

M. S. Moore の支持する応報主義[119]からは，一定の種類の犯罪者を処罰することがなぜ道徳的に不正なのかが問題になるという。そして，日常生活の活動の描写の前提とされるラショナリティが欠如する場合に免責の効果を導く理由は，不正な行為についての非難の対象となるのは道徳的主体（moral agent）或いは人格（Personhood）が認められる者に限られることに求められるとし，幼児が人間ではあるが道徳的主体とは認められないように，一定の場合には精神障害罹患者も道徳的主体性が否定されるという[120]。例えば，信念・欲求・意図を有しているとは信じない自然の物体には道徳的責任を帰属させず，また歴史的に精神障害者を幼児や野獣（wild beast）に擬えて免責してきたという傾向があるように，ラショナルな信念の下で，幾分か理解可能な目的をそれ自身で達成するような意図を推進しようと行為する者だと他者を見て初めて，我々はその者を，日常生活における自分自身や他者を理解するように理解し，道徳的主体とみなすのだとする。こうして，M. S. Moore は，幼児と同様に，上記のようなラショナリティを欠く精神障害者について具体的行為と関係なく免責を認める（地位免責〔status excuse〕）のである[121]。

第3項　ラショナリティの内実

このように M. S. Moore は，日常心理学的観点を主体性の観点と結びつけて「精神異常」免責を基礎づけることで，精神障害と具体的行為とが関連しているかを問うことなく，一定の精神障害に罹患していることそれ自体によって，道徳的主体性が欠如し免責が認められるとの議論を定立している。そして，かかる道徳的主体性が欠如する場合として，例えば一定の感情が欠如している場合や，性格構造の通時的な一貫性が欠如している場合等において，道徳的主体性が欠如し得ると述べるほか[122]，更なるイラショナリティの具体例として，

---

119)　M. S. Moore は，応報主義は，他の価値に理由を求めると応報主義ではないという批判を受けるし，他の価値に理由を求めないならば循環論法だという批判を受けるというディレンマがあると一般的に言われるが，我々が正しいと考えるより特称的（particular）判断の道徳的原理を最もよく説明することができるという観点から支持できるとする。Moore, *supra* note 112, at 104-152. なお，M. S. Moore の刑罰論の紹介として，高橋直哉『刑法基礎理論の可能性』158-160 頁（成文堂，2018）がある。

120)　Moore, *supra* note 116, at 178.

121)　Moore, *supra* note 112, at 608-609. *See also* Michael Moore, Law and Psychiatry 62-66, 244-254 (1984); Moore, *supra* note 116, at 178, 184-191.

122)　Moore, *supra* note 116, at 178-184. 一定の感情が欠如する場合としては一定のサイコパスを想定しているように思われる（*See* Fn. 127）。

とりわけ以下のように三段論法（syllogism）に一定の異常が認められる場合があるとしている。

　すなわち，M. S. Moore によれば，イラショナリティを理由として精神障害者を免責するという観点が我々の道徳的心情を適切に把握することを理解するためには，ラショナリティ概念と，我々が日常生活で自身と他人とを理解する際の慣用句との密接な関連性を理解する必要がある。例えば，「なぜ傘を持っているの？」と聞かれ「雨が降るから」と答えたり，「なぜ通りを渡ったの？」と聞かれ「通りの向こうの店でタバコを買いたいから」と答えたりする際，我々は，そのように行うよう導く実践的推論を提供して自分の行為を理解可能にしている。ここでは，自らの欲求と，その欲求の充足のために利用可能な方法を現に有しているという信念の二つの特定を前提とした三段論法（syllogism）が基礎となっている。例えば，昼食に行くのに濡れたくないという欲求と，雨が降り傘を持っていない限り濡れてしまうという信念から，傘を持っているという行為が説明されているのである。

　M. S. Moore は，これをより具体化する。まず行為 A を意図する論法は
　・主体 X は結果 R を獲得したい
　・X は行為 A が結果 R を獲得するという帰結をもたらすと信じている
　・X が A は R という帰結に至ると信じ，且つ X が R を欲する場合，他の事情が同じならば X は A を意図する
　・他の事情は同じである
　・それゆえ X は A を意図する
という経過を辿るとする。そして，かかる意図から行為に至るには，
　・X は X が身体動作 M を意欲すれば M は行為 A になると信じている
　・X が A を意図し且つ X が M は A になるだろうと信じ，且つ X が A を欲する場合，他の事情が同じならば X は M を意欲する
　・他の事情は同じである
　・それゆえ X は M を意欲する
という経過を辿るとする。

　このように具体化した行為の経過を前提に，M. S. Moore はどのような場合に当該主体がラショナルではないと理解されるかを列挙する。まず，信念や欲求のラショナルさが欠如する場合として，合理的に主体に帰属できる如何なる信念や欲求に照らしてもラショナルなものではない場合，意図している行為の

第3章　アメリカにおける議論状況

達成のために必要な行為を，それをすれば意図している行為が達成できると信じていながらしない場合，理解できない欲求を持つ場合，AをBより優先しBをCより優先しCをAより優先するような場合を挙げる。そしてさらに，意図のラショナルさが欠如する場合として，不可能であると信じながら結果を惹起しようと意図するように意図と信念の一貫性が欠如している場合，欲求と欲求の葛藤が解決しないまま意図が凝集（agglomerativity）されずに行為に出る場合を挙げる。もっとも，目的が道徳的に誤っているためラショナルではないという考えは，病気と悪人の区別をなくしてしまうという理由で採用していない[123]。

第2款　検　　討

以上のように，M. S. Moore は，我々の日常生活における自己及び他者の活動の描写には一定のラショナリティが前提となっているところ，かかるラショナリティを欠く場合には道徳的主体性が否定されると考え，幼児と同様に（具体的行為との関連性なく）一定の精神障害に罹患しているという地位があれば免責の対象となると理解したうえで，その具体例として，性格構造の通時的一貫性を欠く場合等に加え，行為の把握にあたって前提となる三段論法において，意図と行為の矛盾や意図と信念の矛盾がある場合等があるとしている。こうした議論は，我々の日常生活における自己及び他者の心理状態の把握において前提となっている（ある種の）正常さ（ラショナリティ）の欠如が「精神異常」免責を支えると考えたうえで，これを主体性の観点から理論化したものと整理することができるだろう。すなわち，行為者の心理状態という観点を採用した上で，原理として道徳的主体性を据え，それに基づく基準として，我々の日常生活における自己及び他者の活動の描写の前提となっている精神状態の正常さの欠如を掲げ，これは具体的行為との関連性を必要としないと理解したうえで，その具体的適用範囲として，意図と行為の矛盾や意図と信念の矛盾がある場合等を挙げているものと整理することができる。

上記のような議論は，行為者の心理状態（とりわけ意図や信念を用いて把握される意思決定過程）の一定の異常が「精神異常」免責を基礎づけるとする議論で

---

123)　Moore, *supra* note 112, at 602-608.

284

あると評価できるところ，その議論の前提において，刑事責任を論じるにあたっては，我々自身及び他者の振舞いについて説明する日常心理学的観点が前提となっている旨が指摘されている点が注目に値しよう。かかる議論は，行為者の心理状態の把握が故意をはじめとする刑事責任論において前提となっているのであれば，「精神異常」免責においても行為者の心理状態に着目した判断を行うことも妥当ではないかとの示唆をも提起しているように思われるところであり，正常さを論じる前提として，精神状態・心理状態に着目することが妥当であるとの議論を提起しているように思われる。

　他方で，かかる心理状態の異常を主体性の観点から理解し，地位免責であると主張していることについては，他のラショナリティテストの論者を含め，学説上批判がある。例えば，次節に見る Morse は，重大な精神障害に罹患した者も，その者自身が精神障害なのではなく，精神障害罹患者に過ぎないのであるとしたうえで，例えば妄想性障害の妄想的信念は，その信念に関する文脈においてのみ働くのであり，精神病罹患者もほとんどの生活領域においてはラショナルな能力を完全に有していると批判している[124]。

　このように，精神状態の正常さと地位免責とを結びつけることについては，アメリカ学説においても批判が提起されているところである。この点，M. S. Moore の見解を見ても，例えば我々が欲求や信念に基づく三段論法を元に自己や他者の行為を把握しており，その経過における一定の異常が「精神異常」免責を基礎づけているのであれば，精神障害に罹患しているという地位ではなく，精神障害と具体的行為との関係性に着目して「精神異常」免責を基礎づける方が自然であるように思われるところであり，精神状態の正常さを論じるとしても主体性・地位免責の観点からこれを理解する必然性はないように思われる。また，我が国の議論状況との関係でいえば，同様に具体的行為との関連性を見ずに免責するという議論であるところの，かつてのコンヴェンション論の一部（「精神分裂病即心神喪失」）[125]について，昭和59年判例が否定的判断を下し

---

124)　Stephen Morse, *Moore on the Mind, in* Legal, Moral, and Metaphysical Truths: The Philosophy of Michael S. Moore (Kimberly Ferzan & Stephen Morse 2016). M. S. Moore が精神障害罹患者を幼児に擬えていることについては，コモンロー上，個別化がほとんど非効率な6歳以下しか地位免責とはなっておらず，7歳から13歳までは責任がないと推定され，14歳以上は責任があると推定されているに過ぎないのであって，かかる類比にも問題があると指摘している。なお，地位免責としていることについては Schopp も批判的である（Schopp, *supra* note 109, at 66-68）。

125)　**第1章第3節第2款第2項2**参照。

第3章　アメリカにおける議論状況

ていること[126]にも鑑みれば，より具体的行為に即しつつ一定の心理状態の異常に着目する議論の方が，更なる有益な示唆を提起するものであるともいえよう。そこで，次節では，精神障害と具体的行為との関連性に着目しつつ，「実践的推論」の観点から一定の精神状態の正常さについて論じる議論として Morse と Schopp の見解を見ることとしたい。

第3節　「実践的推論」に着目するアプローチ：
Morse，Schopp の見解

本節では，「実践的推論」の能力に着目し，かかる推論における一定の異常を主題化する見解として Morse と Schopp の見解を見ることとしたい。両者は「精神異常」免責の基準として「ラショナルな実践的推論の能力」や「実践的推論の通常の過程により行為計画を生成する能力」という類似の能力を挙げているほか，意思的要素は削除すべきであり「認知的要素（cognitive prong）」に収斂させるべきであるという主張を共通して行っており，共通点を多く有している。

もっとも，両者には重大な相違点も多く見られる。例えば上記のように基準としては類似の基準を提示しているものの，Schopp はサイコパスについて免責を認めないのに対して Morse は重度のサイコパスについて免責を認める主張を行っている。また，Morse は，意思的要素により捕捉されるべきと考えられる適用範囲について，認知的要素で捕捉可能である旨を主張しているが，Schopp は同範囲について免責を認めるべきと考えているか定かではなく，「認知的要素」と一言にいってもその内実は必ずしも等しくないように思われる。さらに，議論の傾きとして，Schopp は精神病の病理に着目した具体的適用範囲の明確化に比較的大きな関心を有しているのに対して，Morse は近時，（M. S. Moore の議論の前提でもあった）日常心理学的観点が議論の前提となっていることについて，かかる観点の正当性に大きな関心を有しており，我が国の議論状況に対する示唆という観点からも異なる示唆が獲得され得るように思われる。そこで以下では，両者の見解を分けて，Morse，Schopp の順に見解を取

---

126)　第1章第3節第3款参照。

286

り上げ，検討を行うこととしたい。

第1款　日常心理学的観点の独自性：現在の Morse の見解

Morse は，古くからラショナリティの観点から「精神異常」免責を捉えるべきであることを主張している[127]一方，その議論の重点の置き方は変遷を遂げてきたように思われる。例えば Morse は，かつては，処罰に値しない（deserve）ほどに極端に狂っている（extremely crazy）人間を免責するという観点の下，直観として免責すべきラショナリティの観点を列挙するという方向性を有していたが[128]，その後は，自ら「議論の性質が変わった」と述べ，法の行為指針としての役割からラショナリティの観点が重要になるとの立場を示している[129][130]。そして近時は，とりわけ神経科学からの刑事責任論に対する批判に対して，かかる批判が妥当ではなく，刑事責任論は依然として「日常心理学」の観点に依拠するべきであることを強調して指摘し，法の行為指針としての役割から導かれるラショナリティの観点が「精神異常」免責にとって重要であると主張している。本項では，このような現在の Morse の見解について見ることとしたい。

第1項　現在の Morse の見解

1　刑事責任論を基礎づける日常心理学的観点の独自性

Morse は，法（とりわけ刑事責任論）は，人とその振舞いに関する「日常心理学的（folk-psychological）」観点を前提としていると主張し，その独自性について強調している。

Morse によれば，日常心理学とは，人の振舞いを欲求・信念・意図・意思・

---

127) 管見の限りで最も古いものとして，Stephen Morse, *Save the Insanity Defense*, 10 Litig. 3 (1983)。

128) E. g., Stephen Morse, *Excusing the Crazy: The Insanity Defense Reconsidered*, 58 S. Cal. L. Rev. 777 (1985).

129) Stephen Morse, *Crazy Reasons*, 10 J. Contemp. Legal Issues 189 (1999).

130) なお，竹川が既に指摘している（竹川・前掲注 11）118 頁注 156）ように，Morse は，1994 年の論文において制御不能な場合を独立の免責の要件とすることを否定する立場を明確にしており（Stephen Morse, *Culpability and Control*, 142 U. Pa. L. Rev. 1587 (1994)），かかる議論の変遷も重要である。

287

計画などの精神状態（mental state）により部分的に因果的に説明する議論であり，人間の行為の完全な説明にとって精神状態が根本的な変数であると考える議論である。Morse の例を借りるならば，なぜこの論文を読んでいるかについての日常心理学的説明は，大雑把に言えば，責任能力について理解したいという欲求を持ち，この論文を読むことがその欲求の充足を手助けするだろうと信じ，それゆえこれを読むという意図を形成したという説明になる。このような日常心理学的説明は，全ての精神状態が意識されているとか，如何なる行為においても意識的決定過程を辿っているとか主張するものではなく，人間の行為は少なくとも精神状態の説明によりラショナライズできる（合理的に説明できる，rationalizable）ものであること，或いは人間の行為が適切な条件の下では理由への反応性を示すであろうことを前提としているに過ぎないのであって，軽率な行為や習慣的行為，また意識的でない意図もあり得ると Morse はいう[131]。

　このような日常心理学的説明が法の前提であることを示すにあたって，Morse は刑事責任の要件が日常心理学的説明に依拠していることを示している。すなわち，刑法の責任の要件として，まずは行為性（自発的行為性）とメンズ・レアが必要になるが，前者においては適度に統合された意識の下で禁止された行為を行う必要があり，後者においては禁止された害悪との関係でさらなる精神状態を有していることが求められているが，いずれも日常心理学的説明である。また，積極的抗弁であるところの正当化や免責も当該主体の行為の理由を考慮しており，これも完全に日常心理学的概念である[132]。例えば，精神異常抗弁において伝統的に，精神障害が被告人の正邪を知る能力の欠如に至れば認められる（マクノートンテスト）と考えられているが，正邪を知っているかどうかというのも精神状態に関する問題である[133]。

　このように現状の刑事責任論が日常心理学的説明に依拠していることに加えて，Morse は，「法の心理学は日常心理学的理論でなければならない（must）」ともいう。それは，法は本来的に行為指針を与えるもの（action-guiding）であるという点に求められている[134]。すなわち，Morse によれば，意図的な人間

---

131)　Stephen Morse, *Law, Responsibility, and the Sciences of the Brain/Mind, in* The Oxford Handbook of Law, Regulation and Technology 153, 157-159 (Roger Brownsword et al. 2017).

132)　*Id.* at 159-160.

133)　Stephen Morse, *Neuroscience in Forensic Contexts: Ethical Concerns, in* Ethics Challenges in Forensic Psychiatry and Psychology Practice 132 (Ezra Griffith 2017).

134)　Morse, *supra* note 131, at 158.

第3節　「実践的推論」に着目するアプローチ：Morse, Schopp の見解

の行為は，他の現象とは異なり，物理的原因によって説明されるのみならず行
為理由によっても説明されるところ，社会科学は，単なる空間における身体の
動作ではなく人間の行為を対象とするものである。そして，法は，人間の相互
交流に指針を示し統治する規律の体系として，法は市民に，行っても良いこと
とそうでないこと，行わなければならないこととそうでないこと，いかなる結
果が行為から生じるか等について伝える。ここで，人間が，関連する事実や規
律を含め，行為にとっての適切な理由（good reason）を理解でき，意図的行為
を通じて法の要請に沿わせることができるのでなければ，法は人間の行為に影
響を与えるには無力となる[135]。このように，法が人々に指針を与えるために
は，自らがどのように振舞うべきかについての理由づけ（reasoning）に，前提
として規律を使う能力が必要であり，ここにおいて日常心理学的説明を認める
必要があるというのである[136]。

　Morse によれば，上記のような日常心理学的説明は自由意思の真偽を前提
とせず，決定論が真であっても成立するものである。決定論が正しくとも，行
為と行為できないものが区別できないということにはならないし，ラショナル
な行為とラショナルでない行為の区別，強制された行為と強制されていない行
為の区別が成り立たなくなるわけではない[137]。そして，神経科学の実験を理
由に法の前提とする主体性や責任が成立しなくなるとする近時の主張に対し
て[138]，神経科学は純粋に機械論的（mechanistic）であり，ニューロンやコネク
トームには理由も熱望もないのに対して，法や倫理は，こうした理由や熱望等
を特性として有する主体に向けられているのであり，神経科学の純粋な機械論
と法の日常心理学との間には翻訳（Translation）の問題が常に存在していると
して，生物学的証拠は刑法の日常心理学的基準に翻訳される必要があるという
のである[139][140]。

---

135)　Morse, *supra* note 129, at 192.
136)　Morse, *supra* note 131, at 158.
137)　*Id.* at 161-163; Stephen Morse, *Determinism and the Death of Folk Psychology: Two Challenges To Responsibility from Neuroscience*, 9 Minn. J. L. Sci. & Tech. 1 (2008).
138)　そもそも現在の科学は我々が主体ではないということを示すには至っていないとも批判している（E. g. Stephen Morse, *Lost in Translation? An Essay on Law and Neuroscience*, *in* Law and Neuroscience 529 (Michael Freeman 2010)）。また，精神状態が何の役割も果たさないならば，自分が契約を結んだのではないから拘束されないと主張できてしまうように，契約など刑法以外の分野についても批判が及ぶはずであるし，理由に依拠するはずの規範性それ自体が成り立たなくなってしまうともいう（Morse, *supra* note 131, at 167-169）。
139)　Morse, *supra* note 133, at 142-153. また，連邦最高裁は，少年に対する死刑の適用を禁止する判

289

2 「精神異常」免責について

このように Morse は，刑事責任論は，決定論や自由意思の問題とは独立した観点でもある日常心理学の観点に基づいているものであるし，また基づくべきであるものであることを主張しているところであるが，免責に分類される「精神異常」免責と「強制」による免責は，それぞれイラショナリティと「困難な選択（hard choice)」という観点から理解され[141]，いずれも日常心理学的観点から理解されるという。すなわち，いずれの免責についても，例えば精神障害によって決定されているとか，強制によって決定されているというように，因果性それ自体（per se）が免責するという考えがあるが，因果的な世界の中では全ての振舞いが惹起されているのだから，因果性自体が免責を基礎づけるというのであれば，全員が免責されることになってしまうと Morse は批判し，日常心理学的観点からの理解が適切であると主張するのである[142]。

このうち，「精神異常」免責について，Morse は，M. S. Moore と同様に不正の認知を問題とする立場には立たず[143]，（1）に見た原理との関係で以下のような説明を行っている[144]。すなわち，上記のように行為者については理由を基に行為し理由に反応することが想定されているところ[145]，行為にとって

決において，神経科学の観点をも付記しているが（Roper v. Simmons, 545 U. S. 551 (2005))，我々は常識的観察や精密な行動研究（behavioral study）において少年が成人よりもラショナルさが低いという観点をすでに知っていたのであり，神経科学の観点は付加的なものに過ぎないとしている（Stephen Morse, *Neuroscience, free will, and criminal responsibility, in* Free Will and the Brain: Neuroscientific, Philosophical, and Legal Perspectives 251, 269 (Walter Glannon 2015))。

140) なお，他にも同様の観点から日常心理学的観点の重要性を説く論文として例えば以下のものがある。Stephen Morse, *Neurohype and the Law: A Cautionary Tale, in* Casting Light on the Dark Side of Brain Imaging 31 (Amir Raz & Robert Thibault 2018); *id., Criminal Law and Common Sense: An Essay on the Perils and Promise of Neuroscience,* 99 Marq. L. Rev. 39 (2015); *id., Neuroscience and the Future of Personhood and Responsibility, in* Constitution 3. 0: Freedom and Technological Change 113 (Jeffery Rosen & Benjamin Wittes 2011); *id., The Non-Problem of Free Will in Forensic Psychiatry and Psychology,* 25 Behav. Sci. Law 203 (2007); *id., Criminal Responsibility and the Disappearing Person,* 28 Cardozo. L. Rev. 2545 (2007).

141) より正確には「無責的なイラショナリティ」と「無責的な困難な選択」である（Morse, *supra* note 129, at 193)。この点については本項 3 (2) も参照。

142) Morse はこれを「法と心理に関する根本的誤謬（fundamental psycholegal error)」と呼び批判している（E. g. Morse, *supra* note 137, at 18)。

143) Morse, *supra* note 124, at 242.

144) 強制については，「強制された主体を免責する理由は，決定論や因果性の問題ではない。真の道徳的及び法的正当化は，一部の脅迫に従わないよう要求することは，我々のような生物への要求としては過大だからという点にある」としている（Stephen Morse, *NeuroEthics: Neurolaw* (Feb. 2017), https://academic.oup.com/edited-volume/42642/chapter/358146848))。

第3節 「実践的推論」に着目するアプローチ：Morse, Schopp の見解

の適切な理由（good reason）を理解でき，意図的行為を通じて法の要請に沿わせることができるのでなければ，法は人間の行為に影響を与えるには無力となるのであり，法によって導かれる能力を有さないならば，すなわち，法を知り，自分がしようとすることを決定するにあたっての実践的推論における前提として法を使う能力を有さないならば，法は無駄であり，それどころか一貫しない[146]。それゆえ，法的に有責的な主体とは，特定の法的文脈において適切な理由を把握し適切な理由に導かれる一般的能力を有する者，「ラショナルな実践的推論の能力がある者」が有責的主体として措定されると Morse はいうのである[147]。

Morse は，以上のようにラショナリティという観点から「精神異常」免責が説明されるという一方で，「ラショナリティ」という言葉で意味を深めることや本質的なことは何も意図しておらず，単に，これがなければ一般的に道徳や人間の繁栄が難しくなるであろう人間の能力の集積を覆うために使われている一般常識的単語に過ぎないとしている[148]。ここでは，ラショナリティはいわばある種の正常さを示すものとしてラベリングされているに過ぎないことが看取されるところであるが，Morse の叙述を見ると，その内実についてなお一定の説明を付されていることも看取される。

すなわち，Morse によれば，道徳や法にとって「ラショナリティ」とは，「関連する法的文脈・道徳的文脈に適用される適切な理由を理解し，かかる理由により導かれる一般的能力」であり，この能力は，「ラショナルに，関連する事実を理解する能力」「ラショナルに，適用可能な道徳的又は法的規律又は期待を理解する能力」「ラショナルに，その事実又は規律の趣旨を評価する能力」により構成されるとする。こうした能力は，特に当該主体が明白に狂った知覚（幻覚）や信念（妄想）を有しているために，現実から重大に乖離している（grossly out of touch with reality）場合に阻害されるという。

そして，かかる能力について，Morse はとりわけ以下の2点の指摘を行う。第1に，「一般的能力（general capacity）」の有無が，単なる無知・錯誤・不

---

145) Stephen Morse, *Common Criminal Law Compatibilism*, in Neuroscience and Legal Responsibility 27, 30-32 (Nicole Vincent 2013).

146) Stephen Morse, *The Inevitable Mind in the Age of Neuroscience*, in Philosophical Foundations of Law and Neuroscience 29, 35 (Dennis Patterson & Michael Pardo 2016).

147) Morse, *supra* note 129, at 192, 210-211.

148) Morse, *supra* note 129, at 193.

291

注意の人間と障害者を区別するとする。一般的に一定の行為をする能力があれば，そのように行為する理由がある限り，かかる行為に参加しなかったことについて責任を負わせても公平であるからである。これに対しては，一般的に能力があってもある一定時点において行為しなかった場合は「能力が行使できなかった」ことになるのではないかという疑義がありうるが，Morse は，英語話者は黙っている状態でも英語を話す能力は保持しているとして反駁している。

第2に，上記のようにラショナリティを三つに分解したとしても，各々に「ラショナルに」という限定がついているため，なお内実は明らかではないところ，Morse は，責任の要求するラショナリティは，帰責の規範的で社会的に構築された実践の一部である以上，アプリオリで争いのない答えは存在しないとした上で，以下の指針は提供できるとする。まず，最低限，事実を正確に知覚し，適切にそして最低限一貫した選好順序に基づき行う事実の衡量を含む，手段的な推論を行うという能力が必要となり，さらに，行為を導くべき適切な理由を認識しそれに反応する一般的能力も含まれる。そして，3 (1) で詳述するように，ここでは，共感する能力や，罪の意識等の反省的な反応的感情を持つ能力も要求されると Morse は言うのである。

もっとも，前述のように「ラショナリティ」という言葉に本質的意義を見出さない Morse は，上記のように問題となりうる能力を羅列した上で，更なる精緻化を明示的に拒絶している。すなわち，イラショナリティが主たる免責要件であると考えている以上，イラショナリティ概念が非常に重要な役割を果たすはずであるため，より精密で争いのないイラショナリティの定義を求める読者もいるかもしれないが，そのような求めは不合理であると。なぜならば，ここで使っている定義は，我々の通常の，日常の，実践的推論の理解に依拠しているのであり，その中心的役割は道徳性を含む人間の相互交流に依拠しているからであると言うのである[149]。

3 具体例の検討

以上のように定立されたラショナリティテストを基に，Morse は，とりわけ「サイコパス」と，制御テストで捕捉されるとされる事例群とを検討している。

---

149) *Id.* at 194-198, 210-212.

第3節 「実践的推論」に着目するアプローチ：Morse, Schopp の見解

(1) 「反社会性人格障害」と区別された「サイコパシー」

Morse は，反社会性人格障害（Antisocial Personality Disorder）を有する者と区別された「サイコパス」について免責の余地を認めている[150]。

まず Morse は検討の前提として，「サイコパシー（Psychopathy）」は，「反社会性人格障害」とは区別されなければならないとする。すなわち，反社会性人格障害は，反復する反社会的態度の存在を主たる診断基準とするものであり，囚人の 40〜60％ ほどに認められるとされるが，これが精神障害として考えられるべきかには争いがあるとした上で，彼らは，責任に関する現在の基準又は規範的に擁護可能な基準に照らして，「精神異常」免責基準を満たし得ず，有責的であるとする。これに対して，こうした反社会性人格障害とは区別された，順調な協調的な生活にとって中心的と見られうるような心理学的性質を欠いているようなサイコパシーについて，Morse は議論の対象とする。

現在サイコパスが有責的であるとされる理由としては，意図的に犯罪を行っているということ，事実を知り一般的に現実と乖離しておらず，規律や違反した場合の帰結を理解していること，主観的に圧倒的に感じるような意欲や衝動の反応ではないこと等が挙げられているが，Morse はサイコパスにも免責の余地があるとする。免責の余地を認める方法としては，自分の行為を評価し導く評価的基準がサイコパスには欠如しており，打算的にすら推論できないため免責するという考えと，道徳的関心や共感能力が欠如しているために免責するという考えがあるが，Morse はサイコパスの中心的特徴は道徳的無能力であるとして後者に着目する[151]。

Morse によれば，サイコパスは道徳的共同体の構成員ではなく，道徳的関与が可能な人間ではないのであり，道徳的関心に対する色盲とも言え，そのような彼らを非難し処罰することは，手段的には是認されるかもしれないが，道徳的には意味のないことである[152]。すなわち，サイコパスは単に打算的で自

---

150) Stephen Morse, *Psychopathy and Criminal Responsibility*, 1 NEUROETHICS 205 (2008).

151) 以上につき Morse, *supra* note 150, at 205-209. もっとも，前者の，打算的推論の能力すら欠如しているということが将来的なリサーチとして立証されれば，そうした重度のサイコパスも免責されるだろうとも付言している（Stephen Morse, *Psychopathy and the law: the United States experience, in* Responsibility and Psychopathy 41, 52-53 (Luca Malatesti & John McMillan 2010)）。前者のような能力の欠如について指摘しているのは Paul Litton である（Paul Litton, *Responsibility Status of the Psychopath: On Moral Reasoning and Rational Self-Governance*, 39 RUTGERS L. J. 349 (2008)）。

152) Morse, *supra* note 150, at 209.

己中心的理由によってしか導かれず，他者が自分のことをどのように道徳的に判断し何を道徳的に期待するかについての考慮によっては動かないのであって，自分のしていることの不正の理解や被害者の窮状への共感的理解といった，法遵守のための最も強い理由を欠いている[153]。それゆえ，道徳的能力が残っている軽度のサイコパスであればなお道徳的共同体の一部として責任を有するが，重度のサイコパスは免責されるべきだとするのである。

なお，過激な人種差別者や政治的狂信者のように，外的な文化変容によって特定の道徳的関心を失った人間については，被差別グループ以外に対しては共感や良心の一般的能力がある以上，他の人々が被差別グループの構成員は共感や関心に値すると信じていることの理解を通じて，被差別者を害する禁止の道徳的意味を理解することができるのだから，責任を負うべきだとした上で，かかる議論が説得的でないならばこうした者も免責されるべきことになると付言している[154]。

(2) 「制御テスト」について

Morse は，抵抗不能の衝動テストや ALI テストにおける意思的要素のような「制御テスト（control test）」に対して反対の立場を示しているが，それはひとえに明確な基準が存在しないという理由である。すなわち，概念的機能的基盤があれば独立した制御テストを認めることには反対しないが，説得的な概念的説明に未だ出会ったことがなく，現状においては「できない」と「しようとしない」とを区別することは不可能であるとして，これを拒絶する。

しかし Morse は，制御テストが魅力的又は必要に思われるほとんど全ての事例は，認知の問題・ラショナリティテストによってよりよく説明されるとする。現実との乖離がある人間は，理由によって導かれ得ないという意味で自身の制御に問題があるかもしれないが，イラショナリティが問題であるとする。また，性的障害や物質障害のある人間は，激しい熱望を有し自分にとって破滅的な行為を繰り返し行うため，自分を制御できないと言うことが自然であるようにも思われるが，この場合，欲望の強力さが我々のほとんどが欲望を制御するために用いる全ての対抗理由を掻き消しているのであり，自分の欲望に屈し

---

153) Stephen Morse, *Legal Insanity in the Age of Neuroscience, in* LEGAL INSANITY AND THE BRAIN 239, 262-265 (Sofia Moratti & Dennis Patterson 2016).

154) 以上につき Morse, *supra* note 150, at 209-210。

第3節 「実践的推論」に着目するアプローチ：Morse, Schopp の見解

ない適切な理由によって導かれ得ないとするのである[155]。

このように Morse は，制御テストが問題となる事例のほとんどはラショナリティテストに収斂すると述べるのであるが，しかしかかる場合について，最終的には必ずしも免責を認めない。なぜならば，「興奮が潜在的であったり低かったりする間に，完全なラショナルな能力を有しており，将来的に欲望に屈するであろうということを認識している」のであり，「それゆえ，治療を開始する等，確実に犯罪をしないようにするために必要な如何なる措置をもとる義務がある」からである[156]。Morse は，このような事前有責性を幅広く認めるため，例えば，精神病罹患者が治療をやめた理由如何によっては，現実からの乖離があっても責任が認められうるとしている[157]。

第2項 検 討

以上長きにわたって Morse の見解を見てきた。Morse は，刑事責任論の基礎には日常心理学的理解が存在することを前提に，視点を行為者の精神状態へと向けたうえで，人間の相互交流に依拠する（ある種の）正常性としてラショナリティという概念を措定し，ラショナルな実践的推論の能力がある者が有責的な主体であるとして基準を定立することで，一定の病名を含む具体的な検討を行っていた。かかる Morse の見解は，日常心理学的観点が重要であることを前提に，法は理由を用いて人々に行為指針を与えるものであるとの法の役割を原理に据えることで，かかる観点を正当化しつつ，適切な理由を把握し適切な理由に導かれる一般的能力という基準を導き，その具体的適用範囲として，例えば現実からの重大な乖離のある幻覚妄想の事例を挙げているものであると整理できる。そして，かかる議論を前提に，道徳的理由が法遵守のために最も強い理由であることを根拠に，重度のサイコパスに免責を認めるほか，制御テストが不明瞭であることを理由に，その廃止を主張していることも看取されよう。

以上の Morse の見解においてまず注目されるのは，刑事責任論の基礎にある理解が日常心理学的な人間の行為の理解であって，これは自由意思や非決定

---

155) 以上につき Stephen Morse, *Mental Disorder and Criminal Justice, in* REFORMING CRIMINAL JUSTICE 252, 292-293 (Erik Luna 2017); Morse, *supra* note 131 at 170-171。

156) *Id.* at 293; Morse, *supra* note 146, at 44.

157) Morse, *supra* note 146, at 40 Fn. 31.

第 3 章　アメリカにおける議論状況

論・決定論を巡る問題とは独立したものであるという主張であろう。Morse
の挙げる例を見ても，行為性の判断において行為と意思とが対応しているかど
うか，また犯罪成立要件における主観的要件の判断において行為者が意図や認
識を有していたかどうかを判断するにあたっては，必ずしも非決定論・決定論
に依拠した説明を行っているわけではないのであって，かかる主張には傾聴に
値するものがあるように思われる。

　こうして精神状態を判断の対象に据えた Morse は，その正常性ともいえる
ラショナリティの概念について，そもそも精緻化することを否定しつつも，事
実の知覚や衡量・推論，そして理由の認識・反応といった一定の精神状態に関
する能力が問題となっていることを指摘し，かかる観点から，サイコパスや一
定の衝動の障害についても具体的検討を及ぼしていた。ここからは，日常心理
学的観点からの精神状態の分析が「精神異常」免責に関する一定の具体的検討
をも可能にするものであることが看取されよう。

　もっとも，ラショナリティ概念に着目するにあたって，Morse が意思的要
素（制御テスト）自体に反対していることについては疑問の余地がある。この
点について，例えば M. S. Moore は日常心理学的観点からの分析と意思的要素
に基づく免責の可能性とは両立するものであると批判しているところであ
る[158]が，そもそも Morse の制御テストに対する態度と自らのテストに対する
態度とが一貫しているかについても疑義があるように思われる。すなわち，
Morse は，制御テストの基準が不明確で科学的でないと批判しながら，なお
制御テストの問題となる領域は自己のテストでほとんどカバーできるとするが，
両者は両立するのであろうか。例えば Slobogin は，Morse は制御テストに対
して衝動の強さは計測できないと批判しているが，Morse が自らのテストで
着目する情報の獲得や処理の困難さというのは，結局のところ行動の制御の難
しさということではないかと指摘している[159]。Morse は制御テストへの批判
として，現状においては「できない」と「しようとしない」とを区別すること
は不可能であると指摘しているが，そうであれば能力一般について判断するこ
とが不可能であるはずであり[160]，Morse のいう「適切な理由を理解しかかる

―――――――――――

158)　とりわけ強制による免責を念頭に，決定論と責任との両立論が意思的要素に基づく免責をすべ
　　　て否定しがちであることを捉え，これが行き過ぎた批判（overshoot）であるとしている（Morse
　　　の「困難な選択」による免責という議論についても現在は反対している）。Moore, *supra* note 116,
　　　at 311-377.
159)　Slobogin, *supra* note 90, at 46-47.

296

理由に導かれる能力」の有無，特に，理由に導かれ得なかったのか，理由に導かれ得たが従わなかったのかの違いにおいて，制御テストに対する Morse の批判がそのまま自身の見解にも妥当するようにも思われるのである。

　さらに，そもそも Morse のいう「理由に導かれる能力」は，果たして認知的要素と呼ぶべきものかについても批判が存在している。例えば Corrado は「理由により導かれる能力とは制御（control）に関する考えである。行為は，行為を導く推論に欠陥があるか，或いは行為者の推論に合致していないか，いずれかの理由によりイラショナルなものとなり得る。合致する能力が欠けるために合致していない場合には，理由に欠陥があったのではなく制御に欠陥があったのである」と[161]。また，Morse の基準が如何なる原理に根差していたかを辿ると，「意図的行為を通じて法の要請に沿わせることができるのでなければ，法は人間の行為に影響を与えるには無力となる」との原理に辿り着く[162]が，この「法の要請に沿わせることができる」かという基準は，まさに意思的要素を含む ALI テストが定立していた基準であった。

　このようにみると，日常心理学的観点から「精神異常」免責を把握することが仮に適切であったとしても，Morse の定立するような原理・基準・適用にはなお疑問の余地があるように思われるのである。そこで次に，同じく「実践的推論」の観点に着目する見解として Schopp の見解を見ることとしたい。

第 2 款　病理の類型に着目した分析：Schopp の見解

第 1 項　Schopp の見解

1　問題の提示

　その代表的な著作[163]において，Schopp は，通常刑事責任は，自発的行為で

---

160)　Morse は一般的能力により能力が判断できると述べているが，そうであれば制御テストについても一般的能力により判断することが可能であるはずである。もっとも，一般的能力により意思的要素を判断することは，前章において R. Merkel に対する批判で見たように，常習的確信犯との関係で問題を抱えることになるように思われる（前章**第 3 節第 2 款**）。

161)　Michael Corrado, *Morse on Control Tests, in* CRIMINAL LAW CONVERSATION, *supra* note 107, at 461, 462.

162)　本項 *1*。

163)　Schopp, *supra* note 109.

297

第3章　アメリカにおける議論状況

あることを含む客観的要素，有責性，「精神異常」免責等の抗弁の不存在によって成立するとされるが，これらは被告人の心理学的状態及び過程（psychological states and processes）を直接的に問題にするものであるとしたうえで，各々で求められる心理過程等の性質や各々の関係等が明らかではない，という問題意識から議論を始めている[164]。

このうち「精神異常」免責については，伝統的基準では適切な免責範囲を画し得ない旨を批判している。例えば，精神病罹患者の X がその精神病のために，太陽と月により表される宇宙からの機械的な力によって宇宙は支配され指示されていると信じ，そしてテレビの天気予報を，伝統的なキリスト教の神への崇拝は見当違いのものであるという自分に向けられたメッセージだと理解し，それゆえその誤った崇拝であるキリスト教を正すために教会を全焼させたという事例を考えてみても，犯行の物理的性質も違法性も，また社会的基準に従った場合に不正であるということも理解しているように，「不正の認知」を問題にしても適用範囲が不当に狭くなることを指摘している。かかる批判を避けようと，不正だと「本当には」知らなかったのだとしても，自分のしていることに罪の意識を抱きながら犯罪をする人間全員について「本当に」悪いとはわからなかったとは考えないだろうというのである[165]。また，意思的要素を基準とする見解に対しては，これを，決断を通じて動作を方向付けることが物理的に不可能な場合に免責するものだと理解すると，行為の自発性の観点に収斂してしまい過少包摂になるし，特定の状況において被告人に期待することが合理的でない場合に免責すると理解すると，如何なる特徴や状況が期待を不合理にするか何の説明も与えないと批判するのである[166]。

このように Schopp は，不正の認知を問題にする見解も，これに意思的要素を付加しようとする見解も批判し，「精神異常」免責が強制等の他の抗弁とは異なる，無類の（sui generis）抗弁であるとの方向性を志向し，前款にみた M. S. Moore や Morse が（当時）基準として提示していた「ラショナル」かどうか，「狂っている」かどうかという基準に着目する。そして，単に「ラショナル」かどうか等を問うだけでなく，それを定式化することこそが，刑法の枠組みを与える広範な体系の基礎をなす個人的責任の概念を明確にすると主張し，

---

164)　*Id.* at 1-26.
165)　*Id.* at 42-51.
166)　*Id.* at 165-174.

298

極めて狂った被告人は免責すべきという直観的観念を我々が共有しているなら
ば，高度に病的な被告人が罹患している病気の類型を考察することで免責の基
礎を理解することを試みるべきかもしれないとして，病理の類型に基づく検討
へと議論を進めるのである[167]。

2 病理の類型の考察に基づく検討

(1) 認知プロセスへの着目

Schopp は，精神病に基づく妄想に基づく犯罪を取り上げた上で，1 に見た
ように「精神異常」免責の伝統的な基準がこれに不当にも適用されないのは，
彼らが実際に経験している病理の種類に伝統的な基準が対応していないからだ
とする。すなわち，通常のテストは信念の内容に対応しているが，彼らの病理
の中核は認知プロセスの障害にあるとするのである。Schopp によれば，障害
のある認知プロセスには以下の 3 類型が存在する。外界の知覚やそこにおける
自分の位置付けを歪める幻覚の体験。同じ状況に対して露骨に矛盾した信念を
同時に有しており，それらを調和させようとしないこと。そして，しばしば基
礎づけがわずかしかないにもかかわらず，出来事の重大性についての不当な帰
結を導き，その不当な帰結が行動計画を導き出していることである。

Schopp は，妄想の病的な重大性は，通常の思考過程からの逸脱により基礎
付けられるとする。妄想は，ほぼ常に虚偽の信念を含むが，重大に病的である
理由は，単に虚偽だからではなく，歪んだ認知プロセスにより作られているか
らである，というのである。

(2) 実践的推論との関係

本款で紹介している Schopp の主著は，客観的要素・有責性・抗弁の不存在
で求められる心理過程の性質や各々の関係等を明らかにするという前述した問
題意識に対して，実践的推論（practical reasoning）の構造を明らかにすること
で応答を試みるものであるのだが，Schopp は，上記の病理の類型ごとの考察
もかかる実践的推論との関係で展開している。

すなわち，Schopp によれば，実践的推論とは，願望や，その願望を充足す
る方法として役立つであろう行為についての信念から，その行為を実行する願

---

167) *Id.* at 174-176.

第3章　アメリカにおける議論状況

望や決断の形式をとる結論へと推論する過程であるが，これには少なくとも3類型の認知的適格性が必要となる。すなわち，まず，行為者は関連する願望や状況について正確な信念を形成することができなければならない。次に，行為者は，推論過程中に現存する願望や信念が，関連する願望や信念の認識を導き出すような実効的な連想過程に関与していなければならない。さらに，様々な願望・行為・帰結の間のありうる関係性について正当な結論を導くことを可能にする正確な推論過程を必要とする。つまり，実践的推論者として行為者が行為をするのは，ありうる行為計画について，その願望や信念の包括的ネットワークに照らして熟慮し，その願望の充足を最大化することを意図した行為計画を選択し，通常の因果過程に従ってその願望や信念により行為が惹起されるような形で行為計画に従って行為する場合である。

　行為の自発性が認められ，犯罪の成立要件の充足が認められる場合，その者は最低限のレベルでの実践的推論者ではあるが，幼児や重度の精神遅滞が刑事責任の対象とは考えられてこなかったように，刑事責任を負うには一定の適格性が必要であり，例えば統合失調症の認知的機能不全は，実践的推論の通常の過程により行為計画を生成する能力を欠くために帰責を排除するのであるとするのである。

　このように，思考内容ではなく通常の思考過程からの逸脱という認知プロセスの歪みに着目し，通常の熟慮プロセスを通じて行為計画を選択することが妨害されているために免責されるという議論を展開するSchopp[168]は，かかる議論を際立たせる例として気分障害を取り上げている。すなわち，大うつ病性障害に罹患しているZが，悪魔が神に一時的に打ち勝ち，今後100年は全ての善良な人間にとって重大な苦悩の時代になると信じ，自分が体感し始めている不幸を子供も味わうことは耐え難く感じ，慎重な長期の熟慮の下で，子供を殺害した場合，行為計画を選択するための熟慮による過程を歪める認知的機能障害があるため免責をする。しかし，精神病でない重いうつ病のために抑うつ気分にいる看護師Gが，機械のモニターをせずに放置していたために患者が死亡した場合には免責しない。両者の違いは，Gは，確かにうつ病でない看護師と比べて義務履行が非常に困難であったかもしれないが，通常の実践的推論者が行うのと質的には同じ過程で行為計画を選択している点にあり，質的に歪め

168)　*Id.* at 176-203.

第3節 「実践的推論」に着目するアプローチ：Morse, Schopp の見解

られた熟慮過程により行為計画を選択する Z とは異なる，と Schopp は言うのである[169]。

3 原理の模索

以上の議論について，Schopp は，以上の議論が道徳的及び法的責任のための必要条件に関する一般的な直観と一致しているということを示すことで，原理的基礎づけを試みる。

まず Schopp は，判例等では「精神異常」の場合には自由意思が欠如する等の議論が展開されることがあるが，この概念の性質や重要性は十分に明確ではないと指摘する。そして，基準を理解又は設定し，自己の行為を基準及び評価に照らして分析し方向付け，そして自分自身の成果について積極的又は消極的評価を行うという自己規制能力（self-regulatory capacity）という概念を導入する。Schopp は，かかる自己規制能力に損傷がなく，適用可能な規範，状況，そして予期される帰結に照らして自らに振舞いを指示することができる場合に，人間の意思は自由であるとする。かかる能力を有する人間は，こうした認知により媒介された過程により自らの振舞いを指揮する機会を有するために，ラショナルな選択の実行を通じて生活を指揮する最大限の機会を維持する。以上の意味において，仮に決定論が正しくとも，かかる認知的な自己制御の能力を有する人間は，決定のされ方が大きく異なるとするのである。

それゆえ，例えば上述の精神病等による実践的推論の阻害においては，かかる意味における自由意思による行為が阻害されているのであって，通常の道徳的直観として自由意思が道徳的責任のために必要な条件であることからすれば，かかる阻害は道徳的責任をも排除するとする。

他方で，中毒者や強迫行為，また性異常においても，通常の認知的能力の実行を阻害するような認知的損傷に由来する場合には不自由であるが，それらが単に一定方向への強い欲望を与えるだけの場合は自由であるという。これに対しては，異常な強さを持つ欲望，異常な源による欲望は自由意思の帰属を否定するという意見もありうるが，テニスの試合で負けた際に，自分でも理解できず覚えてもいないような欲望に基づき，勝った相手を殴った場合と何も道徳的に異ならない（それゆえ免責の理由にはならない）と批判を行っている[170]。

---

169) *Id.* at 203-210.
170) *Id.* at 218-251, 256-258.

301

第3章　アメリカにおける議論状況

4　更なる具体例：サイコパス・解離性人格障害について

　Schopp は，その後，2000 年の共著の論文[171]で，解離性人格障害（DID）には免責の余地は認めつつ，サイコパスの免責を否定する立場を示している。

　すなわち，犯行時にサイコパスである別の自己（alter）を呈していた DID 罹患者は，犯行時にサイコパスの側面を有していたから免責されるのではなく，意識が欠如していたことを理由に，すなわち，自らのアイデンティティの中心的側面を構成する原則等に照らして実践的推論を実施することを通じて自らを方向付ける過程において，重要な役割を通常果たすような自分自身の側面へのアクセスを欠いていたことを理由に，免責の余地が認められるにすぎないとする。

　その上で，サイコパスは，意識の損傷を有しておらず，適格な実践的推論者として，自身のアイデンティティの重要な構成要素を包含するすべての原理及び利益に照らして行為を方向付ける機会を有しているとして DID 罹患者と区別をし，免責を否定する。そして以下のようにサイコパスの免責を肯定する議論に反論を行う。すなわち，サイコパスには共感・罪の意識・後悔の念等の道徳的に相当な感情が欠如していることを免責の理由とする議論があるが，刑法による規制は自分自身では抑制するような利益や原理を有していない者に対して抑制するインセンティブを与えることも意図しているのであって，有責的な人間であるということは十分な道徳的な抑制がなかったことを意味することからすれば，かかる感情の欠如は免責を基礎付けない。犯行のみならず一般的にもかかる感情が欠如しているという反論がありうるが，他の状況の他の振舞いが帰結に影響をもたらす理由が明らかでない。道徳的感情の欠如ではなく道徳的動機づけの能力が重要なのだという議論があるが，道徳的感情が不要ならばその能力の欠缺もまた免責を導き得ない。最後に，道徳的感情の欠如により犯行をしない道徳的理由が欠如しているという議論があるが，自分自身の痛みや苦しみは理解しており，刑法が他者の苦しみや喪失に関する一定行為を禁止しているのも理解しており，それゆえ犯行を思いとどまる打算的理由が提供されていることは理解している。

　以上のように Schopp は，適格な実践的推論者であるかどうかという基準か

---

171)　Robert Schopp & Andrew Smith, *Psychopathy, Criminal Responsibility, and Civil Commitment as a Sexual Predator*, 18 BEHAV. SCI. LAW 247 (2000).

302

ら，他の病理に対してもアプローチを試みているといえよう[172]。

第2項　検　討

　このように Schopp は，まず，基準を理解又は設定し，自己の行為を基準及び評価に照らして分析し方向付け，そして自分自身の成果について積極的又は消極的評価を行うという自己規制能力がある場合には，ラショナルな選択の実行を通じて生活を指揮する最大限の機会を維持するために責任が認められるとの原理から，実践的推論の通常の過程により行為計画を生成する能力の有無という基準を基礎づけ，かかる基準による適用範囲として，通常の思考過程からの逸脱が特徴的である精神病の妄想による犯行が免責の対象となる旨を示している。さらに，かかる実践的推論の適格性が判断の対象であることを前提に，法的禁止において道徳性を必ずしも重視しないことによって，サイコパスは免責の対象とならないことをも示しているものである。

　以上の Schopp の見解は，前款に見た日常心理学的観点とも類する行為者の心理過程の観点から「精神異常」免責に分析を加えることで，免責範囲に論理的構造を与えるのみならず，特に妄想が問題となる精神病の病理の特徴を考察し，それを実践的推論に結びつけることで，より具体的に基準論と適用論との連関を可能にするものと言えるだろう。Schopp 自身は「ラショナルかどうか」を基準として強く打ち出している訳ではないが，アメリカにおいてもラショナリティテストをとる見解の一つとして取り上げられており[173]，ラショナリティテストの適用論に関する問題点を踏まえた上でそれを自覚的に精緻化している見解であると評価することができよう。そして，その具体化・精緻化の内容を見ると，上記のような心理過程の分析がとりわけ精神病の病理の特徴とも符合することが看取されるところであり，日常心理学的観点・心理過程の観点が精神病に関する免責範囲の説明にとって有用であることが看取されるように思われる。

　また，Schopp が近時の著作において，サイコパスについて道徳的感情の欠如や道徳的理由への関与は刑事責任にとって必要ではない旨を主張し，その「精神異常」免責の適用を否定している点も注目される。前款に見たように，Morse は Schopp と同様に「認知的（cognitive）」観点からのみ「精神異常」免

---

172)　*Id.* at 263-273.
173)　Garvey, *supra* note 7, Fn. 47.

第3章　アメリカにおける議論状況

責を捉えるべきであることを主張しつつも，道徳的理由が法遵守のための最も強い理由であるとして，重度のサイコパスについては免責の余地を認めていたのであった。このような Morse と Schopp の見解の相違からは，仮に認知的観点に限定をしたとしても，法と道徳の関係，或いは法が重視する理由の内実によって，重度のサイコパスが免責されるか否か分かれ得ることが看取されよう。

　さらに，Schopp は認知的観点への限定により「異常な強さを持つ欲望，異常な源による欲望」による場合について「精神異常」免責の対象から除外しているが，前款に見たように Morse は，欲望の強力さが我々のほとんどが欲望を制御するために用いる全ての対抗理由を掻き消しているのであり，自分の欲望に屈しない適切な理由によって導かれ得ないとして，これを認知的観点において考慮して免責する可能性を認めていたのであった。この点，Morse の見解に対して，「理由によって導かれる能力」は認知的観点にとどまらない能力なのではないかとの批判が存在していたことからすると，認知的観点への限定について Schopp の見解はより一貫しているとの評価もあり得よう。

　しかし，Schopp の認知的観点に限定した議論についてもなお疑問の余地が残るように思われる。例えば Schopp の基準を見ると，「通常の因果過程に従ってその願望や信念により行為が惹起されるような形で〔選択した〕行為計画に従って行為する」能力が問題とされているのであって，何が正しいかを認知する過程以上に意思決定過程全体が問題とされているように思われ，必ずしも（何かを知る・理解するという意味での）認知の過程に限定した議論の展開ではないのではないだろうか。また，Schopp の見解の原理においては，推論過程の歪みが自己規制の能力・機会へと結びつけられ正当化されているが，そうすると結局のところ自己規制の能力・機会が重要なのであり，推論過程の歪みはその一証拠に過ぎないように思われる。例えば Schopp は，一定方向への異常な強さの欲望を有するような障害について，日常生活であるような強さの欲望と「何も道徳的に異ならない」として考察から排斥しているが，自己規制の能力が重要であり，且つ日常生活における情動と「何も道徳的に異ならない」ならば，日常生活における情動もやはり免責すべきということになるのではないだろうか。そうではなく，なお推論過程の歪みこそが重要なのだとするならば，ではなぜその歪みが責任を問うに当たって意義を有するのかという問題がやはり生じるように思われる。

304

また，Slobogin は Schopp の見解に対して，妄想に基づく殺人について，その者を殺さないという思考に関与「できなかった」のか，関与「しなかった」のかという問題が生じるはずであるとの批判も加えている。例えば精神病に基づく幻聴により父親が自分の妻と不倫していると信じた者が父親をめった刺しにして殺害した場合，同様の状況にいたが殺害しなかった精神病者が，現に父親と自分の妻が不倫していることを知って父親を殺害した非精神病者と比べて，上記能力が減少していたのかどうかはっきりしないように，正しいことをするのがどれほど困難かを測定する方法がないのと同様に，何が正しいかを認知するのがどれほど困難かを判断することもできない，と批判するのである[174]。

このようにみると，妄想が問題となる精神病の病理に着目した上で実践的推論を手がかりに免責範囲に論理的構造を与えるという Schopp の見解は，日常心理学的観点・心理過程の観点が精神病に関する免責範囲の説明にとって有用であることを示すものである一方，基準の具体化，さらには原理の説明においてなお問題を有しているように思われる。そこで最後に，より体系的見地から，理由の観点に着目しラショナリティテストを展開する見解として，Duff の見解を見ることとしたい。

第4節　体系的観点からのアプローチ：Duff の見解を　　　　中心に

これまでの検討から，「精神異常」免責を論じるにあたっては，行為者の精神状態・理由に着目し，その正常さについて分析することが一定の比較的妥当な結論を導き得るアプローチとして有力である一方で，その原理や適用範囲においてなお不明瞭な点が存在することが明らかとなった。本款では，「精神異常」免責を論じるにあたって，行為の理由への着目がなぜ重要になるのか（原理）について議論を及ぼす見解として，Duff の見解を見たうえで，これと対比

---

174)　Slobogin, *supra* note 90, at 46-51. かかる批判の背景には，「能力」という言葉は玉虫色（protean）であり用いるべきではないとの批判が存在する（Slobogin, *supra* note 95, at 533）。もっとも，かような Slobogin の疑義に対しては，Slobogin 自身も能力を用いた議論を他の抗弁等で行っている（例えば強制の抗弁について，合理的断固さを持つ者が抵抗できない（unable）ような強制かどうかを問題とする模範刑法典の規律を支持している〔前掲注 108〕）のであり，一貫していないとの批判が存在している（Morse & Hoffman, *supra* note 94, at 1125）。

する意味を込めて，類似する理解に立ちつつこれを批判する Pillsbury の見解
について見ることとしたい。

第1款　刑事責任と理由の関係について：Duff の見解

Duff は，我が国でも紹介があるように，対話的観点を用いた特徴的な刑罰
論を採用していることで有名である[175]が，Duff はかかる観点を犯罪論の議論
に も 及 ぼ し つ つ，近 時 の 英 米 哲 学 で も 有 名 な 理 由 反 応 性（reason-
responsiveness）ないし理由反応能力[176]を自らの見解に取り込むことで，「精神
異常」免責に関する議論の定立を図っている。

第1項　Duff の見解

1 刑罰論における対話的観点の強調

Duff は，特徴的な応報主義を採用していることで有名である[177]。すなわち，
Duff は，自由主義国家における刑法・刑事公判手続・有罪判決は「共同体の
価値に基づく規範的言語により，ラショナルな道徳的主体として市民に呼びか
けるコミュニカティブな企てである」とし，刑罰とは「犯罪者に対しその犯罪
について彼らが値する非難を伝達し（communicate）（それゆえ彼らに犯罪につい
て悔悛させ），自身を改善させ，そして不正をもたらした相手と和解させるコミ
ュニカティブな企て」であるという，コミュニケーション理論を提示してい
る[178]。

Duff は，このコミュニケーション理論は，刑罰の表明機能（expressive func-
tion）に着目する見解とは異なるとする。なぜならば「表明」においては表明

---

175)　例えば，宿谷晃弘「英米における自由主義的刑罰論への批判の本意と『批判後』の刑罰論に関
する一考察——ダフ（Duff）の政治理論・刑罰論の検討」比較法学 39 巻 1 号 67 頁（2005），高
橋・前掲注 119) 208 頁以下。親和性を示すものとして樋口亮介「日本における執行猶予の選択基
準」論ジュリ 14 号 101 頁（2015）。

176)　Michael McKenna & Derk Pereboom, Free Will: A Contemporary Introduction 216-217 (2016).
そのうち最も影響力のある議論を提示したとされる Fischer and Ravizza の見解である「穏当な理
由反応性」に関する概観として，瀧川裕英『責任の意味と制度——負担から応答へ』109-111 頁
（勁草書房，2003）。

177)　Matt Matravers, *Is Twenty-first Century Punishment Post-desert?, in* RETRIBUTIVISM HAS
A PAST: HAS IT A FUTURE? 30, 34 (Michael Tonry 2011).

178)　Antony Duff, Punishment, Communication, and Community 106-112, 129-130 (2001).

306

第 4 節　体系的観点からのアプローチ：Duff の見解を中心に

者だけで十分であり，対象は受動的客体で足りるのに対して，コミュニケーションにおいては，それを受容し反応するような積極的参加者が必要であって，内容に関するラショナルな把握による媒介が必要である，と言うのである[179]。

　こうしたコミュニケーション理論には，非難を伝達するためには有罪判決でも足りるのではないかと言う批判が加えられているが，Duff は，言語だけでは簡単に無視され又は忘れられるために不適切であり，忘れにくいようにするために負担ある刑罰を科すという観点や，不正の道徳的修復の中心は謝罪であるが，言語による謝罪では不十分であり「言葉に止まらないこと」として負担ある刑罰の意味があるという観点を提示して，正当化を試みている[180]。

2　対話的観点からの犯罪論構造の分析

　Duff は以上のような対話的観点を，刑罰論のみならず犯罪論構造にも及ぼしている。

　Duff の犯罪論構造の理解の中核となるのは，責任（responsibility）と負担責任（liability）の区別である[181]。Duff によれば，犯罪（offense）が証明された場合には，その実行について刑法上の責任が生じることになり，それについて応答しなければならないが，これに対して抗弁（defense）により弁明の応答を行うことによって，刑法上の負担責任を免れることができ刑罰を免れることができると言うのである[182]。例えば，正当防衛による傷害が問題となった場合，傷害という行わない理由があることを行っており責任が認められるため，道徳的には関係者に対して応答する責任があるし，法的には刑事裁判所で応答する責任があるが，これに対して，その行為が正当化されるという弁明の応答を提供することで，負担責任を免れることができる。このように，行わない理由のあること（犯罪）については責任が存在し，行為者は応答しなければならず，これに対する弁明の応答を行うことができなければその責任は負担責任へと転化し，刑罰を科されることになるのである[183]。

---

179)　*Id.* at 79-80.
180)　*Id.* at 88-99; Antony Duff, *Responsibility, Restoration, and Retribution, in* RETRIBUTIVISM HAS A PAST: HAS IT A FUTURE?, *supra* note 177, at 77-80.
181)　ANTONY DUFF, ANSWERING FOR CRIME: RESPONSIBILITY AND LIABILITY IN THE CRIMINAL LAW 19-22 (2007).
182)　*Id.* at 206-207.
183)　*Id.* at 19-22.

307

第3章 アメリカにおける議論状況

3 免責（excuse）と免除（exemption）の区別

　Duff は，抗弁には 4 種類あるとする。それは，正当化（justification）・是認（warrant）・免責（excuse）・免除（exemption）である。犯罪の証明が行われた場合，そこでは「行為しない十分な理由がある行為をした」ことが証明されるが，正当化とは，例えば正当防衛のように「通常は決定的である理由を，法が十分だと認める他の理由が上回った」ことを理由に負担責任を免れさせるものであり，是認とは，いわゆる誤想防衛のように「正当化されると信じる十分な理由が存在した」ことを理由に負担責任を免れさせるものである[184]。

　さらに Duff は，通常「免責」と言われる抗弁から，「免除」（exemption）を独立の概念として取り出す。ここでの「免除」とは，責任からの免除であり，行為について応答することを期待されるべきではないという応答であって，そこで主として想定されているのが「精神異常」であるのだが，Duff は以下のように免責と免除の区別を行う。すなわち，強制の抗弁を主たる例とする免責の主張とは，不合理な行為をしたことを認めた上で，しかし，合理的人間，すなわち互いを，そして法に表現されている価値を尊重し気にかける人間も，そのような場合には不合理に行為しただろうという抗弁である。ここで免責の主張の前提となっている「自分が不合理な行為をした（すなわち不正ないし犯罪をした）」ということは，ラショナルな熟慮と行為の能力の実行をし損なったということであり，実践的理由の世界で動いていることを前提にしている。これに対して，重大な精神障害に罹患している者は，理由の世界では動いていない，すなわち彼を導くべき諸理由に対して十分な感受性が存在しないので，そもそも「不正を行った」とは言えない。強制の抗弁が合理的人間も不合理に行為したという主張であるのに対して，精神異常の抗弁は合理的とか不合理とかではなく，そもそも理由の世界では動いていないという主張であるというのである[185]。

　換言するならば，以下のようになる。「行為について応答する」とは，なぜ

184）　*Id.* at 267-270, 290.

185）　*Id.* at 284-290. なお「理由の世界（realm of reason）」や「実践的理由（practical reason）」という訳語については「理由」ではなく「理性」と訳すのが適切ではないかとの疑問もあり得るが，Duff の記述の中に "realm of reasons"（下線筆者）と記している箇所があること（*id.* at 286），また「精神異常」抗弁については「諸理由の射程（reach of reasons）の外に落ちる行為」である主張だと整理していること等から，理性というよりも理由に着目した記述であると言えるだろう。

308

その行為（すなわち，しない理由のある行為）をしたのかという点について，実践的理由の世界に行為を置くということである。例えば，正当化は，自分の理由が，自分のすることを正しくするほど十分であったという主張であり，免責は，自分の理由が少なくとも悪い理由ではないという主張である。ここでは，行為者に関係する指導的理由と行為者を動機づけた説明的理由とを参照することで，その行為が理解でき評価できるようなラショナルな主体として，一人称で語ることができている。以上に対して，精神異常の主張は，実践的理由の世界で動いていないという主張により，行為について応答する必要性から完全に免除するというものである。ここでは，自分を明瞭に動かした理由について行為を合理的に説明するのではなく，（過去の行為時点の自分は，）自分の精神障害による状況からすれば，その状況に関係する指導的理由の範囲にいなかったのだ，と三人称で語ることになるのである[186]。

　以上から，Duff は，「免責」の代表例たる強制の抗弁は「聖人君子以外の誰もが犯罪実行へと導かれるという主張」であるのに対して，「免除」の代表例たる精神異常の抗弁は「理由の世界では動いていないという主張」であると明確に区別を行い[187]，前者は責任が負担責任に転化することを妨害する主張であるのに対して，後者は負担責任のみならず責任自体を否定する主張であるとするのである[188]。もっとも，Duff は，精神障害は後者のみで考慮に値すると考えているのではなく，ラショナルな考えや行為を阻害しない（すなわち免除をもたらさない）精神障害は，前者の「合理的人間」の性質として考慮されうるとしている[189]。

4 「精神異常」の基準

（1）基準の定立

　以上の検討から，「精神異常（insanity）」により責任を負わなくなるのは，その者が責任を負いうる主体（有責的主体〔responsible agent〕）であることが否定される場合であることになる[190]。Duff は，有責的主体とは，特定の責任をと

---

186)　Antony Duff, *Psychopathy and answerability, in* RESPONSIBILITY AND PSYCHOPATHY 199, 200-204 (Luca Malatesti & John McMillan 2010).

187)　Duff, *supra* note 181, at 290.

188)　Antony Duff, *Incapacity and Insanity: Do We Need the Insanity Defence?, in* MENTAL CONDITION DEFENCES AND THE CRIMINAL JUSTICE SYSTEM 159, 173-175 (Ben Livings et al. 2015).

189)　Duff, *supra* note 181, at 291.

第3章　アメリカにおける議論状況

る能力があり，その責任を認識し履行することができ，その行為について適切に責任を取らされうる者であるが，その特徴を明らかにするには，帰責実践（responsibility-ascribing practices）の枠内への参加の前提としての能力を同定するのが最も便利であるとした上で，責任が依拠する能力は理由反応性ないし理由反応能力の問題として最もより理解されるとする。

　この能力は，自らの状況に関係する理由を認識しその理由に反応する能力のことであり，「理由に反応する」とは，行為や思考を導き得る考慮として理由を認識すること，文脈上の関係性や影響力を把握すること，熟慮の下での他の理由との関係で理由を衡量すること，熟慮によって自らに要請ないし許容されると示されるのに応じて行為し考えることを指すとする[191]。Duffは，こうしたラショナルな能力[192]について，理由の世界で動く能力として，その阻害の程度が重要になるというのである。

(2) 具 体 例

　以上のような能力について，Duffは，大別すると以下の二つの場合について，具体例に基づく議論を展開している。

(a) 認知的阻害・感情的反応の根本的歪曲

　第1に，妄想的信念に現れる認知的阻害や，病的うつ病に現れる感情的反応の根本的歪曲である。まず，妄想を有している人間は，単に誤信した主体とは異なり，理由の世界と乖離している。すなわち，妄想的信念の元になる証拠は現実には存在しないし，そうした信念が誤りであるという明白な証拠に対しても影響されないのであって，理由全般と乖離している。次に，異常な行動へと動機づける，強力だがラショナルには理解できない感情が問題になることもある。例えば病的うつ病に基づく拡大自殺については，強力な怒りや恐怖が免責し得るのと同じように免責し得るかが問題になっているのではなく，動機付ける感情が理由と乖離しているために，行為しない明白な理由の範囲にはいないということが問題になっている。以上に対して，ラショナルな説明や評価の活動において行為者と関わることが期待できれば，それは病的なうつ病ではないし，また感情はそれがラショナルな説明・評価・修正が通常可能（susceptible）

---

190)　*Id.* at 290-291.

191)　*Id.* at 38-40.

192)　Duff, *supra* note 186, at 204-205; Duff, *supra* note 188, at 173-175.

310

第 4 節　体系的観点からのアプローチ：Duff の見解を中心に

であればラショナルなものと言える[193]。

　(b) 「サイコパス」について

　第 2 に，Duff はサイコパスについて免責を認めるのだが，前提として Duff は，Morse 同様に，ここでの議論は，「異常に暴力的または重大に無責任な態度によって主として特徴付けられる状態」という特徴を理由に免責すべきだと言っているのではないと強調している[194]。Duff は，サイコパスは，上記の認知的阻害や感情的反応の歪曲ではなく，知的障害者，すなわち人間が通常発達させている信念を形成し評価し修正するラショナルな能力が発達していないためにラショナルに行為し得ない人間に擬えられるべきであり，ある種の感情を感じる能力が全く発達していない人間として議論の対象にするべきだとするのである。

　Duff によれば，サイコパスは，理由の世界のうち，規範的でない信念や推論，或いは短期間的な実践的推論等の一定の領域においては精通しており，他人が様々な事柄に強い感情を抱いていることを見ることはでき，他者が自分の共有していない理由を認識しそれに動機づけられているのを見ることもできる。しかし，他人の利益や苦しみがどのように自分の意向を上回るかもしれない主張を有し得るのかわからないし，誠実さがどのように直接的な自己利益以外の意味で意味を持つのかわからないし，誰かを愛すること・不正義に怒ること・共感に動かされることがどのようなことなのか理解できない。このように，感情を基礎付けあるいはかかる感情に基礎付けられているような種類の理由を把握できない。

　Duff は以上のような特性を，美的無感覚と類比している。すなわち，音楽を鑑賞し理解する能力がない者は，音楽のノイズを聞くことはできるし，どれが好きかもわかるし，ほかの人が音楽鑑賞なる活動をしていることもわかるし，音楽の言葉を選択して自分の無理解を隠すことができる。しかし，それでもなお常に音楽鑑賞の実践の外部者であり続ける。このような状況とサイコパスは類比されるというのである。

　そして，Duff は，犯罪が道徳的の不正である以上，道徳的実践の枠外にいる人間は刑法の枠外にもいる人間であり，道徳的にも刑法的にも有責的主体ではないと結論付けるのである。何故ならば，道徳的理由を把握できないので，ど

193)　Duff, *supra* note 186, at 205-208.
194)　Duff, *supra* note 188, at 170-173.

第 3 章　アメリカにおける議論状況

のように道徳的理由に反して行為したのかを説明することができず，不正に応
答するよう呼び出すことができないからである[195]。

第 2 項　検　　討

　以上のように Duff は，まず対話的観点を刑罰論のみならず犯罪論体系にお
いても活用した上で，「なぜその行為（すなわち，しない理由のある行為）を
したのか」という理由の問いかけと応答の観点を中心に犯罪論体系を構築し，
そこから責任の要件を導出している。そして，不合理な行為をしたことを認め
た上で，しかし合理的人間も不合理に行為しただろうと応答する強制の抗弁と
は異なり，そもそも「不合理な行為をしたこと」の前提となっている「実践的
理由の世界で動いていること」が否定されるために責任が認められないのが
「精神異常」抗弁であるとの原理を提示する。その上で，精神障害がいずれの
抗弁にも関係し得ることを認めつつ，「精神異常」抗弁の基準としては，自ら
の状況に関係する理由を認識しその理由に反応する能力である理由反応能力を
提示し，その具体的適用範囲としては，信念が誤りであるという明白な証拠に
も影響されない妄想的信念，動機づける感情が理由と乖離している病的うつ病
を挙げる。さらに，犯罪が道徳的不正であることを強調することで，人間が通
常発達させている信念を形成し評価し修正するラショナルな能力の中に，ある
種の感情を感じる能力を包含し，サイコパスにも免責の余地を認めている。

　このように見ると，Duff の議論は，その主体がラショナルな主体であるか
を精神異常の基準とする点でラショナリティテストの一つとして数えられ
る[196]ところ，前節までに見た見解に比して，原理・基準・適用についてより
一貫した考察がなされていると評価できるように思われる。前節までに見た見
解が，言語化された免責範囲と原理との乖離や，原理・基準・適用の一貫性へ
の疑義等の問題を有していたのに比べると，かかる問題性が少ない見解として
評価に値しよう。とりわけ，前節までの検討において，行為の理由への着目が
適用範囲の言語化にとって重要であるように思われるものの，その原理が必ず
しも明らかではなかったことにも鑑みると，そもそも刑事責任を問う営みにお
いて理由の問いかけと応答の枠組みがあるとの指摘には傾聴に値するものがあ
るように思われる。

---

195)　以上につき Duff, *supra* note 186, at 208-211.
196)　Garvey, *supra* note 7, at 145.

もっとも,「精神異常」免責に関する Duff の見解にも疑義は存在する。それ
は,「理由の世界で動いている」かどうかという観点と,「自らの状況に関係す
る理由を認識しその理由に反応する能力」との結びつきである。両者に必然的
な結びつきはないところ,後者の「理由に反応する能力」は基準として適格で
あるのだろうか。理由に反応できなかった場合と理由に反応できたがしなかっ
た場合とを区分することについては,Morse や Schopp の見解の問題にも類す
る問題性があるように思われる。Duff の具体例の検討も,とりわけ「能力」
概念を用いずとも,現実と認知の乖離,動機づける感情と理由の乖離,感情／
道徳全般に関する無理解等の観点から理解できるようにも思われ,なおその基
準には疑義が残るようにも思われる。そこで,Duff と類する原理を採用しつ
つも,この点を批判する見解として Pillsbury の見解を見ることとしたい。

第2款　Pillsbury の見解との対比

第1項　Pillsbury の見解

1　議論の概要

　Pillsbury は,刑罰が値するのは,行為者が他者の価値 (value) への不配慮
(disregard) を示す選択を行ったことによると理解し,行為者の行為が我々の
基本的価値に異議を唱える (challenge) ものであることの前提として,基本的
なラショナリティを有していることを主張している[197]。

　Pillsbury によれば,刑罰は,公的道徳を現実にする方法であって,力を背
景にした道徳的主張 (moral argument) であり,それは自律性に価値が置かれ
なければならないという主張である。刑罰が,被害を受けた価値の重要性によ
り行為者や社会全体を説得するのが理想的であるが,これについて行為者等が
その適正さについて説得されなかったとしても,現実的には,(刑罰による) 痛
みを伴う帰結により,行為者等にその議論を痛感させることになる。そして,
一定の根源的観点において他者を傷つける行為にラショナルに及んだ人間は,
行為者及び被害者がその行為の道徳的意義を見ることができるように処罰され

---

197)　SAMUEL PILLSBURY, JUDGING EVIL: RETHINKING THE LAW OF MURDER AND MANSLAUGHTER 33, 37 (2000).

るべきであるというのである。

Pillsbury によれば，この議論は，刑罰は基本的道徳についての行為を通じた対話（action-dialogue）であるという考えに基づく。すなわち，犯罪者は重大犯罪に及ぶことにより不可避的に道徳的哲学を表明しているという。例えば侵入盗は，自らは被害者の私的領域や私的財産について何も配慮しないということを不可避的に表明しており，こうした原理に異議を唱えているものとなる。これに対して処罰をしないことは我々のこうした価値へのコミットメントを浸食するものであり，処罰によりかかる異議に対応するとしている。

Pillsbury は，かかる観点から，犯罪の基本的要件である，重大な害悪に及ぶよう行為すること，有責的なメンズ・レアを有していること，外的な強制を受けていないこと，行為時点においてラショナルであったことについて説明を及ぼしている。このうち「精神異常」抗弁にあるのは最後のラショナリティの観点である。Pillsbury によれば，イラショナルな人間による害悪ある行為は，我々の基本的価値に異議を唱えない。我々は，例えば暴力への衝動等の道徳的不配慮は，人間の性質であるところの自己中心的欲求という点から理解できるように，通常の犯罪の動機は理解できるが，妄想はこれとは異なるのであって，道徳的には上記の行為は意味を有さないというのである[198]。

2 理由と原因

このように Pillsbury は人間の選択（choice）の持つ意味・価値に着目して刑罰論・犯罪論を理解しているところであるが，このような選択への着目は，自由意思・因果性の問題とは切り離して理解することができると主張している。

すなわち，Pillsbury によれば，とりわけ科学が環境や遺伝における物理的原因から行為を理解しようとするアプローチ（因果的アプローチ）と，（刑）法が行為者の行為の理由から当該行為の選択について理解しようとするアプローチ（理由に基づくアプローチ）は，観点（perspective）の違いの問題である。すなわち，人間の行為に焦点を合わせるズームレンズがあると考え，法律家は人間の経験における日常的観点に焦点を当てるが，科学者は行為の理由を超えて物理的原因に焦点を当てていると考えればよい。万引きしている人間について法律家は，自分が購入していない物品を持っていると知っていたかなどの観点に

---

198) Pillsbury, *supra* note 197, at 33-37.

314

着目するが，科学者はその遺伝や家族歴，文化に焦点を当てて原因を探り予測や予防に役立てようとする。

　こうした二つの観点について妥協的に，理由がほとんどの行為を説明するが，因果が強い場合には因果的分析が必要であり，因果の強さに応じて減軽する（例えばほとんどの人間は飲酒に責任をもつが，依存が非常に強い場合には減軽されるべきである）と考えても，全ての人間の行動は平等に物理的に惹起されているという困難に直面する。依存症の人が選択に困難さを抱えているということと，選択に物理的原因があるということは等しくない。人種や貧困などの社会的経済的背景が因果性を持っていることを理由に免責するならば，年齢・性別・知能・住居なども全て免責させることになり，「全てを理解することは全てを許すこと」に至ってしまう。

　そして，我々は行為の理由から理解されたラショナルな選択に価値を置いているが，こうした理由に基づくアプローチを排斥し，因果的アプローチに一元化するような必要はない。そもそも科学は複雑な現象をより単純な現象に還元しようとする営みではないし，音楽を理解しようとするなら音響学ではなくハーモニーやメロディーを理解しなければならないように，科学と科学以外の分野の関係も同様であって，理由を原因に還元する必要もない。物理的因果性は多くの事柄を伝えてはくれるが，例えば人間にとって非常に意義のある「愛情」について物理的因果性は何も伝えず，人間の観点が必要になるように，物理的因果性は価値については何も伝えてはくれない。

　Pillsbury は，このように道徳的に無色な世界において道徳的価値をどう構築するかというのがここでの問題であり，かかる構築において行為者の選択や価値の評価が重要になるとして，自由意思や因果性の問題とは切り離された形で行為の評価を基礎づけているのである[199]。

3　道徳的能力の要否

　このように Pillsbury は，（Morse の見解とも類似するような形で）理由に基づく行為の把握が，とりわけ科学的観点とは独立した形で刑事責任論にとって重要であるとの前提を採用しつつ，Duff 同様に対話的観点を刑罰論・犯罪論に見出すことで，一定の理由の正常性（ラショナリティ）の観点から「精神異常」

---

199)　Pillsbury, *supra* note 197, at 18-31.

第3章　アメリカにおける議論状況

免責を捉えている。もっとも，Pillsbury は行為者の選択が社会に対してどのような意義を有しているかという観点を重視しているため，Duff のように行為者が「理由に反応する能力」を有していたかという観点は採用していない。この差異が明確に表れるのがサイコパスの評価である。

　Pillsbury は，サイコパスという概念は，他と区別された考え・感情・行動のパターンを捉えようとするものであり，物理的原因から特定の行動のディスポジションを特定して説明しようとする行動科学の概念であって，理由に着目して特定の過去の振舞いの評価を行う刑事責任の道徳的判断とは必ずしもそぐわない概念であるという。そして，Duff のように「精神異常」免責において道徳的主体性に着目し，道徳的理由に反応できない人間は道徳的にラショナルではないと理解する考えについて，以下のように批判する。

　第1に証明の問題として，理由に反応する能力を有していたかどうかはどのように信頼可能な形で証明ができるのかという問題があるという。被告人が何を行い，それがどのような理由からかについては第三者的観点から判断できるが，道徳的能力について，観察者の特異性に依存せず測定する機能を我々は有していない。一番信頼可能なデータは過去の同様の状況において何をしたかであるが，これは将来の行動の予測には使えても，行為についての評価としての行為時点の道徳的能力の測定には適切ではない。

　第2に，刑事責任の評価にあたって行為者の人間としての評価（person judgement）は必ずしも必要ないという。Duff は，美的無感覚の人間が音楽鑑賞の実践の外部者であるようにサイコパスは刑法の道徳的実践の枠外にいるというが，このような類比は，道徳的人間としての評価についてのみ成立するのであって，道徳的成果（performance）の評価には成立しない。刑法において道徳的能力を理由に免責するというのは，色盲であることによって画家を免責するようなものである，と Pillsbury はいうのである。その前提として Pillsbury は，1 で見たように，刑罰は，行為者の選択した振舞いの示す他者の価値への不配慮に応じるものであるとの刑罰観を示し，行為者が何を道徳的に信じており，また何を道徳的に理解できようとも，刑罰はその不正について許容できないことを宣言するものであると述べている[200]。

---

200)　Samuel Pillsbury, *Why Psychopaths Are Responsible, in* HANDBOOK ON PSYCHOPATHY AND LAW 297 (Kent Kiehl & Walter Sinnott-Armstrong 2013).

第2項　検　討

　このように Pillsbury は，犯罪者は犯罪により他者の価値への不配慮を示しており，刑罰はこれに応じるものであるとの刑罰観を示したうえで，かかる刑罰観は人間の選択の持つ価値に着目するものであり，人間の行為を理由の観点から理解するアプローチに基づくものであるところ，これは因果的アプローチとは異なる観点から人間の選択を把握するものであって，神経科学の発展をもっても維持できるものであるという。かかる前提から Pillsbury は，犯行が我々の基本的価値に異議を唱える前提として，我々が理解できるような動機を有しているというラショナリティが必要となるとの原理・基準を提示するとともに，かかる原理・基準からは道徳的成果が重要であるとして，具体的適用範囲として，サイコパスに対する責任を認める議論を提起している。

　前款に見た Duff の見解は，対話的観点を刑罰論のみならず犯罪論体系においても活用した上で，「なぜその行為（すなわち，しない理由のある行為）をしたのか」という観点を中心に犯罪論体系を構築し，そこから責任の要件を導くものであったが，本款に見た Pillsbury はこれと類する形で[201]「精神異常」免責を位置づけつつ，行為者の行為の持つ意味を強調することによって，能力概念に依拠しない形で理由の正常性（ラショナリティ）を基準として打ち出していると評価することができよう。

　Pillsbury の見解自体については，例えば精神障害に罹患していたとしても，意図に基づき殺人を行った場合には，何らかの意味で被害者の生命への不配慮であるとみることもできるように，行為者の動機が理解できずとも刑罰を科すべき意味を認め得るようにも思われるところであり，行為者の動機が理解できるかという観点と，行為者の行為の持つ意味という観点が接合しているかについては疑問の余地もある。もっとも，Pillsbury の見解は，対話的観点を採用したとしても，その理解如何によっては能力概念に依拠する必要もないし，サイコパスを免責しなければならないわけでもないことを示しているのであって，行為の理由を「精神異常」免責において重視したとしても，その適用範囲の在

201）　もっとも，Duff と Pillsbury は対話的観点を採用しているが，前者は「なぜその行為をしたのか」という国家・社会からの問いかけと，行為者の理由という応答（とそれに対する国家の対応）の構造を捉えるのに対して，後者は行為自体が持つ社会的意義の表明と，国家・社会の側からのそれの否認という構造を捉えており，その内実は異なっている。

第3章　アメリカにおける議論状況

り方についてはなお一義的ではないことを示しているともいえよう。

第5節　総括的検討

　以上，ラショナリティテストとして整理される見解のうち，我が国の議論状況にとって特に参照に値するものと思われる見解について，論者ごとに検討を行ってきた。本章で見たように論者ごとに様々な議論が定立されていたものの[202]，Fingarette が具体例の検討において理由や意思決定過程の異常に着目していたこと，M. S. Moore, Morse, Schopp が意欲・信念・意図等を用いた日常心理学的観点や実践的推論の観点から行為者の精神状態・意思決定過程に着目していたこと，Duff や Pillsbury が明示的に理由の観点に着目していたことからすれば，本章で検討したラショナリティテストの論者の見解は，行為の理由へと目を向け，精神状態・意思決定の正常性が「精神異常」免責を基礎づけるものと理解する見解であると整理することができるだろう。

　本章序節でも見たように，我が国の判例学説史においては，責任能力の理解として，これを正常な精神状態・通常の意思決定として責任能力を捉える理解と，〈自由意思〉の表れとして責任能力を捉える理解の二つがあったところ，昭和6年判例以前の一般的理解は前者の理解であり，同判例を含む諸判例及び実務的動向の大枠は前者の理解と親和的なものであって，かかる大枠は現在の実践にも引き継がれているものの，これは如何なる責任論の基礎づけを持ちうるのか，また如何なるヴァリエーションがあり得るのかについて検討の余地があるところであった。そこで，本章の最後に，本章で取り上げたラショナリティテストの議論について，原理・基準・適用の観点から総括的に検討を加えるとともに，これが我が国の議論状況に持ちうる示唆について付言することとしたい。

---

202)　なお，前述の通り樋口は「理性」，竹川は「合理性」という訳語をラショナリティに当てているが，このことは，樋口は Fingarette の見解に，竹川は実践的推論（特に Schopp の見解）に，特に親和性を示していること（樋口・前掲注 12) 194 頁以下，竹川・前掲注 11) 119 頁以下），Fingarette は「理性」と同義でラショナリティを用いていた（第1節第3款）一方で，Schopp は推論の合理性に着目した議論を展開していたこと（第3節第2款）から理解することができる。

318

第1款 原　　理

　本章で見た論者は，何らかの形で行為の理由へと目を向け，精神状態・意思決定の正常性を「精神異常」免責を基礎づけるものであると据えているところ，本章からは，第1になぜ精神状態・意思決定に注目するか[203]，第2になぜ正常異常の観点が免責を基礎づけるのかについて一定の議論が看取される。

第1項　精神状態・意思決定への着目

　第1に，なぜ精神状態・意思決定に着目するかについて，M. S. Moore や Morse によれば，そもそも現状の刑法理論の定立にあたっても，例えば行為の自発性や，行為者が何を意図し何を認識していたか等のメンズ・レア，また伝統的な「精神異常」抗弁の定式である「正しいか悪いかを知っている」という要素がそうであるように，意欲・信念・意図等を用いて人の振舞いを把握する日常心理学的観点が前提とされているのであって，この着眼点の採用は現行法とよりよく合致するものであるとされている。また Duff によれば，刑事責任を問うにあたっては「なぜその行為（すなわち，しない理由のある行為）をしたのか」と問われ，正当な弁明が行われた場合等には刑事責任を免れるのに対して，そうでない場合には刑事責任が認められるように，理由の問いかけと応答の枠組みが存在しているとされ，以上の議論からは行為の理由に着目することが正当化されることになるだろう。

　さらに，一部の論者によれば，この観点は自由意思の真偽や決定論・非決定論を巡る争いと独立した観点であって，近時の神経科学による決定論的主張を前提としても，維持することのできる観点であるとされている。すなわち Morse によれば，人間の振舞いが少なくとも精神状態の説明により合理的に説明できるという考えは決定論が正しくとも成立する議論であり，決定論が正しくとも行為と行為でないものが区別できないということにはならない。また Pillsbury によれば，行為の理由から行為の選択について理解しようとするアプローチと，物理的原因から行為を理解しようとするアプローチとは観点の違いであり，後者のアプローチからは道徳的に無色な世界しか導かれないのであって，前者のアプローチを後者のアプローチに還元しようとすることは適切で

---

203)　精神状態に着目することの有用性はドイツ法の検討からも導かれたところであった（前章第5節）。

第3章　アメリカにおける議論状況

はない。このように，人間の振舞いにどのような理由が存在するかを把握することは，人間が反因果的自由を有しているかという自由意思の真偽に依拠せず可能であり，維持できるとの議論が看取される。

以上のような議論は，我が国の議論状況に対して，少なくとも犯罪論における責任論の基準は，必ずしも〈自由意思〉を内容とするものではないとの視点を提起するものであるように思われる。すなわち，我々が〈自由意思〉の真偽とは必ずしも連動せずに，人がどのような意図を有しているか，どのような動機に基づき行動しているかを把握しており，例えば一定の事実の認識等が故意として責任の有無を分けているのであれば，それと同じように，責任能力についても議論を展開することができないかとの示唆を得うるのではないか。このような示唆は，とりわけ我が国における有力説が〈自由意思〉を表すものとして責任能力を把握する一方で，その基準が具体的適用に耐え得ないとの問題が看取されたことに鑑みると，検討に値する示唆であるように思われる。

第2項　正常性への着目

そして第2に，なぜ精神状態・意思決定の正常性に着目することが正当であるかについても議論が展開されていたところであり，M. S. Moore においては主体性・人格という観点から，Morse においては行為指針，Schopp においては自己規制能力という観点から，Duff においては，理由の問いかけと応答の枠組みで捉えられる実践的理由の世界で動いていないという観点から原理が定立されており，論者ごとに様々な原理が定立されていた。

もっとも，これらの見解においては共通して，「精神異常」免責が独自の免責であって，とりわけ強制による免責とは異なる原理に根差していることが提起されていた。例えばそもそも M. S. Moore は「精神異常」の抗弁を強制の抗弁と類比させることに限界があることを問題意識として有していたところであったが，Morse は，「精神異常」免責はイラショナルであることを理由に，強制による免責はそれが困難な選択であることを理由に免責を行うものであるとして区別を行っていたし，Schopp は，「精神異常」免責が無類の抗弁であるとの主張を行っていた。そして Duff は理論的にも両者が区別されることを示していた。すなわち Duff によれば，強制の抗弁は，不合理な行為をしたことを認めたうえで，しかし，合理的人間もそのような場合には不合理に行為しただろうという抗弁であり，この抗弁は行為者が実践的理由の世界で動いている

320

ということを前提としているのに対して,「精神異常」免責は,そもそも行為者には自らを導くべき諸理由に対する十分な感受性が存在していないということを示すものである。

このような分類(とりわけ Duff の分類)が我が国でも受容可能かについてはなお検討の余地はあるものの,以上の議論からは,強制による免責の前提として,「精神異常」による免責が存在するのではないかとの示唆を得ることができよう。強制の抗弁は,必ずしも我が国の期待可能性の議論とも一致するものではないものの,期待可能性の議論の前提として,或いは期待可能性とは並置される議論として,一定の正常性に基づく責任能力判断が存在するのではないかとの示唆を得ることができるように思われる。同様の示唆は,前章のドイツ法の検討からも導かれたところであって[204],我が国の議論において検討に値する示唆であるといえよう。

第2款 基 準

前款でも触れたように,本章で見たラショナリティテストの論者は,それぞれに異なる原理を提示していたところであり,これに関連して,その基準も一義的ではなかった。基準に関する差異のうち特徴的な差異を挙げるならば,以下の三つを挙げることができるだろう。

第1に,「精神異常」免責を地位免責と捉えるか,具体的犯罪との関連性を要求するかという差異が存在する。M. S. Moore は「精神異常」免責を主体性・人格の観点から把握しているために,具体的犯罪との関連性を要求しない地位免責として同免責を捉えていた。もっとも,これに対しては,具体的犯罪との関連性のない場合に免責すべき理由もないとの Morse らの批判が存在していたほか,日常心理学的観点からすれば個別の振舞いごとに一定の正常さの有無を判断すべきようにも思われるところであった。

我が国の議論状況との関係でいえば,このような議論は,M. S. Moore の議論の検討でも記したように,我が国における昭和 59 年判例の理解にも対応するものである。すなわち,同様に具体的行為との関連性を見ずに免責するという議論であるところの,かつてのコンヴェンション論の一部(「精神分裂病即心

---

204) 前章第5節参照。

第3章　アメリカにおける議論状況

神喪失」）について，昭和59年判例が否定的判断を下していることからすれば，M. S. Moore の議論に対する批判は，同判例の判断の妥当性を裏付けるものであるとも評価できよう。

　また，逆に言えば，本章で取り上げたラショナリティテストのうち，地位免責として「精神異常」免責を理解するのは M. S. Moore のみであって，他の論者が犯罪と具体的行為との関連性を前提としつつ，なお精神状態・意思決定の正常性を示すものとして「精神異常」免責を捉えているということもできるのであって，一定の正常な精神状態・通常の意思決定として「精神異常」免責を把握するとしても，地位免責に至る必然性はないとも評価できよう。そうすると，かかる議論は，昭和59年判例が「精神分裂病即心神喪失」との考えを否定したとしても，正常な精神状態・通常の意思決定として責任能力を捉えること自体を否定しているとはいえないとの評価[205]を裏付けるものでもあるともいえるように思われる。

　第2の差異として，「精神異常」免責の基準を認知的観点に収斂させるか否かという差異が存在する。すなわち，（その「認知的観点」の捉え方に差異があったものの）Morse や Schopp は明示的に認知的観点に収斂させるべきであることを主張していたのに対して，例えば Fingarette は認知的観点か意思的観点かを必ずしも分けることなく，「精神異常」免責の議論を定立していたし，刑事責任一般の議論ではあるが M. S. Moore は認知的観点に収斂させるべきとの議論について行き過ぎた批判であると指摘していた。このように論者の見解には差異が存在するところ，Morse や Schopp の見解について，意思的要素に対する批判的態度と自らの見解に対する態度との一貫性に疑義が存在していた点は指摘する必要があるだろう。すなわち，Slobogin の批判にも現れていたように，「できない」と「しようとしない」との区別が不可能であるために「衝動を制御できない」かの判断ができないのであれば，理由に導かれ得たかどうか，犯行をしないという思考に関与できなかったのかしなかったのか，という Morse や Schopp 自身の見解についても判断ができないように思われるし，とりわけ両者の採用する原理においては一定の意思的要素の観点が組み入れられていたように思われた。

　このような議論は，正常な精神状態・通常の意思決定として責任能力を捉え

───────────────

205）　第1章第3節第3款参照。

322

るとしても，これを認知的観点に限定する必然性はないのではないか，また限定するアプローチには一定の限界があるのではないかとの示唆をもたらすものであるように思われる。Schopp がいうように妄想の把握にとって認知的観点が有用であるとしても，なぜ認知的観点に収斂すべきことになるのか，かかる収斂と意思的要素への批判とは態度が一貫しているのかといった問題について検討する必要があるように思われる。

　第 3 に，第 2 の点とも関連するが，「精神異常」免責の基準において能力という観点を重視するか否かという差異が存在した。多くの論者は能力概念を要求していた一方で，Pillsbury はこれに対して批判的立場を採っていた。第 2 の点で見たような Morse や Schopp の議論の問題は，能力概念を採用することによる問題であるようにも思われるところであり，Pillsbury が，我々は（とりわけ精神的な）能力について測定する方法を持ち合わせていないのではないか，刑事責任は現実の成果に応じて評価すべきではないかと批判していることについて，なお検討の余地があるように思われる。このような観点は，前章においても確認されたところであり[206]，精神状態の正常性を論じるにあたって必ずしも能力概念を活用する必然性はないのではないかとの示唆をもたらすものであるといえよう。

第 3 款　適　　用

　このように「精神異常」免責の原理・基準について一定の共通性・差異が存在しているように，その適用結果についても一定の共通性と差異が認められる。

　第 1 に，幻覚妄想が問題となる精神病については，その現実との乖離，或いは意思決定過程の異常さに主に着目して免責を導く見解が多く見受けられた。例えば Fingarette においては，妄想性の精神病罹患者について明白な事実や基本的規範が気分や信念と矛盾し，事実や規範が気分や信念を正当化するものだとみるに至るまでに事実や規範が歪められているという，事実や規範の意思決定過程への取り込まれ方に着目して免責の説明が行われていたほか，Schopp においては，通常の思考経過により行為計画を作成できないという観点に着目して統合失調症やうつ病に対して検討が加えられていた。また，Duff

---

206)　前章注 159) 参照。

においても，妄想的信念については，妄想的信念の元になる証拠が現実には存在せず，信念が誤りであるという明白な証拠に対しても影響されないという観点から，病的うつ病の感情的反応については，ラショナルな説明・評価・修正が通常可能な感情であるかという観点から検討が加えられ，免責の余地が認められていた。

このような議論は，行為の理由に着目し一定の正常性を問うことで，幻覚妄想等の精神病の病理と犯行との関係について直截に検討対象とすることが可能となることを示しているといえよう。我が国の議論状況との関係でも，実践上はとりわけ統合失調症と犯行との関係が重視されていたことからすれば，行為の理由に着目し一定の正常性を問うアプローチが有用であることが示されているといえよう。

第2に，（反社会性人格障害とは区別された）サイコパスについて，免責するか否かは論者によって大きな異なりを見せていた。それは，能力概念に着目し道徳的能力を要求する Duff と，能力概念にそもそも着目せず行為の持つ社会的意味に着目する Pillsbury との間の差にとどまらず，同じく認知的観点に基準を収斂させようとする Morse と Schopp との間にも，道徳的理由をどれほど重視するかに応じて，適用結果に差異が存在していた。とりわけ Morse と Schopp の見解の相違からは，サイコパスの免責を論じるにあたっては，法的非難を論じるにあたって道徳的理由が持つ意義も問題となり得ることが看取されよう。

このような議論に鑑みるに，我が国の議論状況においては，「思いとどまることができない」という意味で制御能力を要求する有力説の適否を論じるにあたって，"サイコパス"の問題が取り上げられることがあるところ[207]，そこでは道徳的認知・道徳的能力の欠如（サイコパス）を問題としているのか，或いは，犯罪を繰り返していること（反社会性人格障害）を問題としているのかについて区別することが必要であるといえるだろう。そして，前者を問題とするのであれば，法的非難を論じるにあたっての道徳的理由が持つ意義や，能力概念の要否等に関する理解如何によって免責範囲が変わるのであって，かかる点に

---

[207]　例えば，竹川・前掲注 11）157 頁注 322，樋口・前掲注 12）194 頁以下，同「責任非難の意義——複数の視点の析出と構造化の試み」法時 90 巻 1 号 6 頁，10 頁（2018），安田拓人「刑事法学の動き　樋口亮介『責任能力の理論的基礎と判断基準』」法時 89 巻 8 号 109 頁，112 頁（2017）。この点については序章第 1 節第 3 款**第 2 項**も参照。

第5節　総括的検討

ついて検討する必要性が看取されよう。

　第3に，一定の衝動性が問題となる障害についても議論が存在していた。Fingarette の見解は必ずしも免責を否定しない見解であるように見えるが，Morse は，性的障害や物質障害のある人間について明示的に検討を及ぼしたうえで，欲望の強力さが全ての対抗理由をかき消しているという理由で認知的観点からもラショナリティテストで捕捉され得ることを認めつつ，事前有責性の観点から限定をかけていた。同様に認知的観点に基準を収斂させる Schopp は，単に一定方向への強い欲望を与えるだけの場合は免責が否定される旨を指摘しつつ，一定の認知的損傷による場合には免責が肯定され得ることを留保していた。このような議論は，正常な精神状態・通常の意思決定として責任能力を把握したとしても，ある意味で異常な衝動性を免責すべきかどうかについて，なお一定の検討が必要となることを示しているといえよう。

　以上に見たように，一定の精神状態・意思決定の正常性が「精神異常」免責を基礎づけていることを示すラショナリティテストは，その原理・基準・適用において一定の共通性と一定の相違を示している。次章では，以上の知見と前章から獲得された知見を踏まえつつ，我が国の議論状況に対して一定の提言を行うこととしたい。

325

第4章　刑事責任能力判断の原理・基準・適用

本書は，我が国の刑事責任能力を巡る問題状況において，原理・基準・適用の一貫した責任能力論の構築を刑法学の枠内で試みるために，我が国の判例学説史と外国法（独米）の検討を行ってきた。本章では，これまでの検討から獲得された知見を踏まえて，私見について述べることとしたい。

第1節　獲得された知見と検討方針について

本節では，私見を述べる前提として，本書が如何なる状況を問題状況として捉え，これに如何なる検討を加え，如何なる知見が獲得されたかを再整理したうえで（第1款），本章の検討方針について述べることとしたい（第2款）。

第1款　問題状況・獲得された知見の再整理

第1項　問題状況の再整理

序章において見たように，現在の我が国の刑事責任能力を巡る議論状況においては，現在の有力説と，刑事実務における動向とが，異なる議論枠組みを志向しているように見えるところ，これらが如何なる関係に立つかについて議論が提起されていた。すなわち，現在の有力説は，（精神障害の罹患の有無には理論的には独自の意義はないとの法律的病気概念を採用しつつ）「犯行を思いとどまることができる」か否かを決定的な判断基準とする一方で，刑事実務，特に近時の一連の司法研究は，とりわけ統合失調症について，犯行に対する「精神障害の影響」・「正常な精神作用」の影響の程度を決定的な判断基準としており，両者の関係を如何様に考えるかを巡って，学説上様々な立場が示されていた[1]。

327

第4章　刑事責任能力判断の原理・基準・適用

　その中で一部の理解として見受けられたのは，有力説と刑事実務の二つの議論枠組みを折衷しようとする理解であった。すなわち，有力説の一部においては，近時の一連の司法研究の示す議論枠組みは，有力説の実践的適用における「補助線・中間項」であるとされていたが，これは，敷衍するならば，「正常な精神作用」による場合は「自己の行為を思いとどまることができる」のに対して，異常な場合，すなわち「精神障害の影響」による場合は「自己の行為を思いとどまることができない」と評価するものといえる。かかる理解は，そもそも有力説が「思いとどまることができない」者と「思いとどまることができる（が思いとどまらなかった）」者との区別が困難であるとの問題を抱えていたところ，刑事実務の判断枠組みを自らの見解のうちに取り込むことによって，実践的妥当性を確保しようとするものと整理できよう[2]。

　同様の折衷は，近時の司法研究の一部でも見受けられるものだった。すなわち，とりわけ統合失調症について犯行に対する「精神障害の影響」の程度を決定的な判断基準とする判断枠組みについて，難解概念司法研究は，（おそらくは適用範囲の差異も意識しつつ[3]）有力説とは異なる原理を提示していたのに対して，公判準備司法研究は，精神症状が犯行に影響したと判断された部分は，被告人の自由意思でコントロールできない性質の部分であるとして，有力説と親和的な原理を援用していたのであった。かかる理解は，現在の有力説が興隆する平成期以前から実践上維持されてきた上記の議論枠組みについて，少なくとも実践的には原理が必ずしも明らかではなかったところ，有力説の原理の援用を試みることによって，その判断の正当性を基礎づけようとするものであると整理することができるだろう[4]。

　このような学説の一部と実務の一部が志向する折衷が成功しているのであれば，理論にも実践にも何ら重大な問題は存在せず，したがって少なくとも内在的には，新たな理論的検討も何ら要しないことになるだろう。しかしながら，責任非難にとっては自由意思が必要であり，それゆえ「思いとどまることができること」が責任能力の基準となるという原理・基準と，とりわけ統合失調症の場合において「精神障害の影響」があれば責任非難が減退するとの基準・適

1）　序章第1節。
2）　序章第1節第3款。
3）　第1章第4節第2款第2項 *2*（1）。
4）　第1章第4節第2款第3項 *1*。

328

第1節　獲得された知見と検討方針について

用とは，なぜ接合するのであろうか。本書の検討からは，かような原理・基準・適用の一貫性の問題は，理論においても実践においても重大な問題へと派生するものであることが明らかとなった。

　理論においては，思いとどまることが念頭にすらよぎらないような激情犯や，規範意識が鈍麻した常習犯においては「思いとどまることができる」といえるにもかかわらず，なぜ統合失調症等の一部の障害については，その影響があれば「思いとどまることができない」といえるのか，明らかではなかった。また，（公判準備司法研究が精神症状と対置するところの）「もともとの性格・人格」（例えば性格の偏り，特殊な思考方法）については本人の「自由意思でコントロールでき」るといえるのか，一定の嗜癖は如何様に扱われるかについて，疑問の余地が残るところであった。実践においては，如何なる状態が「精神障害」に割り振られ，如何なる状態が「正常な精神作用」に割り振られるのか明らかではなく，（例えば人格障害やクレプトマニアを含め）医学的に「精神障害」の診断がつけば，その影響は全て「精神障害の影響」として責任非難を減退させるのか，責任非難を減退させるとするならば，統合失調症であれば心神喪失・心神耗弱に至るような「精神障害の影響」が，人格障害等の障害についても認められれば同様に心神喪失・心神耗弱に至るのか，明らかではなかった。そして，かかる実践的問題に，有力説の原理を援用し「思いとどまることができる」場合が「正常な精神作用」による場合であると述べたとしても，有力説自体が「思いとどまることができる」か否かの具体的認定が困難であることを是認しているわけであるから，この点について何ら理論的分析を行うこともできないのではないかとの疑義も存在するところであった。このような上記の折衷の抱える理論的・実践的限界については，近時学説においても有力説の見直しが行われていることや，近時実務においても，実質的協働司法研究が，犯行に対する「精神障害の影響」・「正常な精神作用」の影響の程度を決定的な判断基準とする枠組みが全ての精神障害には妥当しない可能性を提起していることに鑑みれば，学説実務にも意識されつつある限界であるといえよう[5]。

　このように，「思いとどまることができる」か否かを決定的な判断基準とする有力説の議論枠組みと，とりわけ統合失調症について犯行に対する「精神障害の影響」・「正常な精神作用」の影響の程度を決定的な判断基準とする実務の

5）　以上について，序章第1節第3款第1項，第1章第4節第2款第3項。

第4章 刑事責任能力判断の原理・基準・適用

議論枠組みとについて，上記のような折衷を試みたとしても，その維持を困難たらしめるような重大な問題が，理論においても実践においても残される結果となるように思われる。そうであるならば，上記の二つの議論枠組みについて，あたかも両者が同一の判断内容を示すものであるかのような折衷的態度の対象とするのではなく，かかる議論枠組みそれ自体に対して，理論的検討を及ぼす必要性があるのではないか。本書は，かような問題状況に対して，なぜ有力説と実務において異なる議論枠組みが生起するに至ったか判例学説史を探究するとともに，二つの議論枠組みのあり得るヴァリエーションについて比較法的検討を行うことで，刑事責任の理論的基盤を有しつつ，一定程度適用範囲を明確化し得るような責任能力の基準の提示を，刑法学の枠内で試みるための検討を進めてきた。

第2項　判例学説史の検討から獲得された知見

上記のように再整理された問題状況に鑑みて，判例学説史から獲得された知見を再整理するのであれば，以下のようにまとめることができるだろう。すなわち，刑事実務の支持する議論枠組みは，現在の有力説の議論枠組みが平成期に興隆する以前から存在する議論枠組みであって，現行刑法制定直後から昭和6年判例までの一般的理解であり，昭和6年判例の定式の背景ともなった理解である，責任能力を正常な精神状態・通常の意思決定として捉える理解と親和的な議論枠組みであるということである。

すなわち，刑法39条自体は，制定過程上「精神障礙ニ因ル行爲」か否かを決定的な観点としながらも内実について敢えてブランクにされた条文であったが，制定直後の学説においては，旧派新派の根本的な原理の対立にもかかわらず，こと責任能力の基準については，いずれの立場に立つ見解も，正常な精神状態ないし通常の意思決定という観点を据えていることが確認された。旧派的見解においても，責任能力の基準には原動力ないし決定の正常さが中心に据えられ，かかる基準は意思の自由とは何の関係もないとも強調されていたのであった。その後学説では，正常な精神状態・通常の意思決定を全体的に記述したものとして，一定の義務等を認識しその認識に従って行為する能力という定式が多くの見解で提示されるようになるとともに，判断者の経験可能性という観点から原理的基礎づけも与えられるようになった。かような状況を背景にして，心神喪失は「精神ノ障害ニ因リ事物ノ理非善悪ヲ辨識スルノ能力ナク又ハ此ノ

第1節　獲得された知見と検討方針について

辨識ニ従テ行動スル能力ナキ状態」を指し，心神耗弱は「精神ノ障害未タ上叙ノ能力ヲ缺如スル程度ニ達セサルモ其ノ能力著シク減退セル状態」を指すという一般的定式を示した昭和6年判例が出されるに至ったが，同判例に強い影響が認められる改正刑法仮案成立過程や，同判例等の事案の解決を見ると，知情意の三つの方面から全体的に精神作用を考察し，正常異常を判断し，その程度が心神喪失にまで至っているかを判断することが想定ないし是認されていたのであった[6]。

このように，昭和6年判例に至るまでは正常な精神状態・通常の意思決定として責任能力を把握する理解が一般的であったが，その後学説においては，上記の定式を端的に自由意思の表れとして位置付ける旧派的見解も主張されるようになり，戦後には，両者のヴァリエーションと評価できる議論が提示されていた。しかし平成期に入ると，責任非難の観点から前者を支持する見解が学説から姿を消し，責任非難の観点からは「違法行為を思いとどまることができる能力」「を前提とせざるを得ない」という観点が支配的となった結果，有力説を採用するか，さもなくば責任非難を原理として放棄するか，という議論の枠組みが形成されるに至ったのであった[7]。このように，我が国の学説史においては，正常な精神状態・通常の意思決定として捉える理解と，〈自由意思〉（すなわち人間の意思は環境や素質に必然的には規定されず，行為者はその行為に出ないことができたという意味での自由意思）として捉える理解の二つの理解（とそのヴァリエーション）が存在していたところ，平成期に入って後者の理解が興隆したと評価できよう。

他方で，我が国の実務的判断，とりわけ戦後の刑事裁判例の判断の集積や，実務家・研究者の整理においては，大枠としては前者の理解，すなわち正常との乖離を責任能力判断の中心に据える理解と親和的な形で判断が積み重ねられていたのであった。例えば元自衛官殺人事件において最高裁は，確かに「精神分裂病即心神喪失」の考え方（すなわち一定の診断名のみから責任能力判断を行う考え方）は否定したものの，一般の殺人事件にもあり得る通常の「動機のみでは説明のできない」点が存在しているかという観点を中心とする責任能力判断を提示しており，正常な精神状態・通常の意思決定として責任能力を把握する理解と親和的な形で事案の解決を図っていたのであった。裁判員裁判導入を経

---

6)　以上につき第1章第1節，第2節参照。
7)　以上につき第1章第3節第1款，第3節第2款第1項，第4節第1款参照。

331

第 4 章　刑事責任能力判断の原理・基準・適用

ても，とりわけ実質的協働司法研究が「精神障害の影響のためにその罪を犯したのか，正常な精神作用によって犯したのか」との判断対象を示しているように，一連の司法研究や平成 20 年判例・21 年判例はかかる大枠を維持しつつ，その「正常さ」の内実を巡って議論を展開していたのであった。例えば，平成 20 年判例やその差戻審においては，統合失調症の病的体験の存在と正常な判断能力との関係を如何様に考えるべきかについて，また一連の司法研究や平成 21 年判例では，統合失調症の病的体験と「もともとの人格」「人格傾向」との関係を如何様に考えるべきかについて議論が展開されていたところであり，かかる議論の展開は近時の司法研究にも引き継がれるとともに，議論に残された不明瞭さから一定の判断の混乱をも生み出していたのであった[8]。

　以上からすれば，前項で再整理した我が国の問題状況，すなわち現在の有力説の議論枠組みと実務の議論枠組みとの関係性を巡る状況について，本書の判例学説史の検討からは以下のような示唆を獲得することができるだろう。すなわち，前者の有力説の枠組みは平成期に学説において興隆したものの，現行刑法制定以降昭和 6 年判例に至るまでは，これと異なる議論枠組みとして，正常な精神状態・通常の意思決定として責任能力を把握する理解が一般的な理解であったところ，後者の実務の枠組みは，かような理解と親和的なものであったといえよう。そうすると，我が国の問題状況に対しては，我が国の判例学説史における二つの理解，すなわち正常な精神状態・通常の意思決定として責任能力を把握する理解と，端的に〈自由意思〉として責任能力を把握する理解について理論的検討を及ぼすことが，翻って現在の有力説の議論枠組みと実務の議論枠組みとの関係性を巡る問題状況にとって有用であるといえるだろう[9]。

第 3 項　外国法の参照から獲得された知見の再整理

　このような我が国の判例学説史における二つの理解に理論的検討を及ぼすにあたって，本書は，〈自由意思〉として責任能力を把握する理解が参照するドイツの議論状況を見るとともに，正常な精神状態・通常の意思決定として責任能力を把握する理解に重要な示唆を提起し得るアメリカの議論状況を見た。上記のような我が国における議論枠組み自体に対して独米の議論から獲得された示唆は，前者の理解を期待可能性判断へと実質的に修正した議論枠組みと，後

8）　以上につき第 1 章第 3 節第 2 款第 2 項，第 4 節第 2 款参照。
9）　この点についてはとりわけ第 1 章第 5 節第 1 款参照。

332

者の理解による議論枠組みとを，責任非難の判断において併置することが妥当ではないかとの示唆であった。以下では，それぞれから獲得された示唆を改めて整理することとしたい。

1 ドイツ法から獲得された知見

　ドイツにおける議論は，我が国の有力説が比較法として参照している議論であるが，その背景には，ドイツ刑法が我が国の昭和6年判例の定式と同様の規定を有していることや，戦後の刑法草案の理由書においては「一定の犯罪を実現する意思形成を回避する能力を犯行時点で有していること」として同規定が理解されていたことが挙げられよう。

　しかし，このように責任能力を把握する理解については，我が国の有力説の議論枠組に対しても妥当し得る二つの知見が獲得されたのであった。

　第1に，沿革として，ドイツ刑法が一定の性質を弁別し，又はその弁別に従って行為する能力に着目する規定を設けるに至ったのは，1911年対案からであるところ，1909年予備草案や同対案の立法理由書からすれば，そこでは，一般的観念からして責任を問えるような正常な精神状態を叙述することが目的とされたが，その叙述にあたっては，立法者が人間の自由意思の存否について特定の立場を採用したかのような外観を排斥し，精神科医・素人裁判官にも共有可能な文言を採用することが求められたために，一定の能力に着目した規定へと至ったことが看取された。かような知見は，一定の性質を弁別し，又はその弁別に従って行為する能力に着目する規定自体は，我が国の有力説のようにしか理解され得ないものではなく，むしろ一般的観念からして責任を問えるような正常な精神状態を反映するものとして把握できる規定であることを示唆しているように思われる。

　そして第2に，我が国の有力説と同様の理解，すなわち現実に行った違法行為とは異なる行為を選択する能力として責任能力を把握する理解は強い批判を浴び，今日では刑法学上その問題が圧倒的に共有されているとも評されていたのであった。多くの見解に共有されている批判は，上記のような〈自由意思〉は具体的状況において証明できないため認定不能であって，基準として不適格であるという批判であった。そしてドイツ判例も，必ずしも上記見解からは重視されないはずの要件を積極的に活用しており，上記見解は実践的適用との関係でも問題を有しているように思われるところであった[10]。

第4章　刑事責任能力判断の原理・基準・適用

このような中で，ドイツにおいては，我が国の有力説を実質的に修正するアプローチとして位置付け得る見解が複数提起されていたが，このうち最も有力に思われたのは，これを平均人への置き換えの判断へと修正し，平均人基準の期待可能性判断として基礎づけた上で，期待の程度を病気の有無・程度と関連させるアプローチであった。もっとも，かかるアプローチには，なぜ刑法上の期待の程度が，精神医学的診断であるところの病気（それも精神障害の中でも精神病）の有無・程度と結びつくのかについて明らかではないという問題が存在していた。そこで，ドイツにおいて独自の観点から議論を展開する諸学説を考察したところ，行為者の心理・精神的構造を判断対象とした上で，その動機や精神の構造が一般人のそれと乖離しているという意味において，その正常性を問うことによって，とりわけ精神病の影響について直截に判断した上で，さらに，かかる正常性が認められる場合にも，一定の場合に責任の減退が認められるような判断（一部の見解によれば期待可能性の判断）を併置するというアプローチが見受けられた[11]。

このような議論状況は，我が国の議論の対立軸，すなわち責任能力を正常な精神状態・通常の意思決定として責任能力を捉える理解と，〈自由意思〉の表れとして責任能力を捉える理解の二つの対立軸に対して，後者の理解に基準の不適格さという根本的問題が認められるならば，まず，これを平均人基準の期待可能性の判断へと修正し，その期待の程度を病気（ある意味では医学的な正常さ）と結びつけることで，前者の理解とも融合させようとするアプローチがあり得ることを示しているだろう。しかし，かかる融合には，刑法上の期待と精神医学的診断の病気（それも精神障害の中でも精神病）とがなぜ連関するか明らかではないという問題がある。そうすると，〈自由意思〉の表れとして責任能力を捉える理解を期待可能性判断に修正するにせよ，責任能力判断の全てを期待可能性判断に収斂させるのではなく，それと併置される判断領域として，正常な精神状態・通常の意思決定として責任能力を捉える理解に独自の判断領域を認めることもあり得るのではないか，そして，かかる判断領域において，とりわけ精神障害の中でも精神病の影響を直截に判断することができるのではないかとの示唆も示されているところであった[12]。

---

10)　以上につき第2章第1節，第2節。
11)　以上につき第2章第3節，第4節参照。
12)　以上については，とりわけ第2章第5節も参照。

第1節　獲得された知見と検討方針について

2　アメリカ法から獲得された知見

　次に本書はアメリカ法の検討へと移った。本書の検討対象について刑事責任
能力に一定程度相応すると考えられる「精神異常」免責については，連邦最高
裁判例が「諸価値に関する困難な選択」であり「州政府の選択に実質的に開か
れている」としているように，アメリカでは法域ごとによって多種多様な規律
が提示されていたところであった。このような中で，一般的な議論は，根差す
原理を探究することなく規律の文言を変化させることを試みていたが，適用範
囲としても妥当な範囲を確保することに困難をきたしていた。かかる議論状況
において，近時のアメリカの学説においては，「精神異常」免責はラショナリ
ティという観点に基づく独自の免責事由であるとするラショナリティテストが
主張されていたが，我が国の議論状況からすれば，かかるテストを主張する一
部の学説は，「精神異常」免責を，ある種の正常な精神状態・通常の意思決定
を把握するものとして捉える学説であると評価することができるものであっ
た[13]。

　かようなラショナリティテストの検討からは，我が国の議論状況に対して，
大別して二つの知見が獲得されたということができよう。

　第1に，我が国の議論枠組み自体に対する示唆にもなり得る知見であるが，
本書で検討したラショナリティテストの論者においては，ラショナリティテス
トによる「精神異常」免責は，他の既存の抗弁，とりわけ「強制」による免責
の抗弁とは異なる原理に基づく免責であるとの理解が示されていた。そして，
強制の抗弁と異なる抗弁として「精神異常」免責を認めることで，その具体的
適用においては，統合失調症やうつ病といった障害について，その犯行との関
係について直截に判断を行うことが可能となっていた。強制の抗弁と我が国の
期待可能性の議論とは必ずしも一致するものではないものの，かような議論は，
ドイツ法から獲得された知見と同様に，一定の正常さに着目した判断が期待可
能性判断と併置されるべきではないかとの示唆を提起しているように思われる。

　第2に，我が国の学説史において，正常な精神状態・通常の意思決定として
責任能力を把握する理解に様々なヴァリエーションがあったように，ラショナ
リティテストについても一定のヴァリエーションが存在していたところ，かよ

---

13)　以上につき**第3章序節，第1節**参照。

335

うな議論の相違は，一定の正常さに着目した責任非難を認めるにあたって，如何なる観点が妥当かについて示唆を提起しているように思われる。かかる議論においては，まず，なぜ精神状態・意思決定に着目することが妥当かについて，そもそも行為の自発性や故意等の議論において，意欲・信念・意図を用いて人の振舞いを把握しているように，精神状態・意思決定への着目は現在の刑法理論にそぐうものであること，行為の理由から人の振舞いを把握することは，物理的原因から行為を把握することとは異なる観点に基づくものであり，反因果的自由としての〈自由意思〉に依拠せず維持できる観点であって，それゆえ近時の神経科学による決定論的主張をもっても維持可能であること等が主張されていた。そして，如何なる正常さに着目すべきかについて，主体性に着目し具体的犯罪との関連性を要求しないか，或いは具体的犯罪との関連性を要求するかといった観点や，判断対象を認知的観点に収斂させるか否かといった観点，能力概念を活用するか否かといった観点が見受けられたほか，とりわけサイコパスや衝動性が問題となる障害について，複数の考え方があり得ることが示されていた。このような議論状況は，一定の正常性に基づく責任能力判断を行うとしても，その正常性の捉え方については複数の立場があり，それぞれの立場に基づいて適用範囲等についてもヴァリエーションがあり得ることを示していた[14]。

第4項　小　　括

　我が国の現在の議論状況においては，「思いとどまることができる」か否かを決定的な判断基準とする有力説の議論枠組みと，とりわけ統合失調症について犯行に対する「精神障害の影響」・「正常な精神作用」の影響の程度を決定的な判断基準とする実務の議論枠組みについて，あたかも両者が同一の判断内容を示すものであるかのように折衷する見方が一部で示されているが，これには原理・基準・適用の一貫性に問題が見受けられたところであった。そこで，我が国の判例学説史からは，二つの理解，すなわち有力説の議論枠組みに対応する理解として，端的に〈自由意思〉として責任能力を把握する理解，そして実務の議論枠組みに対応する理解として，正常な精神状態・通常の意思決定として責任能力を把握する理解とについて理論的検討を及ぼすことが有用であるこ

---

14)　以上につき第3章第2節，第3節，第4節参照。また同第5節の分析も参照。

336

とが示されたところ，比較法的検討からは，前者の理解を期待可能性判断へと実質的に修正しつつ，とりわけ統合失調症等の精神病を主たる適用範囲とする判断として後者の理解を併置することが妥当ではないかとの示唆が示されていた。

第2款　検討方針

以上の獲得された知見を踏まえて，本章では私見を展開することとしたい。既に序章においても示したところではあるが[15]，私見の展開にあたって本書の検討方針を確認しておきたい。

比較法的検討においても示されているように，刑事責任能力の在り方を巡っては法域によって様々な基準，或いは学説によって様々な原理・基準・適用が示されているところである。アメリカ連邦最高裁が述べるように，有責性と精神障害の関係性について決することが諸価値に関する困難な選択であるならば[16]，現に諸法域において様々な刑事責任能力論が存在するように，ただ一つの「あるべき刑事責任能力論」は存在しないように思われる。しかし他方で，刑法解釈学の枠内においては，従前の刑法理論の体系的理解と一定程度の整合性を保ちつつ，学説実務において一般に承認されている帰結とも一定程度相応する議論が，原理・基準・適用の観点から一貫した議論として成立するのであれば，かかる議論を，ある一つの望ましい刑事責任能力論として提起することも許されるであろう。

このような観点からは，私見を展開するにあたっては，以下の二点を検討方針とすることが有益であるように思われる。第1に，検討対象としては，本書のこれまでの検討を踏まえながら，現在の我が国の有力説である〈自由意思〉として責任能力を把握する理解と，我が国の実践と親和的であるところの，正常な精神状態・通常の意思決定として責任能力を把握する理解について検討を加えることが有益であろう。そして第2に，望ましさの方向性としては，原理・基準・適用の一貫性の観点を据えるとともに，（程度の差はあれ）我が国の有力説も実践的動向も共通して志向している適用範囲，すなわち，とりわけ重い統合失調症の影響が認められる場合には責任が減退する（或いは免責される）

---

15)　序章第2節第2款。
16)　第3章第1節第1款第2項。

第4章　刑事責任能力判断の原理・基準・適用

との適用範囲[17]について説明が与えられるかという観点も据えることも，上記のような意味で，ある一つの望ましい刑事責任能力論を提起するにあたっては有益であるといえよう。

　かかる方針の下，本章では私見について展開することとしたい。既に前款において私見の方向性も現れているところではあるが，その内容に踏み込みながら本章の叙述の順番を述べるならば，以下のようになる。まず，現在の有力説について，ドイツ法から獲得された知見も用いつつ検討を行うことで，〈自由意思〉は少なくとも責任能力の基準としては採用しがたいことを示した上で（第2節第1款），これを実質的に修正する理解として，自由意思を規範的に捉え，期待可能性判断に収斂させようとする理解があり得るところ，かかる理解は反応性うつ病等の一定の精神障害については責任非難の減退を説明し得るものの，典型例であると考えられる統合失調症等についての責任非難の減退については，少なくとも同一の原理からの説明が困難であることを示す（第2節第2款）。かかる検討から，精神状態の異常と責任非難の関係性を検討する必要性を示したうえで，一定の正常・異常に着目する見解のうち「精神状態の法的了解」とも呼ぶべき原理・基準を提示し，我が国の判例学説史と比較法的検討から獲得された知見も用いつつ検討を行うことで，その意義を示すとともに，とりわけ統合失調症の病的体験下での犯行について認められる責任非難の減退に対して説明を与え得ることを，諸判例・裁判例を交えつつ示す（第3節第1款）。そして，精神障害と犯行とが関連する事例一般において，「精神状態の法的了解」以外の原理による責任非難の減退（例えば通常の期待可能性判断による減退）が別途あり得，かかる判断が併置され得ることを示したい（第3節第2款）。

第2節　現在の有力説について

　本節では，現在の有力説について検討を行う。現在の有力説は刑事責任能力の原理・基準に，〈自由意思〉，すなわち人間の意思は環境や素質には必然的には規定されず，行為者はその行為に出ないことができたという意味での自由意思を据える見解とそのヴァリエーションにより構成されるものであった。他方，

---

17)　序章第1節第1款，第2款。

338

第 2 節　現在の有力説について

我が国の学説においては，かかる有力説を実質的に修正する形で，より規範的観点から把握された自由意思を原理・基準に据える理解も存在する。以下では，便宜的に，前者を事実的自由意思（＝〈自由意思〉），後者を規範的自由意思と呼称したうえで，それぞれの理解について検討することとしたい。

第 1 款　事実的自由意思と責任能力基準

これまで幾度となく見てきた通り，我が国において有力な理解は，責任能力とは「違法行為を思いとどまることができる能力」であると捉える理解である[18]。有力説に立脚する一部の論者が明示的に事実的自由意思を表すものとして責任能力を理解しているように[19]，犯行に出た行為者が「違法行為を思いとどまることができた」こととは，行為者が現実には有していなかった「犯行をしない」意思を持つことができること，すなわち現実に有する意思とは異なる意思を有することができること（他意欲可能性[20]）を意味するにほかならず，これはまさに事実的自由意思を意味するにほかならないだろう。例えば代表的論者である安田も，「意思の自由を肯定する非決定論」の立場からは，「当該犯行は自由な意思決定の所産であり，そのような行為に出ないという選択も可能であったのにそのような意思決定をしたことにつき，責任非難が向けられる」として，「伝統的な意思の自由・他行為可能性に基づく回顧的非難としての責任」を首肯する[21]一方で，安田の責任能力基準の焦点となる「制御能力」について，「伝統的な責任論に従い，『当該犯行を思い止まることが可能であったことを理由とする非難可能性』を責任の本質とする限り，制御能力は絶対不可欠であり，依然として責任能力の判断基準に据えられなければならない」としており[22]，事実的自由意思を責任論全般の原理とするのみならず，刑事責任能力の原理と基準にも据えることを示しているといえよう。

本款では，このように事実的自由意思を基準に据えることについて，ドイツ法から獲得された知見ももとに，その問題性を指摘したうえで（**第 1 項**），か

---

18)　序章第 1 節第 1 款参照。

19)　第 1 章第 4 節第 1 款**第 1 項** *1*。

20)　**第 2 章第 2 節第 3 款**。現実に行った行為とは異なる行為をすることができたかを意味する他行為可能性とは厳密には異なる（**第 2 章注** 61）参照）。

21)　安田拓人「他行為可能性と責任」法教 371 号 18 頁，18 頁，22 頁（2011）。

22)　第 1 章第 4 節第 1 款**第 1 項** *2*。

339

かる立場を支持すべき積極的論拠が必ずしもないことを示したい（**第2項**）。

第1項　問　題　点

1　基準としての不適格性

　事実的自由意思を表すものとして責任能力を把握する見解は，その淵源をドイツに求めていたが，**第2章**においてみたように，現在のドイツ学説においては，かかる見解に対して強い批判があてられるに至っていた。その批判とは，かかる事実的自由意思は証明不能であり，基準には据え難いとの批判である。既に見たように，例えば，「決定の自由は理論的には思考可能であっても，個別の行為者の行為時点における他行為可能性が科学的に（wissenschaftlich）認定できないことは争いようがないため，」その者が法に従うことができたにもかかわらず適法に行為しなかったことを責任の根拠とする説は取り得ないとの指摘や，決定論と非決定論とを巡る争いは理論上も解決不能であるところ，理論上も解決できない問題を，様々な要素の影響を受ける具体的行為状況における個々の行為者について，回顧的に解答することは刑事手続において不可能であるとの指摘がなされており，学説上は「圧倒的に」このような自由意思への支持の表明では根拠として不十分であると指摘されていたのであった[23]。かかる批判は，事実的自由意思を基準に据えること自体が，個別具体的な認定を必要とする責任能力基準としては不適切であるという批判であって，ドイツ学説の内在的な批判にとどまらず，我が国の有力説に対しても妥当する批判であるように思われる。

　さらに，かかる問題性は，我が国における刑罰論の議論を参照すると更に明らかになるように思われる。すなわち，現在の我が国の刑罰論においては，事実的自由意思が証明不能であることを前提に，これを仮設すべきであるとの理解が有力化しているように思われるが[24]，かかる事実的自由意思が一般的に証明不能であるならば，個別具体的事件において事実的自由意思を有する者と事実的自由意思を有しない者とを区別することは猶更不可能であろう[25]。仮に人

---

23)　**第2章第2節第3款第1項**。
24)　例えば井田良『講義刑法学総論〔第2版〕』391頁以下（有斐閣，2018），高橋則夫『刑法総論〔第4版〕』350頁以下（成文堂，2018）。
25)　ドイツでの同様の指摘として**第2章第2節第3款第1項**参照。

340

間一般に事実的自由意思を仮設するのであれば，精神障害の罹患の有無にかかわらず事実的自由意思を仮設すべきであって，これを基準へと援用して個別具体的に立証することを求めるのは不当であるように思われる。

このような問題性は，論者の支持する事実的自由意思が相対的自由意思である[26]としたところで解消されるものではない。ここでの問題は，（相対的にではあれ）かかる自由意思を有している人間と，かかる自由意思を有していない人間とを区別できるかという問題であって，相対的にではあれ人間にはかかる自由意思があるとしたところで問題は解消されないからである。また，哲学における自由と決定論に関する両立論・非両立論の議論を援用しても，同様に問題性は解消されない。なぜならば，かかる議論における両立論とは，決定論が正しく，且つある者に何らかの自由意思があることは形而上学的に可能であるという議論であって[27]，事実的自由意思を有する者と事実的自由意思を有さない者との区別が個別具体的に可能であるという議論ではないからである。

2　有力説における基準と適用の不整合

このように，事実的自由意思を責任能力判断の基準に据える有力説には，個別具体的認定ができないという基準としての適格性としての問題が認められるように思われる。もっとも，有力説は，自らの理解から具体的適用結果をも主張することによって，実務との整合性，或いは実務への批判をも行っていたところ[28]，事実的自由意思が個別具体的に認定できないのであれば，なぜかような議論を行うことが可能であったかが問題となり得よう。

この点，事実的自由意思を原理・基準とする有力説においては，その具体的適用結果を論じる際に，事実的自由意思とは異なる基準を暗黙の前提とした適用結果を論じているように思われる[29]。例えば，明示的に事実的自由意思を原

---

26)　第1章第4節第1款第1項 *1*。

27)　Michael McKenna & Derk Pereboom, Free Will: A Contemporary Introduction 30 (2016).

28)　序章第1節第3款第1項。

29)　同様の問題は，代表的な論者である安田の見解にも見受けられる。
　　既にみたように，安田は，責任能力の意義を「伝統的な責任論に従い，『当該犯行を思い止まることが可能であったことを理由とする非難可能性』を責任の本質とする限り，制御能力は絶対不可欠であり，依然として責任能力の判断基準に据えられなければならない」としたうえで，これを「衝動を抑制する主体の側面（制御主体）と，その主体のもつ能力と衝動の力関係の側面（制御可能性）」とに分化し，前者においては，「違法性の認識に従って行為を思いとどまる精神的機能」ないし「正常な人間における衝動制御のメカニズムが完全に損なわれていたか」について「精神鑑定を重視した事実的判断」を行い，かかるメカニズムが完全には損なわれていなかったことを確認し

第4章　刑事責任能力判断の原理・基準・適用

理・基準として強調する浅田は以下のような議論を展開することで，一定の生物学的要素の存在が事実的自由意思の存否（・程度）について「事実上の推定」を可能にするとして，適用結果を述べていた。すなわち浅田は，「責任非難は，あくまで『汝為し得るがゆえに為すべし（Du sollst, denn du kannst!）』といえる場合にのみ可能」であると強調し，責任能力を（相対的）自由意思の現れとして把握する理解に与したうえで，「被告人の犯行時および現在の精神状態は，裁判官よりは専門家である精神医学鑑定人の方が適切に判断できるものであって，裁判官は，たとえば法廷での被告人の態度などから犯行時にも責任能力はあったという独自の判断を下すというように，精神鑑定の結果を無視して（被告人に不利益に）判断してはならない」として，「その意味で，生物学的要件と心理学的要件との間には，事実上，前者が後者を推定させるという関係（固いコンヴェンションではなく緩やかな事実上の推定）が認められるべきである」としていたのであった[30]。

た後で，後者においては「その主体に残された抑止力でもって具体的事案における犯罪衝動を抑えることができたのか」について，その行為者本人の可能性を「法秩序の側からの規範的要求を考慮して」判断するとの立場を示していた（第1章第4節第1款第1項 2）。
　かかる議論は，有力説を維持しつつも，責任能力を事実的判断により確定する部分（制御主体）と，規範的要求を考慮して確定する部分（制御可能性）とに分けて，判断を柔軟にするものと評価できるが，安田自身「行為者の具体的他行為可能性」が「裁判上認定することはできない」という批判自体は受け入れているところ，「違法性の認識に従って行為を思いとどまる精神的機能」たる「制御主体」について「事実的判断」による確定が如何様に可能であるのか，なぜ「重い精神分裂病」ではかかる機能は破壊されているが，「人格障害」や「神経症」では破壊されていないのか，明らかではないところであった（同項 3）。安田が単に「思いとどまる精神的機能」ではなく，「正常な人間」（下線筆者）における制御メカニズムの有無等を問うているのであれば，行為者が「思いとどまることができた」かどうかではなく，行為者が通常有していると考えられる一定の機能が備わっていたかどうかを問題にしているように思われる。また，「制御可能性」については，安田は「裁判上認定することはできない」ため「規範化の試みが不可欠となる」とし，「行為者本人の可能性」を「法秩序の側からの規範的要求を考慮して」判断するとの立場を示しているが（同項 2），「規範的要求を考慮」することで答えが与えられるのは，どの程度の「可能性」が残されていれば非難が相当となるかという問題であって，そもそも「認定することはできない」可能性について，認定が可能になるわけではないようにも思われる。
　なお，安田は，「他行為可能性とは，実際に行われた行為に対してブレーキが効きえたか，という仮定的な問いかけに対する答え」であり，「因果的法則性」の下においても，「伝統的な意思の自由・他行為可能性に基づく回顧的非難としての責任を認めることは，両立する」ともしている（安田・前掲注21）注9）。しかし，この「仮定的な問いかけ」が，どのように「因果的法則性」と両立するのか，必ずしも明らかではないように思われる。「実際に行われた行為に対してブレーキが効きえたか」を論じるにあたっては，行為者が現に有していた意思とは異なる意思を持ち得たかを判断しているか，或いは（異なる意思を持ち得たかどうかはともかく）一定の意思を行為者本人の状況に当てはめた場合に如何なる行為が導かれるかを判断しているように思われる。前者の判断であれば，これは事実的自由意思を有していたかを問うており，個別具体的な証明は困難である一方で，後者の判断であれば，これは次款で見る規範的自由意思の問題である。

342

このような議論は，責任能力が事実的自由意思の現れであるとしたうえで，一定の精神障害への罹患等からその存否・程度が推定されると考えることで，具体的判断を可能にしようとする議論であると評価できよう。しかし，精神科医は「被告人の犯行時および現在の精神状態」や，当該精神状態と精神障害との関係性について判断を行っているのであって，事実的自由意思の存否等について判断しているわけではない。そうすると，なぜ一定の精神障害への罹患（例えば統合失調症の罹患）が，こうした事実的自由意思の存否（・程度）についての推定を働かせるのか，逆に如何なる事情があればかかる推定が覆るのかについて，明らかではないように思われる。仮に一定の推定が働くというのであれば，そこでは事実的自由意思以外の何らかの要件が「心理学的要件」として措定されているために，推定が可能となっているのではないだろうか。

第2項　論拠の検討

このように，事実的自由意思を責任能力判断の基準に据える有力説には，そもそもその基準としての適格性に重大な問題が認められるとともに，有力説自体も異なる基準を想定することで適用結果を導出しているように思われる。それでは，かかる理解を支持すべき積極的論拠は認められるのだろうか。以下では，まず理論的観点として，責任非難を原理に据えるならば責任能力判断の基準が事実的自由意思となるという論拠について検討したうえで（1），判例の定式との整合性として，昭和6年判例の定式を採用するならば責任能力判断の基準が事実的自由意思となるという論拠について検討することとしたい（2）。

1　理論的観点

理論的観点の論拠として，有力説に立つ論者の叙述においては，責任非難を原理に据えれば責任能力の基準は「違法行為を思いとどまることができる能力」「を前提とせざるを得ない」という観念が示されている。すなわち，既に見たように，有力説の一部が強調するところによれば，責任能力を巡る理解には二つあるとされ，責任非難を原理とする有力説の議論と，危険な性格への特別予防的対応のうち正常者に対するものが刑罰であるという議論とがあるが，後者は心神耗弱の規定の存在と整合的でなく，解釈論として存在の余地はない

---

30)　第1章第4節第1款第1項 *1*。

第4章　刑事責任能力判断の原理・基準・適用

とされ，有力説以外に刑法 39 条全体を合理的に解釈することはほとんど不可能であるとまでされている[31]。

　このような有力説の態度の背景には，事実的自由意思が認められなければ責任非難は有意には成立しないという懸念があるのかもしれない[32]。しかし，これは責任非難一般にとって事実的自由意思が必要であるという議論であって，これが責任能力の基準でなければならないという必要性はないように思われる。例えば故意過失を責任要素と理解したとしても，その基準を事実的自由意思と結びつけて論じる必要はないように[33]，およそ責任非難一般にとって事実的自由意思が必要であると考えるかという議論と，責任非難の個々の要件に事実的自由意思を据えるべきかという議論とは異なる階層の議論であるのではないか。例えば責任非難一般にとって事実的自由意思は必要であるが，これは規範的仮設として前提に置かれるものであると考えるのであれば，それとは異なる観点から責任非難の個々の要件が導かれるべきであろう。

　この点，我が国の有力説の一部が，事実的自由意思と期待可能性とを結びつける形で議論を展開していること[34]からすると，事実的自由意思を基準に据えることを否定するのであれば，期待可能性の理論（ひいては規範的責任論）も否定しなければならないとも考えられるかもしれない。しかし，これも我が国の判例学説史を論じる際に既に検討したように，瀧川幸辰や佐伯千仭は，期待可能性の理論を採用してもなお事実的自由意思を責任能力の基準に据えていたわけではなかったし[35]，期待可能性の理論と事実的自由意思とが関係ないことは夙に木村亀二によって指摘されていたところであった[36]。期待可能性という概

---

31)　第1章第4節第1款第1項，第3項2。
32)　第1章第4節第1款。「本来的な意味での非難は，やはり他行為可能性を前提とし，それを活用しなかったことを咎め，反省を促す契機として位置付けられるべきものである。そうだとすれば，平野博士の見解のように，本人としてはどうしようもないことを『非難』とすることは，全く無意味なことだと思われる」（安田・前掲注 21）19 頁）。
33)　第3章第5節第1款参照。
34)　例えば安田の見解について，第1章第4節第1款第1項2。
35)　第1章第3節第1款第2項。
36)　第1章注 150）。「規範的責任論の確立者の間に在つては……フランクは，責任能力の根柢に自由意思を認めてゐる。しかし，フランクを除いては，ゴルドシュミットも，エー・シュミットも，メッガーも，みな，刑事責任は自由意思とは関係がないと論じてゐるのである。すなはち，ゴルドシュミットは，『刑事責任にとつては自由意思を豫定することは排斥せられる』と爲し，又，エー・シュミットは，『刑事責任の概念は自由意思の假定とは全然関係がない。それは，すべての人間の行動が表象によつて，従つて，又，宗教・道徳・法律の一般的表象によつて，決定せられる，又は，決定せられ得るといふ否定しがたい，そして，否定せられてゐない前提を要求するに止まる』と論じてゐる。メッガーに在つても亦全然同じであつて，彼は，『刑事責任は，倫理的意味で

344

第2節　現在の有力説について

念をどのように理解すべきであるかについては別途検討すべき課題ではあるものの，理論的にみても，国家が如何なる振舞いを行為者に期待するかを論じるにあたって，例えば一定の標準人が当該行為者の状況においても犯行を回避しなかった（或いはその回避が困難であろう）ことを問題とするのであれば，標準人が当該行為者の状況において犯行を回避することと，行為者が事実的自由意思を持っていたこととは必ずしも論理的に関係する議論ではないように思われる[37]。もちろん，犯行の回避を要求する前提として，行為者が犯行を回避し得たことが必要であるとして，事実的自由意思の存在を要求する立場もあり得るが，かかる立場に立ったとしても事実的自由意思の存在を仮設するのであれば事実的自由意思は基準としては要求されないように，期待可能性の議論を承認することと事実的自由意思を基準として要求することは独立した議論として考えることも可能であろう。

　そもそも既に見たように，有力説を採用するか，さもなくば責任非難を原理として放棄するかという議論枠組みは，主に平成期に形成されたものであった[38]。上記の検討からすれば，責任論全般の原理を責任非難の観点から理解したとしても，また期待可能性の議論領域を承認する規範的責任論を採用したとしても，そのこと自体は，事実的自由意思を責任能力判断の基準に据えること

はなく，法律的意味における責任である。故に，それは，いはゆる意思自由の論争とは関係がない。……人間が一般的に，自由に行爲し得るか，又は，彼の行爲が自然法則の鐵則に拘束せられるかといふことは，刑事責任關係には觸れるところがない。何となれば，刑事責任は良心の責任ではなく，單に一の行爲を一定の人格に，その行爲者として，歸屬せしめるだけであるからである。いはゆる意思自由に關する，換言すれば，非決定論と決定論とに關する，論爭は，刑事責任の存立には關係がない』と述べてゐる。これによつても明かなやうに，早計な論者はややもすると規範的責任論を肯定するときは，當然，自由意思説の上に立つて，いはゆる道德的責任論を採らねばならないかのやうに考へてゐるが，實は，決してさうではない。規範的責任論は，むしろ，主として自由意思論と關係なく展開せられ，完成せられたといつてよいのである」（木村亀二「刑事責任の本質」法哲学四季報2号2頁，19-20頁（1949））。

37)　木村は以下のように言う。「規範的責任論を採る場合においては，當然自由意思論と關聯があるかのごとき誤解を生ずる根源は，その責任判斷の基準たる期待可能性の概念の中に，他の行爲の決意に出ることの可能性といふ意味を包含してゐることに在ると考へられる。自由意思の概念の中にも，亦，他の行爲を爲し得る可能性といふ意義が含まれてゐる。道德的責任の本質は，具體的な人間が，具體的な行爲に際して，良心の命ずる規範に從つて他の行爲に出ることが可能であつたにもかかはらず，その行爲に出なかつたといふ良心の呵責を意味するが故に，自由意思を必然的に豫定してゐる。しかしながら，刑事責任における期待可能性の中に含まれたところの他の行爲の決意に出る可能性は，行爲者についてではなく，平均的國民について，若しその平均的國民が行爲者の立場に在つたならばといふ假定の下に問題となるのである。……從つて，期待可能性の見地に立つて責任の有無を問ふことは，現實の行爲者に自由意思があつたか否かとは全然關係がないのである」（木村・前掲注36) 21頁）。

38)　第1章第3節，第4節第1款。

345

第 4 章　刑事責任能力判断の原理・基準・適用

の論拠にはならないといえよう。

2　判例の定式との整合性

　以上に対し，事実的自由意思を責任能力判断の基準に据えることの論拠とし
て，昭和 6 年判例の定式が提示されることもある。すなわち，既に見たように，
昭和 6 年判例のいう「事物ノ理非善悪ヲ辨識スルノ能力」「此ノ辨識ニ従テ行
動スル能力」について，有力説は「行為の違法性を認識する能力」・「行為を思
いとどまる能力」を示すものと捉え，現在の有力説に反することは昭和 6 年判
例の立場と相容れないかのような理解を示しているように思われる[39]。

　しかし，これも既に見たように，このような理解は昭和 6 年判例以前の一般
的理解ではなかった。すなわち，現行刑法制定以降，大正中期に至るまで，責
任能力の理解については，学派的対立を超えて，正常な精神状態・通常の意思
決定を中心的概念とする方向へと収斂していったところ，1920 年代において
は，正常な精神状態・通常の意思決定を全体的に記述したものとして，上記の
ような定式が提示されるに至っていたのであった[40]。このような中で，当時の
学問的議論の到達点を示すものであり，且つ昭和 6 年判例にも大きな影響が認
められる改正刑法仮案の制定過程においても，知情意三つの方面から心理的に
精神作用を考察し，正常異常を判断し，その程度が心神喪失・心神耗弱まで至
っているかを判断するものとして，昭和 6 年判例に類する定式が提示されてい
た[41]。確かに，改正刑法仮案はドイツ系統の草案を参照して作られているが，
ドイツ系統の草案を，現在の有力説のような理解の下で参照した形跡は発見さ
れなかったし[42]，そもそもドイツで，一定の不法等を弁別する能力やその弁別
に従って行為する能力という定式が採用された経緯は，一般的観念からして責
任を問えるような正常な精神状態を叙述することが目的とされていたところ，
その叙述にあたっては，立法者が人間の自由意思の存否について特定の立場を
採用したかのような外観を排斥し，精神科医・素人裁判官にも共有可能な文言
を採用することが求められたために，かかる定式が採用されたというものであ
った[43]。さらに，昭和 6 年判例や，昭和 7 年判例における事案の解決も，「普

---

39)　第 1 章第 2 節第 2 款。
40)　第 1 章第 2 節第 1 款。
41)　第 1 章第 2 節第 2 款第 1 項。
42)　第 1 章第 2 節第 2 款第 1 項。
43)　第 2 章第 2 節第 1 款。

346

通人ノ有スル程度ノ知情意三方面ノ精神作用」がどれほど存在しないかを問題
としており，当時の学説の展開と軌を一にするものであった[44]。

このようにみると，仮に昭和6年判例の定式を有力説のように解釈すること
ができるとしても，昭和6年判例の定式自体が有力説の論拠となるわけではな
いということができよう。

第3項　小　　括

以上のように，事実的自由意思を責任能力判断の基準に据える有力説には，
基準としての適格性の問題が認められるとともに，有力説自体も異なる基準を
想定することで適用結果を導出しているところ，これを積極的に支持すべき論
拠も乏しいように思われる。

第2款　規範的自由意思と責任能力基準

前款では事実的自由意思が責任能力基準として不適格であることを見た。こ
の点，我が国の議論においては，事実的自由意思とは異なる意味で「自由」或
いは「自由意思」との用語を用いて議論を定立する見解も見受けられるところ
である[45]。もっとも，責任能力の基準として，仮に事実的自由意思とは異なる
何らかの基準を定立するのであれば，原理・基準・適用の一貫性の観点からす
れば，もはや事実的自由意思が責任非難にとって必要であるとの原理は，責任
能力の基準を基礎づける原理としては持ち出すことができないはずであって，
如何なる原理がその基準を支えているか，またかかる基準が如何なる適用結果
をもたらすかについてなお検討を及ぼす必要があるだろう。

本款では，より規範的観点から捉えられた「自由」「自由意思」を用いて基
準を定立する議論として，当該具体的状況において行為者が犯行を回避するこ
とを「期待」し得るという「自由意思」を基準とする議論を見ることとした
い[46]。

---

44)　第1章第2節第2款第2項。
45)　このような修正の萌芽が我が国の議論においても見受けられ始めていることについては**序章**で
　も見た（序章第1節第3款**第1項2（3）**）。
46)　なお，このような期待可能性という観点から理解された「自由意思」以外の意味で規範的に捉
　えられた自由意思を重視する見解も存在している。
　　例えば，ドイツにおいては，事実的自由意思とは異なる概念として「規範的応答可能性」が責任

347

第4章　刑事責任能力判断の原理・基準・適用

第1項　議論の概要

ここで規範的自由意思を標榜するものとして検討する議論は，当該具体的状況において行為者が犯行を回避することを「期待」し得るという「自由意思」を基準とする議論である。

例えば，我が国の学説として以下のような議論が存在する。すなわち，井田良によれば，「責任とは，意思の自由（ないし他行為可能性）の存在を前提とした判断である」ところ，「法的責任の前提となるのは，経験的事実としての自由と可能性ではありえない。なぜなら，意思の自由が行為の時点における事実として存在することの科学的証明は（一般論としても，また個別事例においても）不可能だからである。また，行為者個人にとり，異なった意思決定が現実に可能であったのか，どの程度に可能であったのかを責任判断の標準にするとすれば（行為者標準説），性格のもつ強い傾向性ゆえに，その行為者にとっては当該違法行為に出ることが当然であると考えられる程度に応じて，自由の余地は狭まり，責任は否定されることになってしまう。」そして，「責任の有無と程度を決めるための基準としての自由と可能性は，経験的事実ではなく，規

能力基準であるとしたうえで，規範的応答可能性とは，砂糖が溶けやすい，グラスが脆いというのと同じように，その内在的な特性であるディスポジションであって，仮に犯行状況において行為者が規範適合的に反応しなかったとしても，「これまでの生活のその他の様々な状況において十分に明らかである」規範的応答可能性というディスポジションを犯行時に有していたということには変わりがないとする見解が存在していた。もっとも，かような見解には，責任が当然あると考えられるところの常習的確信犯についても，同様の犯行状況において常に犯行を回避していないのであるから，かかる基準を満たし免責されてしまうとの問題性が存在していた（以上につき，**第2章第3節第2款，第3款**）。

また，近時町野は，事実的自由意思を確定することが困難であることを指摘しつつ，「ある事態が因果的に決定されていることは，それに対する価値判断を不可能とするものではない」として，「問題は抽象的な自由意思の存否ではなく，どのような事実によって意思が決定されているとき，これを不自由とし，制御能力が欠如するかである」とし，「制御能力は，抽象的な自由意思能力ではなく，行為者の意思が『精神の障害』によって決定されていないことである。決定されていたとは，精神の障害がなければ行為者は犯罪を行わなかったであろうということではなく，それが行為者の意思決定を支配したということである」として，判例や難解概念司法研究の定式を，かかる整理の中に位置づけている（町野朔『刑法総論』301-303頁（信山社，2019））。しかし，そうすると町野自身がかつて指摘していたように，なぜ「精神の障害」の場合にのみ比較的広範な責任非難の減退が認められるのか（すなわち，なぜ「犯罪的環境での生育」からの「自由」や，〔財産犯における〕貧困状態からの「自由」がないとされる範囲よりも，「精神の障害」の「支配」からの「自由」がないとされる範囲の方が広いのか）との問題に直面しよう（この点は本款**第2項**も参照。また，幻聴により「犯罪をするよう強制されていると感じた」ために免責するならば，ペドフィリア・クレプトマニア等も主観的衝動のレベルでは同様の状況にいるため免責されるはずだとの批判について，**第3章第1節第3款第1項**参照）。

348

範的要請ないし仮設……として前提に置かれるものでなければならない。刑法は，行為者に対し，この社会をともに構成する者としての平均的な要求に応じることを期待し，その要求に反する以上，責任を肯定すべきである（平均人標準説）。責任判断の標準は，当該の具体的状況に置かれた行為者は，社会の側から如何なる意思決定ないし動機づけの制御をどの程度に期待されるかという社会的期待の有無と程度である。」と。もっとも，井田は以下のようにも述べている。すなわち，「行為の違法性を認識し，かつこれに従って動機付けを制御しうる能力」である責任能力の判断において，その「本質的部分は，その心理学的要素（弁識能力と制御能力）にあるといえる」が，「精神障害の診断と離れて，心理学的要素の判定を行うことは困難である。とりわけ，制御能力の有無の判断は，自由意思があったかなかったかの判断と同一に帰するともいえる。生物学的要素を度外視して，制御能力の判断を行うことは事実上不可能である。」と[47]。

　これらを整合的に読むのであれば，責任非難の要件は事実的自由意思ではなく，「社会的期待」としての「自由」「自由意思」の「有無と程度」であるところ，責任能力判断は，かかる「自由意思」に関する判断を中心として行うことになろう。その判断が，なぜ「生物学的要素」により可能になるかは明確でないものの，「精神障害の診断」に重要性を認めながら，「この社会をともに構成する者としての平均的な要求」における「意思決定ないし動機づけの制御」の「期待」を判断することで責任能力判断を行うことを志向しているといえよう[48]。

　このように平均人基準の「期待」の有無及び程度によって責任能力判断を行うという議論は，既に本書でも検討したように，ドイツ学説にも見受けられるものであった。すなわち，ドイツにおける有力説は，事実的自由意思を基準に据えることに対して強い批判を当てたうえで，行為者の「外的状況及び内的状

---

47)　以上につき，井田・前掲注24) 389-391頁，399-404頁。

48)　近時，「行為者にとって，他行為を選択することが期待できない場合に責任を問わないとする規範的責任論の主張それ自体は正当なものであると思われるが，他行為可能性を厳密に証明することができない以上，その点を正面から受け止めた検討が不可欠であろう。制御『能力』という表現は，仮定的判断に基づく他行為可能性（制御し，犯罪に出ないことが可能であったこと）を前提としているが，むしろ，いかなる状況下で制御することを期待すべきか，あるいは，制御しなかったことを非難の対象にできるかを問題にすることも考えられよう。」とするものとして，橋爪隆「日本における責任能力をめぐる議論について」甲斐克則編『刑法の重要課題をめぐる日中比較法の実践』33頁，55頁（成文堂，2020）。

況」における平均人に行為者を置き換えることによって，責任能力判断を可能にしようとしていたのであった[49]。

このような立場からすれば，責任能力判断の実践としては，精神障害の罹患等を含む行為者の外的状況及び内的状況において，行為者に犯行の回避を期待することが適切であるかを問うたり，当該状況において行為者を平均人に置き換えた場合に，当該平均人が犯行を回避したであろうかを問うたりすることによって，具体的判断を行うことになろう[50]。

第2項　検　討

1　判断の限界

期待可能性という言葉が規範的責任論の下で広く使われていることからすれば，このように期待可能性と結びつける形で責任能力判断を展開することも自然であるようにも思われる。通常の期待可能性判断の例としては，盗犯等防止法（盗犯等ノ防止及処分ニ関スル法律）1条2項も考えられるところ[51]，反応性うつ病等の場合（例えば介護や育児に疲弊し〔反応性の〕うつ病に罹患し，将来を悲観して被介護者や幼児を殺害したような場合）については，同様の判断として責任非難の減退を認めることが適切な場合もあるだろう。

もっとも，かような判断を，心神喪失・心神耗弱に至る典型例であると考えられている統合失調症の場合等において如何なる判断に至るかを考えると，なおその判断には限界があることが明らかとなるように思われる。

すなわち，夙に町野が指摘していたように[52]，とりわけ精神障害と犯行との

---

49)　第2章第3節第1款。

50)　なお，平均人が犯行を回避しない場合にはその者は犯行を回避し得なかったとして，平均人との比較の作用を以て，事実的自由意思を基準として支持する見解も，ドイツにおいて見受けられたところであり（第2章第3節第1款参照），我が国でも同様の理解が見受けられる（例えば，箭野章五郎「刑事責任能力における『精神の障害』概念」法学新報115巻5・6号285頁，318頁以下（2008））。しかし，既に検討したように，行為者が犯行に至ったにもかかわらず，何かしらの平均人を当該状況に置くならば犯行に至らないというのであれば，そこにおいては一定の要素（例えば抵抗力の弱さ）が行為者から捨象されているはずであって，かような平均人が犯行に至らなかったことは，必ずしも行為者自身が犯行を回避し得たことを意味しないように思われる（第2章第3節第1款第2項，第3項）。

51)　團藤重光『刑法綱要総論〔第3版〕』326-327頁（創文社，1990）。もっとも，同項の性格については徳永元「盗犯等ノ防止及処分ニ関スル法律第一条について」九大法学114号1頁（2017）を参照。

52)　「一般的にいって，違法性の錯誤の回避不能が認められるのは例外的な場合である。適法行為の

第 2 節　現在の有力説について

関係が問題にならない場合の期待可能性の判断を，そのまま統合失調症等の場合における刑事責任能力の議論に当てはめるならば，狭小とも思われる適用範囲に至るように思われる。例えば安田が（論者のいう）「国家標準説」による期待可能性判断の内容として提示するものを見ると，「残る理論的可能性は，他行為可能性をあくまで行為の時点のものに限ったうえで，残された可能性をフル活用するよう法規範からの期待可能性を強めることである。最も厳しいことを言うならば，常習犯といえども，警察官の眼前では犯行に及ばないであろうし，粗暴癖があって爆発寸前まで衝動をため込んだ者でも，手当たり次第に物を破壊し，壁を殴りつけるなどして，衝動を解放することにより，他者の生命・身体を危険に晒すことを回避することはできよう。」「ここで重要なのは，他者の重大な利益を侵害しないために当該行為者としてぎりぎり何ができたのか，何をすればその結末を避けられたのかであり，他者の重大な利益侵害の回避を絶対譲れないものとする観点からの厳格な要求を仮定すれば，当該行為者でも思いとどまったであろうと言える場合がかなり多くなることは間違いないことは確認しておく価値があろう」とされている[53]。以上の見解は期待可能性の議論を事実的自由意思と結びつける見解ではあるものの，仮に期待可能性を事実的自由意思と結びつけないとしても，通常の期待可能性判断としては，一般的には上記のように極めて厳格に法遵守が期待されていることが指摘できるだろう。

　しかし，このように「ぎりぎり何ができたのか」を問うならば，統合失調症や躁うつ病の罹患者に対しても同様に免責が否定される場合が「かなり多くなる」ように思われる。すなわち，例えば「粗暴癖」がある者が「爆発寸前まで衝動をため込んだ」ために怒りの対象である相手方に暴行を行った場合でも，（行為時点においては存在せず，それゆえに仮定されていると考えられる）[54]犯行の抑

――――――――――

期待不能が認められることは，おそらくそれより例外的で狭い範囲に限られるだろう。もし……精神障害者の免責も一般人のそれと同一の基準によるべきだとするなら，彼らがこれらの理由によって処罰を免れることはきわめて困難になる」（町野朔「精神障害者の責任能力の診断学――法学の立場から」精神科診断学 4 巻 1 号 31 頁，33 頁（1993））。

53)　安田・前掲注 21) 21 頁。また，同「一般予防論の現在と責任論の展望」法時 88 巻 7 号 6 頁，13 頁以下（2016）。

54)　或いはここでは，あくまでも行為者本人に存在する抑制「力」を問題にしているのかもしれない。しかし，現に抑制されなかった場合になお抑制「力」があったというのであれば，その「力」の意味が問題になる。これが同様の状況においては抑制したであろうという意味で理解されているならば，本款で既に見たように，常習的確信犯にはかような抑制「力」はなかったことになるのではないか。

351

制が内心に存在すれば犯行を避けられたというのであれば，幻覚や妄想，一定の病的体験が存在しようとも，同様の抑制があれば犯行を避けられたとして，責任非難の減退は必ずしも認められないのではないか。例えば，「隣人から除け者にされるなどの嫌がらせを現実に受けていた者が憎しみを募らせ，これが犯行動機となって大量殺人に及んだ場合」には「十分な非難を向けうる」[55]にもかかわらず，隣人が頭の中で「自分の行動を……批判」したり「電磁波で体をしびれさせ」てきたりしており，「巨大ストーカー組織が自分を狙って」いるという幻聴・体感幻覚・妄想が契機となって当該隣人を殺害したようなケースにおいては，場合によっては免責にまで至るということ[56]について，説明がつかないように思われる。

2　更なる修正の余地

このように，とりわけ精神障害と犯行との関係が問題にならない場合の期待可能性の判断を，そのまま刑事責任能力の議論に当てはめることは，必ずしも妥当な責任非難の減退の範囲を画し得ないように思われる。

そこで，かかる事態を回避する方法としてドイツ学説において見受けられたのは，一定の病気の存在を期待可能性判断の要素として承認することで，精神障害と犯行との関係が問題にならない場合の期待可能性判断よりも幅広い責任非難の減退の余地を認めようとする理論構成であった。すなわち，ドイツの有力説の一部においても見られたように[57]，期待可能性における期待の程度を“精神病”の有無と連関させることによって，“精神病”については規範適合的な振舞いへの期待が減退すると考えつつ，例えば遍在するような情動等については基本的に減退しないとする考え方を採用するのであれば，一定の病的体験

　或いは，如何なる人間であっても犯行を回避するような抑制「力」が存在するという前提が置かれており，本文に見たような「粗暴癖」ある人間にもかような抑制力があると考えているのかもしれない。しかし，そうだとするならばなおのこと，統合失調症等の罹患があろうとも犯行を回避する抑制力は存在するという前提になるはずであるし，仮に両者について前提とされる抑制力が異なるならば，なぜ異なるかが問題とされなければならないのではないか。

55)　小池信太郎「妄想と責任非難に関する小考：完全責任能力を認めた裁判例の分析を中心に」慶應法学40号137頁，154頁（2018）。

56)　日本刑法学会第96回大会の分科会Ⅰにおいて前提とされた事例（岡田幸之「精神科医から見た法律家が考えるべき問題」刑雑58巻2号154頁（2019）を簡易にしたものであるが，かかる事例において，心神喪失となるのではないかとの評価が報告者により示されている（研究者の側として，樋口亮介「責任非難の構造に基づく責任能力論」同171頁，186頁，実務家の側として，園原敏彦「樋口報告及び小池報告に対するコメント等──裁判官の立場から」同202頁，349頁）。

57)　**第2章第3節第1款参照。**

等と犯行との関連性がある場合には期待が減退するとして，上記のような精神障害と犯行との関連性が問題にならないような場合の期待可能性の判断とは異なる判断を是認することができよう。

　しかし，これも既に検討したように，ここで問題となるのは，なぜ「病的なもの」であれば大幅に期待が低下し，そうでなければ期待が低下しないのか，という原理の問題である[58]。すなわち，「犯罪的環境の中で生育されたために，違法性の意識の可能性あるいは適法行為の期待可能性が欠如していたから責任がない，という抗弁をそのまま認めることは困難である。しかし，精神障害のためにそうなったときには，刑法39条1項によって責任阻却を認めなくてはならない」[59]というのであれば，その理由が問題になるように思われる。かかる問題は，序章でも見たように，何が「病的なもの」と評価されるかについて検討を及ぼすと，顕在化するように思われる[60]。すなわち，例えば人格障害や窃盗癖については「病的なもの」と評価されるか否か，仮に評価されるならば人格障害との診断名はつかない人格の偏り等とはなぜ区別されるのか，仮に評価されないならば何が異なるのかについて，更なる検討の余地が必要になるところ，この点についての指導的原理が存在しないことが明らかになろう。

　このようにみると，一定の精神状態の異常を理由に責任非難が低下するとの議論を，期待可能性判断の内部において承認するとしても，何が正常・異常であるかについては，「社会的期待」としての「自由」「自由意思」の概念自体から直接には導出されないように思われる[61]。そうすると，如何なる精神状態の異常について責任非難の低下が認められるか，なぜ認められるかについては，なお独立して考察の対象とされる必要があるように思われる。

第3項　小　　括

　本款では，自由意思を期待という観点から規範的に捉え，期待可能性判断に

---

58)　第2章第3節第1款，第3款。

59)　町野朔「『精神障害』と刑事責任能力：再考・再論」内田文昭先生古稀祝賀論文集編集委員会編『内田文昭先生古稀祝賀論文集』141頁，148頁（青林書院，2002）。

60)　序章第1節第3款**第1項 *2***。

61)　精神障害と犯行との関連性が問題にならないような場合の期待可能性の判断とは異なる判断として刑事責任能力の判断を行うべきではないかとの示唆は，ドイツ法の検討（**第2章第5節**）からも，アメリカ法の検討（**第3章第5節**）からも導かれたところであった。もっとも，一定の精神状態の異常を理由に責任非難が低下するとの議論を（いわば広義の）「期待可能性」の概念の下に承認できるかどうかは別の問題である。

353

第4章　刑事責任能力判断の原理・基準・適用

よって責任能力の議論領域にも説明を及ぼそうとする理解を見た。本款の検討からすれば，通常の期待可能性判断と同様の判断を刑事責任能力に適用するならば，反応性うつ病等一定の場合には適切に判断し得るものの，心神喪失・心神耗弱に至る典型例であると考えられている統合失調症の場合等において，妥当な適用範囲を画し得ないといえよう。かかる問題を回避するために，更なる修正として「病的なもの」と期待の程度を連関させるとの理論構成があり得るものの，そこでは一定の精神状態の異常が責任非難を減退させることについて，通常の期待可能性判断とは異なる原理から支持されているといえるのであって，この点を更に独立して考察の対象とする必要があることが導かれた。

第3款　小　　括

　本節では，我が国の判例学説史における二つの理解，すなわち有力説の議論枠組みに対応する理解である〈自由意思〉として責任能力を把握する理解と，実践的な議論枠組みに対応する理解である正常な精神状態・通常の意思決定として責任能力を把握する理解のうち，前者とそのヴァリエーションについて検討を行った。本節の検討においては，前者をそのまま（事実的自由意思として）維持することは困難であり，事実的自由意思に依拠しない期待可能性判断へと実質的に修正することが相対的に望ましいことが示される一方，精神障害と犯行との関係が問題にならない場合の通常の期待可能性の判断を，責任能力判断の議論領域に適用すると，一定の精神障害については適切な判断をし得るとしても，典型例であるところの統合失調症等の場合における責任非難の減退の説明に窮することが示された。

　このように見ると，通常の期待可能性判断によって一元的に責任非難の減退の説明を行うのではなく，とりわけ統合失調症等の場合における責任非難の減退を説明し得る議論を別途承認することが望ましいように思われる。そして，かような責任非難の減退は実践的判断において支持されていたところであったが，かかる議論枠組みは，正常な精神状態・通常の意思決定として責任能力を把握する理解と親和的なものであった。そうすると，通常の期待可能性判断によって責任非難の減退を説明する議論領域自体は承認するとしても，これによって一元的な説明を導くのではなく，なお正常な精神状態・通常の意思決定として責任能力を把握する理解について，責任論・責任非難の議論内部において

承認し，併置し得ないかが問題となろう。そこで，次節では私見として，かかる理解に基づく責任非難の減退について原理・基準・適用を巡る議論の展開を試みるとともに，通常の期待可能性判断を含め異なる原理に基づく責任非難の減退の併置もあり得ることを示すこととしたい。

第3節　私見の展開

　本節では，展望も含め私見を述べることとする。まず，統合失調症の病的体験下での犯行に対する責任非難の減退について，「精神状態の法的了解」という観点から議論を展開したうえで（第1款），その他の原理による責任非難の減退の可能性について論じ（第2款），明らかとなった私見について，更なる具体化を図るべく，近時の統合失調症・妄想性障害と犯行とが関連する事案についての裁判例の分析を行うこととしたい。

第1款　「精神状態の法的了解」と責任非難の減退

　前款の事実的自由意思・規範的自由意思に関する検討から，とりわけ統合失調症の病的体験下での犯行に対する責任非難の減退を論じるにあたっては，精神状態の異常と責任非難の減退との関連性を直截に検討する必要性が示されたように思われる。この点，正常な精神状態・通常の意思決定として責任能力を把握する理解は，現行刑法制定直後の一般的な議論であるとともに，昭和6年判例のみならず戦後の判例裁判例の大枠や近時の司法研究も，これと親和的な理解を示していたものの，かかる理解には我が国の判例学説にもヴァリエーションがあったように，また同様の観点に着目する独米の学説にもヴァリエーションがあったように，その正常さをどのような観点から定めるかについては，必ずしも一義的ではないところであった。

　本款では，まず昭和6年判例当時の学説を手掛かりに，非難する側における把握を超える異常が，行為者の精神状態に介在している範囲については，責任非難における規範的評価の前提をそもそも欠くものであるとの原理を提示したうえで（**第1項**），その基準に「精神状態の法的了解」との呼称を与えるとともに，その意義を示す限度で，他の正常さに着目する学説や精神医学上の議論

355

第4章　刑事責任能力判断の原理・基準・適用

との相違を論じる（**第2項**）。そして，諸判例の検討を通じて，上記の基準が
とりわけ統合失調症の病的体験下での犯行についての責任非難の減退を説明し
得ることを示すとともに，適用範囲の明確化を図ることとしたい（**第3項**）。

第1項　原理の提示

1　精神状態の把握と責任非難の関係

　一定の精神状態の異常が責任非難の減退を説明するとの議論について，その
原理を探るには，昭和6年判例が，犯行と関連する行為者の精神状態について，
全体的に考察し，その異常の存否及び程度に応じて責任非難が低下するとの議
論を示すものとしてその定式を支持していると評価できることに今一度立ち返
ることが有益であろう。すなわち，昭和6年判例や昭和7年判例の事案の解決，
また同時期に進行していた改正刑法仮案制定過程においては，知情意の三つの
方面から全体的に精神作用を考察し，正常異常を判断し，その程度が心神喪失
にまで至っているかを判断することが想定ないし是認されていたと評価できる
ところ，かかる議論は，当時の学説の一般的理解としても見受けられたところ
であった[62]。そうすると，（昭和6年判例同様の定式が見受けられるようになった）
1920年代における刑事責任能力を巡る議論について，今一度再検討すること
が有益であるように思われる。

　そこで同時代の議論を見ると，これを新派的見地から捉えるものも存在した
ものの，しかし責任非難の観点からこれを捉える理解も有力に主張されていた
のであった。その中でも，とりわけ原理について積極的な主張を展開していた
瀧川幸辰は以下のように述べていた。すなわち，「行為ニ対スル非難ヲ行為者
ニ帰セシメ得ル所ノ行為者ノ精神能力」であるところの帰責能力・責任能力に
ついて，責任は裁判上行為者を評価するにつき意義を有する要件であるが，評
価は評価する主体が評価の対象に対して有する意味であるところ，その根底を
なすものは主体の主観的経験に他ならないのであって，我々が評価すなわち判
断し得るものは我々自身が体験する事柄であり，我々は自己の内面生活で直接
経験し得ることでなければ，他人の心持ちになって考えることや他人の心持ち
を理解することはできないとして，人が一般的に体験し得ること・経験の可能

---

62)　第1章第2節。

356

第3節　私見の展開

を原理として据えていたのであった。そして同様に，久礼田益喜も，我々は自己の精神状態から他人の精神状態を推測するより他はないから，他人の意識や反動方法が自己のそれらと類似しており，そして我々の経験から抽象した類型に他人のそれも一致していることが帰責の前提条件になるとして，責任能力とは通常の意思決定能力であり自由意思とは無関係であるとしていた。

　この点，経験の可能・経験の類型に着目して精神状態の正常さを定めることに対しては，激情犯や虐待を行う者の精神状態も経験の範囲外ではないかとの批判があり得るところである。しかし，同時代の島田武夫は以下のように述べて応答を試みていたのであった。すなわち，我々は自ら経験しないものについては判断することはできず，判断し得べきものは自ら固有の精神によって経験したものに限られるところ，我々は永久に他人の精神状態を経験することはできないが，自己の精神状態を類推した結果として他人の責任能力を決定しているのであり，同一時代同一文化の社会ではかかる類推は多くは異ならないものの，精神病者の精神状態や強度の精神混濁状態はその範囲には含まれないと[63]。

　以上の議論を敷衍するならば，以下のように原理を展開することも一つの論理としてあり得るように思われる。すなわち，責任非難は基本的に行為者の精神状態に着目するものであるところ，責任非難を行うにあたっては，非難する側が，行為者の精神状態を把握したうえで，これに対する規範的評価として責任非難が行われる。例えば，仕事上のトラブルから被害者に対して恨みを抱き殺害した行為者に対しては，職場等における現実の紛争から恨みの感情を抱き，その発散として殺害の欲求が生じ行為に及んだとの精神状態の把握を行い，これに対して責任非難を加えていると思われるが，ここでは，非難する側において，仮に人を殺害するほど恨むという経験をしたことがなくとも，「当該紛争のような現実の紛争があった際に他者に対して恨みを抱くことも通常あること」を前提に，「恨みを抱いた際にその対象に否定的態度をとることも通常あること」の延長線上において，上記のような精神状態の把握が行われることが前提となっているといえよう。そうであるならば，かような精神状態の把握の範囲外に置かれるような状態については，責任非難の規範的評価の前提[64]をそ

---

63)　以上につき第1章第2節第1款第2項1。

64)　なお，本文で前提という用語を用いているが，このことは責任前提説・責任要素説を巡る議論と必ずしも関連するものではない。これらの用語は多義的であるが（参照，團藤・前掲注51）267頁以下），責任要素説を支持すべき理由としては，責任能力者にも故意過失を認めるべきであることや，部分的責任能力を認めるべきであることが挙げられるように思われるところ（例えば，佐伯

357

第4章　刑事責任能力判断の原理・基準・適用

もそも欠くものであって，責任非難が妥当しないことになろう。具体例については**第3項**において検討するところであるが，例えば，緊張病性興奮の下で動機にも犯行態様にも何ら説明のつかない支離滅裂な犯行に及んだ者については，そもそも評価対象となる精神状態が，上記のような経験等の作用によっては把握し尽くされない部分を有しているために責任非難の減退の対象となるといえよう。

2　責任論における位置づけ

　かような責任非難の低下は，盗犯等防止法1条2項（例えば自己の住居に不法に侵入した者を，驚愕のあまり殺傷した場合）や「飢え死にしそうな人が耐えきれずにパンを盗んだような場合，これを窃盗罪として非難できない場合もあろう」という場合[65]における責任非難の低下（通常の期待可能性判断）とは異なるものである。通常の期待可能性判断においては，行為者の精神状態が非難する側において把握される範囲に十分収まっていること（例えば「自己の住居に不法侵入者がいれば，殺傷行為に及ぶほどの驚愕に陥ることもあること」）を前提に，その精神状態或いは「具体的な経緯や動機の持ち方」について「どの程度共感，同情できるかの評価」[66]が行われるように思われる。例えば，盗犯等防止法1条2項のような場合は，その精神状態は上記のような把握の範囲に十分収まっており，且つ「共感，同情」の対象となるとしても，身勝手な犯行や逆恨みによる犯行については，その精神状態は上記のような把握の範囲に十分収まってはいるが，「共感，同情」の対象にはならず，責任非難が十分向けられることになろう。これに対して上記の議論は，例えば緊張病性興奮の下で動機にも犯行態様にも何ら説明のつかない支離滅裂な犯行については，「共感，同情」ではなく，その精神状態が上記のような把握の範囲を超えているために責任非難の前提を欠くとの議論であって，異なる原理に根差すものであるといえよう。

　このように異なる原理に根差すものであると理解することによって，なぜ通

仁志『刑法総論の考え方・楽しみ方』322頁（有斐閣，2013），高橋則夫『刑法総論〔第5版〕』（成文堂，2022）），本文の理解は（故意過失の理解によるが）責任能力者の故意過失を必ずしも否定するものではないし，犯行と関連する精神状態を問題としている以上，部分的責任能力を否定するものでもない。

65)　西田典之『刑法総論〔第2版〕』294頁（弘文堂，2010）。

66)　小池信太郎「精神障害と量刑判断——犯情評価をめぐって」刑雑58巻2号188頁，196頁（2019）。

358

第3節　私見の展開

常の期待可能性判断による免責は極めて例外であるのに対して，一定の精神障害が犯行と関連する場合における免責については相対的に広く認められるのかについても一定の応答が可能になるように思われる。前節で見たように通常の期待可能性判断においては，法益保護を重視することによって，法遵守の期待を厳格に要求することが可能であり，それゆえに免責は極めて例外になるのに対して，上記のような把握の範囲を超えることによる責任非難の減退については，法益保護を重視したとしても，把握が困難である精神状態がより把握できるようになるわけではないからである。勿論，精神状態にどれほど上記のような把握の範囲に収まる部分が存在すれば責任非難を行うことが許されるかについては議論の余地があるものの[67]，両者が異なる原理に根差すことを承認することによって，両者が異なる基準となることも是認されよう。

　なお，刑事責任論一般の議論として，我が国の学説においては一般的に規範的責任論が採用されていること，またとりわけ，1920年代においては，我が国の一般的な刑事責任論の叙述では未だ規範的責任論が見受けられていなかったこと[68]からすれば，上記のような議論が規範的責任論と如何なる関係に立つかも問題となり得よう。この問題は，上記のような議論の性質のみならず，規範的責任論それ自体の性質・内容について検討を要する問題であることからすれば，規範的責任論それ自体についての検討を及ぼしていない本書の知見からは，確定的な応答を与えることはできない。しかし，これまでの本書の検討からすれば，上記のような議論は（その位置づけはなお議論の余地があるとしても）少なくとも規範的責任論とも整合的に理解し得るということは言えるように思われる。既に前節において，規範的責任論が事実的自由意思を責任能力基準として要求する議論ではないことは示したところであるが[69]，一般的な理解においても，（一般的に対置される心理的責任論と比べた）規範的責任論の意義は，責任非難が規範的判断の性質を持つものであり，責任能力や故意（過失）が存在するとしても責任非難が妥当しない場合があり得ることを認める点に求められている[70]。そうであるならば，上記のような意味で一定の精神状態の異常が存

---

67)　この点については，例えば本款**第3項2**(2)。

68)　木村亀二の1928年の論稿での紹介も含め，**第1章注129**）参照。

69)　本章第2節第1款**第2項1**。

70)　例えば山口厚『刑法総論〔第3版〕』197頁（有斐閣，2016）。「規範的責任論は責任の實質を以て非難（又は非難の可能性）にありとなし，更にその非難は，現に或る違法な行爲を行つた者が，その行爲の際の諸事情から見て，もつと別の適法な態度をとり得た筈であるといひ得る場合にのみ

第4章　刑事責任能力判断の原理・基準・適用

在する場合には責任非難が減退するとの議論も，特にこの議論が期待可能性判断の前提として問われているものを明らかにする議論であることをも踏まえると，規範的責任論に反するものとはいえないだろう[71]。

第2項　「精神状態の法的了解」という基準

上記のような原理からは，犯行と関連する行為者の精神状態において，非難する側における把握の範囲を超えるものが（どれほど）介在しているかが基準として導かれることになろう。ここでは，行為者の精神状態について，これが責任非難という法的観点から了解の範囲を超えるものをどれほど有しているかが問題とされていると言えることから，かかる基準を「精神状態の法的了解」と呼称することができよう。以下では，この基準の意義を示すのに資する限度で，他の学説との相違を示したうえで（1），この基準と判例の定式との関係について述べることで（2），基準の明確化を図りたい。

1　基準の意義・他の学説との相違

上記の基準は，犯行と関連する行為者の精神状態を判断対象とする点と，法的観点からの了解を判断方法とする点において特徴を有している。以下では，これと相違する学説とも対比しつつ，それぞれについて意義を示すこととしたい。

（1）判断対象について

判断対象は，犯行と関連する行為者の精神状態である。以下では，犯行と関

可能であると主張するものである。」（下線筆者）「稀れには，行為者に責任能力も結果や違法性の認識（又は認識の可能）も備つてゐるにも拘らず，而もなほ彼に他の行為を期待できない場合がある。かやうな場合には最早行為者を非難することは不可能であつて，刑法上も亦責任なしと斷定しなければならない。——これが即ち期待可能性の思想の要旨なのである。」（佐伯千仞『刑法に於ける期待可能性の思想』1-2頁（有斐閣，1947））。

なお，これは徳永元の整理によれば「狭義の期待可能性論」の内容である（徳永元「責任主義における期待可能性論の意義について（1）」九大法学107号1頁，5頁以下（2013））。そこで対置されている「広義の期待可能性論」は，責任非難全体の構造を問うものであるため，これと本文記載の議論との関係は本書の射程を超える。

71）　以上の議論は，期待可能性判断を受容する責任論であれば受容可能な議論であり，責任論全体について，責任非難に基づく責任論を構想する立場からも，積極的一般予防論に基づく責任論を構想する立場からも採用可能な議論である。この点については，伝統的責任概念からも積極的一般予防論からも，帰責論の内容は如何なる事態があればその者を非難できるかという前法的な規律へと帰着するとのFristerの議論（第2章第4節）も参照。

360

第3節　私見の展開

連する状態であること，精神状態であること，そして（仮定的ではなく）現実的な精神状態を問題にするものであることについて，それぞれ意義を示すこととしたい。

(a)　犯行との関連性

「精神状態の法的了解」は，犯行と関連する行為者の精神状態を判断対象とするものであって，行為者の罹患する精神状態の診断名のみによって（すなわち犯行との関連性を問題としない形で）判断を行うものではない。

既に見たように，中田修はそのコンヴェンション論の一部として，精神分裂病の症状の重さや行為との関連性の証明が困難であることを理由に，（著明な寛解状態に達している場合を除き）「病状の軽重や，症状と犯行との動機的関連性を考慮する必要がなく，つねに責任無能力である」という「精神分裂病即心神喪失」を主張していたところであるし[72]，アメリカ学説においても，幼児らが人間ではあっても道徳的主体性・人格が認められないように，一定の精神障害罹患者についても道徳的責任が帰属しないとして，具体的行為と関係なく免責を認める地位免責を主張する学説が存在していた[73]。これに対し，我が国の実務においては，昭和59年判例が，当該事例の判断に限ってではあるが，行為との関連性を問うことなく，罹患している精神障害の障害名のみによって心神喪失等の判断を行うことを否定しており，少なくとも「精神分裂病即心神喪失」との考えは判例上否定されたのであった[74]。

理論的に見ても，行為との関連性を問うことなく，一定の精神障害の罹患のみを理由として心神喪失・心神耗弱との判断を行うことは，一定の精神障害者に対して異常者との評価を与えるに等しく，既に我が国の学説上指摘されているように妥当でないように思われる[75]。また，アメリカ学説においても，精神

---

72)　第1章第3節第2款第2項2。

73)　M. S. Moore の見解について第3章第2節。また，かつて大谷が，人格構造に国民大多数のものとは異なった性質が認められる場合には，法の名宛人として予定されておらず責任能力を否定すべきであるとしていたことについて，第1章第3節第2款第1項2 (1) (b)。

74)　以上につき，第1章第3節第3款。

75)　例えば，水留は，「今日の精神障害者処遇の中心に据えられているのは，ノーマライゼーション」であり，「精神障害者も責任の主体であるということは，社会で共生する条件としても，反差別という観点からも要求される」としたうえで，かかるノーマライゼーションの主張は，行為者の「人格」や「主体性」を基準に据える「主体性説の見解に対する批判としては意味がある」として，「ここで指摘されているのは，主体性説が責任判断に刑法を離れた行為者の人格全体を持ち出すことの不当性なのである」としていた（水留正流「責任能力における『精神の障害』——診断論と症状論をめぐって (2・完)」上法50巻4号195頁，213-215頁 (2007)。また第1章第4節第1款第2項2）。安田拓人「心神喪失と心神耗弱——その運用」ジュリ1230号14頁，17頁 (2002)) も参照。

361

第 4 章 刑事責任能力判断の原理・基準・適用

障害に罹患した者も，その者自身が精神障害なのではなく，精神障害罹患者に過ぎないのであって，例えば妄想性障害の妄想的信念は，その信念に関する文脈においてのみ働くのであり，精神病罹患者もほとんどの生活領域においてはラショナルな能力を完全に有しているとの批判が提起されていた[76]。このように，一定の精神障害に罹患する者がそれ以外の人間とは異なる地位にいる者である，或いは対等性を欠く者であると理解することには問題があるといえよう[77]。

確かに，行為者の罹患する精神障害の診断名は，その精神状態の把握にとって重要であるし，障害の特性に応じて判断の重点は異なり得よう。また，後述のように[78]，犯行との関連性を要求することは，全ての事件について正常な心理過程に擬える形で動機・意思決定過程を詳らかに明らかにすべきであるということは必ずしも意味せず，例えば重度の統合失調症に罹患した行為者の犯行がいわば「病気のせい」としか言えないような場合において，そのことを理由に（行為者の心理過程を正常な心理過程に擬えることなく）責任能力を否定することもあり得るように思われる。しかし，このような場合においても，一定の精神障害に罹患していたことそれ自体が基準となっているのではなく，あくまでも当該犯行と関連する状態が問題になっているとみることができよう[79]。

---

76) 第 3 章第 2 節第 2 款。

77) この点については，第 1 章第 3 節第 2 款第 1 項 2，第 2 章第 4 節第 2 款も参照。
　なお，このことは，幼児や AI について，その対等性の欠如を理由に責任非難が成立しないと理解することを妨げるものではない（例えば，幼児が違法行為をしても刑罰を科さないのは，「法的非難の伝達は，あくまでも我々の社会における対等なメンバーに対してしかなされないから」であって，他にも「AI が真の意味で我々の社会の対等なメンバーであるとの認識が共有されない限り，AI に独自の刑事責任を問うという方向性は，否定されるべき」であるとするものとして，深町晋也「ロボット・AI と刑事責任」弥永真生＝宍戸常寿編『ロボット・AI と法』209 頁，220 頁（有斐閣，2018））。このことは，障害者の権利に関する条約 12 条が「障害者が生活のあらゆる側面において他の者との平等を基礎として法的能力を享有すること」を求めている（第 3 章注 96）も参照）のに対して，子どもの権利条約が同様の対等性までは求めていない（3 条，5 条以下）ことにも表れているように思われる。

78) 本款第 3 項。

79) なお，犯行との関連性を要求するにしても，病的状態・症状も全て社会的に共有された経験の中に含めるべきであり，これを含めないのは差別的であるとの異論もあり得るかもしれない。しかし，（例えば反精神医学の立場をとるのであれば別論ではあるが）本項 1 (3) でも見るように一般的な精神医学においても「了解」の作用に一定の限界があることが認識されているように，ここで問題にされているのは，いわば事実的な精神状態の把握の問題であって，むしろ問責者の側で把握が困難な精神状態について，把握が困難であるにもかかわらず把握し得たかのように取り扱うことの方が，個々の障害の特性を無視した取扱いであって差別的であるともいえるように思われる（水留・前掲注 75）218 頁も参照）。なお，前掲注 75）に見た水留や安田も，一定の精神障害と犯行とが関連している場合に処罰を否定すべきであることまで否定しているわけではない（水留・前掲注

362

第3節　私見の展開

(b)　精神状態への着目

「精神状態の法的了解」は，行為者の精神の状態を判断対象とするものであって，行為者の生理的・器質的状態（例えば脳状態）を直接に判断対象とするものではない。

例えば我が国の学説においては，「行為当時の人格」を「層に分けて考え」たうえで「脳が損傷した場合のような生理的な障害」等については「重い責任を問うこと」はできないとしたり[80)]，これを推し進める形で，「非難可能性としての責任」は「外部的強制や精神疾患等の生理的要因から自由に自らの規範意識に基づいて決意したという意味での自由意思を前提とする」としたり[81)]することで責任能力の基礎づけを図る見解が提示されている。しかし，既に検討したように，人間の行為は常に何らかの形で生理学的な脳の経過・状態を介するものであるから，全て人間の行為は「生理的要因」或いは器質的原因を有する（或いは形而上学的な自由意思を有すると仮定される）はずであるところ，そうであるならば，全て人間の行為は生理的要因から自由ではない（或いは全て自由である）こととなるのだから，如何なる場合に責任非難が妥当するかを判断する基準は，少なくとも生理的・器質的観点においては導かれないように思われる[82)]。

この点，物理的因果法則の下においては責任能力の妥当な基準が導かれないことになる一方で，前節で論じたように証明不能な事実的自由意思も基準としては不適格であるならば，いずれも基準としては妥当でないという隘路に陥るようにも思われるところ，アメリカ法の検討から導かれた示唆は，行為の原因

---

75)　215頁以下，安田・前掲注75)18頁)。

80)　平野龍一『刑法の基礎』42頁（東京大学出版会，1966)。もっとも，心理的な障害として神経症についても責任を問えないとしており，その判断は必ずしも明確ではない。

81)　松原芳博『刑法総論〔第3版〕』233頁（日本評論社，2022)。

82)　**第2章第4節第1款**。ここには，岡田の指摘する以下のような「錯覚」もあるように思われる。「要件が箇条書きされた境界線によって特定の病名が与えられると，あたかもその病気が自然界に明瞭な境界をもって存在している『モノ』であるかのような感覚を与える（第1の錯覚)。たとえば，全ての人にはそれぞれにパーソナリティと呼ぶべき思考，情緒，行動などの総合的な様式（パターン）をもっているとしたうえで，その平均的なパーソナリティを想定し，その平均からの極端に偏った様式がある人達については『パーソナリティ障害』という診断名を付している。しかしこの診断名がつけられたとたんに，逆転の構図で理解されて『パーソナリティ障害』になったので極端な認知，情緒，行動の偏りをもつというように受け取られやすい。病名は，実際にはカタチのないはずの『現象』に病気という実態を与える。その病気は容易に"主語"となり，"原因"となり，正常を侵触したり，もともとの人格を凌駕したりするイメージへとつながるのである」（岡田幸之「精神医学がいう『異常』と法律判断——8ステップモデルの『責任』の周辺への展開」法時90巻1号39頁，41頁（2018)）。

363

第4章　刑事責任能力判断の原理・基準・適用

を捉える視点と行為の理由を捉える視点とは，二つの異なる観点であって，行為について，その物理的原因が把握できたとしても，なおその理由を問うことは可能であるという示唆であった。例えば，「なぜ傘を持っているのか？」と聞かれた際に「私の脳の作用に私の身体が反応し，傘を持ち上げ保持しているのだ」という説明と，「雨が降るからだ（雨が降って濡れるのを回避したい，傘をさせば濡れるのを回避することが可能である）」という説明とは両立するものであるし，万引きしている人間について科学者は，その遺伝や家族歴，文化に焦点を当てて原因を探り予測や予防に役立てようとするのに対して，法律家は自分の持っている物品が購入していない物品であると知っていたかという観点に着目しているとの指摘が存在していた。人間の振舞いが少なくとも精神状態の説明により合理的に説明できるという考えは，非決定論・決定論の真偽にかかわらず成立し得る議論であり，我々は，事実的自由意思の真偽や決定論の真偽と必ずしも連動することなく，人の行為を把握し，人がどのような意図を有しているか，如何なる動機から行動しているかを把握しているのであって，故意を責任要素と捉えても事実的自由意思の真偽とは連動させずに一定の事実の認識等を問うことができているように，責任能力を精神状態として捉えることは，事実的自由意思の真偽や非決定論・決定論の真偽と連動させずに，責任能力を構築することができることをも含意しているといえよう[83]。

　かようなアメリカ法からの示唆は，人の精神状態の把握に一定程度の独自性を認めるという限度ではあるが，独米の哲学においても対応する議論を見出すことができる[84]し，伝統的なドイツ精神医学[85]や近時のアメリカ精神医学[86]に

---

83)　以上について，**第3章第5節第1款第1項**。また同章第3節第1款，第4節第2款も参照。

84)　例えば，金杉武司『解釈主義の心の哲学——合理性の観点から』（勁草書房，2014）（とりわけ91頁以下）。また，「心的な言語ゲーム」と「物的な言語ゲーム」に関する Habermas の分析（ユルゲン・ハーバーマス（庄司信他訳）「自由と決定論」『自然主義と宗教の間』（法政大学出版局，2014））について，増田豊『規範論による責任刑法の再構築——認識論的自由意志論と批判的責任論のプロジェクト』480頁以下（勁草書房，2009）。**第3章第3節第1款第1項**及び同章注115），140）も参照。

85)　Jaspers の議論について，例えば古茶大樹『臨床精神病理学——精神医学における疾患と診断』（日本評論社，2019），近藤和哉「責任能力判断における『了解』について（1）」上法39巻2号97頁（1995）。Jaspers・Schneider への親和性を示す古茶が，以下のように，**第3章第4節第2款**で見た Pillsbury の見解にも近い方向性を述べていることも示唆的である。「『心の時代』といわれているが，どうもすっきりしない。ことに現代精神医学が『心の時代』というフレーズを使うときには，心の解明，つまり心を，脳の活動やパーソナル・ゲノムといった，身体的・物質的次元に還元しようとするもののように思えてならない。やや極端な言い方をするなら，時間的・空間的形式では把握しきれない心を，物質的次元に封じ込めようとする唯物論のように感じられる。脳と心の関連を徹底して追及してゆこうとする自然科学的アプローチ（現代精神医学の志向性）が，そのプロ

364

第3節　私見の展開

おいても対応する議論を見出すことができるように思われる。勿論，行為の原因を捉える理解と行為の理由を捉える理解とが如何なる関係に立つかについては，なお議論の余地のある問題であるが[87]，これを如何様に解するにせよ，行為者の精神状態に着目して刑事責任能力を構成すること自体が不適切となるわけではないだろう[88]。

　以上のように，生理的・器質的状態が直接の判断対象となるのではなく，あくまでもその精神状態が判断対象とされることになる。この点，確かに脳の所見により診断名が確固たるものとなったり，日常生活の行動が正常に見えてもなお精神状態に一定の異常が存在することが示されたりするように，脳の異常所見によって精神状態の異常が積極的に基礎づけられることは十分あり得るだろう。しかし，例えば通常の事件において「なぜそんなことをしたのか」と問うた際に「脳の作用だ」との応答は考慮されず，「イライラを発散したかったからだ」「上司に職業上の不利益を示唆され強要されたからだ」という応答に対して非難の有無・程度の判断を行うように[89]，脳の所見それ自体が刑事責任

セスで価値あるさまざまな知見をもたらしてくれる可能性については否定しないし，おおいに期待をしたいと思っている。しかし，その究極的な目標である『心を脳に還元すること』はやはり到達不能ではないか。われわれのスタンスは，もちろん唯物論ではないが，かといって唯心論を主張するものでもない。どちらかを，もう一方に還元しようとすること自体が有益ではない。もう少し積極的な言い方をするなら，脳と心，それぞれの描写はひとつの現象の描き方の違いでしかないと考えるものである」（古茶大樹「あとがき」鹿島晴雄他編『妄想の臨床』489頁（新興医学出版社，2013））。

86)　アメリカにおいて一般的な見解ではない（参照，村井俊哉「生物・心理・社会モデルの折衷主義を超えて——ガミーの多元主義とヤスパースの方法論的自覚」石原孝二他編『精神医学の科学と哲学』198頁，199頁（東京大学出版会，2016））ものの，Dilthey・Jaspers との親和性を示すものとして，ナシア・ガミー（山岸洋他訳）『現代精神医学のゆくえ——バイオサイコソーシャル折衷主義からの脱却』251頁以下（みすず書房，2012）。Ghaemi が Jaspers との親和性を示しつつ，（第3章に見た精神状態の把握の独自性に着目するアメリカ学説も参照している）分析哲学の一部が議論対象とする「日常心理学」について「類似物」を見出している（同283頁）ことも示唆的である。Ghaemi の見解については，村井俊哉『精神医学の概念デバイス』41頁以下（創文社，2018）も参照。また，批判的検討として，鈴木貴之「精神医学における折衷主義と多元主義」アカデミア人文・自然科学編12号253頁（2016）。

87)　心脳同一説，機能主義，非法則的一元論，解釈主義，消去主義等の概観として，信原幸弘編『心の哲学』2頁以下（新曜社，2017）。とりわけ「原因」についての一般的な観念への批判的立場からの原因と理由との対比として，高山守『因果論の超克——自由の成立に向けて』（東京大学出版会，2010）（特に131頁以下）。刑法学からの議論として，例えば増田・前掲注84）502頁以下。また，教唆幇助と因果性を巡る議論の文脈ではあるが，林幹人『刑法の基礎理論』176頁以下（東京大学出版会，1995）。

88)　なお，以上の注にて掲げた諸文献は，精神状態に着目した議論を定立することの妥当性を示す限度で引用したものであり，固よりこれらの議論が同質であるなどと述べる趣旨ではない。

89)　瀧川裕英が，「『なぜそのようなことをしたのか』という問い」に対して，「『原因』応答も責任実践における正当な応答とは見なされ」ず「『理由』応答でなければならない」とするのも（瀧川

365

第4章　刑事責任能力判断の原理・基準・適用

能力を減退させるのではなく，（アメリカ学説の言葉を借りれば）脳の所見が精神状態の在り様に「翻訳」される[90]ことによって責任非難に影響を与えているとみるべきであるように思われる[91]。

(c) 現実の状態への着目

「精神状態の法的了解」は，現実の行為者の精神状態それ自体を判断対象とするものである。

　我が国の有力説は，責任論全般のみならず責任能力論の原理・基準にも事実的自由意思を据える理解を採用しており，（現実の行為者の精神状態を参照しつつも）責任能力の直接的な基準としては，仮定的に行為者が異なる意欲を持つことができたか（他意欲可能性・事実的自由意思）を問題にしていた。これに対して，「精神状態の法的了解」は，当該犯行に至った行為者の精神状態について，それが法的了解の範囲を超えるものであるかを論じるものであるから，仮定的な精神状態（なり得た精神状態）ではなく，現実の精神状態それ自体を判断対象とするものであるといえよう。アメリカ学説においても論じられていたように，被告人がなり得た精神状態に関する判断には一定の困難を伴うこと[92]からすれば，現実の精神状態それ自体を対象にすることは実践的にも望ましいものといえよう[93]。

裕英『責任の意味と制度——負担から応答へ』145頁（勁草書房，2003）），このような観点から理解することができる。

90)　**第3章第3節第1款第1項1**。

91)　この点，外因性の障害として脳への物理的損傷が人格変容をもたらした場合の責任能力判断が問題となり得る。これは別途検討を要する問題であるが（本節第2款参照），仮に脳に物理的損傷があったとしても，犯行と関連する精神状態に何ら変化をもたらさなければ，かかる損傷は責任能力判断において重視されないように思われるところであって，ここでも行為者の精神状態に如何なる変化があったか（例えば人格変容があったか）が問題となっているように思われる。

92)　**第3章第4節第2款第1項3**。

93)　なお本文の理解と類似するものの，しかし異なる基準を定立する理解として，瀧川裕英の見解がある。瀧川は「現に営まれている責任実践」の考察の末に「責任実践固有の意味を解明」するものとして支持する応答責任論においては，「責任実践における中心的な問いは，『なぜそのようなことをしたのか』という問いであり，この問いに対して理由によって応答することが責任実践のパラダイムである」との帰結に至る。そして，かかる理由応答の枠組みの中で，規範が提示する理由を理解し，具体的な状況にそれを適用し推論する能力（理由過程能力）と，そのような推論の結果を行為に結びつける能力（理由遂行能力）により構成される「理由能力」のうち，「穏当な理由反応性」（反応しうる理由について「第三者による了解可能性が一応ある場合」）により明確化される能力が責任能力であるという（瀧川（裕）・前掲注89）100頁以下。また，これに賛同するものとして竹川俊也『刑事責任能力論』128頁以下（成文堂，2018））。
　しかし，なぜ行為者の現実の理由ではなく，行為者が反応し得た可能的理由のみについて「第三者による了解可能性」を問題とする必要があるのであろうか。現に瀧川も具体例の検討において，「『太陽がまぶしかったから』，『宇宙人から殺せという指令が下ったから』人を殺してしまった場合

366

第3節　私見の展開

(2) 判断方法について

かように特定された，犯行と関連する行為者の精神状態という判断対象に対して，「精神状態の法的了解」は，法的観点からの了解を判断方法とするものである。以下では，まず法的観点からの了解が精神状態を全体的に考察するものであることを論じたうえで，非難する側における把握の限界が問題となっていることを論じる。

(a) 全体的考察

「精神状態の法的了解」においては，非難する側における把握の範囲を超えるものが（どれほど）介在しているかを判断することとなる。人間の意思決定過程においては，知情意が絡み合って意思決定に至っている（或いはそのように他者から把握されている）ことからすれば，犯行と関連する精神状態について上記のような法的了解の判断を行うにあたっては，知情意を含め精神状態を全体的に考察することが求められよう。

この点，近時竹川俊也は，「制御能力」の独自の意義を否定し，自らのいう「実質的弁識能力」に判断が収斂すべきであるとして，意的側面からの検討を不要としている。竹川は，「認定上は弁識能力と制御能力が区別されていない」

にも，理由能力の存在は疑われるだろう」と述べているように，行為者の現実の理由にも着目しているように思われる（同110頁）。

　この点，アメリカ法の検討から導かれた示唆は，仮に瀧川の主張する理由応答の枠組みを採用するとしても，責任非難は理由の問いかけで終わるものではないのであって，対象者から相応の理由が提示された場合には，責任非難は妥当しないのに対し，相応の理由が提示されない場合には，責任非難が妥当するという議論であった（Duffの議論として**第3章第4節第1款第1項**）。すなわち，「なぜそのようなことをしたのか」という非難（参照，安田・前掲注21）18頁）に対して，例えば通常の期待可能性が欠ける場合であるとも理解され得る盗犯等防止法1条2項が妥当する場合には責任非難は妥当しないが，イライラしていたので被害者を殺害したという場合には責任非難が妥当するように，責任非難を理由応答の枠組みで捉えるとしても，その内容には，理由の問いかけにとどまらず，それに対する応答が一定の基準を満たさない場合に，かかる応答を拒絶すること（いわば「そんな理由でそのようなことをしたのか」）も含まれているように思われる。そうだとするならば，応答の拒絶の前提には，非難する側での同応答の把握が必要となるはずであるから，現実の理由を把握するにあたって，「そんな理由で」との判断が困難であるような場合，すなわち法的了解の範囲を超える場合には責任非難が妥当しないとの議論に至るのではないか（Duffの類似の原理を採用しつつ，理由能力には着目しないPillsburyの見解について，**第3章第4節第2款**も参照。なお，以上の理解を取るとしても，ここにいう「理由」は，答責者自身の意識や供述のみによって構成されるものではない（例えば空腹時の無意識の食事行為についても，空腹を満たすために食事したとの理由が認められるだろう。この点につき**第3章第3節第1款第1項**<i>1</i>も参照））。勿論，本款の議論は瀧川が特に焦点を当てる依存症の問題を正面から問題としておらず，次款で見るように精神状態の法的了解と併存する議論として，瀧川の問題とする可能的理由に着目することは否定されないが，可能的理由を問う以前に，現実理由が法的了解を超えているならば上記のように責任非難の否定を基礎づけることができるように思われる。

367

ことを「足掛かり」にし，「弁識能力と制御能力を区別することの困難性は，実体論レベルの責任能力基準に再考を迫るインパクトを内包する」として，竹川のいうところの弁識能力と制御能力の「重なり合い問題」を問題の主軸に据えたうえで，有力説のいうところの「制御能力」の認定が困難であると指摘しつつ，「弁識能力」を竹川のいうところの「弁識プロセスの標準からの乖離」・「実質的弁識能力」として拡充すれば，「弁識能力と制御能力はその本質において重なり合う」ために「制御能力」を独立した要件として設けることは不要になる，と主張している[94]。竹川は，自らの見解は「自己の行為の違法性を認識することで通常人ならば持ちうる〈インパクト〉を受けることができる者だと第三者が評価できるかが問題」であるとするものであって，「弁識プロセスの異常性に着目し，自己の認識内容を反対動機形成の契機として用いられるかを認知要件内部で考慮する思考方法」を採用するものであり，制御能力は「実質化された弁識能力要件へと一元化される」という[95]。そして，具体的判断としては，自らの見解では「自らの振る舞いがもたらす影響（行為の社会的意味や被害者に与える苦痛，社会からの評価などの当該犯行に関連する事情）を理解していると，第三者が評価できるような弁識プロセスを有していたかが問題とされる」といい，「筆者の立場から責任能力とは，他者や社会と関わる力として位置付けられる。こうした見地からは，現実的基盤の存在しない幻覚妄想の有無（①認識の正常／異常）や病的な思考の飛躍（②推論プロセスの正常／異常）が責任能力判断における重要なファクターとなり，③その他①や②にまたがる事情の評価方向を左右することになる」として裁判例との整合性をも主張する一方[96]，「従来的な意味で制御無能力・限定制御能力とされるはずの類型（反社会性パーソナリティ障害や窃盗癖・放火癖，ペドフィリアなど）のすべてが実質的弁識能力の枠内」で捕捉されるわけではないとして，有力説との適用範囲の差異を主張している[97]。

竹川の見解は，有力説の判断が実践的に困難であることを前提にしつつ，幻覚妄想の存在する場合の責任非難の減退においては，違法性の認識にとどまらない内容が含まれていることを示すものといえよう。前節で見たように，事実

---

94) 竹川・前掲注93) 序章，第2部第4章。
95) 竹川・前掲注93) 第2部第4章。
96) 竹川・前掲注93) 第2部第4章，第4部第3章。
97) 竹川・前掲注93) 157頁注322。

第3節　私見の展開

的自由意思は個別具体的に立証することは困難であって，このような意味で，有力説のいうところの「制御能力」について基準に据えるべきではないとの主張については，本書からも支持できるところであるし，知的側面（及び情的側面）における異常について，必ずしも行為の違法性を認識する能力には限られない認知の異常を捕捉すべきであるという点についても支持できよう[98]。

　しかし，以上の議論から直ちに，全て意的異常を考慮する必要はないとの結論にはならないはずであり，（アメリカ学説の言葉を借りるならば）これは「行き過ぎた批判（overshoot）」であるように思われる[99]。これはとりわけ，統合失調症と犯行とが関連する場合において問題になるのは，幻覚妄想といった症状にとどまらないことにも鑑みると，問題性を含むものであるように思われる。例えば，夙に岡田幸之は昭和59年判例に関連して以下の点を指摘していたのであった。すなわち，「本論で法律関係者の理解を求めるうえで強調しておきたいことは，精神分裂病という病気が幻覚や妄想といった華々しい症状によってのみ説明されるのではないということである。たとえばアメリカ精神医学会の診断基準では，精神分裂病には妄想型，解体型，緊張型，残遺型が挙げられていて，それぞれに特徴となる病像がある。中田鑑定の結論にある緊張病はこの緊張型にほぼあてはまるが，了解不能な運動暴発と衝動行為からなる緊張病性興奮と，自発運動の停止や強硬症，拒絶症，衒奇症などからなる緊張病性混迷が交互に極めて唐突に交代し繰り返される。病勢が極期にあるとする場合には，病者の思考と行動のつながりは，観察者にとってあるいは病者本人にとっても解体していて，説明のつけようがない。そのとき妄想という思考内容でさえ病者の行動を説明しえない可能性もある。動機を正常心理から説明することも，幻覚妄想から説明することも，もはやあきらめなくてはならないのである」と[100]。

　このように，統合失調症に限ってみても，幻覚妄想といった認知的観点からの整理が自然であるような症状にとどまらない病的体験が含まれていることに鑑みると，違法性の認識にとどまらない知的異常を捕捉すべきであるとしても，とりわけ統合失調症の病的体験下での責任非難の減退の本質が知的異常にあるということにはならず，むしろ，問責者の側での法的了解の作用による把握を

---

98)　昭和6年判例の理解として，**第1章第2節第2款第2項2**。
99)　**第3章注**158）。
100)　岡田幸之「ケース・スタディ①精神分裂病——コメント」刑弁17号66頁（1999）。

369

超えるものが介在していることにその本質があるように思われる[101]。かかる判断においては，幻覚のように外界の把握に関する側面に一定の異常が認められることもあれば，統合失調症罹患者が，なぜそれほどまでに執拗な態様で被害者をめった刺しにしているか，正常心理からの理由の把握が困難である場合のように，意的側面に一定の異常が認められることもあるし，或いは，行為者の精神状態が言語化できず，そもそも「病気のせい」としか言えない場合のように，知情意いずれの側面に異常があるかを確定しがたい場合もありうるが，いずれにおいても事案に応じて責任非難の減退を認めることができるだろう。

(b)「人格」「価値観」との関係

「精神状態の法的了解」において問題とされるのは，非難する側における行為者の精神状態の把握の限界である。

かかる判断においては，問責者が過去至ったことのない精神状態であったとしても，なおその精神状態の把握が可能である場合もあるように思われる。すなわち，例えば前述の仕事上のトラブルから被害者に対して恨みを抱き殺害した行為者の精神状態についても，恨みを抱いたとしても多くの者が殺害行為には至らないにもかかわらず，「恨みを抱いた際にその対象に否定的態度をとることも通常あること」の延長線上にその精神状態を把握するように，精神状態の把握においては，問責者が過去至ったことのない精神状態の把握も行っているように思われる。或いは，ペドフィリアの犯行についても，年少者に対する

---

[101] 竹川の見解においても，本文に記したような意的異常も，知的異常に言い換えることができるとの反論があり得るかもしれない（竹川自身はこのような言い換えは予定していない（竹川俊也「精神疾患と責任能力：総論」刑ジャ72号4頁（2022）参照））。すなわち，意的側面に現れる事象として減軽・免責すべきと考えられる事例（例えば，統合失調症罹患者が，なぜそれほどまでに執拗な態様で被害者をめった刺しにしているか，正常心理からの理由の把握が困難であるような事例）では，それほど意的に異常であったのだから「通常人ならば持ちうる〈インパクト〉を受けることができ」ないから，責任非難の減退の対象となる認知的異常と「重なり合う」と。
　確かに人の心理過程は知情意が絡み合って意思決定へと至る（或いは人が自己又は他者の意思決定を把握するにあたっては知情意の観点から全体的に把握している）から，意的側面について，これを認知の側面に言い換えることは相当程度可能である。しかし，このような言い換えは可能であっても，責任非難の範囲を切り分ける視点はなお導かれないように思われる。上記の言い換えからすれば，例えば激情により犯行に及んだ人間も，それほど意的に異常であったのだから「通常人ならば持ちうる〈インパクト〉を受けることができ」ないと評価し得るからである（安田拓人「書評　竹川俊也著『刑事責任能力論』」刑ジャ60号184頁，185頁（2019）も参照。竹川が認知的観点へと限定すべきと主張するにあたって参照する Morse, Schopp の見解については，必ずしも限定に成功していない点も含め，既に批判的に論評した（第3章第3節））。また，「精神異常」免責の基準を認知的要素に限定する Morse が，重度のサイコパスにおいて免責の可能性を認めていた（第3章第3節第1款第1項3(1)）ように，サイコパスはむしろ知的観点における問題であるように思われる。

第 3 節　私見の展開

性的欲求は抱かないとしても，性的欲求が存在することは経験の範囲内にある
ことを前提に，それを年少者に向けることで，その精神状態の把握を行い，責
任非難を向けるだろう[102]。このように，問責者が当該犯行と同様の状況に置
かれた場合に，同様の犯行に向けられた精神状態に至らないとしても，行為者
の犯行に関連する精神状態を把握できる場合がある以上，（問責者がその状況に
置かれてもそうは考えないという意味で）行為者なりの考え方が判断の前提となる
場合もあり得よう。

　この点，難解概念司法研究が「精神障害のためにその犯罪を犯したのか，も
ともとの人格に基づく判断によって犯したのか」との提言を行ったことや，平
成 21 年判例が「統合失調症による病的体験と犯行との関係，被告人の本来の
人格傾向と犯行との関連性の程度等を検討」する「判断手法」を是認したこと
が想起されよう。既に見たように両者の判断手法は必ずしも同一ではないもの
の，刑事実務においては，かような「人格」「人格傾向」の位置づけを巡って
議論が展開していたところであった[103]。学説においても，例えば近時樋口亮
介は，「責任能力の内実」について，「責任非難の程度を測定するにあたって，
法益及び規範を軽視する人格的な態度が問題にされているとすると，そもそも，
犯行から犯人の何らかの人格的な態度を看取できることが責任非難の前提にな
る，と考えるのが素直である」としたうえで，「人格的な態度という言葉は抽
象度が高い」として，「犯行に至る過程において行為者自身の価値観がどの程
度介在しているか，行為者の価値観といえるものがどの程度失われた状態で違
法行為が行われたかを判断対象にすることが考えられる」と定式化し，池田小
事件を例に，「価値観の一形態である限り，正常の枠内にあるものと扱われる」
としているが[104]，かかる見解は，上記の判断手法における「人格」「人格傾

102）　この点，これほど幅を持って欲求を了解し得るならば，あらゆる病的体験も了解の範囲に収ま
　　るのではないかとの疑問もあり得るかもしれない（安田拓人「刑事法学の動き」法時 95 巻 1 号
　　162 頁，166 頁（2023）参照）。しかし，神社に行くまでに会った人を全員殺害すれば，幻覚として
　　出てきている元同級生の A と結婚できるという思考（神戸地判令和 3 年 11 月 4 日判時 2521 号
　　111 頁参照）は，それが願掛けであれば別論，思考として成立していないと評価されるように思わ
　　れるのに対して，児童に対して性的欲求を抱くということについては，一般的には欲求として抱か
　　れないとしても，およそ欲求として成立していないとは評価されない（それゆえ了解され，それに
　　基づく犯行は非難の対象となっている）ように思われる。多元的な社会では，欲求の方向性は幅を
　　持って了解されている一方で，なお経験や思考の幅には一定の限界があることが前提となっている
　　のではないだろうか。
103）　以上について，第 1 章第 4 節第 2 款第 2 項（とりわけ 2，3（2）），第 3 項（とりわけ 2（2））。
104）　樋口・前掲注 56）318 頁以下。

371

向」の存在が，責任能力判断を決する本質的観点であるものとして，これを支持するものであるといえよう。

確かに，多元的社会においては，ある程度人の精神状態に幅もあることからすれば，法的了解を基準に据えるとしても，例えば無差別殺傷事件のように，行為者なりの考え方を重視すべき場合も一般的にはあり得よう。しかし，そのことから，行為者の「人格」「価値観」との関係こそが，とりわけ統合失調症の病的体験下での犯行に対する責任非難の減退を本質的に説明するものであると捉えることは，（その適用論における問題は措くとしても[105]）なお問題を含むものであるように思われる。仮に上記のような立場を徹底するのであれば，例えば全ての妄想について行為者なりの考え方であると捉えたり，全ての幻覚についても行為者なりの意味付けであると捉えたりすることも可能になるように，如何なる精神症状についても「人格」「価値観」との関係において正常と評価し得るようにも思われる。樋口自身も「価値観といえるもの」とも呼称しているように，ここでは，本人の思考等の精神状態に対して一定の了解の作用による把握がなされているのであって，上記のような場合における責任非難の減退の本質は，むしろ，問責者の側での法的了解の作用による把握を超えるものが介在していることであるように思われる[106]。

(3) 精神医学上の了解概念との関係

このように，前項に見た原理から導かれる，「精神状態の法的了解」と本書が呼称する基準は，犯行と関連する（仮定的ではない）精神状態について，全体的に考察したうえで，非難する側における把握によって，判断されるものである。この点，精神障害の中においても，「了解」概念を基軸とするような障害，例えば（様々な意味がある用語ではあるが，そのうち「了解」概念を基軸とする）「精神病」[107]ないし「内因性精神病」，「疾患的な」精神障害[108]があるとされると

---

105)　この点については後述する（後掲注152））。
106)　なお，樋口自身は，「幻覚や妄想も，その人の価値観に照らしてみれば了解可能であるといった形で，徹底的に本人に内在化させるという議論もなされうる。しかし，このような議論は，責任非難の基礎としてあまりに不確かなものであって許容すべきでないであろう」ともしており（樋口・前掲注56）182頁以下），「価値観といえるもの」から「幻覚や妄想」を，確からしさという観点から除外しているように思われる。しかし，なぜ一般の事件における精神状態は「その人の価値観」に照らして確かに判断されるにもかかわらず，「幻覚や妄想」の評価は「不確か」になるのか（とりわけ一般の事件における思考方法と「妄想」とで評価の確かさに差異があるか），また全ての「妄想」が評価対象外に置かれるべきであるか（或いは評価対象外とすることは，論者が強みとする実務との整合性に反するものではないか），なお疑問の余地があろう。

372

ころ，精神医学において「一つの行為が，それに先行する心の動きとどのように つながっているのかを理解しようとする」「了解的関連による理解」[109]と， ある精神状態について問責者がどれほど把握可能か・困難かとの法的了解とは 大きく重なるように思われるところであり，両者の関係性が問題となろう。

すなわち，伝統的な精神障害の分類においては，頭部外傷や感染症のように 外部から脳に直接侵襲を及ぼす身体的原因による外因性，性格や環境からのス トレスなど心理的要因による心因性，身体的原因が想定されるが証明されてい ない内因性の三つに分類されているところ[110]，統合失調症等が分類される内 因性精神病については，（その意義には議論の一致が必ずしもないようにも見受け られるものの[111]）例えば古茶大樹は「内因性精神病をまさに疾患的であると認識 する根拠は，その時々に明らかになる断片的な身体的異常やそれを示唆する何 かではなく，精神病理学的な特徴から導かれるものである」といい，「疾患的」 であるか否かの判断においては「精神医学固有の形而上の了解概念（生活発展 の意味連続性）」を用いるとしている[112]。古茶は，Jaspers の「ある場合には 精神的なものが精神的なものから，はっきりそうとわかるように，明証性をも って出てくることをわれわれは了解する。われわれはこのように精神的なもの のみにありうる様相で，攻撃された者は怒り，裏切られた恋人はやきもちをや くことを了解し，動機からこうしようという決心と行為が起こってくることを 了解する。」との一節を引用し，「知覚的体験刺激，それに引き続いて生ずる感 情，そこに含まれる志向性，ここに触発される思考，そして結果としての作為 あるいは不作為までを，一つの流れ，ストーリーとして」「心の全体像を評価 する」了解的関連による理解を掲げている。そして古茶は，以下のように統合 失調症を例に，臨床家として「内因性精神病はまったく独自の特別な領域であ

---

107) 加藤敏他編『現代精神医学事典』596 頁（弘文堂，2011）。
108) 古茶・前掲注 85) 55 頁以下，11 頁以下。
109) 古茶・前掲注 85) 18 頁以下。
110) 大熊輝雄『現代臨床精神医学〔改訂第 12 版〕』20 頁（金原出版，2013），尾崎紀夫＝三村將監 修『標準精神医学〔第 9 版〕』24-25 頁（医学書院，2024）。
111) 例えば，加藤・前掲注 107)，古茶大樹＝針間博彦「内因性概念は復権するか」臨床精神医学 40 巻 8 号 1105 頁（2011），針間博彦「統合失調症における内因性概念」精神医学 61 巻 7 号 769 頁 (2019)。
112) 古茶・前掲注 85) 15 頁以下，62 頁以下。古茶は「疾患」を「身体疾患と同じような意味，つ まり存在概念に基づいて使うべきである」として，内因性精神病の身体的基盤が未だ身体医学にお ける疾患の水準と同等の水準においては発見されていないことを前提に，了解概念によって認めら れる統合失調症等を「疾患的である」と表現している。

第4章　刑事責任能力判断の原理・基準・適用

るという主張はどうしても譲れない」としている。すなわち，「統合失調症に限らず，誰だって他人の心の内をつぶさに知ることはできない——そのような不可知論を主張しているのではない。統合失調症患者の訴えの中には，健常者が追体験することのできない体験が含まれている。『自分が何かを考えるとすぐさま周りが反応する，自分の考えがしゃべってもいないのに伝わってしまう，ここにいる人だけでなく世界中に知れわたってしまう』。これは考想伝播と呼ばれる，統合失調症に特徴的とされる病的体験である。こう伝えられた私たちは，この体験がいったいどんなものか想像してみようとする。すると『考えた途端に周りに伝わっちゃうわけね……それはつらいよね』と，患者の言葉をおうむ返ししている自分がいる。本当にそうだったら，さぞかしつらいだろうとは思うのだが，しみじみと痛いほどによくわかったかといえばそうではない。『あんなに仲のよかった彼女に振られたわけね……それはつらいよね』というようなわかり方の水準にはまったく到達していない。なんとか思い描こうとするが，それがいったいどんなものなのかはよくわからないままである」と[113]。

　このようにみると，上記のような意味で責任非難の減退の根拠となる異常と，とりわけ古茶のいうような「内因性」「疾患的」との評価とは，重なり合う部分も多いように思われる。もっとも，上記のような精神障害の伝統的分類は，操作的診断においては（少なくとも積極的には）使われていないところであるし[114]，古茶自ら「（健常者である）自分が患者の話や行動を聞いてみて『納得できるか，どうか』が，了解可能か否かの判断基準であると思い込んでいる精神科医は少なくない」と指摘していること[115]からすれば，この二つの評価を同視することは実践的に望ましくないといえよう[116]。また理論的にみても，例えば Jaspers の見解が「『〔筆者注：自然科学的で客観的な[117]〕説明か，それとも了解か』という二者択一的な了解を主張していたわけでは」ないとするならば[118]，いずれの観点をも用いつつ一定の病態を把握しようとする精神医学

113)　以上につき，古茶・前掲注85) 15頁以下，62頁以下。
114)　尾崎＝三村・前掲注110) 25-26頁，加藤・前掲注107)。なお，針間博彦「Kurt Schneider の臨床精神病理学——現在の精神科診断分類の補助線として」精神医学62巻6号813頁（2020)。
115)　古茶・前掲注85) 21頁。
116)　この点においては，かつて大谷實が，その「正常」の判断において経験的記述的方法により確定すべきであり「生物学的・経験的な立場から限界を定めるのが妥当である」としていた立場を，「精神医学における見解の対立は大き過ぎる」ことを「最大の理由」として放棄するに至ったことが想起されよう（第1章第4節第1款）。
117)　ヤスパース（西丸四方訳）『精神病理学原論』28頁（みすず書房，1971)。
118)　近藤・前掲注85) 97頁，107頁以下。

374

判断と，もっぱら精神状態に着目してその異常を判断しようとする法的判断[119)]とは，なお限界において異なり得るようにも思われる。この点は精神医学的知見を踏まえつつなお検討すべき問題ではあるものの，精神医学的判断が重要な証拠となり得るとしても，（これに完全に依存した判断ではないという意味において）最終的にはこれとは独立した判断として，法的了解が検討されることになるといえよう[120)]。

2　判例の定式との関係

以上のように，犯行と関連する（仮定的ではない）精神状態について，全体的に考察したうえで，非難する側における把握によって判断する「精神状態の法的了解」は，既に見たように昭和6年判例の定式と軌を一にするものである。判例の定式の解釈としては，心神喪失を例にとると「精神ノ障害ニ因リ」との文言から，如何なる性質の障害が如何様に当該犯行と関連しているかが判断され，行為者の精神状態に関する判断の前提が整えられたうえで，「事物ノ理非善悪ヲ辨識スルノ能力ナク又ハ此ノ辨識ニ従テ行動スル能力ナキ状態」との文言から，その精神状態について，法的了解という観点からの（認知的側面・意的側面における）異常の存在及びその程度が免責に相当する状態であるか否か判断されると理解することができよう[121)]。

そして，このように定式を理解することができるならば，他説の提起する視点は，この法的了解の基準を具体化するものとして位置付けることができる。例えば，幻覚等により専ら認識面に了解の範囲を超える体験等が十分に介在し

---

119)　本項 *1* (1) (b)。

120)　この点，精神医学において「了解」との用語が用いられていることからすれば，法的な意味で同じ用語を用いることは回避すべきであるかもしれない。しかし「了解」という用語自体は判例裁判例においても用いられているし，精神医学において Jaspers が了解概念を活用したからといって，Dilthey のいうような説明と了解の基軸を用いた自然科学と精神科学の分析自体が，精神医学のみにおいて妥当すべきであるということにはならないように思われる。むしろ法的了解という呼称を与えることによって，最終的には法的判断ではあることを前提にしつつ，精神病理学的知見と法的判断との繋がりを明示することが妥当であろうと考え，法的了解との呼称を与えた。

121)　**第1章第2節第3款参照**。この理解については，知的要素と意的要素が「又ハ」で結ばれていること，また「能力」という言葉を用いていることについて整合性が問題となり得るが，前者については知的側面と意的側面は相互に換言され得るものであること（前掲注101)），実践上両者は必ずしも明示的に区分されていないこと（竹川の指摘として本項 *1* (2) (a)）から問題性は少なく，後者については「能力」は規範的に捉えられ得ること（**第2章第4節第2款第2項2**），有力説も「行動スル能力」或いは「行動を制御する能力」を「意思を制御する能力」（思いとどまることができること）へと読み替えていることからすれば，少なくとも相対的に大きな問題とは言えないようにも思われる。

375

た場合は，実務の一部のいうように「精神障害により，外界を適切に認識し，対応できなかった……＝状況認識能力が欠如していた」と表現することができるだろうし[122]，意的側面において（現実に有する意思とは異なる意思を有することができたか否かという意味ではなく）法的了解を超える異常が十分に介在した場合は「弁識に従って行動する能力がなかった」と表現することもできるだろう。また，思考の展開が了解の範囲に収まる場合は，樋口のいうように「価値観」によるものであるとも表現し得る。

　もっとも，重要となるのは，これらの視点は法的了解を具体化するものに過ぎず，事実的能力の有無が正面から問われているわけではないということである。それゆえ，第1に，各々の視点は法的了解の観点から理解されるべきであり，憤怒等のため「外界を適切に認識し，対応できなかった」といえる場合に免責されるわけではなく，この「状況認識能力」等それ自体が独立に意味を持つわけではない[123]。

　そして第2に，各々の視点は当該局面ごとに利用可能な視点であり一般化されるべきでなく，例えばまさに動機形成過程や意的側面に異常が認められる場合に，状況認識の適切さを強調したり，状況認識等に引き付けて論じたりすることや，異常が十分に介在しているにもかかわらず，何らかの「人格傾向」を措定することができるかに焦点を当てることは，精神状態に占める異常の程度

---

122)　大野洋他「責任能力判断の実践的検討（下）」判タ1496号68頁，69頁（2022）。

123)　例えば統合失調症の事案に関する近時の裁判例では，管見の限りその多くが，統合失調症の犯行への影響による判断や，統合失調症の犯行への影響と正常部分との比較を行う判断によって，責任能力判断を行っているところ（詳細は，拙稿「統合失調症と刑事責任能力判断の関係について──近時の裁判例・学説の検討」佐伯仁志他編『刑事法の理論と実務5』201頁，205頁以下（2023）），一部ではあるが，中には弁識能力と制御能力について各々判断を加えて責任能力判断を行うものもある。しかし，その「弁識能力」「制御能力」の具体的判断をみると，単なる能力のみを問題とするのではなく障害の影響が当該能力に現れているかが問題とされているように思われる。例えば，強制わいせつの犯行について，専ら性欲に基づくものであること等から「精神障害の影響が大きかった」とはいえないとして制御能力の著しい減退を否定する裁判例があるが（大阪地判令和3年1月29日L07650276），なぜ性欲に基づけば制御能力の著しい減退が否定できるかは自明ではない。また妄想性障害について洲本5名殺害事件の控訴審判決では，「……妄想性障害に基づく妄想の強い影響を受けていたために，自己の復讐を果たすとともに，精神工学戦争の実在を明るみに出したいとの動機に基づき，そのような行為に出ることが正しいことであると認識して，規範障害を乗り越え，本件に及んだと認めるのが相当である。本件犯行を思いとどまる能力（制御能力）は，妄想のために著しく減退していたとみられる。」としている（大阪高判令和2年1月27日判時2515号77頁）。しかし，前節で検討したように，ここでは，環境や現実的動機から自己の犯行を正しいと認識して規範障害を乗り越えた場合には必ずしも減免されないところ，「妄想」による場合であれば減免されることが当然の前提とされているのではないか。そうであるならば，なぜそう評価できるか，原理が問われるべきである。この点については**第5章**も参照。

を不当に低く見積もるものであり妥当でない。例えば後述のように[124]，精神状態全体を判断対象とする責任能力判断にとっては，特に犯行の決意を形成する動機形成過程において幻覚妄想等が重要な役割を果たす事案においては，その動機形成過程における病的体験等の介在自体が重要な判断要素となるが[125]，状況認識のみを強調すると，この点が捨象されかねないだろうし[126]，まさに執拗さや意欲の強さに病理が現れている事例において，この影響が十分に考慮されなくなるおそれがあるように思われる。また，これも後述のように[127]，法的了解の作用による把握を超えるものの介在度合いを見積もることを離れて，「人格傾向」との親和性を強調することも妥当ではないように思われる。

　以上のように，あくまでも法的了解の基準を具体化し，表現するものとして，昭和6年判例の定式や他説の提起する視点を位置付けることができよう。

3　小　　括

　以上のように，本書の支持する「精神状態の法的了解」との基準は，犯行と関連する（仮定的ではない）精神状態について，全体的に考察したうえで，非難する側の把握による作用によって，あくまでも法的判断として求められるものである。本項においては，類似の見解を含めその他の見解をも取り上げることで，上記の基準が，その他の見解において認められる問題性を回避するもので

---

124)　**第5章参照。**

125)　安田も近時の裁判例に対して，「病気の全体としての影響」を見るべきことを強調している（安田拓人「刑事責任能力の本質とその具体的判断」判時 2538 号 120 頁，125 頁（2023））。なお，この点が安田の一般論と整合するかには疑問がある（**第5章注 64**））。

126)　この点については，近時のイギリスの議論も示唆的である。すなわち，イングランド及びウェールズの法律委員会（Law Commission）は，精神異常の抗弁と自動性の抗弁に関する問題とそれへの対応を（その後頓挫はしたものの）提起しているところ，その Discussion Paper では，暫定的な改正案として，「承認された医学的状態のために刑事責任を負わない（Not Criminally Responsible by Recognized Medical Condition）」抗弁が提案されている（https://www.lawcom.gov.uk/project/insanity-and-automatism/）。その内容は，急性酩酊や一定の人格障害が除外された適格な（qualified）「承認された医学的状態（RMC）」のために，(i) 関連行為又は状況に関してラショナルに判断を形成する能力，(ii) 被告人が行ったとして訴追された事項の不正を理解する能力，(iii) 関連行為又は状況に関してその物理的行為を制御する能力のいずれかの能力を完全に失った場合に特別評決（special verdict）に至るというものであるところ，法律委員会は，(i) を要件として設けずに「弁識」の幅を広げるような対応をする法域もあるが，ラショナルな思考の能力の欠如が重要であるならばそれを反映するように規定すべきであるとして (i) を独立した要件として提案している（Discussion Paper Part 4）。なお，近時のイギリスの議論については，拙稿「イギリスにおける刑事責任能力論について――法律委員会の報告書」法時 96 巻 3 号 136 頁（2024）を参照。

127)　**第5章参照。**

第4章　刑事責任能力判断の原理・基準・適用

あるとともに，統合失調症の病的体験下での犯行に対する責任非難の減退を認め得るものであることを示した。

　もっとも，以上の基準を前提にしたとしても，如何なる状態が了解の作用の把握を超えるものであるのか，その具体的内実は必ずしも一義的ではない[128]。そこで以下，項を改めて，上記の原理・基準の適用範囲について論じることとしたい。

第3項　適用範囲について：諸判例との関係

　本章では，従前の刑法理論の体系的理解と一定程度の整合性を保ちつつ，学説実務において一般に承認されている帰結とも一定程度相応する議論の提示を検討方針の一つとして掲げて検討を行い，前項までにおいて，「精神状態の法的了解」に関する議論が，責任非難における議論として，そして規範的責任論内部においても承認し得るものであるとともに，とりわけ統合失調症の病的体験下での犯行に対する責任非難の減退を認め得るものであることを示した。本項では，その具体的適用範囲について，心神喪失と心神耗弱の区別についても見据えつつ，本書で既にみた諸判例を素材として明確化することとしたい。まず，昭和53年判例・昭和59年判例を取り上げ，精神状態の解明とその限界について指摘するとともに，典型的に法的了解による把握を超える精神状態と判断される場合を示し，その意義を論じたうえで（1），平成20年判例を取り上げ，病的体験を介しながらも精神状態が解明された場合について論じることとしたい（2）。

1　精神状態の解明とその限界

（1）昭和59年判例の意義

（a）基本的方向性：精神状態の解明

　第1項に見たような観点から，行為者の精神状態において，非難する側における把握の範囲を超えるものがどれほど介在しているかが問題になることか

---

128)　瀧川幸辰に大きく影響を与えた M. E. Mayer の見解に対しては，適切な「基準経験（Schlüsselerlebnis）」を設定する必要性が指摘されていた（Mezger, Persönlichkeit und strafrechtliche Zurechnung (1926) S. 20）。M. E. Mayer 自身の議論や，これが「危険な主観主義（ein gefährlicher Subjektivismus）」に陥るのではないかとの批判への応答については，とりわけ M. E. Mayer, Der Allgemeine Teil des Deutschen Strafrechts (1923) S. 205ff. なお，近藤和哉「責任能力判断における『了解』について（2）」上法39巻3号125頁，145頁以下（1996）も参照。

378

らすれば，具体的な責任判断においては，まずは行為者の行為時点における精神状態（とりわけ理由・動機）についての解明を行うべきことになろう。例えば，怨恨による殺人であったとしても，怨恨の理由となる事情は複数存在し得るのであって，それぞれの事情においてどれほど上記のような異常が介在しているのか，或いは病的なものの介在しない日常的な争いによる怨恨とどれほど言えるのか，という点が問題となり得るのであり，かような意味において，行為者の精神状態に関する個別具体的な検討が必要となろう。

　既に見たように，昭和59年判例は，精神分裂病罹患者について「鑑定書全体の記載内容とその余の精神鑑定の結果，並びに記録により認められる被告人の犯行当時の病状，犯行前の生活状態，犯行の動機・態様等を総合」して心神喪失という結論を排斥することを是認したものであり，「精神分裂病即心神喪失」の主張を排斥した原審の判断を是認したものであったが[129]，これは，特定の病名のみを根拠として，個別具体的な検討を行うことなく，精神状態全体に法的了解を超えるものが存在する（という合理的な疑いがある）ことを認めるという判断方法を排斥したものであって，責任判断においては，基本的には行為の理由・動機の解明を求めるものであると整理することができよう。

(b) 精神状態の解明の限界

　かかる基本的方向性からすれば，全ての事案において，（例えば「幻聴の命令を受けて犯行に及んだ」というように）病的体験の存在等も摘示しながら行為の理由・動機を詳らかに解明し，どれほど法的了解を超えるものが占めているかを検討することになりそうである。

　しかし，これも既に検討したように[130]，昭和59年判例は「犯行の動機」のみを取り上げて詳らかに検討することを求めているのではなく，「病状」や「犯行前の生活状態」，「犯行の態様」も含め総合考慮することを求めているのであって，行為の理由・動機の詳らかな解明が必須であるとしている訳ではない。そして，精神科医からも，「たとえば統合失調症の急性期の体験は混沌として無秩序ですから本人が言語表現できない。病気が重いほど言語表現できないわけです」と指摘されている[131]。すなわち，重度の「病気」であればある

---

129)　本款第2項 1 (1) (a)。
130)　第1章第3節第3款第2項，第3項。
131)　中谷陽二＝清野憲一＝鈴木秀行＝菅野亮＝赤崎安昭＝吉岡眞吾＝村松太郎「法曹と精神医学の対話」臨床精神医学47巻11号1171頁，1186頁〔中谷陽二発言〕（2018）。

ほど，幻覚の存在や役割等を議論する以前に，そもそも理由が解明されない，理由の解明が困難であるということが指摘されているのである[132]。

この点，行為者の行為時点における精神状態に，法的了解の範囲を超えるものがどれほど含まれているかという観点からすれば，行為の理由・動機が把握され得ず，その病状の重さや犯行態様等に鑑みても，その犯行がある種病的なものであるという以上の言語化ができないような場合（いわば「病気のせい」としか言えない場合）において，行為者の行為時点での精神状態が法的了解の範囲を超えていることを理由に，刑事責任能力が減退することを直截に認めることができる場合も認められるように思われる。確かに，例えば精神障害に罹患していない者の犯行において，行為者自身の供述が得られず行為の理由が解明されない場合には，かかる事情のみでは行為者の行為時点での精神状態が上記のような法的了解を超えるものを含む疑いは基礎づけられておらず，その他の客観証拠を含めた認定により，法的了解の範囲内にある正常な精神状態が認められるだろう。しかし，鑑定や審理の結果として，罹患している統合失調症が重い或いは犯行時点急性期であったという「病状」や，これをも基礎づけるような「犯行前の生活状態」や支離滅裂な「犯行の態様」を前提とした際に，その精神状態の解明に限界がある（いわば解明不能である）という場合には，行為者の行為時点の精神状態が，法的了解の範囲を超えるものを含んでいるとして刑事責任能力の減退を基礎づけることができるといえよう[133]。

こうして，急性期や重症の精神病については，たとえ個別具体的な行為の理由・動機が正常心理に擬えるような形で解明へと至らなかったとしても，免責

---

132) 例えば，村松太郎も，「統合失調症の幻聴とは，本来の聴覚とは異なった体験であるから，幻聴の具体的な一語一句を本人に語らせそこに着目するという手法」は「精神医学的には無稽な論法である」としたうえで，仮にかかる「手法を是とすると……犯行時あるいは犯行直前の頃に幻聴があったかなかったかが重要な論点になり得るが，激しい精神病状態にあったとき，当事者は振り返って幻聴の有無やその内容を報告することが困難あるいは不可能であるから，症状が非常に重症なときの犯行については，精神病症状の犯行への影響の認定ができなくなるという矛盾が発生する。」「統合失調症の急性増悪期の主観的症状を，後から本人が回想できるか，さらには本人が言葉で表現できるか。これらはむしろ『できない』とするのが真実であって，殊更に幻聴の有無に着目するのは，わざわざ解明できない事実を選択して考察の前提にしているに等しい。」と指摘している（裁判例の検討も含め，村松太郎『統合失調症当事者の症状論』194頁以下（中外医学社，2021））。
133) すなわち，立証対象は「精神状態に，法的了解の範囲を超えるものが介在していないこと」であり，単に供述が得られないとしても他の客観証拠等から法的了解の範囲を超えるものが介在する疑いがない場合もあり得ようが，統合失調症の急性期であったとの診断があり支離滅裂な犯行であった場合には上記の疑いが認められ得よう。例えば犯行時点では上記の意味で正常であったが，拘禁反応により悪化し供述が不能になった場合に，責任非難が減退するわけではない。

第 3 節　私見の展開

の余地を導くことが可能となるといえよう。これまで刑事責任能力が欠如する
場合としては，とりわけ重度の統合失調症の場合が想定されていたことにも鑑
みれば，かような責任非難の減退の余地は，「精神状態の法的了解」により責
任非難が減退する場合の典型的事例と位置づけることができるだろう。

(2)　具体的検討：昭和 53 年の判断を例に

　このように，「精神状態の法的了解」による刑事責任能力判断においては，
基本的には個別具体的な行為の理由・動機の解明が必要となるものの，一定の
「病状」等が認められ，そのためにかかる解明をなし得ない場合には責任非難
の減退が認められ得ることになる。そして，かような観点を踏まえることで，
昭和 53 年判例における判断についても理解することができるように思われる。
　すなわち，既に見たように，昭和 53 年判例は，（当時の診断名にいう）精神分
裂病に罹患した行為者について，犯行 2 ヶ月前まで精神分裂病について通院治
療を受けていたことを前提に，第 1 に，本件において行為者が「謀殺」に至っ
たことやその「犯行態様」には，原審も指摘する一般の殺人事件にもあり得る
「動機のみでは説明のできない」点が存在していることを指摘し，第 2 に，「精
神分裂病に基づく妄想などの病的体験に支配された行動」ではないにせよ「精
神分裂病（破瓜型）の欠陥状態（人格水準低下，感情鈍麻）にあつた」ことは
認められ，また「本件犯行を決意するに至る動機には精神分裂病に基づく妄想
が関与していたこと」等を認める鑑定が存在したことを指摘して，心神耗弱の
「疑いを抱かざるをえない」と判断したのであった。ここでは，「精神分裂病の
欠陥状態」にあったことや犯行と「精神分裂病」との関連性が存在することを
前提に，犯行・犯行態様に，一般の殺人事件にもあり得る通常の「動機」だけ
からは説明のつかない部分が存在することを理由として，心神耗弱を認めるべ
きことが示されていたのであり，昭和 59 年判例もこのことを否定するもので
はなかった[134]。
　これまでの検討からは，以上の昭和 53 年判例の判断は以下のように分析す
ることができよう。すなわち，行為者の行為時点の精神状態を分析すると，ま
ず，行為者には，被害者らとの間に現に存在していた争いから，被害者らに報
復等行おうとする通常の動機（一般の殺人事件にもあり得る動機）が措定される。

---

134)　第 1 章第 3 節第 3 款第 1 項，第 3 項。

第4章　刑事責任能力判断の原理・基準・適用

しかし，その通常の動機からでは，犯行・「犯行態様」について「説明のできない」部分がある。そして，犯行2ヶ月前まで精神分裂病について通院治療を受けていたことが認められるとともに，鑑定人は「本件犯行時に被告人が精神分裂病（破瓜型）の欠陥状態（人格水準低下，感情鈍麻）にあつたこと，破瓜型の精神分裂病は予後が悪く，軽快を示しても一過性のもので，次第に人格の荒廃状態に陥つていく例が多いこと及び各鑑定当時でも被告人に精神分裂病の症状が認められること」を認めている。そうすると[135)]，上記のように措定された「動機」からでは「説明のできない」部分があることは，行為者の行為時点の精神状態に，法的了解を超えるものが含まれていたことを示しており，それゆえにその限度で責任非難は減退し，心神耗弱の「疑いを抱かざるをえない」ことになる。

　かかる判断は，昭和59年判例の挙げる諸要素を敢えて用いるならば，行為者に認められる「病状」や「犯行前の生活状態」を前提に，「犯行の動機」と「犯行の態様」を見ると，通常の動機からでは説明のできない部分は，責任非難を減退させる異常が精神状態に介在していることを示していると評価でき，心神耗弱との判断に至るとの説明になろう[136)]。

(3) 意　　義

以上のような精神状態の解明の限界をもって，とりわけ重度の統合失調症の場合における責任非難の減退を適切に説明し得ることは，通常の期待可能性判断とは異なる原理に根差す「精神状態の法的了解」を基準として採用することの一つの意義であるように思われる。すなわち，盗犯等防止法1条2項の適用を認めるにあたっては，「行為者は当該状況に恐怖・驚愕等し犯行に至った」

---

135)　例えばここで「精神分裂病」との疑いがなく，（例えば間欠性爆発性障害との診断があり）通常の怒りの反応が量的に過大であったのみであるとの判断がなされれば，完全責任能力との判断にも至り得よう。

136)　なお，以上の判断からも明らかなように，「精神状態の法的了解」は必ずしも（その定義にもよるが）「動機の了解可能性」と一致するわけではない。昭和53年判例のように，現実に紛争が存在しており，行為者が相手方に対して恨みを持ち報復するとの動機・経緯自体については十分把握できるとしても，支離滅裂な行為態様や苛烈な犯行については上記のような動機・経緯からは説明が困難であることから，その精神状態において法的了解を超える異常が介在していた疑いがあると認定し得る場合もあり得よう。「7つの着眼点」を巡って実務上議論が存在するところであったが（**第1章第4節第2款第2項1，第3項2**），「7つの着眼点」を総花的に論じることは相当でなく，動機・経緯についての検討に重要性が認められるとしても，なお（それにとどまらない）当該犯行と関連する精神状態についての認定が重要になろう。

382

第3節　私見の展開

とされるように，通常の期待可能性判断においては精神状態の解明を前提とした責任非難の判断がなされているところ，上記のような重度の統合失調症の場合における責任非難の低下は，これと同じ原理からでは説明が困難であるからである[137]。

　かような意義は，近時の「機序」の解明を巡る法曹・精神科医の論争にも一定の示唆をもたらすものである。すなわち，**第1章**にも見た8ステップにいう「④精神機能，症状と事件との関連性」[138]には「機序」の名前が当てられ，法曹の側からはこの「機序」こそが重要であるとして，好んで「機序」という言葉が用いられているが[139]，これに対して精神科医から批判も提起されている。例えば，中谷陽二は，急性期の体験下では言語表現できないことを指摘した上で「それを，機序を説明できない，だから病気は犯行に影響を与えなかったというふうにいわれてしまうと非常に困るわけです」という。これへの応答として，法曹の側が，思考が混沌としている，思考のまとまりのなさが表出している，「であるから今回のこの行動は統合失調症急性期の幻覚妄想状態の強い影響のもとでなされたというような説明になるのでしょうか」というと，中谷は「それはまさに不可知論だと思います。つまり究極には説明できないのだ，と。」と指摘する。中谷は，「最近精神鑑定は可知論でやっているのだと精神医学の側から語られていますが，あれはちょっと間違いではないかと思っています」と指摘し，村松太郎も「まったくおっしゃるとおりで，先ほどの繰り返しですけれど過剰な可知論が跳梁跋扈しているというのが現状だと思います」と指摘している[140]。

---

137)　勿論，通常の期待可能性判断と同じ原理においても，精神状態の解明に限界がある場合には，責任非難が低下するとみなすという立場もあり得るかもしれない。しかし，かような立場には，なぜそのようにみなせるか原理が明らかではないという問題があるし，仮に理論上あり得るとしても，実践において，正常心理からの分かりやすい精神鑑定と，精神状態の解明に限界があるとする精神鑑定が存在した場合において，後者の鑑定が，精神状態の解明に限界があるとしていることのみをもって不当に排斥されるおそれを含むように思われ，実践的にも望ましくないように思われる。

138)　第1章注375)。

139)　例えば，司法研修所編『裁判員裁判において公判準備に困難を来した事件に関する実証的研究』112頁（法曹会，2018）。

140)　以上につき，中谷他・前掲注131) 1186頁〔中谷陽二発言，清野憲一発言，村松太郎発言〕。他にも「すべての事例について精神障害の影響の『機序』が解明できるとは，筆者には思われない……緊張病状態にあった事例では，『機序』の解明は困難である」（五十嵐禎人「刑事責任能力鑑定について最近感じること」臨床精神医学47巻11号1237頁，1242頁（2018）），「犯行時の精神病状態が重篤であればあるほど，精神科医にもそのときの精神内界を正確に把握することは困難である……個々の症状と犯行時の行動の関連など『わかりやすい』（表面的な）説明ばかりが求められ，そこに焦点があたる結果，精神障害の病理について本質的な理解に欠ける法的判断が増えてい

383

第4章　刑事責任能力判断の原理・基準・適用

このような「機序」を巡る論争は，「機序の説明」という言葉が「精神障害と事件との関連性の説明」を意味しているのか，それとも「行為の動機の詳らかな解明」を意味しているのか，という「機序」の定義の問題という観点から理解することができる。確かに「機序の説明」が「行為の動機の詳らかな解明」（或いは正常心理に擬えた解明）を意味するのであれば，「急性期の体験下」で「言語表現できない」場合に機序の説明がつかないことになり，責任を認める方向へと判断が傾いてしまい，妥当ではないだろう。しかし，「機序の説明」が「行為の動機の詳らかな解明」ではなく，「精神障害と事件との関連性の説明」を求めるものに過ぎないことを理解するのであれば，かような場合についても，（正常心理に擬えつつ不正確に精神状態を説明することは求められず）「究極には説明できない」ことを根拠に，重度の精神病による犯行であると説明することも，機序の説明を与えるものとして是認されることになろう[141]。

繰り返しになるが，かような説明は昭和59年判例に反するものではなく，むしろ同判例と整合するものである。既に指摘したように，しばしば同判例は「不可知論的判断を明確に否定した」ものであるとも評されるが，可知論・不可知論という用語法は多義的であるところ[142]，同判例は「精神分裂病即心神

るのではないか，重度の精神障害者である被告人に誤って責任能力を認める傾向になっているのではないか」（田口寿子「精神鑑定に対する裁判員制度の影響を検証する」精神経誌123巻1号26頁，28頁（2021））。

141)　岡田もこの点に注意を促している（第1章注376))。

142)　第1章注243)参照。なお，別稿（拙稿「忘れられた『不可知論』の意味」法時95巻3号32頁（2023））において詳論しているが，現在席捲している「可知論」「不可知論」の定義は，本来的な「可知論」「不可知論」の定義とは異なるものであり，それゆえ輸入元のドイツのそれらとも異なっている。

　すなわち，本来的意味における不可知論は，司法精神医学においても，刑法学においても，事実的自由意思は経験的に回答不能であり，心理学的要素（特に制御能力）は事実的自由意思であるから，これも経験的に回答不能である（それゆえ鑑定人も回答し得ない）という議論であった（例えば中田修「犯罪心理学の立場からみた責任能力」犯罪学雑誌34巻1号13頁（1968)，仲宗根玄吉『精神医学と刑事法学の交錯』54頁以下（弘文堂，1981)，青木紀博「判批」平野龍一他編『刑法判例百選〔第3版〕』72頁（有斐閣，1991))。ドイツでは現在も不可知論はこの定義であり（z. B. Rosenau, Rechtliche Grundlagen der psychiatrischen Begutachtung, in: Venzlaff/Foerster/Dreßing/Habermeyer, Psychiatrische Begutachtung, 7 Aufl. (2021) S. 103.)，これに対する本来的な可知論とは，心理学的要素とは事実的自由意思ではなく，その他の認定可能な要素であり，それゆえ心理学的要素は可知である，という議論であった（z. B. Krümpelmann, Die Neugestaltung der Vorschriften über die Schuldfähigkeit durch das Zweite Strafrechtsreformgesetz vom 4. Juli 1969, ZStW 26 (1) 7 (1976). Vgl. Müller/Nedopil, Forensische Psychiatrie, 5. Aufl. (2017) S. 37)。

　このように，本来的には「可知論」「不可知論」とは責任能力の実体法上の基準が何であるか，それを前提に鑑定人は何まで回答できるか，という実体法・訴訟法上の議論に及ぶ論争であった。しかし，我が国では，21世紀に入り，裁判員裁判の導入にあたって責任能力判断の在り方等について議論が活発となり，昭和59年判例の意義が強調される中で，「疾病が個人の考えや行為にどの

384

喪失」を排斥しただけであり，「病状」や「犯行前の生活状態」，「犯行の態様」等から，その精神状態が「究極には説明できない」ことを根拠に免責を導くことを否定するものではない。このように，「機序」の解明が重視される実務においても，行為者の行為時点の精神状態の解明に限界があることを理由に責任非難の減退を肯定することは十分に可能であるといえよう。

2 病的体験を介在させながらも解明が可能である場合

このように，統合失調症の急性期の場合のように，行為者の行為時点の精神状態の解明に限界があることを理由に責任非難の減退を認めるべき場合が存在するといえる。それでは，例えば平成 20 年判例の事案のように，幻覚妄想等の病的体験を介在させながらも一定程度精神状態が解明された場合については，どのように判断すべきことになろうか。平成 20 年判例は，かような場合についての判断について一定の方向性を示してはいるものの，既に見たように，なお明らかでない点も多く含んでいる[143]。かかる問題点は，統合失調症にとどまらず，うつ病や妄想性障害も含め検討する必要があるところ，**第 1 章**における具体的検討は統合失調症が問題となった諸判例の検討にとどまっている。そこで，ここでは，まずは諸判例の整理を通じた具体化を行い，残された問題の再定位を行うこととしたい[144]。

以下では，一定の病的体験が法的了解を超えるものであり責任非難を減退させるものであると評価できること（(1)），しかし法的了解を超える体験が介在していたとしても，その精神状態全体について法的了解を超える（それゆえ心

ように影響を与えているのか」を知ることができないとするのが不可知論で，できるとするのが可知論であると整理されるようになり，司法精神医学における可知論不可知論の定義が，精神障害が行為に与えた影響は認定可能かという事実認定の問題に置き換わった（例えば岡田幸之『刑事責任能力再考——操作的診断と可知論的判断の適用の実際』精神経誌 107 巻 9 号 920 頁（2005））。すると刑法学でも，同様に事実認定の問題としての可知論不可知論の定義が席捲し（例えば樋口裕晃他「裁判員裁判における法律概念に関する諸問題（14）大阪刑事実務研究会　責任能力 1 (2)」判タ 1372 号 76 頁（2012），前田雅英『刑法総論講義〔第 7 版〕』（東京大学出版会，2019）），本来的な意味があったことすら現在は意識されていない。本来的な可知論不可知論の用語は，我が国で忘れられてしまったのである。

なお，現在の整理では，「『精神障害』がその人の意思や行動の決定過程にどのように関わるか，を評価することができない」という不可知論を措定し，これを排斥して基本的には可知論を支持すべきとの叙述が多いが（例えば國井恒志「病的酩酊者の責任能力」植村立郎編『刑事事実認定重要判決 50 選（上）〔第 3 版〕』123 頁（立花書房，2020）），そもそものそのような議論は中田修によっても主張されていなかった。この点については**第 1 章注** 217）参照。

143）　**第 1 章第 4 節第 2 款第 2 項** 3。
144）　更なる具体化として，**第 5 章**参照。

第4章　刑事責任能力判断の原理・基準・適用

神喪失になる）わけでは必ずしもないこと（（2））を論じる。

（1）責任非難を減退させる病的体験

　既に見たように，平成 20 年判例は，「殴りつけろという作為体験は存在しない」事案ではあったが，幻視幻聴が頻繁に現れ，幻視幻聴への反応として犯行がなされ，状況認識も統合失調症特有の病的色彩を帯びていたという事案において，とりわけ統合失調症が問題になる場合には，その病態ないし病像に即した判断を要求し，「病的異常体験」或いは「統合失調症の幻覚妄想の」「影響」の程度の高さは，責任非難を減退させるような異常の程度を高めるものであることを示すものであった[145]。

　この点，同判例の原審が，本件事案について，被告人は V が自分を馬鹿にするのを殴ってやめさせようとしたものであり，動機や経緯も十分了解できるものであると理解しているように，幻視幻聴が現れたとしても，「第三者に何か言われた」ことと類比し得るものであって，それが命令性のものでない限り，刑法の観点からは異常性は基礎づけられないとの理解もあり得るかもしれない。しかし，精神科医から「幻視・幻聴」はただの「見間違い」「空耳」とは異なるものであって[146]，当事者の原体験としては幻聴と呼ばれるものは聴覚により捉えられていないことが多く，「意味」が頭の中に直接知覚されるものであり，既存の言葉では表現し得ないものであるとの指摘がなされている[147]。このような指摘を前提とすると，上記のように，少なくとも「統合失調症」の幻視幻聴・「病的異常体験」については，法的了解による把握を超えるものであ

145）　第 1 章第 4 節第 2 款第 2 項 3（1）。

146）　中谷他・前掲注 131）1188 頁〔中谷陽二発言〕。

147）　「統合失調症の当事者が『声が聞こえる』というのであれば，健常者は自分に置き換えてみて，『彼／彼女は，たとえば私に人の声が聞こえたときと同じような体験をしているのであろう』と推測する。そしてその体験を幻聴と名づける。だが幻聴という用語にとらわれず，すなわち，『声が聞こえる』という体験こそが統合失調症の典型的な症状であるという先入観を捨てて当事者の話に真摯に耳を傾ければ，われわれが『幻聴』と呼んでいる当事者の原体験は，健常者がきっとこうであろうと推測する『声が聞こえる』という体験とは異なっているという実相が姿を現してくる。『声が聞こえる』と訴えているのに，その『声』の具体的内容を語れないことがあまりに多いのはなぜか。それは，統合失調症の幻聴の『聴覚性の希薄さ』を示していることにほかならない。彼らは必ずしも聴覚で声を感知しているのではない。何らかの意味あるメッセージ（そのメッセージには悪意が込められていることが多い）を『感知』しているのである」（村松・前掲注 132）3 頁）。村松は「当事者の語り」を踏まえた上で，このように「何らかの意味のあるメッセージを，聴覚またはその周辺の感覚として感知するという体験」を「幻聴系」として分析対象としている（同 10 頁等）。

386

第 3 節　私見の展開

るとの理解を採用することにも合理性は認められるように思われる。

　かような「病的異常体験」が如何なる範囲まで認められるかについては，統合失調症以外の近時の判例裁判例の動向や，精神病理学的知見を踏まえつつ，検討する必要があるだろう。とりわけ，妄想の取扱いについては，妄想性障害について近時判例が一定の判断を示していること[148]や，精神医学における議論の変遷・対立[149]を踏まえつつ，それが法的了解の作用の範囲に含まれるか，検討する必要があるだろう。

(2) 法的了解の範囲に収まる精神状態の評価

　以上の議論を前提としても，犯行と関連する精神状態において，上記のように責任非難を減退させるような「病的異常体験」が介在しており，法的了解の作用では把握が困難である部分が介在していたとしても，その精神状態全体が法的了解の作用による把握の外にあることにはならないように思われる。例えば，幻覚妄想が犯行と関連する事例であっても，幻覚妄想への反応として犯行が行われる場合と，幻覚妄想に基づき被害者に接触したところ，被害者の対応が気に食わず，犯行に及んだ場合とでは，その精神状態全体において法的了解

---

148)　最判平成 27 年 5 月 25 日集刑 317 号 1 頁は，「被告人は，妄想性障害のために，被害者意識を過度に抱き，怨念を強くしたとはいえようが，同障害が本件犯行に与えた影響はその限度にとどまる上，被告人の妄想の内容は，現実の出来事に基礎を置いて生起したものと考えれば十分に理解可能で，これにより被害者意識や怨念が強化されたとしても，その一事をもって，判断能力の減退を認めるのは，相当とはいえない。」と述べているが，なぜ妄想が「現実の出来事に基礎を置いて生起したものと考えれば十分に理解可能」であることが意味を持つのか，例えば小池はこのことゆえに影響を「小さく見積もることが許される」というが（小池・前掲注 55) 142 頁），それはなぜか，検討の余地があろう。この点は**第 5 章**において改めて検討を行う。

149)　例えば，真正妄想と妄想様観念の違いについて重視すべきか否かも，精神医学的知見も踏まえつつ検討する必要があるだろう（精神医学的判断において重視するものとして古茶・前掲注 85) 69 頁以下。また法的判断における重視を疑問視するものとして五十嵐禎人「精神科医のコメント」刑弁 103 号 143 頁，145 頁 (2020)。五十嵐は「一次妄想の方が二次妄想より，人の判断や行動に与える影響が大きいという知見が確立されているわけではない」と述べており，専ら「影響」の観点から評価を加えているように思われる）。なお，村松は「幻聴は自覚症状である。妄想は他覚所見である」としているほか（村松・前掲注 132) 84 頁），「統合失調症と妄想性障害は，表面的な類似性はあるものの，切り離して考えたほうがよいと思っている」としてパラノイア問題に言及している（古茶・前掲注 85) 69 頁）。

　また，以下の点にも留意する必要があるだろう。すなわち，ICD-10 によれば，妄想性障害 (F22.0) と認められるためには，妄想或いは妄想群が少なくとも 3 ヶ月持続していることが必要であるとされているが（参照，融道男他監訳『ICD-10 精神および行動の障害——臨床記述と診断ガイドライン——〔新訂版〕』108 頁（医学書院，2005)），あくまでも行為時点の精神状態について判断されるべきである法的観点からすれば，当該症状が持続しているか否かは，必ずしも決定的な意味を持たないことになろう。そうであるならば，少なくとも，上記のような妄想性障害の診断の有無によって決定的に責任非難の減退の有無が分かれることは妥当でないように思われる。

387

第4章　刑事責任能力判断の原理・基準・適用

の範囲に収まる部分の度合いは異なり，それゆえに責任非難に差異が生じるように思われる[150]。

　かような場合には，行為者の精神状態全体において，なお残された（上記の意味で把握できる）正常な精神状態について，責任非難を加えることができないかが，なお問題となり得よう。すなわち，法的了解による把握を超えるものが存在するとして，それが犯行と関連する精神状態全体において，どれほど介在していれば心神喪失・心神耗弱に至るか，或いは完全責任能力にとどまるかという問題の判断へと進むことになろう。

　平成20年判例が残した課題は，まさにこの点に関する問題であった。すなわち，平成20年判例は，「病的異常体験のただ中」の行為，すなわち犯行を命じる病的体験はないが「統合失調症の幻覚妄想の強い影響下で行われた」行為については基本的に心神喪失を認めるべきであるとしつつ，動機形成過程においては部分的に動機を切り取り了解可能と評価することは相当でないこと，また原審が「一般には正常な判断能力を備えていたことをうかがわせる事情」として挙げた事情（犯罪性の認識・意識の清明さ・生活状況等）のみによって最終的な評価は覆らないことを示しつつ，当該犯行が幻覚妄想の強い影響下で行われたものであるか否かも含め，なお判断に一定の留保を付し差し戻していた。これに対して，差戻審は，「病的異常体験のただ中」であったとの評価は維持しつつ，「命令性の幻聴や作為体験のような自らの行動を支配するような性質の精神症状は存在しておらず，周囲の状況を全く認識できないほどではなかったと認められるから，被告人の精神症状は『重篤で正常な精神作用が残されてい

---

150)　この点，後者のような場合には，被害者からの対応が気に食わないために犯行に及んでいるのだから，その契機が幻覚妄想であることを責任非難において考慮することは，（いわば理由の理由を考慮するものであり）犯行と関連しない精神状態を考慮するものであって，妥当でないとの批判もあり得るかもしれない。しかし，例えば通常の責任非難を考えてみても，同じ「怒りのあまり犯行に及んだ」事例でも，相手方から激しい侮辱を受けて，それに対する怒りとして犯行に及んだ場合と，自らの不合理なクレームが通らず，それに対する怒りとして犯行に及んだ場合には，責任非難の程度に差異が生じるように思われる。また盗犯等防止法1条2項も，単に「驚愕等したために犯行に及んだ」ことではなく，なぜ驚愕等したかをも問うている（或いはそれを踏まえて如何なる性質の驚愕等であるかを問うている）といえよう。そうすると，（責任非難に影響を与える）犯行と関連する精神状態は，最も簡易な記述による精神状態にとどまらない内容を含むものであるといえ，したがって，契機が幻覚妄想によるものであるかも考慮されるべきであるように思われる。このような意味で，平成20年判例の原審が，動機の形成過程は契機が幻聴等である点を除けば了解が可能であると解する余地があるとしたのに対して，同判例が「被告人は，同種の幻聴等が頻繁に現れる中で，しかも訂正が不可能又は極めて困難な妄想に導かれて動機を形成したと見られるのであるから，原判決のように，動機形成等が了解可能であると評価するのは相当ではない」としてこれを否定したことも支持されよう（第1章第4節第2款第2項3(1)）。

388

第3節　私見の展開

ない』ということはできない」として心神喪失を否定したが，これに対しては，学説上批判が強く，また，かかる差戻審の理解が当該事案の解決にとって唯一あり得る理解であるというわけでもなかった[151]。

　ここには，犯行と関連する精神状態全体において，法的了解による把握を超えるものがどれほど介在していれば心神喪失・心神耗弱・完全責任能力になるかという問題が残されているといえよう。かかる区別は本書のこれまでの検討を超える問題であるが，責任能力の判断が，当該犯行について行為性や故意が認められる場合であったとしても，なお心神喪失となり得ることを認める判断であるとすれば，少なくとも行為性や故意が認められることによって当然肯定される精神状態の正常さ（例えば当該犯行によって被害が生じることを理解していたことや，最終的な実行行為において，本人の目的を実現する手段を採用していること）のみでは心神喪失を否定することはできないように思われる。かような観点からすれば，行為性や故意が認められる以上，「周囲の状況を全く認識できないほどではなかった」のは当然であって，やはり差戻審の設定する心神喪失のハードルは妥当ではないように思われる。このように，同判例の残した問題は，どれほど法的了解による把握を超えるものがどれほど介在していれば心神喪失等に至るかという形で再定位されよう。

　以上のように[152]，病的体験を介在させながら精神状態の解明がなされた場

---

151)　以上につき，**第1章第4節第2款第2項**3 (1) (e) (イ)。

152)　なお，病的体験を介在させながら精神状態の解明がなされた場合において，「もともとの人格」「本来の人格傾向」がどのような意味を持ち得るかについても，平成21年判例との関係で問題が残るだろう。かかる「人格」「人格傾向」と「精神状態の法的了解」との関係については既に検討したところであるが（前項1 (2) (b)），これまでの検討からすれば，「人格」「人格傾向」を用いることについては，適用論において以下のような問題を有することにも，なお留意する必要があるように思われる。

　すなわち，「もともとの人格」「本来の人格傾向」は，ともすれば容易に認定されてしまうおそれを有する概念である。例えば平成21年判例の原審は，剣道・柔道・空手を習っていたこと，エアガンやサバイバルナイフを購入所持していたこと，従前粗暴な事件を起こしていたことの三つから「被告人の暴力容認的な姿勢ないしは周囲との関係を戦闘的な視点からとらえようとする思考傾向」を認めていたが，従前起こしていた粗暴な事件は（鑑定によれば）統合失調症の発症後に生じたものであると指摘されているほか，残り二点は，心神喪失を否定するほど「暴力容認的な姿勢」を示すものであるか大いに疑問の余地があるところであって，この点学説上も批判を集めていたところであった（**第1章第4節第2款第2項**3 (2)）。近時の司法研究（実質的協働司法研究）は，「り患してから長期間にわたって治療を受けたことがなく，その発症時期や発症前の性格などが不明なため，人格異質性を判断の重要な要素にすることが難しい事案」も存在することを指摘し，修正を図っていたが，上記のような概念の性質を踏まえるならば，そもそも当該事案が「『もともとの人格』の立証や認定ができる」事案であると容易に考えられてしまうおそれがあるとの問題性が存在するように思われる。「もともとの人格」「本来の人格傾向」は，行為者の従前の様々な生活状況から

第4章　刑事責任能力判断の原理・基準・適用

合においては，その病的体験が法的了解を超えるものであることと，なお残された精神状態について，責任非難を向ける余地があることについて検討を行い，心神喪失等の判断がなされることになろう。

3 小　　括

以上，諸判例の検討を通じて，「精神状態の法的了解」との基準からは，行為者の行為時点の精神状態の解明に限界があることを理由に責任非難の減退を認めるべき場合が存在するほか，一定の病的体験が介在していることを理由に責任非難の減退を認めるべき場合が存在し，こうした場合において，統合失調症の病的体験下での犯行に対する責任非難の減退が相当程度説明されることを示すとともに，判例上残された課題も再定位し得ることを示した。

第4項　小　　括

以上，本款では，前節において検討の必要性が示された，（とりわけ統合失調症の事例を念頭においた）精神状態の異常と責任非難の減退について，原理・基準・適用の観点から検討を行った。まず，原理としては，昭和6年判例の背景となった学説を参照することで，責任非難を行うにあたっては，非難する側がその精神状態を把握したうえで，これに対する規範的評価として責任非難が行われるところ，かかる把握を超えるものが行為者の精神状態に介在している範囲については，かような責任非難の規範的評価の前提をそもそも欠くものであるとの基礎づけを提示し，これが通常の期待可能性判断とは異なる原理に根差すものであることを示した（**第1項**）。次に，基準について，「精神状態の法的了解」との呼称を与えるとともに，これが，犯行と関連する精神状態について，全体的に考察したうえで，あくまでも法的判断として行われるものであることを示した（**第2項**）。そして，適用について，行為者の行為時点の精神状態の解明が基本的には要請されるものの，その解明に限界があることを理由に責任非難の減退が肯定される範囲があることを示すことで，昭和53年・59年判例

（いわばイチかゼロかではなく）幅をもって認め得るものであろう。

　この点は，既に前項 *1*（2）（b）で見たように統合失調症においても問題となる点であるが，とりわけ病前性格との一定の連続性を見出しやすいうつ病においても問題となるように思われる。いわゆる内因性うつ病と反応性うつ病の区別や，真正妄想と妄想様観念の区別といった精神医学的知見，さらには病前性格との連続性を証拠法上如何様に扱うべきかといった刑事訴訟法上の知見も踏まえつつ，検討すべき課題があると言えよう。

390

第3節 私見の展開

を上記議論に位置づけるとともに，かような場合を肯定できることが「精神状態の法的了解」との基準を採用することの意義の一つであることを示したうえで，一定の病的体験が介在していることを理由に責任非難の減退が認められる場合が存在することを示し，以上のような場合において，統合失調症の病的体験下での犯行に対する責任非難の減退が相当程度説明されることを示すとともに，判例上残された課題も再定位し得ることを示した（**第3項**）。

第2款　その他の原理の可能性

前款においては，とりわけ統合失調症を念頭に，犯行と関連する精神状態において，法的了解による把握を超えるものの含まれる範囲で責任非難が減退するとの議論を提示した。本款では，精神障害と犯行とが関連する場合一般において，以上の原理・基準・適用の及ばない範囲についても，なお異なる原理から責任非難の減退の余地があり得ることを示すこととしたい。まず，前款の原理とは異なる原理を含め，そもそも複数の原理を据えることが妥当であることを示したうえで（**第1項**），如何なる責任非難の減退の余地があり得るか，現時点での展望を示すこととしたい（**第2項**）。

第1項　複数の原理を据えることの妥当性

前款に見た「精神状態の法的了解」の下では，とりわけ統合失調症の病的体験下での犯行に対する責任非難の減退が説明されるとともに，一定の（とりわけ精神病症状を伴うような）うつ病や一定の妄想性障害についても説明が妥当する余地があろう。これに対して，例えば知的障害や反応性うつ病，発達障害等が認められる事案については，上記のような意味での「精神状態の法的了解」の範囲の中に収まる精神状態が想定されるだろう。そして，かような場合においては，必ずしも常に他の事案と同等の責任非難に値するものではないように思われるところであり，異なる原理からの責任非難の減退が認められないか，なお検討の余地があるように思われる。

この点は，近時の実質的協働司法研究においても示唆されているところである。すなわち，既に見たように，同研究は昭和6年判例の定式を支持しつつ，「統合失調症や躁うつ病などの精神障害」については，「精神障害の影響のためにその罪を犯したのか，正常な精神作用によって犯したのか」が重要になり，

391

第 4 章　刑事責任能力判断の原理・基準・適用

かかる判断枠組みが大枠としては正当であるとする一方で，「知的障害やパーソナリティ障害，発達障害などの精神障害や複数の精神障害を併発している事案では，判断のポイントについて法律家として未整理な状況」であるとして，当面は昭和 6 年判例のような定式を使いつつ「どこが判断の分岐点となっているのかを探りながら，事案を集積していくほかないであろう」としていたのであった[153]。これまでの本書の検討を前提にすれば，これは，精神障害と責任非難との関係について，上記のような「精神状態の法的了解」の判断のみによっては説明し尽されない責任判断の余地があるのではないかとの議論を提起するものであると評価できよう。

これに対して，難解概念司法研究は「精神障害のためにその犯罪を犯したのか，もともとの人格に基づく判断によって犯したのか」との定式を示したうえで，「①統合失調症のほか，②躁うつ病，③アルコール関連障害，④薬物関連障害，⑤広汎性発達障害，⑥人格障害についても検討を加えたが，それぞれについて，上記と同様の視点に基づいた上で，各類型に応じた表現による判断の対象を示し……その責任能力を検討することは基本的に可能である」として，その汎用性を示していたのであった。かかる理解は，精神障害と犯行とが関連する場合一般について，複数の原理を想定することなく，精神障害の影響一般をもって責任非難の減退を認めようとする理解であると整理することができよう。

しかし，精神障害の有無（或いはその診断名）は治療ないしは統計的把握の観点から定められているものである以上[154]，何かしらの精神障害の診断名が付されたことのみをもって責任非難の減退を認めることは合理的でないように思われる。アメリカ法においても指摘されていたように，例えば DSM-5 にいうところの「反社会性人格障害」（F60.2）においては，「法にかなった行動という点で社会的規範に適合しないこと。これは逮捕の原因になる行為を繰り返し行うことで示される。」や「虚偽性」「衝動性」「いらだたしさおよび攻撃性」「自分または他人の安全を考えない無謀さ」「一貫して無責任であること」「良心の呵責の欠如」といった診断項目が掲げられているところ[155]，こうした観

---

153)　第 1 章第 4 節第 2 款第 3 項 1 (2)，2 (3)。

154)　例えば，尾崎＝三村・前掲注 110) 23-28 頁。

155)　これらから 3 つ以上に該当し，少なくとも 18 歳以上であり，15 歳以前に発症した素行症の証拠があり，統合失調症や双極性障害の経過中のみではない反社会的行為がある場合には，反社会性人格障害との診断名に至る（高橋三郎＝大野裕監訳『DSM-5 精神疾患の分類と診断の手引』

第 3 節　私見の展開

点を満たしていたとしても，（個別具体的事案に応じて例えば不遇な成育歴等の観点
等からの検討が必要となる場合もあるとしても）基本的に十分に非難を向け得るよ
うに思われる[156]。常習犯であることや良心の呵責がないことは，通常その程
度が高いほど強い責任非難の対象となると考えられるか，少なくとも責任非難
を減じさせはしないと考えられるところ，かかる性質が治療或いは統計的観点
から設けられた基準を満たした途端，責任非難を減じさせるようになるという
のは，合理性を欠くといえよう。

　そして，精神障害の概念の下においては様々な性質の障害が存在する以上，
その性質に応じて責任非難を減退させる原理が異なることの方が適切であるよ
うに思われる。例えば，反応性うつ病が問題となる場合については，緊張病性
興奮の下で動機にも犯行態様にも何ら説明のつかない支離滅裂な犯行に及んだ
場合とは異なり，その精神状態の把握において法的了解の困難なものがあると
いうよりも，むしろ盗犯等防止法 1 条 2 項が問題となるような通常の期待可能
性判断と同様の原理から責任非難の減退が想定されるように思われる。したが
って，問題となる精神障害の性質に応じて，「精神状態の法的了解」とは異な
る原理から責任非難の減退を認めることが適切であるといえよう[157]。

　なお，かように複数の原理を認めるとして，かかる複数の原理を刑法 39 条
の枠内で行うか否かについては，それぞれの議論の性質に照らして判断される
べき事柄であろう。もっとも，刑法 39 条，心神喪失・心神耗弱，昭和 6 年判
例の定式に複数の原理が包摂されると解しても，かかる解釈自体は解釈論上許
容され得ることについては付言しておきたい。例えば，これらの条文・定式は
精神障害（或いはそれに類する状態）と犯行とが関連する場合に責任非難が減退
する旨を示している条文・定式であると解したうえで，その下に複数の原理が
あると理解しても，刑法 39 条自体が責任論を巡って学説上「大ニ議論アル」
中で，敢えてその内実をブランクにして設けられた条文であったこと[158]にも

　304-305 頁（医学書院，2014））。

156)　このことがサイコパスについての議論とは必ずしも一致しない点も含め，**第 3 章第 3 節第 1
　款第 1 項 3 (1)**。

157)　複数の原理が存在するということは，例えば人格障害について異なる観点から責任非難の減退
　を認めたとしても，統合失調症等の病的体験についての責任非難の減退とは異なる観点からの議論
　であるため，両者の基準は異なり得るということを含意している。例えば，人格障害の影響が認め
　られる事案について，統合失調症については心神喪失を認め得るような程度の「精神の障害」の影
　響が存在したとしても，心神喪失を認めるべき必然性はないことになる。

158)　**第 1 章第 1 節第 2 款**。

393

第4章　刑事責任能力判断の原理・基準・適用

鑑みれば，この理解が解釈論上アプリオリに排斥されるわけではないように思われる[159]。

第2項　展　望

そこで，本書の検討対象として掲げた精神障害等について，前款に見たような「精神状態の法的了解」以外の観点から責任判断があり得ないかについて若干付言することとしたい。もっとも，本書はこれまで諸判例が対象としている統合失調症を主に検討してきたため，以下では，如何なる原理等があり得るかについて展望を示すにとどめたい。

まず，うつ病や妄想性障害が認められる事案において，その精神状態に法的了解を超えるようなものが存在しない，或いは存在したとしても心神喪失には至らない場合であっても，（場合によっては残された）正常な精神状態の範囲において，通常の期待可能性判断と同様の判断によって減軽（或いは免責）される可能性はあり得るだろう。すなわち，例えば反応性うつ病において，その動機経緯の推移は法的了解の作用の範囲内には収まるものの，本人の動機経緯に酌むべき事情が多く，問責者の「置き換えによる判断」・共感の作用[160]による判断として責任非難が減退するとの議論もあり得よう[161]。

次に，知的障害については，精神状態の法的了解，或いは（不遇な成育歴の判断を除けば）通常の期待可能性判断のいずれにおいても責任非難の減退が否定されやすいように思われるところ，知的障害が問題となった裁判例においては，その犯行がもたらす被害についての理解が乏しいことを理由に，心神耗弱等の対象となる旨の判断も見受けられる[162]。このような判断は，形式的な違法性の理解等が存在する場合であったとしても，（行為ないし）違法性の意味に関する理解が乏しいことを理由に，責任非難の減退が認められないかとの示唆を提起しているようにも思われるところであり[163]，意味の認識や違法性の意識の

---

159)　精神状態の法的了解と文言との関係については前掲注 121)。また後掲注 161) も参照。

160)　小池・前掲注 66) 337 頁以下。

161)　通常の期待可能性判断については，量刑判断（及び超法規的責任阻却事由としての免責）においてのみ考慮し得るとの議論もあり得ようが，通常の期待可能性判断を責任能力判断から排除すべきと考える強い理由はないように思われるし，後述のように，これを含めることによって，妄想の内容に踏み込んだ責任能力判断が可能になるように思われる（**第5章第3節第2款第2項**参照）。

162)　例えば，中等度精神遅滞が認められる被告人による建造物等延焼罪が問題となった岡山地判平成 28 年 8 月 1 日判タ 1440 号 245 頁は，どう燃焼しどのような危険を発生させる可能性があるかについて著しく不十分な理解しかできていなかったことを指摘し心神耗弱を認めている。

163)　アメリカにおいて「精神異常」抗弁を独立の抗弁としては廃止すべきであると主張していた

第3節　私見の展開

可能性，また責任年齢に関する議論も踏まえた検討が必要となろう。そして，かような知的観点についての検討は，例えば認知症や統合失調症等において同様の観点が問題となる場合にも波及することになろう。

　また，衝動等の異常についても議論があり得るところであるが[164]，例えば，間欠性爆発性障害の現れと考えられる犯行については，量的な延長線上に正常の範囲に収まるとの評価も可能であろうし，ペドフィリアの犯行については，前述のように正常の範囲に収まるとの評価も可能であろう[165]。かような場合に，なお別途責任非難の減退を認めることが妥当であるかについては，摂食障害・クレプトマニアを巡る議論，或いは酩酊・物質乱用を巡る議論と併せて検討すべき問題であろう[166]。

　最後に，本書の検討対象からは外れるものの，酩酊・物質乱用を巡る議論とも関連して，頭部外傷や感染症等の外因性の精神障害が認められる場合についても別途検討の余地があろう。とりわけ，行為時点の精神状態に限ってみれば

　Sloboginも，アメリカ法で一般的には承認されていないが，犯罪の概念が何か知らない場合についても一般的な法の不知として免責されるべきであるとして，この場合については免責範囲を拡張すべきであることを述べていた（**第3章第1節第3款第2項**及び注95）を参照）。この点については，小池が，違法評価に関する認識能力を弁識能力として要求しつつ，違法評価の内実は個別の法益侵害にとどまらず，犯行の客観的・主観的な文脈・態様を踏まえた法益軽視性を含むものであるとして，認識の対象に「形式犯的な違法行為」にとどまらない内容を認めようとしていることが注目されよう（小池・前掲注66）330頁以下）。小池の見解にも見られるように，この点は，違法性の意義も踏まえつつ検討する必要があろう。なおサイコパスの問題については**第3章第5節第3款**参照。

164)　アメリカ法の議論の総括として**第3章第5節第3款**。

165)　この点については，前款**第2項1**(2)(b)も参照。

166)　摂食障害やクレプトマニアについて，近時の裁判例では「有意な診断が摂食障害のみ又は摂食障害及びクレプトマニアのみであると」「具体的判断として責任能力が否定されることはほとんどない」とするものとして，小池信太郎「摂食障害・クレプトマニアを背景とする万引き再犯の裁判例の動向」法学新報123巻9・10号663頁，670頁（2017）。この点，クレプトマニアが，当該犯行により獲得される利益について自分自身にとって利益に感じていないという特徴に鑑みて責任非難が減退するとの理解もあり得るかもしれないが，盗む際の緊張と解放に利益を見出していないか，自己利益同士の対立のある通常の犯罪者も免責されないか等の批判がある（**第3章注91**）及びそこに挙げられている諸文献を参照）。また，当該欲求について行為者本人が必ずしも承認していないという点に着目することは，意志薄弱者や物質乱用者への責任実践との関係や，Frankfurtの「二階の意志」「二階の欲求」を巡る議論（例えば瀧川（裕）・前掲注89）94頁以下）についても検討する必要があるだろう。特に，強迫性障害やクレプトマニア等が問題となる場合には，単に欲求・衝動が大きいにとどまらず，「自ら」も当該欲求・衝動に対する否定的感情を抱いていることを，責任非難の枠内でどのように評価すべきかが問題となり得よう（この点はイギリスの法律委員会の報告書からも看取されるところである（拙稿・前掲注126）。また浅野光紀『非合理性の哲学──アクラシアと自己欺瞞』（新曜社，2012）も参照）。
　なお，情動行為の評価も問題となり得るところであり，ドイツ刑法における過剰防衛や免責的緊急避難に対する評価等を踏まえつつ，検討する必要があろう。

395

第4章　刑事責任能力判断の原理・基準・適用

正常な精神状態と評価することができるが，その外因が発生する時点以前の精神状態との連続性を欠くような事例において，前款に見たような当該犯行と関連する精神状態の異常は存在しないとしても，とりわけその人格（思考や反応の方法等）の変化を理由に責任非難の減退があり得ないかが問題となり得るように思われる[167]。もっとも，思考方法の変化が精神状態の次元においては把握可能な場合（例えば快活だった人間が，犯罪被害に遭い，犯人への恨みへと思考が狭まっていった場合）には，性格の変化それ自体によっては責任非難の減退は認められないように思われるところであり，かかる場合と，精神状態の次元では把握が困難であるような器質的要因による思考方法の変化との間に，責任非難の減退の差異を見出し得るかについても，検討の余地があろう[168]。

第4節　小括：学説の整理と私見の位置づけ

　以上，これまでの検討から獲得された知見に基づき，現在の有力説及びその修正説の理論的問題を指摘したうえで，私見について，他説との関係も明らかにしながら展開してきた。以下，本章の検討を基に，現在の学説を整理し，私見の学説上の位置づけを明確にすることで，本章のまとめに代えたい。

　現在の体系書や論稿等において，責任非難の観点から責任能力を捉える理解は，大要以下のように分類することができる。すなわち，行為者本人が「思いとどまることができたか」を基準として問うもの（事実的自由意思説）[169]，規範意識等を前提とした期待可能性判断により判断するもの（規範的自由意思説）[170]，現実の精神状態の正常さを基準として問うもの（正常説）[171]である。

　有力説である事実的自由意思説は，責任論一般にとって行為者本人の「自由意思」・「思いとどまることができること」が必要であるという前提を，責任能力基準にも反映する理解である一方，その具体的適用については，論者自身困

---

167)　この点に積極的な議論として，樋口・前掲注56)。
168)　この点に関するアクチュアルな問題としては，認知症による人格変化の問題が挙げられよう（精神科医による論評として，村松太郎『認知症の医学と法学』306頁以下，380頁以下（中外医学社，2018))。
169)　本章第2節第1款。
170)　本章第2節第2款。
171)　**第1章の検討を踏まえるならば，序章第1節第3款に見た反対説は，このように学説上整理することもできるだろう。**

396

第4節　小括：学説の整理と私見の位置づけ

難であることを認め，特に一定の統合失調症の影響について責任能力が減退することを幅広く認めようとしている。しかし，そもそも「思いとどまることができること」（現に有していなかった「犯行をしない」意思を持つことができること）の存否・程度を基準にすることは，個別具体的に証明できないものを立証対象とするものであり妥当でなく[172]，これを緩やかに解したとしても，規範意識の鈍麻した常習的確信犯等も免責にも至り得てしまい，一般的に認められている責任の範囲からすれば妥当でない[173]。論者は，事実的自由意思説の認定において，統合失調症等の影響がある場合には大きく責任能力が減退するが，それ以外の場合には必ずしも同様には減退しないという中間項を承認し得るかのような議論を提起しているが，精神科医は精神状態や精神状態と精神障害の関連を判断しているに過ぎない以上，その論理は明らかでなく，整合的に解することは困難である[174]。

　規範的自由意思説は，現に行為者本人が「思いとどまることができたか」とは異なる内容の期待可能性の議論（例えば平均人基準）を責任能力に援用する理解であり，規範意識の低下は期待可能性を下げないとしつつ，統合失調症等の影響を，期待可能性（或いはその認識内容が違法性）を下げるものと位置づけることで，責任能力を違法性の認識・期待可能性に解消する内容とする点は引き継ぎつつ，一般的に認められている責任の範囲をも説明しようとする理解である。しかし，通常の期待可能性判断においては，法益保護が重視され，環境の過酷さや粗暴な性格等が問題となっても，犯行の回避が厳格に要求され，免責が極めて例外的となっていることからすれば，この理解を貫徹するならば，病的体験が存在しようとも，同様の抑制があれば犯行を避けられたとして責任非難の減退は必ずしも認められなくなり，心神喪失・心神耗弱の範囲は，現在学説実務が一致して認めている範囲より相当狭くなるはずである。この帰結を回避するために，環境や性格等と比しても，統合失調症等の「精神病」については，大幅に期待可能性が下がると考えるならば[175]，なぜ精神障害の中でも「精神病」であれば期待が低下し，そうでなければ期待は同程度に低下しないのか，そこにいう「精神病」の内実は如何なる観点から定まるかが問題となる

---

172)　この点は規範的自由意思説の論者も批判するところである（第2節第2款）。

173)　**序章第1節第1款**。

174)　以上，**序章第1節第3款，本章第2節第1款**。実践的な問題として**第5章**も参照。

175)　なお，精神障害の影響一般が期待を大きく低下させると考えることには，本章第3節第2款に見た問題があるだろう。

397

第 4 章　刑事責任能力判断の原理・基準・適用

が，これは規範的自由意思の概念自体からは導かれない。通常の期待可能性判断と同様の判断として責任非難が減退する場合を認めつつも，なお統合失調症等の場合について，より幅広い責任非難の減退を認めるような原理・基準・適用が併置されることが望ましいといえる[176]。

　正常説は，現実の行為者本人の精神状態について，その正常性を問う理解であり，上記の理解とは異なり，違法性の意識の可能性や期待可能性に必ずしも解消されない判断内容を，「正常性」として責任能力判断に認めようとする理解である。上記の事実的自由意思説・規範的自由意思説の問題からすれば，違法性の意識の可能性や期待可能性に必ずしも解消されない判断内容を責任能力判断に認める点で，正常説に見るべき点があると評価し得る一方で，正常説には，まさにこの点において，従前の刑事責任論の体系から受容可能かが問題となる。

　私見は，この正常さの内実・位置づけについて，法的概念として「了解」概念を用いることで，従前の刑事責任論の体系において，学説実務が一致して認める責任非難の減退を説明し得ることを主張するものである。すなわち，私見は，責任非難には，非難する側が行為者の精神状態を了解し，これに対する規範的評価として責任非難がなされるとの構造があることを見出し，当該精神状態が非難する側の了解の範囲を超える場合には，その限度で規範的評価の前提を欠くために責任非難が減退すると考える。このように理解すると，通常の期待可能性判断では免責は極めて稀だが，統合失調症等の病的体験等の影響がある場合はより幅広く免責されることにも説明がつく。通常の期待可能性判断では法益保護を重視して法遵守の期待を厳格に要求できるが，了解の判断では，法益保護を重視しても把握が困難な精神状態がより把握できるわけではないからである。この理解は通常の期待可能性判断の前提として問われているものを明らかにするものであるから，従前の刑事責任論の体系において受容可能であり，また通常の期待可能性判断等の規範的評価による減免も，了解の判断と併置されることとなる[177]。

---

176)　以上につき，本章第 2 節第 2 款。
177)　以上につき，本章第 3 節。

398

第5章　近時の実務的判断に対する検討
── 統合失調症・妄想性障害の事案に関する裁判例について

第1節　は じ め に

第1款　本章の本書における位置づけ

　本書は，近時の理論と実践を巡る議論において，原理・基準・適用の一貫した刑事責任能力判断の必要性を見出し，これに理論的検討を加えることで，同判断の決定的な基準を「思いとどまることができること」に見出す有力説について，我が国の判例学説史や同説の参照するドイツの議論状況に鑑みても支持する理由はなく，理論的にも問題を抱えていることを指摘すると共に，責任非難の原理に基礎を持ち，且つ，学説一般が承認する適用範囲や判例の判断構造にも説明を与える私見を提起した。私見は，責任非難には行為者の精神状態を了解し，これに規範的評価を与えるとの構造が存在し，精神状態の法的了解の範囲を超える部分には規範的評価の前提を欠くことが，責任能力判断の中核的内容を与える一方，規範的評価等も責任能力判断の中に併置されるというものであった。

　本章では，これまでの理論的検討及び私見から，近時の統合失調症や妄想性障害の裁判例の判断に対して検討を加える[1]。既に前章において，私見が，学説一般が承認する適用範囲に加え，実務的動向と大枠において親和的であることも示したところであるが，本章は，特に了解の範囲を超える病的体験等が犯

1）　このように分析対象を区切ることは，診断名のみにより帰結が定まるという前提を取ることを意味しない。統合失調症の事例が学説実務の議論の中心に位置していることや，妄想性障害はその症状の特徴ゆえに妄想と犯行とが関連する事例の分析にとって注目されていること（本章第2節第2款参照）が，分析対象を区切ることの理由である。

399

第 5 章　近時の実務的判断に対する検討

行に影響する場合[2]について，近時の裁判例を取り上げることによって，了解概念を基軸とする私見と実務的判断との親和性を，より具体的に検証するものである。

　この検討は，筆者が，特に心神喪失を理由とする無罪や心神耗弱を理由とする死刑判断の回避が問題となる事例等において，幻覚妄想等の犯行への影響が責任能力判断としてどのように考慮されるべきと考えるかを更に明らかにすることで，私見に対して，より具体的な輪郭を与えるものでもあり，理論的にも意義を有する。他方で，刑事責任能力の具体的事案における適用は，特に刑事実務家にとって関心が高いものと思われる。そこで，本章では，検討対象とした裁判例の限度ではあるが，裁判例の判断について，その構造や内実を検討し，私見から批判を含む評価を加え，上記の点を検証したうえで，実践的に如何なる判断の枠組み等が妥当することが理論的に望ましいと考えられるかも付言することとしたい。

　具体的には，近時の統合失調症と妄想性障害の裁判例を取り上げ，それぞれに検討を加え，以下のことを主張する。すなわち，了解の範囲を超える病的体験等が犯行に影響を与える事案においては，犯行に至る意思決定過程において病的体験等の占める程度が，責任能力の減退度合いにとって決定的となるべきである。このことは，本書が既に何度も示してきたように，「思いとどまることができること」等の認定要素として重要であるということではなく[3]，それ自体によって責任能力の減退を認め得る刑法理論上の根拠を持つ基準である[4]。それゆえ，これらの事案において，障害の影響を「思いとどまることができる」か否かという観点に絞って検討することは妥当でないし，ましてや意思決定過程における病的体験等の占める程度の判断を離れて，行為者に如何なる機能があるか等を問うことは不当である。他方，病的体験等により説明されない精神状態（いわば残された正常な精神状態）については責任非難の規範的評価が妥当するため，特に妄想性障害の事案においては[5]，妄想の内容を踏まえつつ，

2）　実務における用語の使用方法に倣って，障害や症状が犯行と関連する場合を，障害や症状が犯行に「影響」すると表現する。この表現とも関連する問題として，岡田幸之「精神医学がいう『異常』と法律判断：8ステップモデルの『責任』の周辺への展開」法時90巻1号39頁，41頁（2018）も参照。

3）　序章第1節第3款，第4章第2節第1款。

4）　第4章第3節第1款。

5）　統合失調症の事案においても問題となるが，統合失調症と妄想性障害の違い（本章第2節第2款第1項）から，統合失調症については了解の範囲を超える部分の程度がより決定的な観点となる。

400

第1節　はじめに

規範的評価として，了解の範囲に収まる部分における責任非難の減退も併せて問題となるべきである。検討対象とした裁判例のうち，多くの裁判例の大枠は，上記のように私見から導かれる判断構造と親和的である一方，一部には不当と評価されるべき一般論等がある。

第2款　裁判例を検討するにあたって

　本章では，私見の具体的な検証を行う限度ではあるが，近時の裁判例の検討を行う。この検討では，統合失調症や妄想性障害の裁判例においては，一連の司法研究の提言，すなわち，統合失調症等の事案における責任能力判断においては，「精神障害のためにその犯罪を犯したのか，もともとの人格に基づく判断によって犯したのか」，「精神障害の影響のためにその罪を犯したのか，正常な精神作用によって犯したのか」という判断の視点・対象を示すとの提言との親和性が認められる一方で，裁判例における提言の用い方には異同も存在するところ，そこには理論的観点から検討すべき異同も認められることが示され，この異同に私見から批判を含む評価が加えられることとなる。

　この点，特に刑事裁判官においては，裁判例の様々な判断は偏に事案の個性によるものであり，刑事裁判では昭和6年判例（大判昭和6年12月3日刑集10巻682頁）や司法研究の提言を判断対象として示しつつ，裁判員と協働して，事案ごとに各事実を評価し，裁判体ごとに結論を導けば足りるのであるから，裁判例の異同を検討する必要はそもそも実務にはない，との理解もあるかもしれない。また，裁判例分析といっても，各判断の基礎となった証拠，とりわけ精神鑑定の内容を現に見ることもできず[6]，また判決の書きぶりは裁判員との評議の過程にも依存するのだから，裁判例を分析対象とすることそれ自体に方法論的な懸念も持ち得るかもしれない。

　本章の検討は，個別事案における責任能力判断が，当該事案の個性を踏まえた個々の裁判体の判断によるべきものであることを否定するものではない。ま

---

6)　LIC刑事裁判例研究会（三好幹夫代表）は，「精神鑑定の内容は判決書の記載から推知するしかなく，その上，法律家が医学的説明を説くことにはおのずから限界があることから，責任能力判断の全体像を描き切るのは極めて困難である」としつつ，責任能力判断の誤りを理由に裁判員裁判による判決を破棄した複数の控訴審判決を検討し，「群盲象を評すような論考であっても，その集合した結果が責任能力の全体像を示すことができることを期待しつつ，あえて」その結果を公表するとしている（HJ200043以下）。

401

第5章　近時の実務的判断に対する検討

た，本章の検討は，各裁判例の細かな記載の一致や相違を取り上げて，そこに理論的意義を見出そうとするものでもない[7]。むしろ本章が問題とする異同は，裁判例が上記提言を責任能力判断に組み込むにあたって存在する，責任能力判断の構造やそこで考慮されるべき要素[8]に関する異同である。

　本章では，まず検討対象とした近時の統合失調症・妄想性障害の裁判例[9]における判断の構造と内実を見たうえで（第2節），そこにおいて看取される相違を踏まえつつ，私見から評価を加えるとともに，如何なる判断枠組み等が望ましいかを示すこととしたい（第3節）。

第2節　近時の統合失調症・妄想性障害の裁判例における判断の構造と内実

　本節では，検討対象とした裁判例の限度ではあるが，その判断の構造と内実を，統合失調症（第1款）と妄想性障害（第2款）それぞれの裁判例について

7）　むしろ裁判例の記載には，一見重要に見えても帰結にとって必ずしも重要でないものもある。例えば，妄想が動機形成に大きく影響したと評価する裁判例には，心神耗弱を認めるものも（東京地判平成31年2月25日2019WLJPCA02256004）完全責任能力を認めるものもある（大阪地判令和元年7月30日2019WLJPCA07306016）。

8）　勿論各事実が責任能力判断においてどの程度の重みづけを持つべきかは，事案に応じた評価を要すべきものである。他方で，「事案の判断・評価において，個別の事情を考慮すればするほど事案に即した優れた判断・評価が可能となるのではなく，事案の諸事情の中には考慮すべきもの，考慮してよいものと考慮すべきでないもの」があり，「そのような『考慮の基準』を明らかにするのが刑法学の任務」であること（山口厚「過去と現在から考える刑法学の在り方」刑雑62巻2号1頁，3頁（2023））も念頭に置かれなければならない。例えば，当該事案が被殺者多数の重大事案であることは，事案の個性としては極めて特徴的であり量刑判断では重視すべき一方，責任能力判断に直接影響を与えるべきではないと一般に考えられている。しかしこれも，責任能力判断とは如何なる判断であるかという責任能力判断の趣旨（原理・基準）によって初めて正当化されるものである。本章で問題とするのは，まさに「考慮すべきもの，考慮してよいものと考慮すべきでないもの」に関する判断の相違である。この点については，橋爪隆「裁判員裁判と刑事実体法の解釈・適用」司研133号72頁（2024）も参照。

9）　拙稿「責任能力の判断（その1〜6・完）——特に幻覚妄想の認められる事案について」法セミ69巻5号〜10号（2024）において分析対象とした裁判例に，その後の幾つかの裁判例を加え，検討した。旧稿で検討したのは，2024年2月上旬までにデータベース（LLI，LEX/DB，D1-Law，Westlaw）上で検索した裁判例のうち，被告人に統合失調症・妄想性障害の罹患（の疑い）を認め，これを責任能力の問題として取り上げるものであり，時期としては，妄想性障害は近時の重要判例である最判平成27年5月25日集刑317号1頁（加古川8名殺傷事件）以降，統合失調症は令和期に限っている。具体的には上記法セミ69巻10号99頁掲載のQRコードからも見ることができる以下のサイトを参照。https://www.nippyo.co.jp/bloghousemi/wp-content/uploads/sites/4/2024/08/b75f39f5f52621eb14d6f88a4d9eb6fd.pdf

見ることとしたい。

第1款　統合失調症の裁判例

第1項　判断の構造

これまで本書において解き明かしたように，昭和期から平成期にかけての最高裁判例，裁判例やその実務上の整理においては，統合失調症の重症度や犯行との関連性が重要な観点として位置づけられてきたとともに，一連の司法研究も特に統合失調症の影響がある事案を念頭に提言を行っていたところ[10]，検討対象とした裁判例においても，統合失調症の影響の程度が決定的な判断のポイントになっている（1）。他方，裁判例の一部には，期待可能性論を意識した特徴的な一般論を示すものもある（2）。以下，それぞれ概観したい。

1　統合失調症の影響の程度による判断

（1）昭和6年判例との関係

検討対象とした裁判例で散見されるのは，犯行実現過程における統合失調症の影響[11]を示し，このことから直ちに心神喪失等の結論を示すか，或いはその結論の表現として昭和6年判例の定式（又はそれに類する定式）を示すものである。

直ちに結論を示すものとしては例えば，「統合失調症による幻覚の圧倒的な影響を受けて本件犯行を行ったものであり，心神喪失の状態にあった疑いがある」とするもの（東京地判令和5年6月13日判時2588号153頁），「本件各犯行が本件各妄想及び精神的な不穏状態に非常に大きく影響されていたものの，これ

---

10)　第1章第3節，第4節参照。
11)　（2）でも見るが，統合失調症の影響に加えて，その影響が及んでいない部分として「元来の人格」や「正常な精神作用」等により犯行に及んだ側面があるかを指摘するものもある（例えば，「精神障害の圧倒的あるいは著しい影響のもとにあったとは考えられず，むしろ，被告人には健常部分が相当残っているのであって，事理弁識能力又は行動制御能力が欠け，あるいは著しく低下していたとの合理的な疑いはないとした原判決に誤りはない」（仙台高判令和5年9月26日L07820361)，「本件各犯行は統合失調症の著しい影響を受けていた」一方で「正常な精神作用によって罪を犯したといえる部分も残っていた」（福島地郡山支判令和4年3月22日L07750219)，「被告人に正常な精神機能に基づく判断によって犯行に及んだ部分があったと認めるには合理的な疑いが残り，本件犯行時被告人に責任能力があったとは認められない」（佐賀地判令和2年11月16日L07551027))。

403

第 5 章　近時の実務的判断に対する検討

らに完全に支配されていたとまで評価することはできず，被告人は，本件各事件当時，心神耗弱」であったとするもの（東京高判令和元年 12 月 5 日東高刑時報70 巻 1〜12 号 89 頁），「妄想型統合失調症による幻聴は本件犯行に直接的な影響は与えておらず，ロヒプノールの服用の影響も認められないから，被告人は，本件犯行当時，完全責任能力を有していた」とするもの（長崎地判令和元年 7 月16 日 L07450852）がある[12]。

　結論の表現として昭和 6 年判例の定式（又はそれに類する定式）を示すものとしては例えば，「妄想等の精神症状の圧倒的影響下で本件各行為に及んだとの疑いを払拭できない。被告人が本件各行為当時，善悪判断能力及び行動制御能力の残った心神耗弱状態にあったことに間違いがないとまでは認められ」ないとして心神喪失を認めるもの（神戸地判令和 3 年 11 月 4 日判時 2521 号 111 頁，大阪高判令和 5 年 9 月 25 日 L07820341 でも是認），「本件各犯行の動機の形成過程において……被害妄想等が及ぼした影響は大きかったものと認められる。したがって，本件各犯行当時，被告人の善悪を判断する能力及び判断に従って行動を制御する能力は，統合失調症の影響により著しく低下していたということができる」とするもの（鹿児島地判令和 2 年 8 月 7 日 L07550742），「急性期にあって増悪した統合失調症の精神症状が相当程度の影響を与えたといえるものの，大きく影響したとはいえないのであり，被告人は，本件犯行当時，統合失調症の影響により，善悪判断能力が相当程度減退し，行動制御能力が一定程度減退していたものの，これらの能力が失われていたとか，著しく減退していたと評価することはでき」ないとするもの（千葉地判令和 4 年 4 月 12 日 L07750738）がある[13]。

---

12)　他にも，東京地判令和 5 年 10 月 20 日 L07831103（心神喪失），札幌地判令和 5 年 9 月 15 日L07850820，福島地郡山支判令和 4 年 3 月 3 日 L07750244（以上，心神耗弱），東京地判令和 3 年 5月 27 日 2021WLJPCA05276014，水戸地判令和 2 年 10 月 14 日 L07550874，徳島地判令和 2 年 2 月5 日 L07550187（以上，完全責任能力）。なお，症状の性質によっては当該症状下にいたことのみをもって心神喪失を認める裁判例もある。広島高判令和 2 年 9 月 1 日判時 2477 号 95 頁は，統合失調症による作為体験があり，「守護霊により体を動かされ，自らの意思によらないで行為に及んだ可能性が否定できない」ことから心神喪失を認め，東京高判令和元年 8 月 29 日 L07420462 は，緊張病性興奮下で自動車のアクセルペダルを踏み殺人等行った事案について，「緊張病性興奮の状態は，精神医学的には意思による統制を欠き，状況との関連や行為の一貫性がなく，了解不能な興奮状態であったと考えられる」ことから心神喪失を認める。

13)　他にも，横浜地判令和 2 年 3 月 19 日判時 2493 号 120 頁，横浜地判令和元年 6 月 27 日2019WLJPCA06276009（以上，心神喪失），大阪地判令和 5 年 7 月 5 日 L07850827，千葉地判令和5 年 5 月 26 日 L07850769，宮崎地判令和 5 年 1 月 30 日 L07850075，横浜地判令和 4 年 12 月 14 日L07751223，宇都宮地判令和 4 年 3 月 22 日 L07750419，那覇地判令和 2 年 11 月 13 日 2020WLJPC

第 2 節　近時の統合失調症・妄想性障害の裁判例における判断の構造と内実

　以上に対し，一部には，昭和 6 年判例の定式における弁識能力・制御能力を分けて，個別に認定し，責任能力判断を行うものも見受けられるが，これらにおいても統合失調症の影響の程度が判断の中核に位置づけられているように思われる。例えば，大阪地判令和 3 年 1 月 29 日 L07650276 は，強制わいせつの犯行に関する制御能力について，「専ら性欲に基づくもので，犯行態様等に特異な点はなく，精神障害の影響が大きかったとは認められない」としており，能力の判断において統合失調症の影響の程度の判断を行っている[14]。

(2)　「もともとの人格」の位置づけ

　統合失調症の影響と対置されるものとして，難解概念司法研究[15]や最決平成 21 年 12 月 8 日刑集 63 巻 11 号 2829 頁は，「もともとの人格」や「本来の人格傾向」に一定の位置づけを与えていたが，その後，実質的協働司法研究[16]では，この表現は回避されている。

　この点，検討対象とした裁判例における「もともとの人格」の扱いを見ると，行為者の従前の残虐的な行為から措定される人格と犯行とが親和的であることそれ自体から責任能力を基礎づけることには慎重さを見せるものが見受けられる。例えば，熊谷 6 人殺害事件について，原審が，殺害等の残虐な場面が出てくるゲームに関心を有していることを理由に，各犯行が元来の人格と連続性のある正常な精神機能に基づく行動とみて違和感はないとしていたのに対して，

　A11136005（以上，心神耗弱），東京地判令和 5 年 3 月 22 日 L07830083，横浜地判令和 4 年 10 月 11 日 L07750953，奈良地判令和 4 年 2 月 21 日 L07750337，秋田地判令和 2 年 1 月 29 日 L07550185，神戸地判令和元年 12 月 5 日 L07451444（以上，完全責任能力）。
　　なお，特徴的な結論の言い方として，「自らの行為の意味を理解して，それに基づいて行為を選択する能力が著しく低下していたとはいえ，その能力を完全には失っていなかったことは間違いない」とするもの（松山地判令和 5 年 12 月 18 日 L07851418。松山地判令和 5 年 1 月 24 日 L07850122 も同様）があるほか，本文記載のように善悪の「判断」とするものがある。

14)　なお，同判決は，傷害致死の犯行については，動機形成には被害念慮，過剰な暴行には衝動性の亢進の影響があるとしつつ，犯行を中断していることや犯行発覚を防止していることから，「行動をコントロールする能力が著しく制限されていなかった」としているが，この判断は，なお統合失調症に影響されない合理的な判断が行為者に残されていたことと評価することができよう。また，仙台地判令和 5 年 11 月 29 日 L07851318 は，統合失調症が犯行に直接的影響を与えていなかったことを指摘したうえで，「以上に加えて」死刑になると分かっていたことから善悪を判断する能力が，凶器や被害者の選択があったことから行動を制御する能力があったとしており，統合失調症の影響が小さいことを中核的な内容としつつ，合理的な判断があることを更に指摘するものと評価できる。

15)　司法研修所編『難解な法律概念と裁判員裁判』32 頁以下（法曹会，2009）。

16)　司法研修所編『裁判員裁判と裁判官──裁判員との実質的な協働の実現をめざして』96 頁以下（法曹会，2019）。

405

第 5 章　近時の実務的判断に対する検討

控訴審は「そのようなゲームに関心のある者が 3 日の間にさほど多額ではない金品欲しさに実際に 6 名もの他人を連続的に殺害するというようなことは通常想定できず，人格とのかい離がないとする原判決の判断には飛躍がある」としている[17]。また，幻覚妄想を有する被告人が民家に侵入し殺人等に及んだ事案について，被告人が残虐的嗜好を有していること等を理由に，犯行が被告人の本来の人格傾向の発露であるとの主張がなされたが，大阪高判令和元年 5 月 20 日 L07420150 は，「残虐的嗜好などと指摘しているのは，被告人の実弟への暴力，飼い猫への虐待行為，人を殺傷する内容のゲームに興じていたこと及びモデルガンを収集していたことなどであるが，これらが残虐的嗜好と指摘できるのかにも疑問があるし，ましてや，本件のような重大事件が，その発露であるなどと断定することなど到底できない」としてこれを排斥している（心神耗弱・懲役 30 年）[18]。

　これに対し，もともとの人格との親和性・異質性を判断構造に組み込む裁判例では，犯行に対する統合失調症の影響の程度を判断するにあたっての補強として組み込んでいる。例えば，犯行に至る過程に統合失調症の影響があることを指摘し，この影響抜きに被告人の能力や行為を評価できないとしたうえで，「統合失調症を発症する以前の知的水準や行為規範，コミュニケーション能力などを保っていたとすれば」当該犯行に至ることは考えがたいとして責任能力の減退を認めるもの[19]や，犯行に対して統合失調症が直接的な影響を及ぼしていないことを指摘したうえで，特段の理由もなく，または理解しがたい動機で

---

17)　東京高判令和元年 12 月 5 日東高刑時報 70 巻 1～12 号 89 頁（完全責任能力・死刑の原判決を破棄し，心神耗弱・無期懲役）。同判決については，小池信太郎「熊谷 6 人殺害事件——責任能力の判断」法セミ 66 巻 2 号 23 頁（2021），徳永元「判批」立命館法学 398 号 1882 頁（2021）に詳しい。第 4 章注 123）も参照。

18)　他にも，ストレスを一気に爆発させる性格や，「人や動物を残酷に殺す動画を好んで見たり，残酷にネズミの顔を焼いたり，アライグマをいたぶって苦しむ姿を見て楽しくなるなど残酷さへの嫌悪感が薄い性格」が認められるところ，妄想を信じて凶行に及んだのは「このような性格傾向」等が影響しているとの主張に対して，神戸地判令和 3 年 11 月 4 日判時 2521 号 111 頁は，前者について，これ「を伺わせるような主な事情」は，暴行事件や扉を足蹴りにしたことであるとしたうえで，「せいぜい人に殴る蹴る等の暴力を加えたり，物に当たったりするなどして，ストレスを発散していたにとどまるのであり，このようなストレスに対する反応は，一般的にみてもありふれた範疇のものであるから，上記各事情から被告人にストレスを一気に爆発させる性格傾向が伺われるとしても，およそ一般人とは異質の際立った爆発性を見出すことは困難である」ほか，後者について「残酷さへの嫌悪感が薄い性格傾向については，被告人が実際にいたぶるなどしたのは人間ではなく害獣であるし，人を残酷に殺す動画を視聴していたことも，そのような動画を視聴することと実際に自分が人間を殺害することは異なる」と指摘する（心神喪失・無罪）。

19)　東京地立川支判令和 3 年 11 月 19 日 L07631904。

406

犯行を犯したことは「反社会性パーソナリティ障害の特性が直接的な影響を与えているとみることができ」，そうすると「被告人の人格に基づいた犯行ということになるから，責任能力の有無に影響しない」とするものがある[20]。

これらの判断では，人格親和性・異質性は，それ自体として重要なものでは必ずしもなく，統合失調症の影響の程度の判断を補強するものとして扱われていると整理できよう。

2 期待可能性論と組み合わせた判断を示す裁判例

裁判例の一部には，統合失調症の影響と期待可能性論を組み合わせた判断を示すものがある。これらには，統合失調症等の犯行への影響を踏まえ，(1) 行為者の規範意識の低下を問題とするもの，(2) 病的体験等の心理的圧力を問題とするものがある一方，(3) 司法研究の提言を前提としつつ，期待可能性の用語を用いることで判断の指針を示そうとするものもある。

(1) 行為者本人の規範意識の低下を問題とするもの——「反対動機を形成する能力」

裁判例には，統合失調症が「反対動機を形成する能力」を減退させた事例において，この能力の減退から端的に心神喪失を認めたものがある。すなわち，慢性化した統合失調症に罹患した者がコンビニで弁当等を窃取したという常習累犯窃盗の事案について，神戸地姫路支判令和3年2月24日L07650027は，鑑定意見等に基づき「是非弁別能力こそ一応は有していたものの，それでもなお衝動的な欲求が生じた際，精神疾患の影響で低下した規範意識のため，反対動機を形成することで行動を制御した上で，犯行を抑止することができなかったとの合理的な疑いを払拭することはできない」として心神喪失を認めた。しかし，同判決について，控訴審判決である大阪高判令和3年11月24日高刑速（令3）453頁は，医師の見解を曲解等したものであるとし，医師が「見付からないように万引きしているという時点で，自分の行動をコントロールしており，それなりに合目的的な行動をとっているという時点で，行動制御が全く利いてないっていうのはおかしい」と証言していることを捉え，「被告人が文字どお

---

20) 岡山地判令和3年7月2日L07651086。他にも，心神喪失を否定する大津地判令和4年12月14日L07751328は，「反社会性パーソナリティ障害の影響もあった」ことを，責任能力を肯定する事情と位置づける。

第5章　近時の実務的判断に対する検討

り行動を制御することができずに本件各犯行に及んだということを意味するものでない」として原判決を破棄し，心神耗弱にとどめている[21]。

原判決は，行為者本人の衝動的欲求を止める能力の有無を問題とする期待可能性の議論（行為者標準説）を正面から採用し，心神喪失を認めたのに対して，控訴審判決は，この議論から距離を取ったものと評することができるだろう。

(2) 病的体験等の心理的圧力を問題とするもの

裁判例には，命令性の内容を含む妄想知覚が問題となっている事案において，その影響が「犯行の抑止」を困難にさせるとの判断を導くものがある。すなわち，福岡地判令和4年4月15日L07750384は，入院中の被告人が，自分を応援する患者が複数人いるという妄想着想に加え，その一部の者が足を振る行為から被害者を「殺れ」という合図をしたものと思ったという妄想知覚等により，「被害者を殺さなければならないという強い圧力」を受けたことから，「犯行を抑止し切るのは相当に困難であった可能性」を認めながら，躊躇していることや，妄想と無関係な理由を持ち出して犯行に及んでいること，状況を冷静に観察して状況に応じた行動を取っていること，病状が悪化していなかったことを指摘し，心神耗弱を認めている[22]。

同判決は，必ずしも行為者本人の規範意識を前提としているか明らかではないものの，命令性の内容を含む妄想知覚の持つ心理的圧力が，犯行の抑止を困難にするものとの前提から心神耗弱を認めるものといえる。ここでは，命令性の内容を含む妄想知覚等という特徴のある統合失調症の影響が認められる場合に，これを「抑止」と結びつけて責任能力の減退が表現されていると評価できよう。

---

21)　なお，検察官は控訴審段階で心神耗弱を主張していた。

22)　他に，いずれも心神耗弱であることに争いのなかった事案であるが，神戸地姫路支判令和5年3月2日L07850213は，残遺型統合失調症の病状の再燃から，強い希死念慮等を伴う中等度から重度のうつ状態になった事案について，「思いとどまる能力がなお相当に残存していたとみるのは適切でない」としつつ，衝動性が高くなかったこと等から「精神障害の圧倒的な影響を受けて本件犯行を敢行したものではない」とするほか，岡山地判令和3年11月29日判時2537号67頁は，統合失調症の影響から，被害的な思い込みに加え，攻撃性や衝動性が高まり，被害者の殺害行為に至った事案について，「被害者を殺害することしか考えられない心理状態に至り，被害者を殺害することを思いとどまることができなかった」としつつ，直ちに犯行に及んだわけではなく「一定程度衝動を制御する能力は残っていた」ことを指摘し，「犯行を思いとどまる能力，すなわち，善悪の判断に従って，自己の行動を制御する能力が低下していた」としたうえで，完全責任能力も考える余地もあるが，上記の思い込みが「統合失調症の精神症状といえる病的なものである」ことから，統合失調症の影響の程度が著しいものであったとしている。

第2節　近時の統合失調症・妄想性障害の裁判例における判断の構造と内実

(3) 期待可能性の用語を用いて判断の指針を示そうとするもの

　裁判例には，司法研究の提言と期待可能性の議論を組み合わせることで，責任能力判断に一定の指針を示そうとするものがある。

　その一つが，心神耗弱を認めていた大阪地判令和3年8月10日L07650753を破棄し，心神喪失を認めた大阪高判令和5年3月20日L07820085（吹田市交番襲撃事件，強盗殺人未遂）である。同判決は，「精神障害による病的体験の圧倒的な影響を受けて形成された動機，目的に導かれて犯行に及んだ場合であって，残された正常な精神機能が上記動機，目的を実現しようとする意思を抑制する方向には働かず，むしろ，その意思と一体化し，上記動機，目的を実現するための推進力として働いたと認められる場合には，残された正常な精神機能に基づいて一見，合目的的に見える判断，行動ができていたとしても，その正常な精神機能の働きによって犯罪を思いとどまることは期待できないとして，行動制御能力が喪失していたと評価すべき場合も想定し得る」とし，まさに当該事案がそのような場合であることを認めている。同判決は，司法研究の定式と比較すると，動機が「病的体験の圧倒的な影響を受けて形成された」ものであり，残された正常な精神機能がそれを推進している場合には，「一見，合目的的に見える判断，行動」という「正常な精神作用によって犯した」ともいえる部分が存在しても，これを強調して心神喪失を否定すべきでないとの一般論を導くにあたり，この場合には「思いとどまることは期待できない」との表現を用いているものといえよう。

　他方で，むしろ心神喪失を否定する方向で，期待可能性の議論との接合を図る判決も存在する。例えば宇都宮地判令和元年9月25日2019WLJPCA09256006は，結論として，「本件各犯行に対する幻聴の影響力の強さは，真っ当な規範意識を持った者であっても『犯罪行為』に出ることを抑止できないほどの圧倒的なものであったとまでは評価できない。したがって，被告人について見ても，本件各犯行当時，正常な精神機能が失われていなかった以上，社会的に期待される意識的な努力を尽くしても犯行を思いとどまることが全くできない状態であった（……）とまではいえない」としている。司法研究の定式と比較すると，同判決は，「正常な精神作用によって犯した」といえる部分の程度というよりも，むしろ「正常な精神機能」があるのであれば，「真っ当な規範意識を持った者」が犯行を抑止できる程度の障害の影響については「思いとどまることが全くできない状態」ではないとして，心神喪失を否定すべきとの

409

第5章　近時の実務的判断に対する検討

判断を示すものと評価できる。

　さらに，裁判員裁判による心神喪失無罪の判決を破棄し，心神耗弱にとどめた名古屋高金沢支判令和2年7月28日高刑速（令3）494頁は，「行為者がその行為に及んだ動機に，（精神障害の影響を受けていない）正常な精神作用の影響があったとは必ずしもいえない場合であっても，精神障害が及ぼした影響の程度もまた圧倒的なものではなく，残された正常な精神機能を働かせることにより，その行為を思いとどまることを法的に期待すべき状態にあったといえることは，十分に想定可能であり，このような状態にあったとすれば，責任能力がなお存在していたといえる」との一般論を展開し，当該事案について，動機は正常心理によっても了解可能なものとみることはできないとしながらも，犯行の危険性を認識していたことや，いきなり襲い掛からなかったこと等から，「思いとどまることを期待すべき程度の正常な精神機能を残していた」としている。司法研究の定式と比較すると，同判決は「正常な精神機能」の有無を強調し，動機に「正常な精神作用の影響」がない場合であっても，一定の正常な行為等が存在していれば，この「機能」を働かせて「思いとどまることを法的に期待すべき」として心神喪失であるか否かを判断すべきことを示すものであり，更に心神喪失を認めることに厳しい一般論を示すものと評価できよう。

　このように，特に心神喪失を認めるべきかがシビアに問題となる事案において，司法研究の定式と期待可能性の議論を組み合わせることで，一定の指針を示そうとする裁判例が複数見受けられる。もっとも，その方法は一様でなく，動機が異常であれば合目的的に見える判断や行動等を重視して心神喪失を否定すべきではないことを導くものもある一方，「真っ当な規範意識を持った者」が犯行を抑止できる程度の障害の影響であれば心神喪失を否定すべきことを示すもの，さらには動機が異常でも正常な精神機能を働かせることを期待できれば心神喪失を否定すべきことを導くものもあり，正反対の方向にも用いられているといえよう。

第2項　判断の内実

　前項で見たように，検討対象とした裁判例では，犯行実現過程における統合失調症の影響の程度が判断の決定的なポイントとなっているところ，裁判例には，統合失調症の影響とは独立して認められる現実的理由が存在する場合（1）と，このような理由がなく，統合失調症の病的体験のみを前提としている場合

第 2 節　近時の統合失調症・妄想性障害の裁判例における判断の構造と内実

(2) とがある。

1　現実的理由が存在する場合

(1)　現実的理由による犯行の説明

　検討対象とした裁判例を見ると，統合失調症の犯行への影響がなく，現実的理由から犯行が説明される場合に，完全責任能力が認められている。例えば，元々日常生活のストレスから苛立ちを募らせていた被告人が，被害者のいる方向からの騒音により苛立ちが限界に達し，殺害する等した事例（名古屋地判令和元年10月11日 L07451230）が挙げられる[23]。

　現実的理由と同時に病的体験の影響がある場合には，両者の犯行への影響関係も問題とされている[24]。例えば，自分を応援する者が「殺れ」との合図を出している等の妄想着想もあった被告人が，被害者から注意されて腹を立てていたことで殺害を決心した事案について，福岡地判令和4年4月15日 L07750384 は，妄想から殺さなければならないという強い圧力を受けていたとして完全責任能力を否定しつつ，妄想と無関係な理由を持ち出して犯行に及んでいること等から心神耗弱に止めている[25]。また，金銭トラブルがあり立腹し，被害者を殺害しようとした事案について，長崎地判令和元年7月16日 L07450852 は，「刺せ」という幻聴もあったが，従前幻聴を受け流せていたこと等から，その影響は小さいとし，完全責任能力を認めている[26]。

---

23)　他にも，奈良地判令和4年2月21日 L07750337，名古屋地岡崎支判令和3年12月15日 L07651378，神戸地判令和3年2月5日 L07650108，那覇地判令和2年11月4日 L07551002。

24)　やや異なる事案として，病的体験を理由に現実的紛争が生じ，それから犯行がなされた事案もある。例えば，大阪地判令和5年7月5日 L07850827 は，幻聴の内容に警察が対応しないことへの不満等を有していた被告人が，相当悪化した病状から，警察官が臨場するほどの声を自宅であげ，警察官が到着するや否や包丁を突き出した事案について，病状が相当悪化していたことや，警察官への不満という程度の動機から危険な犯行を行ったことから，統合失調症の症状が相当強く影響したとして，心神耗弱を認める（他にも，福島地郡山支判令和4年3月22日 L07750219。他方，福岡地判令和3年10月21日 2021WLJPCA10216008 は，被害妄想の内容につき警察が真剣に取り合ってくれないと感じたこと等から，不満を訴えようと交番に赴き暴行を加えた事案について，動機形成過程には妄想が影響しているが，警察の対応への不満から元来の人格に基づき暴行に及んでいるとして完全責任能力を認める。前者は，現実的紛争が生じても，元の病的体験の悪化等もあり，現実的紛争のみでは犯行決意を説明し得ない場合であるのに対し，後者は現実的紛争のみで犯行決意を説明し得る場合であると言えようか。

25)　他にも那覇地判令和2年11月13日 2020WLJPCA11136005。

26)　強盗致傷等の事案につき，考想化声の影響はあるが限定的であったとして完全責任能力を認めるものとして，函館地判令和2年10月6日 L07551253。

411

第5章　近時の実務的判断に対する検討

(2) 現実的理由から犯行に至るまでの飛躍

　犯行動機に現実的理由しかなくとも，統合失調症の影響で，その理由から犯行に至るまで大きな飛躍がある場合には，その飛躍部分を根拠に心神耗弱を認めるものが散見される。例えば，繰り返し小言を言ってくる被害者を嫌い，再度小言を言われたことをきっかけに衝動的に怒りを爆発させて，多数回殴り死亡させた事案について，東京地判令和3年12月9日 L07631899 は，小言に激高し執拗な暴行に及んだ点には統合失調症（感情鈍麻・衝動性亢進等の陰性症状）の影響があるとしつつ，疎ましく思っていたところに再度小言を言われて犯行に及んだ面があることは明らかとして心神耗弱を認めている[27]。

　もっとも，犯行に至るまでの間に統合失調症の影響があっても，当該状況等から飛躍が大きくないと評価できる場合には，なお完全責任能力を認めるものもある。例えば，東京地判令和3年5月27日 2021WLJPCA05276014 は，親から満足な金銭をもらえず立腹し放火した事案について，認知機能や現実検討能力の低下が影響している一方，これまで火をつけても大事に至らず許されてきた経験や，社会経験不足等から放火のハードルが低くなっていた面もあるが，これは「統合失調症の症状とは異なる側面からの心理」であること，かっとなって行動することは普通の人にもあることから完全責任能力を認めている[28]。

2　病的体験を前提とした犯行について

　病的体験を前提として形成された動機のみに基づく犯行についても，常に心神喪失が認められているわけではない。そして，検討対象とした裁判例には，幾つかの視点が見受けられるように思われる。

(1) 基本的視点：病的体験から犯行決意に至る正常な過程の有無・程度

　検討対象とした裁判例を見ると，基本的な視点として，病的体験から犯行決意に至る正常な過程がどの程度あるかが問題とされているように思われる。例

---

27) 他にも，千葉地判令和5年5月26日 L07850769，宮崎地判令和5年1月30日 L07850075，福島地郡山支判令和4年3月3日 L07750244，熊本地判令和4年1月28日 L07750102，東京地立川支判令和3年11月19日 L07631904，鹿児島地判令和2年8月7日 L07550742。

28) 他にも，仙台高判令和5年9月26日 L07820361（原判決（山形地判令和5年2月2日 L07850078）も同様），京都地判令和5年7月26日 L07850759，福岡地小倉支判令和5年3月3日 L07850096，長野地判令和4年7月6日 L07750744，水戸地判令和2年10月14日 L07550874，広島地判令和2年2月10日 L07550215，水戸地判令和元年12月20日 2019WLJPCA12206003，神戸地判令和元年12月5日 L07451444。

412

えば完全責任能力を認めた東京高判令和4年6月22日高刑速（令4）164頁
（及びその原判決である東京地判令和3年3月17日判時2568号90頁）は，統合失調
症の自生思考により「死刑制度は許せない」との考えを抱いたが，この考えを
基礎に「国民も許せない」との動機を抱き，殺人未遂等に及んだ事案について，
国民も許せないとの動機の形成は統合失調症の精神症状の影響を直接受けたも
のではない等と指摘する。また，心神耗弱を認めた大津地判令和4年12月14
日L07751328は，「許してやるからやってこい」等の命令性幻聴の影響から老
人を狙い包丁で殺害を試みた事件に関し，他に了解可能な動機の形成に影響を
与えたものがないとしつつ，被害者を選択して犯行に及んでいることや，執拗
に切りつけた点には粗暴行為に及ぶ行動傾向のある人格が影響していること等
を指摘する[29]。他方，心神喪失を認めた福岡高判令和2年2月26日
L07520084は，砂糖が盗まれたとの被害妄想から砂糖を窃取した事案について，
窃盗という手段の選択には妄想の影響はないとの見解に対し，陰性症状が重篤
で思考障害があり，犯行の動機と犯行の手段を峻別できる状態が保たれていた
とみることはできないと応じている[30]。これらの事案は，それぞれ，病的体験
が「国民も許せない」という殺人の直接的な動機にまでは及んでいない事案，
命令性の幻聴のみが殺人の動機となっているが，被害者の選択等には病的体験
が及んでいない事案，重篤な陰性症状のために犯行の選択について本人の選択
を強調し得ない事案であると評価できよう。

（2）完全責任能力と心神耗弱

　病的体験を前提とした動機による犯行について完全責任能力を認める裁判例
は，検討対象とした裁判例では一部であるが，病的体験と犯行決意との間に正
常な過程を見出すものが散見される[31]。例えば，「死ね」等と繰り返される幻

---

29)　他にも，松山地判令和5年12月18日L07851418，岡山地判令和3年11月29日判時2537号
　　67頁。
30)　他にも，旭川地判令和4年3月29日2022WLJPCA03296013も参照。
31)　この点，特異な判断を示すものとして，名古屋地判令和4年10月4日L07750916がある。事
　　案は，「誰かが拉致しに来る」「危害を加えに来る」という妄想を抱き，家に防犯カメラを設置して，
　　昼夜問わず映像を見ながら過ごしていた被告人が，防犯カメラに手を振ったBやCを見て，危害
　　を加えにきたのではないかと思い，2階の窓から除湿機の水をBらの付近に落としたところ，Bら
　　から「出てこい」等と怒鳴られたため，家を出て口論になったが，BやCから左手を摑まれる等
　　したため，Bらにかなわないと感じた瞬間，頭の中に「バッグからナイフを出して刺せ」という声
　　が繰り返し響いたため，Bをナイフで突き刺し，その後，近くにCが倒れているのを見て，神が
　　Cをおさえているような感じがして，そこに行くのが当たり前だと感じてCを刺したというもの

第5章　近時の実務的判断に対する検討

聴等から耐え難い不安状態等に陥っていた被告人が，自暴自棄になり，今の生活から解放されたいと思い，人を殺して逮捕されて刑務所に行きたいと考えて殺人を行った事案について，横浜地判令和4年10月11日L07750953は，幻聴が他害行為に駆り立てるものではなく，今の生活から解放されるために人を殺して逮捕されて刑務所に行こうという考えは，追い詰められた者の正常な精神作用として理解できるものである等として完全責任能力を認めている[32]。

　他方，ある程度の正常な過程を見出し得るとしても，病的体験が前提となっていることを判断から捨象してよいと考えられているわけでは必ずしもない。この点を強調するのが熊谷6人殺害事件の控訴審判決[33]である。職場関係者やその者が差し向けた黒いスーツを着た男等が自らの命を狙い，自分や親族に危害を加えるために自分を追跡しており，警察官も追跡者とつながっているという妄想を有する被告人が，警察署で事情聴取を受けていたが，突然泣き出す等した後，現金や貴重品を全て残したまま逃走し，強盗殺人等に及んだ事案について，第一審判決は，大要，「犯行直近の状況に限ってみた場合，金銭に窮し

である。同判決は，「『バッグからナイフを出して刺せ』という他者の考えが頭の中に響くという思考吹入が繰り返され，これを直接の契機としてBに対する犯行に及ぶとともに，かかる思考吹入に加え，神がCを押さえているように感じて同人に対する犯行に及んでいる」として，「これまでに体験したことのない病的体験をして，正常心理だけでは説明しきれないような凶行に及んでいる」と指摘しながらも，「前記思考吹入の内容も唐突なものではなく，ナイフの使用を想定していた被告人の意思との連続性があり，……思考吹入の形式をとりつつも，自分の意思で本件犯行に及んだといえる部分もなお相応に残っていたといえる」等として，完全責任能力を認めている。同事案が，BやCとの現実的紛争から説明がつく事案であれば他の裁判例（前掲注24）と同様のものとも整理し得るが，判決文自体からはそのような事案との評価は読み取れず（控訴審判決（名古屋高判令和5年2月28日L07820111）でも同様である），むしろ思考吹入が直接の契機となり，且つ，それまで体験したことのない病的体験をして，犯行に及んだと評価しながら完全責任能力を認めており，特異な判断と言わざるを得ない。同判決への批判として水留正流「統合失調症の影響を受けた行為の刑事責任能力——裁判例の動向とその批判的検討」南山法学47巻3＝4号95頁，151頁（2024）。また拙稿「統合失調症と刑事責任能力判断の関係について——近時の裁判例・学説の検討」佐伯仁志他編『刑事法の理論と実務5』201頁，221頁（成文堂，2023）。

32)　他にも，仙台地判令和5年11月29日L07851318。これに対し，監視追跡等されているとの妄想から殺されるとの恐怖を抱き，知人とも連絡が取れず一層強い恐怖を感じ，自殺を決意して，家に放火し家族を殺害した事案について，松山地判令和5年1月24日L07850122は，被害妄想がなければ犯行に及ぶことはなかったとして妄想の強い影響を認めつつ，家族も殺害することについてはもともとの性格から考えても十分理解可能であるとし，心神耗弱を認めているが，幻覚妄想から追い詰められ逃避のために自殺を決意して無理心中に及んだ事案であり，自暴自棄となった事案とは区別し得るとも評価し得よう。

　なお，病気の辛さのみならず，アルバイトに応募しても雇ってもらえなかったこと等から気分が落ち込み，自殺のため放火行為に及んだ事案に完全責任能力を認めたものとして松江地判令和3年9月7日L07651299があるほか，不作為の放火の事案に完全責任能力を認めたものとして千葉地判令和4年4月12日L07750738もある。

33)　東京高判令和元年12月5日東高刑時報70巻1〜12号89頁。

414

た被告人が手っ取り早く金品を得ようとする現実的な欲求に基づき，侵入窃盗や侵入強盗の犯行を決意し，金品入手の目的をより確実に達するために家人に抵抗されぬよう殺害し，あるいは強盗の機会に人を殺害したというもので，各犯行動機は十分に了解可能で，精神障害による病的体験の存在を介さずとも犯罪者の正常心理として了解できる」等と判断して，完全責任能力を認めた（死刑）。これに対して，控訴審判決は，「動機の形成過程が現実の出来事に起因した了解可能なものであるか，あるいは，妄想その他の病的体験を介さなければ了解できないものであるかは，重要な考慮要素」であるとし，原判決の枠組みは「不適切な判断枠組み」であるとしたうえで，「被害者を追跡者とみなしたり，被害者の挙動等から追跡者とつながりのある警察や追跡者に連絡されると考えたりして，生命への危機を感じて，これから逃れようと被害者を殺害した可能性が否定でき」ず，その場合「住居侵入や殺人の動機は，妄想の存在を前提にしなければ生じ得ないものである上，その内容も了解することが困難なもの」であるとして，この点を決定的な理由として完全責任能力を否定している（心神耗弱，無期懲役）。

(3) 心神耗弱と心神喪失

(a) 心神喪失を認める裁判例

　検討対象とした裁判例には，統合失調症の病的体験としてしか犯行が説明されない場合に心神喪失を認めるものがある。すなわち，家族の殺害行為について，作為体験として「守護霊により体を動かされ，自らの意思によらないで行為に及んだ可能性が」あること（広島高判令和2年9月1日判時2477号95頁）[34]，自動車を急発進し歩行者を殺害する等した行為について，「意思による統制を欠き，状況との関連や行為の一貫性がなく，了解不能な興奮状態」である緊張病性興奮の状態にいたこと（東京高判令和元年8月29日L07420462）を理由に心神喪失を認めるものがある。

　また，犯行時点で被害客体自体に関する幻視が認められる事案について，心神喪失を認める裁判例もある。例えば，横浜地判令和元年6月27日2019WLJPCA06276009は，黒い影が被害者の頭から吸い込まれるようにして入り，2本の角がある鬼のようなものに変身し，包丁と灰皿を持って向かって

---

34)　また，被影響妄想のために自分の身体が勝手に動いた感じがして犯行に及んだ事例に心神喪失を認めたものとして，横浜地判令和4年1月12日判時2561＝2562合併号174頁。

第5章　近時の実務的判断に対する検討

きたという幻覚妄想下で犯行に及んだことから心神喪失を認める[35]。また，幻視ではないが，幻声妄想の影響を受け，被害者が人ではない「哲学的ゾンビ」であり，哲学的ゾンビを倒せば声の主が結婚してくれるとの妄想を抱き，右手が拳を作ったり開いたりを繰り返す身体的被影響体験もある中で殺人等に及んだ事案（神戸市5名殺傷事件）について，神戸地判令和3年11月4日判時2521号111頁及びその控訴審判決である大阪高判令和5年9月25日 L07820341 は心神喪失を認める[36]。

　以上の事案と同様の事案で心神耗弱を認めたものは，今回の検討対象には見当たらず，これらの事例は心神喪失が認められる典型的な事案とも評し得よう。もっとも，病的体験の犯行への影響が，必ずしも上記の事例ほどではない事案にも，心神喪失を認める裁判例はある。これらの裁判例では，計画的な準備行為や逃走行為等，犯行時点又はその前後に，当該犯行の確実性を高めるという意味で合目的的な行為が存在している事案ではあるが，なお心神喪失が認められている。

　例えば，東京地判令和5年10月20日 L07831103 は，電子ハラスメントを受けているとの妄想から，被害者を殺さなければ被害者や息子が拷問されて殺されるとの妄想が強まり，「やる時間だ」との幻聴の強い影響も受けて，被害者を殺害した事案について，「本件行為に及ぶ意思決定を最終的に行った決定的要因は，正常心理によるものではなく，被害者を殺さなければ被害者や息子が拷問されて殺されるという妄想と，本件行為直前の『やる時間だ』という幻聴にあり，本件行為は，これらの妄想・幻聴の圧倒的影響によって行われたもの」であることを強調し，計画的に待ち伏せし犯行に及んだこと等，「検察官の指摘する合理的な行動があったとの事実は，妄想の圧倒的影響のもとで行った行為であることを否定する根拠にはなら」ず，「本件行為直前まで罪の意識があったことや，本件行為後に逃走したとの事実は，妄想・幻聴の影響が圧倒的であったとの前記判断を左右するものではない」として，心神喪失を認めて

---

35)　他にも，東京地判令和5年6月13日判時2588号153頁は，「あいつを刺せ」等の幻聴がどんどん聞こえるようになり，黒い人影が見え始め，この人影に向かって，「刺せ」という幻聴や，幻視からの「刺しなさい」等の幻聴等を受け，混乱の中でナイフを刺した事案に，心神喪失を認めている。

36)　検察官は，判例（平成20年判例，平成21年判例）は「犯行動機の形成に揺るぎない妄想があっても，犯行の意思決定に被告人の人格（性格）傾向を踏まえた主体的な判断が含まれている場合には責任非難が可能であり，責任能力が肯定されるとする判断枠組み」を示していると主張したのに対し，大阪高裁は，このような解釈は相当でないとしたうえで，判例の事案と，被害者が人ではないという妄想を有する本件とは性質が大きく異なると指摘している。

第 2 節　近時の統合失調症・妄想性障害の裁判例における判断の構造と内実

いる[37]。

　また，吹田市交番襲撃事件に関する大阪高判令和 5 年 3 月 20 日 L07820085
も，統合失調症の症状が一気に悪化していた被告人が，幻覚妄想等の症状が活
発に表れ，具体的な幻聴の指示も増悪する中で，「勝尾山に潜伏するスティー
ブン・セガールと松田優作を殺しに行くこと」を目的に拳銃を警察官から奪う
ことを決意し，近くの公衆電話から元同級生の名で泥棒に入られたと 110 番通
報した後，交番に向かい，交番から出動しようとしていた警察官に襲い掛かり，
10 回以上包丁で刺す等して，拳銃を奪った事案について，動機目的は完全に
統合失調症に基づいて形成されたものであり，拳銃を奪ったのも包丁を携帯し
たのも，それ自体が目的ではなく上記根本の動機目的を実現するための手段過
程であったに過ぎず，合目的的に見える判断を強調すべきではないとして，犯
行前後の臨機応変な行動から「相応に高い」精神機能があったことを認めなが
ら，心神喪失を認める[38]。

（b）心神耗弱を認める裁判例との対比

　他方で，準備行為等の合目的的行為が存在していることを指摘し，心神耗弱
を認める裁判例もある。もっとも，これらには，合目的的行為が存在している
ことそれ自体が決定的な意義を持っているとは限らない事案も散見されるよう
に思われる[39]。

　例えば，いずれも特徴的な期待可能性論を展開するものであるが，宇都宮地
判令和元年 9 月 25 日 2019WLJPCA09256006 は，自身の行動や思考を先読み

---

37)　佐賀地判令和 2 年 11 月 16 日 L07551027 は，幻聴妄想から放火自殺を決意した事案について，
　自殺という目的にかなう行動を一貫してとっているとの主張に対し，放火の決意自体に精神障害が
　大きな影響を与えているのだから，一貫した合目的的行動はその影響とみることができる等と指摘
　し，心神喪失を認める。

38)　また，長野地判令和 4 年 1 月 31 日 2022WLJPCA01316003 は，ゲーム等の世界観と親和性のあ
　る妄想世界の中に没入し「持っていけ」等の幻聴に従い窃盗等に及んだ事案について，合理的且つ
　計画的に犯行に及んでいるとしながらも，重度の統合失調症で幻聴の声に従う行動原理が固定化し
　ていたこと，被告人のいう自己の判断とは，幻聴と独立したものではないこと等を指摘して，心神
　喪失を認める。

39)　これに対し，大阪高判令和元年 5 月 20 日 L07420150 は，幻覚妄想で警戒心・猜疑心が強くな
　った被告人が家屋に侵入し，住人を殺害する等した事案につき，犯行動機は必ずしも明らかではな
　いが，家屋内の住人を妄想上の迫害者として排除しなければ自分が助かる道はないと思い込んだ可
　能性，あるいは妄想上の迫害者に本件犯行を指示された可能性が否定できないところ，同判決は，
　前日の下見のように自発的・計画的に見える行動があり，一言一句命令された通りに動かなければ
　ならないという兆候はないことを理由に，心神耗弱を認めた原審を是認している。同判決は，動機
　が必ずしも明らかでない事案の特殊性もあってか，上記の点をほぼ唯一の根拠として心神耗弱の判
　断を維持している。

417

第5章　近時の実務的判断に対する検討

されたり馬鹿にされたりする幻聴等から，精神的に相当辛い状況にいたところ，放火を煽るような内容の幻聴も聞き，放火に及んだ事案について，心神耗弱を認めているところ，その根拠として同判決は，前日に下見を行い，犯行時には人通りがないことを確認し，放火行為後すぐ立ち去っていること等，合理的な行動を指摘する一方で，苦しさから解放されるための手段として自分の意思でやったことや，放火という犯罪行為を採ったのは「悪ぶって見栄をはるといった被告人の元来の性格」も相応に寄与していることも指摘している。また，名古屋高金沢支判令和2年7月28日高刑速（令3）494頁は，不当に検挙されたとの被害妄想を有する被告人の元に，警察官が免許証を返しに来訪し，免許証返還を巡って警察官と一定のやり取りがなされた後に，被告人が警察官にナイフで襲い掛かった事案について，心神耗弱を認めるところ，同判決が，動機を「正常心理によっても了解可能なものとみることはできない」としつつも，被告人に「思いとどまることを期待すべき正常な精神機能」を認めた根拠は，ナイフを持って出ることのリスクを認識しつつ不十分ながらも退去要求等の対応を試みたこと等に求められているが，当該事案は，病的体験から犯行決意に至るまでの間に現実的紛争も介在する事案であるとも評価し得よう。

　このように，犯罪遂行時点又はその前後において，当該犯行の確実性を高めるという意味で合目的的な行為が存在することについては，これを責任能力判断において考慮すべきか否かはなお一様でないようにも見える一方，これらの裁判例においては，上記行為の存在それ自体よりも，むしろ犯行全体における統合失調症の影響の評価が問題となっているようにも思われる。

第3項　小　　括

　検討対象とした裁判例では，犯行実現過程における統合失調症の影響の程度が決定的な判断のポイントとなっており，判断構造としては，その影響の程度から，直ちに心神喪失等の結論を示すか，或いはその結論の表現として昭和6年判例の定式（又はそれに類する定式）を示すものが散見されるところであり，能力を区分して責任能力判断を行う一部の裁判例においても，能力の判断において統合失調症の影響の程度が判断されている。難解概念司法研究で統合失調症の影響と対置されていた「もともとの人格」も，統合失調症の影響の程度の判断を補強するものと位置づけられている。他方，裁判例には期待可能性論と組み合わせた判断を示すものもあるが，それには，統合失調症による行為者の

規範意識の低下を問題とするもの，病的体験等の心理的圧力を犯行抑止の観点と結びつけるもの，特に統合失調症の動機への影響の位置づけについて期待可能性の用語を用いることで判断の指針を示そうとするものがあった（以上，**第1項**）。

　判断の内実を見ると，現実的理由が認められる場合には，それから犯行の説明がつくか，陰性症状等の影響により犯行に至るまでに大きな飛躍があるか，病的体験も存在する場合には両者の影響関係はどうかといった視点が問題となっていた。他方，病的体験を前提として形成された動機のみに基づく犯行について見ると，常に心神喪失が認められているわけではなく，基本的な視点として，病的体験から犯行決意に至る正常な過程がどの程度あるかが問題とされていた。完全責任能力を認める裁判例にはこの正常な過程を見出すものが散見されるが，病的体験が前提となっていることを判断から捨象してよいと考えられているわけでは必ずしもない。心神喪失が認められている事案には，統合失調症の病的体験としてしか犯行が説明されない事案や被害客体自体を人間でないものと認識するような幻覚妄想のある事案もあるが，そこまでの影響はなく，犯行時点又はその前後に，当該犯行の確実性を高めるという意味で合目的的な行為が存在している事案も存在していた。他方，合目的的な行為の存在をも理由に心神耗弱に止める裁判例も存在しているが，これらにおいては合目的的な行為の存在それ自体は必ずしも決定的な意義を有しておらず，むしろ犯行全体における統合失調症の影響の評価が問題とされているようにも思われるところであった（以上，**第2項**）。

第2款　妄想性障害の裁判例

第1項　判断の構造

　妄想性障害は妄想の持続が基本的に唯一の症状であるがゆえに，「妄想と犯行のいかなる関係が責任非難の可否・程度にいかに反映されるのかを具体的に分析しやすい」と評されているところ[40]，検討対象とした裁判例でも，妄想性障害と犯行の関係としては，基本的には妄想と犯行との関係が問題とされてい

---

40)　小池信太郎「妄想と責任非難」法時 90 巻 1 号 21 頁，21-22 頁（2018）。

第 5 章　近時の実務的判断に対する検討

る。このような特徴を持つ妄想性障害に，司法研究の提言を当てはめると，妄想の影響を判断のポイントとする責任能力判断が導かれるところ，裁判例においても，妄想の影響が決定的な意義を有していることが看取される[41]。

妄想性障害の裁判例でも，犯行実現過程における妄想性障害の影響を示し，このことから直ちに心神耗弱等の結論を示すか，或いはその結論の表現として昭和 6 年判例の定式（又はそれに類する定式）を示すものが散見される。例えば，東京地判令和 3 年 11 月 9 日 L07631871 は「妄想性障害の症状である被害妄想の影響を一定程度受けていたものの，その影響の程度は著しいものではなかったと認められ，被告人には完全責任能力が認められる」とし，大阪地判令和元年 7 月 30 日 2019WLJPCA07306016 は「妄想性障害の強い影響によって犯行に及んだとはいえず，本件犯行当時，善悪を判断する能力やその判断に従って行動を制御する能力を十分に有していたと認められる」とするほか，神戸地判平成 30 年 9 月 19 日 D1-Law 28264411 は，「犯行動機の形成に被害妄想が強く影響していることからして，本件犯行時において，かかる精神の障害により，行為の善悪を判断する能力やその判断に従って行動を制御する能力が著しく減退していた疑いがある」とする[42]。

なお，これも一部には，昭和 6 年判例の定式における弁識能力・制御能力を分けて，個別に認定し，責任能力判断を行うものも見受けられるが，妄想性障害の影響の程度が判断の中核に位置づけられていると整理できる。例えば，長崎地判令和 3 年 3 月 16 日 L07650395 は，「善悪を判断する能力」と「行動を制御する能力」を各々認めているが，後者を認めた根拠として，殺意を形成したのは被害者に「出ていけ」と言われたことへの逆上からであることから，障害は犯行自体に直接影響していないことが挙げられている[43]。

41)　これに対し，妄想性障害の事案には司法研究の提言を用いるべきではないと批判するものとして，本庄武「妄想性障害と刑事責任能力」一橋法学 21 巻 3 号 157 頁（2022）。

42)　特徴的な結論の言明方法として，精神障害の影響等の判断により完全責任能力と結論づける際に，それを「通常人と同じ刑の枠内で非難することが可能」等と表現するものがあるほか（青森地判令和 3 年 5 月 19 日 2021WLJPCA05196002，名古屋地判令和 3 年 8 月 2 日 2021WLJPCA08026002，東京地判令和元年 6 月 10 日 2019WLJPCA06106005），「善悪を判断する能力の前提となる事実の認識に支障を生じていたことで，善悪を判断する能力が著しく低下していた疑いがある」と表現するもの（富山地判令和元年 5 月 20 日 2019WLJPCA05206006）がある。なお，結論の表現として昭和 6 年判例の定式を示したうえで「思いとどまることができなかったとの合理的な疑いはない」と付言するものがあるが（さいたま地判令和 5 年 3 月 10 日 L07850415），個別的な能力が認定されているわけではない（さいたま地判令和 4 年 6 月 22 日 L07750659 も同様）。

43)　また，洲本 5 名殺害事件の控訴審判決（大阪高判令和 2 年 1 月 27 日判時 2515 号 77 頁）も，事理弁識能力と行動制御能力を分けたうえで，後者が著しく減退していたことを認めているが，その

司法研究の提言においては，精神障害の影響と対置されるものとして，もともとの人格や正常な精神作用が挙げられていたところ，検討対象とした裁判例においてこれらを指摘するものは，妄想は動機形成等には影響していたが，犯行の決意・実行には行為者の性格や正常な精神機能が影響していることを示すことで，犯行への妄想の影響が限定的であることを示すか，犯行当時の合理的な行動や精神状態を示すことで，更に責任能力を基礎づけるか，いずれかの用い方がなされており，犯行実現過程における妄想の影響の判断において用いられているように思われる。前者の用い方の例として，秋田地判平成29年5月31日2017WLJPCA05316004は，拡大自殺の事案について，妄想が自殺の決意と強く関連し，妄想性障害の強い影響があるとしつつ，殺害を決意した点には，「妄想以外の思考も相当程度関わっていた」し，「被害者と一緒に死にたいなどと思った点については，同人に対する母親としての気持ちや，もともとの自己中心的な性格による部分が大きい」とする。後者の用い方の例として，青森地判令和3年5月19日2021WLJPCA05196002は，妄想の内容等を指摘した上で，妄想から殺意まで抱き実行に移したことには従前からの暴力的な性格傾向が影響していたことに加え，行為の意味を理解していることや，合理的判断や行動等があることを指摘し，完全責任能力を認めている。

第2項　判断の内実

検討対象とした裁判例では心神喪失を認めたものはなく，心神耗弱か完全責任能力が認められている[44]。裁判例では，上記のように犯行実現過程における妄想の影響の程度が決定的な判断のポイントとなっているところ，その程度の評価にあたっては，幾つかの視点が問題となっているように思われる。

1　妄想と現実的理由

まず，妄想の影響がある場合，妄想と区別された現実的理由も犯行動機とな

根拠は「たとえ処罰を受けることになっても，妄想性障害に基づく妄想の強い影響を受けていたために，自己の復讐を果たすとともに，精神工学戦争の実在を明るみに出したいとの動機に基づき，そのような行為に出ることが正しいことであると認識して，規範障害を乗り越え，本件に及んだ」との評価に求められているが，認知的な観点における障害の影響が制御能力の判断において重視されており，両者を区分したことの意義は必ずしも明らかではない。

44)　このような傾向は，近時の学説においても指摘されているところである（緒方あゆみ「判批」同志社法学69巻4号187頁，201頁（2017））。

第5章 近時の実務的判断に対する検討

っているか，またその理由が犯行動機をどの程度占めているかが問題となっている。これには，妄想とは関係なく生じた理由が問題となる場合も，妄想が契機となって現実的紛争が生じ，現実的紛争から犯行が生じる場合も含まれる。例えば，高知地判令和2年9月15日2020WLJPCA09156004は，隣人が自分の悪口を言っているとの妄想を有する被告人が，被害者方居室に赴いた際に，諍いになった挙句激高して殺害した事案について，妄想は居室に赴いた限度で犯行に影響しているに過ぎないとして，完全責任能力を認めている[45]。他方，アルコールの脱抑制の影響もあった事案だが，名古屋地判令和5年3月3日L07850230は，被害者らから「臭い」等と言われていたとの確信的な妄想を持つと共に，貧困ビジネスに巻き込まれたとの事実に基づく恨みも被害者らに持っていた被告人が，被害者を殺害する等した事案について，犯行動機の最も大きな部分は体臭に関する恨みであり妄想性障害が強く影響している一方で，貧困ビジネスに関する恨みは事実に基づくものであること等を理由に，心神耗弱を認めている。学説には，裁判例では「妄想が背景ないし遠因にすぎず動機形成に直接影響していない場合」には完全責任能力とされているとの評価があるが[46]，上記裁判例でも，妄想と区別された現実的理由の犯行動機に占める度合いが一つの視点となっていると評し得よう。

2 妄想の内容

次に，妄想の内容が，一定の切迫感や絶望感を抱かせるものであった場合に，その妄想の影響の大きさを認め，心神耗弱を認める裁判例が散見される。例えば，生命身体が狙われる差し迫った内容の妄想のために追い詰められた心境に

---

45) 他にも，名古屋地判令和3年8月2日2021WLJPCA08026002は，被害者ら他の入居者の日常の言動に不満を抱いていたほか，入居者らが自らに嫌がらせをしているとの妄想を有していた被告人が，被害者に共用設備の利用方法等に関する苦情や文句を大声で述べるなどしたものの，なお被害者への不満が収まらなかったため，被害者方居室を訪れたところ，その対応が自身の意に沿うものでなかったことから，不満と妄想が相まって，被害者を殺害しようとした事案について，「犯行の直接のきっかけは……共用設備の利用方法に関する不満等現実の事実に根差したもので，妄想と関係」ないこと等から完全責任能力を認めている。また，長崎地判令和3年3月16日L07650395は，被害者に騒音を立てられ嫌がらせを受けているとの妄想を有する被告人が，被害者の騒音により目が覚めたと思い込み，懲らしめようと被害者の居室に侵入したが「出ていけ」と言われたことに逆上して殺意を抱き，被害者を殺害した事案に完全責任能力を認めるほか，大阪高判平成29年10月11日LEX/DB25548623は，被害者らから嫌がらせを受けているとの妄想を有する被告人が，嫌がらせをするべく被害者方に向かったところ，たまたま被害者に遭遇し，その発言に頭にきて被害者を殺害しようとした事案に完全責任能力を認める。

46) 小池・前掲注40) 26頁。

第 2 節　近時の統合失調症・妄想性障害の裁判例における判断の構造と内実

あり，救助を求めて放火行為に及んだ事案[47]や，家族である被害者が自らを自殺に追い込もうとしているという妄想から被害者を殺害した事案[48]，嫌がらせを受けている等の妄想から絶望感を抱き，無理心中等を図って放火や拡大自殺に至った事案[49]が挙げられる。学説では，裁判例では「生命，身体に対する危機感」からの犯行について「完全責任能力の判断は事実上難しくなるという感覚があるようにも見受けられる」と指摘されている[50]。検討対象とした裁判例でも，同様の事案について完全責任能力を認めたものは見受けられなかった一方で，被害者の不倫等を内容とする妄想から嫉妬心を抱き被害者を殺害した事案については，完全責任能力を認めるものも散見されるところであり[51]，妄想の内容が視点として問題とされているといえよう。

　妄想の内容については，上記のように切迫感や絶望感を抱かせる内容であるかだけでなく，これが極めて奇異なものであるかどうかに着目する裁判例もある。それが洲本5名殺害事件に関する大阪高判令和2年1月27日判時2515号77頁である。「世界中でテクノロジー犯罪，集団ストーカー犯罪，精神工学戦争が存在し，自分もその被害者の一人である」という妄想を有する被告人が，被害者一家らは，被告人を精神工学兵器で日常的に攻撃してくる団体の工作員であると考えるようになり，「思考盗聴」等の体験が繰り返され，恨み等を募らせ，5名を殺害した事案につき，同判決は被害者一家らが精神工学戦争の工作員で自分や家族に攻撃を仕掛けてくるというのは「極めて奇異」で，「被告人の人格とは相当かけ離れた妄想」であることを強調し，完全責任能力を認めた原判決（死刑判決）を破棄し，心神耗弱を認めている[52]。

---

47)　横浜地判平成 30 年 9 月 20 日 D1-Law 28265252，神戸地判平成 30 年 9 月 19 日 D1-Law 28264411。

48)　さいたま地判令和 4 年 6 月 22 日 L07750659（東京高判令和 5 年 3 月 29 日 L07820152 も是認）。

49)　名古屋地判令和 4 年 6 月 2 日 2022WLJPCA06026002，東京高判令和元年 5 月 20 日 L07420172，仙台高秋田支判平成 29 年 10 月 17 日 2017WLJPCA10176002（秋田地判平成 29 年 5 月 31 日 2017WLJPCA05316004）。また，適応障害によるうつ状態等も認められる事案だが鹿児島地判令和 2 年 6 月 25 日 2020WLJPCA06256007。

50)　小池・前掲注 40）27 頁。

51)　青森地判令和 3 年 5 月 19 日 2021WLJPCA05196002，大阪地判令和元年 12 月 6 日 2019WLJPCA12066011，神戸地判令和元年 7 月 12 日 2019WLJPCA07126008。嫉妬妄想の事案に常に完全責任能力が認められているわけではない（検討対象から時期が外れるが，例えば東京高判平成 27 年 3 月 17 日 L07020699）。

52)　なお，同事件では，被告人の罹患していた精神障害が薬剤性精神病であるか妄想性障害であるかが特に争われ，大阪高判においては「妄想性障害の場合であっても，体感幻覚（ないし体感幻覚様のもの）を感じることはある」こと等を主張する鑑定の方が信用性が高いとして採用されている。

423

第 5 章　近時の実務的判断に対する検討

3　妄想が犯行の前提となっていることの法的評価

　他方，1，2 で挙げた観点からは相違のない場合，すなわち現実的理由が認められず，妄想が犯行の前提となっている（妄想がなければ犯行が起こり得ないとも言い得る）事案で，妄想の内容が生命等に対する切迫感等を抱かせるものでもなければ，極めて奇異とも言い難いものである場合については，完全責任能力を認めるものも心神耗弱を認めるものもある。そして，一部の裁判例では，そもそも妄想が犯行の前提となっていることをどの程度重視すべきかについて，ニュアンスを異にする判断も見受けられる。

（1）被告人による犯行の選択実行を強調する判断

　裁判例には，妄想が犯行の前提となっているものの，犯行に至るまでには自己の判断やもともとの性格が介在していることを重視して，完全責任能力を認めるものが複数ある。有名なものが，山口周南市連続殺人放火事件（周南事件）に関する山口地判平成 27 年 7 月 28 日判時 2285 号 137 頁である。事案は，かねてから近隣住民から噂されたり，嫌がらせを受けたりしている等と妄想を抱き，この妄想により，報復をすることを考え，近隣住民 5 名を殺害し居住していた建物 2 棟に放火したというものである。弁護人が，妄想による怒りの感情は残っていた正常心理に基づくブレーキも跳ね飛ばしたと主張したのに対して，同判決は，上記妄想は，報復という犯行動機の形成過程には影響したが「報復をするか，報復をするとしてどのような方法で報復をするかは，被告人が元来の人格に基づいて選択したことである」として，これを排斥している（死刑判決）。控訴審判決である広島高判平成 28 年 9 月 13 日 L07120426 はこの判断を支持しているほか，その上告審判決である最判令和元年 7 月 11 日集刑 326 号 133 頁は，量刑判断としてではあるが，「動機の形成過程には，前記妄想が影響しているものの，被告人は自らの価値観等に基づいて各犯行に及ぶことを選択して実行したもので，前記妄想が本件各犯行に及ぼした影響は大きなものではない」としている。これらは，被告人に対する加害の妄想があったとしても，なお被告人による犯行の選択実行を見出すものと評価できよう。

　また，京アニ放火殺人事件の第一審判決である京都地判令和 6 年 1 月 25 日 L07950227 は，「重度の妄想性障害」に罹患していたことを前提とする鑑定を採用し，闇の組織等が関与し故意に小説を落選させた上に，アイデアを盗用し

424

て経済的利益を搾取して会社を成長させているという妄想が動機の形成に影響したこと等を認めつつ、「被告人自身の考え方や知識等により」大量殺人・放火殺人という攻撃手段を選択したものであり、手段選択には妄想の影響はほとんど認められないとし、これを前提に、「良いことと悪いこととを区別する能力」やそれ「に従って犯行を思いとどまる能力」があることを認め、完全責任能力を認めている（死刑判決）。同判決は、「被告人の妄想は、動機の形成には影響しているが、犯行手段の選択にはほとんど影響しておらず、本件犯行への影響が大きくない」としており、被告人による犯行の選択実行を見出して重視する発想に立つものといえるだろう[53]。

(2) 妄想が犯行の前提となっていることを強調する判断

もっとも、周南事件の最高裁の判断（(1)）は当該事案の量刑判断の一部にとどまるものであり、被害者から嫌がらせを受けている等との妄想に基づく報復の事案について、妄想が動機形成に影響しているだけでは心神耗弱を認め得ないとの一般的判断を示したものではない。1に見た名古屋地判令和5年3月3日のように、上記の最高裁の判断の後も、「臭い」等と言われているとの妄想から殺害行為に及んだ事案にも心神耗弱を認める裁判例は存在しており、裁判例には、妄想が動機形成過程に影響していることを重視して心神耗弱を導くものも複数見受けられるところである[54]。

---

53) 他にも、大阪地判令和元年7月30日2019WLJPCA07306016は、夜眠ろうとすると隣人（被害者）が物音を立てて睡眠を妨害し嫌がらせをしてくるとの妄想を有する被告人が、被害者を殺害しようとした事案について、妄想は殺害の決意やその実行といった動機以外の点には特に影響を与えておらず、被告人の健常な精神機能による判断や行動であるとするほか、大阪地判平成28年12月14日L07151191は、嫌がらせを受けていることを内容とする妄想から、傷害を負わせて警察に嫌がらせのことを白状させようと計画を立てたこと等は被告人自身の意思に基づく判断であるなどとし、大阪地判平成27年7月13日L07050386は、同僚らが自分の悪口を言っている等の被害妄想から殺人に及んだ事案について、殺意まで抱いた点には人格の影響があり、実行を決めたのは人生観や環境要因によるものであって、これらとの対比で妄想性障害の影響はそれほど大きくないなどとする。

54) 周南事件の最高裁判決の前ではあるが、東京地判平成31年2月25日2019WLJPCA02256004は、不動産管理会社の従業員である被害者が近隣住民やヤクザを使って嫌がらせをしてくるとの妄想を有していた被告人が、裁判所からのアパート明渡しの訴状の入った封書を受領した後に、被害者を殺害しようとした事案について、妄想がなければ暴力行為に及ぶこともなかったと考えられるから妄想が動機形成に与えた影響は大きかったとして、完全責任能力を否定しつつ、封書を受領したことにより追い詰められた心境になったという正常な心理の過程が犯行の直接の契機となったことや、犯行前後の一連の行動は合理的なものであることから、心神耗弱にとどめている。また、富山地判令和元年5月20日2019WLJPCA05206006は、被害者らから小石を投げられる等の嫌がらせを受けているとの妄想を有する被告人が、実際に被害者を目にして激高し殺意を抱き、被害者を

第 5 章　近時の実務的判断に対する検討

　この点，近時興味深い判断を示しているのが，東京高判令和 5 年 12 月 15 日 L07820491 である。事案は，自分が難病に罹っており突然死してしまうと思い込み，自宅で見た黒い影は死神であり自らの死期が近いと考え，どうせ死ぬなら恨みのある相手のいる場所に行き，その相手を含めその場所にいる人を巻き添えに殺してしまおうと計画していたところ，サイバー警察にその犯行計画が発覚し捕まってしまうと思い込み，捕まる前にまずは自分の悪口を言っていると考えて憎んでいた甥を殺害しようと考え，妹と甥を何度も切り付け殺害したというものである。同事案について原判決（さいたま地判令和 4 年 11 月 7 日 L07751113）は，二つの相違ある鑑定を，自分の死期が近い，警察に捕まってしまう，甥が悪口を言っていると考えたことは「妄想……又は自閉症スペクトラム障害の特性による思い込み」である等とまとめたうえで，「被告人の妄想又は思い込みは，殺人の実行を強いたり，選択肢を制約するような内容のものではなく，被告人は，いずれの場面においても，他に取り得る選択肢がいくつかあり，犯行を思いとどまることもできた中で，あくまで自らの自発的な判断により犯行を決意した」等として，「被告人の精神障害は，本件犯行を決意するに至る過程において，間接的，限定的に影響を与えたにとどまって」いるとして，完全責任能力を認めた（無期懲役）。これに対して，東京高裁は，まず①「妄想性障害に由来する妄想であるならば，精神障害が犯行の決意及び動機の形成過程に影響を与えていることになり，是非弁別能力又は行動制御能力の低下，喪失を招来する可能性を生じさせるのに対し，自閉症スペクトラム障害の特性による思い込みであるならば，被告人の性格，個性，特徴に基づいて犯行を決意し，動機を形成したということになり，基本的には，是非弁別能力又は行動制御能力の低下や喪失を招来するものとはいえないということになる」として，両者を区別しない原判決の判断方法が論理則に反し不合理であるとし，上記の考えを妄想であると判断する。そして，②「犯行を決意するに至るまでの過程に与えた影響」について，「心神喪失者や心神耗弱者であっても，多くの場合，意思（能力）はあるから，自身の判断で犯行を決意したといえ」，「その判断が正常な精神作用に基づくものなのか，あるいは，妄想などの精神症状が影響しているのかを評価するのが重要」であるところ，「死期が近いという

殺害した事案について，殺意形成に至ったのは妄想以外の原因があるとは認められず，妄想がなければ殺意を形成することはなかったとして，完全責任能力を否定しつつ，動機を実行に移す過程の行動や思考は健常者と特に大きな差異はなかったこと等から，心神耗弱にとどめている。

426

妄想を持つことがなければ大量殺人を決意することはなかったといえるから，……妄想が犯行の決意に与えた影響は大き」く，「被告人は，妄想に妄想を重ねて，妄想は強固なものになっており，被告人の精神作用の中に占める妄想の割合は相当高く，正常な判断作用を大きく阻害していたというべきである」から「被告人の妄想は，殺人の実行を強いたりするものではなかったとしても，他に取り得る選択肢を相当制約するものであ」り，被害者を「憎らしく思っていたことは本件犯行に大いに影響している」として，原判決が精神障害の影響を過小評価しており不合理であるとする。さらに，③「本件犯行の実行に与えた影響」について，原判決が本件の実行にあたって精神障害の影響があったとはいえないとしたのに対し，「犯行の決意や犯行動機と犯行の実行とは密接不可分なものであるから，これらを分断して評価したのは不合理である」と明言したうえで，笑いながら残虐な犯行に及んだことや犯行後遺体の上に玩具等を置いたことについて，精神障害の影響でないと評価したことが論理則経験則等に照らして不合理であるとする。東京高裁は，以上から原判決を破棄し，妄想が犯行に及んだことと密接な結びつきがあるとして心神耗弱を認めている（懲役20年）。この判断は，①妄想と評価される思考であるか否かに重要な意義を見出したうえで，②強固な妄想が犯行の前提となっていることが精神作用に占める妄想の割合の高さを基礎づけ，③異常な行為態様にも妄想の影響を見出し得ることから，心神耗弱を認めるものと評価し得よう。

　いずれも個別事案ごとの判断ではあるが，一方には，妄想が動機形成に影響していたとしても犯行を選択し実行したことは自身の考え等であるとの判断を提示して完全責任能力を認めるものもあるが，他方には，妄想が犯行の前提となっていることが妄想の影響の強さを基礎づけるとの判断を提示して心神耗弱を認めるものもあり，この点にはニュアンスの相違が見受けられるように思われる。

第3項　小　括

　妄想性障害の裁判例においても，犯行実現過程における妄想の影響の程度が決定的な判断のポイントとなっており，判断構造としては，その影響の程度から，直ちに心神喪失等の結論を示すか，或いはその結論の表現として昭和6年判例の定式（又はそれに類する定式）を示すものが散見され，能力を区分して責任能力判断を行う一部の裁判例においても，能力の判断において妄想の影響の

第5章　近時の実務的判断に対する検討

程度が判断されていると評価できる。妄想の影響と対置されるもともとの人格や正常な精神作用等は，妄想が動機形成等には影響していたが，犯行の決意・実行には行為者の性格や正常な精神機能が影響していることを示すことで，犯行への妄想の影響が限定的であることを示すか，犯行当時の合理的な行動や精神状態を示すことで，更に責任能力を基礎づけるか，いずれかの形で用いられており，犯行実現過程における妄想の影響の判断において用いられているといえよう（以上，**第1項**）。

　判断の内実を見ると，妄想の影響の判断においては幾つかの視点があることが看取され，妄想と区別された現実的理由も犯行動機となっているか，その理由が犯行動機にどの程度占めているか，妄想の内容が一定の切迫感や絶望感を抱かせるものや極めて奇異なものであるか，またそもそも妄想が犯行の前提となっていることをどの程度強調して評価すべきかといった視点があることが看取された（以上，**第2項**）。

第3節　私見からの評価

　前節では，検討対象とした裁判例の判断の構造と内実を，その相違にも着目しながら検討した。以下では，これらについて，私見から如何なる評価が与えられるかを示すこととしたい。

第1款　判断の構造について

第1項　犯行実現過程における障害の影響の程度

　検討対象とした裁判例では，犯行実現過程における統合失調症や妄想性障害の影響の程度が決定的な判断のポイントとなっていた。私見からは，了解の範囲を超える幻覚妄想等の病的体験の影響が問題となっている場合には[55]，犯行

55）　前章でも検討したように，このような病的体験には，統合失調症の幻覚妄想に加えて，緊張病性興奮や身体的被影響体験等が含まれるであろうし，妄想性障害の妄想も含まれ得るだろう。例えば，神戸地判令和3年11月4日判時2521号111頁において認められる「神社に行くまでの道中で出会った哲学的ゾンビを倒すこと」ができれば「Aが自分と結婚してくれる」という確信は，鑑定意見が述べるように内容自体も了解の範囲を超えると評価できるとともに，その確信が幻声や身

428

第3節 私見からの評価

と関連する精神状態における当該体験等の占める程度に応じて責任能力が減退することから，まさに犯行実現過程における統合失調症や妄想性障害の影響の程度が直截に判断のポイントとされるべきである。この点で私見と上記の裁判例の枠組みとには親和性が認められるだろう[56]。

　この点，裁判例には，期待可能性の用語を用いることで，この点に一定の修正を加えるものが存在した。すなわち，名古屋高金沢支判令和2年7月28日高刑速（令3）494頁は，動機に正常な精神作用が及んでいない場合でも，正常な精神機能を問題とし，この精神機能を働かせて思いとどまることが期待できれば心神喪失が否定されるとの一般論を展開していた。しかし，そもそも当該事例で心神耗弱とするために，この一般論を示すことは必ずしも必要ではなく[57]，検討対象とした裁判例においても特異な判断であった。私見からは，意思決定過程における病的体験の程度を離れて規範的評価を行うことは不当であると考えられるから，この一般論は妥当でないと評価されよう。そもそも了解し得ない精神状態に期待し得るかを問うこと自体妥当でなく，仮に通常の期待可能性判断と同様に期待し得るかを問うのであれば，心神喪失が認められる範囲は，現在学説実務が一致して認める範囲よりも極めて限定的なものとなってしまい，妥当でない[58]。

　なお，特に統合失調症の裁判例では，「もともとの人格」との用語は，統合失調症の程度の判断を補強するものとして用いられており，行為者の従前の残虐的な行為から措定される人格と犯行とが親和的であることそれ自体から責任能力を基礎づけることには慎重さを見せるものが見受けられた。私見において

体的被影響体験によって形成されていることもあって，行為者の置かれた状況において，なぜそのような確信に至るかも通常心理からは了解の範囲を超えているといえる。

　他方で，陰性症状には感情の鈍麻や思考の貧困化も含まれるところ，その影響がある場合全てについて，法的了解の範囲に収まらないとは限らず，この点には知的障害や認知症における責任能力の減退も見据えた検討を要しよう（拙稿・前掲注31）注91）。

56）　特に妄想性障害については，更に規範的評価も問題となり得ることについて**第4項**参照。

57）　三好幹夫「判批」HJ200049も，同判決の結論は支持しつつ，一般論を批判する。

58）　**第4章第2節第2款**参照。この点の問題については，水留・前掲注31）140頁以下も参照。

　なお，大阪高判令和5年3月20日L07820085（吹田市交番襲撃事件）が，病的体験の圧倒的影響を受けて形成された動機に導かれ，正常な精神機能もその推進力となった場合に，「思いとどまることは期待できない」として心神喪失を導くのも，規範的評価を前面に押し出すものであり，疑問の余地がある。病的体験下の意思決定が見出し得ない場合には規範的評価の前提を欠くという意味で「期待できない」と判断したものと理解すれば支持できるが，その「期待できない」とは，意思決定等が見出された際の規範的評価として「期待できない」と判断される場合とは異なる意味である点に注意を要しよう。

429

第 5 章　近時の実務的判断に対する検討

も，精神状態にどれほど了解の範囲に収まる状態が残されているかを判断する
にあたって病前性格等が参照され得るとしても，行為者の人格と犯行との関係
こそが統合失調症の病的体験下での犯行に対する責任非難の減退を本質的に説
明するものであると捉えるべきではないと考えられ[59]，この点で上記の裁判例
の判断は支持し得よう。

第 2 項　昭和 6 年判例との関係

　検討対象とした裁判例では，障害等の内容及び影響度合いから直ちに結論を
導くか，或いはその結論の表現として昭和 6 年判例の定式を援用していた。弁
識能力と制御能力を一体的に判断している裁判例の判断の内実は，統合失調症
又は妄想等の影響度合いに関する結論の言い換えとしての昭和 6 年判例の定式
の援用であったといえる。

　裁判例の中には，少数ながら能力を区分して判断を行うものがあったが，そ
の能力の程度は障害の影響の程度によって左右されていた。この点，例えば命
令性幻聴の影響がある場合や統合失調症が衝動性等をもたらす場合，或いは躊
躇っていたことが影響の弱さを基礎づける場合には，その判断を制御能力と結
びつけることに違和感が少なくないかもしれない。しかし，例えば現実の紛争
から逆上した場合のように，現実的理由に基づくことが責任能力を認める方向
に働くことを，制御能力という事実的能力の程度から説明することは困難であ
り，むしろ障害の犯行への影響の程度が決定的な判断のポイントとなっている
ように思われる[60]。更に，能力を区分して，特に制御能力に焦点を当てて行う
判断では，検討対象とした裁判例の多くの事案のように，動機形成過程への影
響が犯行全体への影響に繋がっている事案において，この影響を適切に評価し
得えないおそれがある[61]。

　裁判例には，後に控訴審判決において否定されたが，統合失調症により「反
対動機を形成することで行動を制御した上で，犯行を抑止することができなか
った」かに着目して心神喪失を認める判断を示すものがあった。これは有力説
の枠組みを採用したものといえるが，既に論じたように，反対動機を形成する

---

59)　第 4 章第 3 節第 1 款。
60)　統合失調症・妄想性障害いずれの裁判例でも現実的理由の存在が責任能力を肯定する方向に作
　用していた。
61)　竹川俊也『刑事責任能力論』（成文堂，2018）。第 4 章注 126）も参照。この点を弁識能力と絡
　めて表現しようとする実務上の工夫として前掲注 42）。

430

　　　　　　　　　　　　　　　　　　　　　第3節　私見からの評価

能力を要求することは，厳密にいえば現に有している意思と異なる意思を持つ
ことができるという意味の自由意思の証明を要求するに等しく，妥当でない。
これを緩やかに解しても[62]，規範意識の鈍麻した常習的確信犯等も免責に至り
得てしまい，一般的に認められている責任の範囲からすれば妥当でないように
思われるし[63]，仮に統合失調症のために規範意識が低下していることが問題な
のだとすれば，本質的に重要であるのは統合失調症の影響であり，なお規範意
識の低下に焦点があてられるべき根拠も認めがたいだろう[64]。

　実務上は当事者の主張もあって，昭和6年判例の定式を判断対象として示す
ことも多いと思われる。しかしそもそも本書において解き明かしたように，昭
和6年判例の定式は，本来的に，全体的に精神作用を考察し，障害ないし異常
の程度を問う定式であって，思いとどまることができることを示す定式ではな
かった[65]。それゆえ昭和6年判例の定式を判断対象として示すとしても，その
用い方として，統合失調症や妄想性障害の事案において，敢えて弁識能力・制
御能力の両能力を区分して制御能力に絞った判断を行うことは，必要でもなけ
れば妥当でもない。

---

62)　「能力」をディスポジションと捉える理解として**第4章注46)**参照。
63)　小池信太郎「精神障害と量刑判断」刑雑58巻2号188頁（2019），樋口亮介「責任非難の構造
　　に基づく責任能力論」同171頁。この点については，司法研究が，「思いとどまることができるこ
　　と」を基準とすると過剰包摂に至り得ることも背景に，同基準を回避したことを想起すべきである
　　（**第1章第4節第2款**）。論者は「最も厳しいことを言うならば，常習犯といえども，警察官の眼
　　前では犯行に及ばないであろう」等というが（安田拓人「他行為可能性と責任」法教371号18頁，
　　21頁（2011)），「警察官の眼前」でない当該状況で規範意識が働き得たかは明らかでない。
64)　なお，安田は近時，一方では，安田説は「精神障害のうち違法性の認識・犯行の制御にかかわ
　　る精神機能への焦点化を要求しており，その限りで取り上げられるべき対象ははっきりしている」
　　と，その優位性を説いている（安田拓人「刑事法学の動き」法時95巻1号162頁，166頁（2023)。
　　そして私見に対し「判断対象は漠たるものになっている」と批判する）が，他方では，一部の裁判
　　例に対し「病気の全体としての影響を見落とすことが起きないか」と批判している（同「刑事責任
　　能力の本質とその具体的判断」判時2538号120頁，125頁（2023)）。適用範囲としては，結局の
　　ところ「病気の全体としての影響」に重要性が見出されており，これは論者の理解からは正当化困
　　難であるように思われる。
65)　**第1章第2節第2款**。なお，当事者が能力の区分を前提とした主張を行う場合等のように，能
　　力を表現する中間的評価を介在させる必要がある際には，他の正常説の提起する視点等を踏まえて
　　法的了解の基準を具体化することが考えられる（この点については，**第4章第3節第1款第2項
　　2**を参照）。

第5章　近時の実務的判断に対する検討

第2款　判断の内実について

第1項　障害の影響の対象

　犯行実現過程における統合失調症や妄想性障害の影響は，私見によれば，行為者の精神状態に対して与えた影響が問題とされるべきである。

　この点，統合失調症の裁判例においては，幻覚妄想を前提とする犯行について，犯行時点又はその前後に，当該犯行の確実性を高めるという意味で合目的的な行為が存在している事案につき，心神喪失を認めるものも心神耗弱を認めるものも存在していた[66]が，合目的的な行為の存在それ自体は必ずしも決定的な意義を有しておらず，むしろ犯行全体における統合失調症の影響の評価が問題とされているようにも思われるところであった。

　私見からは，犯行と関連する精神状態において病的体験の占める程度が重要であるから，個々の事実に見出される障害の影響も，犯行実現過程全体における行為者の精神状態に対する影響という枠組みにおいて評価されるべきであって，合目的的行動が存在していることも，犯行実現過程全体における正常な精神状態の存在を基礎づけるものである限度で考慮されるべきである。それゆえ，例えば犯行に至るまでの行為者の意思決定過程を見出し得ることを示したり，見出し得る意思決定等の非難可能性の程度を評価したりする限度で考慮することは許されるが，幻覚妄想から犯行・犯行決意に至るまでの正常な意思決定過程を見出し得ない場合において，責任能力を基礎づける方向に考慮することは不当である。

第2項　障害ごとの判断

　犯行実現過程における障害の影響の判断については，統合失調症の事案においても妄想性障害の事案においても，幾つかの視点が問題となっていた。

　統合失調症の事案については，本書が判例の分析として示したように，平成20年判例が統合失調症の病態ないし病像に即した検討を求め，病的異常体験の影響を基軸に据えた判断を示していることが想起されるべきであろう[67]。そ

---

66)　三好幹夫「判批」HJ200053 は裁判例にはいずれの判断も存在し，有力であることを示唆する。

67)　**第1章第4節第2款**。近時，統合失調症の病理を踏まえない裁判例の不当さを強く主張するも

432

れゆえ，裁判例に見られたように，犯行直近の状況に限って影響を検討するのではなく，動機形成過程における影響も含めた全体的な影響が問題とされるべきである[68]。

　他方，妄想性障害の事案についても，その具体的な妄想のあり様も踏まえつつ判断が行われるべきである。例えば極めて奇異な内容の妄想であることを重視して心神耗弱を認める裁判例が存在していたが，妄想の内容自体が極めて奇異な場合には，内容自体は理解できる妄想に基づく犯行と比べて，意思決定において見出し得る正常な範囲が限定されており，それゆえ心神耗弱が認められやすいと考えられ得よう。

　この点，妄想性障害の事案においては，一定の切迫感や絶望感を抱かせる内容の妄想の事案では心神耗弱となることに大方の一致が認められるのに対し，そうではない事案では完全責任能力も間々見受けられるところであったところ，私見の法的了解の議論からは，このような区別を認めることができないようにも思われる。しかし私見は，犯行と関連する精神状態において法的了解の範囲を超える部分については規範的評価の前提を欠く一方，法的了解の範囲に収まる部分については規範的評価の対象となると考えるものである。それゆえ私見からは，了解の範囲を超える妄想により説明される部分について責任評価の前提を欠くことに加えて，それにより形成された静的に了解可能な思考を前提として展開される意思決定に対する非難可能性の低下をも観念することができる[69]。このような考えからは，生命身体が狙われる差し迫った内容の妄想から追い詰められて救助を求め放火する事案には，意思決定過程において妄想の占める程度に加えて，妄想の内容が，過剰防衛や過剰避難で指摘される心理的圧迫（自己保全衝動等）[70]をもたらすものであり，併せて十分に心神耗弱を認め得

のとして，水留・前掲注31)。

68)　このように動機形成過程を考慮に入れるべきことは理論的にも求められるところである（第4章注150)）。

69)　この発想には，妄想の影響下に正常な判断を認めるものであり不当であるとの批判もあり得る。しかし，確かに動機形成過程における妄想の影響を捨象する判断は不当である一方，妄想のみから自暴自棄になり無関係な者を殺害する場合等が，少なくとも一律に心神喪失とされるべきであるとは考えられず，裁判例上も考えられていない。そうであるならば，妄想の影響下でも何らかの正常な判断は認められているのであって，最終的には程度を付し得る問題とも言えるのではないか。

70)　過剰避難の責任減少につき，深町晋也『緊急避難の理論とアクチュアリティ』49頁，212頁（弘文堂，2018）。過剰防衛の責任減少につき，徳永元「過剰防衛における責任減少に関する比較法的考察（6・完）」法雑67巻3号1頁，31頁（2021）。このような心理的圧迫に基づく規範的評価としての責任減少を認めることは，思いとどまることができないことを理由に責任阻却を認めることとは一致しない。単に規範意識が低く本人にとっては欲求が圧迫的である（それゆえ前掲注62)

433

第5章　近時の実務的判断に対する検討

ると評価することができよう[71]。

　他方，正常な意思決定部分に対する非難可能性が必ずしも上記のように低下しない場合については，妄想が犯行決意の前提であることをどのように評価するかが，なお問題となる。この点については，妄想が犯行決意の前提であることから直ちに心神喪失を導くことも不当である一方[72]，妄想が犯行決意の前提であることを捨象して意思決定過程を強調することも，妄想の影響を過小に評価するもので不当であると考えられる。この点は，妄想がどの程度動機を占めているか，特に粗暴な病前性格が重要な役割を果たしており妄想の果たす役割が相対的に小さいと評価し得るか[73]，犯行態様等にまで妄想の影響が及んでおり通常の事件と乖離しているか[74]等の点を考慮しつつ決されるべき点といえよう。

第3款　小　　括

　以上の私見から示される，統合失調症・妄想性障害の事案において，了解の範囲を超える病的体験等が犯行に影響を与える場合の判断に関する実務的判断への評価を総括するならば，以下の通りである。

　責任能力判断においては，犯行実現過程における統合失調症・妄想性障害の影響が問題とされるべきである。了解の範囲を超える病的体験等の占める程度

───────────

記載の「能力」の意味で思いとどまることができない）場合等には本文記載のような心理的圧迫は認められない。この規範的評価・期待可能性の議論では，存在論的な問題ではなく価値論的な（axiologisch）問題が問われているのではないか（Frister, Die Struktur des „voluntativen Schuldelements“ S. 163 (1993)）。

71)　他方，妄想から拡大自殺へ発展した事案に心神耗弱を認める裁判例もあったが，自己保全衝動とは異なる説明として，例えば，妄想の内容のために行為者にとって重要な家族を救助する目的で当該家族を殺害する点で妄想の影響の大きさを認めるべきとの評価があり得る。この観点からは，妄想から自暴自棄となり無関係な第三者の殺害行為に及ぶ場合は，鬱憤を他害行為により発散することを決意しており，事案を異にすると考え得よう。この点についてはうつ病の事案の検討を行ったうえで，改めて検討したい。

72)　前掲注 69) 参照。

73)　周南事件について，控訴審判決（広島高判平成 28 年 9 月 13 日 L07120426）は「暴力的な方法でやり返す傾向」等を被告人に認めているところである。もっとも，同事件において，このような傾向が認められ得るかについては，強い批判が提起されていること（村松太郎他「座談会──責任能力論の過去・現在・未来」法と精神医療 36 号 1 頁，58 頁以下（2022）），人格傾向の認定については特に注意を要すべき点があること（第 4 章注 152)）について留意されなければならないだろう。

74)　例えば東京高判令和 5 年 12 月 15 日 L07820491。

第3節　私見からの評価

に応じて責任能力が減退すべきことは，このことが認定要素として重要であるという意味ではなく，基準として，それ自体によって責任能力の減退を認め得る刑法理論上の根拠を持つという意味である。それゆえ，ごく一部の裁判例に見られるような，犯行実現過程における上記の病的体験等の占める程度を離れて行為者の精神機能を問題とするかのような一般論は妥当でなく，また犯行実現過程を離れて犯行と行為者の病前性格との親和性を論じ，それを理由に責任能力を基礎づけることも妥当でない。さらに，いわゆる心理学的要素（弁識能力・制御能力）を一体的に判断するにせよ個別に判断するにせよ，犯行実現過程における上記の病的体験等の占める程度がまずは問題とされるべきであって，犯行を思いとどまることができるという事実的能力の意味での制御能力への障害の影響等に絞って判断することも妥当でない。

　判断にあたっては，犯行実現過程全体における行為者の精神状態に対する影響を，精神障害の性質を踏まえて検討すべきである。犯行実現過程全体における影響が問題となるべきであるから，合目的的行為の存在を，それ自体のみ取り上げて責任能力を基礎づけるものとして考慮すべきではない。特に統合失調症の事案についてはその病像・病態に即して影響を判断すべきである。妄想性障害の事案としては，発生過程は了解の範囲を超えるが，内容それ自体は了解し得る妄想が犯行の前提となっている事案もあるところ，この場合，発生過程が了解の範囲を超えることによる責任非難の減退に加えて，その内容に基づく意思決定に対する非難の減退が認められるべきこととなるから，動機形成過程における妄想の占める程度に関する判断に加えて，規範的評価において妄想の内容等も考慮されるべきである。

435

結　語

　我が国の現在の議論状況においては，「犯行を思いとどまることができる」
か否かを決定的な判断基準とする有力説の議論枠組みと，とりわけ統合失調症
について犯行に対する「精神障害の影響」・「正常な精神作用」の影響の程度を
決定的な判断基準とする実務の議論枠組みについて，あたかも両者が同一の判
断内容を示すものであるかのような折衷的態度の対象とする見方も示されてい
るが，これには原理・基準・適用の一貫性に問題が見受けられたところであっ
た（序章）。本書は，我が国の判例学説史の探究によって，二つの理解，すな
わち有力説の議論枠組みに対応する理解として，端的に〈自由意思〉として責
任能力を把握する理解，そして実践の議論枠組みに対応する理解として，正常
な精神状態・通常の意思決定として責任能力を把握する理解を見出すとともに
（第1章），それぞれについて比較法的検討を行った（第2章，第3章）。
　かような議論状況において私見は，前者の理解については，事実的自由意思
に依拠しない期待可能性判断へと修正し，反応性うつ病等における責任非難の
減退を説明する議論として承認するとともに，後者の理解については，通常の
期待可能性判断の前提となる「精神状態の法的了解」との原理・基準を据える
ことで，とりわけ統合失調症等における責任非難の減退を説明する議論として
承認し，（他にも原理があり得ることも認めつつ）これらを責任非難の議論の枠内
において併置するものである（第4章，第5章）。近時の学説実務においては，
上記のような有力説と実務の折衷に限界が指摘されているところであり，学説
においては事実的自由意思を基準とすることの理論的限界が認識されつつある
とともに，実務においては「精神障害の影響」による判断は統合失調症等には
妥当し得るとしても全ての障害には妥当しないのではないかとの実践的限界が
認識されつつあったが，私見からは，かような限界の認識は適切なものである
と位置づけられよう。私見は，これを更に推し進める形で，理論と実務の架橋
の可能性について議論を提起するものである。

結　語

　学説の中には，戦後旧派及び規範的責任論が通説化したことと，平成中期において，特定の意味に限定した期待可能性論に基づき「思いとどまることができること」を責任能力基準に据える理解が有力に主張されたことを結び付けて，学説史の流れからすれば，必然的に，「思いとどまることができること」という責任能力基準しかとり得ない，という学説史の認識を示すものもあるかもしれない。このような結び付け方が不適切であることは本書で明らかにした通りである。さらに，「思いとどまることができること」を基準とする有力説は，これ自体が如何なる判断方法を意味しているのかについて，具体的な説明を展開せず，実質的にはこれを異なる基準に挿げ替えて，その本来の基準からは整合的に解し得ない，一般に共有された心神喪失・心神耗弱の適用結果を支持しようとしてきたのであった。この本書の議論と評価を前提にするならば，むしろ学説史の理解としては，刑事責任論において期待可能性の理論が主張され，その重要性が広く承認されてきた中においても，学説は，責任能力の中核的領域において，責任能力固有の判断が存在していることを否定することができなかった，と見るべきである。本書の議論は，この学説史上否定され得なかった事実を直視したうえで，このこと故に学説実務に共有された責任能力の適用範囲を否定するものでもなく，また責任能力を責任非難・規範的責任論・期待可能性とは異質なものと捉えるものでもなく，責任非難を基礎とし，期待可能性に重要性を認める規範的責任論において，なお責任能力の中核的領域を位置付け得ることを主張するものである。

　本書の提示した議論は，特に「精神状態の法的了解」以外の責任非難の減退の余地について検討すべき課題を抱えるものである。また本書の議論は，従前の刑法理論の体系的理解と一定程度の整合性を保ちつつ，学説実務において一般に承認されている帰結とも一定程度相応する議論の可能性を探り，ある一つの望ましい責任能力論として提示したにすぎず，かかる前提の外からの検討については何ら触れるものでもない。かように検討すべき課題を多く含むものではあるが，差し当たり以上を暫定的な結論として，筆を擱くこととしたい。

索　引

判例や裁判例については略称や事件名で列挙している。

列挙事項につき，他に列挙した事項を参照すべき場合は，矢印で参照先を示している。

あ　行

浅田和茂······························· 7, 121, 342

井田良································· 348

入口要件（Eingangsmerkmal）·· 198, 199, 206

陰性症状······························· 412, 429

植松正···································· 86

うつ病····················· 97, 136, 300, 394

　反応性——····················· 136, 350, 394

8 ステップ論······················· 169

大場茂馬···································· 40

大谷實···························· 87, 120

岡田幸之······················· 144, 363, 385

小野清一郎······················· 49, 73, 83

か　行

外因性······················· 206, 366, 395

改正刑法仮案······························· 51

解明不能································· 380

解離性人格障害（DID）······················· 302

片山國嘉···························· 30, 34

価値観································· 371

可知論→不可知論

仮定的な精神状態······················· 366

機序······························· 170, 383

期待可能性············· 74, 344, 407, 429, 434

　通常の——判断······················· 358

規範的応答可能性（normative Ansprechbar-keit）······················· 216, 219, 347

規範的仮設（normative Setzung）··········· 219

規範的自由意思→自由意思

規範的責任論························· 74, 344, 359

規範的評価の前提························· 357

急性期······················· 207, 379, 383

京アニ（京都アニメーション）放火殺人事件·································· 424

共感···························· 358, 394

強迫性障害······························· 395

禁止の錯誤························· 200, 202

緊張病性興奮························· 358, 415

熊谷 6 人殺害事件························· 405, 414

久礼田益喜···································· 48

クレプトマニア···················· 12, 273, 395

現実的理由···················· 411, 421, 430

原理·································· 2

小疇伝···································· 39

小池信太郎······························· 14

行為者人格························· 80, 85

行為者標準説······························· 348

行為の原因······························· 363

行為の理由······························· 364

公判準備司法研究（裁判員裁判において公判準備に困難を来した事件に関する実証的研究）······························· 169

神戸市 5 名殺傷事件························· 416

国家標準説······························· 351

コミュニケーション理論······················· 306

コンヴェンション論······················· 101, 361

索　引

混合的方法（gemischte Methode）……… *199*

さ　行

サイコパス………*293,302,311,316,370*

裁判員………………………*140,401*

佐伯千仭………………………… *76*

榊倣………………………………… *30*

作為体験………………………… *415*

三人称…………………………… *309*

思考吹入………………………… *414*

自己の判断……………………… *147*

自己保全衝動…………………… *433*

事実的自由意思→自由意思

実質的協働司法研究（裁判員裁判と裁判官　――裁判員との実質的な協働の実現をめざして）……………………………… *171*

実践的推論（practical reasoning）　………………………………*283,291,299*

自発性（voluntariness）…………… *254*

島田武夫………………………… *48*

島田仁郎………………………… *93*

自由意思……………… *73,83,174*

〈自由意思〉…………………*84,250,339*

規範的――………………*339,347*

事実的――………………*339,340*

相対的――………………*80,121,341*

自由意思ドグマ（(Willens-) Freiheitsdogma）　………………………………… *204*

自由な意思決定（freie Willensbestimmung）　………………………………*193,194*

周南事件（山口周南市連続殺人放火事件）　………………………………*424,434*

収容（commitment）……………… *254*

情動（Affekt）……………………*199,208*

昭和 6 年判例（大判昭和 6 年 12 月 3 日刑集 10　巻 682 頁）……………… *64,346,375,430*

昭和 53 年判例（最判昭和 53 年 3 月 24 日刑集　32 巻 2 号 408 頁）……… *108,118,381*

昭和 59 年判例（最決昭和 59 年 7 月 3 日刑集　38 巻 8 号 2783 頁）……… *108,117,379*

人格（Personhood）……………… *282*

人格形成責任論………………… *80*

心神喪失・心神耗弱……………… *35,393*

真正妄想………………………… *387*

吹田市交番襲撃事件………… *409,417,429*

墨谷葵…………………………… *84*

洲本 5 名殺害事件……………… *420,423*

性格（Charakter）………………… *229*

性格責任論，性格論的責任論……… *80,88,91*

制御テスト（control test）………………… *294*

制御能力（Steuerungsfähigkeit）　…………………… *199,203,211,367*

正常説…………………………… *396*

正常な精神機能………………… *410*

精神異常ゆえに無罪（Not Guilty by Reason of　Insanity, NGRI）………………… *254*

精神状態の法的了解…………… *360*

精神の障害又は欠陥（mental disease or de-　fect）…………………………… *261,266*

精神病…………………………… *206*

精神病院収容命令→保安処分

精神分裂病即心神喪失………… *103,108,117*

生理的要因……………………… *363*

責任前提………………………… *357*

積極的一般予防論……………… *242*

全体的考察……………………… *367*

相対的自由意思→自由意思

た　行

他意欲可能性（Anderswollenkönnen）

索　引

························ 205, 339, 366

高橋省吾·················· 8, 108, 134

瀧川裕英················· 4, 365, 366

瀧川幸辰······················ 46, 75

竹川俊也···················· 16, 367

他行為可能性（Andershandelnkönnen）

························ 205, 212, 342

ダラムルール···················· 260

團藤重光························· 81

知覚精神ノ喪失···················· 26

知的障害··················· 173, 394

抵抗不能の衝動（irresistible impulse）

···························· 260, 271

ディスポジション············· 224, 348

ドイツ

（旧）ドイツ刑法 51 条··········· 31, 193

1909 年刑法予備草案············· 195

1911 年対案···················· 196

刑法 20 条，21 条··············· 188

刑法 63 条···················· 191

刑法 323a 条·················· 190

道義的責任論······················ 81

統合失調症················· 134, 403

答責性（Verantwortlichkeit）········· 218

な　行

内因性··················· 206, 373

内的本性······················ 230

中田修··············· 101, 112, 385

7 つの着眼点··············· 141, 382

難解概念司法研究（難解な法律概念と裁判員
裁判）······················ 9, 144

日常心理学（folk psychology）····· 281, 287

認識（knowledge）············· 259, 268

認知症··················· 395, 396

脳状態→生理的要因

能力（capacity）············· 291, 305, 316

能力（Fähigkeit）············· 194, 238

は　行

反社会性人格障害（反社会性パーソナリティ
障害）··················· 293, 392

反対動機を形成する能力················ 407

反応的態度（reactive attitude, die reaktiven
Einstellungen）·················· 223

比較判断の方法（vergleichende Aussage）211

樋口亮介···················· 16, 371

非決定論························· 364

病的異常体験················· 157, 386

病的な精神障害→入口要件（Eingangsmerk-
mal）

表明機能（expressive function）·········· 306

平野龍一························· 89

不可知論··················· 105, 383, 384

不正（wrong）············· 259, 267, 274

道徳的不正（moral wrong）········ 267, 275

物質乱用························· 395

物理的因果法則···················· 363

平均人························· 212

平成 20 年判例（最判平成 20 年 4 月 25 日刑集
62 巻 5 号 1559 頁）··············· 150, 388

平成 21 年判例（最決平成 21 年 12 月 8 日刑集
63 巻 11 号 2829 頁）·············· 150

平成 27 年判例（最判平成 27 年 5 月 25 日集刑
317 号 1 頁）··················· 13, 387

ペドフィリア··············· 273, 370, 395

弁識する（appreciate）···· 261, 268, 271, 273

弁別能力（Einsichtsfähigkeit）········· 199, 200

保安処分························· 191

法律的病気概念···················· 4

441

索　引

ま　行

牧野英一‥‥‥‥‥‥‥‥‥‥‥ *41*

マクノートンテスト‥‥‥‥‥ *259*

町野朔‥‥‥‥‥‥‥‥‥‥ *126,348*

自らの行為を法の要求に従わせる（conform）

‥‥‥‥‥‥‥‥‥‥‥‥‥‥ *269,273*

水留正流‥‥‥‥‥‥‥‥‥‥‥ *127*

村松太郎‥‥‥‥‥‥‥‥ *5,125,380*

酩酊‥‥‥‥‥‥‥ *23,190,254,395*

命令性‥‥‥‥‥ *160,386,408,430*

免除（exemption）‥‥‥‥‥‥ *308*

妄想性障害‥‥‥‥‥ *387,419,433*

元自衛官殺人事件→昭和53年判例，昭和59年判例

泉二新熊‥‥‥‥‥‥‥‥‥ *42,51*

もともとの人格‥‥‥‥ *149,166,371,389,405*

森一郎事件‥‥‥‥‥‥‥‥‥ *144*

や　行

安田拓人‥‥‥‥ *10,122,145,341,431*

箭野章五郎‥‥‥‥‥‥‥‥‥ *350*

やわらかな決定論‥‥‥‥‥ *80,89*

唯物論‥‥‥‥‥‥‥‥‥‥‥ *364*

有力説‥‥‥‥‥‥‥‥‥‥‥‥ *2*

幼児‥‥‥‥‥‥‥‥‥‥‥‥ *362*

予期（Erwartung）‥‥‥‥ *220,234,243*

規範的‥‥‥‥‥‥‥‥‥‥ *234*

ら　行

ラショナリティテスト‥‥‥‥ *255*

理由→行為の原因・行為の理由

理由の理由‥‥‥‥‥‥‥‥‥ *388*

理由反応性（reason-responsiveness）

‥‥‥‥‥‥‥‥‥‥‥ *306,310,366*

了解‥‥‥‥‥‥‥‥‥‥ *49,86,371*

精神医学上の——‥‥‥‥‥ *372*

法的了解→精神状態の法的了解

両立論‥‥‥‥‥‥‥‥‥‥‥ *341*

〈欧　文〉

ドイツ法

Frister‥‥‥‥‥‥ *205,225,230,240*

Herzberg‥‥‥‥‥‥‥‥‥‥ *229*

Jakobs‥‥‥‥‥‥‥‥‥‥‥ *233*

Mayer（M.E.Mayer）‥‥‥‥ *378*

Merkel（Reinhard Merkel）‥‥‥‥ *222*

Roxin‥‥‥‥‥‥‥‥‥‥ *204,215*

Streng‥‥‥‥‥‥‥ *204,215,231*

Welzel‥‥‥‥‥‥‥‥‥‥‥ *81*

アメリカ法

ALI‥‥‥‥‥‥‥‥‥‥‥‥ *261*

California‥‥‥‥‥‥‥‥‥‥ *276*

Duff‥‥‥‥‥‥‥‥‥‥ *306,367*

Fingarette‥‥‥‥‥‥‥ *271,279*

Moore（Michael S. Moore）‥‥‥‥ *280,296*

Morse‥‥‥‥‥‥‥‥‥‥‥ *287*

Pillsbury‥‥‥‥‥‥‥‥ *313,367*

Slobogin‥‥‥‥‥‥‥ *273,278,296*

その他

AI‥‥‥‥‥‥‥‥‥‥‥‥‥ *362*

Dilthey‥‥‥‥‥‥‥‥‥ *365,375*

Frankfurt‥‥‥‥‥‥‥‥ *4,395*

Ghaemi‥‥‥‥‥‥‥‥‥‥ *365*

Jaspers‥‥‥‥‥‥ *49,364,373,375*

Law Commission（England and Wales）‥‥ *377*

Luhmann‥‥‥‥‥‥‥‥‥‥ *234*

著者紹介　佐野 文彦（さの ふみひこ）

1992 年生まれ
2014 年　東京大学法学部卒業
2016 年　東京大学大学院法学政治学研究科法曹養成専攻修了
　　　　東京大学大学院法学政治学研究科助教（2016-2019 年），
　　　　同特別講師（2019-2020 年）を経て
現在　法政大学法学部准教授（2020 年-）

刑事責任能力の判断について
原理・基準・適用

2025 年 3 月 1 日　初版第 1 刷発行

著　者　佐野文彦
発行者　江草貞治
発行所　株式会社有斐閣
　　　　〒101-0051 東京都千代田区神田神保町 2-17
　　　　https://www.yuhikaku.co.jp/
印　刷　株式会社三陽社
製　本　牧製本印刷株式会社
装丁印刷　株式会社亨有堂印刷所

落丁・乱丁本はお取替えいたします。定価はカバーに表示してあります。
©2025, Fumihiko Sano.
Printed in Japan ISBN 978-4-641-13969-5

本書のコピー，スキャン，デジタル化等の無断複製は著作権法上での例外を除き禁じられています。本書を代行業者等の第三者に依頼してスキャンやデジタル化することは，たとえ個人や家庭内の利用でも著作権法違反です。

JCOPY　本書の無断複写（コピー）は，著作権法上での例外を除き，禁じられています。複写される場合は，そのつど事前に，（一社）出版者著作権管理機構（電話03-5244-5088，ＦＡＸ03-5244-5089，e-mail:info@jcopy.or.jp）の許諾を得てください。